불교성전

불교성전편찬위원회

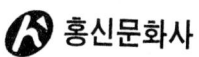
홍신문화사

'불교성전'의 출판에 즈음하여

　불교성전이란 무엇인가? 말할 것도 없이 불교의 창시자인 석가모니 부처님의 45년간에 걸친 일대 전기와 대소승의 가르침을 기록한 종교 경전을 의미하는 것으로, 이것을 알기 쉽게 우리말로 번역한 책이 바로 '불교성전'이다.

　불교란 불타의 언교(言敎) 밖에서는 찾을 수 없는 것이다. 설령 그 법문은 8만 4000이라고 하지만, 그것 역시 불타의 설법을 기초로 하는 것인만큼, 불타의 말씀을 벗어난 불교란 존재할 수 없다.

　그 옛날의 석존(釋尊)의 설법은 어떠했던가? 간명하게 누구나가 알기 쉽도록 설해졌으며, 평범한 사물에서 많은 비유를 들어 설해졌다. 또 철저한 사회평등주의였다. 지방적으로나 인종상으로나, 사회계급상으로나 직업상으로나 모든 인간에게 차등을 두지 않는 평등주의, 이것이 불타 교리의 특징이었다. 그러나 부처님 생전의 설법이 아무리 알기 쉽고 간명하게 표현되었다 하더라도 당시의 언어와 글에 그친다면 부처님의 가르침은 현대 사람들의 뇌리에 새겨질 수가 없다. 승려의 강화가 있다 해도 그 설법이 뛰어난 고승이 아닌 경우에는 이해되기 힘들다. 따라서 그 전달 수단은 대중이 이해하기 쉬운 제 나라 글로 된 책자에서 기대할 수밖에는 없는 것이다.

　불타 탄생은 지금으로부터 2000 수백 년 전의 장구한 옛날의 일이며, 또 우리 나라에 불교가 전래된 것은 고구려 소수림왕(小獸林王) 때이므로, 벌써 1700여 년의 세월이 흘렀다. 그렇다면 그 1000 수백 년 동안의 우리 나라 불전의 보급상태는 어떠했던가! 한마디로 말해서 대중을 대상으로 한 불전이란 거의 없었다고 해도 과언이 아닐 것이다. 이 표현은 현재 이 시점에 있어서도 크게 어긋나지는 않는다. 우리의 불전은 티베트, 중국을 거쳐오는 사이에 어느덧 난해한 한문판이 되고 말아 승려나 학자나 극소수의 사람을 제외하고는 참으로 현실 밖의, 일반인의 손이 닿지 않는 먼 곳에 놓여 있었다.

저 유명한 《고려대장경》만 하더라도 온 겨레에게 큰 경외심은 불러일으켰을지언정 친근감을 갖게 하지는 못했다. 팔만대장경! 700 수십 년 전에 당시 고려의 전국력을 경주한 불력으로 나라의 평안을 찾으려는 목적으로 이루어진 대위업이 바로 이 대장경 간행이었다. 한 번도 아닌 두 번의 이 위대한 호국장거는 오늘날에도 여전히 그 공적은 찬연하다.

우리 조상들의 피와 땀과 눈물과 굶주림과 정성의 희생 위에서 이루어졌던 대장경인데도 왜 일반 국민은 친근감을 갖지 못하는 것일까. 그것은 대중 취향이 아닌 한문판이어서 특정인 외에는 관념상의 불보일 따름이었기 때문이다.

그렇다! 끝간 데 없이 펼쳐진 저 광대한 산하가 모두 불전이라 한들 소경에게 무슨 소용일 것이며, 손에 닿는 사물이 저마다 훌륭한 음률이라 한들 귀머거리인 것을 어찌하리요.

다행히 이번에 '불교성전', 이를테면 알기 쉬운 우리말로 된 불전을 펴내게 되었다. 필자는 집필의 일부와 원고 교정을 비롯하여 활자 교정까지 책임져 왔다. 그간 뜻밖의 여러 장애가 밀어닥쳐 간행 예정 시일이 크게 지연되고 말았으나, 아무튼 우리 주위에서 부재했던 이만한 대중용 불교경전이 빛을 보자면 대소간 장애가 따르는 것은 당연하다고 할 수 있을 것이다.

그럼 여기서 본편의 내용에 대해 몇 가지 언급해 두고자 한다.

본편은 어디까지나 불타의 일대기이며, 그 교리를 담은 경전이다. 이론을 전개한다든지, 편자가 언교 이외의 것을 덧붙일 책이 아니다.

인도의 고유명사 표기에는 가급적 원음을 따르려고 했다. 예를 들면 '波婆'는 파바, '耶輸陀羅'는 야쇼다라, '波斯匿'은 파세나디 등이 그것이다.

본편에서는 적잖은 시게(詩偈)가 기재되었는데, 그 번역에 최선을 다했다고는 하나 원뜻의 전달에 급급한 나머지 문체 위주가 될 수 없었다.

용어는 가능한 한 쉽게 쓰는 것을 원칙으로 했지만, 불토(佛土)를 '부처님 국토'로 한 것 등은 좀 지나쳤다는 뉘우침이 따르며, 또 반대로 '廓然大悟'를 그대로 확연대오로 한 것 역시 아쉬운 느낌이 든다. 전 8편으로 된 '불교성전'의 각 편 내용을 개설하면 다음과 같다.

제1편

왕족의 신분으로 태어나서 무엇 하나 부족한 것이 없는 한 나라의 태자가 인생문제에 한번 눈을 뜬 이후로는 생로병사의 사고(四苦)의 모습에 그대로 있을 수가 없어서 부(富), 지위, 백성, 집과 처자까지도 버리고 출가하여, 인간으로서는 감내할 수 없을 듯한 고행을 6년의 긴 세월 동안 닦았다. 그러나 그렇게 해도 깨달을 수가 없자, 마지막으로 보리수 아래 정좌하여 군집하는 악마를 항복시키고, 이에 비로소 부처가 되어 인천(人天)의 스승으로서 세상에 나왔던 것이다.

그 깨달음이란 무엇인가! 말할 것도 없이 불교의 근본원리인 인연의 도리이다. 이 편에서는 인생문제에 부딪힌 불타의 초인적 구도정신에 놀라지 않을 사람이 없다.

제2편

이 편에서는 석존전도 초기의 흥미로운 얘기가 펼쳐진다. 이모제(異母弟)인 난다(難陀)를, 그것도 결혼하는 밤을 앞두고 출가시키는가

하면, 외아들 나후라(7세)까지도 출가시킨다.

한편 불교가 성해지자 외도(外道)의 질투는 격렬해져 미인계 등으로 석존을 함몰시키려 한다.

그밖에도 비구니의 시발점에서부터 그 이상생활 등을 언급, 기재하고 있다.

제3편

불교의 이상적 신자는 어떠해야 하는가를 가르치고, 다음은 마음을 해부하여 때 없는 깨끗한 구슬이 어찌하여 번뇌 때문에 더럽혀지는가 하는 그 번뇌의 내용을 탁 터놓고 자기 반성의 거울로 삼아, 한번 반성의 등불이 켜지면 악에도 강하고 선에도 강한 도리임을 나타냈다.

유명한 육방례(六方禮)에 있어서는 설사 톱으로 잘리는 한이 있더라도 입으로 욕이 새어나와서는 안 된다는 석존의 가르침을 전하고, 구도자(求道者)는 어떠해야 하는가를 선재동자(善財童子)의 구도심에서 유감없이 설파했다.

제4편

재가 생활자의 종교와 도덕을 설하고, 다음은 인간 종족을 가르치고 왕도(王道)를 설하여 왕도가 바르게 빛날 때 이상사회가 나타남을 설했으며, 불도로서 보현보살(普賢菩薩)의 행원(行願)에 따를 것을 가르치고, 종교에 있어서는 나타난 행위보다도 숨은 마음의 생각에 중점을 둘 것을 설했다. 다음은 대승불교의 골자인 반야개공(般若皆空)의 철학을 가르치고 있다.

공(空)이란 무가 아니라 물(物)의 있는 그대로의 모습으로, 말로써는 나타낼 수 없는 것임을 설파했다.

다음으로 석존의 가르침은, 이제야 청년기에 들어간 외아들 나후라에게 쏟아진다.

　불타의 자비에 자타의 구별이 있을까마는, 살과 피를 나눈 나후라의 마음의 양상에 한결 더 간절한 마음을 쓰게 된다.

제5편
　석존의 교화는 이제야 전인도에 퍼지게 되어, 쉴 틈도 없이 사방에 유화(遊化)하여 때로는 인연에 응해 제자들은 물론 가르침을 달리하는 외도 사람들을 가르친 일을 자상히 기재하고 있다.
　비구의 1일 1식주의가 강조되었으며, 가계(家系)를 자랑하여 일신의 교양을 게을리하는 자를 위해, 성(姓)이나 생지(生地)가 존귀한 것이 아니라, 교양에 의해 인간의 존엄이 나타남을 가르쳤다.

제6편
　이 편은 업(業)에 우는 자, 죄를 두려워하는 자, 재화를 한탄하고 불행을 원망하고 가정의 불화에 고뇌하고 죽음의 문제로 괴로워하는 자, 그밖의 일체의 인생문제에 당면하여 그 해결에 괴로워하는 자는 귀를 기울여 신앙생활을 해야만 한다는 생각을 일으키게 한다.
　성전은 나아가 다시 여래(如來)의 의의를 설하여 가정생활에 미치고 있다. 스리말라 부인[勝鬘喜人]을 주인공으로 하여, 가정부인으로서 불심을 그 마음으로 할 때, 이상의 빛에 비추어져 참된 화락의 가정을 창조할 수 있음을 나타내었다.

제7편
　드디어 석존의 만년은 다가와 그 연세도 80에 달하려 한다. 석존의 만년은 인간적으로 볼 때는 오히려 비참한 일의 연속이었다. 종형제간인 데바[提婆]의 역심(逆心), 샤카족의 나라인 카필라성의 멸망 등이 그것이다.

데바! 그는 자기 무덤을 자기 손으로 팠다. 데바의 제자로 부왕인 빔비사라왕을 죽음에 이르게 한 아자타사투왕은 끝내 개전하여 석존에 의해 불교 보호의 대왕이 된다.

또 카필라성의 멸망에 즈음하여 샤카족을 살육하는 비루다카왕의 잔학상을 맞이하는 석존의 고요한 태도, 마하나마를 비롯한 수많은 불교 순교자, 샤카족은 능히 비루다카왕을 격멸할 수 있었음에도 불구하고 끝까지 불살생(不殺生)의 교리를 지켜 자신의 죽음을 택한 숭고한 불교정신은 오늘에 있어서도 우리들의 옷깃을 여미게 한다.

제8편

석존 80세는 입멸의 해이다. 국가가 국가로서 번영하는 길이 이 편의 가르침 속에 담겨 있다. 마가다국과 밧지국간의 전쟁을 중지시킨 것도 이때의 일이다 석존의 죽음은 참으로 위대했다. 죽음의 순간까지 자비의 가르침을 잊지 않았다. 의문이 있으면 사양 말고 말하라며 숨이 끊어지는 순간까지 의문에 답한 뒤, 조용히 대해에 유입하는 양 밤의 정적에 싸인 채 열반의 구름에 숨으셨다. 인천(人天)의 비읍(悲泣) 속에서도 불타를 따르는 사람은 분기했다. 고제들은 세존의 육신을 장송하자 즉시 교리 정리에 착수했다. 이것이 곧 본편의 모체인 것이다.

끝으로 덧붙여 독자 앞에 고백하고 싶은 것이 있다면, 본편은 불교계에 유용한 전적임을 확신하면서도 행여 부처님 언교 표현에 하자나 범하지 않았는가 하는 두려움이 따르는 것을 어찌할 수가 없다. 만일 그런 점이 발견된다면 수정판을 거듭하여 바로잡아 나갈 것이다. 이로써 집필진 제위를 대신하여 서두의 인사에 대신하고자 한다.

차 례

'불교성전'의 출판에 즈음하여 3

제1편

제1장 구도(求道) 18
제1절 세존(世尊)의 전신(前身) 18
제2절 탄생 19   제3절 태자비 22
제4절 사문출유(四門出遊) 23
제5절 출가(出家) 27   제6절 고행(苦行) 32

제2장 성도(成道) 34
제1절 항마(降魔) 34   제2절 범천의 권청(勸請) 39

제3장 전도(傳道) 42
제1절 전법륜(轉法輪) 42   제2절 야사(耶舍)의 출가 47
제3절 삼가섭(三迦葉)의 제도(濟度) 49
제4절 죽림정사(竹林精舍)-세존의 최초의 길 53
제5절 사리푸타〔舍利弗〕와 목갈라나〔目連尊者〕 55
제6절 죽림정사의 교계(敎誡) 58

제4장 고향에서의 석존 61
제1절 마하카샤파〔大迦葉〕와 나란다 61
제2절 세존의 귀성(歸城) 63
제3절 야쇼다라〔耶輪陀羅〕 70

● 차 례

제4절 난다〔難陀〕와 나후라(羅睺羅) 74
제5절 아난타핀다다 장자 77

제2편
  제1장 기원정사 84
    제1절 기원정사의 설법 84
    제2절 파세나디 왕〔波斯匿王〕 89
    제3절 난다〔難陀〕의 교회(敎誨) 93
    제4절 보살의 문답 95

  제2장 라자가하성 98
    제1절 욱가사나와 다라비다 98
    제2절 사리푸타의 설법 101
    제3절 카필라성과 콜리성〔拘理城〕의 수론(水論) 104
    제4절 이승교단(尼僧敎團)의 성립 108
    제5절 후정(後庭)의 교회(敎誨) 111

  제3장 팔식(八識) 114
    제1절 케이마 왕후 114   제2절 깨달음의 경지 116
    제3절 팔식(八識) 118
    제4절 단상(斷常)의 이견(二見) 121
    제5절 일자불설(一字不說) 127

차 례

제4장 교단의 발전과 외난(外難) 131
  제1절 사제(師弟)의 관계 131
  제2절 포살(布薩)과 안거 135
  제3절 자자(自恣) 137　　제4절 신통(神通) 139
  제5절 사자후(獅子吼) 141　　제6절 12인연(因緣) 145
  제7절 찬다마나〔戰遮女〕 148
  제8절 아니룻다〔阿那律〕 154
  제9절 코삼비성 157

제3편
제1장 이상(理想)의 신자 168
  제1절 가치칼라 168　　제2절 뱀의 비유 171
  제3절 마탕기〔摩登伽〕 비구니 177
  제4절 객진번뇌(客塵煩惱) 180
  제5절 득도의 기연(奇緣) 192

제2장 번뇌 197
  제1절 삼독(三毒) 197　　제2절 영취산(靈鷲山) 200
  제3절 밧지국〔跋耆國〕 201　　제4절 욕의 괴로움 203

제3장 보살의 행 209
  제1절 사리푸타의 법문 209　　제2절 톱의 비유 211

● 차 례

　　　제3절　부호 바타가　215　　　　제4절　육방례(六方禮)　217

제4편
　제1장　부처님의 마음을 마음으로 삼는 자　224
　　제1절　부처님의 지혜　224
　　제2절　이교도와의 문답　230
　　제3절　전륜왕(轉輪王)　237
　　제4절　보현(普賢)의 행　242
　　제5절　몸의 업과 마음의 업　248

　제2장　반야(般若)　259
　　제1절　공(空)　259
　　제2절　무주(無住)의 증득　262
　　제3절　반야의 요체(要諦)　265

　제3장　회향(廻向)　266
　　제1절　세 종류의 스승　266
　　제2절　사종(四種)의 외포(畏怖)　273
　　제3절　왕도(王道)　280
　　제4절　세존의 오덕(五德)　284

차 례

　제4장 각(覺)의 단계 289
　　제1절 나후라 289　　　　　제2절 십지(十地) 292
　　제3절 비말라키르티(유마) 거사 298

제5편
　제1장 교화(敎化) 326
　　제1절 바른 스승과 바르지 못한 스승 326
　　제2절 광야귀(曠野鬼) 330
　　제3절 자아(自我)의 문제 333
　　제4절 오무기 왕자(五武器王子) 343
　　제5절 뢰다화라 352

　제2장 교단의 통제 358
　　제1절 십중(十重), 사십팔경계(四十八輕戒) 338
　　제2절 여로(旅路)의 교회(敎誨) 370

　제3장 현우(賢愚) 378
　　제1절 난다와 나후라 378　　　제2절 우자와 현자 382
　　제3절 지만 외도(指鬘外道) 385
　　제4절 사회의 기원(起源) 393
　　제5절 두 대의 수레 393　　　제6절 인간성의 덤불 403

● 차 례

제4장 사제(四諦) 407
  제1절 번뇌를 여의는 일 407   제2절 카타야나 411
  제3절 부모의 은혜 417

제6편
 제1장 법을 보는 자 424
  제1절 업(業) 424
  제2절 녹두범사(鹿頭梵士) 431
  제3절 탐욕・진에・우치를 버려라 436
  제4절 정진의 동기 439   제5절 법구(法句) 446

 제2장 여래의 본원(本願)과 구제(救濟) 475
  제1절 법장보살(法藏菩薩) 475
  제2절 무량수불(無量壽佛) 482
  제3절 믿음을 획득하는 사람 485
  제4절 현실의 인생과 교계(教誡) 486

 제3장 여래의 의의 490
  제1절 경건한 생활 490   제2절 제석천(帝釋天) 493
  제3절 사냥꾼의 미끼 496   제4절 스리말라 부인 498
  제5절 삼대원(三大願) 501

차 례

제4장 구도(求道)의 마음가짐 502
  제1절 목갈라나와 푸르나 502
  제2절 포다리야 506
  제3절 구도(求道)의 마음가짐 510
  제4절 화살의 비유 514   제5절 왕사(王寺) 516
  제6절 수중(手中)의 잎 521

제7편

제1장 묘법(妙法)의 개현(開顯) 526
  제1절 일승(一乘)의 법 526
  제2절 화택(火宅)의 비유 533
  제3절 신심(信心) 535   제4절 사유(思惟) 541

제2장 라자가하성의 비극 546
  제1절 데바(提婆)의 독립 546
  제2절 아자타사투의 찬탈 553   제3절 바이데히 왕비 556
  제4절 아자타사투의 번민 561   제5절 세존의 설법 573

제3장 순도(殉道) 577
  제1절 도에 헌신하는 자 577
  제2절 여러 가지의 비유 585   제3절 개밋둑 599

● 차 례

　제4장　법탑(法塔) 601
　　제1절　니간타의 죽음 601
　　제2절　파세나디왕의 만년 606
　　제3절　카필라성의 멸망 613

제8편
　제1장　열반의 예언 622
　　제1절　일곱 가지의 쇠퇴하지 않는 법 622
　　제2절　법의 거울 625　　　제3절　암바팔리 630
　　제4절　사리푸타와 목갈라나의 입멸 638
　　제5절　입멸의 계(誡) 644

　제2장　여래장(如來藏) 651
　　제1절　고별 651　　　제2절　춘다의 공양 660
　　제3절　세 종류의 난치병자 665
　　제4절　네 종류의 무량심 669

　제3장　멸도(滅度) 672
　　제1절　바라밀(波羅蜜) 672　　　제2절　대열반 677
　　제3절　세존의 병 680　　　제4절　보물산의 비유 685
　　제5절　사처(四處)를 염하라 692
　　제6절　최후의 교계(敎誡) 704
　　제7절　다비(茶毘)의 연기 712

제1편

오욕(五欲)의 번뇌는 사람의 마음을 무한히 괴롭힌다. 제행(諸行)이 무상하여 부귀와 영화도 물거품 같으니, 모름지기 부처님의 가르침만이 진리임을 깨달아야 한다.

제1장 구도(求道)

제1절 세존(世尊)의 전신(前身)

먼 옛날 수행자인 수미타(須彌陀)는 영원히 괴로워하지 않으면 안 될 세간의 양상을 슬퍼한 나머지 그것을 벗어나려고 자기 몸을 던져 남에게 베풀고 괴로움을 참으면서 일심으로 도를 닦았다. 그때 연등불(燃燈佛)이 세상에 나타나시어 법을 설하고 도를 가르쳐 사람들을 제도하셨는데, 어느 날 이 부처님이 난마(蘭摩)라는 거리에 납신다고 하자 마을 사람들은 모두 집을 손질하고 길을 고르곤 했다.

수미타는 마침 그때 이 고장에 와서 이 광경을 보고는 "부처님의 이름을 듣는 것만도 어려운 일인데 지금 바로 눈앞에서 뵐 수 있음은 이 얼마나 복된 일이냐." 하고 기뻐 날뛰면서 사람들과 함께 길을 닦는 데 힘썼다. 그런데 아직 그 역사가 끝나기도 전에 부처님은 많은 제자를 거느리고 나타나셨으므로, 그는 지금이야말로 몸을 버려서라도 공양할 때라 생각하고 땅에 엎드려 머리를 풀어 진흙탕에 깔고 말하기를 "세존이시여, 저의 영원한 공덕과 행복을 위해 부디 진흙탕을 밟지 마시고 제자들과 함께 제 등을 밟고 지나가시옵소서." 하면서 '나도 이 부처님처럼 모든 번뇌를 끊고 정각(正覺)을 얻어 중생을 망집(妄執)의 세계에서 구제해주고 싶다.'는 큰 서원을 세우셨다.

부처님은 수미타의 머리 가까이에 서서 그를 내려다보시고 그의 마음속의 서원을 아시고는 "수미타여, 그대는 먼 미래에 석가모니불이 될 것이다."라고 말씀하시고 그 뜻을 칭찬하신 뒤 그곳을 떠나셨다.

제2절 탄생

1. 그로부터 수미타는 점차 부처님의 도를 닦아 드디어 부처님의 계위에 올라 도솔천(兜率天)에 태어나 정당(淨幢)이라고 이름하는 보살이 되었다.

보살은 무우수(無憂樹), 만다라화(曼陀羅華), 묘향화(妙香華)가 피는 곳, 앵무새, 공작, 가릉빈가(迦陵頻伽)가 우짖는 동산에서 천녀의 주악에 둘러싸여 항상 정법전(正法殿)의 사자좌(獅子座)에 오르시어 제신(諸神)을 위하여 법을 설하셨다.

어느 날 집회에서 모든 신들의 음악은 저절로 노래를 자아냈다.

성자시여, 그 옛날 연등불께서 부처님의 수기(授記)를 받으셨는데, 이제야 수행은 이루어지고 예지는 족했도다.
성자시여, 중생들이 갈구한 지가 오래이니 서둘러 인계(人界)에 하강하시어 감로수를 뿌리소서.
타오르는 번뇌의 업화가 치성(熾盛)하니 자비를 베풀어 법열의 비를 내리시옵소서.
악마의 행위나 사교를 쳐부수고 보살의 도를 시현하시어 세상 사람들을 구제하옵소서.

보살은 이 노래를 들으시자 큰 사명감을 깨닫고 인간세계에 내려갈 것을 결심하셨다.

모든 신들은 "이제야말로 부처님이 세상에 강림하신다."고 환성을 올렸다. 보살은 가장 영예로운 집안에 태어나고자 두루 인계(人界)를 살피시어 카필라성의 샤카족의 왕인 고타마가〔喬答摩家〕를 택하셨다.

　샤카족의 왕인 숫도다나왕은 항상 선행을 하고 어진 정사를 베풀어 백성을 교도하였다. 또 왕후 마야 부인은 고리야 성주(城主)의 딸로서, 자태가 아름답고 마음은 온화하며 갖가지 재주에 뛰어나 참으로 부처님의 어머니가 될 덕을 갖추고 있었다.

　2. 이리하여 보살은 많은 신들을 위해 설법하셨다. "그대들은 먼저 신심을 발하여 법을 공경하고 불을 염하고 법을 염하고 승을 염하여 성도(聖道)를 이룰지어다. 세상은 무상하며 괴로움임을 깨닫고 무아의 마음에 주(住)하며, 마음을 고요히 하여 탐하는 마음을 일으켜서는 안 된다. 항상 선정(禪定)에 들어가 지혜를 얻어 좋은 방편으로써 우매하고 어둠에 뒤덮인 사람들을 교도할지어다."

　미묘한 천계의 장엄도 과보가 다하면 언젠가는 또 고(苦)의 세계에 떨어지리.

　욕심은 무상하여 덧없고 그 허무함은 꿈과 같도다. 만족을 모르는 욕심은 마치 목마름에 바닷물을 마시는 것과 같도다.

　그러하니 스스로 힘써 얻을지어다. 무위(無爲)의 즐거움을.

　배움에는 의의를 찾는 것이니 말에 사로잡히지 말지어다. 말과 같이 행하면서 행함과 같이 말함이 옳도다.

　항상 스스로 범한 죄를 살피고 남의 허물을 보지 말라. 한 일이 없이 받지 말 것이며, 남이 이룬 것을 빼앗지 말지어다.

　이와 같이 모든 신들에게 가르치고 바야흐로 천계에서 내려오려 할 때, 헤아릴 수 없는 천계의 사람들은 도솔궁에 모여 주악으로 보살을 공양해드렸다. 그때 보살의 몸에서 빛이 흘러 두루 삼천대천세계를 비추자 어둠이 사라졌다. 이에 천지는 크게 진동하고 해와 달의 빛도 그 힘을 잃으니, 사람들은 기쁨에 넘쳐 어머니와 자식 사이처럼 서로 화목하였다. 모든 신들은 또한 허공에서 만나 노래하였다.

참으로 무량한 시간을 거듭하면서 살을 찢고 뼈가 부서지는 원만한 행위의 과보로서 보살은 부동신을 얻었도다.
자비의 투구를 받아 쓰고 번뇌의 장애를 제거하면서, 모든 사람을 불쌍히 여겨 지금 보살이 세간에 나셨도다.
지혜의 횃불을 비추어 잠든 사람들을 눈뜨게 하고 대천세계의 왕으로서 태양처럼 세간에 나시도다.

3. 보살은 이때 여섯 개의 어금니를 가진 크고 흰 코끼리의 모습으로 도솔천을 내려와 편안히 잠든 마야 부인의 오른쪽 겨드랑이로 들어가셨다. 왕궁은 환희와 평화로 가득 차고, 상서로운 구름은 여러 층의 높은 누각의 지붕을 뒤덮었다. 임삭(臨朔)의 어느 날 부인은 문득 꽃동산의 봄놀이를 생각하고, 왕의 허락을 얻어 많은 시녀에 옹위되어 수레를 몰아 룸비니〔藍毘尼〕동산으로 가셨다. 나무마다 아름다운 꽃향기를 풍기고 공작의 꼬리 같은 남빛 풀은 바람에 나부끼는 엷은 천의(天衣)처럼 흔들렸다.
부인이 가볍게 걸음을 옮겨 꽃들이 축 드리워진 무우수 가지에 의지했을 때, 뜻밖에도 부처는 순탄하게 태어나셨다. 그리고 그 자리에서 사방으로 일곱 발짝을 걷고 나서 "천상천하 유아독존이라, 세간에 가득 찬 괴로움을 몰아내리라."고 선언하셨다.
모든 신들은 허공 가운데서 어머님이신 마야 부인의 덕을 기리고, 용왕은 냉수와 온수를 내려 보살의 몸을 씻으니 대지는 일제히 환희로 진동했다. 잠시 후 왕궁에 맞아들이니 모든 것이 원만하게 이루어졌고, 태자는 싯다르타〔悉達多〕라 명명되었다. 탄생 후 이레만에 어머니이신 마야 부인은 이 세상을 떠나 도리천에 탄생하시고, 그녀의 동생인 마하파자파티가 태자의 인자한 양모가 되셨다.

그때 카필라성에서 멀지 않은 산중에 살고 있던 선인(仙人) 아사타는 태자 탄생시의 서조(瑞兆)에 놀라 조카인 나란다를 데리고 왕궁을 방문하여 조심스럽게 태자를 안고서 뚫어지게 바라보다가 갑자기 슬프게 흐느끼면서 말하였다. "왕이시여, 만약 이 아기가 재가하면 전륜왕(轉輪王)이 되어 사천하를 다스리겠으나, 출가하면 반드시 부처님이 되어 널리 중생을 구제하게 될 것입니다. 저는 이미 늙어 이 부처님의 훌륭한 법을 듣지 못할 것을 생각하니 불현듯 슬퍼져 흐느꼈던 것입니다." 왕은 이 말을 듣고서 크게 기뻐하며 여러 선인과 나란다를 극진히 공양했다.

제3절 태자비

싯다르타 태자는 7세 때부터 스승에게서 어학·산수·논의(論議)·천문·지리·사술(射術) 등을 배우셨는데, 그 뛰어난 지혜와 능력은 때로는 그 방면의 스승을 놀라게 했다. 어느 해 봄의 경운제(耕耘祭)에 왕은 군신(群臣)을 거느리고 경운식을 거행했다. 태자도 함께 성을 나와 들에서 경작하는 농부의 모습을 보시다가 문득 쟁기 끝에 묻어 나온 벌레를 어디선가 날아온 새 한 마리가 쪼아먹는 광경을 보시고 인자스러운 마음에서 몹시 아파했다. "불쌍하도다, 생물이란 서로 잡아먹고 사는 것이로군." 하고 말씀하시면서, 슬퍼한 나머지 옆에 있는 숲에 들어가 큰 나무 아래 앉아 깊은 사색에 잠기셨다. 사람들은 태자의 모습이 보이지 않자 서둘러 찾아냈는데, 이상하게도 다른 나무들은 해를 따라 그림자를 이루고 있었는데 태자가 앉아 있는 나무만은 그 그림자를 짓고 있지 않았다. 왕은 자기 아들이지만 깊은 사색에 잠긴 태자의 엄숙한 모습을 보고 "허공에 떠 있는 맑은 달과 같다."고 찬양하였다.

태자가 19세 되던 해 여름, 겨울 우기(雨期)의 삼시전(三時殿)을 지어 그곳을 태자의 주거로 정하셨다.

못의 물은 궁전의 층계를 싸고 찰싹찰싹 물결쳤으며, 맑은 연꽃의 향기는 항시 근처에 향기롭게 풍겼다. 이 해에 부왕은 유덕한 귀녀를 태자비로 맞이하고자 생각하여 외가 쪽인 고리야 성주, 선각(善覺)의 장녀인 야쇼다라를 제1후보로 간택하였다.

당시의 풍습에 따라 일족의 젊은 왕자들과의 신부 간택 행사가 베풀어졌다. 한편 야쇼다라는 그날 아름답게 단장하고 아버지를 따라 정해진 자리에 앉았다. 왕자들은 영예의 자리에서 가슴을 설레며 태자와 재주를 겨루었으나, 씨름과 궁술, 그밖의 여러 가지 무예에서도 태자를 당할 자가 아무도 없었다. 찬양하는 소리가 요란한 가운데 야쇼다라와 태자의 손은 굳게 쥐어져, 이에 태자비가 정해졌다.

제4절 사문출유(四門出遊)

1. 그후 10년 가까이 태자는 궁중에서 태자비와 함께 평화로운 세월을 보내셨으나, 생각을 거듭하여 깊이 이 세상의 양상을 바라보시고는 드디어 출가할 시기가 도래한 것을 아셨다.

2. 태자는 침울하게 시간을 보내시던 중 어느 날 생각하셨다. '인간이 산다는 것은 결국 무엇인가를 구하고 있는 것과 다를 바가 없다. 그러나 구한다는 것에는 선한 구함과 악한 구함이 있다. 악한 구함이

란 자신이 태어나는 존재임에도 불구하고 타의 태어남을 구하며, 자신이 늙어 가는 몸이면서 타의 늙음을 구하고, 병든 몸, 죽어가는 몸, 근심에 잠겨 오욕에 물든 존재로 자신과 같은 것을 구하는 것이다.

생이란 무엇인가! 처자·비복·가축·금은 등이다. 그리고 또 이러한 것은 더러움에 물드는 것이다. 세간 중생들은 자기들이 멸하는 것이면서도, 그런 멸하는 존재를 구하여 집착하며 현혹되곤 한다. 선한 구함이란 무엇인가? 자기도 생하는 존재이면서 생하는 것의 재화를 보고, 생하지 않는 법인 위없는 안온한 열반을 구하고, 자기는 늙어가는 것, 병드는 것, 죽는 것, 근심에 싸이고 더러움에 물드는 존재이면서도 그 재난을 보고는 늙지 않고, 병들지 않고, 근심하지 않고, 더러움 없는 법인 위없는 안온한 열반을 구하는 것이다.

생각해보면 나도 선하지 못한 것을 구하고 있는 사람 중의 하나이다. 이 얼마나 어리석은 일이냐! 앞으로는 어떻게 해서든지 죽음과 근심과 부정을 여읠 것을 구해야겠다.'

3. 또 어떤 때는 이렇게도 생각하셨다. '나의 신체는 매우 우아하고 아름답다. 나의 궁전에는 수많은 연못에 물이 가득하고, 청·적·백 등 현란한 꽃이 화려하게 피어 있다. 나는 향수가 아니면 몸에 바르지 않으며, 엷은 비단으로 된 옷을 입고 모자를 쓰고 있다. 밤이나 낮이나 나의 머리 위에는 흰 일산이 준비되어 있고, 더위와 추위도 몸을 범하지 못하고, 티끌이나 풀이나 이슬도 몸에 묻지 않는다.

또 나에게는 세 개의 궁전이 있어서 우기의 4개월간은 우전(雨殿)에 들어앉아 여자들에게 둘러싸여 나오지도 않는다. 그것은 노래와 춤과 술의 즐거움 때문이다. 다른 집 하인의 음식물이라고 하면 벼쭉정이 밥이거나 시큼한 죽 정도인데, 우리 집에서는 그들에게까지도 흰 쌀밥을 먹인다.

나는 이와 같이 영화를 누리며, 이처럼 빼어난 신체를 지닌 채 살고 있는데, 이러한 생활이 지금 자각하려는 나에게 있어서 도대체 무엇이란 말인가. 세간 중생들은 자신이 끝내는 늙어갈 몸이고 병에 걸릴 몸이며, 또 저절로 죽어갈 몸인데도 노인이나 병자나 죽은 사람을 보면 이를 업신여기고 혐오한다. 나는 이러한 짓을 해서는 안 되겠다.

나는 지금 젊다는 긍지, 건강하다는 긍지, 생존한다는 긍지를 깨끗이 버리고 말 것이다.'

4. 태자의 마음이 몹시 초조할 때 부왕은 일찍이 태자의 운명을 점친 아사타 선인의 말을 상기하며 항상 태자의 출가를 염려하였다. 어느 날 태자가 성밖으로 나와 숲속에서 놀려고 한다는 말을 듣고 왕은 시종에게 명하여, 더러운 물건이나 추악한 것이 태자의 눈에 띄지 않도록 길을 닦고 거리를 다듬고 원림(園林)을 청소하도록 했다.

태자는 시자를 데리고 동문 밖으로 수레를 몰고 나갔다. 길에는 머리가 세고 몸이 쇠약해져 지팡이에 의지해 곱추처럼 헐떡거리며 가는 사람이 있었다. 태자는 시자에게 물었다. "저 사람은 누구냐?" 시자는 "그 사람은 '노인'입니다."라고 대답했다. "나도 저렇게 될 것인가?" "생을 가진 자는 귀한 자나 천한 자나 모두 다 저런 괴로움을 면치 못합니다." 태자는 마음에 근심이 생겨 동산에서 노닐 생각이 없어져 곧 수레를 돌려 왕궁으로 돌아오셨다.

그런 다음날 남문 밖으로 나갔는데, 길 옆에는 뼈가 앙상하게 드러나도록 파리한 사내가 구슬 같은 땀을 흘리면서 숨가쁘게 쓰레기통에서 허우적거리고 있었다. 태자가 그것을 보시고 "나도 저와 같이 병에 걸릴 것인가?" 하고 물으니, 시자는 "어떤 사람도 이 고통을 면할 길이 없습니다." 하고 대답했으므로, 이번에도 또 수레를 돌려 곧 왕궁으로 돌아오셨다.

부왕은 이 말을 듣고 더욱 근심하여 전보다 한층 엄하게 모든 거리를 치우도록 하셨다. 그러나 또다시 태자께서 서문 밖으로 나가셨을 때는 우연히 길에서 시체를 상여에 얹고 슬프게 호곡하면서 장송하는 일행을 만났다. "아아, 나도 드디어는 저와 같이 될 것인가?" 하고 물으니, 시자가 "생이 있는 자는 반드시 죽지 않을 수 없습니다."라고 대답하였다. 이리하여 이날도 수레를 돌려 환궁하셨다.

다음에는 북문 밖으로 나갔다. 이번에는 감색 옷을 입고 머리와 수염을 깎고 손에 바리때를 들고서 위의도 엄숙하게 걸어가는 사람이 있었다. 시자에게 "어떤 사람이냐?"고 물으니 출가자라고 대답했다. 태자는 수레에서 내려 절을 하고 "출가한 사람에게는 어떤 공덕이 있습니까?" 하고 물으셨다. "나는 이 세상의 노·병·사의 무상함을 보고 이를 해탈하기 위해 친족을 버리고 한적한 곳에서 도를 닦고 있소. 바른 법에 의해 오욕을 억제하고, 대자비로써 사람들을 두호하고, 그리하여 세간의 더러움에 물들지 않는 것이 출가한 자의 공덕인 것이오." 이 말을 듣고 태자는 마음속으로 '세간에 이것보다 고귀한 것은 없다. 나도 집을 나와 도를 배워야겠다.'고 굳게 결심하였다. 이리하여 공손히 출가자에게 절하고 수레를 몰아 동산에 들어가 여러 가지 놀이로 그날을 보내셨다.

해질 무렵 숲속의 못에서 목욕하고, 아름다운 옷을 가져오게 하여 몸에 걸치고 궁녀들의 부축 속에서 수레에 탔을 때 부왕의 사자가 왕손의 출생을 알렸다. 태자는 냉정히 "내가 타파해야 할 새로운 나후라(장애)가 생겼다."고 말씀하셨다. 사자는 이 장애라는 말만을 듣고 왕에게 고하였으므로, 탄생한 왕손은 그 동기도 모른 채 '나후라' 라고 이름지어졌다. 그리고 오늘밤에야 말로 출가하려고 결심한 태자는 기쁨에 넘친 군중에 둘러싸여 궁전으로 급히 돌아왔다.

제5절 출가(出家)

1. 즐겁게 놀고 난 하루의 피로를 풀려고 태자는 침상에 몸을 기대셨다. 수많은 아리따운 궁녀들은 태자를 위로하려고 음악을 연주하고 노래를 부르며 장단에 맞춰 춤추었다. 그러나 지금은 가무의 미묘함도 고요한 태자의 마음을 움직일 길이 없었다. 태자는 어느새 잠에 빠져들었다. 궁녀들도 이를 보고서는 춤추고 노래할 흥이 사라져 주악을 그치고 잠에 빠졌다. 향유의 등불만이 고요함 중에 깜박이고 있었다. 태자는 문득 잠에서 깨어나 침상에 앉아 이 광경을 바라보셨다.

정적에 넘치는 밤, 아름다운 궁전, 향기로운 향등 속에 지친 무희들의 잠든 한심한 모습! 참으로 낮에는 화려한 궁전도 밤에는 무덤 같았다. 태자는 몸서리치면서 일어나 '일체가 이 모양이다. 더 참을 수는 없다.'고 마음속으로 부르짖고는 곧 궁전을 탈출하려고 결심한 후, 몰래 궁을 나와 궁문에 다가가서 시자인 찬다카를 불러 함께 떠날 말을 준비하도록 명하고 다시 돌아와 태자비의 방으로 가서 천천히 그 문을 열었다. 거기에는 난등(蘭燈)의 그림자가 한층 희미했는데, 다만 쌔근거리며 잠자는 숨소리만이 들렸다. '내 아들을 안고 최후의 작별을 한다면 태자비는 잠이 깨어 나의 출가를 방해힐 것이다. 그러느니 보다는 깨달음을 얻은 후 이 아들을 보는 편이 좋겠다.' 이렇게 생각하고 그대로 궁전을 떠나 말에 올라탄 후 성문을 급히 빠져 나왔다. 이 문은 부왕이 태자의 출가를 염려하여 많은 군사를 두어 지키게 했고, 또 그 철문은 1000명의 힘으로도 열기 어렵도록 만들어져 있었다. 그러나 신의 도움에 의해서인지 위병은 모두 잠에 떨어졌고, 그렇게 큰 철문은 소리도 없이 열렸다. 말은 질풍같이 성문을 빠져나갔다. 때는 4월 보름날 한밤중이었다.

이때 마왕(魔王)은 공중에서 부르짖었다. "태자여, 어리석은 출가를 단념하고 화려한 궁전으로 돌아가라. 그러면 7일 이내에 사천하를 다스리는 전륜왕이 될 것이다." 태자가 대답하기를 "마왕이여, 물러가라! 악마야, 꺼져라! 지상의 권세는 나에게 있어 아무 소용도 없다. 나의 소원은 오직 도를 증득하는 일이다."라고 꾸짖으시니 마왕은 초연히 사라졌다. 그러나 그는 '조만간 태자의 마음에 반드시 증오라는 새가 둥지를 틀 것이다. 그때야말로 내가 이용할 기회이다.'라고 생각하고, 그날부터 그림자가 형체를 따르듯 태자의 곁을 떠나지 않고 성도를 방해하려 했다.

  2. 용감하게 집을 나온 태자는 이때 점점 멀어져가는 도성을 빤히 바라보다가 다시 마음을 다져먹고 앞으로 나아갔다. 세찬 마음의 싸움 끝에 이상하게도 대지는 두레박처럼 회전하여 도성은 저절로 태자의 시야에 나타났다. 그러나 태자는 새로운 용기로써 일로 매진하여 200여 리를 달려 동틀 무렵에는 아노마강 언덕에 이르러, 채찍을 휘두르며 한걸음에 그 강을 뛰어넘었다. 그리하여 마침내 빛나는 아침 해를 받아 반짝거리는 모래 위에 내려서자, 태자는 옷을 벗어 찬다카에게 주면서 말했다.

  "찬다카여, 세상 사람은 마음은 따르나 몸이 따르지 않는 경우가 있으며, 또 몸은 따르나 마음이 따르지 않는 경우가 있다. 그런데 너는 몸도 마음도 모두 나를 따랐다. 세상 사람은 부귀와 영화를 누리는 자는 다투어 섬기지만 빈천한 자와는 멀어진다. 그런데 너만은 나라를 버린 나를 따라서 멀리 여기까지 왔다. 참으로 기특하도다."

  태자는 자기의 머리를 풀고 몸에 지녔던 보석들을 떼어주면서 말했다. "찬다카여, 너는 지금 돌아가서 이것을 부왕에게 바치고 다음과 같이 아뢰어라. '태자는 이 세상의 것에 대해서는 아무것도 구할 것이 없습니다. 사람은 모두 은애(恩愛)의 정에 얽매여 끝내는 노·병·사를 면할 수 없습니다.'라고. 아무쪼록 이 이치를 생각해서 근심을 덜어드리고, 태자는 깨달음을 얻기 전에는 결코 돌아가지 않겠다고 말씀드려라."

그리고 또 다른 패물을 꺼내 찬다카에게 주면서 이렇게 말했다. "이것은 양어머님께 바치고 이렇게 말씀드려라. '욕심은 괴로움의 근본입니다. 태자는 출가하여 이 괴로움의 근본을 끊으려고 결심했습니다. 아무쪼록 근심하지 마십시오.'라고 하라." 그리고 다시 나머지 장신구들을 건네주면서 "이것은 태자비에게 전하고 이렇게 말하라. '인간 세상에는 반드시 이별의 슬픔이 있소. 태자는 그 슬픔의 근본을 끊으려고 결심했소. 연모의 정에 끌려 근심에 잠겨서는 안 되오.'라고."

찬다카는 울고 매달리면서 같이 출가하기를 원했으나, 끝내 허락을 받지 못해 방성통곡했다. 애마도 앞다리를 구부리고 태자의 발을 핥으면서 슬피 울었다. 태자는 말의 머리를 쓰다듬어주면서 "오오, 너의 할 일은 모두 끝났다. 결코 슬퍼하지 말라."고 위로하고는, 오른손으로 검을 빼어들고 왼손으로 상투를 잡은 다음 손수 머리털을 자르면서 "내가 만일 대오(大悟)를 얻는다면 이 머리털이여, 공중에 머물러라. 그렇지 않다면 땅에 떨어져라."고 하면서 공중에 던졌는데, 허공의 아득한 곳에 걸린 채 땅에 떨어지지 않았다.

3. 태자는 지금 일개 출가자가 되어 가벼운 마음으로 바리때를 손에 들고 부근의 집을 돌며 밥을 빌었다.

그러나 금전옥루에서 진수성찬을 드시던 태자가 어찌 걸식한 쉰밥을 먹을 수 있으리요. 나무 아래 가서 음식을 먹으려다가 주저하면서 문득 그 음식을 버리려 했지만, 자기는 도를 구하는, 집도 없는 출가자라는 생각이 들어 기쁘게 그 음식을 먹었다. 그후 태자는 평생 한 번도 음식 때문에 걱정하시지 않았다.

이리하여 태자는 베살리라는 나라에 들어가 고행외도(苦行外道)의 스승인 박가바 선인을 찾아 그 무리들의 행장을 보셨다. 그들은 나무

껍질이나 잎으로 옷을 삼고 풀잎·나무뿌리·과일을 먹고, 혹은 하루 한 끼를 먹거나 혹은 2, 3일에 한 끼를 먹고, 물과 불을 섬기면서 노천에서 잠을 잤다. 선인은 고행의 효과를 설하되 "고행에 의해서 미래에는 천계에 태어난다."고 했다. 그러나 천계의 복이 다하면 다시 고계(苦界)에 빠져야 할 것이 아닌가. 태자가 그들에게 묻기를 "그대들은 어찌하여 괴로움의 인(因)을 쌓아서 괴로움의 보(報)를 구하는가?" 하였다.

그러나 만족한 대답이 없었다. 그리하여 태자는 생각하시기를, '장사꾼은 보물을 찾으려고 바다에 들어가고, 왕자는 나라를 구하려고 전쟁을 일으키는데, 이 선인들은 천계를 구하려고 고행을 닦고 있구나.' 하였다.

이러한 고행은 진정한 도가 아니라고 생각하고 이튿날 그곳을 떠나 남쪽으로 갔다. 그리하여 아라라 칼라마라는 수행자를 방문하여 도를 물었다. "칼라마여, 나는 당신의 가르침을 받아 수행을 하련다." "뜻대로 하라. 나와 함께 있는 것이 좋을 것이다. 이 법은 누구나 곧 체득할 수 있을 것이므로."

얼마 후 태자는 그 법을 알고 그 가르침을 분명하게 깨닫자 생각하였다. '아라라 칼라마는 이 법을 스스로 체득하고 있을 뿐만 아니라 분명히 그것을 알고 있을 것이다.' 라고.

그리하여 "칼라마여, 그대는 어떻게 깨달았는가?" 하고 물으니, 그는 무념무상(無念無想)에 대해 설명했다. "무념무상이라고 하는 것은 모든 물질의 관념을 초월해 버린 것으로, 존재하는 것은 모두 공(空)이다. 이것을 아는 것이 선정(禪定)의 경지이다." 태자는 생각하셨다. '아라라 칼라마에게만 믿음이 있는 것이 아니고 나에게도 믿음이 있다. 정진·정념·선정·지혜가 그에게 있는 것처럼 나에게도 그것이 있다. 그가 체득했다고 하는 그 법을 나도 체득하도록 힘쓰자.' 얼마 후 그 법을 체득해 칼라마를 찾아가서 말하였다. "칼라마여, 당신이 체득했다고 하는 법은 이것뿐이었소?" "그것뿐이오." 태자는 말하셨다. "나도 그 법을 체득하였소." 그러자 칼라마가 "벗이여, 당신 같은 동학자(同學者)를 얻은 것은 다행이오. 내가 증득한 법을 당신도 증득하고, 당신이 증득한 법을 나도 증득하고 있소. 나와 당신은 같은 곳에 도달하고 있소. 그러니 함께 이 제자들을 거느리는 것이 어떻소?"

그러나 태자는 '이것은 망집을 여의는 법이 아니고, 욕을 여의는 바른 깨달음의 법도 아니다. 단지 무념무상에 도달하는 것뿐……' 이라고 생각하여 그 법에 만족하지 않고 다시 선을 찾아 안온한 경지에 이르는 길을 구하였다. 그리하여 라마의 아들 우타카(優陀迦)를 찾아가 그의 가르침을 받아 행을 닦았다.

태자는 거기에서도 우타카의 법을 체득하고 '우타카의 가르침이 단지 생각이 있는 것도 아니고, 생각이 없는 것도 아니다.'라고 생각했다. 이른바 비상비비상처(非想非非想處)라고 하는 일종의 선정의 경지에 달하는 것으로, 이것도 망집을 여의고 애욕을 여의는 바른 깨달음의 법이 아님을 알고, 그 비상비비상처의 경지에 아(我)가 없다고 한다면 비상비비상처의 이름조차 있을 수가 없으며, 만일 또 아가 있다고 하면 거기에는 반드시 지각이 있을 것이고, 지각이 있다면 반연(攀緣)이 있어서 집착이 일어나며, 그것으로는 해탈이라고 할 수 없다고 생각하였다. 그리하여 우타카의 곁을 떠나 다시 선(善)을 구하는 길에 올랐다.

4. 싯다르타 태자는 그후 길을 재촉하여 라자가하성(王舍城)에 들어가 탁발을 하셨다. 성안의 백성들은 태자의 기품있는 자태를 보고 다투어 그의 뒤를 따랐는데, 그 소란은 드디어 빔비사라왕(頻婆娑羅王)을 놀라게 했다. 왕은 대각(臺閣)에 올라 태자의 위용을 멀리서 바라보고 수레를 몰아 태자를 찾아왔다. "경은 출가했다고는 하나 나이

도 젊고 존귀한 왕자처럼 보인다. 만일 뜻이 있다면 경을 위해 나라의 절반을 할애해도 아깝다고는 생각되지 않는다."

태자가 대답하였다. "왕이시여, 나는 설산 기슭에 사는 석가족의 왕자인데, 애욕을 괴로움의 근본으로 알아, 모든 애욕을 버리고 안온한 열반을 얻고자 합니다. 내가 구하는 것은 오직 그것뿐입니다." 왕은 그 기특한 마음에 감동하여 "만일 깨달음을 얻게 된다면 우선 나를 제도해달라."고 말했다. 태자는 묵묵히 그 말을 들은 후 왕과 결별하고 서남쪽으로 네란자라강〔尼運禪河〕을 건너 우루벨라〔優樓頻螺〕의 조용한 숲속으로 들어갔다. 백사장이 끝없이 깨끗한 네란자라강의 하반, 초록빛도 가득한 우루벨라의 숲은 이제 6년에 걸치는 보살 고행의 고장이 되었다.

부왕은 태자가 출가한 지 얼마 후, 석가족의 사신 5명을 뽑아 태자를 따르게 했는데, 그들도 또한 태자와 함께 고행을 시작하였다.

제6절 고행(苦行)

1. 그후 6년 동안 태자는 하루에 한 끼만을 먹고, 또는 반 달에 혹은 한 달에 한 끼를 먹으면서도 위의를 갖추어 앉아 고행을 계속했다. 풍우 전뢰에도 굴하지 않고 그저 묵연한 채로 두려워 떠는 일도 없었다. 어떤 때는 무식(無息)의 선정을 닦아 입과 코의 호흡을 멈추니, 안에 모였던 기운이 엄청난 소리를 내면서 귀에서 흘러나왔다. 그것은 마치 대장간의 풀무와 같은 엄청난 소리였다. 또 귀의 호흡을 막으니 강렬한 기운이 머리 꼭대기로 치밀어올라 날카로운 칼날에 찔리는 것 같았다. 또 어떤 때는 속의 기운이 도기(陶器)의 파편에 찔린 듯 심한 두통을 일으키고, 또 어떤 때는 날카로운 식칼로 도려낸 듯 배를 찔러

불붙은 숯불에 몸을 던졌을 때와 같이 격렬한 열이 일어났다. 그런데도 태자의 마음은 조금도 물러서지 않았다.

이것을 보고 어떤 사람은 고타마는 죽었다고 생각하고, 어떤 사람은 머지않아 죽을 것이라고 생각하고, 어떤 사람은 깨달음을 얻어 성자의 경지에 들어갈 것으로 생각했다.

2. 태자는 다시 나아가 단식하려고 생각했다. 놀란 제신들은 "단식을 시켜서는 안 된다."고 외쳤다. 그러나 태자는 단연코 이것을 물리치셨다.

태자는 이제는 약간의 콩과 팥 같은 것으로 연명을 했으므로 몸이 눈에 띄게 수척해졌다. 손발은 마른 갈대처럼, 엉덩이는 낙타의 등처럼, 그리고 등뼈는 꼬아놓은 새끼처럼 앙상하고, 갈비뼈는 썩고 낡은 집의 서까래처럼 튀어나왔으며, 머리의 피부는 설익은 호리병박을 볕에 말린 것처럼 쭈그러졌다. 다만 눈동자만이 움푹 들어가 우물에 잠긴 별처럼 빛나고 있었다. 태자는 생각했다. '지난날의 어떠한 출가자나 행자(行者)도, 또는 현세나 내세의 어떠한 출가자나 행자도 이 이상의 쓰라린 고통을 받은 자는 없을 것이다.'

3. 이와 같이 태자는 남보다 훨씬 지독한 고행을 닦고, 또 모든 관습을 무너뜨렸다. 예를 들면 식사 후에 손을 씻는 대신에 이것을 핥으셨다. 권하는 보시도 물리치고, 자기를 지명하여 가져온 음식조차 먹지 않고, 또 초대에도 응하지 않았고, 개 기르는 집이나 파리가 우글거리는 집의 음식은 취하지 않았다. 생선을 먹지 않고, 술을 마시지 않았다. 하루에 한 끼, 이틀에 한 끼, 이레에 한 끼를 먹고, 음식의 양을 줄여 반 달 동안을 단식하고, 벼쭉정이 · 왕겨 · 쌀겨 · 수초(水草), 썩은 과일을 먹었다. 의복으로는 조포(粗布) · 홑옷 · 분소의(糞掃衣 : 버린 헌 옷을 주워다가 만든 승의) · 나무껍질 · 수피(獸皮)를 걸쳤다.

수염이나 머리털을 뽑는 고행, 항상 섰거나 웅크리고 앉거나 가시방석에 앉는 고행, 몸에 기름을 바르고 먼지를 뒤집어쓰고, 장작을 쌓아 불질러 그것에 지지는 고행, 또 물에 들어가 추위에 견디는 고행 등 육체를 괴롭히는 온갖 고행을 닦으셨다. 이리하여 여러 해 동안 낀 때는 씻지 않아도 떨어지고, 피부는 광택이 없어져 거무튀튀하여 이끼낀 나무 빛깔처럼 되어 있었다. 살생을 삼가서 작은 벌레도 밟지 않고 은둔하여 숨었으며, 목동과 초부들을 피하여 깊숙한 숲속으로 도망하셨다.

4. 햇볕에 그을리고 추위에 떨며 깊은 숲속에서 다만 혼자 옷도 없고 불도 없이 이상(理想)에 도취하여 성자는 앉았도다.

태자는 또 시체의 뼈가 흩어져 쌓인 무덤에서 밤을 새웠다. 목동들이 태자를 발견하고 침을 뱉으며 돌맹이를 던지고, 또 나뭇가지를 가져다 귀에 꽂아도 태자는 그들에게 조금도 화를 내지 않으셨다.

그러나 이같은 고행에도 불구하고 아직도 초탈의 법을 체득하지 못하셨고, 신성한 지혜에는 다다르지 못하셨다. 이에 태자는 이러한 행(行)은 해탈로 인도하여 고뇌를 없애고 청정한 지혜에 이르게 하는 길이 아님을 깨닫고 새로이 도를 구하게 되었다.

제2장 성도(成道)

제1절 항마(降魔)

1. 고행의 결과는 없었다. 6년의 세월이 헛되이 흘렀다. 태자는 이제 부질없이 육체를 괴롭히는 것보다는 음식을 취해 몸을 기르고 마

음으로는 해탈을 얻고자 생각하여, 네란자라강에서 목욕을 한 후 나무뿌리를 붙잡고 강 언덕으로 올라가 간신히 마을로 들어갔다.

그때 우루벨라촌의 소녀 수자타는 나무의 신(神)에게 기원할 일이 있어, 좋은 우유를 짜서 4월 보름날에 나무의 신에게 바치려고 숲으로 들어갔다. 그녀는 극도로 쇠하기는 했으나 어딘지 모르게 기품이 있어 보이는 수행자를 보고 공경하는 마음이 일어나 우유를 드리면서 "존귀한 수행자여, 바라건대 소첩(小妾)을 불쌍히 여겨 공양을 받아주소서." 하고 엎드려 절했다. 태자는 이것을 받아먹고 기력을 회복하셨다. 이것이 계기가 되어 깨달음을 얻을 것이라는 한 가닥 희망을 걸었다. 여러 해 전부터 태자를 따라 고행을 같이한 콘단야 등 5인은 이것을 보고는 놀라고 괴이하게 여겨 "고타마는 수행을 그만두었다."고 경멸하며 태자를 버리고 바라나시의 녹야원(鹿野苑)으로 가버렸다.

우유를 받아먹고 기운을 회복한 태자는 발걸음을 옮겨 나무가 무성한 어느 숲속으로 들어갔다. 그곳은 땅이 평탄하고 사방의 조망이 좋았다. 연한 풀이 아름답게 나 있고, 그 가운데는 보리수나무가 일산처럼 가지를 뻗어 무성한데 아름다운 꽃이 피어 있었다. 마침 그때 거기 있던 풀베는 사람들로부터 길상초(吉祥草)의 공양을 받아, 이것으로 자리를 삼고 스스로 맹세하였다. '내가 이제 깨달음을 얻지 못한다면 살아서는 이 자리를 뜨지 않으리라.'

2. 이리하여 태자는 지금이 악마를 항복시킬 때라고 생각하자 미간에서 지혜의 광명을 발하셨다. 악마의 궁전은 이 때문에 진동하여 큰 공황(恐惶)을 일으켜 마왕은 음독한 자처럼 몸부림쳤다. 그리하여 태자의 마음을 교란시키고자 하여 엷은 비단의 우의(羽衣)를 살짝 걸치고 영락으로 꽃처럼 아름답게 장식한 요염한 마녀 세 명을 태자에게 보내어 갖은 아양을 떨게 하고, 우아하게 춤을 추고 아름답게 노래를 부르게 했다.

봄은 왔도다, 봄은 왔도다. 날씨는 따뜻하여 새싹은 돋아났도다.

멋있는 님이여, 어찌하여 젊음의 낙을 버리고 아득한 깨달음을 구하시나요.

아름다운 우리들을 보지 않으렵니까. 속세를 떠난 선인(仙人)조차 애욕의 마음을 일으키는데.

태자는 그들에게 말씀하셨다. "너희들은 머지않아 무상한 노사(老死)에 이르게 되리라. 얼굴은 요염하지만 마음은 쓸모없구나. 그것은 아름답게 채화된 병에 냄새 풍기는 독을 넣은 것 같은 것이다. 애욕은 몸을 망치는 근본, 죽어서 악도에 떨어지는 원인이니라." 이 말에 의해 갑자기 세 사람의 아름다움은 사라지고 보잘것없는 노파의 모습으로 화했다.

3. 마왕은 크게 노하여 곧 1억 8000의 귀신을 모아 검극(劍戟)을 번쩍이면서 보리수 아래로 쇄도하였다. 천지는 어둡고 천둥소리는 무서웠다. 사자와 곰, 소나 말의 머리를 한 자, 사람 머리에 뱀의 몸을 지닌 자 등, 온갖 괴상한 모양을 한 악귀・야차 등이 어금니를 악물고 발톱을 번뜩이며 독의 불을 토하고 창의 비를 흩날리면서 태자에게 달려들었다.

여기에 이 세간의 구주와 마왕과의 사이에는 대전투가 시작되었다. 하늘에는 천 개의 별이 흘러 검은 구름은 소용돌이치고, 해륙은 폭풍에 휩쓸려 포도의 꽃송이처럼 진동했다. 대양은 해일을 일으키고 강물은 역류하여 천 년 묵은 고목이 울창한 산들을 무너뜨렸다.

전세계는 모두 검은 장막에 뒤덮이고, 해는 그 빛을 잃어 하늘에는 해괴한 무리가 충만하였다.

마왕이 수천의 대군을 거느리고 사방에서 태자를 겨냥하여 둘러싸자 찬탄의 소리를 지르고 있던 신들도 두려워 도망쳤다. 지금은 태자를 돕고 있는 존재라고는 아무도 없었다. 그러나 태자는 "일찍이 오랫동안 수련한 십바라밀(十波羅蜜)이야말로 나의 힘있는 군세이며 몸을 지키는 보도, 견고한 방패이다! 이 십바라밀의 선행(善行)을 대동하고 악마의 군대를 분쇄하리라." 하며 조금도 동요하지 않았다. 악마는 풍신(風神)을 꾀어 광풍을 일으켰으나 태자의 옷끝조차도 달싹할 수가 없었고, 우신(雨神)을 몰아 호우를 내리게 하여도 이슬방울만큼도 태자를 적시게는 할 수가 없었다. 돌의 비, 검의 비, 불의 비를 퍼부어도 그것은 모두 꽃장식으로 바뀌어 사방으로 흩어질 뿐이었다. 마왕이 발사하는 암흑도 태자에게 접근하면 빛나는 햇빛이 되고, 던져진 무기도 꽃의 일산이 되었다. 지금은 어떠한 자도 태자를 해칠 수가 없었다.

마왕은 앞장서서 외쳤다. "출가자여, 나무 아래 앉아서 무엇을 구한다는 것인가! 빨리 떠나라!" 태자는 태연했다. "이 세계에 있어서 이 자리에 앉을 자격이 있는 자는 나 한 사람뿐이다. 먼 옛날부터 선근(善根)의 행을 닦은 자가 아니면 이 자리를 차지하지 못한다. 대지의 신이여, 당장 나와서 증언하라." 그러고는 대지를 가리키니 바로 자리 밑의 대지가 열리면서 지신(地神)이 나타났다. 그 굉연한 울림에 마왕의 마음은 위축되어 두려워 떨면서, 부하들마저 돌보지 않고 앞을 다투어 도망쳤다.

4. 이리하여 하루 동안에 위기의 절정에 달했던 태자는 이에 마음의 평화를 얻어 선정에 들어갔다.

먼저 욕을 여의고 악을 버려 초선(初禪)에 들어가 기쁨과 즐거움을 맛보고, 제2선에 나아가서는 마음을 멈추고 선정의 즐거움에 잠기고, 제3선에 나아가서는 평등의 생각에 들어 고락희우(苦樂喜憂)를 멸하고, 제4선에 나아가서는 그 고요하고 청정함에 부정함이 없고 부드러우며, 어떤 물건에도 번거롭지 않은 마음으로써 과거의 생활을 생각하고 무수한 속세, 먼 세상의 일까지도 자상히 상기하여, 그날 초저녁에 제1의 지혜를 체득하고 무명(無明)을 벗어나 어둠을 깨뜨렸다.

다음은 사람들의 생사의 모양을 아는 데 힘써 청정한 천안(天眼)으로써 사람들의 생사의 양상과, 그 업에 따라 흘러가는 상태를 보았다.

'아아, 생사의 바다는 돌고 또 돌아 다함이 없고, 끝없는 흐름에 잠겨 표류하여 의지할 곳도 없도다.'

악업을 쌓아 성자를 비방하고 사견을 품고 악도를 윤회하는 사람들과, 선업을 쌓아 성자를 따르고 바른 견해를 품고 선도로 가는 사람들을 보고, 그날 한밤중에 제2의 지혜를 체득하여 무명을 여의고 어둠을 깨뜨렸다.

다음은 번뇌를 멸진하는 지혜에 힘써 고집멸도를 분명히 알았고, 이 밝은 지혜에 의해 마음은 애욕과 무명에서 벗어나 이미 해탈했다고 하는 지혜를 낳으시었다. 즉 '생은 다했다, 청정한 행은 성취되었다, 해야 할 일은 성취했다, 이것이 최후의 생으로서 이후 다시는 망집의 생을 받는 일은 없다.' 는 지혜였다. 그리고 그 밤의 마지막에 제3의 지혜를 체득하여 무명을 여의고 어둠을 깨뜨렸다.

이때 대지는 기쁨으로 진동했고 세계는 환하게 빛났다.

신들은 구름처럼 모여들어 천화(天華)를 내리고 천악(天樂)을 연주하면서 세존을 찬양하였다. 세존도 기뻐하며 노래하셨다.

이리하여 태자는 세간의 공양을 받기에 적당한 사람, 바른 깨달음을 얻은 사람, 즉 불타가 되셨다. 때는 태자의 나이 35세, 12월 8일 새벽, 동틀녘 샛별이 반짝일 때였다.

5. 이리하여 세존은 그 우루벨라의 숲, 네란자라강 언덕의 보리수 아래에서 깨달음을 얻어 7일 동안 자리를 뜨지 않고 대오(大悟)의 즐거움을 맛보았다. 마지막날인 7일째 초야에 인생의 괴로움에 의해 일어나는 연기(緣起)의 이치를 순역(順逆)으로 사유하였다.

6. 그때 부처의 힘에 의해서 보리수는 가지도 잎도 줄기도 칠보(七寶)처럼 빛났으며, 또 그 자리에서는 빛이 사방으로 흘러 널리 온 세계를 비추었다.

부처의 지혜는 바다보다도 깊고 하늘보다도 넓었다. 그 빛은 널리 어두운 세계를 비춰, 세상의 일체상은 마치 맑고 맑은 대해에 허공의 별이 뚜렷하게 그 그림자를 비추는 것과 같이 일시에 그 가슴에 나타났다.

헤아릴 수 없는 보살이나 제신들은 구름처럼 모여들어 각각 세존의 힘에 대해 찬가로써 그 덕을 찬양했다.

제2절 범천의 권청(勸請)

1. 이리하여 세존은 7일이 지난 후 그 선정을 떠나 보리수 아래에서 니그로다수(尼拘律陀樹) 아래로 가 또 7일간을 계속 앉아서 해탈의 즐거움을 맛보셨다.

그때 무슨 일에나 비웃는 버릇이 있기로 소문난 바라문이 세존을 찾아와서 말을 걸었다. "존자 고타마여, 바라문이란 어떠한 자이며, 그가 해야 할 법은 무엇일까요?" 세존은 그 질문의 뜻을 깨닫고 노래로써 대답하셨다.

악한 것을 여의고, 조소를 하지 않고, 번뇌를 멀리하고, 자신을 누르고, 지혜의 극치를 체득하여 청정한 행을 이루는 자, 그 사람이야말로 바라문이로다.

그 사람은 세상 만물에 탐욕과 노여움이 없으며, 또 어리석음이 더하는 일도 없다.

2. 세존은 다시 7일 후에 그 나무 아래를 떠나 목진린다수(目眞隣陀樹) 아래에 이르러 7일간을 계속 앉아 해탈의 즐거움을 맛보셨다.

그때 때아닌 구름이 나타나 7일 동안 비가 계속되고 냉풍이 불어 어둠이 사면을 뒤덮었다. 용왕은 그의 궁전을 나와 몸으로써 세존을 감싸고 "세존의 몸에 냉함과 뜨거움과 모기와 말파리와 바람과 비와 뱀의 피해가 없을지어다." 하고 빌었는데, 비는 7일 동안 내리다 그치고 하늘은 한 점의 구름조차 없이 갰다. 이에 용왕은 세존 옆을 떠나 동자의 모습으로 변하여 다시 세존 앞에 나타나 합장 배례했다. 세존은 노래하셨다.

마음에 충만하게 법을 듣고 참 이치를 보았으니 평안하여라. 세상에 살아 있는 모든 것에 노여움이 없고 자신을 억제하는 것도 또한 마음 편한 일이로세.
탐심을 여의고 세간의 애욕을 멀리하는 자 또한 편안하도다.

3. 세존은 또 7일이 지나자 선정에서 일어나 그 나무 밑을 떠나서 라사야다나수(羅闍耶多那樹) 밑에서 7일 동안 해탈의 즐거움을 맛보셨다.

그때 두 사람의 상인이 마침 그곳에 왔다. 그들은 지금은 천계에 있는 그들 친척으로부터 "세존이 지금 처음으로 깨달음을 얻어 라사야다나수 밑에 계실 터이니 밀가루와 꿀을 드리는 것이 좋다."는 권고를 들었으므로 세존께 배례한 뒤에 말씀드렸다.

"세존이시여, 아무쪼록 저희들의 오랜동안의 행복을 위해 이 밀가루와 꿀을 받아주시옵소서." 세존은 생각하셨다. '부처는 손으로 음식을 받아서는 안 된다. 어떤 그릇으로 이 공양된 밀가루와 꿀을 받아야 할 것인가.'

이것을 사천왕이 알고 각각 사방에서 석발(石鉢)을 바쳤다. 세존은 그 네 개의 석발을 하나로 합쳐 음식을 받아서 잡수셨다. 상인들은 "세존이시여, 저희들은 부처와 법에 귀의하옵니다. 지금부터 목숨이 다할 때까지 신자로 저희들을 두호해주시옵소서."라고 기뻐하면서 말씀드렸다. 이들이 부처와 법의 2보에 귀의한 최초의 신자였다.

4. 세존은 또 7일을 지내고서 이 나무 밑을 떠나 다시 니그로다수 아래에 앉아서 다음과 같이 생각하셨다.

'내가 깨달은 이 법은 참으로 증득하기 어렵다. 정적에 넘친 것이어서 보통의 도리로써는 도달하기 어렵다. 참으로 심오하여 오직 현자만이 알 수 있는 것이다. 어찌 욕에 빠져 있는 세상 사람들에게, 이 모든 것이 인연에 의해 생하고 인연에 의해 멸한다고 하는 이치나, 또 모든 애욕이 없어지고 번뇌가 없어진 이 열반의 경지를 알릴 수 있을 것인가. 그렇게 하면 이 법을 설한다고 해도 그들은 깨달을 수 없을 것이고, 나는 그저 피로를 더함에 지나지 않을 것이다.'

세존은 이렇게 생각하고 법을 설하려고는 생각지 않았다. 그때 범천(梵天)이 세존의 뜻을 알고 "아아, 세상이 망한다. 세계가 무너진다. 부처는 법을 설하려 하지 않는다."라고 탄식하면서, 마치 장사가 구부렸던 팔을 펴는 것처럼 재빠르게 범친의 세계에서 세존 앞에 나타나 한쪽 어깨에는 승의를 걸치고 오른쪽 무릎을 대지에 대고 합장 배례하면서 세존께 말씀드렸다.

"세존이시여, 아무쪼록 법을 설해주십시오. 세상에는 때묻지 않은 지혜의 눈을 가진 사람이 있습니다. 만일 그들로 하여금 법을 듣지 못하게 한다면 그대로 죽고 맙니다. 그들은 반드시 세존의 법을 깨달을 것입니다."

5. 세존은 범천의 청을 듣고 사람들에 대한 연민의 불안(佛眼)으로써 세계를 바라보았다. 마음의 흐림이 적은 자, 마음의 흐림이 많은

자, 둔한 자, 착한 자, 악한 자, 가르치기 쉬운 자, 가르치기 어려운 자 등 갖가지 중생이 세존의 눈에 비쳤다. 비유컨대 청·황·적·백 등 갖가지의 연못이 있는데, 어떤 연꽃은 물에서 나 물에서 무성하면서도 수면에 나오지 않고, 어떤 연꽃은 물에서 나 물에서 무성하면서도 수면을 나와 물에 젖지 않는 것과 같이 여러 가지 사람들의 모양이 분명히 세존의 눈에 비쳤다. 거기에 세존은 노래로써 범천에게 대답하였다.

범천이여, 나는 효험없을 것을 생각했기에 이 법을 사람들에게 설하고자 하지 않았건만, 이제 귀 있는 자가 들어서 신(信)을 얻도록 불사의 문을 그들에게 열리라.

범천은 이 노래를 듣고 "세존은 나의 청을 용납하셨다."고 기뻐하며 세존께 배례하고 떠나갔다.

제3장 전도(傳道)

제1절 전법륜(轉法輪)

1. 이리하여 세존은 생각하셨다. '우선 처음에 누구에게 이 법을 설하면 좋을까. 누가 이 법을 깨달을 것인가. 저 아라라 칼라마는 학자이며 현인으로서 마음의 흐름이 적은 사람이다. 그는 이 법을 깨달을 것이다.' 그러나 그때 세존은 천안(天眼)으로써 그가 이레 전에 죽은

것을 알았다.

'아, 아라라 칼라마의 죽음은 큰 손실이다. 그렇다면 누구에게 법을 설할 것인가. 칼라마의 아들 우타카도 현명한 학자이다. 그에게 이 법을 전하리라.' 그런데 우타카도 역시 어제 죽은 것을 알고 그 손실을 탄식하며 5명의 출가자에 대해 생각하셨다. '5명은 내가 고행을 닦고 있을 때 시중을 든 소중한 사람들이다. 우선 그들에게 이 법을 전하리라.' 세존은 이렇게 결정하고 우루벨라숲을 나와 녹야원을 향해 출발하셨다.

2. 세존은 길에서 다른 교도의 수행자를 만났다. 그는 세존의 모습이 참으로 적정함에 감동하여 말씀드렸다. "당신의 모습은 참으로 적정하며 청정하고 맑습니다. 당신은 누구에게 출가하여 어떤 가르침을 받았습니까?"

세존은 이에 대해 노래로써 대답하셨다.

나는 싸움에 이겼다. 이제는 지혜가 뛰어나 모든 법에 더럽혀지지 않고, 번뇌를 여의고 갈애(渴愛)를 다하여 원숙하게 깨쳤다. 이것은 모두 나의 지혜에 의해서이다. 누구를 스승으로 부르리요. 천지간에 나에게 비길 자 없도다. 나야말로 세간의 각자(覺者)이며, 가장 높은 스승이다. 유독 청정하고 고요함 속에 살리라. 지금부터 어두운 이 세간에 법륜을 굴려 불사의 북을 치기 위해 거리로 향하느니라.

"존자여, 당신은 스스로 각자라고 부르고, 승리자라고 말씀하옵니까?"

"번뇌를 멸하고 악을 제압했으니 승리자가 아니겠는가."

그 수행자는 '혹은 그럴지도 모른다.'고 수긍하면서 다른 길을 취하여 가버렸다.

　3. 세존은 바라나시의 녹야원에 들르셨다. 5명의 출가자는 세존을 보고 서로 말했다. "저기 고타마가 온다. 의무를 버리고 안일로 도망친 자가 온다. 배례할 것도 없고 섬길 것도 없다. 바리때와 승의를 받아 줄 것도 못되고, 그를 위해 자리를 베풀 것도 없다. 앉고 싶은 곳에 제멋대로 앉게 하면 좋을 것이다."

　그러나 세존이 그들에게 근접했을 때 그들은 서로간의 약속을 잊고서 어떤 자는 세존께 다가가 바리때와 승의를 받았고, 어떤 자는 자리를 마련하고 어떤 자는 발씻을 물을 제공하였다.

　세존은 발을 씻고 자리에 앉았다. 5명의 출가자는 세존을 향하여 고타마 또는 친구라고 불렀는데, 세존이 이르기를 "너희들은 부처를 그 이름이나 친구라는 말로 불러서는 안 된다. 나는 세간의 공양을 받기에 합당한 깨달음을 얻은 부처이다. 내 말에 귀를 기울여라. 너희에게 불사(不死)에 이르는 도를 가르칠 것이다. 내가 가르치는 법을 지키고 행하면 머지않아 출가자로서의 소망을 이루고 청정한 행을 갖추어, 현세에서 스스로 깨달음을 얻을 수가 있다."

　그들은 말했다. "그러나 고타마여, 당신은 그 엄한 도, 그 무서운 고행에 의해서도 사람을 초월하여 뛰어난 참된 지혜에 도달할 수가 없었지 않았는가? 당신은 그 노력을 버리고 안일로 도피하면서 어떻게 그 법을 말할 수가 있을 것인가."

　"출가자들이여, 부처는 안일을 탐하는 자가 아니다. 노력을 버린 것도 아니다. 나는 실로 세간의 공양에 합당한 깨달음을 얻은 부처이다. 귀를 기울여라. 너희들에게 불사에 이르는 도를 가르치리라."

　그러나 그들은 세존의 말을 따르지 않고 세 번이나 앞서의 말을 되풀이하였다. 세존은 마지막으로 말씀하셨다.

　"출가자들이여, 너희들은 내가 전에 이같이 말한 적이 있다고 생각하는가?"

"존자여, 그런 적은 없었습니다."

"보라, 부처는 안일을 탐하는 자가 아니다. 노력을 버린 자도 아니다. 나는 실로 깨달음을 얻은 자이다. 귀를 기울여라. 불사에 이르는 도를 듣는 것이 좋으리라."

이에 5명의 출가자는 비로소 세존께 진심으로 경청하려는 마음이 일었다. 세존은 그들에게 고했다.

4. "출가자들이여, 여기에는 출가자가 피해야 할 두 가지의 치우친 도가 있다. 그것은 비천한 욕에 빠진 어리석은 쾌락의 생활과, 부질없이 자기를 괴롭히는 어리석은 고행의 생활이다. 출가자들이여, 이 두 가지 치우친 도를 떠나 마음의 눈을 뜨고 지혜로 나아가 적정과 성지(聖智)와 정각과 열반으로 인도하는 중도(中道)를 깨달으라.

출가자들이여, 이 중도란 무엇인가. 팔성도(八聖道)가 그것이다. 즉 '정견(正見)·정사유(正思惟)·정어(正語)·정업(正業)·정명(正命)·정정진(正精進)·정념(正念)·정정(正定)'이다.

출가자들이여, 이것은 고성제(苦聖諦)이다. 생도 괴로움이다. 노·병·사도 괴로움이다. 원한이 있는 자와 만나야 하는 것도, 사랑하는 자와 이별해야 하는 것도, 구해도 얻지 못하는 것도 모두 괴로움이다. 집약하여 말하면 사람으로서 생존하고 있는 일 모두가 괴로움이다.

출가자들이여, 이것이 고집성제(苦集聖諦)이다. 그것은 새로운 생을 만들어 내고, 기쁨과 탐욕을 동반하고 이곳 저곳의 경계에 욕의 즐거움을 낳는 갈애(渴愛)이다. 이에 욕애(欲愛)와 유애(有愛)와 비유애(非有愛)의 세 가지가 있다.

출가자들이여, 이것은 고멸성제(苦滅聖諦)인 것이다.

저 사랑의 갈구가 남김없이 멸해 모든 집착이 없어진 것이다.

출가자들이여, 이것은 고멸도(苦滅道)성제이다. 즉 정견·정사유·

정어 · 정업 · 정명 · 정정진 · 정념 · 정정의 팔정도인 것이다.
　출가자들이여, 이 사성제는 지금까지 설하지 않은 나 스스로가 증득한 법인데, 나는 이 법에 의해서 마음의 눈을 뜨고 지혜를 낳고 빛을 낳았다. '이 고성제는 분변하여 알아야 할 것'으로써 이것을 알고, '이 고집성제는 끊어야 할 것'으로써 이것을 끊고, '이 고멸성제는 깨달아야 할 것'으로써 이것을 깨닫고, '이 고멸도성제는 닦아야 할 것'으로써 이것을 닦았다. 그리고 이러한 나 스스로 깨달은 법 위에 마음의 눈을 뜨고 지혜와 빛을 낳았던 것이다.
　출가자들이여, 이 사성제 중에 있어서 나에게 이 깨끗한 참된 지견이 생기지 않았던 동안은 이 모든 세계, 모든 중생 가운데에서 나는 깨달음을 얻었다고는 말하지 않았다. 그러나 이러한 지견이 생긴 이후 나는 깨달음을 얻었다고 선언한다. 또 나에게 이와 같은 지견이 생겼다."
　세존이 이것을 설하시자 그들 중의 콘단야〔憍陳如〕가 먼저 법안이 열려서 '생자(生者)는 필멸이다.'라는 것을 간파했다.
　5. 세존은 또 그들을 모아 법을 설하셨다. "제자들이여, 몸은 내가 아니다. 만일 몸이 나였다면 나의 몸은 이렇게 되라, 이렇게는 되지 말라고 자유로이 할 수가 있었을 것이다. 그와 같이 마음도 또한 나는 아니다. 즉 마음도 이렇게 되라, 이렇게 되지 말라고 자유로이 할 수가 없기 때문이다. 제자들이여, 너희들은 어떻게 생각하는가? 몸은 상주인가, 무상인가?"
　"세존이시여, 무상이옵니다."
　"무상이라면 고인가 낙인가?"
　"세존이시여, 고입니다."
　"무상이며 고이며 변천하는 것을 나의 것, 나의 자아라고 볼 수 있겠는가?"

"세존이시여, 그것은 불가능하옵니다."

"제자들이여, 마음도 또한 그와 같다. 존귀한 제자는 이와 같이 보고, 이와 같이 듣고, 몸과 마음을 혐오하는 마음을 가져야만 한다. 그리고 그것들에 집착하지 않는다면, 즉 해탈하여 해탈했다고 하는 지혜를 낳는다. '생은 다했다, 청정한 행은 이루어졌다, 해야 할 일은 성취되었다, 이제부터는 다른 생은 없다.'라고 하는 지혜이다."

세존의 설법을 듣고 다섯 사람은 기뻐하며 집착을 버리고 번뇌에서 벗어나 성자가 되었다. 이리하여 이 세상에 여섯 사람의 성자가 있게 되었다.

제2절 야사(耶舍)의 출가

1. 그때 바라나시에 야사라고 하는, 부호의 아들로서 훌륭한 청년이 있었다. 큰 상인의 외아들이므로 온갖 사치가 허락되어 추울 때는 겨울 궁전, 더울 때는 여름 궁전, 우계에는 우정(雨亭)에 있었다. 어느 날 밤, 그는 애욕의 즐거움에 빠진 후 꾸벅꾸벅 졸고 있었는데, 얼마 후 눈을 뜨니 난등만이 홀로 휘황한 가운데 놀이에 지친 여사늘은 조신함을 잊어버리고 잠에 빠져 있었다. 겨드랑이 밑에 악기를 끼고 있는 여자도 있고, 목에 북을 걸고 있는 무희도 있었다. 머리카락을 산발한 여자, 침을 흘리면서 잠꼬대를 하는 여자…… 마치 무덤 같은 광경을 눈앞에서 본 야사는 애욕의 화를 알고 혐오하는 마음을 일으켜 "위태롭다, 위태롭다." 하고 외치면서 황금의 신을 신고 달려나와 그대로 녹야원으로 나아가 새벽녘에 고요한 곳에 계신 세존의 곁으로 달려갔다. "위태롭도다, 위태롭도다." 하는 말이 그의 입에서는 잇따라 나오고 있었다.

세존은 "야사여, 여기서는 조금도 위태로울 것이 없다. 여기에 앉아라. 그리고 나의 법을 들으라."고 말씀하셨다. 이 말은 야사의 광란의 마음을 진정시켰다. 야사는 황금의 신을 벗고 세존 옆에 앉았다. 세존은 보시의 이야기, 계율의 이야기, 하늘에 태어나는 이야기, 요욕(樂欲)의 재앙과 불결함, 애욕의 세계를 벗어나는 이익 등, 순서를 따라 이야기를 진행하여 야사의 마음을 달랜 후, 고집멸도 사성제의 가르침을 설하셨다. 깨끗한 옷이 빛깔에 물들기 쉬운 것처럼, 야사의 마음은 법의 빛깔에 물들어 '생자는 필멸이다.' 라는 법안이 열렸다.

2. 야사가 높은 누각에서 사라졌다는 소식은 말할 수 없는 놀라움을 일문의 사람들에게 주었다. 사람을 사방으로 내보내 야사의 행적을 탐문케 했다. 아버지도 몸소 아들을 찾아 나섰는데, 마침 녹야원 근처에 황금 신발이 버려져 있음을 보고는 세존께 자기 아들의 행방을 물었다.

세존은 "잠시 후 아들을 만날 수 있을 것이니 잠깐 앉아 있으라."고 말씀하시고 법을 설하여 더러움을 여의는 법안을 증득하게 하셨다.

그 아버지는 크게 기뻐하여 "세존이시여, 훌륭하신 일입니다. 마치 넘어진 것을 일으키고, 덮인 것을 나타내시고, 헤매고 있는 자에게 도를 보이고, 눈이 있는 자에게 물건의 형태를 보도륵 어둠에 빛을 가져오듯이 세존은 여러 가지로 법을 보여주셨습니다. 세존이시여, 저는 부처와 법과 승가에 귀의합니다. 세존이시여, 지금부터 생명이 끝날 때까지 귀의하는 신자로서 저를 받아주십시오!" 하며 삼귀의(三歸依)를 말씀드렸다.

이리하여 탐색하던 자도, 탐색 당하던 자도 드디어 도에 들어갔다. 야사는 출가 후 성자가 되었다.

세존은 이튿날 야사와 함께 그의 집에 초대되어 야사의 어머니와 젊은 아내를 신자로 만드셨다. 야사의 친구 4명도 야사를 따라서 출가하고, 다른 일단의 친구들 50명도 또한 야사의 권고에 의해 부처님의 제자가 되었다. 이리하여 그들은 세존의 가르침을 지켜 법대로 수행하여 깨달음을 얻었다. 이로써 이 세상에는 60명의 성자가 있는 셈이 되었다.

3. 세존이 제자 60명을 여러 곳에 파견하고 홀로 우루벨라의 숲에 들어가셨을 때, 그 숲에는 한떼의 사나이들이 놀고 있었다. 그 중 29명은 아내가 있고 나머지 1명만이 독신이었으므로, 창부를 한 사람 고용하여 그 남자의 아내역으로 삼아, 남녀 60명이 봄숲의 잔치에서 진탕 놀고 있었다. 창부는 사람들의 틈을 엿보아 아름다운 의상이나 구슬 장식물을 훔쳐서 도망쳤다. 사람들은 놀라 좌우로 그 뒤를 탐색하다가 뜻밖에 고요히 나무 밑에 앉아 계시는 세존 곁에 이르러, 빛나는 모습을 보고 이상하게 생각하며 세존께 그 여자의 행방을 물었다. 세존이 말씀하시기를 "공자들이여, 그대들은 어찌하여 여자를 찾는 것인가? 자기가 자신을 찾는 것과 여자를 찾는 것과 어느 편이 훌륭한가?"

"세존이시여, 그야 물론 자기 자신을 찾는 편이죠."

"공자들이여, 그렇다면 여기에 앉으라. 나는 자기 스스로를 구하는 법을 설하리라."

그들은 말씀에 따라 세존의 곁에 앉았다. 세존은 순서에 따라 법을 설하고 그들의 마음이 안정되기를 기다려 사제(四諦)의 법을 설하시니, 그들은 모두 법안이 열려 세존께 출가하여 불제자가 되었다.

제3절 삼가섭(三迦葉)의 제도(濟度)

1. 이리하여 세존은 점차 나아가서 우루벨라의 숲, 네란자라강 언

덕에 이르렀다. 그 강 언덕에는 당시 마가다국 사람들에게 앙모되고 있던, 카샤파(迦葉)라는 성을 가진 삼형제가 있었다. 우루벨라 마을의 카샤파는 500명의 제자를 동반하고, 나제 마을의 카샤파는 300명의 제자를 거느렸고, 가야 마을의 카샤파는 200명의 제자를 거느리고 있었는데, 모두 결발(結髮)한 배화교도(拜火敎徒)였다. 세존은 우루벨라 카샤파한테 가서 그 화실(火室)에서의 하룻밤의 숙박을 구하셨는데, 카샤파는 화실에 살고 있는 독룡(毒龍)의 피해를 말하며 사절했으나 세존은 굳이 여기에 들어가셨다. 그날 밤 화실의 창으로 불길이 매우 세어지자 사람들은 불쌍한 행자의 신상을 동정하는 것이었다. 이튿날 아침 세존은 그 용을 바리때 속에 넣어 이것을 사람들에게 보이셨다. 카샤파는 그 위덕의 높음에 놀라기는 했으나, 그래도 '이 출가자는 나에게 미치지 못한다.'고 생각하고 있었다. 세존은 계속 그 화실에 머물러 여러 번 신변(神變)을 보이셨다.

어느 날 밤, 신들이 법을 들으려고 모였기 때문에 우루벨라의 숲은 신들의 빛으로 빛났으며, 어떤 날에는 먼 세계의 과일을 운반해 왔으므로 향긋한 냄새가 숲속에 가득 찼다. 또 어떤 때는 세존의 법력에 의해 땔나무는 꺾이지 않고, 불은 타오르지 않고, 물 속에서 마른 흙이 드러나고, 물 없는 곳에 못이 생겼다. 카샤파는 세존의 법력에 놀라면서도 아직도 '이 출가자는 나에게 미치지 못한다.'고 생각하고 있었다.

세존은 이윽고 때가 이른 것을 보고 카샤파를 꾸짖으셨다. "카샤파여, 너는 성자가 아니다. 또 성자에 이르는 도를 발견하지 못하고 있다. 너의 가르침은 성자가 되는 도가 아니다."

카샤파는 놀라며 세존 앞에 꿇어엎드려 그의 발 아래 절하며 세존께 출가하고 싶다고 원했다. 세존은 이를 허락하시고 세 명의 형제와 그 제자 1000명을 불제자로 삼으셨다.

2. 세존은 '지금이야말로 비로소 빔비사라왕과의 약속을 다할 때가 왔다.'고 생각하고 마가다의 세 카샤파와 그 제자 1000명을 거느리고 라자가하로 들어가려 했다. 그날 밤, 세존은 먼저 1000여 명의 제자를 동반하고 조금 높은 언덕에 올라가 라자가하의 불이 멀리 저편에 빛나고 있는 것을 바라보면서 설하셨다.

"제자들이여, 모든 것은 불타고 있다. 어떻게 모든 것이 불타고 있는가? 제자들이여, 보는 눈도, 볼 수 있는 물건도, 보아서 분별하는 식(識)도, 또한 그것에 의해 일어나는 감수(感受)도 모조리 타고 있다. 그와 같이 귀·코·혀·몸·뜻과 그 경계와 거기에 일어나는 분별과 감수 역시 타고 있다. 제자들이여, 무슨 불에 의해 타고 있는가? 그것은 탐욕의 불, 진에(瞋恚)의 불, 우치(愚癡)의 불에 의해 타고 있다. 생·노·병·사와 우·비·고·뇌·민의 불에 의해서 타고 있다. 제자들이여, 만일 이 가르침에 따르는 자가 이와 같이 보고, 이와 같이 들어서 모든 것에 혐오하는 마음을 가지면 욕정을 여의고 '나는 해탈하였다.'고 하는 지혜가 생기고 '생은 다했다, 청정한 행은 성취되었다, 해야 할 것은 이루어졌다, 이제부터는 망집의 생은 없다.'는 것을 알 것이다.

3. 제자들이여, 여기에 5가지 욕심이 있다. 그것은 호감이 가는 사랑스러운 모습을 한 유혹과 자극의 힘을 갖는 바의 눈으로 보는 물건, 귀로 듣는 소리, 코로 맡는 냄새, 혀로 맛보는 맛, 몸으로 접촉하는 감촉이다. 어떠한 출가자일지라도 이 5욕에 빠져 그 재앙을 보지 못하고 그것에서 벗어나는 길을 알지 못하면, '불행에 잠기고 재앙을 만나고 악마가 쳐놓은 그물에 걸린 사람'이라고 불린다. 마치 숲의 사슴이 함정에 빠져 넘어져 있을 때 '이 사슴은 사냥꾼의 계략에 걸려 도망칠 수가 없다.'고 말하는 것과 같다.

제자들이여, 어떠한 출가자라도 이 5욕의 재난을 보고 그것에서 벗어날 길을 알고 있으면서 그것을 향유하고 있다고 하면, 이 사람은 '불행에 빠지지 않는, 악마의 계략에 걸리지 않는 사람' 이라고 불린다. 마치 숲속의 사슴이 함정에 빠지지 않고, 사냥꾼이 오면 도망칠 수 있는 것과 같은 것이다.

제자들이여, 숲의 사슴이 숲이나 산을 자유롭게 달리고 편안하게 살 수 있는 것은 사냥꾼이 가지 않는 곳에 있기 때문이다. 그것과 마찬가지로 제자가 선정을 수행하면 악마를 소경으로 만들고, 악마의 습격하는 바를 면한 사람이라고 한다. 그의 행·주·좌·와는 자신에 차서 편안하다.

4. 제자들이여, 내가 아직 깨달음을 얻지 못한 보살이었을 때 이렇게 생각했다. '세간의 행복이란 무엇인가, 재앙이란 무엇인가, 이 재앙에서 어떻게 벗어날 수 있을 것인가.' 하고. 또 이어서 생각하였다. '이 세상에 즐거움과 기쁨을 일으키게 하는 것이 행복이다. 이 세간은 무상·고뇌·변천하는 것이라는 것이 재앙이다. 이 세간에 있어서 탐욕을 제어해버리면 이것이 이 세간에서 해탈한 것이다.'

제자들이여, 또 나는 이 세간의 재난을 탐색해서 그것에 도달하여 깊이 그 근원을 확인했다. 또 나는 이 세간에서 벗어나는 도를 생각하고 그것에도 달하여 그 근원을 확인했다. 제자들이여, 내가 이같이 세상의 행복과 재난과 그것에서 벗어나는 것을 여실히 알았을 때 최상의 깨달음이 열렸다. 지금 나의 마음은 움직이지 않는다. '이것은 나의 최후의 생이다. 이밖에 재차 생을 받지 않는다.' 라는 지혜가 생겼다. 제자들이여, 만일 세상에 행복이 없다면 대중들은 세상에 집착하지 않을 것이다.

세상에는 행복이 있으므로 집착하는 것이다. 또 만일 세상에 재난이 없다면 대중은 세상을 싫어하지 않을 것이다. 세상에는 재난이 있으므로 싫어하는 것이다. 또 세상을 벗어나는 법이 없다면 사람은 세상을 벗어나지 못한다. 그 법이 있으므로 세상을 벗어날 수가 있는 것이다."

이 가르침을 듣고서 1000명의 제자는 집착을 여의고 깨달음을 얻었다.

제4절 죽림정사(竹林精舍) – 세존의 최초의 길

1. 세존은 세 카샤파를 비롯하여 1000여 명의 제자들을 거느리고 라자가하성에 들어가 그 교외의 죽림에 머무르셨다. 이 소식은 곧 라자가하성에 전달되어 "그 부처는 세상의 공양을 받기에 알맞은 사람, 바른 깨달음을 얻은 사람, 모든 세상의 지도자이며 인천(人天)의 사표가 될 만한 분이다. 그는 일체의 세계 중에 스스로 깨달아 문(文)도 의(義)도 원만하게 갖추는 법을 설하신다. 이와 같은 존귀한 분을 받드는 것은 행복한 일이다."라고 대중들은 찬양하였다.

마가다국의 왕인 빔비사라는 많은 사람들에게 둘러싸여 세존께로 가서 세존을 배례하고 한쪽에 앉았다. 다른 사람들도 각각 자리를 차지하였다.

2. 많은 마가다국의 사람들은 당시의 성인인 우루벨라 마을의 카샤파가 세존의 제자가 된 일에 대해서 의문을 품고 있었다. 세존이 우루벨라 카샤파에게 붙어서 수행을 하는지, 우루벨라 카샤파가 세존에게 붙어서 수행을 하는지 분명치 않았던 것이다. 세존은 곧 이것을 살피고 우루벨라의 카샤파를 돌아보시니, 카샤파는 그 마음을 헤아리고 "나는 원래 우루벨라의 숲속에 있으면서 불(火)을 섬기고 고행에 초췌해 있었습니다만, 지금 세존의 가르침에 의해 진실한 도를 즐기게 되었습니다. 세존이시여, 세존은 저의 스승, 저는 제자입니다."라고

두 번 되풀이하여 말했다. 사람들은 이것에 의해 비로소 의심을 풀 수 있었다.

3. 세존은 순서에 따라 간절하게 법을 설하시고 빔비사라왕을 비롯하여 많은 사람들에게 법안을 열게 하셨다. 빔비사라왕은 세존께 말씀드렸다.

"세존이시여, 저는 일찍이 왕자였을 때 다섯 가지 원을 갖고 있었는데, 그것을 모두 성취했습니다. '나는 왕으로서 관정(灌頂) 받기를, 내 나라에 부처가 나타나주시기를, 나는 그 부처를 섬기게 되기를, 그 부처로부터 법을 듣게 되기를, 깨닫게 되기를.' 세존이시여, 저는 세존께 귀의하옵니다. 승가에 귀의하옵니다. 이제부터 앞으로 생명이 다하기까지 저를 신자로서 받아들여주시옵소서. 또 내일은 제자들을 데리고 저의 궁전에 오시기를 원하옵니다." 세존은 말없이 고개를 끄덕이셨다.

왕은 기뻐서 궁전으로 돌아와 밤을 새워가며 음식을 준비시켜 이튿날 아침 세존께 시간을 알렸다. 세존은 승의를 입고 바리때를 들고 1000여 명의 제자를 거느리고 라자가하성에 들어가셨다.

4. 세존은 잠시 후 빔비사라왕의 궁전에 마련된 자리에 앉으시니, 왕은 몸소 음식을 바치고 공양이 끝난 다음 자기도 자리에 앉아서 생각하였다. '어디에 세존의 거처를 정하는 것이 좋을까? 거리에서 멀지도 않고 가깝지도 않고, 왕복에 편리하고, 언제라도 가기 쉽고, 낮에는 사람의 혼잡이 없고, 밤에는 조용하여 한거와 정사(靜思)에 알맞는 장소가 없을까?'

여러 가지로 생각한 끝에 죽림원이 적합하다는 것을 알고, 이 동산을 세존께 바치려고 생각하여 황금병을 들어 세존의 손에 부으면서 "세존이시여, 저는 죽림원을 세존께 바치려고 하옵니다."라고 말씀드렸다.

세존은 법을 설해 왕을 격려하고 돌아온 다음 제자들에게 "이제부터 원림(園林)의 공양을 받는 것을 허락한다."고 말씀하셨다.

제5절 사리푸타〔舍利弗〕와 목갈라나〔目連尊者〕

1. 라자가하성의 동북에서 얼마 떨어지지 않은 마을에 한 젊은이가 있었다. 그는 친히 사귀어 서로의 뜻을 털어놓는 사이가 된 이웃 마을의 친구와 더불어 부근의 산제(山祭)에 들떠 돌아다니는 사람들의 모습을 보고 역겨운 마음이 일어나, 조용한 곳에 가서 산기슭의 라자가하성을 바라보며 명상에 잠겨 있었다. '저 소란, 저 군중, 순간의 꿈을 탐하여 환락에 여념이 없는 저 군중도 백 년이 지난 후면 누가 살아남을 것인가. 저 멀리 보이는 대도시도 언젠가는 멸망할 때가 온다. 멸망하는 자가 멸망하는 자를 구하여 무엇을 할 것인가.'

두 사람은 드디어 서로 이끌고 출가하여 라자가하성에 들어가, 당시 유명한 수행자의 한 사람이었던 산사야(山闍耶)의 제자가 되었다.

그때 산사야에게는 250명의 제자가 있었는데, 이미 스승과 같은 정도에 이른 이 두 사람은 제자 중의 상석으로서 모든 제자들의 심김을 빌으면서 열심히 도를 구하고 있었다.

2. 어느 날 아침, 아스바지〔阿說示〕라고 하는 부처의 제자가 라자가하성에 탁발을 나갔다. 그 위의(威儀) 단정함은, 마침 지나가던 산사야 제자의 마음을 끌었다. '아아, 얼마나 기품이 있는 모습인가. 세상에 만일 각(覺)을 체득한 사람이 있다고 하면 이 출가자는 확실히 그 중의 한 사람일 것이다.' 이렇게 생각하고 아스바지의 뒤를 따랐다. 아스바지가 탁발을 끝내고 거리를 떠나자 그는 나아가서 물었다.

"벗이여, 당신의 몸은 고요함에 충만하고 청결하여 흐림이 없습니다. 당신은 누구를 스승으로 모시고 있습니까?"

"벗이여, 지금 석가의 일족에서 출가한 위대한 출가자가 있습니다. 나는 그 세존의 가르침을 받들고 있는 사람입니다."

"당신의 스승은 어떤 것을 설하고 계십니까?"

"저는 그 교에 새로 들어간 자이므로 그것을 자세히 설할 수는 없으나, 요약해서 말하면 '법은 인연에 의해 생기고, 인연에 의해 멸한다.'라고 하는 것입니다."

그는 그 간단한 가르침을 듣고 '생자는 필멸이다.'라는 도리를 깨닫고, 친한 친구에게 그날 일어났던 일을 말하고, 또 250명의 친구들에게도 이 일을 알렸다. 이에 그들도 두 사람을 따라 세존의 도를 닦겠다고 앙청했다. 두 사람은 산사야에게 이 사실을 이야기하고 스승의 만류를 뿌리치며 250명을 거느리고 세존이 계시는 죽림원으로 갔다.

3. 세존은 멀리서 그들이 오는 것을 바라보고 제자들에게 고하셨다. "제자들이여, 여기에 두 사람의 친구가 오고 있다. 그들은 나의 대제자(大弟子)가 될 것이다."

얼마 후 이 두 사람은 세존의 제자가 되었으며, 제자 중의 상좌(上座)로서 존경을 받았다. 그 이후 한 사람은 사리푸타(舍利弗)라고 불렸으며, 또 다른 한 사람은 목갈라나(目連尊者)라고 불렸다. 그런데 고참 제자들 사이에는 이 때문에 여러 가지 불평이 일어났다. 세존은 이것을 알고 말씀하셨다.

"제자들이여, 사리푸타와 목갈라나를 상좌의 제자로 삼은 것은 편애로 인한 것이 아니다. 이것은 전생의 선근(善根)과 지원(志願)에 의해 정해져 있는 것이다. 무상의 열반을 지향하여 출가한 자가 지위의 고하를 다투는 것은 걸맞지 않은 일이다. 스스로 마음을 청정하게 하여 한눈을 팔지 말고 일심으로 정진해야만 한다."

이리하여 칠불통계(七佛通誡)의 교계를 설하셨다.

"모든 악을 짓지 말라, 많은 선을 행하라. 스스로 마음을 청정히 하는 것이 모든 부처의 가르침이다."

4. 사리푸타와 목갈라나가 출가한 이후 마가다국의 유명한 가문의 자제들은 잇따라 세존의 제자가 되었다. 때문에 "세존은 어버이로 하여금 아들을 잃게 하고, 아내로 하여금 남편을 잃게 하고, 한 집안의 계사(繼嗣)를 끊어지게 하는 자이다."라는 비난이 일어났다. "1000명의 불을 받드는 교도들이 출가했고, 250명의 고명한 산사야의 제자들이 출가했고, 마가다국의 유명한 가문의 자제가 출가했다. 이 다음에는 누구를 끌어들일 것인가!"라고 숙덕거렸다.

제자들이 이 일을 세존께 말씀드리자 세존이 말씀하셨다.

"제자들이여, 이 소리는 오래가지 않는다. 이레 후에는 없어질 것이다. 제자들이여, 만일 거리에 나가 이 소리를 들으면 이렇게 대답하는 것이 좋다. '부처님은 바른 설법으로 인도하시도다. 그러니 진실로 시기하는 화살쯤이 어찌 두려우랴!' 라고."

사람들이 이 말을 듣자 드디어 비웃음은 완전히 사라졌다.

5. 그로부터 얼마 후 사리푸타의 숙부가 조카의 선생님을 뵈려고 세존께로 왔다.

"세존이시여, 저는 일체를 인정치 않는다는 주의입니다."

"일체를 인정치 않는다면, 그대는 인정치 않는다는 주의도 인정치 않을 것이다."

"그대로입니다. 만일 인정치 않는다는 주의를 인정하면 일체를 인정하는 것으로 될 터이니까요."

"그대와 같이 잘못을 보고 있으면서 그 잘못된 주의를 버리지 않는 자는 많고, 그 주의를 떠나는 자는 적다. 세간에는 일체를 인정한다는 자도 있고, 일체를 인정치 않는다는 자도 있으며, 또 혹은 어떤 부분은 인정하고 어떤 부분은 인정치 않는 자도 있다. 이러한 견해 중 대체로 일체를 인정한다는 주의는 탐욕과 계박(繫縛)과 집착에 가깝고, 일체를 인정치 않는다는 주의는 그것과 먼 것이다. 그러나 어떻든 이러한 주의에 강하게 집착하면 적이 나타나 싸우게 되며, 장애가 생기고 망집이 일어난다. 지혜있는 자는 이를 알아 그 무기를 버리는 것이다.

범사여, 부모로부터 나서 음식에 의해 유지되는 이 육체는 무상하여 무너지는 것, 괴로움, 무아, 허무한 것이다. 이 도리를 보고 신체에 대한 욕과 집착을 여의어야 한다. 또 우리들의 감각에는 고와 낙과 불고불락의 세 가지가 있는데, 이 세 가지는 모두 인연에 의해 생긴 것으로서, 무상하며 멸하는 것이니 집착할 것이 못된다. 이 교에 의한 나의 제자들은 고와 함께 낙을, 불고불락을 싫어하며, 탐욕을 버리고 해탈하여 누구와도 싸우지 않고 생활하는 것이다."

이때 사리푸타는 세존의 뒤에 서서 세존께 부채로 바람을 보내고 있었는데 '세존은 실로 욕을 여의는 일에 관하여 밝히고 계신다.'고 진지하게 생각하고, 번뇌를 남김없이 여읠 수가 있었다. 그의 숙부 또한 '생자필멸'이라는 법안을 얻어 일생을 삼보에 귀의하는 신자가 되었다.

제6절 죽림정사의 교계(教誡)

1. 세존은 죽림정사에 있으면서 때때로 제자들을 교계하셨다.
"제자들이여, 신들 사이에 때때로 3종의 천음(天音)이 일어난다. 그것은 첫째로 이 교의 제자가 수염이나 머리를 깎고 출가하려 할 때 '이 사람은 악마와 싸우려 한다.'라는 천음이 일어난다. 다음에 그 제자가 깨달음의 인이 되는 바른 행을 닦을 때 '이 사람은 악마와 싸우고 있다.'라는 천음이 일어난다. 다음에 또 이 제자가 번뇌를 멸진하고 깨달음을 얻었을 때 '이 사람은 싸움에 이겼다.' 라는 천음이 일어난다. 제자들이여, 이 3종의 천음이 때때로 신들 사이에 일어나는 것이다."

2. "제자들이여, 신들이 천계에서 사라지려 할 때 다섯 가지 모양이 나타난다. 화만(華鬘)은 시들고, 옷은 더러워지고, 겨드랑이에서는 땀이 흐르고, 몸에서는 냄새가 나고, 자기의 거처를 기뻐하지 않게 된다. 이때 다른 신들이 '벗이여, 좋은 곳에 가서 좋은 소득을 얻고 거기서 튼튼한 발판을 갖는 것이 좋다.' 고 하면서 격려한다. 제자들이여, 좋은 곳이란 인간의 세계, 좋은 소득이란 인간의 세계에 있어서 부처가 설하는 가르침을 믿을 수 있는 것, 그 믿음이 확립되어 어떠한 사람의 가르침에도 흐트러지지 않도록 능히 굳건한 기반이 서는 것을 말하는 것이다."

3. "제자들이여, 예컨대 나의 제자로서 나의 옷자락을 잡고 뒤에 따르고, 나의 발자취를 밟고 있더라도 그가 욕심이 많고 마음이 흐트러져 있다면, 그는 나로부터 멀어지고 나 또한 그로부터 먼 것이다. 왜냐하면 그는 법을 보지 못하고, 법을 보지 못하는 것은 나를 보지 못하는 것이기 때문이다. 그러나 나로부터 백 리를 떨어져 있어도 욕(慾)을 여의고 바른 마음으로 있다면, 그는 나의 옆에 있는 것이다. 왜냐하면 그는 법을 보고, 법을 봄으로써 나를 보는 것이기 때문이다."

4. "제자들이여, 나는 바라는 자에게는 베풀고, 언제나 베풀 용의가 있는 깨달음의 몸이며, 위없는 큰 의사이다. 너희들은 나의 아들로 법에서 난 법의 상속자이지 재산의 상속자가 아니다. 제자들이여, 여기에 재시(財施)와 법시(法施)의 두 가지 보시가 있으며, 재사(財捨)와 법사(法捨)의 두 가지 희사가 있으며, 재의 도움과 법의 도움의 두 가지 부조가 있으며, 재의 공양과 법의 공양의 두 가지 공양이 있는데, 법은 언제나 재보다 나은 것이다."

5. "제자들이여, 비유컨대 흐르는 강물에 즐겁게 배를 띄워 내려가는 자가 있다. 안목이 있는 사람이 언덕에 서서 이것을 보고 외친다. '그대는 어찌하여 즐거운 듯이 강을 내려가는가? 아래쪽에는 물결이 일어나고 소용돌이가 치고, 악어와 야차가 사는 못이 있다. 그대는 거기서 죽음을 맞이해야 한다.' 그때 그는 그 소리를 듣고 손발로써 물살을 헤치고 가로질러 가려고 생각할 것이다.

제자들이여, '흐르는 강'이란 갈애를 말하는 것이고, '즐거운 듯이 떠 있다.'는 것은 육신에 집착함을 말하는 것이고, '하류의 못'이란 하계에 생기게 되는 번뇌를 이름하며, '물결이 인다.'는 것은 분뇌(忿惱)를 가리키며, '소용돌이'란 5욕, '악어와 야차'란 여자의 이름이다. 제자들이여, '물살을 가로지른다.'는 것은 출리(出離)를 이름하며, '손발로써 허우적거린다.'는 것은 노력을 가리키는 것이고, '언덕에서 있는 안목있는 사람'이란 부처를 이름한다."

6. "제자들이여, 음악은 탄식이며 춤은 난심(亂心)이다. 또 이를 드러내고 웃는 것은 어린애 같은 짓이다. 그러므로 음악과 춤을 그만두라. 또 기쁜 일이 있으면 다만 미소짓는 것이 좋다."

7. "제자들이여, 부처가 이 세간에 나오든 나오지 않든 간에 제행(諸行)은 무상한 것이다. 이것은 언제나 일정한 것이다. 부처는 이것을 증득하고 이것을 알고서 '제행은 무상하다.'고 분명하게 가르친 것이다. '제행은 고뇌이다, 제법은 무아(無我)이다.'라고 하는 것도 부처가 세상에 나오든 나오지 않든 간에 언제나 정해져 있다. 부처는 이것을 증득하고, 이것을 알고, 이것을 가르치는 것이다."

제4장 고향에서의 석존

제1절 마하카샤파〔大迦葉〕와 나란다

1. 세존 성도(成道)의 날, 마가다의 하치타마 바라문촌의 한 청년 필파라야나가 집을 나왔다. 그의 아버지는 가유라라고 불렸는데, 이 근처에서 제일가는 부호였다. 어머니는 임삭의 어느 날 초록빛이 짙은 넓은 정원을 거닐다가 마침 큰 보리수(필파라)의 그늘에서 쉬고 있을 때, 어디선가 한 벌의 천의(天衣)가 그 나무 위에 날아 내려오는 순간에 그 나무 밑에서 출산했으므로 필파라야나라고 불렀다. 그는 자라면서 모든 학술을 배웠는데, 총명하고 말재주가 뛰어나 어른들도 혀를 내두를 정도였다. 어렸을 때부터 속세의 쾌락을 싫어하고 숭고한 것을 구하고 있었지만, 부모의 권고를 거절하기 어려워 북방의 아름다운 아가씨와 결혼했다. 신부도 또한 오욕을 싫어하고 정행(淨行)을 원하고 있었으므로, 두 사람은 맹세하고 동침하지 않았다.

양친이 돌아가신 후 필파라야나는 농부의 호미에 묻어나오는 벌레의 생명이 덧없음을 슬퍼했으며, 아내 또한 얼마 후 호마(胡麻)에서 발생하는 수많은 작은 벌레를 바라보고는 세상이 싫어져, 서로 의논하고 집을 나와 동서로 헤어져서 유행의 길에 올랐다. 필파라야나는 그 가계로 인해서 마하카샤파(대가섭)라 불리게 되었다.

2. 세존이 죽림정사에 계실 때, 어느 날 마하카샤파의 기연(機緣)이 다다른 것을 알고, 정사를 나와 북동쪽으로 나아가 라자가하성과 나

란다촌의 중도인 다자탑(多子塔)이 있는 큰 니그로다나무 밑에 앉으셨다. 그때 마하카샤파도 무언가에 끌리는 심정으로 세존을 찾아 죽림정사로 향하여 나아가고 있었는데, 뜻밖에 나무 밑에 단좌한 세존의 모습을 우러러보고, 이분이야말로 내가 구하던 대사라고 생각하여 "세존은 나의 대사, 나는 세존의 제자."라고 말씀드렸다. 세존은 자상하게 사제(四諦)의 가르침을 설하고 제자로 삼으셨다. 마하카샤파는 이후 정진으로 도를 닦아 8일만에 깨달음을 얻었다.

3. 나란다가 출가한 것도 이즈음의 일이었다. 일찍이 아사타(阿私陀) 선인은 싯다르타 태자가 출가하여 깨달음을 체득할 것을 예언했는데, 그러나 그것이 자기의 사후 녹야원에서 법륜을 굴릴 것을 알고서는 어떻게든 조카인 나란다에게 세존의 교에 의해 행복을 얻기를 원했다. 그리고 자기의 사후 나란다가 자기 뒤를 상속하여 큰 공양을 받고서, 그 때문에 세존의 출세를 염하는 마음을 상실하는 일이 있지나 않을까 하여 녹야원의 근처에 집을 짓고 나란다에게 하루 세 번 세존을 염하도록 명하고 죽었다. 아사타가 죽은 후 나란다는 아니나다를까 공양에 집착하여 세존을 염하는 것을 잊어버렸다. 이때 또 엘아파트라 용왕(伊羅鉢羅龍王)은 옛날 카샤파 푸타로부터 들은, "석가모니불이 출세할 때 용신(龍神)을 벗어날 수가 있다."는 말을 생각해내고 부처의 출현을 알아야겠다고 생각하여 강가(갠지스강)의 한가운데에, 금바리때에는 은의 조[粟]를 담고 은바리때에는 금의 조를 담은 후 아름답게 차려입은 두 아가씨를 보내 노래하게 했다.

왕 중의 왕이란 어떤 사람인가.
어리석음이란 어떠한 것인가. 어떤 것인들 흐름에는 방황하게 마련이다.
무엇을 얻음을 지(智)라 이름하며, 흐름과 흐르지 않는다는 것은 무엇을 말함인가. 대체 열반이란 무엇인가.

누구든 이 노래를 깨닫는 자가 있다면 그 사람이야말로 부처이므로, 그 사람에게 금·은의 바리때에 담은 금·은의 조와 두 처녀를 바치겠다고 하는 것이었다.

4. 그러나 출가자나 학자나 그밖의 여러 사람들은 모두 이를 해석하지 못하고, 나란다도 역시 나라 사람의 기대와는 달리 뜻을 밝히지 못하므로, 할 수 없이 세존을 찾아가 이 노래의 의미를 물었다. 세존은 다음과 같은 노래로써 대답하셨다.

제육천(第六天)의 마왕을 우두머리로 삼고, 염(染)과 미염(未染)에 물들지 않으면 더러움은 없다. 물들지 않는 자를 어리석다고 하며, 어리석은 자는 흐름에 방황한다. 능히 멸함을 지(智)라고 하며, 흐름을 버리고 방황하지 않는 자, 이를 해탈이라고 이름하노라.

나란다는 이레만에 강가에 이르러 용왕에게 이 노래를 설했다. 용왕은 크게 기뻐하여 세존이 계신 곳을 묻고 그 앞에 나아가 신자가 되었으며, 나란다는 제자가 되어 얼마 후 깨달음을 얻었다.

제2절 세존의 귀성(歸城)

1. 세존이 성도하셨다는 소식은 널리 인도의 여러 나라에 알려졌다. 이 소식을 가장 기뻐한 사람 중의 한 명은 싯다르타의 아버지 숫도다나왕이었다. 일찍이 6년 고행을 하던 중 태자가 죽었다는 소식이 전해졌을 때 왕은 이것을 믿지 않았다. 지금 세존은 득도하여 부처가

되었다. 왕은 하루빨리 세존을 만나기를 원하여 왕의 사자 몇 명이 남쪽으로 내려갔다. 그런데 한 사람도 돌아오지 않았다. 모두 세존의 가르침에 귀의하고 수도하는 데 급급하여, 그 사명을 잊고 부왕의 간절한 마음을 세존께 전해주는 사람이 없었다. 왕은 드디어 가장 신임하는 우다인 대신을 재촉하여 남쪽 라자가하성으로 내려보내려 했다. 우다인은 세존과 같은 해에 출생한 세존의 어릴 적부터의 친구였다. 우다인은 왕에게 "왕이 만일 신으로 하여금 출가하는 것을 허락하신다면 사명을 다할 것입니다."라고 여쭈었다.

　왕은 이를 허락하고, 다만 세존을 카필라성으로 오게 하도록 명하였다. 우다인은 세존을 뵙고 법을 들은 후 출가하여 깨달음을 얻었는데, 섣달 보름날 세존을 뵙고 노래로써 세존의 뜻을 움직이려 했다.

　　세존이시여, 나무들은 바야흐로 단풍으로 물들고, 과일은 바로 익으려 하고, 시든 잎은 흩어져 불꽃처럼 번쩍이는데, 더위, 추위가 알맞아 지금은 놀기 좋은 절기라 얼마나 즐거운 계절이런가.
　　고국 사람들이 세존을 우러러 받들 수 있도록 서쪽으로 향하시어 강을 건너소서.
　　원이 있어 밭을 갈고 원이 있어 씨앗을 뿌리는 것이며, 보물을 가져올 희망을 갖고 상인은 바다에 들어가는 것이 관습이라. 그 때문에 여기 머무른 나의 소원, 어찌 이루어지지 않으랴.

　2. 세존은 이 노래를 듣고 가족을 구원할 때가 온 것을 아시고 많은 제자를 거느리고 북쪽 고향으로 향하셨다.
　카필라성의 샤카족(석가족)은 세존을 맞이할 준비에 바빴는데, 먼저 니그로다 수원을 깨끗이 치워 세존과 제자들을 그 동산으로 모셨다. 원래 샤카족에게는 교만한 가풍이 있어 그 때문에 여러 가지 말썽을 일으켰는데, 이때도 그들의 천성인 교만에 사로잡혀 세존이 자리에 좌정하셔도 일족의 장로들은 배례하기를 즐겨하지 않았다.

'고타마는 우리들보다 젊으니 그에게 예배할 것까지는 없다. 젊은 자들은 나와서 배례를 하는 것이 좋다. 그리고 우리들은 뒤쪽에 있으리라.'

세존은 그들의 마음속을 알아차리고 그 교만한 마음을 꺾으려고 하늘에 올라가 신통을 나타내셨다. 숫도다나왕은 이 기적을 보고 세존의 발밑에 예배하니, 나머지 샤카족들도 또한 머리를 숙여 공손히 세존께 절을 올렸다. 이에 이르러 세존은 공중에서 내려와 자리에 나아가 친족들에게 둘러싸여 베삼다라(吠三多羅)의 이야기를 하셨다.

3. 옛날 시비왕(尸毘王)이 시비국의 제트다라시에 군림하고 있었다. 왕에게는 산사야라는 왕자가 있었는데, 결혼할 나이가 되었으므로 마츠다왕의 딸 프사티에게 장가들게 하고 왕국을 물려주었다.

프사티는 산사야 대왕의 총애를 받아 많은 후비들 중에서 제1왕비가 되었다. 그때 제석천이 '이것으로 프사티의 전생에 있어 내가 약속한 열 가지 원사(願事) 중 아홉 가지는 성취되었다. 이번에는 아들의 약속을 이행해야겠다.'라고 생각하고, 도리천에서 천계의 수명이 장차 끝나려 하는 보살에게 접근하여 인세(人世)에 내려가기를 권했다.

"존자여, 인계(人界)에 내려가 산사야 왕비 프사티의 태에 들도록 하라."

왕비는 임신과 함께 보시할 마음이 동하여 성의 네 문과 거리의 중앙과 후궁의 성문 밖 여섯 곳에 대시장(大施場)을 만들어 매일 60만 금을 보시하고 싶다고 했으며, 점쟁이는 또 "보시에 마음을 기울인 지칠 줄 모르는 보살이 왕후의 태중에 드셨다."고 말하였으므로, 대왕도 기뻐하며 왕비의 소원대로 큰 보시를 행하였다.

열 달 후 왕비가 대왕의 허락을 얻어 수레를 시중으로 몰아 서민들이 사는 지역에 이르렀을 때, 갑자기 산기가 있어서 급히 지은 산실에 들어가 보살을 낳았는데, 베사(서민의 거리)에서 탄생했다고 하여 베삼다라라고 이름하였다.

왕자는 태어난 후 어머니에게 청하여 1000금을 보시케 하고, 그후 소유한 재물을 기울여 사람들에게 보시하기를 좋아했다.

8세 때 의자에 기대어 생각하기를, '내가 보시하는 것은 모두 밖에서 들여온 것이다. 나는 그것에 만족할 수는 없다. 나는 나 자신의 무언가를 보시해야 한다. 만일 누구든지 내 심장을 갖고자 원하는 자가 있으면 그것을 꺼내주리라. 눈을 원하는 자에게는 눈을, 살을 원하는 자에게는 살이라도 베어주겠다.' 하였다.

이때 땅이 진동하고 산은 기울어지고 하늘과 바다에는 서상이 나타나 신들은 그 지원(志願)을 찬양하였다.

16세 때 여러 가지의 가예에 통달했으며, 마가다국 왕가의 딸 마츠데이에게 장가를 들고 태자의 자리에 나아가 하루에 60만 금씩을 보시하였다. 그후 얼마 있지 않아 왕손이 탄생했는데, 사리(闍梨)라고 이름하였으며, 이어서 한하사리(漢訶闍梨)라는 딸이 탄생하였다.

베삼다라는 자기의 탄생과 함께 출생한 '파차야'라 불리는 흰 코끼리(白象)를 타고 매일 6대 보시장을 돌아보았다. 이 흰 코끼리에게는 불가사의한 덕이 있었는데, 그 발자국이 찍힌 땅에는 마음대로 비를 내리게 할 수가 있었다.

그때 마침 카링가의 나라에 가뭄이 계속되어 기근이 일어나 사람들은 굶주림과 도둑 때문에 고통을 받아 괴로운 나머지 왕궁에 몰려와서 왕을 원망하였다. 왕은 계(戒)를 지키고 보시를 해서 그 공력에 의해 비를 내리게 하려다가 뜻을 이루지 못하고, 시민의 권고를 받아들여 바라문을 파견하여 베삼다라에게 흰 코끼리를 청하게 했다. 왕명을 받은 바라문들은 일부러 티끌을 뒤집어쓰고 진흙을 바르고 먼 여행을 거듭한 양 제트다라시에 들어가, 보름날 성의 남문에서 태자를 뵙고 시비국을 번영케 하는 보물, 세상을 구원하는 흰 코끼리를 달라고 원했다.

태자는 "나 자신도 보시하려는데 하물며 나 이외의 것이란 쉬운 일이다."라고 하고는, 즉시 백상의 등에서 내려 많은 재보와 함께 이것을 그대로 바라문에게 주었다.

이 소식을 들은 시민들의 놀라움과 분노는 대단하여 "우리들은 망한다! 우리들은 곧 망한다!"고 외치면서 태자를 비난하니, 백상에 탔던 바라문들은 바삐 성을 도망쳐 나갔는데, 시민의 분노는 소요로 화하여 진정할 길이 없었다. 민중의 격렬한 요구는 드디어 왕을 움직여 태자를 왕카의 산에 추방하기에 이르렀다.

태자는 하기 어려운 보시를 했으므로 마음은 즐거워 추방된 것도 개의치 않고, 이튿날 태자비인 마츠데이에게 작별을 고하고 히말라야의 산속 깊이 들어가려고 하였다.

태자비는 다음과 같은 노래를 부르면서 헤어지기를 거절했다.

숲의 무성함과 같이 우리 아이들 모습도 번영하여 맑은 노랫소리에 웃음지으리.

사슴도 모여들고 공작도 춤추는 꽃피는 숲에 코끼리는 떼지어 있고, 새벽에 긷는 맑은 청수 떠놓고 긴나라(緊那羅)는 노래한다. 비록 도읍을 버렸다 해도 아이들이 있는 곳은 나의 집, 깊은 산중일지라도 님과 함께 있으리.

베삼다라는 태자비를 동반할 것을 허락하고서 부모에게 작별인사를 고하고 사두(四頭)마차에 두 아이를 태우고 산길을 향하여 나그넷

길에 올랐다.
 도중에 어떤 바라문이 원하는 대로 그에게 말과 수레를 준 후, 태자비에게는 공주의 손을 잡게 하고 자신은 왕자를 업고서 길을 재촉하여 왕카의 산에 들어갔다. 산에는 독사와 맹수 등이 많았으나 모두 태자의 덕을 사모하여 서로 화목하니, 태자의 일가는 7개월 동안을 무사히 보냈다.
 4. 그때 카링가의 나라에 트시니비타라는 바라문 마을이 있었는데, 슈바카라고 하는 바라문이 살고 있었다. 그는 아내의 부탁으로 몸종 한 명을 사려고 했지만 돈이 없었으므로, 베삼다라의 보시하는 마음을 이용하고자 먼 나그넷길을 계속하였다. 마침 태자비가 왕카의 산에 올라 나무열매를 줍기 위해 집을 비우고 있음을 보고 태자 앞에 나아가 "저 큰 강물은 언제나 목마른 자의 요구를 채워주듯이, 존자는 반드시 나에게 두 아이를 주시겠지요?"라고 말했다. 태자는 도망쳐 숨으려는 두 아이를 붙잡아 바라문에게 주었다. "사리야, 한하야, 숨지 마라. 이 바라문과 함께 산을 내려가 그의 시중을 들라. 나로 하여금 깨달음의 언덕에 이르는 행을 원만히 할 수 있도록 나를 위해 생사의 바다를 건너는 배가 되어달라. 아아, 자식은 귀엽다. 그러나 깨달음은 아들의 사랑보다 백천억 배인 것이다."
 그리고 태자는 무정하게도 등덩굴에 묶여서 떠나가는 아이들을 바라보았다. 바라문은 아이들을 재촉하면서 마구 채찍질했다. 살가죽이 터지고 피가 흘러 그들은 몇 번 비틀거렸다. 문득 바라문이 돌에 걸려서 넘어지자 묶은 끈이 아이들의 보드라운 몸에서 풀렸다. 그들은 정신없이 울면서 태자의 곁으로 달려와 그의 두 다리를 두 손으로 붙들고 어머니가 돌아올 때까지만이라도 참아달라고 애원했다. 태자는 한마디의 말도 하지 않았다.
 "아버지, 저는 죽음을 두려워하는 것이 아닙니다. 그것은 만물의 운명입니다. 걱정되는 것은 어머님입니다. 어머님은 언제까지나 언제까지나 우실 것입니다. 한하를 잃은 슬픔으로 눈물은 언제까지나 강물처럼 흐를 것입니다."

바라문은 이 광경을 보고도 더욱 무정하고 거칠게 아이들을 데리고 갔다.

"아버지, 어머니, 안녕히. 소도 코끼리도 말도. 우리들의 모든 것은 어머님의 편이 되기를. 그것들이나마 어머니의 슬픔을 덜어드려라."

이처럼 울부짖으면서 아이들은 끌려갔다. 태자의 가슴은 열을 뿜어 온몸에 전율이 일었다. 그리하여 참지 못하고 오두막집에 들어가 울었다. 그러다가 일어나서 검을 들고 바라문을 뒤따라가 죽이려고 했으나, 태자의 지혜는 정을 억눌렀다. 바라문은 두 아이들을 몰아 산을 내려오는 데 애를 먹었다. 사리는 또 한 번 포박을 빠져나와 아버지에게로 달려왔다. 겨우 사리를 데리고 오니 누이동생 한하는 비틀거리면서 달려가 아버지의 다리에 매달렸다.

"아버지. 제발, 제발! 저 사람이 저를 때립니다. 바라문이 아니고 악귀입니다. 아버지 살려주세요." 태자의 마음은 동요했고 눈에서는 눈물 대신 피가 스며나왔다.

'이 고통은 모름지기 갈애에서 일어나고 있다. 사랑을 버리고 사심(捨心)을 얻어야만 한다.'

지혜의 빛에 의해서 태자는 허덕임을 꾹꾹 참으며 조용히 앉아 있었다.

태자비인 마츠데이는 산중 깊은 곳에서 나무열매를 줍고 나무뿌리를 캐가지고 저녁 무렵에 오두막집으로 돌아왔으나 두 아이가 보이지 않으므로, 지난밤의 무서운 꿈을 생각하여 미친듯이 뛰어다니면서 아이들을 찾았다. 태자는 잠자코 있으면서 아무것도 가르쳐주지 않았다. 미친듯이 찾고 또 찾다가 새벽에 오두막집에 돌아와 그대로 실신

했는데, 태자의 간호로 겨우 숨을 되돌렸다.

　이 처참한 보시의 대행(大行)은 제석천을 놀라게 했다. 하늘은 태자의 뜻을 시험하기 위해 바라문의 모습을 하고 태자비를 달라고 청했다. 그는 '어제 두 아이를 주었는데 지금 또 어떻게 아내를 줄 수 있겠는가.'라고는 대답할 수가 없었다.

　그는 1000금의 보자기를 내던지는 것처럼 조금도 집착하지 않고, 병을 들어 바라문의 손에 물을 붓고서 그대로 아내를 내주었다. 태자비는 정숙하게 그의 분부에 따랐다. 이것도 모두가 도의 성취를 위해서였다.

　제석천은 태자의 뜻과 태자비의 절조에 감동하여 즉시 신의 모습을 나타내어 태자비를 태자에게 되돌려주었다. 사리와 한하 두 아이들을 동반한 바라문도 신에게 이끌려, 카링가에 갈 예정이었으나 제트다라 시로 돌아왔다. 두 아이는 조부의 손에 돌아가고, 태자도 태자비도 또한 맞아들여져 나라에서는 더욱 큰 보시의 모임이 행해졌다.

　이 이야기를 다 들은 샤카족은 매우 기뻐하며 숲을 떠나 돌아왔으나, 어느 누구 한 사람도 이튿날 식사에 세존을 초대하지 않았다.

제3절　야쇼다라〔耶輸陀羅〕

　1. 세존은 이튿날 바리때를 들고 카필라성에 들어가셨다. 어느 누구도 세존을 집으로 초청한 사람은 없었고, 또 바리때를 받아 밥을 담는 자도 없었다. 세존은 거리를 돌아 집집마다 다니며 밥을 빌었다.

　'싯다르타 태자가 탁발을 하고 계신다.' 사람들은 창문을 열고 이상한 듯이 바라보았다.

　이 소식을 들은 숫도다나왕은 놀라고 슬퍼하여 손에 옷을 쥔 채로 거리로 달려나와 세존의 앞을 가로막으며 "어찌하여 우리들을 욕되게 하려 하는가? 어째서 밥을 빌면서 걸어다니는 건가. 우리 집에서 이 정도 출가자의 밥을 얻을 수가 없을 것으로 생각하는가?" 하고 꾸짖었다.

"대왕이시여, 우리들의 조상도 이같은 탁발을 해왔습니다."

"무슨 말을 하는가. 우리들은 마하삼마다왕의 혈통을 가진 자로, 우리 가계에서는 한 사람의 거지도 나온 예가 없다."

"대왕이시여, 이 왕계(王系)는 당신의 가계입니다. 나의 가계는 연등불 이래의 부처의 가계입니다. 이러한 제불은 탁발을 하고 걸식에 의해 생명을 이어간 분들입니다."

그리고 노상에서 게를 설하여 말씀하셨다.

일어나라, 한가함을 떠나 법을 닦으라. 바르게 법을 행하면 이승과 저승에서 즐거움이 있으리라.

법을 닦아 악한 것을 버리고 마음이 바르게 되면 금생과 내세가 즐거우리라.

숫도다나왕은 이 가르침에 의하여 마음이 열려 기뻐하면서 세존의 바리때를 받아, 세존과 제자들을 높은 누각으로 인도하여 훌륭한 식사를 대접했다. 식사가 끝났을 때 세존의 출가 전의 비인 야쇼다라를 제외한 다른 궁전의 부인들은 모두 찾아와 세존께 예배하였으나, 그녀는 "만일 나에게 취할 만한 조그마한 덕이라도 있다면 세존은 몸소 나한테 오실 것이다. 그때 배례하겠다."라고 하면서 사람들의 권고에 따르지 않았다.

세존은 왕에게 바리때를 맡기고 사리푸타와 목갈라나를 데리고 후궁에 들어가 "야쇼다라가 어떻게 배례를 취하더라도 어떤 말도 해서는 안 된다."고 일러둔 후 곧 마련된 자리에 앉으셨다.
　야쇼다라는 마치 굴러오듯 와서 세존의 발에 머리를 조아리고 마음껏 예배를 올렸다. 왕은 비의 세존에 대한 정절을 말했다.
　"세존이여, 우리 태자비는 당신이 황의를 입으셨다는 말을 듣고는 자기도 항상 황의를 입었으며, 당신이 하루에 한 끼를 먹는다는 소식을 듣고는 자기도 또한 하루 한 끼를 먹었으며, 당신이 큰 침상을 폐하셨다는 말을 듣고는 자기도 거적에서 잠을 잤으며, 당신이 향화를 쓰지 않는다고 듣고서는 그도 향화를 멀리하였고, 다른 친척의 왕이 개가를 권하고 혹은 맞아들이려고 하여도 조금도 이를 돌아보지 않고 굳게 자신을 지키고 있었다오. 우리 비는 이와 같은 덕을 갖추고 있다오."
　세존께서 말씀하셨다. "대왕이시여, 참으로 기특한 일입니다. 그녀는 지금은 대왕에 의해 비호되고 있으므로 원숙한 지혜로서 자신을 지킬 것이지만, 옛날에는 누구에게도 비호받지 못하고 산중턱을 걸으면서 원숙하지 못한 지혜로써 자기를 지키고 있었습니다."
　이리하여 세존은 월녀(月女)와 긴나라(緊那羅)의 본생담(本生譚)을 설하셨다.
　2. "옛날 범달왕(梵達王)이 베나레스를 다스리고 있을 때, 히말라야 산에 찬들라라 이름하는 긴나라가 아내인 월녀와 함께 은월산(銀月山)에 살고 있었다.
　그때 베나레스의 범달왕은 국사를 재상에게 맡기고, 두 벌의 황의를 몸에 걸치고 다섯 개의 무기로 무장한 후 히말라야 산중으로 여행을 떠났다.
　어느 날 왕은 식후에 물이 먹고 싶어 작은 개울이 있었던 것을 상기하고는 언덕로 올라가기 시작했다. 긴나라는 우기에는 산에 들어가 살고 더운 계절에는 산에서 내려오는 습관이 있었는데, 그때 아내와 함께 산에서 내려와 몸에 향을 바르고 꽃같이 엷은 옷을 입고, 꽃가루를 먹으면서 덩굴풀에 기대어 몸을 흔들며 부드러운 목소리로 노래를 불렀다. 그들은 개천에 이르자 아내와 함께 물에 들어가 꽃을 뿌리고 물장구를 치다가 다시 개천에서 나와 은빛 같은 흰 모래 위에 꽃방석을 깔고 드러누워, 통소를 불면서 아름다운 목소리로 노래를 불렀다. 그러자 아내도 그 노래에 따라 춤을 추며 함께 노래했다.

범달왕은 그 소리를 듣고 살그머니 다가가 월녀를 한번 보자 반해 버려 '그녀의 남편을 죽이고 월녀를 아내로 삼으리라.' 마음먹고 긴나라를 활로 쏘았다. 긴나라는 고통으로 괴로워하면서,

    죽음은 가까워진다. 월희(月姬)여, 피는 흘러 생명은 끊어지려 하고, 나의 호흡은 점점 약해진다.
    몸은 가라앉는 듯하고 마음은 너를 그리워해 괴롭기만 하구나.

라고 노래하고는 꽃방석에 쓰러져 그대로 숨이 끊어졌다. 월녀는 처음에 꽃을 보고 춤추며 나비와 함께 노래하느라 뜻밖의 사건을 모르고 있었는데, 문득 주위를 살펴보고 일이 일어난 것을 알고는 놀라움과 슬픔을 이기지 못하여 큰소리로 외쳤다.

그러던 중 무서운 왕의 모습을 보고 월녀는 분노와 공포에 떨면서 날아가 꼭대기에 서서 노래하였다.

    악마여, 나의 남편은 쓰러져 땅에 누웠다.
    이 슬픔, 너의 아내에게 지불케 하리.
    아들을 갖지 못하리. 남편을 잃은 끊임없는 슬픔이 너의 아내를 사로잡으리.

범달왕은 여러 가지로 왕궁의 아름다움을 말하면서 유혹했지만 월녀의 슬픔과 분노를 풀 도리가 없었다. 할 수 없이 실망하고 갔는데, 월녀는 다시 남편의 몸을 끌어안고 '나무마다 꽃은 아름답고 시냇물은 맑게 흐르고, 히말라야 봉우리는 금으로 빛나는데, 남편 없이 어찌 앞날을 살아가리.' 하고 슬피 탄식하다가, 문득 가슴 언저리에 희미한 온기가 있음을 알고 이번에는 신을 책하며 외쳤다. '세계를 지키는 신은 없는가! 나들이를 갔는가, 아니면 죽어버렸는가! 어찌하여 나의 다정한 남편을 수호하지 않았는가!'
　이 격렬한 슬픔에 신이 감응했으므로, 제석천은 곧 찾아가 그 슬퍼하는 이유를 묻고, 바라문으로 모습을 바꿔 그곳에 와 물병의 물을 긴 나라의 몸에 부으니, 독이 빠져 거뜬히 나아 일어섰다.
　제석천은 그에게 교훈을 내리고 '이제부터는 달의 산을 내려와 인간의 길로 들어가서는 안 된다. 여기에만 머물러 있는 것이 좋다.' 고 경고하고는 천계로 돌아갔다."
　세존은 이 이야기를 끝내고 "대왕이시여, 태자비는 지금뿐만 아니라 옛날에도 지금처럼 저에게 돈독했다."며 말을 맺었다.

제4절 난다〔難陀〕와 나후라(羅睺羅)

　1. 이튿날은 세존의 이복동생이자 카필라성의 왕자인 난다를 태자로 세우는 일과 결혼의 두 가지 의식을 거행하는 경사스러운 날이었다. 세존은 난다의 집에 갔는데, 마중나온 난다에게 축하를 하는 동시에 바리때를 건네주고 그 자리를 떠났다. 난다는 하는 수 없이 바리때를 손에 들고 세존을 따라 밖으로 나왔다. 약혼녀인 순다리〔孫陀利〕공주는 마침 그때 초록빛의 긴 머리를 빗고 있었는데, 이 모양을 보고

놀라 "낭군이여, 어디로 가시옵니까?" 하며 머리를 손에 잡은 채로 얼굴을 내밀면서 물었다.

"바리때를 받으십시오." 하고 난다가 원하는 것도 돌아보지 않으시고 세존은 걸음을 옮겨 난다를 이끌고 니그로다원에 가서, 싫어하는 난다를 억지로 출가시켰다. 이것은 세존이 귀성한 지 사흘째 되는 날의 일이다.

2. 이레만에 세존은 탁발을 하려고 성내에 들어가니, 야쇼다라 태자비는 왕자 나후라를 성장시켜 세존 가까이에 보내면서 이르기를 "보라, 저 수많은 출가자에 둘러싸인 거룩한 출가자가 너의 아버지이시다. 아버지께서는 많은 보물이 있었지만 출가 이후에는 행방을 알 수가 없었다. 너는 저 어른께 가서 그 유산을 받도록 하라. '아버지, 저는 당신의 아들입니다. 저는 장차 옥좌에 나아가 왕자(王者)가 되렵니다. 모쪼록 보물을 저에게 주십시오.' 하고 말하도록 하라." 하였다.

나후라는 가르쳐준 대로 세존의 곁에 갔는데, 자연히 부자간의 애정을 느껴 "세존이시여, 당신의 그림자는 정답습니다."라고 말하면서 옆에 섰다가, 세존이 식사를 끝내고 자리에서 일어서자 그대로 뒤를 쫓아가 "유산을 주십시오." 하면서 달라붙었다.

세존은 나후라에게 돌아가라고는 하지 않고 발걸음을 나란히 하여 니그로다숲에 들어가 "이 아이는 아버지에게 세상의 재보를 구하고 있는 모양인데, 그 재보란 변천하여 괴로움을 낳는 물건이었다. 차라리 보리 도량에서 얻은 성보(聖寶)를 주어 세상을 초월한 유산의 상속자로 만들 것이다."라고 하면서, 사리푸타를 불러서 "나후라를 출가하게 하라."고 명하셨다.

"세존이시여, 어떤 방편으로써 나후라를 출가시키오리까?"

세존은 이 일을 위해 제자들을 불렀다. "제자들이여, 삼귀의 법에 의해 어린 사람의 출가를 허락할 것이다. 첫째로는 수염과 머리카락을 깎은 후 황의를 입게 하고, 제자들의 발에 배례하게 하고, 한쪽 무릎을 딛고 앉아 합장한 후 이렇게 말하게 하라. '부처에게 귀의합니다. 법에 귀의합니다. 승가에 귀의합니다.'라고. 이 삼귀의를 세 번 되풀이하게 하라."

3. 사리푸타는 분부에 따라 나후라를 출가하게 했다. 이 소식을 듣고 숫도다나왕은 매우 슬퍼하며 급히 세존 앞에 나아가 말했다. "세존이여, 나에게 하나의 은혜를 베풀어주도록 하시오."

"대왕이시여, 부처는 어떠한 은혜도 내릴 수가 있습니다."

"세존이여, 내가 원하는 은혜라는 것은 욕의 더러움이 없는 적당한 것이오. 세존의 출가는 나에게 적지 않은 괴로움을 주었소. 세존의 동생 난다의 출가도 또한 그와 같소. 그런데 또 오늘은 나후라가 출가를 했소. 자식을 사랑하는 생각은 살갗을 뚫고 가죽을 찢고, 살을 베고 뼈를 부수며, 골수를 찔러서 나를 괴롭히오. 세존이여, 아무쪼록 앞으로는 부모의 허락을 받지 않은 아이를 출가시키는 것은 금해주시오."

세존은 숫도나다왕의 청을 받아들여 부형의 허락 없이 출가하는 것을 금하셨다.

그즈음 수많은 어린 제자 중에서 어느 만큼 계를 지켜야 하는가에 대해 의혹을 일으키는 자도 있었다. 세존은 이것을 알고 어린 제자의 십계(十戒)를 제정하셨다.

"제자들이여, 나는 어린 제자들에게 십계를 명한다. 살생을 금하고, 투도를 금하고, 음행을 금하고, 망언을 하지 않고, 음주하지 않고, 정한 시간 외에는 먹지를 않고, 가무 음곡이나 구경 가는 것을 금하고, 머리에 꽃장식을 금하고, 화장하는 것을 금하고, 장식이 있는 침상에 눕는 것을 금하고, 금은 받기를 금한다. 이것이 어린 제자의 십계이다. 어린 제자는 이 십계를 지켜야 한다."

4. 세존은 오랜만에 귀국하여 미리 뜻하였던 가족과 성민(城民)의

교화를 끝낸 다음, 다시 라자가하성으로 들어가려고 말라족(末羅族)의 아누피야〔阿奴比耶〕거리까지 나아갔다. 여기서 젊고 유명한 샤카족 사람들이 많이 출가하였다.

제5절 아난타핀다다 장자

1. 사바티성〔舍衛城〕의 아난타핀다다 장자(덕을 갖춘 재산가)는 라자가하성의 부상(富商)의 누이동생 남편이었는데, 언제인가 라자가하성에 찾아와 그의 처가에 머물렀다. 부상은 이튿날 세존과 제자들을 초대하려고 심부름꾼들에게 무엇인가를 명하는 등 매우 바빠 보였다. 장자는 생각하기를 '이 집의 주인은 나를 볼 때는 언제나 모든 일을 제쳐놓고 친밀한 이야기를 주고받았는데, 오늘은 여느 때와는 태도가 다르다. 며느리를 맞이하려는가? 큰 공양을 하려는가? 혹은 이 나라의 왕이나 대신들을 초대하려는가?' 하였다.

부상은 명령을 끝내자 비로소 장자가 있는 곳으로 와서 그의 물음에 대답하였다.

"나는 내일 아침 부처와 함께 제자들을 초대하려는 것이다."

"당신은 지금 부처라고 말했습니까?"

"그렇게 말했소."

"아아, 이 세상에서 부처라는 말은 듣기조차 어렵다. 나는 지금 세상에서도 존귀한 득도한 분을 뵙기 위해 집을 나서도 되겠습니까?"

"장자여, 당장은 부처를 뵐 때가 아니오. 내일 아침 일찍 출발하는 것이 좋겠소."

2. 장자는 그날 밤 부처님 생각을 하다가 새벽까지 세 번이나 눈을 떴다. 아침 일찍 성문을 나와 교외에 이르니 갑자기 햇빛이 가리워져

어두워졌다. 장자는 겁이 나서 걸음이 옮겨지지 않아 되돌아갈까 했다. 그때 "백 마리의 코끼리, 백 마리의 말, 백 채의 수레, 보옥(寶玉)의 귀고리를 드리운 아가씨를 얻더라도 한 걸음 나아가는 공덕에 비길 수는 없다. 장자여, 나아가라. 나아가면 이익이 있고 물러서면 이익이 없다."는 소리가 공중에서 들리며 다시 빛이 나타났다. 이런 일이 두세 번이나 일어났다.

장자가 마음에 힘을 내어 한림(寒林)으로 다가갔을 때, 골목을 걷고 있는 세존을 보았다.

세존도 장자를 알아보고 마련한 자리에 앉자 장자를 불러, "수달다(須達多)여, 오라."고 말씀하셨다. 장자는 너무나 기쁜 나머지 다가가서 세존의 발 아래 절하고, "세존이시여, 어젯밤은 편안히 주무셨습니까?" 하고 문안을 드렸다.

"깨달음에 들어가 욕을 여의고 더러움이 없이 청정하다면 즐겁게 잠을 이루며, 모든 계박에서 벗어나 번뇌를 없애고 마음이 고요하면 즐겁게 잠을 이룬다."

세존은 장자를 향하여 보시의 이야기, 천계에 태어나는 이야기, 요욕(樂慾)과 재화의 그 비천한 더러움 및 이것을 출리(出離)하는 것의 이익을 차례로 설하여 장자의 마음을 무르익게 했고, 다음은 사성제를 설하셨다. 마치 깨끗하여 더러움이 없는 천이 쉽게 물들듯이, 장자는 그 자리에서 '생자필멸'이라는 법안이 생겨 의심과 두려움을 버릴 수가 있었다.

그리하여 세존께 말씀드렸다. "세존이시여, 참으로 훌륭한 일이옵니다. 어두운 자에게 도를 보여주시고, 사물을 보는 눈을 열어주셨습니다. 저는 지금부터 세존과 법과 승가에 귀의하겠습니다. 바라건대 신자로서 저를 용납해주십시오. 그리고 또 세존이시여, 내일 제자들과 함께 저의 공양을 받아주시옵기를 원하옵니다."

세존은 잠자코 이것을 용납하셨다. 장자는 세존이 허락하셨음을 알고는 자리에서 일어나 세존께 배례하고 오른쪽으로 돌아서 그곳을 떠났다.

3. 라자가하성의 부상은 장자가 이튿날 세존과 제자들을 초대한다는 말을 듣고 "나에게 그 비용을 내게 해달라."고 원했으나, 장자는 그의 조력을 물리치고 자기 힘으로 식사준비를 한 뒤 세존께 시간을 알렸다. 잠시 후 세존은 장자의 집에 드셨다. 장자는 몸소 세존과 제자들을 공양하고, 세존의 식후 세존과 제자들이 이 해의 안거를 사바티성에서 보내주시도록 원하자 "부처는 빈집을 즐긴다."는 말씀을 듣게 되었다. 세존은 장자에게 법을 설하고 죽림으로 돌아가셨다.

4. 장자는 수많은 친구를 가졌다. 그는 그 중에서도 중요시되고 있었다. 라자가하성에서 사바티성으로 돌아오는 길에 "승원(僧苑)을 지어라, 정사를 세우라, 보시를 준비하라, 세상에 나타나신 부처님은 나의 초대에 의해 이 길을 통과하시게 되리라."고 사람들에게 고했는데, 사람들은 모두 그 말에 따라 길목마다 세존을 맞이할 준비를 했다.

얼마 후 장자는 사바티성에 돌아와 여기저기를 돌아보면서 '거리에서 멀지도 않고 너무 가깝지도 않으며, 왕래하는 데 편리하고, 오고 싶은 자는 쉽게 올 수 있고, 낮에도 사람의 무리가 없고, 밤에도 시끄러운 소리가 없으며 인기척이 없는, 홀로 있기에 편리한 장소는 없을까.' 하고 찾아다녔다.

그 결과 기다 왕자(祇多王子)의 소유인 원림(園林)을 발견하고 왕자의 승낙을 얻어 원림 가득히 황금을 깔아주고, 이를 사서 숲 전체에 정사를 세우고 방을 만들고, 창고·객실·화실(火室)·부엌·남녀 변소·경행소(經行所)·우물·우물 지붕·욕실·못·정자를 세우게 했다. 기다 왕자도 또한 남은 지면에 2층으로 된 문을 세웠다.

5. 세존은 라자가하성에서 사바티성으로 향하여 가는 베살리를 지

나 대림(大林)의 중각강당(重閣講堂)에 머무르셨는데, 베살리의 사람들은 이보다 먼저 아난타핀다다 장자의 권유에 따라 정사를 짓기 시작했다. 사람들은 제자들을 청하여 그 건축을 감독하게 하고, 감독하는 제자들을 융숭하게 대접하였다. 어떤 가난한 재봉사가 사람들이 정사를 건립하는 것을 보고 '이것은 예삿일이 아니다. 나도 일사(一舍)를 건립하고 싶다.' 고 생각하여, 스스로가 습토(濕土)를 이겨서 쌓아올리고 쌓아올려 벽을 만들었으나, 쌓는 방법을 몰랐으므로 벽이 갈라져 무너졌다. 두 번 세 번 그같은 일이 있었다. 재봉사는 드디어 "석자(釋子)의 무리들은 후한 공양을 하는 사람들의 건립에는 감독을 해주고 나같이 가난한 자의 일은 돌보지 않는다."고 불평하게 되었다. 세존은 이 말을 들은 후 제자들을 모아놓고 법화를 한 다음 명하셨다.

"제자들이여, 앞으로 신축 감독을 정하는 것을 허락하리라. 이 감독으로 정해진 자는 어떻게 하면 잘못이 없이 세울 수 있을까 하고 열심히 힘쓰되, 파손이 있을 경우에는 수리를 하지 않으면 안 된다."

6. 세존이 베살리에서 사바티성으로 향하는 도중 한 정사에서 제자들이 다투어 방을 차지했는데, 그 때문에 조금 늦게 온 사리푸타는 방을 얻지 못하여 그 밤을 나무 밑에서 새웠다. 세존은 새벽녘에 일어나 사리푸타를 보시고 그 이유를 물으신 후 제자들을 모아놓고 "제1의 자리, 제1의 물, 제1의 식(食)에 해당하는 자는 누구인가?" 하고 말씀하셨다. 제자들은 각각 그 의견을 말했다. 세존은 말씀하셨다.

"제자들이여, 먼 옛날 히말라야산 기슭에 큰 니그로다수가 있었는데, 그 근처에 자고(鷓鴣)와 원숭이와 코끼리가 살고 있었다. 그들은 서로 공경하지 않고, 사랑하지 않고, 화목하지 못했는데, 어느 때 그들은 '우리들 중에 누가 가장 연장자(年長者)인가를 알아두도록 하자. 그런 다음 그 연장자의 가르침을 지키도록 하자.' 고 의논하였다.

그래서 자고와 원숭이가 코끼리에게 물었다. '친구여, 그대는 어느 만큼 옛날 일을 기억하고 있는가?' 라고. '내가 어렸을 때 이 니그로다 수를 타고 앉기도 했는데, 제일 위에 있는 싹이 나의 가슴에 닿았던 것을 기억하고 있다.' 원숭이가 말했다. '내가 어렸을 때 나는 땅에 앉아서 그 니그로다수의 제일 위의 싹을 깨물었던 것을 기억하고 있다.' 자고가 말했다. '옛날 이 빈터에 큰 니그로다수가 있었는데, 나는 그 과일을 먹고 여기에 똥을 쌌다. 거기에서 이 니그로다수가 난 것이다. 그러므로 내가 제일 연장자이다.'

그러자 원숭이와 코끼리가 자고에게 이르기를 '친구여, 그대는 우리들 중 제일 연장자이며, 우리들이 존경해야 할 자이다. 우리들은 그대의 가르침을 따르겠다.' 고 했다.

제자들이여, 이리하여 그들은 자고로부터 5계를 듣고 이를 지켜 서로 공경하고 화목하여, 죽은 후 천계에 출생하였다. 이들은 후일 청정한 행을 하여 세상에 알려져 있는 것이다. 보라, 저들 축생들까지도 이와 같이 존경과 신애와 화목하는 일을 지켰다. 그런데도 너희들은 이 좋은 가르침 속에 출가했으면서 그런 일도 모른다고 하는 것은, 믿음이 없는 자에게 믿음이 있게 하고, 믿음이 있는 자에게 그 믿음을 증장시키는 소이기 되지 못한다. 오히려 믿음이 없는 자를 그대로 남겨두고 믿음이 있는 자를 그 믿음에서 퇴전시키는 행위이다.

제자들이여, 그러므로 연장자를 향하여 예배·궤좌·합장 등 공경하는 예의를 지키고, 제1의 자리, 제1의 물, 제1의 음식은 연장자에게 권해야 한다."

7. 세존이 차례로 유행한 후 사바티성에 도착하니, 장자는 아름다운 행렬을 지어 세존을 맞이하여 기원동산의 아난타핀다다 동산으로 안내하였다. 이튿날 세존을 자기 집에 맞이하여 공양하고서 식사 후 세존께 말씀드렸다.

"세존이시여, 저는 이 기원동산을 어떻게 했으면 좋겠습니까?"
"장자여, 이 동산을 찾는 자는 물론 찾지 않는 자를 위해서도 사방의 승가에 바쳐 정사를 짓는 것이 좋다."

장자는 황금의 병을 들어 세존의 손에 물을 붓고 그의 말씀대로 하였다.

제2편

계행(戒行)과 설법(說法)을 들음은 꼭같이 중요한 것으로서, 어느 것이 낫고 어느 것이 못하다고 할 수 없다. 두 가지를 모두 진실하게 배우고 행해야 한다.

제1장 기원정사

제1절 기원정사의 설법

1. 어느 날 세존은 이 새로이 세운 기원정사에서 제자들에게 가르치셨다.

"제자들이여, 나의 법의 상속인이 되라. 그저 물질의 상속인이 되어서는 안 된다. 나는 너희들을 사랑하기에 이렇게 고하는 것이다. 제자들이여, 만일 너희들이 단지 나의 물질의 상속인이 된다면 '석가모니의 무리들은 물질 때문에 출가한 것이며, 법 때문이 아니다.' 라고 말할 것이다.

제자들이여, 내가 공양받은 음식을 남겨놓았을 때 두 사람의 제자들이 주려서 피곤한 채 밖에서 돌아왔다고 하자. 나는 그들을 향하여 '여기 남은 음식이 있다. 먹으려거든 먹어도 좋다. 너희들이 먹지 않으면 풀의 생장을 해치지 않는 곳이나 생물을 해치지 않는 물 속에 던지겠다.' 고 했다 하자.

그러면 한 사람은 이렇게 생각할 것이다. '세존은 일찍이 내 법의 상속인이 되라고 하셨으며 물질의 상속인이 되지 말라고 말씀하셨다. 이 음식은 물질이다. 나는 이 음식을 먹지 않고 굶주림과 피곤함을 참고 견디면서 하룻밤을 지내리라.' 고. 그리고 그는 생각했던 대로 실행했다. 다른 한 사람은 '나는 이 음식을 먹고 굶주림과 피곤함을 면하고 하룻밤을 넘기리라.' 고 생각하고서 그대로 실행했다고 하자.

제자들이여, 첫번째 사람은 칭찬해도 좋다. 왜냐하면 그는 오랫동안 욕심이 적고 족함을 알면서 번뇌의 독화살을 빼기 위해 힘썼기 때문이다.

제자들이여, 나는 너희들을 사랑하므로 '원컨대 내 법의 상속인이 되어야 하며 물질의 상속인이 되지 말라고 하는 것이다.'"

세존은 이 말씀을 하시고는 자리에서 일어나 사실(私室)로 들어가셨다.

2. 그때 사리푸타는 세존이 가신 얼마 후 제자들에게 말했다.

"벗이여, 고요함 속에 들어가는 것을 배우지 않는다는 것은, 스승이 버리라고 말씀하신 법을 버리지 않고, 도리어 오만하고 게으르고 타락에 빠져, 고요한 가운데 있는 마음을 저버리는 일이다. 또 고요한 가운데 있는 것을 배운다고 하는 것은, 스승이 버리라고 말씀하신 법을 버리고, 오만하지 않고 게으르지 않아 고요함 속에 있게 되기를 서두르는 것이다.

벗이여, 탐욕은 악이다. 진에도, 원한도, 은폐하는 것도 악이다. 또 괴로움·질투·인색·아첨·속임·고집·방자함·교만함·게으름도 모두 악이다. 벗이여, 이러한 악법을 버리기 위하여 중도(中道)가 있다. 중도란 팔정도(八正道)를 말한다. 이에 의해 바른 지혜가 생하고 깨달음을 체득하는 것이다."

3. 어느 날 밤, 세존은 정사의 강당에서 제자들을 향하여 이와 같이 말씀하셨다.

"제자들이여, 재가자의 집에 다가갈 때는 달의 비유처럼 마음도 몸도 조복하는 것이 좋다. 재가자의 집에서는 항상 새로 들어온 제자처럼 겸허하라. 비유컨대 오래된 우물이나 산이나 비탈이나 못을 들여다볼 때 마음도 몸도 긴장되는 것처럼, 재가자의 집에 다가갈 때도 이와 같이 하는 것이 좋다. 제자들이여, 카샤파는 달의 비유처럼 심신을 조복한 연후에 재가자의 집에 다가가서 새로 들어온 제자처럼 겸허했던 것이다. 제자들이여, 너희들이 재가자의 집에 다가갈 때는 어떻게 하면 좋다고 생각하는가?"

"세존이시여, 세존은 우리들 법의 근본이며 귀의처입니다. 세존의 가르침과 같이 할 것이옵니다."

그때 세존은 손을 공중에 휘두르면서 말씀하셨다.

"제자들이여, 비유하면 이 손이 공중에 붙지 않고 얽매이지 않는 것처럼, 너희들은 어느 집에 가더라도 그 집에 집착치 않도록 해야 한다. '얻기를 바라는 자는 얻을 수 있도록, 공덕을 원하는 자는 공덕을 얻도록' 마음에 염하여 스스로 체득하며 기뻐하고 만족하는 것과 같이, 남이 얻은 것에 있어서도 기뻐하고 또한 만족한다. 제자들이여, 이와 같이 하여야 비로소 재가자의 집에 다가갈 것이다.

제자들이여, 카샤파는 어느 집에 가더라도 그 집에 마음을 집착하지 않고 사로잡히거나 속박되는 일이 없다. 제자들이여, 너희들은 어떻게 생각하는가? 불제자의 청정하지 못한 설법과 청정한 설법은 어떠한 것인가?"

제자들은 다만 세존의 가르침을 원했다. 세존은 말씀하셨다. "제자들이여, 그러면 잘 듣고 이것을 생각해야 한다. 나의 제자로서 이와 같은 생각으로 설법하는 자가 있다고 하자. '사람들이 나의 설법을 들어주면 좋다. 듣고 기뻐해주면 좋다. 기뻐하여 나에게 기뻐했다는 표시를 보여주면 좋다.' 이러한 생각으로 설법하는 것이 청정하지 못한 설법이다.

또 이런 생각으로 설법을 하는 자가 있다고 하자. '법은 세존에 의해 잘 설명되어 있다. 현세에서 때를 미루지 않고 과보가 있으므로, 와서 보라고 말할 수 있는 법이다. 또 그것은 열반으로 이끌어 식자가 각각 스스로 알아낼 수 있는 법이다.' 이것이 청정한 설법이라 하는 것이다. 제자들이여, 카샤파는 참으로 이와 같이 법을 설하는 자이다. 너희들도 또한 카샤파처럼 법을 설해야 한다."

4. 어느 때, 세존은 많은 제자들을 데리고서 기원정사를 떠나 코살라국에 유행하셨다. 도중에 무섭게 타오르는 화염을 보고서 길을 피하여 나무 밑에 자리를 마련하게 하고 제자들을 불러 말씀하셨다.

"제자들이여, 너희들은 저 무섭게 타오르는 불이 보이는가?"

"세존이시여, 말씀하신 대로입니다."

"제자들이여, 너희들은 어떻게 생각하는가? 저 무섭게 타오르는 큰불을 끌어안는 것과, 크사트리야(왕족으로 인도 4성의 하나) 공주나 바라문의 아가씨, 또는 아내의 부드러운 손발을 안는 것 중 어느 편이 좋다고 생각하는가?"

"세존이시여, 그것은 소녀의 부드러운 손발을 안는 편이 좋습니다. 저 무섭게 타오르는 불을 껴안는 것은 얼마나 괴로운 일이겠습니까."

"제자들이여, 나는 너희들에게 말하겠다. 계를 파괴하고 법을 범하고, 그 행을 덮어 감추고, 출가자도 아니면서 출가자인 척하며, 청정한 수행자도 아니면서 수행자인 척하고, 마음은 썩고 애욕에 넘친 가치없는 인간은 차라리 저 타오르는 불을 안는 것이 낫다. 그것은 오히려 소녀의 부드러운 피부를 껴안는 것보다 바람직하다. 왜냐하면 앞의 경우는 죽거나 죽을 정도의 고통을 받아 지옥에 떨어지는 인(因)은 되지 않으나, 나중의 경우는 영겁의 고통에 빠지는 지옥의 인이 되기 때문이다.

제자들이여, 너희들은 어떻게 생각하는가? 힘이 매우 센 남자가 튼튼한 밧줄로 양쪽 정강이를 묶어 심하게 비틀어 피부와 살이 터지고 근육과 뼈가 부서져 골수까지 고통이 스민다. 이것과 부자인 크사트리야·바라문·거사의 후한 대접을 받는 것 중 어느 것이 나은가? 제자들이여, 나는 너희들에게 고한다. 계를 깨뜨리고 법을 범하는 가치없는 자는 차라리 두 정강이를 꺾이는 편이 바람직하다. 왜냐하면 앞의 경우는 죽거나 죽을 정도의 고통을 받지만, 나중의 경우는 영겁까지 그것이 불리(不利)함을 이루어 고뇌를 부르는 근원이 되고, 사후에 그 때문에 지옥에 떨어지기 때문이다.

제자들이여, 너희들은 어떻게 생각하는가? 힘이 센 남자에 의해 날카로운 칼날로 가슴을 찔리는 것과, 부유한 크샤트리야·바라문·거사의 합장을 받는 것 중 어느 편이 낫다고 생각하는가? 또는 힘이 센 남자가 빨갛게 달아 불똥을 뿜는 철판에 몸을 감는 것과, 부유한 크샤트리야·바라문·거사가 신시(信施)한 음식을 받는 것 중 어느 편이 낫다고 생각하는가? 또는 힘이 센 남자가 이글이글 불똥을 뿜는 빨간 쇠젓가락으로 입을 벌리고 그 속에 빨갛게 달궈진 쇳덩어리를 집어넣는다. 그 쇳덩어리는 입술·입·혀는 물론 목·가슴·창자까지도 태우고 밑으로 떨어진다.

이것과 비교하여 부유한 크샤트리야·바라문·거사의 신시한 음식을 받는 것 중 어느 편이 낫다고 생각하는가? 또 힘이 센 남자가 발을 위로, 머리를 아래로 붙잡아 불길이 솟고 있는 쇠가마 속에 던져넣는다. 그리하여 끓으면서 거품처럼 떴다 잠겼다 한다. 이것과 부유한 크샤트리야·바라문·거사가 신시한 주방(住房)을 받는 것 중 어느 편이 낫다고 생각하는가?

제자들이여, 나는 너희들에게 말하겠다. 이러한 여러 가지 육신의 괴로움도 모두 사후에 지옥에 떨어지는 인이 되지 않으나, 계를 깨뜨리고 법을 범하는 자가 부유한 사람의 신시를 받는 것은 영겁에 괴로움의 인이 된다. 그러므로 너희들은 이와 같이 배워야 한다. '보시를 하는 자에게는 큰 이익이 있고, 우리 출가자도 보람이 헛되게 되지 않도록 의식·좌구·탕약의 보시를 받을 것이다.'라고. 자기의 일을 생각하는 데는 다만 부지런히 힘쓰는 것에 의해서만 잘되어 나가는 것이다. 타인의 이익에 대해서도 또한 그와 같다."

　세존이 이 가르침을 설하시니 60명의 제자는 입에서 열혈을 토하고 60명의 제자는 "세존이시여, 참으로 어려운 일이옵니다."라고 말한 후 각각 수양하는 것을 버리고 환속하였다. 또 다른 60명의 제자는 집착을 여의고 번뇌에서 벗어났다.

제2절　파세나디왕〔波斯匿王〕

　1. 세존이 사바티성에 유화(遊化)하신다는 소문은 왕궁에까지도 들려 파세나디왕은 "샤카족의 태자가 출가하여 부처가 되었다고 하는데 한번 찾아가 보고 싶다."고 하였다.
　그후 세존의 기원정사에서의 가르침과 감화는 드디어 왕의 마음을 움직여 세존을 찾게 했다.
　정중한 인사를 받은 후 세존은 "대왕이여, 세상에는 네 종류의 인간이 있다. 그것은 어두운 데서 어두운 데로 들어가는 사람과, 어두운 데서 밝은 데로 들어가는 사람과, 밝은 데서 어두운 데로 들어가는 사람과, 밝은 데서 밝은 데로 들어가는 사람이다.
　첫째의 어둠에서 어둠으로 들어가는 사람이란, 이 세상에서 가난한 생(生)을 받고 그리고 신앙심이 없어 마음이 비루하고 인색하고 탐욕스러우며, 보시할 줄을 모르며 사견을 품고 있는 탓에 출가자를 존경하는 마음도 없어 죽은 후에 지옥에 떨어질 사람이다.
　둘째의 어둠에서 밝음으로 들어가는 사람이란, 이 세상에서는 가난하지만 신심이 있고 마음이 깨끗하여 보시하기를 좋아하며, 마음이 흔들리지 않고 출가자를 존경하며, 청정한 행을 쌓아 사후에 좋은 곳에서 태어날 사람이다.

셋째의 밝음에서 어둠으로 들어가는 사람이란, 이 세상에서는 부유하고 번창하지만 신심이 없고 마음이 비루하며, 인색하고 탐욕스러워 보시할 줄을 모르고, 사견을 품고 있는 탓에 출가자를 존경하는 일이 없어 죽어서 지옥으로 떨어질 사람이다.

넷째의 밝음에서 밝음으로 들어가는 사람이란, 이 세상에서도 부유하고 번창하며, 신심이 있고 마음이 숭고하여 보시하기를 좋아하고, 마음이 흔들리지 않으며, 출가자를 공경하여 죽은 후에도 좋은 곳에 태어날 사람이다. 대왕이여, 이것이 이 세상에 있어서의 네 종류의 인간이다."

파세나디왕은 그날 그 가르침을 받고 기뻐하며 궁전으로 돌아왔다. 그 이후 자주 기원정사를 찾게 되었다.

2. 어느 날, 왕은 정사로 세존을 찾아가서 예배하고 세존의 옆에 앉았다.

"대왕이여, 이 대낮에 어디에서 오시는 길인가?"

"세존이시여, 저는 국사에 바쁜 몸입니다. 왕족 계급인 크사트리야의 집안에서 태어나 왕이 되어 권세를 잡고는 있으나, 나라의 평화를 유지하고 넓은 영토를 다스리는 것은 결코 쉬운 일이 아닙니다."

"대왕이여, 이런 경우에는 어떻게 생각할 것인가? 여기에 믿을 만한 사람이 동방에서 와 대왕에게 이르기를 '대왕이여, 나는 동방에서 왔는데 하늘을 찌를 듯한 큰 산이 생물이란 생물을 모두 눌러 죽이고 있습니다. 어떤 조처를 취해야 좋겠습니까?' 라고 한다면, 대왕이여, 이같은 무서운 일이 일어났을 때는 대왕은 어찌할 것인가?"

"세존이시여, 그같이 무서운 일이 일어났을 때는 '사람의 몸은 다시 얻기 어렵다. 바른 법을 좇아 선을 닦고 공덕을 쌓는 외에 다른 도리가 없다.' 고 생각합니다."

"대왕이여, 지금 늙음과 죽음이 대왕을 눌러 덮어씌우고 있다. 이 경우 대왕은 어찌할 것인가?"

"그런 경우에는 바른 법을 좇아 선을 행하고 공덕을 쌓는 외에 다른 도리가 없습니다. 세존이시여, 왕자의 위세로도 늙음과 죽음은 어찌할 도리가 없습니다 세존이시여, 또 왕가에는 병사들이 있어 진격해 오는 적의 위세를 멈추게 할 수도 있으나, 이렇게 절박하게 찾아오는 노(老)와 사(死)는 어찌할 도리가 없습니다. 다만 바른 법을 좇아 선을 행하고 공덕을 쌓는 것 외에 도리가 없습니다."

이날도 파세나디왕은 세존의 가르침을 기쁘게 듣고 놀라운 마음을 품은 채 왕궁으로 돌아갔다.

3. 또 어느 날, 왕은 세존을 방문하였다.

"세존께서는 스스로 깨달음을 얻은 것으로 생각하십니까?"

"대왕이여, 만약 세간에서 내가 정각자라고 말할 수 있는 사람이 있다면, 그것은 바로 나인 것이다. 내가 그 정각자이다."

"그러나 세존이시여, 세상에는 세존처럼 제자들을 거느리고 가르침을 내리고 사람들의 존경을 받는 많은 출가자가 있습니다. 저는 그들에게도 같은 질문을 했습니다만, 그들은 정각자라고는 말하지 않았습니다. 그런데 세존은 나이도 젊으시고 출가한 지도 얼마 안 되는데, 어떻게 그렇게 강하게 주장하십니까?"

"대왕이여, 세상에는 나이가 어리다는 이유로 경시할 수 없는 것이 네 가지가 있으니, 왕자와 뱀과 불과 부처의 제자 등이다. 이 네 가지는 적다고 하는 것으로 멸시할 수가 없다."

왕은 세존의 권위에 눌려서 그날도 기쁜 마음으로 궁전으로 돌아왔다.

4. 파세나디왕에게는 말리 부인이라는 현명한 왕비가 있었는데, 일찍부터 부처님께 귀의하여 법을 좋아하는 왕에게는 마음의 지도자였다. 언젠가 사바티성의 한 거사가 그의 외아들을 잃고 슬픔에 마음

이 찢어지는 것 같아 음식도 취하지 않고 언제나 무덤을 찾았다. 그는 어느 날 자기도 모르는 사이에 기원정사에 가서 세존께 예배하고 그 앞에 앉았다. 세존께서는 그가 슬퍼하는 이유를 듣고 말씀하셨다.

"거사여, 진실로 사랑 때문에 우(憂)·비(悲)·고(苦)·뇌(惱)·민(悶)이 생기는 것이다."라고.

거사는 이 말을 듣고도 기뻐하지 않고 도박꾼의 무리 속에 가서 세존과 담화한 내용을 말하면서, 세존의 말씀이 이치에 맞지 않음을 비난했다. 도박꾼들도 "거사여, 그대의 말대로이다. 사랑 때문에 환희와 즐거움은 일어날지언정 슬픔이나 괴로움이 생길 까닭은 없다."고 맞장구를 쳤다.

이 이야기가 드디어 구중궁궐 속에까지 전해져 파세나디왕의 귀에 들어갔다. 왕은 이 이야기를 왕비에게 전했다.

왕비가 이르기를 "전하, 만일 그것이 세존께서 말씀하신 것이라면 진실로 그대로입니다." 하고는, 마치 스승의 말을 제자가 그대로 지키듯이 왕비는 세존의 말씀을 그대로 지켰다. 왕은 어쩐지 승복할 수가 없어 기뻐하지 않는 안색이었다.

말리 부인은 사신을 세존께 보내어 그 말씀의 의미를 묻게 했다. 세존께서 말씀하시기를 "바라문이여, 일찍이 이 사바티성에서 어머니가 죽자 미칠 지경이 되어 거리에서 이리저리 헤매면서 '어머니, 어머니.' 하고 찾아다니는 처녀가 있었다. 또 남편을 잃고 '낭군이여, 낭군이여.' 하면서 찾아다니는 부인도 있었다. 아들을 잃고 찾아다니는 어머니도 있었다. 두 사람 사이를 떼어놓았다고 해서 목숨을 끊는 서로 사랑하는 부부도 있었다. 사랑 때문에 근심·슬픔·고통·괴로움·번민이 있는 것이다."

바라문은 그 뜻을 왕비에게 그대로 전했다. 왕비는 왕에게 가서 물었다.

"전하, 전하는 우리의 외동딸인 공주를 사랑하십니까?"
"그야 물론이지."
"전하, 그 공주에게 어떤 변괴가 일어난다면 전하께서는 근심과 슬픔이 없으시겠습니까?"
"사랑하는 공주에게 변괴가 일어난다면 어찌 근심과 슬픔에 잠기지 않겠는가?"
"그런데 전하는 저를 사랑하십니까?"
"말리여, 그것은 말할 것도 없소."
"전하, 저에게 어떤 변괴가 일어났다고 하면 어떻게 하시겠습니까?"
"말리여, 사랑하는 그대에게 변괴가 있다면 나는 근심과 슬픔에 잠길 것이오."
"전하, 이것이 지자요 현자이신 부처님께서 사랑 때문에 근심·슬픔·고통·괴로움·번민이 일어난다고 말씀하시는 까닭입니다."
"아아, 참으로 뛰어난 가르침이구나. 말리여, 저 세존은 지혜로써 사물을 꿰뚫어보시는구려. 말리여, 용서하오."
왕은 자리에서 일어나 한쪽 어깨에 옷을 걸치고 세존이 계신 곳을 향해 합장하고 환성을 질렀다.
"세존이시여, 부처님께 삼가 귀명(歸命)하겠습니다." 하고 세 번이나 이것을 되풀이하였다.

제3절 난다(難陀)의 교회(敎誨)

1. 앞서 세존이 강제로 출가시켰던 세존의 이복동생 난다는 뜬세상의 왕자라는 권세는 덮어두고라도 국색(國色)이라는 순다리(孫陀利)

공주를 도무지 잊을 수가 없었다. 몸에는 황의를 걸치고도 마음은 언제나 카필라성의 깊숙한 후궁으로 달려가 황홀했던 나날을 회상했다. 그는 출가자라는 신분마저 잊고 몸을 아름답게 꾸미고, 부드러운 옷을 입고, 눈 가장자리를 화장하고, 아름다운 바리때를 들고 거리를 돌며 탁발을 하게 되었다. 그러자 교단 내외에서 비난하는 소리가 일어나 세존께서도 이 때문에 마음이 괴로웠다.

어느 날 오후, 세존은 기원정사를 나서서 난다를 동반, 손을 잡고서 멀리 산에 오르셨다. 그런데 갑자기 큰바람이 불어 숲이 흔들리고, 나무끼리 서로 마찰되어 불이 일어나 순식간에 검은 연기가 하늘로 솟아올랐고, 맹렬한 불길은 모든 나무를 태워 하늘을 그슬리게 했다. 문득 숲속을 보니 수백 마리의 원숭이가 연기에 숨이 막혀 불에 타서 울부짖으며, 몸에 붙은 불을 두 손으로 끄려고 미친듯이 돌아다니고 있었다.

세존은 한 마리의 암원숭이를 가리키면서 말씀하셨다. "난다야, 네가 사모하는 여자와 이 원숭이의 용모가 틀리는 점이라도 있단 말이냐?"

난다는 세존의 말씀에 불복하였다. 세존은 그 길로 난다를 데리고 천계로 올라갔다. 만다라의 꽃이 비오듯 하는 가운데 다섯 가지 악기 소리를 따라 비단 옷소매를 흔들며 춤추는 천녀들의 아름다움…… 난다는 천녀의 아름다움에 얼이 빠져 정신을 못 차렸다. 정말 세존께서 말씀하신 대로 이 천녀의 아름다움에 비하면 '국색'이라는 자기 아내도 산중의 원숭이와 다를 바 없다는 것을 깨닫게 되었다. 세존은 난다를 돌아보고, 만일 이 천계의 미를 얻으려면 먼저 도를 닦아야 한다고 가르치고 차차 그 마음을 법으로 이끌어, "출가한 몸이면서도 부드럽게 다듬이질한 옷을 입고 눈언저리를 화장하고 깨끗한 바리때를 들고 다닌다는 것은 격에 맞지 않는다. 숲속에 살며 탁발을 하고 분소의를 입고 욕을 생각하지 않고 자신을 억제하는 것이 걸맞는 일이다."라고 가르쳤다. 난다는 이 가르침에 자극을 받고 숲속에 들어가서 자제하는 수행에 힘써, 얼마 후에는 마음의 평안을 얻어 깨달음을 얻고 다음과 같은 환희의 노래를 불렀다.

　　나의 생각은 사악했고, 그리고 몸단장에 빠져 마음은 흥분하여 동요되기 쉽고, 탐욕 때문에 괴로워했는데, 방편이 교묘하신 부처님께 인도되어 바르게 행하여 마음이 망집을 벗어나도다.

제4절　보살의 문답

　1. 어느 날 밤, 세존은 밤늦게까지 제자들과 법을 설하셨다. 설법하는 목소리는 매우 맑아 하늘에 울려퍼지고, 그 목소리를 듣고 사방에서 보살들이 모여들어 서로간에 다음과 같은 문답이 일어났다.
　문수보살이 말하였다. "마음은 본래 하나인데 어찌하여 여러 가지 다른 과보가 있는가. 어떤 사람은 좋은 곳에 태어나고, 어떤 사람은 나쁜 곳에 태어난다. 아름다운 사람도, 미운 사람도 있다. 그리고 또 고락도 여러 가지로 나뉘어져 있다. 어찌하여 이같이 하나의 마음에서 여러 가지 다른 과보가 생기는 것일까?"
　각수(覺首)보살이 이에 답하였다. "일체의 법에는 본래 정해진 성이 없다. 그러므로 일체의 법은 서로를 알지 못한다. 그러나 서로간의 관계가 없다고 할 수는 없다. 예를 들면 급히 흐르는 물은 항상 흐르고 흘러 멈추는 일이 없지만, 앞에서 흐르고 뒤에서 흐르는 물은 서로 알지 못하는 경우와 같다. 또 등불의 불꽃은 타올라서 잠시도 멈추는 일이 없으나, 전후의 두 불꽃이 서로 알지 못함과 같다. 우리들의 오관이나 마음도 이와 같은 것인데, 서로 여러 가지 괴로움을 짓고 있지만 사실은 아무것도 아니다. 법의 성에는 짓는 것이 없지만 그 표현에는 그것이 있다."

문수보살이 말하였다. "일체의 중생은 사대(四大)가 모인 것으로, '무아'라고 하는 그것에 어떻게 괴로움이나 즐거움, 선이나 악 등 여러 가지 다른 과보가 있는 것일까. 법의 본성에는 본래부터 선도 악도 없는 것이 아닌가?"

보수(寶首)보살이 대답했다. "각자의 짓는 법에 따라 업보가 있는 것이므로 '짓는 자' 그 자체가 있는 것은 아니다. 마치 맑은 거울의 면에 모양이 나타나는 것과 같은 것이다. 거울 자체에는 물건이 없다. 업성(業性)도 그와 같아서, 밭과 뿌려진 씨와는 서로 모르지만 자연히 서로 인이 되는 것이며, 지옥 속에서 중생이 괴로워해도 그 괴로움은 밖에서 오지 않는 것이다."

문수보살이 말하였다. "부처는 유일(唯一)의 법을 깨닫고 있는데, 어찌하여 한량없는 법을 설하며, 한량없는 세계에 법음을 채우고, 한량없는 중생들을 교화하시는 것일까?"

덕수보살이 말하였다. "그것은 마치 불의 성은 하나이지만 여러 가지 물건을 태우고, 대해(大海)의 물은 백, 천의 강물이 흘러들어도 맛은 변함이 없으며, 또 대지는 하나이지만 여러 가지 싹을 나게 하는 것과 같은 것이다."

2. 문수보살이 말하였다. "부처의 법을 받으면 괴로움이 모조리 끊어질 것 같은데, 어찌하여 사람은 바른 법을 들으면서도 괴로움을 끊을 수가 없는 것일까?"

법수보살이 말하였다. "당신의 묻는 바는 다만 많이 들어야 한다는 것이다. 그러나 그것만으로는 부처의 법에 들어갈 수가 없다. 예를 들면 물에 표류하는 사람이 빠져죽는 것을 너무 두려워하여 도리어 갈

증으로 죽는 것과 같은 경우인데, 가르침대로 행하지 않으면 소용이 없다. 여러 가지 음식을 주어도 먹지 않고 죽는 사람이 있고, 자상하게 약리(藥理)를 아는 명의가 자기 병을 고치지 못하고, 가난한 사람이 밤낮 남의 보물을 세어도 자기는 한 푼도 갖지 못하고, 귀머거리가 음악을 연주하여 남을 즐겁게 하면서도 자기는 듣지 못하고, 또 많은 사람을 모아서 훌륭한 법을 설하면서도 자기 가슴속에는 실덕(實德)이 없는 사람 같은 것 등이다. 많이 들을 뿐인 사람은 다만 그것에 한하는 것이다."

문수보살이 말하였다. "불법 중에서는 지혜가 가장 존귀한데, 부처님은 어찌하여 사람들을 위하여 보시·지계·인욕·정진·선정이라든가, 또는 자(慈)·비(悲)·희(喜)·사(捨) 등을 찬양하는 것일까?"

지수보살이 말하였다. "삼세의 부처가 지혜의 법만으로 깨달음을 얻는 경우는 없다. 부처는 중생들의 성질이 같지 않음을 알고 그 구원할 수 있는 자에 따라 뛰어난 법을 설하는 것이다. 인색한 자에게는 보시를 찬양하고, 수행이 잘 안 된 자에게는 지계, 화를 내는 자에게는 인욕, 게으른 자에게는 정진, 마음이 어지러운 자에게는 선정, 어리석은 자에게는 지혜, 잔학한 자에게는 자비, 해칠 생각을 하는 자에게는 대비, 근심이 있는 자에게는 기쁨, 애증이 심한 자에서는 평등의 덕을 찬양하는 것이다. 이렇게 해서 비로소 처음으로 수행하는 자는 점차 일체의 법을 깨달을 수가 있는 것이다. 예를 들면 궁실을 지을 때는 먼저 기초를 견고하게 하는 것처럼, 보시와 지계는 보살 수행의 기본이다. 또 견고한 성이 적의 난을 막는 것과 같이 인욕과 정진은 보살을 잘 두호한다. 또 큰 힘이 없는 왕이 위덕으로써 천하를 평정하듯이, 선정과 지혜는 보살을 편안하게 하는 무기이다. 또 전륜왕이 모든 즐거움을 받는 것처럼 자비와 희사는 보살에게 즐거움을 준다."

제2장 라자가하성

제1절 육가사나와 다라비다

1. 이리하여 세존은 사바티성의 기원정사에 잠시 동안 체재하고, 그런 후에 사바티성에 돌아와 죽림정사에서 제3의 우기를 보내셨다. 이때 곡예사인 육가사나는 아내와 그 단원을 거느리고 라자가하성에 와 있었다. 그는 본래 이 성의 부상의 아들이었는데, 연예인 단체가 이곳에 와 대왕 앞에서 곡예를 했을 때, 그 중의 한 처녀를 사랑하여 집을 나와 그 단체에 가입하게 되었다. 신참자로서 곡예를 배울 때는 아내와 동료들의 조소와 모멸 속에서 날마다 눈물을 흘렸으나, 그래도 재주는 진전되어 지금은 일좌(一座)를 거느리고 여기저기로 순회공연을 하게 되었다. 어느 날 그가 라자가하성에서 60척 되는 높은 기둥 위에서 곡예를 부리게 되었는데, 시민들은 굉장한 열의를 가지고 모여들었다.

세존은 마침 그때 제자들을 데리고 그 자리에 오셨는데, 목갈라나〔目連尊者〕에게 명하여 신통력으로써 같은 높이에 올라가 육가사나에게 법을 설하게 했다. 기연이 무르익었던 탓인지 그는 그 법을 매우 기뻐하여, 기둥에서 내려와 세존 앞에 꿇어엎드려 출가하여 제자가 되기를 원했다.

세존은 이를 허락했고, 일좌의 단원 전부가 세존의 제자가 되었는데, 육가사나는 얼마 후 깨달음을 얻어 성자 중의 한 사람이 되었다.

2. 다라비다도 라자가하성의 배우 중의 한 사람이었다. 500명이나 되는 처녀의 일좌를 거느리고 거리나 마을에서 축제가 있을 때 연극을 보여주었고, 혹은 왕궁에 초대되어 그 재주를 보여주곤 했다. 욱가사나가 입도한 후 얼마 안 있어 그도 심기가 무르익어 세존을 죽림정사로 찾아가 뵙고 말씀드렸다.

"세존이시여, 저는 선배로부터 듣기를, 배우는 무대에서 진실을 속여 광대놀음을 보임으로써 관람객을 기쁘게 하므로 명이 끝난 후에는 희소천(戲笑天)에 태어난다고 하는데, 세존께서는 어떻게 생각하시옵니까?"

"다라비다여, 그런 질문을 나에게 해서는 안 된다."

그는 두 번 세 번 같은 질문을 되풀이했다. 세존은 세 번 그 질문을 물리치셨다. 네번째의 질문에 대해 대답하시기를, "다라비다여, 욕을 달래어 광대놀음으로써 진면목을 어지럽히고 사람의 열정을 사려고 하는 배우는 생명이 끝난 후에는 지옥에 떨어지는 것이다. 네가 들은 것은 잘못이다. 잘못된 견해를 가진 자는 죽어서 지옥으로 떨어지거나 짐승이 될 수밖에 다른 도리가 없다."

이 말을 들은 다라비다는 울기 시작했다.

"다라비다여, 그래서 내게 이런 질문을 하시 말라고 하시 않았느냐."

"세존이시여, 제가 우는 것은 세존이 무서운 미래를 설명했기 때문이 아니옵니다. 저의 선배가 미래에는 하늘에 태어난다고 저를 속였기 때문입니다."

그는 열심히 세존의 가르침을 듣고 믿음을 얻어 출가하고, 차차 수행하여 깨달음을 얻는 사람이 되었다. 그는 수행 중에 받았던 고난과, 자기가 얼마나 마음을 제어했던가를 말하여, 다음과 같은 게를 불렀다.

언제나 나는 산속의 암혈에서 혼자 살아가며, 모든 것을 무상하다고 보리라.

　언제나 나는 누덕누덕 기운 황의를 몸에 걸치고, 모든 것을 나의 것으로 생각지 않고, 탐욕·진에·우치를 여의고 숲속에 들어가 안존을 얻으리라. 언제나 나는 죽음과 늙음과 병을 이기고 두려움 없이 숲에서 살리라. 언제나 나는 갈애의 덩굴을 자르고, 지혜의 검으로 마를 물리치리라.

　게으름과 기갈에 괴로워하지 않고, 색성미촉(色聲味觸)의 타오르는 불꽃에 눈을 돌리지 않고, 비방을 받아도 마음 아파하지 않고, 칭찬받아도 교만하지 않고, 가르침에 들어가 마음이 족하니 좋은 날이 언젠가는 나에게 오리라.

　마음이여, '집에 살 필요가 없다.'고 몇 해 동안이나 원했던 것이냐. 집을 나와서 출가자가 되었는데, 너는 어찌하여 정진하지 않으려는가.

　마음이여, '심산 속의 날개가 아름다운 새, 진동하는 인다라(因陀羅)의 번갯불은 숲에 사는 나를 위로한다.' 하면서 얼마나 나를 유혹했던가. 지금 가정과 친밀한 친구와 세간의 즐거움을 버리고 숲에 머무르기는 하지만, 너는 끝내 즐거워하지 않으리.

　모든 것은 변천하는 것으로 보고, 불변의 도를 어찌 구하지 않으랴. 부처는, 마음이란 원숭이 같다고 밝혔다.

　욕을 여의지 않으면 제어하기 힘들다.

　아름다운 그림자에 현혹되어 생을 구하면 괴로움의 길, 마음에 이끌려서 지옥에 든다.

　'공작 창로(孔雀蒼鷺)가 우는 숲에서 표범과 범에 포위되어, 욕을 여의라, 때를 잃지 말라.' 고 마음이여, 나를 격려하지 않으려는가.

깨달음에 이르는 길을 밟아라. 고의 뿌리를 끊어 계책을 그쳐라. 성인의 가르침에 따라 거리에서 탁발하고 숲에 살아라.

마음이여, 너는 나를 이와 같이 격려하지 않으려는가.

형태도 없이 멀리 달려가는 마음이여, 나는 지금부터 너를 따르지 않으리. 욕에는 극심한 고통과 큰 두려움이 있지만, 깨달음을 바라면서 열심히 나아가리라.

마음이여, 나는 어디에서나 그대의 말을 지켰노라.

전에는 이 마음이 여러 가지로 움직여 제멋대로 걸어갔으나, 오늘부터의 나는 이 마음을 누르리라.

넘기 어려운 이 망집의 바다를 건너게 하라.

마음이여, 지금 너에 대하여 옛날 같지는 않아, 너의 지배하에 돌아가는 것이 싫어서 나는 성인의 가르침에 따랐노라.

나와 같은 것은 멸하는 존재가 아니며, 산에서 강에서 대해에서 사방 상하 모두가 무상하며 모든 물질은 재앙이라. 마음이여, 어디에서 즐거움을 구하랴.

사슴의 모임, 공작의 무리, 여름 비에 젖을 때의 시원함, 아무튼 신중에서 나무토막처럼 잠들지언정 동굴의 침상은 솜처럼 부드럽다. 스승이 이룬대로 얻어지는 것으로 족하며, 사악한 도(道)를 부수고 성인을 섬기며, 아름다운 숲속에 놀고, 즐거운 산에 들어가 마음이여, 깨달음의 피안으로 저어나가라.

제2절 사리푸타의 설법

1. 세존은 다시 죽림정사를 나와 서쪽의 베나레스로 가서 녹야원에

머무르셨다. 어느 날 세존이 제자들에게 말씀하셨다.

"제자들이여, 부처는 이 녹야원에서 아직까지는 누구에게도, 또 어떠한 곳에서도 굴린 일이 없는 무상의 법륜을 굴렸다. 즉 사성제를 분명하게 설하고 밝게 시현시켰던 것이다. 사성제란 무엇인가? 고제(苦諦)와 집제(集諦)와 멸제(滅諦)와 도제(道諦)이다. 제자들이여, 실로 이 무상의 법륜을 부처님에 의해 이 녹야원에서 굴린 것이다.

제자들이여, 사리푸타와 목갈라나를 숭배하여 섬겨라. 그들은 현명하고, 또 청정한 행을 닦는 섭수자(攝受者)이다. 제자들이여, 사리푸타는 생모와 같고 목갈라나는 양모와 같다. 사리푸타는 초심자를 기르고, 목갈라나는 뽑아올려 깨달음에 이르게 한다. 사성제의 법을 널리 설명할 수 있는 자이다."

세존께서는 이렇게 말씀하시고 자리에서 일어나 그의 방으로 들어가셨다.

2. 세존이 자리를 뜬 지 얼마 후 사리푸타는 대중을 돌아보면서 말하였다.

"벗이여, 부처님은 이 녹야원에서 아직 누구에게도, 또 어디에서도 설한 바 없는 무상의 법륜을 설하셨다. 즉 고제와 집제와 멸제와 도제 등의 사제를 시현한 것이다. 벗이여, 고제란 무엇인가. 생도 고, 노도 고, 사도 고, 근심·슬픔·뇌(惱)·민(悶)도 고이다. 원하는 것을 얻지 못하는 것도 고이다. 요약해서 말한다면, 이 생이 있는 것 자체가 고이다.

생이란 무엇인가? 각자의 중생이 각각 중생의 유(類)로 태어나 그 경계를 취하는 것이다. 늙음이란 무엇인가? 이가 빠지고 머리털이 세고, 점점 늙어서 수명이 감축되고 몸이 쇠하는 것이다. 죽음이란 무엇인가? 심신의 조직이 파괴되어 이 5체가 해체되는 것이다. 근심이란 무엇인가? 재앙을 만나고 고통을 만나 근심하고 슬퍼하며, 속이 쑤시듯이 아픈 것이다. 슬픔이란 무엇인가? 재앙을 만나고 고통을 당하여 탄식하고 슬퍼하며, 수상(愁傷)하고 애곡하는 것이다. 고란 무엇인가? 몸으로 받는 고통이다. 뇌란 무엇인가? 마음으로 받는 고통이다. 민이란 무엇인가? 재앙을 만나고 고통을 당하여 마음이 좌절되고 희망을 잃은 상태이다.

 원하는 것을 얻지 못하는 괴로움이란 무엇인가? 이 몸뚱이가 태어나야 할 것이되 태어나지 않고자 원하는 것이 그것이다. 마찬가지로 늙고, 병들고, 죽고, 근심하고, 슬퍼하며, 고통을 받고 번뇌하는 것으로서, 그러한 것이 없도록 원하는 것이다. 요약해서 말한다면, 이 생이 있는 것 자체가 고이다. 원래 이 생은 번뇌에서 생한 것이기 때문이다.

 다음에 집제란 무엇인가? 미래의 새로운 생존을 초래하는 사랑의 갈구, 즉 번뇌를 말하는 것이다. 여기에는 욕애와 생존의 애와 단멸(斷滅)의 애 등 세 가지가 있다.

 멸제란 무엇인가? 그 애(愛)의 갈구가 남김없이 멸하여 번뇌가 없어진 것이다.

 도제란 무엇인가? 멸제에 이르게 하는 팔정도, 즉 정견 · 정사유 · 정어 · 정업 · 정명 · 정정진 · 정념 · 정정을 멸하는 것이다. 정견이란 사성제의 도리에 밝은 지견을 갖춘 것이다. 정사유란 욕을 멀리하고 진에가 없고 원해(怨害)가 없는 바른 생각을 의미한다. 정어란 망령된 말, 이간하는 말, 무용한 말을 버리고, 바르고 참된 말을 사용하는 것이다. 정업이란 살생을 금하고 도둑질을 하지 않고 음란한 행을 버리고 바른 행동을 하는 것이다. 정명이란 출가승으로서 해서는 안 될 생활방법을 버리고 바른 생활을 하는 것이다. 정정진이란 아직 발생하지 아니한 악을 나지 못하게 하며, 이미 발생한 악은 버리도록 하고, 아직 나지 아니한 선을 생하게 하며, 이미 생한 선은 크게 원숙하게 되도록 면려하여 마음을 굳게 하는 것이다. 정념이란 일심으로 생각을 바르게 하고 마음을 굳게 하고, 이 신체와 감각과 마음과 법을 관찰하여 탐욕과 거기에서 일어나는 번뇌를 멸하는 것이고, 정정이란 욕과 악을 여의고 모든 선정에 들어가 사는 것이다. 벗이여, 이것이 부처에 의해 설명된 사성제의 법이다."

제3절 카필라성과 콜리성〔拘理城〕의 수론(水論)

1. 성도 제4년에 세존은 베살리의 숲속에 잠시 머무르시고, 거기에서 길을 북쪽으로 취하여 오랜만에 사바티성에 들어가 기원정사에 머무르셨다. 그해 5월, 한발이 오래 계속되어 모든 강의 물이 줄어들고 논밭의 관개에 심한 곤란을 주었다.
 카필라성과 콜리성 간에는 두 성의 중간을 흐르는 강을 두고 싸움이 일어났다. 마침 곡식이 열매를 맺는 긴요한 때였는데, 두 성의 백성들이 물 부족 때문에 서로 악담을 하게 되었으며, 드디어는 몽둥이를 들고 검을 뽑아 유혈 충돌의 직전에 이르렀다.
 세존은 기원정사에 계시면서 이 소식을 듣고 급히 카필라성에 돌아가 막 싸움을 벌이려는 두 집단의 한가운데에 섰다.
 "세존이시다, 세존이시다." 하는 소리가 두 집단에서 흘러나오면서 "지금 세존을 뵙고서는 도저히 적에게 활을 쏠 수가 없다."고 하며 사람들은 모두 무기를 던져버렸다. 세존은 이 모양을 보고 두 집단의 수령을 모아놓고 말씀하셨다.
 "어찌하여 여기에 모였는가?"
 "싸우기 위해서입니다."
 "무슨 일로 싸우려 하는가?"
 "관개수(灌漑水) 때문입니다."

"사람의 목숨에 비해 물은 얼마만한 가치가 있는가?"

"물론 물은 매우 적은 가치밖에 없습니다."

"그렇다면 어찌하여 가치없는 물 때문에 사람의 생명을 죽이려 하는가?"라고 말씀하신 후 다음과 같은 말씀을 하셨다.

2. "옛날 깊은 산속에 검은 빛깔의 사자가 있었는데, 언제나 바나나 나무 밑에 누워서 다른 짐승이 오기를 기다렸다. 어느 날, 바람에 나무의 마른 가지가 부러져 사자의 등에 떨어졌다. 놀란 사자는 정신없이 도망쳤는데, 슬그머니 뒤를 돌아보니 아무도 자기를 쫓아오는 자가 없었다. 이것은 오로지 나무 귀신이 나를 미워하여 그 나무 밑에서 나를 쫓아내려는 것이라고 생각한 사자는, 화가 나서 되돌아와 나무의 줄기를 물어뜯으면서 '나는 너의 잎 하나도 먹은 일이 없고 가지 하나도 꺾은 일이 없다. 그런데 너는 다른 짐승에게는 여기 있는 것을 허락하면서 나에게는 허락하지 않는다. 내가 너에게 무엇을 범했다는 것인가. 좋아, 앞으로 나는 너를 뿌리째 뽑아 토막을 내주리라.'고 하면서 온갖 악담을 하고 사람을 찾으러 나갔다.

그런데 거기에 목수가 나무를 구하러 오므로, 흑사자는 그 사람에게 바나나나무가 있는 곳을 알려주어 그 나무를 베게 하려 하였다. 목수가 톱으로 나무를 베기 시작하자 나무의 신이 놀라 모습을 드러내면서 '너는 이 나무를 베어서 수레를 만들려고 하는데, 그 수레바퀴에 흑사자의 목가죽을 조금 붙여놓으면 매우 튼튼하게 된다. 저 흑사자를 죽여 가죽을 취하는 것이 좋을 것이다.'고 하면서 부추겼다. 목수는 기뻐하면서 나무의 신이 가르쳐준 대로 흑사자를 죽이고 나무를 베어서 마을로 돌아왔다고 한다.

3. 공자들이여, 이 이야기에도 나타나 있듯이, 인간은 하찮은 오해 때문에 싸움을 일으켜 서로 상처를 내고 서로 죽이는 것이다. 또 이런 이야기도 있다.

서해변에 무성한 침엽수의 숲이 있었는데, 한 마리의 토끼가 그 나무 밑에서 자란 종려나무 숲속에 살고 있었다. 토끼가 문득 '만일 이 세계가 파괴된다면 어떻게 될 것인가?' 하고 생각하였다. 마침 그때 침엽수의 열매가 종려나무 잎 위에 떨어지면서 '버석' 하는 소리를 냈다. 토끼는 '큰일이다! 세계가 파괴되기 시작했다.'며 놀라 뛰어오르면서 뒤도 돌아보지 않고 도망쳤다.

그러자 다른 토끼들도 그것을 보고 지나친 호들갑을 떨며 도망쳤는데, 무슨 일이 일어난 것인지 그 영문도 모르면서 잇따라 뛰었다. '어떻게 된 거냐?'고 물으면 '세계가 파괴되기 시작했다.'고 하면서 도망쳤다. 제2의 토끼도 '그거 큰일났다.'고 하면서 뒤질세라 도망쳤다. 제3의, 제4의 토끼도 도중에서 한패가 되어 도망쳤는데, 나중에는 수천 마리의 토끼가 도망쳤다. 게다가 사슴이 참가하고, 멧돼지가 참가하고, 물소가 참가하고, 물소·호랑이·사자·코끼리 등 모든 짐승이 참가하여 큰 행렬이 수십 리에 뻗쳤는데, 모두가 세계의 파괴를 두려워하여 도망쳤다.

그때 한 마리의 사자가 이것을 보고 그들이 세계의 파괴를 두려워하고 있음을 알고, '그런 일이 있을 까닭이 없다. 어떤 소리를 잘못 들은 것이 분명하다. 만약 내가 방관만 하고 있다면 그들은 모두 전멸할 것이다.'라고 불쌍하게 생각하여 달려서 그들의 앞을 질러가, 산기슭에서 기다리면서 큰소리로 외쳤다. 그러자 앞장선 토끼가 딱 멈춰서고, 몇만이나 되는 짐승이 뒤섞여 멈춰섰다.

사자는 그 한가운데 나아가 왜 도망치느냐고 물었다. '세계가 파괴되기 시작했다.' '누가 그것을 보았는가?' '코끼리가 알고 있다.' 코끼리는 그 말을 듣고 말했다. '나는 모른다, 사자에게서 들었다.' 사자는 호랑이에게서, 호랑이는 물소에게서라고 하는 식으로 점점 원점으로 돌아가, 결국 첫째의 토끼가 첫번째로 보았다는 것이 밝혀졌다.

사자는 토끼에게 물었다.
 '너는 정말로 세계가 무너지는 것을 보았단 말인가?'
 '사실입니다. 나는 직접 보았습니다.'
 '너는 어디 살고 있었으며 언제 그것을 보았느냐?'
 '서해에 가까운 침엽수 밑 종려나무 숲속에 살고 있었는데, 세계가 무너지면 어쩌나 하고 생각하던 바로 그때 덜커덕거리며 무너지는 소리를 듣고 도망친 것입니다.'
 사자는 대략 짐작이 갔으므로 짐승떼를 거기서 기다리게 하고, 토끼를 등에 업고 종려나무 숲으로 돌아가 어느 곳이냐고 물었다. 토끼는 벌벌 떨면서 가까이 가지도 못했다. 사자는 그 장소를 면밀히 조사하고 떨어진 침엽수 열매를 집어들어 본 후, 세계에는 아무 이상이 없음을 확인하고 짐승떼가 있는 데로 돌아와 침엽수 열매를 보이면서 그들의 공포를 덜어주었다.
 만일 사자의 가르침이 없었다면 그 많은 짐승들은 도망가다가 바다에 빠져 틀림없이 멸망했을 것이다.
 공자들이여, 사람은 바르게 알아야 한다. 하찮은 오해가 원인이 되어, 이에 만인이 뇌동하여 비참한 최후를 초래하는 것이니 주의해야 한다."
 양쪽 성 사람들은 세존의 간절한 가르침을 듣고 기쁨을 얻었으며, 명문의 많은 자제들이 불문에 귀의하였다. 세존은 이 사람들을 거느리고 두 성에서 가르침을 편 후 잠시 카필라성의 교외인 니그로다숲에 머무르셨다.
 4. 마하파자파티(摩訶波闍波提)는 어느 날 새옷 두 벌을 가지고 니그로다숲으로 세존을 찾아가 말씀드렸다. "세존이시여, 이 두 벌의 새옷은 제가 몸소 실을 뽑고 베를 짜서 만든 것이옵니다. 모쪼록 저를 불쌍히 여기시어 이것을 받아주시옵소서."

"그것은 승가에 공양하는 것이 좋다. 그렇게 하면 승가도 나도 공양을 받는 것이 된다." 마하파자파티는 두 번 세 번 같은 소원을 말씀드렸다. 세존은 역시 마찬가지로 승가에 공양하라고 말씀하셨다.

이것을 옆에서 듣고 있던 아난다는 앞으로 나아가 말씀드렸다.

"세존이시여, 모쪼록 마하파자파티가 바치는 옷을 받아주십시오. 그녀는 세존께 대해서 큰 공이 있는 분으로, 세존의 이모이며 양육자이고, 모후께서 돌아가신 후에는 자기의 젖으로 세존을 기른 분입니다. 세존 또한 그녀에게 큰 이익을 주셨습니다. 그녀는 세존에 의해 삼보에 귀의하여 살생하지 않고, 주지 않는 것은 취하지 않았으며, 사음을 범하지 않고, 거짓말하지 않고, 술을 마시지 않는 등 오계를 지켜 삼보의 불보의 신심을 가졌고, 사성제(四聖諦)의 가르침으로 의심을 거두었습니다. 이와 같이 세존은 그녀에 대해 큰 일익을 주셨습니다. 모쪼록 그녀의 원을 용납해주시기 바랍니다." 세존은 아난다의 소청에 의해 마하파자파티의 보시를 받고, 이어서 보시의 공덕에 대해 말씀하셨다.

제4절 이승교단(尼僧敎團)의 성립

1. 세존은 많은 제자를 거느리고 길을 동쪽에서 남쪽으로 돌려 베살리에 돌아와 이 해에 성밖의 대림에 안거하셨다. 이때 아버지인 슛도다나 대왕이 병이 들었다는 소식을 듣고 급히 카필라성으로 돌아와, 그 빛을 먼저 대왕의 병상에 비쳐 고통을 덜어주셨다. 세존은 난다와 함께 대왕의 베개 옆에 서서 병을 위로하고 법을 설했으며, 모든 사물은 변천한다는 이치를 말씀드리니, 대왕은 고통 중에서도 간절한 교화에 의해 깨달음을 얻었다. 이레째 밤에 대왕은 병상에서 일어나, 세

존과 아난다의 부축을 받고서 신하와 궁녀들에게 지금까지 범한 허물을 간절히 사과했으며, 눈물에 잠겨 있는 마하파자파티를 위로하고, 죽음은 피할 수 없음을 간곡히 설한 후, 드디어 세상에서 해야 할 일을 끝내고 99세의 고령으로 숨을 거두었다.

세존은 제자들, 왕가의 가족, 궁녀들 앞에서 법을 설하고, 장송하는 날에는 몸소 관을 들어 장작 위에 올려놓고 손수 불을 붙이셨다. 이때도 역시 세존의 설법은 많은 사람들을 이 세상의 슬픔에서 벗어나게 하셨다.

2. 이리하여 세존은 부왕의 장례식을 끝내고 잠시 니그로다 동산에 머무르셨는데, 그때 마하파자파티는 세존의 옆에 와서 말씀드리기를 "세존이시여, 저는 세존의 가르침에 부인도 출가할 수 있도록 허락해 주시기를 원합니다."

세존은 이를 물리치셨다. 세 번 원했으나 세 번이나 물리치니, 그녀는 매우 낙심하며 세존께 예배하고 그 옆을 떠났다.

세존은 그런 후에 카필라성을 떠나 베살리에 돌아와 대림의 중각강당(重閣講堂)에 체재하셨다. 마하파자파티는 머리털을 자르고 황의를 입고, 많은 샤카족의 귀부인을 동반하고 베살리로 향하여 길을 떠났다. 맨발로 걸어 흙범벅이 되어 눈물을 흘리면서 대림으로 들어가 강당의 문간에 섰다. 아난다는 이를 보고 그 뜻을 불쌍히 여겨 잠시 문밖에서 기다리게 하고 세존 앞에 나아가 간청하였다.

"세존이시여, 마하파자파티와 그밖의 부인들이 오랜 여행을 거듭하여 흙범벅이 되고 눈물에 젖은 채로 세존을 사모하여 이 정사에 이르러 문간에 서 있습니다. 모쪼록 부인의 출가를 허락해주십시오."

"아난다여, 부인의 출가를 요구해서는 안 된다." 아난다는 두 번이나 원했지만 두 번 다 물리치셨다. 아난다는 또다시 말씀드렸다.

"세존이시여, 만일 부인이 이 가르침을 따라 출가한다면, 그 부인은 마음의 경로를 거쳐 깨달음을 얻을 수 있습니까?"

"아난다여, 그대의 말대로 부인도 이 가르침에 출가하여 깨달음을 얻을 것이다."

"세존이시여, 만일 부인에게 그 자격이 있다고 하면, 세존의 이모이며 양육을 맡았고 젖을 먹이고 큰 공이 있는 마하파자파티를 비롯하여 그밖의 부인들에게도 출가를 허락하시는 것이 옳으리라 생각됩니다."

"아난다여, 만일 부인이 다음의 팔경법(八敬法)을 지킨다면 그들의 출가를 허락할 것이다.

(1) 비록 출가하여 100세가 된 비구니일지라도, 당일로 불제자가 된 남자에 대해서까지 자리에서 일어나 합장배례를 해야 한다.

(2) 비구니는 남자 제자가 없는 곳에서는 안거를 해서는 안 된다.

(3) 비구니는 반 달마다 남자 제자의 승가로부터 계목(戒目)을 읽는 날을 물어 가르침을 구해야 한다.

(4) 안거를 끝내고 비구니는 남녀 두 승가 앞에서 자기의 죄를 고백하여 책하도록 해야 한다.

(5) 중죄를 범한 비구니는 남녀 두 승단에서 반 달 동안 별거해야 한다.

(6) 비구니 견습으로 2년 동안 6법을 닦은 후, 두 승가 앞에서 입문식을 해야 한다.

(7) 비구니는 어떠한 일이 있어도 남자 제자를 욕하거나 비난해서는 안 된다.

(8) 비구니는 남자 제자의 죄를 드러내서는 안된다. 그러나 남자 제자는 비구니의 죄를 드러내도 좋다.

아난다여, 만일 마하파자파티가 이 팔경법을 지키겠다면 출가를 허락하겠다."

제5절 후정(後庭)의 교회(敎誨)

1. 이 해에 세존은 베살리에서 다시 사바티성으로 들어가 기원정사에 체재하셨다. 어느 날 아난타핀다 장자가 세존을 방문했을 때 세존은 말씀하셨다.

"장자여, 마음을 지키지 않으면 신·구·의(身口意)의 3업을 지킬 수가 없다. 신·구·의의 3업을 지킬 수 없으면 3업이 다같이 욕으로 말미암아 더럽혀진다. 3업이 더럽혀지면 그 사람의 임종도, 사후도 행복할 리가 없다. 예를 들면 궁전의 지붕이 잘 이어져 있지 않으면 들보도 서까래도 벽도 비바람에 씻겨 썩게 되는 것과 같다. 장자여, 만일 마음을 지키고 있으면 신·구·의의 3업이 지켜져, 욕으로 말미암아 더럽혀지지 않고, 따라서 그 사람의 임종도 사후도 행복하다. 예를 들면 궁전의 지붕이 잘 이어져 있어서 들보도 서까래도 벽도 비에 젖지 않고, 따라서 썩지 않는 것과 같다."

2. 어느 날 또 세존은 정사의 후원에서 제자들에게 말씀하셨다.

"제자들이여, 사람들이 업을 짓는 원인으로 세 가지가 있다. 즉 탐욕과 진에와 우치가 그것이다. 사람들은 이 세 가지 원인으로 업을 지어 업에 무르익은 곳에 태어나고, 업보를 이승으로부터 후세에 받는다. 마치 씨앗을 땅에 뿌린 후 비가 적당한 때 내리면 싹이 터서 생장하는 것처럼 사람들은 이 세 가지 원인으로 업을 짓고 그 업이 익어서 갚음을 받는 것이다.

제자들이여, 열반에 들어가는 수행에 세 가지 인(因)이 있다. 즉 탐욕을 없애고 진에를 없애고 우치를 없애는 것이다. 이 세 가지에 의해 수행을 하면 미래에 망집의 생을 일으키지 않고 열반에 들어가 마치 뿌리가 뽑힌 풀이나 순이 잘린 탈라수(多羅樹)처럼 다시는 망집의 생을 불러일으키는 일이 없다.

제자들이여, 나의 가르침이 다른 가르침보다 나은 두 가지 점이 있다. 제1은, 나는 사람들이 악을 저지를 때 정면으로 악을 응시하라고 가르친다. 제2는, 그러한 다음에 그 악을 혐오하여 그것을 여의라고 가르친다. 이것이 나의 두 가지 가르침의 뛰어난 점이다.

3. 제자들이여, 이 세상을 지키는 두 가지의 청정한 것이 있으니, 즉 참(慙)과 괴(愧)이다. 만일 이 두 가지가 이 세상에서 없어진다면 어머니라든가, 숙모라든가, 사모님, 친구의 아내라는 구별이 없어지고, 산양이나 돼지, 개나 여우처럼 문란해지는 것이다. 이 참과 괴의 두 가지가 있으므로 세계가 정돈되어 있는 것이다.

제자들이여, 무명(無明)은 갖가지 좋지 못한 법의 선구가 되므로 여기에 무참(無慙)과 무괴(無愧)가 따른다. 밝은 지혜는 갖가지 좋은 법의 선구로 참과 괴가 이에 따른다."

4. 또 어느 날 밤, 세존은 제자들을 모아놓고 말씀하셨다.

"제자들이여, 이 세상에는 세 천사가 파견되어 있는데, 지금 그 천사의 이야기를 하겠다. 제자들이여, 어떤 사람이 이 세상에서 나쁜 짓을 하여 지옥에 떨어졌는데 옥졸은 황급히 그 사람의 손을 붙잡아 염라대왕 앞으로 끌어낸다.

'왕이여, 이 자는 인계(人界)에서 부모를 멸시하고 출가자를 존경하지 않고 사장(師長)을 공경하지 않은 죄로 여기에 왔습니다. 적당한 벌을 가해주십시오.'

제자들이여, 이때 염라대왕은 그 사람에게 '너는 인계에서 제1의 천사를 본 일이 없는가?' 하고 묻는다.

'대왕이여, 본 일이 없습니다.'

'그렇다면 너는 늙어서 허리가 구부러지고 지팡이에 의지하여 비틀거리는 사람을 보지 못하였는가?'

'대왕이여, 그런 늙은이는 많이 보았습니다.'

'너는 그것을 보고서도, 나는 노쇠하는 자이니 속히 신·구·의로 착한 일을 하겠다고 생각지 않았는가?'

'대왕이시여, 그 점에는 유의하지 못했습니다. 저는 너무도 방일했습니다.'

'너는 방일 때문에 볼 것을 보고서도 해야 할 일을 게을리했다. 너는 그 방일에 대한 보(報)를 받아야 한다. 그것은 너의 부모가 지은 것도 아니고, 형제 자매가 지은 것도 아니고, 친구나 다른 사람이 지은 것도 아니다. 너 자신이 지은 것으로 네가 그 보를 받는 것이다.'

'다음에 너는 제2의 천사를 본 일이 없는가?'

'대왕이여, 보지 못했습니다.'

'그렇다면 너는 병에 걸려 혼자서는 기동을 못하고, 자신의 오탁 속에 빠져 있는 불쌍한 사람을 보지 못했는가?'

'대왕이시여, 그런 사람이라면 보았습니다.'

'너는 그것을 보고서도, 나 역시 병에 걸린 자이니 건강할 때 신·구·의를 청정하게 해야겠다고 생각지 않았는가?'

'대왕이시여, 저는 너무도 방일했습니다.'

'그리고 다음에 너는 제3의 천사를 보았는가?'

'대왕이시여, 보지 못했습니다.'

'너는 죽은 사람이 하루 이틀 사흘이 지나는 동안 몸이 부어 고름이 흘러나오는 것을 본 적이 없는가?'

'대왕이시여, 저는 그렇게 죽은 사람이라면 많이 보았습니다.'

'너는 그것을 보고서도 어찌하여 방일하였는가. 너는 지금 그 방일했던 갚음을 받아야 한다. 그것은 너의 부모나 형제 자매, 친구나 친

척이 지은 것이 아니므로 너 자신이 그 보를 받지 않으면 안 된다.'
　염라대왕은 이렇게 말을 끝내고 입을 다물었다. 옥졸은 그 사람을 일으켜 세워 불이 타고 있는 가마 속에 던져넣었다. 제자들이여, 이것이 이 세상에 파견된 세 천사이다. 천사에게 깨우침을 받아 방일을 여읜 사람은 복이 있고, 천사를 보고서도 아직까지 깨우치지 못한 사람은 길이 슬퍼한다."

제3장　팔식(八識)

제1절　케이마 왕후

　1. 세존은 사바티성에서 동쪽으로 라자가하성에 돌아가 죽림정사에 머무르셨다. 빔비사라왕에게 케이마라는 왕후가 있었는데, 그녀는 마가다국 출신으로서 타고난 미모로 왕후에 간택되어, 자기의 아름다움을 믿고 교만해져 부처님 뵙기를 좋아하지 않았다. 대왕은 왕후로 하여금 세존을 뵙게 하려고 사람들을 시켜 왕후 앞에서 여러 가지로 세존을 칭찬하게 하였다. 왕후도 마침내 마음이 움직여 부처님을 한번 예배하겠다고 나섰다. 세존은 왕후가 온 것을 보고 천녀의 모습을 한 부인을 화현시켜 뒤에서 파초잎으로써 부채질을 하게 했다.
　왕후는 이것을 보고 '참으로 아름다운 여자로구나. 세존은 이러한 여자들의 시중을 받고 있어 나 같은 것은 시중을 들 가치조차 없다고 여겼구나. 나는 지금까지 전혀 그릇된 생각을 하고 있었다.' 하고 후회했다.

그런데 그 부인을 보고 있는 동안 부인의 모습이 차츰 바뀌어 젊음은 사라지고 늙은이로 화현하여, 머리카락은 세고 피부에는 주름이 나타나더니, 파초의 부채를 손에 쥔 채 땅에 쓰러졌다. 왕후가 이 모양을 보고 놀라 어두운 생각에 잠겨 있자 세존은 노래하셨다.

욕에 집착하는 자는 흐름을 따라 떠내려가는 것, 마치 거미가 줄을 따라 내려가는 것과 같도다.
현명한 자는 이것을 알고 탐하지 않으며, 욕락(慾樂)을 버리고 출가를 하네.

왕후는 이 노래를 듣고 마음의 눈을 떠, 왕에게 출가할 것을 허락받아 비구니가 되었고 얼마 후 깨달음을 얻었다.
2. 세존은 후에 기원정사에서 "나의 비구니 가운데 제일 지혜로운 자는 케이마이다."라고 그녀를 칭찬하셨는데, 그러나 그녀의 수행은 쉬운 것이 아니었다. 어느 날 그늘진 나무 아래에서 좌선하고 있는데, 악마가 나타나 젊은이의 모습으로 화현하여 그녀를 유혹하려 하였다.
"젊을 때의 아름다움이란 더할 수 없는 행복인 것을, 음악소리에 맞춰 꽃핀 동산에서 나비와 함께 춤을 추게나."
그러나 그녀는 이를 물리쳤다.
"병들어 무너지고 썩어지는 몸, 연모하는 나비의 어리석음을 끊어버렸도다. 사랑은 창(槍), 욕은 극(戟), 가까이하면 상처를 입게 된다. 어찌 즐겁다고 말할 것인가. 욕의 기쁨을 여의면 어둠은 사라진다. 악마여, 그대는 패했도다. 어리석은 중생은 진실을 알지 못한 채 별을 경배하고, 숲속에서 불을 제사하며 좋아하지만, 나는 위없는 부처님을 숭배하여 고통을 벗어나는 가르침을 지키나니."
세존은 잠시 라자가하성에 체재하시며, 마가다국의 인연있는 거리나 마을에서 탁발하며 가르침을 내리셨다.

제2절 깨달음의 경지

1. 세존은 중인도(中印度)에서 멀리 남쪽으로 내려가 바다를 건너서 랑카섬[楞伽島]에 이르니, 성주(城主)인 라바나왕[羅婆那王]은 세존을 산상(山上)의 자기 궁전에 권청(勸請)하였다.

세존이 그 청을 허락하시자 성중의 대중들은 모두 거기에 모여들었다. 왕은 대혜(大慧)라고 부르는 보살에게 말하기를 "보살이여, 모쪼록 우리들을 위하여 세존에게 말씀드려주십시오. 우리들은 일심으로 세존께서 깨달은 경지를 듣기가 소원입니다."라고 하였다.

2. 세존께서 대혜의 물음에 응하여 '일체는 환상과 같은 것이다'라는 법문을 설하고 있었는데, 갑자기 모습은 공중으로 사라지고, 사람과 숲도 일시에 사라지고 라바나왕만이 궁중에 남았다. 왕은 생각하였다. '아까 본 것은 무엇이었나? 설법을 듣고 있던 자는 누구였던가? 세존과 성(城), 모든 보물과 산림은 어디로 자취를 감춘 것일까? 꿈인가, 환상인가, 신기루인가? 참으로 이것은 불가사의한 일이다. 그러나 이것은 세존이 일체의 모든 법은 이처럼 환상과 같다는 것을 보이신 것임에 틀림없다. 모든 경계는 다 자기 마음의 분별에서 생기는 데 불과하다. 사람은 이를 깨닫지 못하나 사실은 보는 사람이나 보이게 하는 사람이나 설자(說者)나 설을 듣는 자도 없는 것을, 허망하게 분별하고 집착하여 <실제로 있다.>고 생각하는 데 불과하다. 부처님을 뵙는 것도, 법을 듣는 것도 모두 이 분별이 아닐까? 내가 전에 보았던 것은 이 분별된 부처였는데, 지금 설법을 듣고 분별이 없어지고 보니 결국 분별에서 생긴 모든 것이 사라져버린 것이리라. 참으로

분별하는 마음으로는 참된 부처를 볼 수가 없다. 분별을 일으키지 않는 것이 참된 부처를 뵙는 길이다.'

라바나는 이와 같이 마음이 열려 더러움을 여의고서, 전혀 분별이 없는 경계에 들어가 일체의 법을 실지 그대로 볼 수가 있었다.

3. 이때 세존이 깨달음에 이르게 될 왕의 마음을 알아차리고서 전과 같이 몸을 나타내시자, 왕은 기뻐하면서 다시 세존께 물으셨다.

"세존이시여, 세존께서는 항상 '법까지도 버려야 하거늘 하물며 비법(非法)이야 말할 필요가 있겠는가.' 라고 설하셨습니다. 어찌하여 이 두 법을 버려야 하옵니까? 법과 비법이란 무엇을 가리키는 것입니까?"

"왕이여, 예를 들면 병은 깨지는 것이다. 그런데 사람은 괜히 실체가 있다고 생각한다. 그와 같이 보았던 법을 버려야 한다는 것이다. 즉 안으로 자기 마음의 본성을 보면 밖에 집착할 필요가 없다. 이와 같이 바른 생각으로써 법을 보는 것을 '법을 버린다.' 라고 한다. 다음에 비법이라는 것은 토끼의 뿔, 석녀(石女)의 아이처럼 실(實)이 없는 것을 말한다. 이것도 병의 경우와 마찬가지로 집착할 것이 못되므로 버려야만 할 것이다. 왕이여, 부처의 법도 또한 일체의 분별과 쓸데없는 논의를 여의고 있다. 오직 참된 지혜만이 이를 깨닫는 것이다. 사람들을 편안하게 하기 위해 설법하여 차별을 여읜 지혜를 부처라고 설하는 것이다. 그러므로 부처는 참된 지혜와 일체인만큼 분별하는 지혜로는 생각할 수가 없다.

왕이여, 벽에 그린 그림에 감각이 없는 것처럼, 세간의 모든 사람들도 환상과 같은 것으로 보아야 한다. 이렇게 보는 것을 바른 생각이라고 이름하고, 이와 다른 것을 분별하는 생각이라 이름한다. 분별에 의하므로 법과 비법에 집착한다. 왕이여, 예를 들면 어떤 사람이 물에 비친 자기의 모습을 보거나, 혹은 등불이나 말에 의해 생긴 자기의 그림자를 보고서 분별을 일으키고, 거기에 집착하여 기뻐하거나 두려워하는 것과 같은 것이다. 법이나 비법이라 하는 것도 다만 분별에 불과하다. 분별에 의하기 때문에 버릴 수가 없으며, 모든 허망이 증장하여 번뇌의 적멸을 얻지 못하는 것이다. 적멸이란 허망을 여읜 일심을 말하는 것인데, 그것은 부처를 낳은 곳집이며, 그러므로 이것을 여래장이라 일컫는다."

4. 그때 대혜(大慧)보살이 자리에서 일어나 부처를 찬송하였다.

　자비, 지혜의 부처님은 생멸의 차별을 여의고, 세상은 하늘에 뜬 꽃과 같은 것으로, 버리는 것도 취하는 것도 모두 허망한 것으로 관조(觀照)하신다. 부처님의 법신(法身)은 꿈과 같으며, 무엇으로 이를 찬송하리요.

　'성(性)'이 없음을 아는 것이야말로 부처님을 찬송하는 일이어라. 부처님께서는 보는 것과 보여지는 모습이 없다.

　자비, 지혜의 부처님은 마음에 분별하는 상(相)을 여의셨는데, 법은 모두 환상과 같아서 버리는 것도 취하는 것도 모두 허망하다고 관하신다.

　깨달음과 깨닫게 된다는 것과 유와 무의 분별을 다같이 버리시니 부처는 깨달음에 있지 않고, 깨달음은 부처가 아니며 부처를 뵙고 정적한다면 생사를 초월한다. 그런 사람은 집착하는 생각을 여의리라.

제3절 팔식(八識)

1. 세존은 대혜보살에게 말씀하셨다.

"대혜여, 부처는 지혜의 눈으로 만물 자체의 모양, 또는 만물에 공통적인 모양을 보는데, 그것은 외도의 사견과는 같지 않다. 그들은 경계가 마음의 분별에서 나타난 것을 알지 못하고, 법 본래의 성(性)으로서 '유'와 '무'가 있다고 생각하는 것이다. 대혜여, 만일 경계란 환상과 같은 것으로서 자기의 마음에서 나타난 것이라고 깨닫는다면 미혹한 세간의 괴로움과 어리석음, 애욕과 업연(業緣)은 멸할 것이다."

2. 대혜보살이 세존께 말씀드렸다. "세존이시여, 모쪼록 저를 위하여 심(心)과 의(義)와 식(識)의 구별, 명(名)·상(相)·분별(망상)·정지(正智)·여여(如如) 등 5법의 성(性)과 상을 설명해주십시오. 모든 부처도 보살도 모두 이 가르침에 의해 자기 마음의 세계에 들어가 외계(外界)의 상(相)을 여의고 진실한 도의에 상응하는 것이라고 듣고 있습니다."

세존께서 말씀하셨다. "먼저 안식(眼識)은 안근(眼根 : 시각 감관)과 색경(色境 : 시각 대상)과 안촉[眼觸 : 근(根)과 경(境)의 접촉]과 안식과의 4종의 인연에 의하여 작용한다. 그러나 경계가 자기의 마음에서 나타난 것이라는 점을 알지 못한 채 이를 인정하는데, 이것은 시초를 모르는 먼 옛날부터 허망에 깊이 물들어 사물에 집착하도록 되어 있기 때문이다. 따라서 식(識)의 성질로서, 스스로 경계에 집착하는 것과 같은 작용이 갖추어져 있기 때문에 여러 가지 사물의 상을 향라하려고 한다.

대혜여, 식의 근본인 제8의 아뢰야식(我賴耶識)도, 이 근경(根境)·촉식(觸識) 등의 4연(四緣)에 의해서 작용하는데, 마치 폭포수가 수중으로 떨어져 물결을 일으키듯이 심중에 폭포수가 흘러 눈·귀·코·혀·몸·뜻[意]·말나(末那)의 7식을 물결치게 하는 것과 같다. 어떤 때는 거울에 물건이 비치듯이 갑자기 활동하고, 어떤 때는 바람이 바닷물 위로 불듯이 차례로 작용한다. 이와 같이 마음의 바다에 경계의 바람이 불어서 갖가지 마음의 물결을 일으켜 계속 끊어지지 않는다.

대혜여, 근본이 되는 제8의 아뢰야식과 나머지 7식의 모양은 하나도 아니요, 또 다른 것도 아니다. 이런 갖가지의 식은 서로 관련되고 깊이 얽혀 있어 외계의 만법의 성을 알 수가 없다. 이 잘못된 생각을 근본으로 하여 눈·귀·코·혀·몸 등의 5식이 외계로도 향하여 작용하는 것이다.

대혜여, 아뢰야식이 작용하는 모양은 이와 같이 미세하므로 오직 진실하게 몸을 닦는 자가 지혜의 힘에 의해서 마음의 경계를 아는 것이다."

3. 대혜보살이 삼가 물었다. "아뢰야식이 만일 대해의 물결이 춤추듯 하는 것이라면 어찌하여 사람들은 그것을 모르고 지내는 것이옵니까?"

세존께서 말씀하셨다. "아뢰야식은 바다와 같고, 나머지 7식은 물결과 같다고 하는 것은 다만 어리석은 사람을 위하여 비유로서 설명했을 뿐이다."

대혜보살이 물었다. "세존이시여, 해가 떠올라 상하의 차별이 없이 비추는 것처럼, 세간의 등불이신 세존은 어찌하여 어리석은 사람을 위해 진실을 나타내 보이시지 않습니까?"

세존께서 말씀하셨다. "바다의 물결, 거울 속의 모습, 또는 꿈이 일시에 나타나듯이, 마음의 경계도 그와 같다. 7식 가운데 모든 경계가 있는 것은 아니며, 오직 제8식에 따라 점차로 작용해 가는 것이다. 제6식은 분별하여 알고, 제7식은 망령된 마음을 아(我)로 인정하고, 눈·귀·코·혀·몸 등의 5식은 다만 눈앞의 경계를 비출 뿐이다.

비유한다면 뛰어난 화가가 갖가지 상(像)을 채색하듯이, 내가 설교하는 것도 그와 같다. 채색 자체에도 모양이 없고, 붓에도, 바탕인 천에도 모양은 없다. 그러면서 이것들은 인연으로 하여 사람들을 기쁘게 하기 위해 화려한 상을 만드는 것이다. 언설은 변천하는 것이다.

진실은 문자로는 표현할 수 없다. 이것은 보살을 위해 설하는 바로서, 어리석은 자에게는 별도로 설하겠다. 설하는 바가 듣는 사람의 근기(根機)에 상응하지 않으면 설하지 않는 편이 더 낫다. 훌륭한 의사가 병에 따라서 약을 주듯이, 부처님은 사람들의 마음에 응하여 법을 설한다."

4. 대혜보살이 물었다. "세존이시여, 사람들이 그 마음의 번뇌를 청정하게 하는 데에 있어서 당장에 청정해지는 것이옵니까, 혹은 점차로 청정해지는 것이옵니까?"

세존께서 말씀하셨다. "대혜여, 과일이 익듯이, 도공이 그릇을 굽듯이, 또는 대지가 초목을 기르듯이, 혹은 사람이 음악이나 서화나 그 밖의 여러 가지 기술을 배우듯이, 부처는 사람들의 번뇌를 점차로 청정하게 한다. 또 밝은 거울에 물건의 모습이 비치듯이, 해나 달이 일시에 일체의 물상에 비치듯이 부처는 사람들의 번뇌를 즉시 청정하게 한다. 부처는 이와 같이 점차로 혹은 즉시 법을 나타내시어 세간을 비추고, 일체의 '유'와 '무'의 견해를 여의게 한다."

제4절 단상(斷常)의 이견(二見)

1. 대혜보살이 물었다. "세존이시여, 어떻게 하면 상견(常見)과 단견(斷見)을 깨뜨릴 수가 있습니까?"

세존께서 말씀하셨다. "몸도 재화도 경계도 다만 마음의 그림자일 뿐이다. 그런데 어리석은 자는 이것을 깨닫지 못하므로 혹은 영구히 존재한다는 상견을 일으키고, 또는 완전히 없어진다는 단견을 일으키는 것이다. 더욱이 일으키는 바의 그 견해도 또한 마음(心)이다. 마음을 떠나서는 아무것도 없다.

대혜여, 지금 너를 위해 공(空)과 무생(無生)과 무성(無性)에 대한 이치를 설하겠다. 모든 법(法)의 상(相)과 각각 고유의 자상(自相)도 제법공통(諸法共通)의 공상(共相)도 다같이 공이다. 그것들이 서로 모이고 서로 도와 관계하는 데서 일어나는 인연 소생(所生)의 모양으로 분석해서 구해도 고유의 체(體)는 얻을 수가 없다. 그러므로 만물의 상(相)은 공인 것이다. 또 법 그 자체에는 생도 없고 멸도 없으며, 이것이라 정할 수도 없는 것이다. 어리석은 자가 붙잡을 수 없는 것을 붙잡고 정할 수 없는 것을 정하여 망령되이 분별하여 만물에 각각 성이 있다고 하지만, 사실은 이와 같이 성도 또한 공한 것이다.

대혜여, 이같이 만물 자체에는 생도 없고 멸도 없으며, 본래 그 성이 공이므로 무생(無生)이라 한다. 또 모든 법은 서로 관계하여 성립시켜 상대적으로 존재하는 것으로서 단독으로는 성립되지 않는다. 빛과 그림자, 긴 것과 짧은 것, 백과 흑 같은 것이다. 그와 같이 생사의 밖에 열반이 없으며, 열반의 밖에 생사가 없다. 이 두 가지는 서로 달리하는 것이 아니므로 제법에는 두 가지 상(相)이 없다. 그러므로 무이상(無二相)이라 하는 것이다.

대혜여, 이러한 공 · 무생 · 무자성(無自性) · 무이상의 이치는 제불이 설교하신 것으로, 그 진실은 말로는 표현할 수 없다. 예를 들면 아지랑이는 짐승을 현혹시켜 물로 착각하게 하는 것처럼, 부처는 사람들의 마음에 따라 여러 가지로 가르침을 설하여 기쁨을 일으키게 하지만, 지자에 의해 증득한 진실의 법은 도저히 이것을 그대로 나타낼 수 없는 것이다. 그러므로 말에 집착해서는 안 되며, 이치에 따라 음미해야 한다."

2. 대혜보살이 물었다. "세존이시여, 세존은 여래장(如來藏)의 본성이 청정하여 항상 끊임없이 변치 않고, 부처의 모든 모양을 갖추어 일체 중생들의 몸 속에 있으며, 더러운 몸, 모든 번뇌 속에 있는 것이 마

치 값진 보석이 더러운 옷 속에 있는 것 같다고 설하셨습니다. 그렇다면 여래장은 이교에서 말하는 바의 '항상 창조자이며, 자재하여 멸하는 일이 없는 아'와 매우 비슷한 것 같은데, 지금까지 설하신 무아의 가르침과 다른 것으로는 되지 않겠습니까?"

　세존께서 말씀하셨다. "대혜여, 내가 설하는 바의 여래장과 이교자가 말하는 아와는 같지 않다. 부처가 성공(性空)·실제·열반·불생(不生)·무상(無相)·무원(無願) 등의 말로써 여래장을 설명하는 것은, 어리석은 자로 하여금 무아의 가르침을 듣더라도 놀라며 두려워하는 일이 없도록 하고, 또 분별 망상의 그림자를 여의고 아의 집착을 여의게 하기 위한 것이다.

　대혜여, 예를 들면 도공(陶工)이 물·지팡이·바퀴·밧줄 등의 방편을 사용하여 진흙으로 여러 가지 그릇을 만드는 것처럼, 부처도 또한 모든 분별을 버리고 무아법 가운데서 여러 가지 지혜와 좋은 방편을 가지고서 혹은 여래장이라 설하고 혹은 무아라고 설하여 이름은 갖가지로 나누지만 다른 것은 아니다. 대혜여, 내가 여래장을 설한 것은 '아'에 집착하는 모든 이교의 신자들을 끌어들여서 망견(忘見)을 여의고 증득하게 하기 위한 것이다."

　3. 대혜보살이 물었다. "세존이시여, 모쪼록 저를 위하여 보살의 도를 닦는 법을 설해주십시오."

　세존께서 말씀하셨다. "대혜여, 보살은 네 가지 법으로써 도를 닦는다. 첫째로 모든 것은 자기의 마음에서 나타나는 것으로 관한다. 3계는 자기의 마음을 떠나서는 없다. 본래 '아'와 '나의 것'이라는 생각을 여읜 것으로서, 가는 것도 오는 것도 아니다. 그것은 그 시작도 모르는 먼 옛날부터 집착하는 습관에 깊이 물들어, 갖가지의 3계를 지어 나타내는 것이다. 그러므로 세간의 갖가지의 사물·활동·언어·계박(繫縛)과, 몸·재보·거처도 모두 분별에 따라 나타나는 것으로 관해야 한다. 둘째는 생(生)·주(住)·멸(滅)의 견해를 여의는 것으로, 모든 꿈과 환상 같은 것이라고 생각한다. 왜냐하면 물(物)은 그 자신에서 생하는 것도 아니고, 또 남에 의해서 지어지는 것도 아니며, 그렇다고 자신과 남에 의해서 생하는 것도 아니고, 모두 자기 마음의 분별에서 나타난 것으로 그 실체가 없는 것이기 때문이다. 이미 외물로서 실체가 없으면 이것을 분별하는 식(識)도 일어나지 않는다. 이와 같이 분별하는 인연에 의해서만 3계가 존재한다는 것을 알면 내외의 모든 법은 붙잡을 곳이 없어져서 꿈과 같고 환상과 같아, 생·주·멸이 없는 것이 된다. 보살은 이와 같이 요득(了得)하여 생멸의 견해를 여의는 것이다. 셋째는 외물(外物)의 무자성(無自性)을 생각해보면, 모든 법은 아지랑이와 같고 꿈과 같은 것이라 보고, 옛날부터 무용한 논의, 갖가지의 집착, 허망한 습관 등이 그 인이 되어 존재하는 것처럼 생각하나, 사실 모든 법에는 원래 체성(體性)이 없는 것이다. 넷째는 이와 같이 온갖 법을 관찰하여 성지(聖智)를 구하는 것이다."

4. 대혜보살이 물었다. "세존이시여, 열반이란 무엇입니까?"

세존께서 말씀하셨다. "대혜여, 모든 식(識)의 자성에 깊이 물들어 있는 허망한 기분과 아뢰야식, 말나식(末那識), 의식의 습기(習氣)를 뒤엎는 것이 열반이다. 제법의 자성이 공(空)인 것과 일치하는 경계이며, 또 단(斷)·상(常)·유무의 범주를 여읜 성자가 활동하는 경지이다. 또 열반은 무너지는 일도 없고 죽음도 없다. 만일 죽음이 있다면 또한 생이 있을 것이다. 아무튼 무너지는 일이 있다면 변화가 있는 법인 것이다. 그러므로 열반은 무너지는 일도 없고 죽음도 없으며, 모든 도를 닦는 자가 가는 곳이다. 또 세간의 법을 버리지도 않으나, 세간의 법과 하나가 되지도 않고 둘이 되지도 않는 것이 열반이다."

5. 대혜보살이 물었다. "세존이시여, 말이 있으므로 반드시 법이 있게 마련인데, 만일 말이 없다면 어찌 법이 있습니까?"

세존께서 말씀하셨다. "대혜여, 법은 없어도 말은 있다. 실제로 거북의 털, 토끼의 뿔, 석녀의 아이는 아무도 보지 못했으나 세상 사람들은 그런 말을 사용하고 있다. 대혜여, 그것은 있는 것도 아니고 없는 것도 아니며, 다만 말만이 있을 뿐이다.

대혜여, 그대가 말하는 것처럼 말이 있는 곳에 반드시 법이 있다고 한다면 그것은 잘못이다. 뿐만 아니라 모든 불토에 모두 말이 있을 수는 없다. 어떤 불토에서는 응시하는 것만으로 법을 나타내고, 눈썹을 올리고, 눈동자를 움직이고, 미소짓고, 찡그리고, 기침을 하는 등의 방법으로 법을 나타내고, 혹은 불순(不瞬) 세계, 묘향 세계, 보현불(普賢佛)의 나라에서는 눈도 깜박이지 않고 응시하는 걸 통해 보살은 깨달음에 들게 된다. 그러므로 말이 있고서 법이 있는 게 아니다. 이 세계에서도 파리나 개미 등은 말을 가지고 있지 않지만 각자의 일을 하고 있지 않느냐."

6. 대혜보살이 물었다. "그렇다면 어떠한 법에 의해서 상주(常住)를 설하시는 것입니까?"

세존께서 말씀하셨다. "대혜여, 무상이라는 미망의 법에 의하여 상주는 설해진다. 미망의 법은 성인에게도 나타나지만 성인은 이를 바르게 본다. 아지랑이, 불의 바퀴, 신기루, 꿈, 환상 또는 거울 속의 모습에 어리석은 자는 집착하지만 지자는 바르게 본다. 이 미망의 법은 본래 '유', '무'를 떠나 있으므로 무상이 아니다. 비유컨대 악귀는 강가(갠지스강)를 보지 못하므로 물이 있다고는 말하지 못한다. 그밖의 사람은 강물을 보고 있으므로 물이 없다고는 말할 수 없다. 이와 같이 미망의 법에는 본래 유무의 다른 상이 없으므로 상주이다. 차별의 상이 없는데도 분별을 일으키므로 차이가 있으나, 그 체(體)는 상주인 것이다.

대혜여, 미망의 법은 그대로 진실이다. 성자는 미망의 법 가운데 있어서 전도된 생각을 일으키지 않는다. 미망의 법이 즉 진실한 법, 만일 그 사이에 조금이라도 사사로운 생각을 일으킨다면 성자라고는 말할 수 없다."

7. 대혜보살이 물었다. "그렇다면 말씀하신 망집의 법은 '유', '무' 중 어느 것이옵니까?

세존께서 말씀하셨다. "유, 무는 집착의 상이다. 일체의 법은 본래 이 집착의 상을 여읜 것이므로 환상과 같다고 한다. 만일 그렇지 않고 모든 법에 실체가 있다면, 변화할 수가 없으므로 이교도가 말하는 '아'와 같은 같이 될 것이다. 그러나 모든 법은 연에 의해서 일어난 것으로서 변이한다. 그러므로 망집의 법이 곧 참된 법인 것이다."

8. 대혜보살이 물었다. "세존이시여, 만일 미망의 법이 환상과 같다면, 그것은 다른 미망의 법의 인으로 되는 일이 있을 수 있겠습니까?

세존께서 말씀하셨다. "대혜여, 환상물은 망법(妄法)의 인으로는 되지 않는다. 왜냐하면 환상은 과실을 낳지 않기 때문이다. 즉 모든 환상적 법은 분별하는 일이 없는 것이다. 어리석은 자가 집착에 의해서 망법에 과실을 잉태하게 되는데, 성자는 집착을 떠나 망법에서 진여(眞如)를 본다. 미망의 법 이외에 진여가 있다고 한다면 그 진여도 망법이다.

대혜여, 그러므로 내가 설하는 바의 열반이란 허망한 경계를 분별하는 식(識), 즉 제6의 의식을 멸하는 것을 말하는 것이다."

9. 대혜보살이 물었다. "그렇다면 세존은 무엇 때문에 8종의 식(識)을 세우셨습니까? 그리고 제6식만을 멸하고 다른 7식에 미치게 하지 않는 것입니까?"

세존께서 말씀하셨다. "대혜여, 제6식을 인으로 하고 또는 소연(所緣)에서 다른 7식이 생한다. 즉 제6의 식이 경계를 향하여 집착을 일으킬 때 거기에 하나의 습성을 지어 제6의 아뢰야식을 기른다. 제7의

식은 나와 나의 물의 집착으로써 아뢰야식에 대해 항상 생각을 굴린다. 이와 같이 스스로의 마음에서 나타난 경계에 집착하여 가지가지의 마음이 모여 생하고, 서로 인이 된다.

대혜여, 비유컨대 바다의 물결처럼 나의 마음에서 나타난 경계에 바람이 불어 혹은 나고 혹은 멸한다. 이 도리에 의해 제6의 식이 멸할 때 다른 7식도 또한 멸하는 것이다."

제5절 일자불설(一字不說)

1. 대혜보살이 물었다. "세존이시여, 모쪼록 성자의 행상(行相)과 일승(一乘)을 설해주십시오."

세존께서 말씀하셨다. "대혜여, 보살은 여러 가지 가르침에 의해서 분별을 일으키는 일은 없다. 조용한 곳에 머물러 법을 관하여 스스로 깨달으며, 남에게 의존하지 않는다. 분별의 견해를 여의고 위로 위로 나아가 부처의 경지에 들어간다. 이와 같이 닦는 것을 성자의 행상이라 한다.

다음에 일승의 행상이라고 하는 것은 일승의 도(道)를 깨닫는 것이다. 그것은 주관과 객관의 차별을 여의고, 여실(如實)하게 주(住)하는 것이다.

'승(乘)이라는 마음이 일어나면 그것은 승이 아니다. 마음의 움직임이 멸하고 승과 승자(乘者)와의 차별을 여의면 그것은 참된 일승이 아니겠느냐. 모든 승을 설하는 것은 어리석은 자를 인도하기 위한 수단이다. 탐애는 어머니, 무명(無明)은 아버지, 이 아버지와 어머니에 의해서 이 세계가 생한다. 마음에 이 이치를 깨달을 수 있으면 부처라 이름할 수 있다.'"

2. 대혜보살이 물었다. "세존이시여, 일찍이 세존은 '정각의 처음과 열반의 끝에 이르기까지 한 자도 설하지 않았다.'고 말씀하셨는데, 그것은 무슨 뜻이옵니까?"

세존께서 말씀하셨다. "대혜여, 두 가지의 뜻으로 나는 그렇게 말했던 것이다. 첫째는 스스로 깨달은 법에 대하여 말한 것이다. 모든 부처가 증득한 바를 나도 같이 증득하였는데, 거기에는 더하는 것도 덜하는 것도 없다. 그 지혜는 말을 여의고, 분별을 여의고, 이름을 여의고 있기 때문이다. 둘째는 본성의 법에 대해서 말한 것이다. 금은이 광석 속에 있듯이 부처가 세간에 나오거나 나오지 않거나 법은 모두 그 본성이 상주하는 진여이다. 비유컨대 어떤 사람이 광야를 지나 평탄한 구도(舊道)를 찾아 고성에 들어가듯이, 옛날의 제불이 깨달은 바의 진여를 나도 증득하였으므로 법성은 상주 불변인 것이다. 그러므로 부처는 성불에서 열반에 이르기까지 그 사이에 한 자도 설하지 않았다는 것이다."

3. 대혜보살이 물었다. "세존이시여, '말에 의하지 않고 뜻을 취하라.'는 것을 가르쳐주십시오."

세존께서 말씀하셨다. "대혜여, 말은 분별과 그 습기(習氣)가 인이다. 목이나 혀, 입술 등의 도움에 의해 가지가지 소리를 내어 서로서로 얘기하는 것을 말이라 한다. 또 도를 닦는 사람이 홀로 조용한 곳에서 듣는 것과, 생각하는 것과, 닦는 것 등 세 가지 지혜로써 깨달음의 도를 향하여 경계를 알고 번뇌를 멸하여, 수도의 단계에서 각각의 행을 닦는 것이 의(義)인 것이다.

대혜여, 도를 닦는 자는, 말과 의는 하나가 아닌 것이고 또 다르지도 않다고 보아야 한다. 만일 의와 말이 다르다고 하면 말에 의해서 의를 보는 것은, 등불이 물건을 비추는 것처럼 말이라는 등불에 의해서 말을 떠난 깨달음의 경계에 들어가는 것이다.

대혜여, 불생·불멸·자성·열반 등에 대하여 만일 말대로 뜻을 취한다면 상견이나 단견에 떨어질 것이다. 그것은 환상을 보고 실(實)이라고 생각하는 것으로서, 어리석은 자가 보는 바이다. 어리석은 자는 '뜻과 말과는 다르지 않다. 왜냐하면 뜻은 체가 없으므로' 라고 할 것이다. 이 사람은 말의 자성을 알지 못한다. 말은 멸해도 의는 멸하지 않는다는 것을 알지 못한다.

대혜여, 모든 말은 문자에 사로잡히지만, 의는 그렇지가 않다. 그것은 '유', '무'를 떠나 생하는 일이 없어서 체도 없다. 부처는 문자에 사로잡히는 법을 설하는 일은 없다. 만일 어떤 사람이 문자에 사로잡히는 법을 설한다면 그것은 거짓된 설이다. 왜냐하면 모든 법의 자성은 문자를 떠나서만 있기 때문이다. 그러므로 '나는 제불과 함께 한 자도 설하지 않는다.'고 한 것이다. 그것은 모든 법은 문자를 떠나서 있으므로 뜻에 의하지 않고서는 설할 수가 없기 때문이다. 그렇지만 대혜여, 만일 설하지 않는다면 교법은 끊어지고, 교법이 끊어지면 수도하는 자도 부처도 없어질 것이다. 만일 모두가 없다면 누가 누구를 위해 설할 것인가. 그러므로 수도하는 자는 문자에 사로잡히지 말고 방편을 좇아 설하는 것이 좋다. 나는 사람들의 번뇌와 요해(了解)에 따라 설법을 하는데, 모든 법이 내 마음을 보는 곳에서 밖의 경계가 없음을 알게 하고, '유', '무'의 분별을 떠나서 심·의·식을 전화시킨다. 이것은 깨달음 그 자체를 직접적으로 나타내기 위한 것은 아니다. 그러므로 보살은 뜻에 따를 뿐 문자에 의지하여서는 안 된다. 문자에 의지한다면 악견(惡見)에 떨어지고, 스스로를 해치고 남을 해칠 것이다.

대혜여, 진실한 법은 오는 것도 없고 가는 것도 없으며, 다른 것도 없다. 모든 무용한 논의는 그 앞에서 멈출 것이다 그러므로 도에 뜻을 둔 사람은 말과 같이 뜻에도 집착해서는 안 된다. 왜냐하면 진실한 법은 문자를 떠나 있기 때문이다. 비유컨대 어떤 사람이 손가락으로 물건을 가리키는데, 아이는 손가락만을 보고 물건을 보지 않듯이, 어리석은 자도 괜히 '말'이라는 손가락에 집착하여 목숨이 끝날 때까지 그 손가락을 버리지 않는다. 이렇게 해서는 제1의를 깨달을 수가 없는 것이다.

대혜여, 진실한 의는 미묘하고 또한 적정하여 열반의 인이 된다. 말은 망상과 합해져 생사의 거리를 돈다. 그리고 진실한 의는 많이 들음으로써 얻어진다. 많이 듣는다고 하는 것은 의를 선(善)하게 하는 것이지 말을 잘하는 게 아니다. 뜻을 선하게 하는 것은 스스로 일체 이교의 나쁜 견해에 따르지 않게 할 뿐만 아니라 남들까지도 따르지 않게 함을 의미한다. 이것을 '의에 있어서 많이 듣는' 것이라고 이름하는 것이다. 의를 구하는 자에게는 친밀하게, 그리고 문자에 사로잡히는 자로부터는 멀리하는 것이 좋다."

4. 대혜보살이 물었다. "세존이시여, 부처님의 자성을 설명해주시옵소서." 세존이 게(偈)로써 설하였다.

　　부처는 5관의 경계를 넘어서 과(果)도 아니고 인도 아니면서 모든 법의 상(相)을 여읜다.
　　경계의 법도 몸도 부처는 보지 않으며, 보는 법이 없으니 어찌 분별을 일으키리요.
　　분별의 밖에 있지만 법은 없는 것이 아니며, 법은 법으로서 저절로 있다.
　　'아', '아소'의 이치를 요득하지 못하고 다만 말에 사로잡힌다면 '유'와 '무'에 빠져 스스로를 파괴하고 세상을 해치리라.
　　이 법을 볼 수 있으면 모든 과오를 여의리라.

제4장 교단의 발전과 외난(外難)

제1절 사제(師弟)의 관계

 1. 점점 제자들의 수가 많아짐에 따라 교단의 일도 많아졌다. 스승이 없는 신참 제자는 옷을 입는 법도 나빴고 식사하는 방법도 문란했다. 세존은 이것을 보고 믿음을 증장시키는 소이가 되지 못할 것이라 생각하여 다음과 같이 가르침을 내리셨다.
 "제자들이여, 나는 지금부터 너희들에게 스승을 갖는 것을 허락한다. 스승은 제자에 대하여 아들처럼 생각하고, 제자는 스승을 아버지처럼 생각하라. 사제가 서로 공경하여 기쁨과 슬픔을 같이하면서 살아간다면 다같이 이 교에 있어서 진취(進趣)를 볼 수 있는 것이다.
 제자들이여, 제자는 스승을 바르게 섬겨야 한다. 적시에 일어나 신발을 벗고 상의를 한쪽 어깨에 걸치고 스승에게 칫솔과 세숫물을 올리고, 스승의 사리를 마련해야 한다. 만약 아침에 죽이 있으면 바리때를 씻은 후 죽을 담아야 하며, 죽을 다 먹은 후에 물을 올리고 바리때를 받아서 정중하게 씻은 후 그것을 적당한 곳에 간수해야 한다. 스승이 자리를 뜰 때는 자리를 걷고, 그 장소가 더러우면 청소를 하고, 탁발을 할 때는 스승의 바리때를 씻어서 이것을 손에 들고 따라가야 한다. 스승에게서 너무 멀리 떨어져 있어도 안 되고, 너무 가까이 있어도 안 된다.
 시주해온 음식물이 뜨겁고 무거운 물건일 때는 스승을 대신하여 그 바리때를 받으며, 스승이 말을 할 때는 말참견을 해서는 안 된다. 스승이 실수할 것 같은 말을 할 때는 정중하게 이것을 만류해야 한다. 돌아올 때는 스승보다 먼저 돌아와 자리를 기다리며 발씻을 물과 받침대와, 발씻을 때 쓰는 나뭇조각을 준비할 것이며, 스승이 돌아오면 자진해서 바리때와 옷을 받고, 옷을 벗을 때는 도와주며, 만일 옷이 땀에 젖어 있으면 잠시 동안 말려서 개고, 접을 때는 금이 생기지 않도록 네 뼘 폭으로 접어 개고, 띠는 옷 속에 접어 넣어야 한다. 바리때를 씻어서 말린 다음 간수하고 스승의 명령에 따라 불경을 읽고 질문을 해야 한다. 스승이 슬퍼할 때는 위로하고, 뉘우치고 있을 때는 격려하고, 옳지 못한 생각을 할 때는 바른 생각으로 돌아가게 하는 등 모든 일을 스승을 위해 생각해야 한다. 스승의 허가 없이는 다른 곳에 가지 말고, 스승이 병들었을 때는 그 건강이 회복되기를 염원하면서 간호해야 한다.

또 스승은 제자에게 경을 읽게 하고, 질문하게 하고, 가르치고 사랑하며, 제자를 도와야 한다. 불필요한 바리때나 옷, 그밖의 기구 중에서 제자가 갖고 있지 않을 경우에는 이를 제자에게 주고, 제자가 병들었을 때는 친절히 간호하고, 제자가 슬퍼할 때는 위로하고, 뉘우치고 있을 때는 격려하고, 나쁜 생각을 품고 있을 때는 바른 생각으로 돌아가게 하는 등 모름지기 제자를 위해 염려해야 한다. 제자들이여, 이것이 제자의 스승에 대한 예이며, 스승의 제자에 대한 예이다.

제자들이여, 그러나 만일 제자로서 스승에 대하여 사랑도 없고, 믿음도 없고, 참괴(慙愧)도 없고, 공경하는 마음도 없고, 자비심도 없을 때는 스승은 제자를 내쫓아 마땅하다."

2. 불제자의 수가 늘어나 각기 여러 곳에 도를 펴기 위해서는 제방의 입신자(入信者)를 세존 한 분으로서는 출가·득도시킬 수가 없었다. 이에 제자들에게도 삼귀의(三歸依)의 법에 의해서 다른 사람을 출

가시키는 것을 허락하셨다.

　그후 언젠가 라타라고 불리는 바라문이 어떤 제자에게 출가시켜줄 것을 원했으나 허락받지 못해서, 이를 괴롭게 생각하여 몸이 파리하고 쇠해졌다. 세존은 그에게 그 이유를 묻고 제자들에게 말씀하셨다.

　"너희들 중에 누구든 이 바라문에게 도움을 받은 것을 기억하는 자는 없는가?"

　사리푸타가 말하였다. "세존이시여, 저는 이 바라문에게서 도움을 받은 것을 기억하고 있습니다. 전에 제가 라자가하성 안을 돌고 있을 때, 이 바라문에게서 한 숟가락의 밥을 받은 일이 있습니다."

　"착하도다, 착하도다. 사리푸타여, 너는 능히 은혜를 알고 보시를 아는 자이다. 네가 이 바라문을 출가·득도시키도록 하라."

　"세존이시여, 어떻게 출가·득도시키면 좋겠습니까?"

　이에 세존은 제자들에게 설하셨다.

　"제자들이여, 나는 이전에 삼귀의의 법에 의해서 제자로 가입하는 것을 허락했는데, 이제부터는 일백(一白)과 삼갈마(三羯磨)의 정(定)함에 의해 제자가 되게 하는 것이 좋다. 먼저 승중(僧衆)이 일당에 모여 제자가 되려는 자는 한쪽 어깨에 상의를 걸치고 승중 앞에 나와 발 밑에 절하고 한쪽 무릎을 꿇고 합장하면서 다음과 같이 원해야 한다.

　'대덕들이여, 저에게 불제자가 되는 것을 허락하고 가엾게 여겨 끌어 올려주십시오.' 라고.

　이 소원을 세 번 되풀이해야 한다. 그때 어질고 덕있는 자가 갈마사(羯磨師)가 되어, 지금 원한 자가 불제자가 되는 데 갖가지 장애가 없는지 어떤지를 확인한 다음 승중에게 고해야 한다. '대덕들이여, 제가 말하는 것을 들어주십시오. 이 사람은 장로 아무개에게 불제자가 되겠다고 원하고 있습니다. 장애도 없고 바리때와 승복도 준비되어 있습니다. 만일 승중으로서 형편이 허락하신다면 이 사람에게 장로 아무개를 스승으로 하여 불제자가 되는 것을 허락합시다. 이것이 동의입니다.' 이 동의를 일백(一白)의 법이라고 정한다.

다음에 이 동의를 한 다음 이어서 말해야 한다. '대덕들이여, 제가 말하는 것을 들어주십시오. 이 사람은 장로 아무개에 의해서 불제자가 되기를 원하고 있습니다. 만일 여러 스승께서 이의가 없다면 침묵해주시고, 이의가 있으면 발언해 주십시오.' 이것을 세 번 되풀이한다. 이것을 삼갈마의 법이라고 한다.

이리하여 여기에 발언하는 자가 없으면 갈마사는 계속해서 말해야 한다. '승중은 장로 아무개를 스승으로 하여 이 사람에게 불제자가 되는 것을 허락했습니다. 승중에게 이의가 없으므로 묵인하신 것으로 저는 양해합니다.' 제자들이여, 이것으로 입문의 의식은 끝나는 것이다.

그러나 불제자가 되는 것은 처음에 불제자로서의 마음가짐으로서 다음과 같은 사의(四依)와 사중금(四重禁)을 가르쳐야 한다. 사의라는 것은, 첫째 불제자는 걸식에 의해 생활해야 하며, 둘째 불제자는 분소의로 몸을 가려야 하며, 셋째 불제자는 나무 밑을 거처로 삼아야 하며, 넷째 불제자는 부란약(腐爛藥)으로써 약을 삼지 않으면 안 된다는 4개조이다. 사중금이란 비범행(悲梵行)과 투도와 살생과 법에 대한 자랑의 금지인 것이다."

사리푸타는 세존의 명에 의해 라타 바라문을 출가시켰다. 그후 사리푸타는 유행하면서 라타의 인자한 행동을 보고 다음과 같은 게송으로써 격려하였다.

과실을 드러내면서, 꾸짖는 현자를 만나면 곳집의 보물을 보여주는 사람과 같이 이를 섬겨라. 이러한 사람을 섬기는 것은 선한 일이려니.

제2절 포살(布薩)과 안거

1. 또 당시 바라문교의 습관으로 매월 8일, 14일, 15일, 23일, 29일, 30일의 여섯 번을 한곳에 모여서 법을 토론하는 일이 있었다. 성 안팎의 사람들은 이 기회에 법을 들을 수가 있으므로, 그것을 행하는 가르침은 사람들의 환심을 사서 성행하였다.

빔비사라왕은 '지금 세존의 가르침을 제외한 교에서는 저와 같이 많은 사람들이 모임을 갖고 있는데, 세존의 교단에서도 그렇게 하시면 좋을 것이다.'라고 가만히 생각하였다. 왕은 이 뜻을 세존께 여쭈었다. 세존은 그 뜻을 받아들여 포살의 날을 정하고 제자들을 모아 설법을 하고 서로들 법을 얘기하도록 정하셨다.

"제자들이여, 너희들은 매월 8일, 14일, 15일, 23일, 29일, 30일의 여섯 번을 모여서 법에 대한 얘기를 하는 것이 좋다. 그리하여 지난날의 죄를 청정하게 하고 다가오는 날의 근신으로 삼는 것이 좋다."

2. 또 그때까지는 장마철의 안거제도가 설정되어 있지 않았으므로, 제자들은 비가 오는데도 돋아나는 풀을 밟으며 여기저기를 돌아다녔다. 그것을 사람들은 비난했다. "공중을 나는 새도 장마철에는 나무 꼭대기에 둥지를 지어 안거하고, 사교라고 비난받는 다른 교의 사람들도 이 기간에는 한곳에 모여 안거한다. 그런데 어찌하여 불교를 닦는 유행자들은 장마철에 겨우 싹터 나오는 푸른 풀을 밟아, 그 풀의 성장을 해치고 꿈틀거리는 곤충을 죽이면서 유행을 하는 것일까?"

이러한 불평의 소리가 세존의 귀에 들렸으므로 세존은 이후 안거의 제도를 정하셨다.

"제자들이여, 장마철에는 한곳에 머물러 안거하도록 하라. 안거에는 전안거(前安居)와 후안거를 둔다. 전안거는 알사다월(頞沙茶月 : 7월) 16일부터 시작하여 알습사유사월(頞濕沙庾闍月 : 10월) 14일에 끝나며, 후안거는 실라벌나월(室羅伐拏月: 8월) 16일부터 시작하여 가라지가월(迦剌底迦月: 11월) 14일에 끝난다. 제자들이여, 이 두 안거에 있어서 너희들 주위의 사정에 의해 어느 안거에 들어가도 좋다. 혹은 이 전안거와 후안거 중의 중안거(中安居)에 들어가도 좋다. 중안거라고 하는 것은 사정에 의해 전안거의 정해진 날에 안거에 들어갈 수 없는 자가 후안거가 시작되기 전날까지 사정이 허락하는 대로 안거에 들어가 그로부터 90일 후에 안거를 끝내는 것이다.

제자들이여, 이 안거 중에는 한곳에 거주하고 다른 곳으로 탁발을 가서는 안 된다. 그러나 만일 출가한 제자나 재가의 신자가 승단을 위해 혹은 한 사람의 불제자를 위해 정사를 세운다든가 원림(苑林)을 만든다든가 해서 '모쪼록 와주십시오. 보시를 하고 법을 청문하려 합니다.' 하는 식으로 초대하였다면, 7일 이내에 돌아올 예정으로 안거를 떠나도 좋다. 그러나 7일까지는 돌아와야 한다. 또 제자들이 병에 걸렸다든가, 기분이 우울하여 괴로워하고 있다든가, 뉘우쳐 괴로워하고 있다든가, 혹은 나쁜 생각을 품고 있다든가, 중죄를 범하여 교단의 형벌을 받아야 한다든가 하는 경우에는 그쪽에서 사자가 오지 않더라도 가서 위로하여, 그 마음의 괴로움을 제거해줄 생각으로 7일 예정으로 안거를 떠나도 좋다. 그러나 7일까지는 돌아와야 한다.

제자들이여, 또 제자의 어머니·아버지, 형제나 혹은 친척이 병들었을 경우에도 7일간의 안거를 떠나도 좋다. 부모의 경우 사자가 오지 않아도 가는 것을 허락하고, 형제나 친척일 경우는 사자가 온 다음에 가는 것을 허락한다. 제자들이여, 여기에 한 가지 더, 교단의 일로 다른 곳에 가야 할 때도 7일 기한으로 안거를 떠나도 좋다.

제자들이여, 이 안거에 들어갔을 때 짐승의 습격을 받는다든가, 도적의 해를 입는다든가, 화재(火災)나 수재(水災)가 있다든가, 식물 및 약품을 도저히 얻지 못한다든가, 또는 그 장소가 청정한 행을 닦는 데

부적당하다든가 하는, 이러한 장애가 있는 경우에는 그런 안거를 떠나서 다른 곳으로 옮겨도 좋다."

제3절 자자(自恣)

1. 또 세존이 어느 해의 안거를 사바티성의 기원정사에서 보내실 때의 일이다.
 7, 8명의 사이좋은 제자들이 함께 코살라(憍薩羅)의 어떤 마을에 안거하고 있었는데, 그들은 생각하였다. '이 안거에 있어서 우리들은 어떻게 하면 힘을 합하여 편안하게 살 수 있을까?' 여러 가지로 생각한 끝에 그들은 서로 말을 하지 않기로 결심했다. 탁발을 나갔다가 먼저 돌아온 사람이 자리를 깔고 발씻을 물이나 음료수를 준비해 놓으면, 나중에 온 사람은 설거지를 하고 자리를 치우고 바리때를 씻고 식당을 청소한다. 누구든지 그 주거에서 해야 할 일을 발견한 사람이 그 일을 하도록 하고, 만일 남의 손을 빌려야 할 경우에는 손으로 신호할 뿐 결코 입을 열지 않는다. 이렇게 하면서 우기를 넘겼다.
 안거가 끝나면 제자들은 그 주거지를 떠나 일자 세존의 앞으로 나가는 것이 관례가 됐다. 이 제자들도 또한 우기의 3개월을 보낸 후 침구나 좌구 등을 정돈하고 기원정사에 가서 세존을 찾아뵈었다. 세존은 항상 "제자들이여, 너희들의 건강은 어떠한가? 이 안거 중에 부족한 것은 없었는가? 서로 화목하며, 평화롭게 나날을 보낼 수 있었는가? 탁발에 곤란을 느끼는 일은 없었는가?" 하고 물으셨다.
 제자들은 자기의 안거 중, 서로 말하지 않고 우기를 보낸 것을 말씀드렸다. 그때 세존은 다른 제자들에게도 다음과 같이 말씀하셨다.
 2. "제자들이여, 이 제자들은 실제로는 불안하게 살고 있으면서 평

안하게 살았다고 생각하며, 짐승 같은 생활을 보내고 산양(山羊)의 생활을 했으며, 원수 같은 생활을 하고서도 편안하게 살았다고 생각한다. 어찌하여 이 제자들은 벙어리의 계율을 지키는 것일까? 이와 같은 행위는 불제자에게는 걸맞지 않는 것이다. 불제자가 모였을 때는 신성한 침묵이나, 법에 대한 이야기를 하는 것이 좋다. 벙어리를 흉내낼 필요는 없다. 또 안거가 끝났을 때는 서로 모여서 자자(自恣)를 해야 한다. 자자란 안거 중의 자기 행위에 대해서 다른 동료 제자들에게 충분히 나의 허물을 바로잡아 달라고 하는 것이다.

제자들이여, 자자는 다음과 같이 해야 한다. 어질고 힘이 있는 제자가 먼저 동료 제자들에게 다음과 같은 일을 상의한다.

'승단의 대덕들이시여, 제 말을 들어주시오. 오늘은 자자의 날입니다. 승단으로서 준비가 되어 있으면 자자를 합시다.'

자자는 우선 상좌(上座)의 제자들로부터 시작하여 차례로 신참의 제자에 이르는 것이 좋다. 상좌의 제자가 위의를 바로하고 오른쪽 무릎을 꿇고서 합장하며 이렇게 말한다. '벗들이여, 나는 승단에게 자자를 원합니다. 나의 행동에 대해서 허물이 있다고 보았거나, 또는 의심스럽게 생각한 점이 있으면 가엾게 여기는 마음으로 말씀해주십시오. 저는 잘못을 고치겠습니다.' 라고. 이 원을 세 번 되풀이하는 것이 좋다. 상좌의 제자가 끝나면 차례로 옮겨 신참 제자에 이른다.

3. 이 자자의 날은 2일간으로 정한다. 제1은 안거가 끝난 달의 15일에 행하는 것이며, 제2는 만일 이날에 행할 수 없는 경우에 다음 새달에 행하는 것이다.

제자들이여, 이 자자의 날에 죄를 범한 것을 알고 있는 사람은, 먼저 자자에 앞서 한 제자 앞에 가서 죄를 고백하고 참회해야 한다. 만일 죄를 범하고 있지나 않나 하고 스스로 의심이 될 경우에는 그것을 그대로 고백하고, 죄인 줄 알게 되면 고칠 것을 맹세해야 한다. 또 자자의 작법이 시작된 후 자기가 범한 죄를 생각한 사람은 이웃 자리의 제자들에게 '벗이여, 나는 지금 나의 죄가 생각나는데, 이 자리를 떠나서 후에 고백하여 용서를 빌고 고칠 것입니다.' 라는 말을 하고 자자를 계속하여야 한다. 만일 지금 자자를 하려는 제자들이 모두 죄를 범하고 있는 경우에는 제자들은 한 제자를 택하여, 가까이 머무르고 있는 다른 제자들의 모임에 보내어 범한 죄를 말한 후 자자를 행하여야 한다."

제4절 신통(神通)

1. 핀돌라는 코삼비국〔憍賞彌國〕왕의 국사(國師)의 아들로 삼베다〔三吠陀〕를 배워 바라문의 자제를 가르치고 있었으나, 얼마 후 그 일에 흥미를 잃고 라자가하성에 와서 세존의 교단이 후한 공양을 받는 것을 보고 뜻밖에 입단하려는 생각이 들어 출가하여 불제자가 되었다. 천성이 욕심이 많아 도를 닦는 데 있어서도 이 때문에 고통이 많았지만, 드디어 그 탐욕을 멸하고 깨달음을 얻었다. 그는 곧잘 목갈라나와 함께 유행하였다.

이때 라자가하성의 부호인 수바다의 아들 수제가는 진기한 전단향목(栴檀香木)을 얻은 후 생각했다. '이 향목으로 바리때를 만들어서 3출가자에게 보시하고 나머지 나뭇조각으로 내 것을 만들자.' 라고.

얼마 후 아름다운 전단의 바리때를 공중에 높이 달아놓고 "어떤 출가자이든지 바리때를 신통으로써 취한 사람에게 바치겠다."고 선언하였다. 당시의 유명한 출가자들은 이 소문을 듣고 모두 그곳에 모여들었다. 그러나 누구도 높은 장대 위에 걸린 바리때를 쳐다만 볼 뿐 한 사람도 신통을 나타내려 하는 자는 없었다.

마침 그때 핀돌라는 목갈라나와 함께 라자가하성에 탁발하러 갔다가 이것을 보고 말하였다. "대덕은 뛰어난 신통력을 갖추고 있으므로, 이 사람들 앞에서 그것을 보이고 바리때를 취하시면 어떻겠습니까?"

목갈라나는 사절하고 그 말을 권한 벗에게 바리때를 가지라고 했다. 이에 이르러 핀돌라는 신변을 나타내어, 하늘 높이 날아올라가 사람들의 갈채를 받으면서 바리때를 취했다. 장자는 두 사람을 자기 집에 초대하여 바리때 속에 맛있는 음식을 담아 약속한 대로 공양했는데, 사람들은 쉽사리 떠나지 않았다. 두 사람의 뒤를 따라 죽림정사에 몰려왔으므로 조용한 정사는 갑자기 소란스러워졌다.

세존은 "아난다여, 저 큰 소동은 무슨 일인가?" 하고 물어 그 이유를 듣고는 제자들을 모아놓고 핀돌라에게 물었다.

"핀돌라여, 그것이 사실인가?"

"세존이시여, 사실이옵니다."

"핀돌라여, 이것은 출가자로서는 걸맞는 소행이 아니다. 너는 어찌하여 하찮은 나무 바리때 때문에 신통을 보였는가. 그것은 돈을 위해 재주를 부린 것이다. 믿음이 없는 자에게 믿음이 있게 하고, 믿음이 있는 자를 더욱 정진시키는 소이가 아니다. 제자들이여, 재가자들에게 신통을 보여서는 안 된다. 이 바리때를 부수어서 향분(香粉)을 만들어 안약 가루에 섞도록 하라. 앞으로는 나무 바리때를 가져서는 안 된다. 이것은 승가의 규율이다."

2. 세존의 명성이 천하에 떨치게 되자 그 중에는 세존의 신통을 보려고 세존의 제자가 되는 자도 있었다. 그러나 정법에는 불가사의가 없다. 세존은 오직 간절하게 사제의 이치를 가르치고, 앞으로는 제자들에게 신통을 나타내는 것을 금하셨다. 이교도는 기뻐하여 "석가모니에게는 초인적인 법은 없다. 그 가르침은 평범한 것이다."라고 비

방하였다. 제자 중에는 불평을 하며 교단을 떠나는 자도 있었다. 그러나 세존은 오로지 가르침에만 종사하였다.

제5절 사자후(獅子吼)

1. 세존은 라자가하성에서 북상하는 도중에 베살리의 서쪽 교외의 숲속에 머무르셨다. 그때 리차족(離車族)으로서 최근에 세존의 가르침을 버린 수나카타라는 자가 베살리의 사람들에게 다음과 같은 말을 하였다.
"세존에게는 초인적인 법은 없다. 충분히 뛰어난 지견이 없다. 그는 자기 머리로 생각한 것, 착상한 것을 설하고 있다. 그 법에 의하면 생각만을 잘하면 어려운 수행을 하지 않더라도 고가 없는 경계에 달한다고 한다."
사리푸타는 이른 아침 탁발을 하기 위해 베살리에 들어가 이 말을 듣고 이를 세존께 아뢰었다.
2. "사리푸타여, 수나카타는 화가 나서 그런 말을 했는데, 그는 '비방하고자' 한 것이 도리어 부처를 찬양했던 것이다. '그 법에 의히면 생각만을 잘하면 바르고 고통없는 경지에 달할 수가 있다는 것'이라고 한 것은 부처를 찬양한 말이다.
사리푸타여, 이 어리석은 사람은 내게 대해 '저 세존은 응공(應供)·등정각(等正覺)·명행족(明行足)·선서(善逝)·세간해(世間解)·무상사(無上士)·조어장부(調御丈夫)·천인사(天人師)·불(佛)·세존이라고 일컫는 사람이다.'라고 하는 믿음이 없다. 또 나에게 세 가지의 신변이 있는 것을 알지 못한다.
사리푸타여, 여기에 부처의 십력(十力)이 있다. 이 십력을 갖추어 부처는 만유의 모양을 알고, 중생들 속에서 법을 설하는 것이다. 십력이라는 것은 부처의 도리를 알고, 부도리(不道理)를 부도리로 아는 것이다. 중생들의 과거·미래·현재의 업과 그 결과를 안다. 행업(行業)에 따라 어떤 결과를 초래하는가를 안다. 중생들의 갖가지 다른 경계를 안다. 다른 중생들의 근기(根機)의 우열을 안다. 무수한 선정에 대해 널리 안다. 전생에 염을 일으켜 그 상(相)의 우열을 안다. 천안(天眼)으로써 사람들의 생사 업보를 안다. 일체의 번뇌를 끊어버린 것을 안다. 이상 말한 열 가지이다.

　사리푸타여, 이와 같이 알고 있으면서 '세존은 초인적인 법이 없다. 충분하고 뛰어난 지견이 없다.'고 했으니, 그 말과 생각을 버리지 않으면 반드시 지옥에 떨어질 것이다.

　3. 사리푸타여, 부처에게는 네 가지의 무소외(無所畏)가 있다. 이 세상의 누구도 나에 대하여 '그대는 정각자라고 떠들고 있지만 이러한 법을 바르게 깨닫고 있지 않다. 또 그대는 번뇌를 다 멸했다고 해도 사실은 다 멸한 것이 없다.'고 비난하는 것은 바른 일이 아니다. 나는 이렇게 비난받을 이유를 인정치 않는다. 이유를 인정치 않으므로 평안하며 두려울 것이 없다.

　사리푸타여, 나는 너에게 말하겠다. 나는 몇 번이나 크사트리야의 회상에 가서 서로 얘기한 일이 있는데, 나에게는 포외(怖畏)가 없었다. 이것은 어떠한 회상에 가도 마찬가지이다. 사리푸타여, 여기에 4종의 생이 있다. 즉 난생·태생·습생·화생이다. 난생이란 알을 깨고 생하는 것이며, 태생이란 태에서 생하는 것이며, 습생이란 썩은 물고기, 썩은 고기, 썩은 죽, 그밖에 썩은 늪이나 웅덩이에서 생하는 것이며, 화생이란 천계와 지옥 및 어떤 일부의 인간이 그 생을 취한다. 사리푸타여, 나는 이런 모든 것을 알고, 이런 것에 이르는 길을 알고 있다. 또 열반을 알고 열반에 이르는 길, 열반에 드는 행업(行業)을 알고 있다.

4. 사리푸타여, 나는 여기에서 어떤 사람의 마음을 꿰뚫어보고 '이 사람들은 이렇게 행하고 이와 같은 길을 걷고 있으므로 사후에는 지옥에 떨어질 것'을 안다. 잠시 후 천안으로써 바라보면 과연 그 사람은 지옥에 들어가 심한 고통을 받고 있다.

사리푸타여, 이런 나를 비방하여 '고타마에게는 초인적인 법이 없으며, 충분히 뛰어난 지견이 없다. 고타마는 자기 머리로 생각해낸 착상의 법을 설하고 있다.'고 한다. 그는 이러한 생각을 버리지 않는 한 반드시 지옥에 떨어질 것이다."

5. 세존은 다시 북쪽으로 향해 말라족(末羅族) 아누피야〔阿奴比耶〕 거리로 들어가셨다. 어느 날 탁발하러 나가시다가 "탁발을 하기에는 아직 이르므로 잠시 유행자인 박가바를 찾아보리라." 하고 그 숲속으로 가셨다. 박가바는 세존께 말씀드렸다. "대덕이여, 그리차족의 수나카타가 제가 있는 곳에 왔습니다. 그는 '이미 세존의 제자가 아니다. 그의 곁에 있지 않다.'고 말했는데, 그것이 사실입니까?"

세존은 대답하셨다. "박가바여, 그렇다. 수나카타는 전에 나한테 와서 '나는 이제 세존을 하직합니다. 세존의 곁에는 머물러 있지 않겠습니다. 세존은 나에게 초인적인 법, 신통을 보여주지 않기 때문입니다.'라고 했다.

'수나카타여, 나는 너에게 오라든가, 내 곁에 머물러 있으라든가, 나는 초인적인 법, 신통을 보이겠다고 약속한 일이 없다. 그런데 너는 누구를 버리고 누구를 떠나겠다는 것인가. 수나카타여, 나의 가르침은 바르고 고통이 없는 경계에 들어가게 하는 것이다. 이것에 대해서 신통을 보이고 안 보이고가 무슨 상관이 있는가. 수나카타여, 너는 너의 고장에 있을 때 갖가지로 부처와 법과 승가의 덕을 찬양하였다. 그런데 지금 네가 이 청정한 행에서 물러난다면, 사람들은 네가 청정한 행을 하는 것을 견디지 못하여 물러났다 할 것이다.

6. 박가바여, 나는 이렇게 대답하면서 그를 또 다시 교화했다. '수나카타여, 전에 내가 부움의 우다라가의 마을에 머무르고 있을 때, 너를 시자로 데리고 이른 아침에 탁발하러 간 적이 있었다. 그때 나형자(裸形者)인 코라 카테야는 견계(犬戒)를 잘 지켜 땅을 그 수족으로 기며 땅의 음식을 취하고 있었다. 너는 그것을 보고 아아, 이 성자는 얼마나 훌륭한 행을 닦고 있는가 하고 견계를 지키며 그 수족으로 기는 것을 칭찬하였다. 나는 그 잘못되고 천박한 가르침을 비난하면서, 이 견계의 행자는 7일만에 복통으로 죽으리라고 예언했는데, 과연 그대로였다. 수나카타여, 그럼에도 불구하고 너는 그런 형의 가르침에 사로잡혀 있다. 베살리의 중각강당에 있을 때도 나형 외도(裸形外道)의 한다라마수가에게도 역시 그와 같은 일이 있었다. 그는 한평생 옷을 입지 않고, 여자를 가까이하지 않고, 술과 고기를 먹지 않고, 흰밥과 죽도 먹지를 않고, 베살리의 네 구석에서 한 걸음도 나가지 않는 고행을 하여 높은 명예를 얻고 있었다. 수나카타여, 너는 그도 그 형식에 사로잡혀 깨달음을 얻는 것으로 생각하고 있었다. 그런데 그는 역시 내가 예언한 대로 나중에 고행을 그만두고 어디론가로 가버렸다.

또 저 파테카푸타도 그 나형의 고행으로 중망(衆望)을 모아 나에 대해 여러 가지 비평을 하고, 신통력에 대해서는 나보다 낫다고 떠들어댔다. 너는 그때도 그의 말을 믿어 그가 말한 것을 나에게 고했다. 나는 그때, 파테카푸타는 그 말을 버리지 않고는, 그 마음과 견해를 여의지 않고는 내 앞에 올 수는 없다고 말했다.

이튿날 나는 너를 데리고 파테카푸타가 머무르고 있는 제바원(提婆苑)에 갔다. 사람들은 신통력의 경쟁이라도 있는 것으로 생각하여 모여들었다. 파테카푸타는 슬그머니 친드 카누 유행자의 동산으로 도망쳤다. 그래서 사람들은 그를 따라 유행자의 동산에 가서 지금이야말로 고타마와 신통력을 겨루어보라고 부추겼지만, 그는 곧 간다고 하면서 그 자리에서 떠나지 않았다. 모든 사람들이 그를 데려오려고 했으나 모두 실패하였다. 결국 파테카푸타는 그의 말을 버리지 않고, 그의 마음과 견해를 버리지 않고서는 내 앞에 나올 수가 없었던 것이다. 수나카타여, 너는 나의 이와 같은 초인적인 법, 신통을 보고 있으면서 아직도 초인적인 법, 신통을 찾고 있다. 그것은 너의 잘못이 아니냐?
　박가바여, 나는 이렇게 여러 가지로 그를 가르쳐보았지만, 겉만을 집착하고 속을 보지 못하는 그는 드디어 나의 도에서 물러난 것이다."
　박가바 선인은 세존께 말씀드렸다.
　"대덕이시여, 저는 대덕 및 대덕의 제자들을 비방하는 자들이 잘못이라는 것을 믿는 자입니다. 대덕이시여, 저에게 청정한 깨달음에 들어가는 법을 설해주실 수 있겠습니까?"
　"박가바여, 너와 같이 그릇된 교에 속하여 잘못된 신념과 견해를 가지고 있으면서 청정한 깨달음에 들어가겠다는 것은 곤란하다. 그러니 너는 나에 대한 신심을 잘 지켜야 한다."
　박가바는 세존의 가르침을 기뻐하여, 세존에 대한 신심을 잘 지키겠다고 맹세하였다.

제6절 12인연(因緣)

　1. 아난다는 아직 젊고 깊은 법의 이치를 알기에 이르지 못했다. 어느 날 그는 나무 밑에 단좌하여 세존의 가르침을 생각하자 마음이 맑아지는 동시에 세존이 힘주어 설한 연기(緣起)의 가르침을 똑똑히 알 것만 같았다. 너무나 기뻐서 그는 곧 세존의 앞으로 달려가 이것을 세존께 말씀드렸다.

"세존이시여, 세존께서 가르쳐주신 연기의 도리는 참으로 깊은 것이었는데, 그 도리를 오늘 분명하게 알았습니다."

세존이 대답하셨다. "아난다여, 그와 같이 말해서는 안 된다. 이 연기의 도리는 참으로 알기 어려운 것이다. 중생들이 괴로움과 번뇌의 세계에 있는 것도 이 실이 얽힌 것과 같은 연기의 도리를 모르기 때문이다.

아난다여, 노사(老死)의 연은 무엇이냐 하면, 생이다. 생은 유(有)에 의거하고, 유는 취(取)에 의거하고, 취는 애(愛)에 의거하고, 애는 수(受)에 의거하고, 수는 촉(觸)에 의거하고, 촉은 육처(六處)에 의거하고, 육처는 명색(名色)에 의거하고, 명색은 식(識)에 의거하고, 식은 행(行)에 의거하고, 행은 무명(無明)에 의거하여 생한다. 아난다여, 지금 여기서는 이 열두 사슬〔鎖〕 가운데 하나를 설하겠다.

'수(受)는 사랑의 연이다.' 수를 연으로 하고 수를 기본으로 하여 사랑이 일어나고, 사랑에 의해 구하는 마음이 일어나며, 구하는 마음에서 얻는다는 것이 있으며, 얻어서 다시 선악의 선택이 일어나고, 선택에 의해서 욕이 일어나고, 욕에 의해서 집착이 일어나고, 집착에 의해서 질투가 있고, 질투에 의해 다시 탐심이 증장하고, 탐심에 의해 자기의 소유를 방호(防護)하게 된다. 몽둥이와 칼로써 서로 다투고 서로 싸우며, 서로 참소하고 비방하며, 망언을 내뱉는 악덕은 모두 여기에서 일어나는 것이다.

2. 아난다여, 다음에 '아'에 대해서 설하겠다. 보통 '아'가 있다는 사람은 다음의 네 가지 생각에서 더 나아가지 못한다.

'아'는 물질을 갖되 한이 없다. '아'는 물질이 아니되 작다. '아'는 물질이 아니되 한이 없는 것이다. 아난다여, 이와 같이 세 가지 고찰법이 있는데, '아'를 실체가 있는 것처럼 보는 것은 잘못이다. 왜냐하면 '아'는 갖가지 인연에 의해 나타나는 것이기 때문이다. 아난다여,

또 '아는 감각과 하나이다.' 라고 하는 자도 있다. 또 '아는 감각도 아니고 지각도 아니다.' 라는 자도 있다. 또는 '아는 감각도 지각도 아니지만 감지하는 것은 하나이다.' 라는 자도 있다.

아난다여, 가령 '아는 감각이다.' 라고 하면, 우리들의 감각은 고이거나 낙이거나 불고불락이다. 만일 낙을 느끼고 있다면 그 낙이라는 감각은 무상한 것이며 변천하는 것이다. 그리하여 그 낙이 없어졌을 때 '나의 아는 없어졌다.' 고 말하게 된다. 그러므로 '아는 감각과 하나이다.' 라고는 말할 수 없다.

또 '아는 감각도 지각도 아니다.' 라고 하는 사람은 감각도 지각도 없을 때 '아가 있다.' 고 말할 수가 있을까. 만약 될 수 없다면 '아는 감각도 지각도 아니다.' 라고는 할 수 없을 것이다. 또 '아는 감각도 지각도 아니지만 감지하는 것은 하나이다.' 라고 하는 사람은 모든 감각과 지각이 멸했을 때도 오히려 '아가 있다.' 고 말할 수가 있을까. 그러므로 모든 이러한 '아' 에 대한 생각은 잘못이라고 말하지 않을 수 없다.

아난다여, 그러므로 '아' 에 대한 이러한 잘못된 견해를 여읜 제자는 이 세계에 있어서 어떤 것에도 집착하지 않고, 따라서 무서워 전율하는 일도 없이 미혹을 여의고 깨달음에 들어가는 것이다."

아난다는 이 세존의 가르침을 기뻐하고 다시 숲속으로 돌아가서 선정에 들어가 거듭 생각하였다.

3. 캄마사담마의 마을에 한 바라문이 있었는데, 그의 딸 마간데야는 우아하고 아름다웠다. 바라문은 딸의 용모를 자랑하여 꼭 훌륭한 남자를 사위로 삼으려고 마음먹고 있었다. 그는 우연히 세존께서 탁발하시는 모습을 길에서 보고 그 빛나는 용자에 감탄하여, 이 출가자야말로 나의 딸과 어울리는 사람이라 생각하고 급히 집으로 돌아와 아내와 딸을 데리고 세존의 뒤를 따라갔는데, 세존은 마을을 떠나서

숲속에 계셨다. 뒤를 따라가던 일가족 가운데 아내가 먼저 발자국을 발견하고 말하였다.
"이 분은 반드시 애욕을 여읜 사람일 것입니다. 그렇지 않다면 이렇게 조용하고 가지런한 발자국을 남길 리가 없습니다. 무례한 말씀을 여쭈어서는 안 됩니다."
바라문은 아내의 간언도 듣지 않고 세존을 찾다가 어떤 나무 밑에 앉아 계신 세존을 발견하고 즉시 그곳으로 달려가 말했다.
"출가승이여, 당신은 이미 행을 쌓았으니 이제는 집으로 돌아가는 것이 좋을 것이오. 이 딸은 보시는 바와 같이 아름답소. 만일 이 딸을 받아들여 아내로 삼아 주신다면 우리 부부는 매우 행복하겠소."라고.
세존은 엄숙하게 대답하셨다. "바라문이여, 나에게는 천녀도 필요가 없는데, 하물며 더러운 고름을 담은 더러운 여자를 무엇에다 쓰겠는가."
세존은 지계(持戒)에 대한 얘기와 나아가 여러 가지 법을 설하시고 말씀을 마치셨다. 바라문 부부는 감격의 눈물을 흘리며 무례했음을 사과하고 제자의 열에 끼워주기를 원했다.
그러나 공작처럼 교만한 딸의 가슴은 법의 비에 잠기기에는 너무나도 완고했다. 아름다운 자기의 모습을 더러운 고름이 담긴 몸뚱이라고 모욕한 데 상처받은 마음은 이에 가만히 복수할 것을 맹세하였다. 얼마 후 부부는 불문에 들어가고, 딸은 코삼비국 왕의 눈에 들어 그녀의 미모 때문에 제1의 왕비로 추대받게 되었다.

제7절 찬다마나〔戰遮女〕

1. 모든 사람들의 세존에 대한 신심은 더욱 높아져서 공양은 물과

같이 세존의 계단에 주입되었다. 이교도는 질투를 견디다 못하여 다시 여러 가지 모계를 꾸몄다.

찬다마나라고 하는 바라문의 소녀가 있었는데, 이교에 귀의한 매우 아름다운 여자였다. 외도들은 이 찬다마나를 이용하려고 하였다. 어느 날 찬다마나가 여느 때와 같이 외도의 사원에 참배를 했으나, 외도의 스승은 인사도 하지 않고 기분이 우울해져 있었다. 찬다마나는 스승의 감정을 상하게 한 것이 자기가 아닌가 하여 두려워하면서 그 이유를 물었다. 외도는 말했다.

"현재 고타마가 도를 설하고 있기 때문에 날마다 우리들에게 귀의하던 자들의 공양을 빼앗기고 있다. 만일 네 힘으로 고타마의 덕을 손상케 하여 사람들의 존경을 끊을 수가 있다면 참으로 좋을 것이다."

찬다마나는 "저에게 그 일을 맡겨주십시오."라고 단언하고서 그 자리를 떠났다.

그 이후 매일 사바티성과 기원정사로 가는 길에 그녀의 모습이 보였다. 사람들이 기원정사에서 돌아올 즈음에 그녀는 정사로 향하였고, 사람들이 정사에 갈 즈음에는 그녀는 정사에서 돌아오는 것처럼 보이게 했다. 얼마 후에 그녀는 숙박을 언제나 정사의 향전에서 하는 것처럼 말했다.

이런 상태로 몇 개월을 지낸 후 그녀의 배는 점점 불러왔다. 그 모습은 산월이 임박한 부인의 모양과 같아 보이니, 사람들은 의심을 품고 얼마간 떠들썩하였다. 그녀는 어느 날 세존이 설법하는 자리에 참석하여, 한창 설법하는 중에 일어섰다.

"출가승이여, 당신은 대법을 사람들에게 설하고 있다. 그런데 어찌하여 나를 위해 산실(産室)은 짓지 않는가? 당신에게는 큰 시주가 많이 있다. 충분히 즐거움을 누렸으면서도 어찌하여 그 결과를 두려워하는가?"

세존은 말씀하셨다. "이 일의 진위는 그대와 나만이 알고 있을 뿐이다."
그때 쥐 한 마리가 나타나 찬다마나에게 다가가서 그녀의 허리띠를 물어 끊자 갑자기 바람이 일어나서 옷을 날리니, 복부에 찼던 나무쟁반이 떨어졌다. 이에 모계가 발각되어 사람들이 꾸짖고 떠드는 사이에 찬다마나는 정사를 도망쳐나왔다. 그러나 얼마 못 가 대지가 갈라지면서 그녀를 삼켜버렸다.

2. 백의를 입은 유행자 순다리(孫陀利)도 또한 미인으로 소문이 나서 외도의 이용하는 바가 되었다. 외도는 그녀와 세존 사이에 불미한 관계가 있는 것처럼 소문을 퍼뜨리고, 후에 사람을 시켜 그녀를 죽인 후 기원정사의 쓰레기장에 던져버렸다. 그러나 이 모계도 또한 탄로가 나서 모두 파세나디왕에 의해 엄형에 처해졌다. 이와 같이 세존의 기세와 위엄은 외도의 질투를 부채질하여 박해를 초래했으나, 그 빛은 차차 멀리 사방에 미치게 되었다.

3. 세존은 잠시 기원정사에 체재하여 제자들에게 설법하셨다.
"제자들이여, 여기에 세 가지 잘못된 견해가 있다. 세 가지란 무엇이냐 하면, 어떤 출가자는 인간이 이 세상에서 경험하는 어떠한 괴로움도, 낙도, 불고불락도 모두 전생의 업에 의한다고 주장한다. 또 어떤 출가자는, 그것은 모두 자재천(自在天)의 창조를 인으로 한다고 한다. 또 어떤 자는 모름지기 인도 없고 연도 없다고 주장한다.

4. 제자들이여, 이제 나는 무슨 일이나 모두 전생의 업에 의한다고 하는 의견을 품은 출가자에게 가서 그 의견이 진실한가를 물어보고, 만일 그렇다고 하면 나는 이렇게 말하겠다. '출가자여, 그렇다면 이 세상에 살생이 있는 것도, 그밖에 비범행(非梵行)·망어·악구·기어·탐욕·진에·사견이 있는 것도 모두 전생의 인에 의한다고 해야겠다. 이와 같이 모든 것이 전생의 업에 의해 정해져 있다고 하면, 사람들에게 이것은 해야 하고 이것은 해서는 안 된다고 하는 희망도 노

력도 없는 것이 된다. 이렇게 해야 할 것과 해서는 안 될 것을 진실하게 알지 못하고 미혹하여, 5관을 지키지 않는 사람에게는 정당한 출가라는 말을 부여할 수 없다.'고. 제자들이여, 이것이 이런 유의 의견을 주장하는 사람들에 대한 나의 정당한 비난이다.

  5. 제자들이여, 또 저 모든 자재천의 창조를 인으로 한다는 출가자에 대해서는 나는 이렇게 말하겠다. '출가자들이여, 그렇다면 살생이 일어나는 것도 자재천의 창조가 인이 되고, 사견(邪見)이 일어나는 것도 자재천의 창조가 인이 된다. 이같이 모든 것이 자재천의 창조에 의한다고 하면, 사람들에게 이것은 해야 하고, 이것은 해서는 안 된다고 하는 희망도 노력도 없는 것이 된다. 이와 같이 해야 할 것과 해서는 안 될 것을 진실로 알지 못하고 미혹하여, 5관을 지키지 않는 사람은 정당한 출가라고는 말할 수 없다.'라고.

  6. 제자들이여, 또 저 모든 인도 연도 없다고 주장하는 출가자들에게는 '그렇다면 출가자여, 살생하는 것도, 인도 연도 없다. 사견이 일어나는 것도, 인도 연도 없다. 이와 같이 모든 것이 인연이 없다고 하면 사람들에게 이것은 하고, 이것은 해서는 안 된다고 하는 희망도 노력도 없는 것이 된다. 이와 같이 해야 할 것과 해서는 안 될 것을 진실로 알지 못하고 미혹하여, 5관을 지키지 않는 사람에게는 정당한 출가자라는 말을 부여할 수 없다.'고 말하였다.

  제자들이여, 이것이 이런 유의 의견을 갖고, 이런 유의 일을 주장하고 있는 출가자에 대한 나의 정당한 비난인 것이다.

  제자들이여, 만일 추궁해 간다면 이것이 현세의 모든 작업을 부정하는 세 가지 잘못된 견해이며, 현명한 사람은 그 오류를 확인하여 사람들로 하여금 그것을 버리게 하려는 것이다.

  7. 제자들이여, 나는 이런 잘못된 견해에 대해 사제(四諦) 12인연의 법을 설하는 것이지만, 이러한 나의 설법은 진실로 마음이 있는 자라

면 악설을 하고 더럽히고 비방하고 배척할 수 없을 것이다.

제자들이여, 나는 모든 괴로움도, 낙도, 불고불락도 모두 인연에 의해서 생한다고 본다. 어떻게 인연에 의해 생하는가. 무명(無明)과 사랑에 의해 노사가 있고 우·비·고·뇌·민이 생한다고 설하노라. 이것이 사성제의 집제(集諦)와 고제(苦諦)이다. 그러므로 무명과 애(愛)가 없어지면 거기에서 생하는 노·사·우·비·고·뇌·민도 없어진다고 가르치노라. 이것이 도제(道諦)와 멸제(滅諦)이다.

제자들이여, 이러한 나의 법은 진실로 뜻이 있는 자라면 욕하고 더럽히고 비방하고 배척할 수 없는 것이다."

8. 어느 때, 세존은 대중과 함께 베나가보라라고 하는 바라문의 마을에 들어갔다. 베나가보라의 거사들은 이 소문을 듣고는 또 다음과 같이 칭송했다. "저 세존은 세간의 공양을 받을 만한 부처님으로, 인천의 대사이시다. 그는 이 모든 세간에 있어서 스스로 깨달아 처음도 끝도 훌륭한 법을 설하고, 원만하고 청정한 행을 나타내신다. 이와 같은 부처님을 뵙는 것보다 더 선한 일은 없다."

그리하여 베나가보라의 바라문들은 세존 앞에 나아가서 각각 경의를 표하고 한쪽에 앉았다. 그때 그들 중의 한 바라문이 세존께 말했다. "세존이시여, 참으로 훌륭한 일입니다. 세존의 몸은 정적 속에 단정하오며, 용자는 청정하게 빛나고 있습니다. 빨갛게 익은 대추가 맑게 빛나는 것처럼, 염부단금(閻浮檀金)의 장식이 번쩍거리는 것처럼 세존은 맑게 빛나옵니다. 장엄하게 꾸며진 자리야말로 세존께 잘 어울리며, 또 이러한 것은 세존이 원하는 대로 이루어질 것입니다."

세존은 말씀하셨다. "바라문이여, 이와 같은 장엄한 좌석은 출가자에게는 얻기 어려운 것이다. 또 비록 얻을 수가 있어도 사용하는 것을 금하고 있다. 바라문이여, 지금 내가 원하는 대로 즉시 얻어지는 세 개의 장엄한 자리가 있다. 하늘의 자리와, 범(梵)의 자리와, 성좌의 자리가 그것이다. 이 세 가지 장엄하고 화려한 자리는 내가 원하는 대로 얻어지는 것이다."

"세존이시여, 그것은 어떤 것입니까?"

"바라문이여, 지금 내가 마을이나 거리 근처에 산다고 하자. 나는 아침 일찍부터 탁발을 하기 위해 마을이나 거리로 나가 음식을 얻어 가지고 숲속으로 돌아와, 풀이나 나뭇잎을 모아놓고 그 위에 단좌하여 마음을 바르게 한다. 이리하여 욕을 여의고 악을 멀리하여 모든 선정에 들어 괴로움도 낙도 기쁨도 근심도 없어진 청정한 마음을 음미한다. 나는 이와 같이 하여 걷는 데도, 머무르는 데도, 앉는 데도, 눕는 데도 하늘의 기쁨을 느낀다. 이것이 지금 내가 원하는 대로 얻을 수 있는 하늘의 엄하고 화려한 자리인 것이다.

다음으로 바라문이여, 지금 내가 마을이나 거리 근처에 머무르고 있다 하자. 나는 아침 일찍 탁발을 하기 위해 마을이나 거리로 나가 음식을 얻어가지고 다시 숲속으로 돌아와, 풀이나 나뭇잎을 모아놓고 그 위에 안좌하여 마음을 바르게 한다. 그리하여 자비심을 갖춘 마음으로써 동·서·남·북·상하·사유(四維)의 모든 세계를 미움도 없고 원망도 없는, 넓고 큰 자비심으로써 두루 채운다. 비심(悲心)·희심(喜心)·사심(捨心)도 같은 것이다. 나는 이와 같이 가는 데도 머무르는 데도 청정한 행복을 느낀다. 이것이 내가 원하는 대로 얻는다고 하는 범(梵)의 장엄하고 화려한 자리인 것이다.

또 다음으로 바라문이여, 지금 내가 마을이나 거리 근처에 머무르고 있다 하자. 나는 아침 일찍 탁발하기 위해 마을이나 거리로 나가 음식을 얻어가지고 숲속으로 돌아와, 풀이나 나뭇잎을 모아놓고 그 위에 단좌하여 힘써 마음을 바르게 한다. 이리하여 나에게서 탐욕도 진에도 우치도 뿌리째 뽑혀져 다시는 싹트지 않게 되어, 미래에도 나지 않는 법을 얻었다는 것을 안다. 여기에 나는 언제나 성자의 기쁨을 느껴 걷고, 머무르고, 또 앉는 데도 성자의 자리에 앉고, 눕는 데도 성자의 자리에 눕는다. 바라문이여, 이것이 지금 내가 원하는 대로 얻는다고 하는 성자의 장엄하고 화려한 자리인 것이니라."

9. 또 언젠가 아난다는 세존께 말씀을 드렸다.

"세존이시여, 바람 따라 흐르고, 바람을 거슬러서는 흐르지 않는 세 가지 향기가 있습니다. 그것은 나무뿌리의 향기와 나무심의 향기, 꽃의 향기입니다. 이 세 가지 향기는 바람에 따라 흐르고 바람에 거슬러서는 흐르지 않는데, 바람에 따라 흐르는 것과 같이 또 바람에 거슬러서 나아가는 향기가 있습니까?"

"아난다여, 그러한 향기가 없다는 것은 아니다. 여기에 마을이나 거리에 남자나 여자가 있어 부처와 법과 승가에 귀의하여 살생·투도·사음·망어를 여의고, 술에 몹시 취하여 방일에 빠지는 일을 금하고, 몸에 계를 지니고 성품을 갖추어 더러운 탐욕을 여의는 마음으로써 항상 보시를 낙으로 삼는 그런 사람은 어느 곳의 출가자일지라도 칭찬을 받게 된다. 또 신들도 마찬가지로 그 덕을 찬양한다. 아난다여, 이것이 바람에 따라 흐르는 것과 같이, 또 바람에 거슬러 가는 향기이다."

향기는 바람을 거슬러서 흐르지 않는다. 그러나 바른 사람의 향기는 바람에 거슬러서도 나아간다.
선한 사람의 그 향기를 사방에 펴지 않고 어찌하리.

제8절 아니룻다〔阿那律〕

1. 발차국(跋蹉國)은 당시 아직 부처의 화도(化導)를 받지 못하였는

데, 지금은 차차 그 기근(機根)이 무르익었다. 도읍인 코삼비에는 구사다(具師多), 쿠쿠타, 파와리카라고 하는 세 명의 장자가 서로 화목하게 교제하면서 함께 이교를 신봉하고 있었는데, 부처님이 이 세상에 출현하셨다는 소문이 어디선지 이 나라에 전해졌다. 그 이교의 스승들도 부처님을 뵙기 위해 사바티성을 향해 길을 떠났는데, 장자들도 세존의 가르침을 듣고는 그 뒤를 좇았다. 그들은 불교도가 되어 각각 정사를 세우고 세존을 자기들의 수도로 영접하겠다고 약속하고 돌아와서 자기의 이름이 붙은 정사, 즉 구사다 정사, 쿠쿠타 정사, 파와리카 정사를 짓고 세존을 맞이할 사자를 보냈다. 이에 세존은 남쪽의 강가를 건너서 코삼비로 향하셨다. 그 도중에 발가의 스스마기리시(市)의 베사카라 숲속의 녹야원에 들어가 안거에 들어가셨다.

세존의 도착은 곧 시민에게 널리 알려져, 대중들은 서로 이끌고 세존의 앞으로 나아가서 설법을 들었다. 그 중에는 나쿠라의 아버지, 나쿠라의 어머니로 불리는 부부가 있었다. 그 부부는 처음부터 세존의 신상에 애착을 갖고 있었는데, 설법을 듣고 더욱 깊이 믿어 한평생 변치 않는 신자가 될 것을 맹세했다.

이튿날 세존을 집으로 초대하여 식후에 나쿠라의 아버지가 말했다. "저의 아내와는 어릴 때부터 친구로서 부부가 되었는데, 그 이후 마음의 한구석에도 정조를 더럽힌 일은 없었습니다. 모쪼록 이 세상에서 서로 만날 수 있었던 것처럼 내세에 있어서도 서로 만날 수 있도록 법을 들려주시기 원합니다."

세존은 "신앙을 같이하라, 계를 같이하라, 보시하는 마음을 같이하라, 지혜를 같이하라. 그러면 내세에 서로 만날 수 있을 것이다."라고 가르쳤다. 세존은 후에 이 두 사람을 서로가 믿는 부부의 귀감이라고 칭찬하셨다.

2. 이보다 앞서 아니룻다는 세존 앞에 나아가서 이렇게 말씀드렸다.

"세존이시여, 저는 가끔 천안으로써 여자가 사후에 지옥에 떨어지는 것을 보는데, 여자는 어찌하여 그와 같이 많이 지옥에 떨어지는 것이옵니까?"

"아니룻다여, 여자는 세 가지 습성을 갖추고 있으므로 죽어서 지옥에 떨어지는 것이다. 여자는 아침에는 인색이라는 더러운 마음에 사로잡히고, 낮에는 질투하는 마음에 사로잡히고, 저녁에는 정욕에 마음이 사로잡혀 있는 것이다. 아니룻다여, 여자는 이 세 가지 습성을 갖추고 있으므로 사후에 지옥에 들어가느니라."

3. 다른 때 아니룻다는 사리푸타를 방문하고 이렇게 말했다.

"나의 벗 사리푸타여, 지금 나는 맑은 천안으로 천의 세계를 내다볼 수가 있다. 나의 정진은 흔들리지 않고, 나의 바른 생각은 동요되지 않는다. 신체는 맑고 정직하며, 마음은 어지럽지 않고 흩어지지 않는다. 그런데도 마음은 집착을 여의지 못하고, 번뇌에서 벗어날 수 없는 것은 어떻게 된 것일까?"

사리푸타는 "아니룻다여, 그대가 '나는 맑은 천안으로 천세계(千世界)를 내다본다.'고 하는 것은 만심이다. '나의 바른 생각은 부동이다.' 등도 도거(掉擧)이다. 또 그대가 '그럼에도 불구하고 나의 마음은 집착을 여의지 않고 번뇌에서 벗어날 수 없다.'고 한 것은 회한이다. 만일 이들 세 가지 법을 여의고 열반의 세계로 마음을 옮긴다면 참으로 좋을 것이라고 생각한다."

그 이후 아니룻다는 이러한 세 가지 법을 여의고 오로지 열반의 세계에 마음을 돌려, 혼자 고요한 곳에 머물러 부지런히 힘썼다.

4. 세존이 이 베사카라 숲속에 계실 때는 아니룻다는 체테의 파치나완사 숲속에 머물고 있었다. 어느 날 오후, 선정 중에 이렇게 생각하였다.

'이 법은 소욕의 법이지 대욕의 법은 아니다. 지족(知足)의 법이지 부지족의 법은 아니다. 원리(遠離)의 법이지 떼지어 한곳에 모이는 법은 아니다. 정진의 법이지 나태의 법은 아니다. 정념의 법이지 망념의 법은 아니다. 적정의 법이지 훤조(喧噪)의 법은 아니다. 지자(智者)의 법이지 우자의 법은 아니다.' 라고.

　이때 세존은 아니룻다의 마음을 헤아리고 장사가 팔을 뻗듯이 빨리 파치나완사 숲속의 아니룻다 앞에 나타나 아니룻다에게 말씀하셨다.

　"착하도다, 착하도다. 아니룻다여, 그대는 지금 대인의 깨달음을 염하고 있었다. 아니룻다여, 다음에 이 제8의 대인각(大人覺), 즉 '이 법은 논의를 농(弄)하지 않는 자의 법이고 논의를 농하는 자의 법은 아니다.' 라고 염하라. 그대가 이 8대인각을 염하는 한 욕과 불선의 법을 여의고 욕의 원리에서 생기는 희락을 맛보며, 얼마 후 모든 선정에 들어갈 수가 있을 것이다. 아니룻다여, 이 선정의 즐거움에만 뜻대로 들어가면, 비유컨대 처녀가 갖가지 옷을 상자에 넣고 기뻐하는 것처럼 그대에게는 분소의도 만족한 밑천이 되고, 탁발한 음식도 환희의 씨앗이 되고, 나무 밑의 자리도 좋고 풀의 침상도 즐겁고, 병들면 부란약으로도 충분하다는 것을 알 것이다. 이러하니 아니룻다여, 그대는 앞으로 올 안거에도 이 체테의 파치나완사 숲속에 머무르는 것이 좋다."

　"세존이시여, 잘 알겠습니다." 하고 아니룻다는 세존에게 대답하였다.

　이리하여 아니룻다는 그 숲속에서 안거에 들어가 다만 근신하고 정진하여 얼마 후 깨달음을 얻었다.

제9절 코삼비성

　1. 이보다 앞서 핀돌라는 세존의 가르침에 의해 깨달음을 얻고, 고

향의 은혜에 보답하기 위해 코삼비에 돌아와 있었는데, 그의 힘에 의해 점차 부처의 씨앗을 뿌릴 밭이 마련되어 있었다. 코삼비의 교외에서 강가의 둑을 따라 왕원(王園)이 있었다. 장엽수(掌葉樹)의 가로수가 멀리까지 이어져 있었고, 양양한 강가의 물결은 시원한 바람을 보내주고 있었다.

어느 날, 낮더위의 햇볕을 피하여 핀돌라는 무성하게 자란 이 가로수 그늘에서 좌선하고 있었는데, 마침 그날 왕이 그의 비빈들을 데리고 동산에서 놀다가 지쳐 서늘한 나무그늘에서 잠을 자고 있었다. 비빈들은 왕이 잠자고 있는 동안 여기저기를 소요하다가 문득 나무 밑에서 단좌하는 출가자를 보고 설법을 청하여 청문의 귀를 기울였다. 잠시 후 잠에서 깬 왕은 비빈들이 보이지 않자 이상하게 생각하고 찾다가 비빈들에게 둘러싸인 한 출가자를 발견했다. 음탕한 즐거움에 빠져 지내온 왕은 전후 분별이 없었다.

왕은 불꽃처럼 타오르는 질투의 불길에 몸을 태우면서 달려가 "출가한 신분임에도 불구하고 여인들을 가까이하여 잡담에 빠진다는 것은 불손하지 않은가!"라고 힐난했다.

출가자는 눈을 감은 채 묵연히 한마디도 하지 않았다. 분노로 미친 듯 왕은 검을 목에 대고 윽박질렀으나, 성자는 그래도 말이 없었다. 개미굴을 파헤쳐 불개미를 출가자의 몸에 뿌려 물게 했으나, 출가자는 그래도 단정히 앉아 털끝 하나 움직이지 않았다. 왕은 그제서야 자신의 광폭함을 부끄럽게 여겼다. 그리고 그가 바로 국사(國師)의 아들인 핀돌라라는 것을 알고, 참괴의 염을 견디지 못해 비빈들과 함께 사죄하고 성자의 용서를 빌었다. 이 일이 그 비빈 중의 한 사람인 사마파제가 돈독한 믿음을 얻는 원인이 되었고, 왕이 세존께 귀의하는 한 원인이 되었다.

2. 그후 며칠 지나 왕은 핀돌라를 그가 머무르고 있는 숲속으로 초

대하였다.

"대덕이시여, 젊은 출가자가 청춘의 몸으로 푸르고 검은 머리를 깎고 주어진 5욕의 즐거움도 맛보지 않고, 생애를 청정하게 몸을 지킨다는 것은 무슨 힘에 의해서입니까?"

"대왕이시여, 세간의 눈이신 부처님은 우리들에게 가르치셨습니다. '제자들이여, 나이든 여자를 어머니로 보라. 중간을 누이로 보라. 젊으면 딸로 보라.'고. 그러므로 젊은 제자는 청춘의 몸이면서 5욕을 따르지 않고 청정하게 몸가짐을 하고 있는 것입니다."

"대덕이시여, 마음은 탐이므로 어머니 같은 사람에게도 비루한 생각을 일으키고, 누이 같은 부인에게도 더러운 생각을 품고, 딸 같은 여자에게도 음심을 일으키게 되는 것입니다. 그런데 어떻게 해서 젊은 출가자가 더운 피를 몸에 지니고 있으면서도 5욕에 빠지지 않고 청정하게 몸을 지킬 수가 있습니까?"

"대왕이시여, 세상의 빛인 부처님은 우리들에게 보여주셨습니다. '제자들이여, 이 몸뚱이는 발바닥에서 정수리까지 부정한 것으로 가득 차 있다. 털·손톱·이·침·피·고름·가래·땀·눈물·기름·오줌·똥 등으로 가득 차 있다.'고. 그러므로 젊은 출가자는 젊은 몸으로 청정한 행을 가질 수가 있는 것입니다."

"대덕이시여, 몸을 단련하고 마음을 닦으며 지혜를 연마한 출가자에게는 그것은 혹 쉬운 일인지 모르나, 미숙한 출가자에게는 쉬운 일은 아니라고 생각됩니다. 정(淨)을 관(觀)하다가 어느 때는 부정(不淨)을 생각하고, 아름다운 쪽을 보다가 어느 때는 추한 것에 마음이 기우는 것이 인간입니다. 젊은 출가자가 몸을 청정하게 가질 수 있는 것은 또한 다른 까닭이 있어서가 아니겠습니까?"

"대왕이시여, 지자이며 견자이신 부처님은 우리들에게 말씀하셨습니다. '제자들이여, 5관의 문을 지켜야 한다. 눈으로 색을 보고, 귀로

소리를 듣고, 코로 냄새를 맡고, 혀로 맛을 보고, 몸으로 물(物)을 접촉할 때 그 모양을 취하지 말라. 경계에 집착하지 말라. 5관의 문을 지켜라. 탐심과 번뇌의 생각은 곧 그 5관을 지키지 못할 때 일어나는 것이다.' 라고. 그러므로 젊은 출가자는 청춘의 몸이오나 5욕에 흐르지 않고 청정하게 몸을 지키고 있는 것입니다."

"대덕이시여, 부처님의 말씀은 진실로 갸륵하도다. 참으로 그것은 젊은 출가자의 몸에 깨끗한 피가 생기게 하여 한평생 청정한 행을 닦는 소이일 것입니다. 대덕이시여, 나의 경험으로도 바른 생각을 하지 않고, 5관의 문을 단속하지 않고 후궁에 들어가면 곧 비루한 욕에 사로잡힙니다. 그 반대로 신·구·의를 지키면 결코 욕에 사로잡히는 일은 없습니다. 참으로 밝게 설하셨습니다."

3. 세존은 차례로 유행하여 코삼비에 들어가 구사다 장자가 새로 세운 구사다 정사에 듭시었다. 마간데야는 지금은 왕의 제1 왕비로서 보복할 기회를 기다리고 있다가, 세존이 도착했다는 말을 듣고 시내의 악한들에게 뇌물을 주어 여러 가지로 세존의 험담을 퍼뜨리게 하였다. 제자들은 탁발하기 위해 시중에 들어갈 때마다 듣기에 거북한 참소와 비방을 듣고 난처해했다.

아난다는 세존을 향하여 "세존이시여, 굳이 이같은 고장에 체재할 필요가 없다고 생각합니다. 딴 곳에도 많은 마을이 있습니다. 딴 곳으로 옮기는 편이 나을 것으로 생각합니다."라고 말씀드렸다.

"아난다여, 만일 다른 마을로 옮겨가더라도, 그 마을에 또 비난하는 소리가 일어나면 어찌할 것인가?"

"세존이시여, 또 다른 거리로 옮깁니다."

"아난다여, 그렇다면 어디까지 가더라도 한이 없지 않겠는가. 나는 참소와 비방 받았을 경우에는 그것을 꾹 참고 그 참소나 비방이 그치기를 기다려 다른 곳으로 옮기는 것이 좋다고 생각한다. 아난다여,

부처는 이(利) · 해(害) · 훼(毁) · 예(譽) · 칭(稱) · 기(譏) · 고 · 낙 등 세상의 8법에 의해 움직여지는 것이 아니다. 이 참소와 비방도 이레가 지나면 그칠 것이다."

마간데야 왕비의 계획도 소용이 없이 세존을 우러러 믿는 자가 늘고 동시에 그 참소와 비방도 자취를 감추었다.

사마파제 왕비는 구사다 장자의 양녀인데, 그 아비는 장자의 친구 중의 한 사람이었다. 그런데 그가 사는 마을이 매우 심한 기근으로 어려움을 당했을 때 부모가 모두 죽어 구사다 장자에게 의탁하여 성장해서 어른이 되었다. 그뒤 왕의 후궁으로 들어갔는데, 장자가 불교를 믿는 인연으로 은밀히 마음을 불교의 교단에 의지하게 되었다.

사마파제 왕비의 시녀 중에 꼽추인 울다라라고 하는 이가 있었다. 그녀는 언제나 왕비를 위해 꽃을 사는 것을 의무로 알고 있었는데, 어느 날 꽃집에 갔더니 주인이 "오늘은 바빠서 꽃도 돌보지 못하오. 세존의 시중을 들어야한단 말이오. 당신도 좀 도와주시오." 하는 말을 듣고 시중을 들면서 세존의 설법을 들었다. 그녀는 선천적으로 뛰어난 기억력에 의해 법어를 전부 암기해 가지고 돌아와 이것을 왕비에게 일러주었다. 그후 두 사람은 3보에 귀의하였는데, 울다라는 궁중을 나와 정사에 가서 법문을 듣고 놀아와 왕비에게 이를 재연하였다.

마간데야는 이 사실을 알고 자주 왕에게 "사마파제는 고타마에게 마음이 기울어졌습니다. 울다라가 그 심부름을 하고 있습니다."라고 참소하였다.

갖가지 여자의 속임수로 왕의 마음은 흔들렸다. 왕은 크게 진노하여 살촉에 독을 바른 화살을 들고 벌떡 일어나 사마파제와 모든 시녀들을 불렀다. 왕비는 일의 시말을 살피며 조용하게 마음을 가다듬고는 시녀들에게 지시하여 죽을 준비를 하게 한 후 조용히 왕 앞에 섰다. 그리하여 금방 독화살을 맞아 쓰러지게 될 줄 알았는데, 화살은 왕의 손에서 떠나지 않고 쥐어진 채로 움직이지 않았다. 놀라워하는 왕의 얼굴에서 진땀이 흐르고, 몸을 갈대처럼 떨면서 입에서는 거품을 뿜었다. 그리하여 쉰 목소리로 겨우 사마파제에게 보호를 원했다.

화살을 땅으로 향하도록 하라는 말을 듣고 그대로 따르니 화살을 놓을 수가 있었다. 왕은 이 불가사의한 사실에 놀란 뒤 자신도 부처님의 가르침에 크게 마음이 움직여, 그후부터 자유롭게 정사에 나갔으며 또 제자들을 후궁으로 청하는 일을 허락했다.

4. 세존은 구사다 정사에서 안거에 들어갔다. 우기의 3개월 동안 사마파제는 자유롭게 정사에 공양하였고, 또 매일 한 사람의 제자를 후궁에 청하여 보시를 했다. 주로 아난다가 이 공양을 담당하였다.

어느 날 핀돌라는 이 정사에서 자기의 깨달음을 말했다. "생은 다했다. 청정한 행은 성취됐다. 해야 할 일은 다 끝냈다. 이제부터 나에게 미혹의 생사는 없다."라고.

세존은 제자들에게 설하셨다. "제자들이여, 핀돌라는 정념과 정(定)과 지혜의 세 가지 기관(器關)에 의해 '나의 생을 다했다. 청정한 행을 성취했다.' 고 깨달음을 고백했던 것이다."

5. 안거가 끝나자 사마파제는 500의 옷을 아난다에게 공양하고, 아난다는 이것을 교단의 대중들에게 나눠주었다. 이 말을 듣고 놀란 왕은 아난다를 찾아가 출가자로서 너무 많은 공양을 받는 것은 욕심이 아닌가 하고 따졌다.

"대덕은 이와 같이 많은 옷을 어떻게 처리합니까?"
"대왕이시여, 나는 옷이 해어진 제자들에게 나눠줍니다."
"그 해어진 옷은 어떻게 합니까?"
"해어진 옷으로 이부자리를 만듭니다."
"해어진 이부자리는 어찌합니까?"
"베갯잇을 만듭니다."

"낡은 베갯잇은 어찌합니까?"
"깔개를 만듭니다."
"낡은 깔개는 어찌합니까?"
"발닦는 수건을 만듭니다."
"발닦는 낡은 수건은 어찌합니까?"
"걸레로 씁니다."
"낡은 걸레는 어찌합니까?"
"대왕이시여, 우리들은 그 걸레를 잘게 썰어서 진흙에 섞어 벽을 바를 때 사용합니다."
"참으로 좋습니다, 대덕이여. 부처님의 제자들은 물건을 잘 이용할 줄 아십니다."
왕은 깊이 감동하여 그 자리를 떠났다.

6. 이제 마간데야는 초조하여 견딜 수 없게 되었다. 여러 차례의 참소도 그 효과가 나타나지 않고, 왕의 마음도 이미 세존에게 빼앗겼다. 그녀의 결의는 드디어 사마파제 쪽으로 향했다. 그리하여 궁정에 같이 살고 있는 숙부와 그밖의 악한들을 선동하여, 왕이 출타했을 때 사마파제의 후궁에 불을 질렀다. 도망할 길을 못 찾아 울부짖는 시녀들을 보살피던 사미파제는 놀라지도 않고 덤비지도 않으면서, 세존의 법을 가슴에 새겨 조용히 순교하였다. 꼽추인 울다라도 또한 불 속에서 죽음을 맞이했다. 이 참극에 열화와 같이 화를 낸 왕은 마간데야 및 그 일당들을 불에 태워 죽였다. 세존은 숭고한 신녀(信女)들의 죽음을 애통해하여, 사마파제는 신녀 중 자심(慈心) 제1, 울다라는 다문(多聞) 제1이었다고 칭찬하였다.

7. 어느 날 세존은 코삼비의 교외에 나가 강가의 언덕에 서서 큰 재목이 떠내려오는 것을 보시고 "제자들이여, 너희들은 저 큰 재목이 강물에 떠내려오는게 보이는가?"라고 말씀하셨다.

"제자들이여, 만일 저 재목이 양쪽 강안에 다가오지도 않고, 중류에 가라앉지도 않고, 뭍에 올려지지도 않고, 사람 손에 잡히지도 않고, 귀인(鬼人)에게 취해지지도 않고, 소용돌이에 말려들지도 않고, 내부에서 썩지도 않는다고 하면 저 재목은 바다로 들어가 바다에서 머무를 것이다. 왜냐하면 강물이 흘러 바다로 들어가기 때문이다. 제자들이여, 너희들도 또한 그와 같을진대, 열반에 들어가 열반에 머무를 것이다. 왜냐하면 바른 생각은 열반으로 인도되기 때문이다."

어떤 제자가 세존께 물었다. "세존이시여, 양쪽 강안이란 무엇이옵니까? 또 중류에 가라앉고, 뭍에 올려지고, 사람·귀신·소용돌이에 취해진다고 하는 것은 무슨 말씀이옵니까? 속에서 썩는다는 것은 무엇을 의미하는 것이옵니까?"

"제자들이여, 이쪽의 언덕이란 인체 내의 5관, 저쪽의 언덕이란 밖의 경계를 말하는 것이다. 중류에 가라앉는다는 것은 요욕(樂欲)에 잠기는 것, 뭍에 올려진다는 것은 아만(我慢)인 것이다. 그리고 사람 손에 잡힌다는 것은 출가자가 재가의 사람과 교제하여 희·비를 같이하여, 그들이 즐거워하면 자기도 즐거워하고, 그들이 괴로워하면 자기도 괴로워하고, 일어나는 일에 자진해서 그들의 한패가 된다. 이것이 인간의 손에 잡힌다는 의미인 것이다. 귀신에게 사로잡힌다는 것은, 여기에 한 제자가 천계에 태어날 원을 가지고 행을 닦는 것이다. '계행에 의해, 고행에 의해, 청정한 행에 의해 신이 되리라.'고 하는 것, 이것이 귀신에게 취해진다는 의미인 것이다. 소용돌이에 취해진다는 것은 5욕에 사로잡히는 것, 내부에서 썩는다는 것은 부처님의 제자이면서도 성질이 나쁘고 계를 지키지 않고 부정하며, 선(善)에 용감하지 못하고, 자기가 한 일을 덮어 감추고, 출가자가 아니면서 출가자인 척하고, 청정한 행자가 아니면서 청정한 행자인 척하고, 안에서 부(腐)가 넘쳐 나오는 자를 말하는 것이다.

8. 그때 목동인 난다[難陀]라는 자가 세존과 멀지 않은 곳에 서서 세존께 말씀을 올렸다.

"세존이시여, 저는 이러한 모든 장애를 여의고 도에 정진할 것입니다. 세존이시여, 저는 세존의 좌하에 출가하여 제자가 되려고 생각합니다."

"난다여, 그렇다면 그대는 그 소를 주인에게 돌려주고 다시 오는 것이 좋다."

"세존이시여, 이 소는 놓아두어도 송아지가 보고 싶어 혼자서 돌아갑니다."

"난다여, 그렇더라도 그대는 그 소를 주인에게 돌려주고 오는 것이 좋다."

이에 목동인 난다는 그 소를 주인에게 돌려주고 다시 세존께 돌아와서 출가를 원했다. 드디어 정진한 끝에 그 원은 용납되어 오래지 않아 깨달음을 얻었다.

9. 어느 날 또 세존은 구사다 정사에서 말씀하셨다.

"제자들이여, 비유컨대 어떤 사람이 갖가지 경계를 달리하는 6종의 생물을 붙잡아 튼튼한 끈으로 묶어둔다고 하자. 뱀·악어·새·개·여우·원숭이 등 이 6종의 생물을 붙잡아 튼튼한 새끼로 묶어서 그 새끼에 매듭을 지어 놓아준다고 하자. 이때 6종의 생물은 각각 자기 자신의 살 곳을 구하여 그곳으로 돌아가려고 한다. 뱀은 고총(古塚)으로, 악어는 물로, 새는 공중으로, 개는 마을로, 여우는 무덤으로, 원숭이는 숲속으로. 이때 6종의 생물은 서로 싸우고 각자 지쳐서 그 중에 힘이 센 놈 쪽으로 끌려가 그 지배하에 든다.

제자들이여, 마치 이와 같이 그 누구나 몸의 청정을 염하는 신념주(身念住)를 닦지 않고 그것을 자주 행하지 않으면, 그 눈은 추한 색에 끌려 마음의 법을 싫어한다. 귀도, 코도, 혀도, 몸도 마찬가지로서 청정한 법을 싫어하게 된다. 제자들이여, 이때 제어(制御)라는 것이 필요하다.

　제자들이여, 그렇다면 제어한다는 것은 무엇인가. 여기에 어떤 사람이 눈으로 색을 볼 때 고운 빛에 집착하지 않고 추한 빛에 노하지 않으면, 신념주에 머물고 4무량심에 머무르는 것이다. 심해탈(心解脫)과 혜해탈(慧解脫)을 여실히 알고, 이리하여 일어나는 악법을 남김없이 멸하는 것이다. 소리·향기·맛·촉감에 있어서도 마찬가지이며, 또 뜻[意]으로서 법을 알고, 마음에 맞는 법에도 집착하지 않고, 추한 법에도 노하지 않고, 신념주에 머물고 4무량심에 머무른다. 그리하여 그 심해탈과 혜해탈을 여실히 터득하여, 이렇게 해서 일어나는 악법을 남김없이 멸하는 것이다.

　제자들이여, 저 한 기둥에 결박된 6종의 생물이 처음에는 각자 서식하던 곳으로 돌아가려고 애를 태우고 몸부림치지만, 그러나 잠시 후에는 지쳐서 그 기둥의 옆에 혹은 서고, 혹은 앉고, 혹은 눕게 될 것이다.

　제자들이여, 이와 같이 신념주를 닦아 부지런히 행하면 눈도, 귀도, 코도, 혀도, 몸도, 뜻도 경계에 끌리는 일은 없다. 신념주는 그 굳고 단단한 기둥이다. 그러므로 너희들은 자주 신념주를 수행하지 않으면 안 된다."

　이리하여 세존은 코삼비에 오래 체재하시다가 사바티성으로 돌아왔다.

제3편

큰 물은 소리가 없다. 무엇을 조금 들어서 알았다 하여 아는 체하고 교만한 자는 그 자세부터 잘못된 것이다. 이런 어리석은 사람은 어떤 일도 성취하지 못한다.

제1장 이상(理想)의 신자

제1절 가치칼라

1. 세존은 사바티성으로 돌아오시는 길에 많은 제자와 함께 코살라국을 경유하며, 어떤 곳에서 길을 벗어나시어 빙긋 웃었다. 아난다가 그 까닭을 물으니 세존이 말씀하셨다.

"아난다여, 먼 옛날 이곳은 베하링가라는 마을이었다. 부섬(富贍)하고 번화하여 사람도 많았고, 카샤파가 즐겨 살던 마을이었다. 아난다여, 바로 이 장소는 카샤파 여래가 자리를 정하고 제자들을 가르친 곳이다."

아난다는 이 말을 듣자 가사를 네 겹으로 접어 땅에 깔고 세존께 말씀드렸다.

"세존이시여, 이 위에 앉으십시오. 그렇게 하시면 이 장소는 두 부처님이 앉으신 곳이 되옵니다."

세존은 그 자리에 앉아 아난다에게 말씀하셨는데, 그 내용은 이러하다.

2. 베하링가라고 하는 마을에 가치칼라라고 하는 도공(陶工)이 있었는데, 카샤파에게 제일 먼저 공양한 자였다. 그에게는 조치파라라는 사이좋은 벗이 있었는데, 어느 날 가치칼라는 조치파라를 향하여 "이제부터 카샤파를 예배하러 가자. 세존께 예배하는 것은 좋은 일이니까." 하고 권했으나 조치파라는 "대머리 출가자를 보았자 무슨 이

득이 있겠는가."라고 하면서 권고를 물리쳤다. 두 번 세 번 권고해도 여전히 물리쳤다. 가치칼라는 할 수 없이 강으로 목욕하러 가자고 꾀어 같이 나갔다. 가치칼라는 강물 속에서도 조치파라의 팔찌를 누르고 어루만지면서 다시 "세존을 예배하러 가자."고 권했다. 조치파라는 귀찮은 듯이 팔찌를 벗고 약간 화를 내면서 싫다고 했다.

이리하여 그들은 슬슬 몸뚱이를 씻는데, 조치파라가 구부리고 머리를 감고 있을 때 가치칼라는 또 그의 머리를 잡고 만지작거리면서 "세존을 예배하러 가자."고 권했다. 조치파라는 '이것은 이상하다. 이 가치칼라는 나보다도 비천한 출신으로 나의 머리를 만질 수 없을 터인데, 이렇게 머리를 붙잡으면서까지 권하는 것은 이상하다. 이것은 보통 일이 아니다.'라고 생각하고는 먼저 그 머리카락을 놓게 하고 비로소 친구의 청을 들어주었다.

이리하여 두 사람은 카샤파 앞으로 나아갔는데, 가치칼라가 원하기를 "세존이시여, 이 사람은 저와 친한 친구인데, 모쪼록 법을 들려주십시오."라고 했다. 카샤파는 설법을 하시어 두 사람을 기쁘게 했다. 두 사람은 법의 기쁨에 넘쳐 세존을 배례하고 오른쪽으로 돌아서 그 자리를 떠났다. 조치파라는 말했다. "너는 그렇게 희유한 법을 듣고도 출가하려고 생각지 않는가?"

"조치파라여, 너는 나의 사정을 알고 있지 않은가. 나는 나이가 많고 앞을 못 보는 양친을 섬겨야 한다."

"여보게, 가치칼라여, 나는 출가를 하겠네."

가치칼라의 권고를 받아 카샤파를 뵙고 설법을 들은 후 조치파라는 출가하기로 했다.

3. 카샤파는 조치파라가 출가한 지 약 반 달이 지난 후 베나레스로 가서 녹야원에 머물렀다. 카시(迦尸)의 기기왕(崙崙王)은 이 소식을 듣고 화려하게 꾸민 수레를 타고서 카샤파 앞으로 나아가 설법을 들

고 이튿날 식사에 초대했다. 부처님은 이튿날 아침 왕궁으로 가서 공양을 받으셨는데, 안거의 초대에는 약속이 있다고 하면서 사양하셨다. 왕은 두 번 세 번 안거의 초대를 말씀드렸으나 한결같이 거절하므로 약간 기분이 나빠져 말했다.

"세존이시여, 저 이외에도 저처럼 교에 봉사하는 자가 있사옵니까?"

"대왕이여, 베하링가의 마을에 가치칼라라는 도공이 있는데, 그가 나에게 제일 먼저 공양한 자이오. 그는 안거의 초대를 거절당해도 기분 나쁘게 생각하는 일은 결코 없소. 대왕이여, 그는 불·법·승의 3보에 귀의해 살생을 하지 않고, 사음을 멀리하고, 주지 않는 것은 취하지 않고, 망어(妄語)를 하지 않고, 술에 탐닉하는 일이 없소. 또 그는 부처에 대해 굳은 신심을 가지고 있으며, 법과 승가에 대해서도 마찬가지라오. 그리하여 성자가 좋아하는 계를 갖추고, 사성제에 대해서도 의심함을 여의었소. 그는 1일 1식으로 청정하게 행하고, 착한 성품을 길러 재물을 모으지 않고, 자기 손으로 땅을 파는 일이 없이 무너진 둑의 흙이나 쥐 또는 개가 파헤친 흙을 운반하여 도기를 만들어 '누구나 가지길 원하는 사람은 쌀이나 콩·완두 등을 가져와서 원하는 것을 가져도 좋다.'라고 하고 있소. 그는 연로하고 눈이 어두운 양친을 봉양하고, 하계(下界)에 태어나 큰 다섯 가지 번뇌를 끊어 다시 이 세상에 오는 일이 없이 열반의 깨달음에 들어가 있소.

4. 대왕이여, 내가 베하링가 마을에 체재하고 있었던 어느 날 아침, 가치칼라의 양친 집에 가서 '오늘은 주인이 안 계십니까?' 하고 물으니 '세존이시여, 지금 볼일 때문에 외출했는데, 아무쪼록 솥의 밥과 냄비의 국을 떠 잡수십시오.' 하고 대답했소. 대왕이여, 나는 그렇게 한 뒤에 집을 나왔소. 가치칼라는 돌아와서 이 말을 듣고 '아아, 나는 얼마나 행복한 사람인가. 카샤파가 이와 같이 나를 믿어주신다니 고

맙다.' 하면서 반 달 동안이나 계속 기뻐하였고, 양친은 7일간이나 기쁨에 잠겼었소.

대왕이여, 또 어떤 때 나의 방에 비가 새서 제자들을 불러 가치칼라의 집에 가서 지붕을 이는 띠를 가져오도록 명했더니, 제자들은 '세존이시여, 가치칼라의 집에는 띠가 없습니다. 근래 공장의 지붕을 새로 이었습니다.' 라고 했소. '그렇다면 그 공장의 지붕을 벗겨서 가져오도록 하라.' 고 명했소.

제자들은 나의 분부대로 그 공장에 가서 새로 이은 띠를 벗겼소. 양친은 '공장의 지붕을 벗기고 있는 분은 누구십니까?' 하고 물었는데, 카샤파의 향실(香室)이 비가 샌다는 말을 듣고 '가져가십시오, 가져가십시오.' 하며 기뻐하였소. 가치칼라는 밖에서 돌아와 이 말을 듣고 '나는 얼마나 행복한 자인가. 카샤파가 이처럼 나를 믿어주신다니 고맙다.' 하면서 전과 똑같이 기쁨에 잠겼소. 대왕이여, 이리하여 그의 공장은 3개월 동안이나 하늘을 지붕으로 삼았지만 비도 별로 내리지 않았소. 대왕이여, 가치칼라는 이러한 사람입니다."

기기왕은 이 말을 듣고 "가치칼라는 참으로 행복한 사람이다. 카샤파에게 이렇게까지 신뢰를 받고 있다니 그의 행복은 크다."라고 찬탄하면서 하얗게 찧은 500수레의 쌀을 가치칼라에게 보내도록 했다. 그때 가치칼라는 "대왕이야말로 많은 비용이 필요할 것입니다. 저는 충분합니다." 하면서 대왕의 호의를 사절하였다.

그때의 조치파라는 사실은 세존이셨다.

제2절 뱀의 비유

1. 세존께서 기원정사에 돌아오신 어느 날 제자들에게 말씀하셨다.

"제자들이여, 탐욕을 알고 그것을 멸하고 여의기 위해서는 세 가지 법을 닦아야 한다. 즉 공의 정(定)과, 무상(無相)의 정(定)과, 무원(無願)의 정(定)이다. 또 진에·우치·한(恨)·부(覆)·자부(自負)·질(嫉)·간(慳)·첨(諂)·광(誑)·훤조(喧噪)·증상만(憎上慢)·교(憍)·방일 등을 알고, 이것들을 멸하고 여의기 위해서는 마찬가지로 이 세 가지 법을 닦아야 한다."

2. 어느 때 한 바라문이 세존께 말씀드렸다.

"고타마여, 당신은 현세에 보(報)가 있는 법을 말씀하셨는데, 그것은 어떻게 직접적인 결과가 있으며, 또 그것이 열반으로 인도한다는 것을 아는 사람이 있습니까?"

"바라문이여, 탐욕·진에·우치에 불태워지고 패괴(敗壞)되고, 사로잡힌 마음은 자해(自害)하려 생각하고, 남을 해치려 생각하고, 마음 속에 괴로움과 근심을 느낀다. 만약 탐욕·진에·우치를 여읜다면 자타의 해를 생각지 않고, 마음속에 괴로움이나 근심을 느끼는 일이 없을 것이다. 바라문이여, 이 법은 이처럼 현세에 보가 있는 법이며, 또 그것이 열반으로 인도하는 것임을 누구나 알 수 있는 것이다."

3. 또 어느 날, 원래 독수리 잡는 일을 직업으로 삼고 있던 아리스타카〔陀梨咤〕라는 제자가 악견(惡見)을 일으켜 "세존께서 장애의 법이라고 일컫는 일일지라도 그것을 실행해보면 장애가 되지 않는다."고 말했다. 많은 제자들은 그 악견을 여의게 하려고 갖가지로 논의도 하고 훈계도 했으나 아무 소용이 없었다.

세존은 이 말을 듣고 아리스타카를 불러 질책한 후, 제자들에게 다음과 같이 말씀하셨다.

"제자들이여, 비유컨대 땅꾼이 한 마리의 큰 뱀을 발견하고 동체나 꼬리를 붙잡는다. 그러면 그 뱀은 몸을 구부려서 그 사람의 손이나 팔, 등 어느 곳이나 가리지 않고 물 것이다. 그 때문에 그 사람은 죽거나 또는 죽을 정도의 고통을 받을 것이다. 왜냐하면 뱀을 잡는 방법이 나쁘기 때문이다. 그것과 마찬가지로 어떤 어리석은 사람은 부처의 가르침을 받으면서도 이 법의 뜻을 깊이 궁구하지 못했기 때문에 그것을 통찰할 수가 없었다. 그들은 논의할 때 권위있는 말을 인용하기 위하여 그 법을 배운다. 그들은 그 가르침을 배우면서도 그 뜻을 깨닫지 못한다. 그 가르침을 오해하여 오랫동안 고통을 자초한다. 이것은 가르침을 오해하기 때문이다.

제자들이여, 여기에 또 어떤 양가의 자제들은 이러한 교법을 익히고 그 뜻을 궁구하여, 그 가르침을 바로 이해하여 길이 행복을 초래한다. 왜냐하면 그는 가르침을 바르게 이해했기 때문이다. 비유컨대 땅꾼이 큰 뱀을 보자 갈고리 또는 몽둥이로 꼭 누르고 목을 붙잡는다. 그때 아무리 뱀이 그 사람의 손이나 팔 등 어떤 곳을 몸뚱이로 휘감더라도 그 사람은 그 때문에 죽음에 이르지 않고, 또 죽음과 동일한 고통을 받는 일도 없다. 왜냐하면 그 뱀을 옳게 누르고 있기 때문이다.

4. 제자들이여, 나는 너희들로 하여금 집착을 여의게 하기 위해 뗏목의 비유를 들어 설하겠다.

비유컨대 어떤 사람이 장기 여행을 하다가 어떤 곳에서 큰 바다를 보고 이같이 말하였다. '이 대해(大海)의 이쪽 언덕은 위험하지만 저쪽 언덕은 안전하다. 그러나 배도 없고 다리도 없다. 갈대나 나뭇가지나 잎을 모아 뗏목을 만들어 그 뗏목으로 저쪽 언덕에 이르자.' 얼마 후 그는 뗏목을 만들어 그것에 의지하여 안전하게 저쪽 언덕에 이르러 생각하였다. '이 뗏목은 나에게 큰 공을 세웠다. 이 뗏목에 의해 안전하게 이 언덕으로 건너올 수 있었다. 나는 이 뗏목을 나의 머리 위에 얹고 어깨에 올려 내가 가고 싶은 곳으로 가자.'

제자들이여, 너희들은 어떻게 생각하는가. 이 사람은 이와 같이 해서 뗏목에 대해 해야 할 일을 하고 있는 것일까?"

"세존이시여, 그렇지는 않습니다."

"제자들이여, 그렇다면 그 사람은 어떻게 하여 그 뗏목에 대해 해야 할 일을 할 것인가. 제자들이여, 그 사람은 건너간 다음 이렇게 생각해야 한다. '이 뗏목에 의해 나는 안전하게 이 언덕으로 건너왔다. 나는 이 뗏목을 언덕에 올리든가 또는 물 가운데 띄워 가고 싶은 곳에 가도록 하리라.' 이렇게 해야만 이 사람은 뗏목에 대해 해야 할 일을 한 것이다.

제자들이여, 나는 이 뗏목을 비유로 말하건대, 법은 버려야 하는 것이며, 집착해서는 안 된다는 것을 설한 것이다. 너희들은 이 뗏목처럼 법까지도 버려야 하거늘, 하물며 비법이야 더 말할 나위가 있겠는가.

5. 제자들이여, 이에 '아'와 '아소(我所)'라는 악견이 일어날 수 있는 네 가지 경우가 있다. 그것은 몸과 마음과 견문각지(見聞覺知)와 마음의 견해 그 자체 등인 것이다.

제자들이여, 무식으로 인해 선인(善人)에 접근하지 못하고 성자나 선인의 법을 모르는 사람은 이 네 가지 것에 대해 '이것은 나의 것이다, 나인 것이다, 나의 자아이다.' 라고 인지하며 집착한다. 그러나 많은 것을 배우고 선인과 가까이하고, 성자나 선인의 법에 훈련된 자는 이 네 가지에 대해 그와 같이 인지하여 집착하는 일이 없다. 그런 것이 없기에 바른 염을 잃고서 공포에 위협받는 일이 없다."

그때 어떤 제자가 말했다.

"세존이시여, 외물(外物)에 의해 바른 염을 잃고 공포에 위협받는 일이 있습니까?"

세존이 대답하셨다.

"여기에 어떤 사람이 이렇게 생각한다. '이것은 전에는 나의 것이었는데, 지금은 나의 것이 아니다. 이제 다시 한번 나의 것으로 만들 수는 없을까. 아마 앞으로 두번 다시 얻을 수는 없을 것이다.' 그는 이 때문에 슬퍼하고 탄식하고 가슴을 치면서 운다. 이것이 외물에 의해 바른 염을 잃고 공포에 위협받는 경우이다. 그러나 이와 같이 생각하더라도 슬퍼하지 않고 탄식하지 않고 가슴을 치면서 울지 않는다면, 이것은 외물에 의해 바른 염을 잃지 않고 공포에 위협을 받지 않는 자이다."

"세존이시여, 내부의 것에 의해 바른 염을 잃거나 공포에 위협받는 경우가 있습니까?"

"여기에 어떤 사람이 '이 세계와 이 자아는 영구히 변치 않고 존재하는 것이다.'라고 생각하고 있는데, 부처님의 무아에 대한 가르침을 듣고서 '이 가르침에 따르면 나라고 하는 것은 단절된다, 존재하지 않는다.'라고 슬퍼하고 탄식하며 가슴을 치면서 운다. 이것이 내부의 것에 의해 바른 염을 잃고 공포에 위협받는 것이다. 부처님의 무아에 대한 가르침을 들으면서도 '나는 멸한다, 존재하지 않는다.'고 슬퍼하지를 않고 당황하지 않는 것이 내부의 것에 의해 바른 염을 잃지 않고 공포에 위협받지 않는 것이다.

6. 제자들이여, 너희들은 영구히 변하지 않고 계속되는 것을 가진 일이 있는가? 또는 본 일이 있는가?"

"세존이시여, 그런 것은 없습니다."

"제자들이여, 착하도다. 나도 그렇다. 세간에는 상주영존(常住永存)하는 것은 없다. 나에게 집착하면 반드시 우·뇌·고가 일어난다. 제자들이여, 아가 있으면 아소도 있고, 아소가 있으면 아도 있는 것이다. 그러나 아도 아소도 어느 곳에서나 발견되는 것이 아니므로 이 세계와 자아는 영구히 존재하며, 영원히 변치 않는다는 견해는 어리석은 것이다.

제자들이여, 몸은 상주인가, 무상인가?"

"세존이시여, 무상입니다."

"무상한 것은 고뇌인가, 행복인가?"

"세존이시여, 고뇌입니다."

"무상하면서 고뇌, 변천하는 법에 대해서 '이것은 나의 것이다, 나이다, 나의 자아이다.' 라고 하는 것은 적당한 일인가?"

"세존이시여, 그것은 적당치 않습니다."

7. "제자들이여, 그것은 몸에 대해서만이 아니라 마음에 대해서도 마찬가지이다. 그러므로 어떠한 몸일지라도 모든 몸은 모조리 '나의 것이 아니다. 내가 아니다, 나의 자아가 아니다.' 라고 바르게 알아야 한다. 마음에 대해서도 마찬가지이다. 제자들이여, 이 가르침을 받은 제자는 이와 같이 보고 이와 같이 듣고서, 몸과 마음을 싫어하고 욕(欲)을 여의어 해탈한다. 그리고 '해탈했다.' 고 하는 지혜가 생한다. '생은 다했다, 청정한 행은 성취되었다. 해야 할 일은 마쳤다, 이 생의 끝에 다른 생은 없다.' 고 알게 되는 것이다. 이와 같은 사람은 장애를 여의고 무거운 짐을 내리고 계박을 여읜 성자라고 일컫는다.

8. 제자들이여, 이와 같이 나에 대해서, 어떤 출가자들은 근거도 없이 망령되이 비난한다. '고타마는 사람들에게 파괴와 단멸(斷滅)을 가르치는 자이다.' 라고. 제자들이여, 나는 그렇게 말하지는 않는다. 나는 이전에나 지금이나, 현세의 고뇌와 그 고뇌의 단멸을 가르치고 있는 것이다. 비록 남이 부처를 비난하고 꾸짖고 욕을 하더라도, 부처는 초조해하지 않고 노여움을 품지 않는다. 또 비록 타인이 부처를 공양해도 부처는 기뻐하지 않고 즐거워하지 않으며 교만해지지도 않는다. 또 남이 부처를 존경하고 공양할 때 부처는 이렇게 생각한다. '그가 나에게 이같은 일을 하는 것은 전부터 그래왔던 일이다.' 라고. 그러므로 만일 남이 너희들을 비난하고 꾸짖고 욕하더라도 너희들은 마음을 초조하게 하여 노여움을 품어서는 안 된다. 또 남의 존경을 기뻐하고 교만하게 생각해서는 안 된다. 그것은 전부터 그래왔던 일이라고

생각해야 한다.

제자들이여, 그러므로 너희들의 것이 아니라면 그것을 버려라. 그것을 버리면 너희들은 영겁의 행복을 갖게 될 것이다.

제자들이여, 너희들의 것이 아닌 것은 무엇일까? 몸과 마음은 너희들의 것이 아니니 몸과 마음을 버려라. 그것을 버리면 너희들에게 영겁의 이익이 되고 행복이 될 것이다.

제자들이여, 너희들은 어떻게 생각하는가. 여기에 어떤 사람이 이 기원정사의 동산에 와서 풀이나 가지나 잎을 모아다가 불태운다고 하자. 너희들은 그때 '이 사람은 우리들의 물건을 운반하여 제멋대로 태우고 있다.'고 생각하겠는가?"

"세존이시여, 그렇지 않습니다. 그것은 '아'도 '아소'도 아니기 때문입니다."

"제자들이여, 꼭 그와 같이 너희들의 것이 아닌 것은 버려라. 그것을 버리면 너희들은 영겁의 행복을 누릴 것이다."

제3절 마탕가〔摩登伽〕비구니

1. 어느 날 세존께서는 파세나디왕의 청에 의해 많은 제자들을 거느리고 그 궁전에 가시고, 아난다만이 홀로 다른 집의 특별한 초청을 받아 따로 사바티성에 들어갔다. 아난다는 공양을 받은 후 돌아오는 길에 갈증이 나서 큰 못둑을 지나다가 물을 긷는 찬다라족〔旃陀羅族〕의 어여쁜 소녀를 보고 "누이동생이여, 그 물을 좀 주게나."라고 했다.

소녀는 "존자시여, 저는 본래 신분이 천한 찬다라족 사람이온데……" 하면서 주저했다.

"누이동생이여, 나는 출가자이다. 마음에 귀천이나 상하의 차별을 두지 않는다." 하고 거듭 물을 청했다. 소녀는 기쁜 마음으로 깨끗이 물을 떠서 바쳤다. 아난다는 천천히 다 마신 후 그 자리를 떠났다.

아난다의 숭고한 상호(相好), 우아한 말씨는 소녀의 마음에 깊이 새겨졌다. 그녀는 연모의 정이 일어나 집으로 돌아와 주술에 능한 어머니에게 원했다. "모쪼록 아난다 존자를 우리 집에 초청해주세요."

"내 딸아, 나의 주술로는 욕을 여읜 사람과 죽은 사람에게는 어찌할 수가 없다. 하물며 존자의 스승인 고타마는 덕이 높아 파세나디왕이 존경하는 바이므로, 만일 지금 주술로써 존자를 데려온다면 우리 찬다라족은 떼죽음을 당할지도 모른다."

그러나 외곬으로 나가는 연심은 쉽게 끊을 수 없었고 소녀는 "죽는 길밖에 없어요!" 하며 울었다. 어머니는 할 수 없이 딸의 원을 풀어주겠다고 결심하고 집안의 땅에 쇠똥을 바르고 띠를 쌓은 후, 불을 질러 타오르는 열화 속에 연꽃 108송이를 던지고 한 잎마다 천지의 신들에게 빌면서 "아난다 존자를 여기 오게 하시라."고 기도하고 또 기도했다.

2. 이때 불가사의하게도 아난다는 마음이 어수선하여 허둥지둥 소녀의 집에 이르러, 향을 피우고 꽃을 뿌리면서 기뻐하는 모녀의 영접을 받아 포근한 요 위에 앉았다가 홀연히 꿈에서 깨어난 것처럼 두려운 생각이 들어, 어떻게 해서 이 난을 면할까 하고 일심으로 세존의 가피력(加被力)을 염하였다.

그때 파세나디왕의 궁전에서 기원으로 돌아오신 세존께서는 이미 아난다의 위난을 알고 노래하셨다.

계(戒)의 못이 맑으면 뭇사람의 번뇌를 씻는다. 지혜 있는 자, 이 못에 들어가 무명의 어둠을 길이 여의리로다.

이는 3세의 성인도 한결같이 찬양하는 바, 내가 이 흐름 속에 있으니 속히 제자를 돌아오게 할지어다.

세존의 힘에 의해서 아난다는 곧 그 집을 나와 기원으로 돌아 올 수 있었다. "존자는 가셨다."고 소녀는 하룻밤 내내 울면서 새웠다.

3. 이튿날 아난다가 마을에 나가 탁발을 하는데, 소녀는 새옷을 입고 화만을 쓰고 아름다운 영락을 달고 아난다를 기다려, 등불 앞을 오락가락하는 하루살이처럼 그의 뒤를 따랐다. 아난다가 멈추면 멈추고, 걸으면 걷고, 거리에서 성밖으로 나와 기원에 돌아올 때까지 소녀는 잠시도 떨어지지 않았다. 아난다는 한심스럽고 부끄러워 바로 세존의 앞으로 나아가 도움을 청했다.

세존은 "괴로워할 것은 없다."고 아난다를 위로하고 소녀를 향하여 "네가 만일 아난다의 아내가 되고 싶다면 부모의 허락을 받아 오라."고 말씀하셨다. 소녀는 기뻐하며 집에 돌아가 다시 부모를 동반하고 세존의 앞으로 나갔다. 세존은 말씀하셨다.

"소녀여, 아난다의 아내가 되려면 먼저 출가해야 한다."

소녀는 경모하는 마음으로 가르침을 받았다.

"착하도다. 착하도다."라고 하시는 세존의 말씀과 함께 그녀의 머리칼은 저절로 땅에 떨어지고 법의는 몸에 걸쳐졌다. 소녀의 마음이 점점 가라앉는 것을 보고 세존은 말씀하셨다.

"소녀여, 애욕은 모든 괴로움이 모인 바로서 그 맛은 보잘것이 없으며, 그 허물은 참으로 많다. 비유컨대 등불에 모여드는 나방과 같이 어리석은 범부는 애욕의 불길에 몸을 던지려 하지만, 지자는 이것과 달리 애욕을 멀리하여 애욕에 대한 생각을 일으키지 않는다."

여러 가지로 가르치시니 백전(白氈)이 염색되듯 소녀는 마음이 부드러워지고 장애가 제거되어, 그 자리에서 깨달음을 얻고 청량한 세계에 환생하니, 그녀를 마탕가 비구니라 부르게 되었다.

제4절 객진번뇌(客塵煩惱)

1. 이리하여 아난다는 찬다라족 소녀의 유혹으로 말미암아 자기의 힘이 부족한 것을 깨닫고, 어느 날 세존께 간절히 도를 닦는 방편에 대해서 물었다.

세존께서 말씀하셨다. "아난다여, 너는 처음 발심했을 때 어떠한 모습을 보고 세간의 애욕을 버렸는가?"

아난다가 말하였다. "세존이시여, 저는 세간에서도 뛰어난 세존의 상호(相好)를 뵙고 '이 유리처럼 맑은 몸은 결코 애욕 속에서 생긴 것은 아니다. 애욕의 마음은 거칠어, 피고름처럼 흐린 마음을 가진 인간에게서 어떻게 이같은 빛이 나올 수 있을 것인가?' 생각하고 갈앙(渴仰)한 나머지 출가했습니다."

세존께서 말씀하셨다. "아난다여, 착하도다. 네가 만일 진실로 참된 깨달음을 궁구하려고 생각한다면, 정직한 마음으로 나의 물음에 대답하라. 아난다여, 너는 부처의 상호를 갈앙하여 출가했다고 했는데, 그것은 도대체 무엇에 의해 보고 무엇에 의해 사모한 것인가?"

아난다가 말하였다. "세존이시여, 저는 이 눈으로 뵙고 이 마음으로 사모하였습니다."

세존께서 말씀하셨다. "아난다여, 틀림없이 그럴 것이다. 그러나 또한 너를 오늘까지 생사의 세계를 유전케 한 것도 그 눈과 마음이었다는 것을 알아야 한다. 그러므로 아난다여, 마치 국왕이 역적의 침범을 받아 이를 토벌하려고 할 때는 무엇보다도 먼저 그 역적이 있는 곳을 알 필요가 있는 것처럼, 지금 번뇌의 티끌을 없애려면 먼저 그 눈과 마음의 소재를 확인하지 않으면 안 된다. 너의 눈과 마음은 어디에 있다고 생각하는가?"

아난다가 말하였다. "눈은 얼굴에, 마음은 체내에 있습니다."

세존께서 말씀하셨다. "지금 이 강당에서 너의 눈에 무엇이 보이는가?"

아난다가 말하였다. "먼저 세존께서 보이며, 다음으로 대중이 보이고, 그 다음으로 밖의 숲이 보입니다."

세존께서 말씀하셨다. "사실 네가 말하는 것처럼, 지금 이 방의 창문이 열려 있어 멀리 숲속까지도 볼 수가 있다. 그러나 이 대중 가운데 부처를 보지 못하고 바깥만을 보고 있는 자가 있을까?"

아난다가 말하였다. "그런 자는 없습니다."

세존께서 말씀하셨다. "아난다여, 만일 너의 몸 가운데 마음이 있다면 무엇보다도 먼저 몸의 내부에 대한 일을 자세히 알 것이다. 그런데 사람들은 몸의 내부에 대해서는 아무것도 알 수가 없다. 그렇다고 하면 '마음은 몸 내부에 있다.'고 말할 수도 없는 것이 아닌가?"

아난다가 말하였다. "세존이시여, 저는 이제 가르침에 의해서 마음은 몸의 내부에 있는 것이 아니고 몸의 밖에 있다는 것을 깨달았습니다. 비유컨대 실내에 등불을 켜면 등불은 자기 자신을 비추지 않고 먼저 실내를 비추고 난 다음에 방 밖을 비추듯이, 사람들도 또한 몸의 내부를 보지 않고 다만 몸의 바깥만을 보는 것입니다."

세존께서 말씀하셨다. "그러나 아난다여, 만일 마음이 몸 밖에 있는 것이라 하면 몸과 마음은 서로 떨어져 마음이 아는 바를 몸은 알지 못하고, 몸이 아는 바를 마음이 알 까닭이 없다. 그렇지만 실제로는 마음이 아는 바를 몸으로 느끼고, 몸으로 느낀 것은 마음이 잘 아는 것이다. 그러므로 아난다여, 마음은 몸 밖에 있다고도 말할 수 없다."

2. 여기에 아난다는 합장하고 다시금 세존에게 물었다. "이미 마음은 몸의 내부에 있는 것도 아니고 밖에 있는 것도 아니라고 한다면, 도대체 마음의 본체는 어디에 있는 것일까요? 원컨대 세존이시여, 대자비의 마음으로써 그 이치를 밝혀 도를 닦는 자의 요체(要諦)를 가르

쳐주십시오."
　세존께서 말씀하셨다. "아난다여, 모든 중생들은 시작도 알 수 없는 옛날부터 깊이 업의 기반에 계박되어 있는데, 그것은 오로지 두 가지의 근본을 모르기 때문이다. 첫째는 생사의 근본이 미망의 마음이라는 것을 알지 못하고 이것을 자기의 본성이라고 생각하고 있는 것이요, 둘째는 깨달음의 본체인 청정한 본심이 자신에게 갖추어져 있는 것을 알지 못하기 때문이다."
　세존은 이렇게 말씀하시고, 그러한 다음에 팔꿈치를 들고 손가락을 굽히면서 말씀하셨다. "아난다여, 이것을 무엇으로 보는가?"
　아난다가 말하였다. "세존께서 지금 팔꿈치를 드시고 주먹을 쥐시고, 우리들의 마음을 이끄는 것이라고 생각합니다."
　세존께서 말씀하셨다. "무엇에 의해 보았는가?"
　"대중과 함께 눈으로써 보았습니다."
　"눈으로써 보았다면 마음을 끈다고 하지 않아도 좋을 것이다."
　"그러나 제가 눈으로써 본 것을 마음으로써 주먹이라고 분별한 것입니다."
　"아난다여, 너는 그 분별하는 것을 너의 마음이라고 생각하는가?"
　"말씀하신 것과 참으로 같습니다."
　"허허, 아난다여, 그것은 너의 참마음이 아니다."
　여기에 이르러 아난다는 매우 놀라며 말씀드렸다. "세존이시여, 그렇다면 저의 참마음은 무엇이옵니까?"
　세존은 말씀하셨다. "아난다여, 그 분별하는 마음은 실(實)이 없는 허망한 것이다. 인연에 의해 일어나고 인연에 의해 변천하는 실체가 없는 공(空)인 것이다. 그것을 실이 있는 마음이라고 믿었던 곳에서 너의 영겁의 망집이 일어났던 것이다."
　다음으로 세존은 또 주먹을 쥐고 다시 그걸 펴시면서 아난다에게 물으셨다.

"아난다여, 너는 이것을 무엇으로 보는가?"

"세존께서 주먹을 쥐시었다가 다시 그것을 펴신 것으로 압니다."

"너는 나의 손에 개합(開闔)이 있다고 보는가, 혹은 너의 견해에 개합이 있다고 생각하는가?"

"세존이시여, 세존의 손에 개합이 있는 것이며, 저의 견해에 의해 정한 것은 아닙니다."

"그렇다면 움직이는 것은 나의 손인가, 너의 마음인가?"

"세존의 손입니다."

세존은 다시 손을 들어서 좌우로 움직이고, 아난다의 마음에 어떠한 암시를 주었다. 아난다는 그것에 따라서 좌우로 머리를 움직이니 세존은 말씀하셨다. "아난다여, 네가 나를 따라 머리를 움직일 때 너의 머리가 움직인다고 생각하는가, 혹은 너의 견해가 움직이고 있는 것으로 생각하는가?"

"세존이시여, 머리가 움직입니다. 견해에는 아무런 움직임도 없습니다."

이때 세존은 대중에게 말씀하셨다. "제자들이여, 모든 중생들은 마치 이처럼 모두 객진(客塵)과 번뇌 때문에 항상 그 청정한 본심이 더럽혀져 그릇된 생각에 떨어지고 있다. 외연에 끌려 일어나는 번뇌는 항상 움직이고 있어서 멈추는 곳이 없다. 그것은 마치 손님과 같이 잠시 동안 머무르는 마음이고, 티끌처럼 밖에서 달라붙어 내부의 본심을 더럽히는 것이다. 그러나 깨달음의 본체인 청정한 마음은, 그 때문에 움직이는 것도 아니고 더럽혀지는 것도 아니다. 번뇌의 티끌이 묻어도 그 성은 상실되는 것이 아니다. 그것은 지금 아난다는 머리는 움직이지만 보는 법은 움직이지 않는다고 하는 것과, 나의 손은 움직이지만 아난다의 견해는 움직이지 않는다고 하는 것과 같다. 너희들은 명심하여 움직이는 객진의 번뇌를 자기의 본성으로 생각해서는 안 된다. 움직이지 않는 깨달음의 본심에 눈을 떠 진실한 자기를 알아야 한다. 만일 움직이는 번뇌에 마음이 붙잡힌다면 항상 전도된 견해에 쫓겨 미혹의 세계에서 방황하게 될 것이다."

이 가르침을 듣고 아난다를 비롯하여 대중은 갑자기 마음이 열려 기쁨이 용솟음쳤다. 마치 젖을 못 먹는 갓난애가 어머니를 발견한 듯한 생각으로 세존의 얼굴을 바라보았다

3. 그때 모임 가운데 있던 파세나디왕은 조심스럽게 자리에서 일어나 말했다. "세존이시여, 제가 아직 부처님의 가르침을 듣지 않았을 때 이교도인 산자이바이라티푸트라(毗闍耶毘羅胝子)를 만난 일이 있습니다. 그는 그때 이 몸이 죽어 없어지는 것을 열반이라고 했는데, 아무튼 죽은 후에 없어진다는 것은 허무한 일입니다. 그런데 지금 세존께서는 멸함이 없는 깨달음의 본심이라는 것을 설해주셔서 저는 참으로 밝은 기분입니다. 모쪼록 그 없어지지 않는 마음의 경계에 들어가는 도를 설해주십시오."

세존께서 말씀하셨다. "왕이여, 그대의 몸은 금강과 같이 강한 것인가, 그렇지 않으면 멸하는 것인가?"

"멸하는 것입니다."

"지금 현재 멸하지 않는데 어떻게 하여 멸하는 것임을 알 수 있는가?"

"세존이시여, 이 몸은 마치 불이 차차 재로 변해가듯이 각일각 변천해가옵니다. 세존이시여, 어렸을 때는 저도 피부가 윤택했지만 지금은 나이가 많아서 주름살이 생겼습니다. 또 젊었을 때는 혈기가 왕성하였지만 지금은 기운도 약하고 마음도 흐려져가고 있습니다. 물론 언제 어느 만큼 늙었는지는 모르겠으나, 10년을 1기로 지나간 날을 되돌아보면 분명히 늙음의 변화가 나타납니다. 다시 깊이 생각해보면

이러한 획기적인 변화는 1년 사이에도 나타나고, 1개월 사이에도 나타납니다. 뿐만 아니라 찰나의 사이에도 멈추지 않는 것이 인명의 무상인 것입니다. 이것에 의해 관찰하면 제 몸도 머지않아 멸할 것이라는 사실은 조금도 의심할 여지가 없습니다."

"왕이여, 그대는 몸이 멸한다는 것을 분명하게 말하였소. 그렇다면 다음에는 그 멸하여 없어지는 몸 안에 멸하지 않는 게 있다는 것을 설하겠소. 왕이여, 왕이 강가를 처음 본 것이 언제인가?"

"세 살 때 어머니와 함께 신묘를 참배할 즈음 처음으로 강가를 보았습니다."

"그때와 지금과 강가의 물에 어떤 변화가 있는가?"

"세 살이었던 옛날이나 40세가 된 오늘이나 변함없이 흐르고 있습니다."

"왕이여, 세 살 때의 옛날과 머리가 세고 얼굴에 주름이 잡힌 지금과 그 강물이 흐르는 것을 보는 데 있어 보는 눈에 다른 바가 있지 않은가?"

"조금도 다르지 않습니다."

"왕이여, 얼굴에 주름이 잡힐지라도 눈으로 무엇을 봄에는 주름이 잡히지 않는 것이오. 변하는 것은 변할지라도 불변의 것은 변하지 않소. 주름잡히는 것은 변하며 변하는 것은 멸하오. 그러나 그 가운데 멸하지 않는 것이 있다는 것을 알 것이오. 왕이여, 이교도측에서 말하는 것처럼, 몸이 멸하는 것과 마찬가지로 모든 것이 멸한다고는 말할 수 없는 것이오."

왕은 이 세존의 가르침을 듣고, 비록 썩어지는 몸은 버릴지라도 거기에 멸하지 않는 것이 있어서 영원히 생을 얻을 수가 있음을 깨닫고, 대중과 함께 더할 수 없는 기쁨에 잠겼다.

4. 이때 아난다가 일어나서 세존께 물었다. "세존이시여, 만일 우리

들의 견해에 생하는 것도 멸하는 것도 없다고 하면, 우리들은 세존께서 말씀하시는 것처럼 본심의 성을 잃어 전도된 견해에 의해 움직이고 있다는 말씀입니까?"

세존께서 말씀하셨다. "물(物)도 마음도 모든 것은 다 인연에 의하여 일어나는 것이다. 그리고 그 인연은 본래 마음에서 시현된 것이다. 이것은 지금까지 자주 설명한 바이다. 그러고 보면 너희들의 몸도 마음도 본래 미묘하고 분명한 마음이 있어서 그 가운데 나타난 것임을 알 것이다. 그런데 너희들은 그 미묘한 본심을 돌아보지 않고 본래 오성(悟性)을 지닌 마음 가운데에서 미혹을 맺어 그 미혹된 망상을 본성이라고 착각하여, 이것이 이 육신 속에 있는 것처럼 믿고 있는 것이다. 그러므로 산하(山河), 대지(大地), 허공 끝에 이르기까지도 모두 미묘한 본심 속에서 시현된 것임을 알지 못하고 있는 것이다. 참으로 작은 물거품을 움켜쥐고서 대해(大海)를 보았다고 생각하는 등의 어리석음이니라."

"세존의 말씀에 의해 마음의 근본인 상주하는 심성에 대해서는 깨달을 수 있었습니다. 그러나 이 말을 깨달을 수 있었던 것 역시 분별심에 의한 것이 아니옵니까?"

"아난다여, 만약 분별하는 마음으로써 법을 들었다고 하면 그 듣게 된 법 또한 분별의 법인 것이며, 법 그 자체의 성에 즉(卽)했다고는 할 수 없다. 아난다여, 손으로 달을 가리켰을 때, 그 손가락 끝에 눈을 붙이고 달을 보았다고 생각한다면, 그 사람은 달을 보지 못했을 뿐만 아니라 손가락도 알지 못했다는 것이 된다. 그리고 빛이 없는 손가락을 빛이 있는 달로 오인한 점에서 본다면, 그 사람은 밝음과 어두움의 성조차도 알지 못했다는 것이 된다. 참으로 분별에 의해서는 법의 진성을 알 수가 없다.

아난다여, 지금 너는 분별하는 마음으로써 나의 말을 깨달았다고 했는데, 만일 분별이 참으로 너의 마음이라면, 그 분별하는 마음은 언제까지나 변치 않고 존재해야 하는데, 그러나 분별은 인연에 의해서 일어나는 것으로서, 인연이 다하면 변하거나 혹은 멸하게 된다. 참으로 인연을 여의고서는 분별의 성은 없다. 그리고 그 인연이 오고 가는 것과는 상관없이 영원히 움직이지 않고 멸하지 않는 심성이 있다. 그것이야말로 내 마음의 본체인 것이며 주인이다. 아난다여, 하나의 비유로써 설하겠다. 여인숙에는 손님과 주인이 있다. 손님은 분별하는 마음으로 인연이 있으면 와서 묵지만, 인연이 다하면 떠나 모습이 사라질 것이다. 그러나 손님이 가고 오는 것과는 상관없이 주인은 머무르고 있다. 손님이 떠났다고 해서 그 때문에 여인숙이 없어졌다고는 말하지 않는다. 인연에 따라 분별하는 마음이 없어졌다고 해서 자기가 없어졌다고는 말할 수 없다. 아난다여, 외연(外緣)에 의해 변하는 분별심을 성이라고 하지 말라. 외연의 마음에는 관계없이 항상 변하지 않는 마음을 주인으로 삼으라."

5. 아난다가 다시 세존께 여쭈었다. "세존이시여, 외연에 움직이지 않는 본성의 마음은 어찌하여 없어지지 않을까요?"

"아난다여, 자세히 들으라. 지금 이 강당은 해가 떠 있어 밝으나, 만일 해가 지면 어두워진다. 이 경우 밝나는 것은 해에 놀릴 수 있고, 어둡다는 것은 밤에다 돌릴 수가 있다. 그렇지만 사물을 분명하게 판별하는 힘은 어디에도 돌릴 수 없는 것이다. 밝음이 오더라도 어둠을 아는 힘이 없어진 것이 아니고, 어둠이 사라져도 그것은 밝음을 보는 힘이 일어난 때문이 아니다. 명암(明暗)의 오고 감에는 상관없이 명암을 보는 힘은 항상 머물고 있다. 밝다고 보는 것도 한때의 마음, 어둡다고 보는 것도 한때의 마음, 그것은 마음의 진정이 아니다. 밝음과 어둠에 매이지 않는 상주하는 마음, 그것이 너의 진심인 것이다.

그러므로 마음의 심성은 밝음에도 침해되지 않고, 어둠에도 더럽혀지지 않으며, 밖의 인연에 끌려서 거래하는 선악이나 애증(愛憎)과 같은 번뇌 가운데 싸여 있으면서도 거기에 물들지 않고, 더럽혀지지 않고, 본래부터 미묘 청정하여 사라지지 않는다는 것을 알지 않으면 안 된다.

아난다여, 둥근 그릇에 물을 담으면 둥글게 되고, 네모진 그릇에 담으면 네모지게 된다. 그러나 본래 물에는 둥글거나 네모진 형태가 있는 것이 아니다. 그것과 꼭 같이 모든 사람들은 시작이 없는 옛날부터 담겨 있는 물에서 인생을 보고, 혹은 대소를 생각하고, 혹은 방원(方圓)을 생각하고, 혹은 선악을 생각하고, 혹은 애증(愛憎)을 생각하며, 그 생각에 사역되어 외물만을 좇아 괴로워한다. 그러나 그것은 그 기(器)라고 하는 외연(外緣)에 계박되어 그 계박된 자기를 자기의 심성인 것처럼 생각하기 때문에 일어나는 망상이다. 그러므로 계박된 견해를 계박된 외연으로 돌리고 계박되지 않은 자기의 진심으로 돌아간다면, 그 사람은 부처처럼 되어 몸과 마음이 원만하고 밝게 되며, 어떤 것에도 장애가 되는 일 없이 이 몸 그대로 사방의 법계를 수용할 수가 있다.

아난다여, 거울을 들고 태양을 향하여 쑥으로 불을 붙이려 할 때 그 불은 거울에서 나오는가, 또는 쑥에서 생기는 것일까? 거울은 손에 있고 태양은 하늘에서 오고 쑥은 땅에서 취한다. 태양과 거울과는 서로 멀리 떨어져 화합할 수가 없다. 그러나 태양 속의 불이 거울을 인연으로 하여 쑥에 나타났다는 것에 대해서는 의심할 여지가 없다. 지금 부처를 낳는 근본인 여래장(如來藏)의 진심은, 본래부터 청정하여 법계에 두루 퍼진 신화(信火)의 근원이다. 한번 불혜(佛慧)의 거울을 인연으로 하여 중생이라는 쑥에 점화한다면, 거기에 불성 개각(佛性開覺)의 불길이 타오를 것은 의심할 여지가 없다. 이미 한 곳에서 거울을 비추면 한 곳에서 불이 일어난다. 따라서 모든 법계를 향하여 거울을 비추면 온 세간에 불이 충만하리라는 것은 명확한 일이다. 아난다여, 부처는 이 이치에 의해, 모든 중생들에 대해 항상 법이라는 거울을 나타내는 것이다."

6. 아난다를 비롯하여 일회의 대중은 모두 함께 세존의 가르침을 받아 오성의 본심에 대하여 깨닫고, 이 육신은 요컨대 허공에 떠도는 아주 작은 티끌 같은 것임을 깨달아, 육신의 생멸에 사로잡혀 근심하고 슬퍼하고 괴로워하고 번민하는 어리석음을 뉘우쳤다. 이리하여 세존께 예배하고 게송으로 각자의 원을 세웠다.

7. 그때 대중 가운데 있던 푸르나가 자리에서 일어나 합장하고 삼가 세존께 말씀드렸다. "세존이시여, 만일 이 본래의 묘각(妙覺)인 진심과 부처의 마음과는 꼭 일치하여 덜하지도 더하지도 않는다고 하면, 부처님의 마음에서 여러 차별의 세계가 어떻게 생하는 것일까요?"

세존께서 말씀하셨다. "푸르나여, 여기에 어떤 사람이 어느 마을에 들어가 남쪽과 북쪽을 분별하지 못한다면, 그 혹(惑)은 미혹한 마음에서 온 것인가, 그렇지 않으면 오성의 본심에서 온 것인가?"

"세존이시여, 미혹은 외연에 의해 일어나는 것으로서, 실성(實性)은 아닙니다. 그러므로 뿌리 없는 풀입니다. 그러나 뿌리 없는 마음에서 미혹이 싹트는 일은 없습니다. 또 깨달음 그 자체가 미혹을 짓는 일은 없으므로, 깨달음의 마음에서 망집이 나온 것이라고는 생각하지 않습니다."

"그 미혹된 사람에게, 만약 마음을 잘 알고 있는 사람이 와서 바른 방향을 가르쳐준다면, 그 사람이 다시 미혹되는 일이 있을까?"

"그와 같은 일은 없습니다."

"푸르나여, 부처도 그와 같다. 한번 깨달아 '망집의 성(性)은 공이다, 뿌리가 없는 것이다.' 라고 바르게 안 다음에는 두번 다시 망집을 낳는 일이 없다. 푸르나여, 눈병이 있는 사람은 공중에 환화(幻華)를 보게 될 것이다. 그러나 병이 나으면 그 환화는 없어진다. 본래 망집의 꽃은 있는 것이 아니다. 무명(無明)으로 지혜의 눈병을 앓기 때문에 중생들은 망집과 증오의 두 가지가 있다고 생각하지만, 무명의 눈병이 나은 부처에게는 미망의 환화는 없는 것이며, 다만 보이는 것은 바른 깨달음의 세계뿐이다. 따라서 부처에게는 차별의 세계 등은 결코 없다.

푸르나여, 한번 달군 순금이 다시 금광 속으로 되돌아가는 일은 없다. 한번 재로 화한 나무가 또다시 나무로 돌아가는 이치는 없다. 망집을 끊은 부처에게 무슨 차별의 세계가 일어날 것인가. 그것은 망집된 자의 눈으로 본 생각에 불과하다. 그러나 푸르나여, 저 허공의 모양은 정한 것이 아니다. 밝음도 아니고, 어둠도 아니고, 동(動)도 아니고, 정도 아니다. 해가 비추면 밝은 모양이 나타나고, 구름이 끼면 어두운 모양이 나타난다. 또 바람이 불면 동이 되고 바람이 자면 정이 된다. 즉 정한 모양이 없으므로 인연에 응하여 어떠한 모양으로도 나타나는 것이다.

이와 같이 깨달음의 본심도 또한 일정한 모양을 가지고 있지 않으므로 기근(機根)에 응하여 나타나는 것이다. 여래장이라고 하는 깨달음의 본심은 공도 아니고, 지수화풍(地水火風)도 아니고, 색성향미촉법(色聲香味觸法)도 아니다. 또 무명으로 시현된 세계도 아니며, 그것이 멸한 경지도 아니다. 그 어느 것도 아니기 때문에, 만일 사람이 지수화풍의 형체 있는 것에 집착하여 도를 구하면 그곳에 지수화풍에 의해 이룩되는 형체로서 나타날 수가 있고, 또한 그 형체 있는 것이 인연으로써 이루어져 자성(自性)이 없는 공함을 보는 사람이 있다면 여래장은 그 공 가운데 나타날 수가 있으리라. 이리하여 중생들의 근기에 응하여 도와 비도(非道), 물(物)과 마음, 유(有)와 공의 어느 쪽이나 자유로이 나타나 조금도 장애되는 바가 없다. 그런데 중생들은 마치 물에 비친 달 그림자가 동쪽으로 가는 사람에게는 동쪽으로 따라 이동하고, 서쪽으로 가는 사람에게는 서쪽으로 따라오는 것처럼 생각하듯이, 각자의 구하는 바에 묘각의 여래장이 있는 것으로 믿고 있다.

 푸르나여, 중생들은 본래부터 갖추고 있는 묘각을 저버리고 번뇌의 티끌에 사로잡힌 상(相)에 마음이 계박되어 이 자유를 갖지 못하고 괴로워하고 있다. 그러나 부처는 원만하게 법계에 충만하여 어떤 것에도 장애가 되지 않는 이 묘각에 일치되어 있으므로 1을 무량으로, 무량을 1로, 소(小)를 대로, 대를 소로 잘 나타내어 잘 일치되고 조금도 장애되는 일이 없으며, 도량에 앉아 있는 그대로 몸이 시방에 편만(遍滿)하고, 또 시방의 한량없는 세계에까지도 이 일신 가운데 포함되어 있다. 혹은 한 가닥 털끝에도 보옥처럼 존귀한 법의 세계를 나타내고, 미진(微塵)처럼 작은 것 가운데도 전미개오(轉迷開悟)의 대법륜을 나타낼 수가 있는 것이다. 그러므로 범부의 눈에는 실로 부처는 차별의 세계에서 차별의 경계를 일으키는 것과 같이 보이는 것이다."

 8. 푸르나가 말했다. "세존이시여, 사람들에게 본래부터 각의 묘심(妙心)이 갖추어져 있다고 하면, 어찌하여 허망한 마음을 일으키어 그 묘심의 빛을 감추고 생사의 골목에 빠지는 일이 있사옵니까?"

 "푸르나여, 사바티성에 야지나다타라는 자가 있었다. 어느 날 아침 거울을 보니 자기의 얼굴도 머리도 없으므로 깜짝 놀라 스스로 도깨비가 되었다고 생각하고 드디어 정신에 이상이 생기게 되었다. 지금도 이 경우와 같이 묘각(妙覺) 중에 미혹이 있을 리는 없으나, 한없이 오랜 동안 밖의 티끌에 움직여 망상을 낳고, 망집에 망집을 거듭하여 미친 사람같이 생사를 계속해온 것이다. 그러다가 그 야지나다타가 한번 제정신을 차려보고 자기에게 머리가 있다는 것을 깨달은 것처럼, 중생들도 한번 망상을 떨쳐버리고 보면 자기에게 본각(本覺)의 묘심이 있음을 깨닫게 된다. 더욱이 야지나다타의 두뇌가 제정신으로 돌아왔을 때 그것이 다른 데서 온 것도 아니고 정신이 돌았을 때 없어진 것도 아닌 것처럼, 근본 각체의 묘심 역시 깨달았기 때문에 새로 나온 것이 아니고 미혹되었기 때문에 없어진 것도 아니다. 망상이 없어진 곳이 바로 보리(菩提)이다. 번뇌와 보리는 그 몸뚱이는 하나인 것이다.

푸르나여, 값비싼 여의보주를 가지고 있으면서 스스로 그것을 알지 못하고 제방(諸方)에서 먹을 것을 빌어 살아가는 어리석은 자처럼, 본각의 묘심을 알지 못하고 남에게 각을 구하는 것은 어리석은 짓이다. 그러나 그 어리석은 자가 지자로부터 그 보물에 대해 가르침을 받았다면 갑자기 누를 수 있는 것처럼, 부처에게 가르침을 받아 스스로 본각의 묘심이 있는 것을 깨닫지 않으면 안 된다."

이 세존의 가르침에 의해 중생들은 그 의문을 제거하고 원만한 지혜를 채울 수가 있었다.

제5절 득도의 기연(奇緣)

1. 그때 세존은 이 회좌(會座)에 모여 있던 모든 대보살들에 대하여 "너희들은 나의 법 가운데에서 무엇을 기연으로 하여 깨달음에 들어 갔는가?" 하고 물으니, 그들은 삼가 각자의 오도(悟道)에 대하여 말하였다.

향엄동자(香嚴童子)가 말하였다. "저는 일찍이 세존께서 모든 유위(有爲)의 상(相)을 관하라고 말씀하셨으므로 어두운 방에 물러가 조용하게 명상한 일이 있었는데, 그때 제자들이 침수향(沈水香)을 태우고 있는 것을 보았습니다. 그리하여 한 줄기의 향기가 가만히 흘러나와 나의 코를 찔렀습니다. 저는 그때 '그 꽃다운 향기는 나무 그 자체도 아니요 바람도 아니다. 연기 그 자체도 아니요 물도 아니다. 정해져 가는 곳이 있는 것도 아니요 오는 데 정한 길이 있는 것도 아니다. 그러나 나무나 바람, 연기나 불이 오고 가는 길을 버리고 이 방향(芳香)을 구할 수는 없다.'라는 것을 알고서, 홀연히 무명의 이치를 깨달을 수가 있었습니다. 저는 이와 같은 향기로 장엄한 세계를 인연으로 하여 각을 얻어 진에의 습기가 없어지고 묘향으로 짙게 훈습된 몸이 되었습니다."

2. 필린다바사〔畢陵陀婆蹉〕가 말하였다. "어느 날, 저는 세상은 즐거운 것이 못된다는 세존의 말씀을 가슴에 간직하고 도성(都城)으로 걸식하기 위해 나갔는데, 도중에 독이 있는 가시에 발이 찔려 전신에 통증을 느낀 적이 있었습니다. 그때 '나에게 지각이 있으므로 이 고통을 느끼는 것이다. 그러나 이 고통 가운데서도 법열을 일으키자!'고 생각하자 어느새 상처의 고통도 잊어버렸습니다. 그리고 보니 몸의 내부에 특별한 고통을 깨달을 만한 감각이 있는 것이 아니라, '하나의 마음이 인연에 부딪혀 통감(痛感)으로도 되고 법열로도 되는 것이니, 결국 마음에는 정한 성이 없으며, 어지러우면 번뇌가 되고 다스리면 보리로 된다.'고 생각하고 잠시 생각을 거둬들이고 있는 중에, 완전히 고통을 잊고 몸도 마음도 공이 되어 어떤 것에도 장애를 받지 않고 계박되지 않게 되었습니다. 그리하여 37일만에 모든 번뇌를 제거할 수가 있었습니다. 제가 깨달음을 얻은 인연은 이처럼 감각의 내력을 염하는 것이었습니다."

3. 우추스만〔烏芻瑟摩〕이 말하였다. "먼 옛날을 생각할 때 저는 욕이 많은 성품이었습니다. 그런데 공왕(空王)이라는 부처님이 나오셨을 때 저를 위해, 욕이 많은 중생은 맹화의 취적이 된다고 설하시고, 체내의 냉기와 난기를 관(觀)하라고 말씀하시어 저는 말씀대로 관하

고 있노라니까, 얼마 후 체내에서 존귀한 빛이 솟아올라 욕심 많은 번뇌의 신목(新木)이 어느 사이 지혜의 불이 되어 타기 시작했습니다. 세존이시여, 저는 이와 같이 화광삼매(火光三昧)의 힘에 의해서 깨달음을 얻었습니다. 그리하여 모든 부처님은 저를 우추스만(火頭)이라고 부르게 되었고, 저는 또 부처님의 은혜에 보답하기 위해 모든 부처님이 성도하실 때 역사(力士)가 되어 악마를 굴복시킬 것을 맹세한 것입니다."

4. 다음에 대세지보살이 52인의 보살들과 함께 자리에서 일어나 부처님을 우러러보고 말하였다. "세존이시여, 강가의 모래수만큼이나 오랜 옛날의 일입니다. 무량광이라고 하는 부처님이 출현하셨고, 그 다음을 이어서 열두 부처님이 12겁 사이에 출현하셨으며, 그 최후의 부처님을 초일월광(超日月光) 부처님이라 말하였는데, 이 부처님은 저에게 염불삼매에 대하여 가르쳐주셨습니다.

세존이시여, 시방의 부처님은 다 중생들을 아들처럼 어여삐 여겨주시므로, 중생들도 또한 아들이 어머니를 생각하는 심정으로 부처님을 마음 깊이 새긴다면 현세나 후세의 어디에서나 머지않아 부처님을 뵐 수가 있을 것입니다.

세존이시여, 이 염불삼매에 있는 것을 향광(香光)장엄이라고 이름하는데, 그것은 마치 향에 젖은 사람에게는 언제나 향기가 있는 것처럼, 염불삼매에 있는 사람은 언제나 부처님의 지혜의 향기에 의해서 장엄함을 갖추고 있기 때문입니다.

세존이시여, 저는 이와 같이 그 수행하던 때 염불하는 마음로써 생사가 없는 공의 이치를 깨달을 수가 있었습니다. 그러므로 지금 세계에 출현하여 역시 염불하는 사람을 섭수하여 부처님의 정토에 돌아가도록 힘쓰는 것이옵니다."

5. 그때 세존은 몸에서 빛을 발하여 멀리 시방의 한없이 많은 부처

와 보살들을 비추시니, 그 부처들도 또한 널리 빛을 발하여 이 회좌(會座)를 비추었다. 나무도 숲도 못도 늪도 이 빛에 비추니 홀연히 법 그대로를 갖춘 참이치를 나타내, 각각 빛을 발하고 빛을 교차하여 보석을 늘어뜨린 그물처럼 비추고, 시방의 허공은 존귀한 상(相)으로 변하여 대지도 산하도 그 추한 차별의 상은 사라져버렸다. 세상은 모두 다만 하나의 빛 가운데 용해되어 자연스럽게 부처님의 법을 찬탄하는 노래가 솟아났다.

6. 아난다를 비롯하여 모든 대중은 이 모든 보살의 고백과 찬가를 듣고 마음이 홀연히 열려, 멀리 유행하면서도 고향길을 분명하게 생각하는 것처럼, 본래부터의 묘유한 여래장의 진심에 대하여는 밝게 알 수가 있었다. 아난다는 의복을 정제하고 합장하며, 삼가 세존에게 말씀드렸다. "세존이시여, 저는 지금 부처가 되는 도에 대하여 밝게 깨닫게 되었으며, 그리고 도를 닦는데 대해서도 조금도 의심하지 않게 되었습니다. 다만 미래의 중생들은 부처님의 세계에서 멀어지므로 한없이 사악한 스승에게 미혹되고 말 것입니다. 이때 어떻게 하면 마음을 다스려 마에 흔들리지 않고 용감하게 도에 나아갈 수가 있겠습니까?"

세존이 말씀하셨다. "아난다여, 너의 질문은 말세의 중생들을 한없이 행복하게 할 것이다. 너를 위해 설하리니 자세히 들으라.

아난다여, 나는 일찍이 계행과 선정과 지혜 등 삼학(三學)에 대해서 설한 바 있다. 즉 마음을 수습는 것이 계행이고, 계행에 의해 선정이 생기고 선정에 의해 지혜를 일으키는 것이다. 어떻게 해서 마음을 수습하느냐 하면, 첫째로 탐심을 제거해야 한다. 만일 이 마음을 제거하면 생사의 망집이 계속되는 일이 없다. 또 선정을 닦는다는 것은 본래 번뇌에서 벗어나기 위한 것인데, 이 탐심을 제거하지 않으면 번뇌에서 벗어날 수 없다. 비록 아무리 선정을 쌓고 지혜를 닦더라도 탐심을 끊지 않으면 반드시 마의 길에 떨어져 많은 중생을 혼란에 빠뜨릴 것이다.

스스로 깨닫지를 못하면서 깨달은 사람과 같이 말하고, 사람들의 선지식(善知識)이 되어 애착의 나락으로 이끄는 것 등은 모두 이것이다. 그러므로 선정을 닦음에 있어 먼저 탐심을 끊으라고 가르치는 것이 중요하다. 모든 부처의 가르침이라고 하는 것도 실은 이것을 제1로 친다.

아난다여, 탐심을 끊지 않고 선정을 닦는 것은 마치 모래나 돌을 쪄서 밥을 지으려는 것과 같은 것이어서, 백천 겁을 찌더라도 다만 뜨거운 모래밖에는 얻을 것이 없는 것처럼 백천 겁에 걸쳐서 삼악도(三惡道)를 윤회하는 도리밖에 없다.

또 아난다여, 살생을 여의고 도둑질하는 마음을 제거하지 않고서는 끝내 번뇌의 진에를 벗어날 수가 없다. 비록 아무리 선정을 닦고 지혜를 연마하더라도 살생을 여의지 않으면 귀신의 도에 떨어지고, 도둑질하는 마음을 제거하지 않으면 악령의 도에 떨어질 것이다.

아난다여, 다시 이런 살생·투도·탐심을 여의더라도 거짓말을 하면 불종(佛種)을 잃게 될 것이다. 즉 아직 못 얻은 경지를 얻었다고 말하고, 깨닫지 못하고서 깨달았다고 말하고, 스스로 세간에서 가장 뛰어난 듯 큰소리치고 세간의 공양을 탐하는 것 등은, 길이 선근(善根)이 무너져 바른 지견으로 돌이킬 수 없다. 마치 똥을 주물러 전단(栴檀)과 비슷하게 하여 전단의 향기를 구하려는 것과 같은 것이다. 그러므로 불제자가 된 자는 항상 그 마음을 바른 거문고줄처럼 만들어 놓으면 참된 선정에 들어갈 수가 있고, 길이 마의 업(業)에서 벗어나 보살의 지혜를 이루게 될 것이다."

제2장 번뇌

제1절 삼독(三毒)

1. 세존은 계속 기원정사에 체재하시면서 제자들에게 말씀하셨다. "제자들이여, 이교(異敎)의 유행자로서 다음과 같이 질문하는 경우가 있다고 하자. '벗이여, 삼법(三法), 즉 탐욕·진에·우치 등이 있다고 하자. 이 삼법의 의미는 무엇이며, 그 차별은 어떤가?' 라고. 이렇게 질문 받았다면 너희들은 그 이교의 유행자에게 어떻게 설명할 것인가?"

"세존이시여, 세존은 법의 근본이요 귀의처(歸依處)입니다. 세존의 마음에 시현된 바를 설해주시는 그대로 마음을 지니겠습니다."

"제자들이여, 그러면 잘 주의하여 들으라. 너희들이 이교의 유행자에게 그 같은 질문을 받았다면 이렇게 설명해야 한다. '탐욕은 죄의 때(垢)는 적으나 이것을 여의는 것이 더디다. 진에는 죄의 때는 크지만 그것을 여의는 것이 빠르다. 우치는 죄의 때도 모르고 그것을 여의는 것도 더디다. 벗이여, 법의 유쾌한 모양을 사악하게 생각하는 데서 아직 일어나지 않은 탐욕이 일어나고, 이미 발생한 탐욕이 증장하는 것이다. 또 법이 마음에 합하지 않는 모양을 사악하게 생각하는 것으로 아직 일어나지 않은 진에가 일어나고, 이미 생긴 진에가 증대하는 것이다. 또 바르지 못한 생각에 의해서 아직 일어나지 않은 우치가 일어나 이미 발생한 우치가 증장한다. 그러므로 유쾌한 모양을 바르게 생각하고, 유쾌하지 못한 모양을 바르게 생각하여 자비심을 쌓는다면 탐욕과 진에는 일어나지 않고, 일어나더라도 멸한다. 그리하여 이 바른 생각에 의해 우치는 일어나지 않고, 일어나더라도 멸하는 것이다.' 그 제자들이여, 너희들은 이와 같이 대답해야 한다."

2. 어느 날 세존은 제자들을 거느리고 기원정사를 나와 코살라국을 유행하고, 카라마족이 사는 마을에 도착했다. 카라마인들이 세존께 나아가서 말하였다. "세존이시여, 어떤 출가자들은 이 마을에 와서 스스로의 가르침을 아름답게 찬양하고 남의 가르침을 비웃고 비난합니다. 그러다가 얼마 후 또 다른 출가자들이 와서는 마찬가지로 스스로의 가르침을 찬양하고 남의 가르침을 비난합니다. 세존이시여, 그러므로 우리들로서는 이러한 출가자 가운데 누가 진실을 말하고 누가 허망을 말하고 있는가에 대해 의심이 일어났습니다."

"카라마인들이여, 그것을 의심함은 당연하다. 카라마인들이여, 소문으로 들은 것을 받아들이거나 전설을 그대로 전해도 안 된다. 경(經)에 실려 있는 것이나, 그럴는지도 모른다는 상상이나, 자기의 견해에 합당하다고 해서, 또는 유명한 출가자의 말이라고 해서 받아들여서는 안 된다. 카라마인들이여, 너희들은 언제나 바르게, '자신에게는 이 법은 좋지 않다. 죄의 때가 있어, 그것이 참된 지혜가 있는 사람에게는 혐오되며 그것에 집착하면 불리와 고뇌를 초래한다고 생각하지 않으면 안 된다.' 는 것을 안다면, 그것을 피해야 한다.

3. 카라마인들이여, 너희들은 어떻게 생각하는가, 탐욕이나 진에는 그것을 낳은 중생에게 이득이 될 것인가, 손해가 될 것인가?"

"세존이시여, 그건 손해가 됩니다."

"카라마인들이여, 욕심이 많고 성을 잘 내는 어리석은 중생은 항상 탐욕·진에·우치에 떨어져 마음을 빼앗기고, 살생하고, 주지 않는 것을 취하고, 남의 아내를 범하고, 거짓말을 하고, 남에게도 그런 일을 하게 한다. 이것은 그 중생에게 영겁(永劫)으로 불리함과 고뇌가 되지 않을까?"

"세존이시여, 말씀과 같습니다."

"카라마의 중생들이여, 이러한 법은 선일까, 악일까? 또 죄의 때가 있는 것일까, 없는 것일까? 참으로 지혜있는 중생에게 싫증을 갖게 하는 것일까, 환영받는 것일까? 그것에 집착하면 불리와 고뇌를 초래하는 것일까, 초래하지 않는 것일까?"

"세존이시여, 말씀하신 대로 그것은 악이며, 불리와 고뇌를 초래하는 것입니다."

4. "카라마인들이여, 그것은 전에 내가 '소문 또는 전설이나, 경에 실려 있다고 하는 것이나, 상상이나 기호(嗜好)나 공경하는 사람이 말하였다는 일 등에 의해서 그 법을 그대로 받아들여서는 안 된다. 실제로 올바르게 자신이 그 답이 나쁘다는 것, 더러운 때라는 것, 참으로 지혜있는 중생으로 하여금 염증을 갖게 할 것이라는 것, 그것에 의하여 불리함과 고뇌를 초래하는 것임을 알았다면 여의어야 한다.'는 뜻이다. 이와 마찬가지로 스스로 바르게, 이 법은 선인 것이며, 죄의 때가 없고 어진 중생이 환영하는 것, 그것에 의지하는 중생에게 이익과 행복을 주는 것이라는 사실을 알았다면, 그것에 따르지 않으면 안 된다. 카라마인들이여, 욕·진에·우치를 여의라고 하는 것은 그 중생을 위하여 이익이 될 것인가, 불이익이 될 것인가?"

"세존이시여, 그것은 이익이 되옵니다."

"카라마의 대중들이여, 욕을 여의고 성내지 않고, 탐욕·진에·우치에 떨어지지 않고, 마음을 빼앗기지 않고, 살생하지 않고, 주지 않는 것을 취하지 않고, 남의 아내를 범하지 않고, 거짓말을 하지 않고, 남으로 하여금 또 이같은 일을 하지 않게 한다면 이것은 그 중생에게 영겁의 이익과 행복이 되는 것이다."

제2절 영취산(靈鷲山)

1. 세존은 드디어 코살라국을 경유하여 번가타라고 하는 마을로 가시어 잠시 그곳에 머무르셨다. 그 사이에 세존은 도를 닦는 규율과 준비에 대허서 세밀하게 가르침을 내리셨다.

그런데 이 고을에서 출생하여 출가자가 된 카샤파향다는 이러한 세존을 좋아하지 않았다. '이 출가자는 언제나 너무 세밀한 것까지 풀이한다.'고 안절부절못하면서 화가 나 있었다.

얼마 후 세존은 번가타를 떠나 라자가하성의 영취산에 올라가 체재하셨다.

카샤파향다는 세존이 떠나신 후에 곧 뉘우치며 참으로 괴로워했다. '아, 참으로 큰 잘못을 범했다. 세존이 도를 닦는 마음가짐에 대해 너무 세밀하게 설하는 것이 듣기 거북해서 마음속으로 안절부절못한 것은 정말로 나의 큰 잘못이었다. 이제부터 세존의 앞에 나아가 이 죄를 빌어야겠다.' 카샤파향다는 급히 라자가하성으로 향하여 세존이 계시는 영취산에 올라가 말씀드렸다.

"세존이시여, 세존께서 전일 번가타에서 설하신 일에 대해 저는 불만을 느끼고 안절부절못했습니다. 세존께서 떠나신 후 후회하는 마음을 견딜 수 없어, 저는 세존의 앞에 나아가 제가 범한 이 죄를 고하려고 했습니다. 세존이시여, 이후로는 다시 죄를 범하지 않게 하기 위하여 저의 죄를 용서해주십시오."

세존께서는 갖가지로 법을 설하여 그의 마음을 기쁘게 해주고 그 죄를 용서해주셨다.

2. 세존께서는 또 어느 날 제자들에게 다음과 같이 말씀하셨다.

"제자들이여, 여기에 출가자로서 배워야 할 세 가지가 있다. 즉 계(戒)와 정(定)과 혜(慧)이다. 당나귀가 소의 빛깔도 없고 소의 소리도 없고 소의 다리도 없으면서 많은 소의 뒤를 따라가며 '나도 소이다.' 라고 하는 것처럼, 어떤 유의 제자는 제자들의 뒤를 따라와서 '나도 부처의 제자이다.' 라고 한다. 그러나 그들에게는 다른 제자들이 갖고 있는 계와 정과 혜를 배우려는 뜻이 없다. 그러므로 제자들이여, 너희들은 이와 같이 해야 한다. '우리들은 계와 정과 혜를 배우는 데 열심히 할 것이다.' 라고.

3. 제자들이여, 농부가 수확하기 전에 해야 할 일이 세 가지가 있다. 즉 첫째로 처음에 밭을 잘 갈아서 땅을 고른다. 그 다음 적시에 씨를 뿌리고 적시에 물을 주고 또 배수(排水)를 하는 것이다. 이와 꼭 같이 나의 제자된 자도 깨닫기 전에 해야 할 일이 세 가지가 있다. 즉 계와 정과 혜 등의 삼학(三學)을 체득하는 것이다. 그러므로 너희들은 이와 같이 지향해야 한다. '우리들은 계와 정과 혜를 배우는 데 열심히 하지 않을 수 없다.' 고.

제자들이여, 그러나 그 농부에게는 '오늘은 그 곡식의 싹이 나오고 내일은 이삭이 나오고, 모레는 여물리라.' 라고 하는 신력(神力)이 없다. 그 농부의 곡식은 적당한 계절의 변화를 받아서 싹이 나오고 이삭이 나오고 여물 때가 있다. 그것과 마찬가지로 제자에게도 오늘이나 내일이나 모레 중에 집착을 여의고 번뇌로부터 해탈한다는 신력은 없다. 계·정·혜를 배우고 있는 중에 점차 집착을 여의고 번뇌에서 해탈할 때가 오는 것이다. 그러므로 너희들은 계·정·혜를 배우는 데 열심히 해야 할 것이며, 마음에 두고 잊지 않아야 할 것이다."

제3절 밧지국〔跋耆國〕

1. 세존은 그곳에서 북쪽으로 향하여 강을 건너 밧지국에 들어가서

강가의 우트카라 언덕에 머무르셨다. 어느 때 강가의 물을 바라보면서 제자들에게 말씀하셨다.

"제자들이여, 일찍이 마가다의 어리석은 목자가 우기의 최후의 달인 가을날, 물이 넘치고 있을 때 강가의 양쪽 언덕을 살피지 않고 얕은 여울이 아닌 곳에서 북쪽 언덕을 향하여 많은 소를 끌고간 일이 있다. 그때 많은 소는 강가의 중류를 맴돌다 모두 빠져죽었다. 이와 마찬가지로 이 세계와 다른 세계를 알지 못하고 영계(領界)를 알지 못하는 사람을 '귀기울여야 할 사람, 믿을 만한 사람'이라고 생각한다면, 그것은 그 사람에게는 영원한 불행이 되리라.

제자들이여, 이에 반하여 영리한 목자가 같은 계절에 강가의 양쪽 언덕을 잘 살피고, 얕은 여울을 찾아 북쪽 언덕을 향하여 많은 소를 끌고간 일이 있다. 그는 처음에 그 많은 소 가운데서 앞서가는 황소의 무리를 강물로 들여보냈다. 그 황소떼가 강가의 물을 가로질러 안전하게 건너편 언덕에 이르자 다음에는 힘이 센 암소와 길들인 암소를 끌어들였다. 그리고 마지막에 약한 송아지를 끌어들였는데, 그들도 물을 건너 안전하게 건너편 언덕에 이르렀다. 제자들이여, 그 송아지 중에는 어미 소의 앞에 서서 코를 쿵쿵거리며 따르는 송아지도 있었는데, 그 송아지까지도 물을 잘 건너가 안전하게 건너편 언덕에 이를 수 있었다. 이것은 오로지 그 영리한 목자가 모든 것을 살핀 후에 소를 끌어들였기 때문인 것이다.

2. 제자들이여, 그와 마찬가지로 이 세계와 다른 세계를 잘 알고, 마의 영계를 잘 알고 있는 사람을 '귀를 기울일 만한 사람, 믿을 만한 사람'이라고 생각한다면, 그것은 그 사람에게는 영겁의 이익과 행복이 될 것이다.

제자들이여, 나는 이 세계와 다른 세계를 잘 알고, 마의 세계를 잘 안다. 그러므로 나를 '귀를 기울일 만한 사람, 믿을 만한 사람'이라고 생각하는 사람이 있다면, 그것은 그 사람에게 영겁의 이익과 행복이 될 것이다."

제4절 욕의 괴로움

1. 얼마 후 세존께서는 북상하여 샤카족이 살고 있는 카필라성의 교외인 니그로다 숲속에 들어가셨다.

샤카족의 왕인 마하나마는 세존 앞으로 나아가서 세존께 말씀드렸다. "세존이시여, 저는 벌써부터 세존께서 탐욕·진에·우치는 마음의 더러움이라고 설하신 말씀을 기쁘게 들어왔습니다. 그러나 아직도 때때로 이러한 번뇌가 저의 마음을 사로잡습니다. 저는 그것이 무언가 아직 저의 마음에 버려야 할 것을 버리지 못하고 있기 때문이 아닌가 하고 생각하옵니다."

세존께서 말씀하셨다. "왕이여, 그것은 왕의 말과 같소. 그것은 그 탐욕·진에·우치를 왕의 마음속에서 버리지 못하였기 때문이오. 만약 뇌리에서 이러한 번뇌를 버렸다면 왕은 가정에는 살지 않을 것이며, 욕을 찾아 헤매며 구하지도 않을 것이오. 욕은 어디까지 가더라도 만족하는 법이 없고, 그 자체는 외로움에 차서 소망을 끊고 재앙 속으로 빠져들게 하는 것이오.

바른 지혜로써 이런 이치를 안다고 해도, 이 욕 밖의 평안의 경지에 달하지 못하면 욕에 쫓기는 일을 면하지 못할 것이오. 바르게 이와 같은 것을 알고, 동시에 욕 밖의 평안에 달하면 욕의 속박을 여의게 될 것이오.

2. 왕이여, 이것은 나의 경험이오. 내가 아직 깨달음을 얻기 전에는 '욕은 어디까지 가더라도 만족하는 법이 없다. 그것 자체가 괴로움에

차서 희망을 끊고 재앙으로 빠져드는 것이다.' 라고 바르게 알고 있었지만, 욕 밖의 평안에 이르지 못했으므로 그러한 욕에 언제나 쫓기고 있었던 것이오. 그후 그러한 일을 바르게 알고 동시에 욕 밖의 평안에 달하였으므로, 지금 그러한 욕의 속박을 면했던 것이오.

왕이여, 욕의 즐거움이란 무엇이오? 욕에는 다섯 가지가 있소. 그것은 즐겁고 상쾌한 빛과 소리와 향내와 맛과 촉각이오. 이 다섯 가지 욕에서 즐거움과 기쁨이 일어나는데, 이것이 욕의 즐거움이오.

왕이여, 욕의 재앙이란 무엇이오? 사람들은 여러 가지 직업에 의해 생활해 나가고, 더위와 추위 속에 몸을 드러내어 바람이나 비, 벼룩·모기·뱀 등에게 물리고, 굶주림과 목마름으로 고생하오. 게다가 이같이 부지런히 힘쓰고 노력해도 부(富)를 얻을 수가 없소. 그 때문에 지치고 괴로워하고 슬퍼하면서 가슴을 치며 우는 것이요. '아아, 나의 노력은 무익하였다, 나의 노력은 보람없다.' 라고.

3. 왕이여, 이처럼 부지런히 노력한 결과로 부를 얻는다고 합시다. 그는 이번에는 그 부를 지키기 위해 여러 가지로 괴로움을 맛보아야 하오. '어떻게 하면 왕에게 착취당하지 않을까? 도둑에게 도난 당하지 않을까?' 하고 여러 가지로 근심하나, 그렇지만 결국은 왕에게 빼앗기고, 도둑에게 빼앗기고, 물에 떠내려가고, 불에 타버리고, 귀찮은 친척들에게 뜯기오. 그는 지쳐서 슬퍼하고 탄식하면서 가슴을 치며 울 것이오. '아아, 내 것이었던 것이 이제는 이미 내 것이 아니다.' 라고. 이것이 욕의 재앙이오. 현재의 괴로움은 모두 욕이 인이 되고, 욕에 의한 것이오.

왕이여, 또 단지 욕 때문에 왕은 왕과 싸우고, 바라문은 바라문과 싸우고, 부모는 자식과 싸우고, 형제는 형제와 싸우고, 자매는 자매와 싸우고, 친구는 친구와 싸우는 것이오. 그리고 드디어는 무력을 휘둘러 서로 죽이는데, 이것이 욕의 재앙이오.

왕이여, 또 욕 때문에 적과 동지로 갈라져서 서로 방패를 들고 칼을 빼들고, 활과 전통을 메고 돌진하오. 화살은 날고 창은 흐르고 검은 번뜩이며, 서로 찔러 관통하고 서로 목을 베오. 이것이 욕의 재앙이오.

4. 왕이여, 또 이 욕 때문에 사람들은 신세를 망치고, 약탈을 하며 강도질을 하고 간음을 하는데, 왕은 이런 자를 붙잡아 갖가지의 형벌을 가하오. 채찍으로 때리고 몽둥이로 치고 곤봉으로 때리며, 손발을 자르고 귀와 코를 자르오. 머리를 베고 단근질을 하며, 가죽을 벗기고 돌로 두개골을 갈아 조개껍질과 같이 희게 만들고, 불로 입속을 태우고, 입에서 귀까지를 째고, 신체를 베로 덮고 기름을 뿌려 태우며, 손을 태우고, 목에서 복사뼈까지 가죽을, 또는 가슴에서 복사뼈까지 가죽을 벗기고, 팔꿈치와 무릎을 쇠기둥에 못박아놓고 주위에 불을 지르며, 두 끝이 뾰족한 바늘로 피부나 혈관을 째고, 날카로운 도끼로 주사위 눈과 같이 몸을 토막내 굶주린 개의 먹이로 삼고, 산 채로 산적(散炙)을 꿰듯이 검으로 목을 치오. 이러한 고통은 모두 욕의 재앙이오.

또 왕이여, 욕 때문에 중생들은 신·구·의로 죄를 쌓고, 죄 때문에 죽은 후에 지옥에 가서 여러 가지 고통을 받는데, 이것이 욕의 재앙이며, 미래의 고통도 또한 욕을 인으로 하고 욕에 의한 것이오.

5. 왕이여, 어느 때 나는 라자가하성의 영취산에 체재하고 있었는데, 그때 이시기리산 옆 흑암(黑巖)에 많은 니간타(인도에 있는 외도의 일파)가 선 채로 꼼짝 않고 고행을 하며 심한 고난을 당하고 있었소. 어느 날 저녁, 나는 선정에서 나와 그 사람들에게 다가가서 말했소. '어찌하여 그대들은 항상 선 채로 꼼짝 안하는 고행을 하며 이 심한 고난을 감수하고 있는가?' 라고. 그들이 대답하기를 '저희들의 스승인 니간타는 전지전견(全知全見)하여 무한한 지혜를 갖추고 있습니다.

스승은 자기 심중에는 행주좌와(行住坐臥)에 항상 지견이 열려 있다고 말하시면서 가르치시기를, 너희들은 전세에 악업을 쌓았으니 그것을 이 고행에 의해 여의지 않으면 안 되며, 지금 신·구·의를 억제하고 고행에 의해 숙세의 업을 타파하며 새로 업을 짓지 않으면 미래에는 번뇌의 고름이 나오지 않게 된다고 하셨습니다. 번뇌의 고름이 나오지 않게 되면 업이 다하고, 업이 다하면 고진(苦盡)하며, 고진하면 모든 고뇌에서 벗어날 수 있다고 하십니다. 스승이 한 말씀을 저희들은 기쁘게 지키고 있사옵니다.' 라고.

왕이여, 그때 나는 말했소. '너희들은 과거에 존재했는지, 안했는지를 알고 있는가?'

'모르옵니다.'

'너희들은 과거에 악업을 했는지, 안했는지를 알고 있는가?'

'모르옵니다.'

'너희들은 과거에 어떤 악업을 했는지를 알고 있는가?'

'모르옵니다.'

'너희들은 이미 어느 만큼의 고뇌가 제거되었고, 어느 만큼의 고뇌가 남았으며, 어느 만큼의 고뇌가 제거되면 일체의 고뇌가 말끔히 제거되는지를 알고 있는가?'

'모르옵니다.'

'그러면 너희들은 전세에 존재했는지, 안했는지도 알지 못한다. 전생에 악업을 했는지, 안했는지조차 모른다. 또 어느 만큼의 고뇌가 제거되었고, 어느 만큼의 고뇌가 남았고, 어느 만큼 제거되면 모든 고뇌가 말끔히 제거되는지도 모른다. 그러고 보면 참혹하게 손에 피를 묻힌 사람들만이 니간타의 무리로서 출가하게 된다.'

6. '고타마여, 행복은 행복에 의해 얻어지는 것이 아니며, 고뇌에 의해 얻어지는 것입니다. 만일 행복이 행복에 의해 도달되는 것이라

면 빔비사라왕은 행복에 이르렀을 것입니다. 왜냐하면 빔비사라왕은 고타마보다는 현재 행복한 생활을 하고 계시니까요.'
 '너희들은 생각함이 없이 제멋대로 이런 말을 해서는 안 된다. 과연 빔비사라왕은 이 나보다도 행복한 생활을 보내고 있는 것일까?'
 '오오, 고타마여, 우리들이 다소 제멋대로 사려함이 없이 말씀드린 것 같습니다. 여기에 저희들은 고타마에게 묻겠는데, 두 사람 중 행복한 생활을 하는 사람은 과연 누구이옵니까?'
 '니간타들이여, 그것에 대해서는 도리어 내가 묻겠다. 좋다고 생각하는 바를 대답해 달라. 너희들은 어떻게 생각하는가. 빔비사라왕은 몸을 움직이지 않고 말도 하지 않은 채 7일 7야 동안 완전한 행복을 느끼면서 살 수 있을까?'
 '그것은 불가하옵니다.'
 '너희들은 어떻게 생각하는가. 빔비사라왕은 6일 6야, 5일 5야, 4일 4야, 3일 3야, 2일 2야, 혹은 1일 1야 동안이라도 몸을 움직이지 않고 말도 하지 않은 채 완전한 행복을 느끼면서 살 수 있을까?'
 '그것은 불가하옵니다.'
 '그대들이여, 나는 1일 1야, 몸을 움직이지 않고 말을 하지 않은 채 완전한 행복을 느끼면서 생활할 수 있다. 또 2일 2야에서 3일 3야, 4일 4야, 5일 5야, 6일 6야, 7일 7야에 이르기까지 조금도 몸을 움직이지 않고 말을 하지 않으며 완전한 행복을 느끼고 생활할 수가 있다. 이런 사정으로 보아 두 사람 중 보다 행복한 생활을 하는 사람은 빔비사라왕일까, 나일까?'
 '고타마여, 그렇게 듣고 보니 그것이 고타마인 것은 물론입니다.'
 왕이여, 이것이 니간타들과 나와의 문답이었소."
 마하나마왕은 세존의 말씀을 듣고 기뻐하며 집으로 돌아갔다.
 7. 세존께서 역시 니그로다의 동산에 계실 때의 일이다. 세존께서

아침 일찍 카필라성에서 탁발하고 그날 하루를 큰 숲 깊숙이 더위를 피하여 앉아 계셨다.

그때 샤카족의 단다바니는 산책하기 위해 이 숲속에 들어갔다가 무성한 나무 밑에서 세존을 뵙고 세존과 인사를 교환한 다음, 지팡이에 의지하고 한쪽에 서서 말했다.

"출가자여, 당신의 주의는 어떠한 주의입니까? 무엇을 설하는 것입니까?"

"벗이여, 나의 주의라는 것은 어떠한 세계에도 매달리지 않고 서는 일이다. 욕에 집착되지 않고 머물며, 의심과 미혹을 여의고, 생사의 갈애를 벗어난 참된 바라문은 이미 이것저것 말하는 상념을 좇지 않는다는 것이다. 이것이 내가 설하는 바의 것이다."

이런 말씀을 듣자 단다바니는 고개를 새삼 끄덕이고 혀를 내두르며 얼굴에 주름살을 지으면서 지팡이에 의지해 떠나갔다.

8. 세존께서는 저녁때 선정에서 일어서시어 니그로다 숲속으로 돌아와 마련된 자리에 앉아 제자들에게 그 이야기의 경위를 말씀하셨다. 그때 한 사람이 말했다.

"세존이시여, 그 일은 아직 저희들로서는 분명하게 이해할 수 없습니다. 좀더 자세히 설명해주십시오."

"제자들이여, 어떤 연이 있고 보면 곧 희상(戱想)이 작용하는 것이다. 만일 말할 만한 것, 즐거워할 만한 것, 집착할 만한 것이 없다면 이것은 실로 탐욕이라는 번뇌의 종지부인 것이다. 진(瞋)의 번뇌, 견(見)의 번뇌, 의(疑)의 번뇌, 만(慢)의 번뇌, 유탐(有貪)의 번뇌, 무명의 번뇌의 종지부인 것이다. 시비·투쟁·말다툼이나 서로간의 아첨, 거짓말의 끝장인 것이다. 여기에 모든 악이 남김없이 소멸된다."

제3장 보살의 행

제1절 사리푸타의 법문

1. 세존께서는 모든 제자들을 거느리고 기원정사로 들어가셨다. 어느 날 사리푸타가 제자들에게 말했다. "벗이여, 세간에는 네 종류의 인간이 있다. 그것은 내부에 더러운 때를 지니고 있으면서 그것을 여실히 알지 못하는 사람과 아는 사람, 또 때를 갖고 있지 않으면서 그것을 여실히 알지 못하는 사람과 아는 사람인 것이다. 이 더러움을 갖는 두 사람 중 그것을 여실히 자각하지 못하는 사람은 뒤떨어지고, 여실히 자각하는 사람은 뛰어나게 되는 것이다. 이와 마찬가지로 더러운 때를 지니지 않은 두 사람에 대해서도 그 자각의 유무에 의해 우열이 나눠지는 것이다."

이때 목갈라나가 사리푸타에게 말했다.

"벗이여, 그 우열이 있는 이유는 무엇인가? 어찌하여 우열이라 하는가?"

"벗이여, 그것은 이와 같은 이유에서이다. 때를 지니고 있으면서 그것을 여실히 자각하지 않는 사람은 그것을 없애버리기 위해 마음을 정하여 용기를 갖고 힘쓰는 일이 없다. 따라서 탐·진·치의 더러움을 지닌 채로 죽는다. 비유컨대 먼지에 뒤범벅이 된 놋바리때를 시장에서 사다가 깨끗이 씻지도 않고 먼지가 쌓인 구석에 던져두면 더욱 더러워지는 것과 같은 것이다. 이에 반해 그것을 여실히 아는 사람은 그것을 제거하려고 결심하여 용감하게 힘쓰므로, 그는 탐·진·치를 떠나 더러움에 물들지 않고 목숨을 마칠 것이다. 즉 먼지에 범벅이 된 놋바리때를 시장에서 사와 깨끗이 씻으면 예쁘게 되는 것과 같은 것이다. 또 더러움은 없더라도 그것을 여실히 자각하지 못하는 사람은 자칫 잘못하면 자기의 마음에 들어맞는 모양에 생각이 빠져 그것 때문에 탐욕에 괴로워하고 진에와 우치에 사로잡혀 더러움을 지닌 채 목숨을 마치게 된다. 비유컨대 깨끗한 놋바리때를 시장에서 사오더라도 깨끗하게 씻지 않고 먼지가 가득 찬 구석에 던져두면 더러워지는 것과 같다. 또 불결함이 없고 불결함이 없다는 것을 여실히 아는 사람은 자기의 마음에 맞는 좋은 모양에 생각이 빠질 걱정도 없고 따라서 탐욕에 괴로워하지도 않으며, 진에와 우치에 사로잡히지 않고 더러움이 없이 목숨을 마칠 수 있을 것이다. 비유컨대 깨끗한 바리때를 시장에서 사다가 깨끗하게 씻으면 더욱 깨끗해지는 것과 같은 것이다. 목갈라나여, 나는 이런 이유로 우열이 있다고 하는 것이다.

2. 벗이여, 내가 여기서 불결이라고 함은 좋지 못한 욕망을 말한다. 죄를 범하고서도 '그 죄가 알려지지 않기를' 원하고, 죄가 알려지더라도 '아무도 모르게 주의를 받고 싶다. 많은 사람 가운데서 주의를 받고 싶지는 않다.'라고 바라는 것은 모두 이러한 불결함이다. 이 불결함이 있기 때문에, 원하는 대로 되지 않을 때는 화를 내고 초조한 마음이 일어나는 것이다.

또 스승의 법화를 들을 때도 스승이 특히 자기에게 주의하여 자기와 문답하게 되기를 원한다든지, 공양을 받을 때도 자기가 제일 먼저 공양 받기를 원하는 것은 모두 이러한 불결함 때문이다. 그렇기 때문에 제 생각대로 되지 않을 때는 화를 내고 초조한 마음이 생기는 것이다.

벗이여, 어떠한 것일지라도 이 좋지 못한 욕망을 여의지 않으면 그것은 자연히 남에게 알려진다. 그렇게 되면 비록 그가 조의(粗衣)를 걸치고 숲속에 머물고, 의식주의 탐을 여읜 행을 닦더라도 남의 존경을 받지 못하게 된다. 비유컨대 깨끗이 씻은 놋바리때를 시장에서 사다가 거기에 뱀이나 개, 혹은 사람의 시체를 넣어두고 다른 놋바리때 뚜껑을 덮은 후 다시 시장에 갔는데, 사람들이 어떤 진기한 것이 있나 하고 뚜껑을 열어 속을 보고는 불쾌한 생각을 가지는 것과 같다.

또 이 좋지 못한 욕망을 버리면 그 일이 자연히 남에게 알려져, 비록 그 사람이 마을에 머물러 속인의 옷을 걸치고 있을지라도 사람들은 그를 존경한다. 그것은 마치 깨끗하게 씻은 놋바리때를 시장에서 사다가 거기에 하얀 쌀밥을 담고 고깃국을 넣은 후, 다른 놋바리때 뚜껑을 덮어 다시 시장에 들어갔을 때 사람들이 뚜껑을 열어 속을 보고는 즐거운 식욕이 일어나게 되는 것과 같은 것이다."

제2절 톱의 비유

1. 세존은 제자들을 돌아보시고 말씀하시기를 "제자들이여, 어느 때 나는 제자들의 마음이 잘 조복된 것을 보고 '제자들이여, 나는 하루에 다만 한 끼의 식사를 취해왔기 때문에 건강하고 유쾌한 생활을 하고 있으니, 너희들도 이와 같이 하루 한 끼를 취하여 건강하고 유쾌한 생활을 해나가라.'고 명한 일이 있었다. 그러나 제자들이여, 이 교령(教令)은 필요가 없는 것으로, 실은 다만 정념(正念)을 일으키고 있기만 하면 되는 것이다. 비유컨대 잘 길들인 말을 익숙한 마부가 평탄한 길에서 몰면 채찍질할 필요도 없이 생각하는 곳 어디나 뜻대로 가게 할 수 있는 것과 같다. 다만 정념이 있기만 하면 되는 것이다. 그러므로 너희들은 불선을 버리고 선을 지녀라. 이리하여 너희들은 이 가르침에 의하여 나아갈 것이다. 비유컨대 마을이나 거리 가까이에 큰

사라수(沙羅樹)의 숲이 있는데, 그 나무의 껍질이 더럽혀져 성장하지 못할 때 숲을 아끼는 사람이 나타나 굽고 생기없는 순과 가지를 끊어 버리고 숲속을 깨끗이 쓸어내어 질이 좋은 순과 가지를 가꾸면, 그 사라수의 숲은 드디어 성장하여 무성해지는 것과 같은 것이다.

그러나 제자들이여, 너희들은 다음 일을 알고 있지 않으면 안 된다. 평소의 마음은 설마 할 때 어지러워진다. 비상시에도 평소의 마음을 가지도록 배우지 않으면 안 된다.

2. 제자들이여, 먼 옛날 이 사바티성에 과부가 하나 있었는데, 대단히 평판이 좋아 '친절하다, 겸손하다, 조용하다.'는 말을 들었다. 이 과부에게는 어린 하녀가 있었는데, 이 역시 영리하고 일도 잘했다. 어느 때 하녀는 생각하기를 '우리 주인은 참으로 평이 좋으나, 그렇지만 내심에 노여움을 품고 있으면서 그것을 밖으로 드러내지 않는 것은 아닐까? 나도 지금까지 일을 열심히 해왔으므로 내심으로는 화를 내는 일이 있더라도 밖으로 드러내지 않았던 것이 아닐까? 한번 이것을 시험해봐야지.' 하였다. 그래서 하녀는 아침 늦게까지 자고 낮이 되어서야 겨우 일어났다. 그러자 과부는 하녀에게 말하였다. '얘야, 오늘은 너무 늦었다. 왜 이처럼 늦게 일어났느냐?' '그것은 뭐 마님과는 관계가 없다고 생각해요.'

'뭐라고! 관계가 없지야 않지, 이처럼 늦게 일어났으니까.' 하며 과부는 당장 화를 냈다.

그래서 하녀는 다음날 다시 전날보다 늦게 일어났다.

'얘야, 왜 너는 또 이렇게 늦게 일어나는 거냐?'

'늦든 이르든 마님과 무슨 관계예요.'

'무슨 관계라니, 못된 것!' 하며 매우 화를 내고, 끝내는 노여움을 참지 못해 몽둥이로 하녀의 머리에 상처를 입혔다.

하녀는 피투성이가 된 무서운 몰골로 집을 뛰쳐나와 큰소리로 이웃에 퍼뜨리고 다녔다. '친절한 사람의 소행을 봐주세요. 겸손하고 조용한 사람의 행위를 봐주세요. 늦게 일어났다고 해서 몽둥이로 내 머리에 상처를 입혔다오.'

제자들이여, 그런 지 얼마 후 '그 과부는 무섭고 난폭한 여자이다.'라는 소문이 퍼지게 되었다.

3. 제자들이여, 이와 마찬가지로 누구나 좋지 않은 말이 자기 귀에 들리지 않는 동안은 친절하고 겸손하고 조용한 것이지만, 좋지 않은 말이 자신에게 들렸을 때 진실로 그 여부가 정해지는 것이다.

제자들이여, 나는 승의와 밥과 좌구와 약재를 얻고 있기 때문에 입이나 행동이 부드러운 제자를 참된 온유한 제자라고는 말하지 않는다. 왜냐하면 그 제자는 승의와 밥과 좌구와 약재를 얻지 못하면 입도 행동도 온유하지 못하기 때문이다. 법을 높이 공경하고 입도 행도 온화하다면 나는 그 제자를 온유한 제자라고 부른다.

제자들이여, 모름지기 말은 때에 따라 적절한 말과 적절하지 못한 말, 부드러운 말과 거친 말, 위하는 말과 위함이 없는 말, 자비스러운 말과 악의를 갖는 말이 있다. 너희들은 이같은 어떤 말로 얘기되더라도 '결코 내 마음은 변하지 않는다. 나쁜 말은 내 입에서 새지 않는다. 동성과 애린을 가지고 자비의 마음에 주(住)히며, 내심에도 노여움을 품지 않으리라. 그 사람들을 자비를 수반한 마음을 갖고 감싸주면서 살아가야 한다. 그리고 마음을 베풀어 이 세상을 넓고 크고 무량한 자비심으로써 원한이 없고 미움이 없이 감싸주면서 살아야 한다.'고 깨닫지 않으면 안 된다.

4. 제자들이여, 비유컨대 어떤 사람이 호미와 삽을 가지고 이 대지의 흙을 없애려고 '흙아, 없어져라. 흙아, 없어져라.'고 하면서 흙을 파서 흩어버린다고 하자. 너희들은 어떻게 생각하는가. 이 사람은 과연 이 대지의 흙을 모두 없앨 수가 있겠는가?"

"세존이시여, 그것은 안 됩니다. 대지의 깊이는 한이 없기 때문입니다."

"제자들이여, 너희들도 그와 같이 어떠한 말로써 얘기되더라도 마음이 변하지 않도록 동정과 애련을 가지고 그 사람을 대하며, 자비심이 천지에 충만하도록 해야 한다. 제자들이여, 또 비유컨대 어떤 사람이 그림물감으로 허공에 그림을 그리고자 기획해도 형체가 없는 허공에 물건의 모습을 나타낼 수는 없음과 같이, 또 마른풀로 만든 횃불을 가지고 강가를 태워 마르게 하려고 애써도 되지 않음과 같이, 혹은 또 아주 부드럽게 무두질한 고양이 가죽을 문지르면서 거슬거슬한 소리를 내려고 해도 되지 않음과 같이, 너희들은 어떠한 말로써 이야기되더라도 결코 마음이 변하지 않도록, 대지와 같이 넓고, 허공과 같이 닿는 곳이 없고, 강과 같이 깊으며 무두질한 가죽처럼 부드러운 마음을 갖고 동정과 애련으로써 대하되, 넓고 큰 자비심이 천지에 충만하도록 배워야 한다.

5. 제자들이여, 가령 도둑이 여자를 잡아 양쪽에 날이 있는 톱으로써 사지를 절단한다 하더라도, 이런 경우에 마음이 어두워지는 것은 나의 가르침을 지키지 않는 자이다. 이런 경우에도 너희들은 이와 같이 깨닫지 않으면 안 된다. '내 마음은 결코 움직이지 않으리라. 나쁜 말은 나의 입에서 새어나오지 않으리라. 동정과 애련으로써 자비심을 갖고 내심에도 노여움을 품지 않으리라. 자비심으로써 그 사람을 감싸 이 세간을 넓고 크고 무량한 자비에 잠기게 할 것이다.' 라고.

제자들이여, 너희들은 이에 대한 비유를 자주 생각해보는 것이 좋다. 너희들은 내가 말하는 말의 줄거리에 크든 작든 잘못이 있다고 보는가?"

"세존이시여, 결코 저희들은 그렇게 보지 않습니다."

"제자들이여, 그렇다면 이 톱에 대한 비유의 교훈을 되풀이하여 마음으로 생각하고 새겨봄이 좋다. 그것은 너희들에게 영원한 이익과 행복이 될 것이다."

제3절 부호 바타가

1. 세존은 그로부터 사바티성의 남쪽으로 내려가 코삼비로 향했다. 도중에 숲속으로 들어가 나뭇잎을 깔아 침상으로 삼으셨다. 바타가는 숲속을 소요하다가 세존께 배례하고 말씀드렸다. "세존이시여, 밤새 안녕히 주무셨사옵니까?"

"잘 잤다. 나는 이 세상에서 가장 잠을 잘 자는 한 사람이니까."

"세존이시여, 겨울밤은 춥습니다. 2월 마지막 4일과 3월 초순의 4일은 서리가 내리고 대지는 소가 밟은 것처럼 굳어집니다. 게다가 나뭇잎으로 만든 깔개는 얇고 황의는 차고, 찬바람에 수목의 마른 잎조차 떨고 있습니다. 그럼에도 불구하곤 세존께서는 편히 주무시어, '나는 이 세상에서 가장 잠을 잘 자는 한 사람이다.' 라고 말씀하시는 것은 어떠한 뜻이옵니까?"

"장자여, 그대는 어떻게 생각하는가? 여기에 부호의 저택이 있다고 하자. 그 방은 안팎이 잘 손질되어, 경비는 엄하고 문은 빈틈없이 닫혀 있어 바람이 스며들 틈조차 없다. 안에는 침상이 있어 긴 털로 된 두둑한 양탄자로 씌워져 있고 양모로 된 아름다운 침구가 깔려 있으며, 위에는 차일이 펼쳐져 있고 양쪽에는 붉은 베개가 놓여 있다. 향등의 불빛은 부드럽게 비치고 네 명의 처첩이 주인을 섬기고 있다. 장자여, 너는 어떻게 생각하느냐? 그 사람은 즐겁게 잠들 수 있겠는가?"

"세존이시여, 그 사람은 즐겁게 잠들 것으로 생각합니다."

"장자여, 잘 생각한 후에 답함이 좋다. 그 주인은 몸과 마음에 탐욕의 열기가 일어나 그 때문에 잠을 이룰 수 없다고는 생각지 않는가?"
"세존이시여, 그럴 수도 있겠습니다."
"장자여, 그 괴로운 열기의 근원인 탐욕을 부처는 뿌리째 뽑아버리고 다시 일어나지 못하게 하는 것이다. 그래서 나는 즐겁게 잠자는 것이다. 또 장자여, 그 주인은 진에나 우치에서 일어나는 열기를 몸과 마음에 느끼고, 그 때문에 뜨거워져 잠들지 못한다고는 생각지 않는가?"
"세존의 말씀과 같습니다."
"장자여, 그 주인이 괴로워하는 열기의 근원인 진에와 우치를 부처는 뿌리째 뽑아버려 또다시 일어나지 않게 했던 것이다. 그래서 나는 편안히 잠드는 것이다.
욕심이라는 더러움이 없고 고뇌가 없으면 포근하게 즐겁게 잠든다.
만 가지 원을 끊고 마음의 두려움을 여의면 편안히 즐겁게 잠잘 수 있노라."

2. 세존은 수많은 제자를 거느리고 코삼비로 들어가셨다. 아난다도 세존을 모시고 함께 머물렀는데, 어느 날 나형외도(裸形外道)의 재가 제자의 방문을 받았다. "존자여, 누구의 가르침이 가장 선한 것이겠습니까? 이 세상에서 가장 착한 생활을 하는 사람은 누구이옵니까? 누가 가장 행복하옵니까?"
"거사여, 그렇다면 내가 한 가지 질문을 할 것이니, 그대가 좋을 대로 답하여라. 거사여, 그대는 어떻게 생각하는가? 탐욕·진에·우치를 버리기 위하여 법을 설하는 사람이 있다면, 그 사람의 가르침은 옳은 것이 아닐까?"
"존자여, 그것은 말씀과 같습니다."
"거사여, 또 탐욕과 진에와 우치를 버리기 위해 생활하는 사람이 있다면, 그 사람은 착하게 생활하는 사람이 아닐까?"

"존자여, 그것도 그대로입니다."

"거사여, 또 여기에 탐욕과 진에와 우치를 버리고, 마치 심이 잘린 다라수처럼 다시 움이 트지 않게 된 사람이 있다면, 그 사람은 세상에서 행복한 사람이 아닐까?"

"존자여, 그것도 그대로입니다. 당신은 참으로 훌륭하게 법을 설하셨습니다. 존자는 자신의 가르침을 자랑하지 않고 남의 가르침을 비난하지 않고 법을 설하며, 스스로 그 덕이 있노라고 주제넘게 말하지 않고 의(義)를 밝혔습니다. 존자여, 당신은 탐욕과 진에와 우치를 버리게 하기 위하여 법을 설하셨습니다. 당신에 의해 법은 훌륭하게 설해졌던 것입니다. 존자여, 당신은 탐욕·진에·우치를 버리기 위해 생활하셨습니다. 당신은 훌륭하게 생활하신 분입니다. 존자여, 당신은 탐욕·진에·우치를 다 버리셨습니다. 마치 심이 잘린 다라수가 다시 움이 트지 않게 된 것과 같이 근절되었습니다. 당신은 세상에서 가장 행복한 자입니다. 존자여, 참으로 뛰어난 말씀이옵니다."

제4절 육방례(六方禮)

1. 세존은 그로부터 코삼비를 나와 강가의 흐름을 따라 내려가 드디어 라자가하성의 죽림정사에 머무르셨다. 그때 마을의 부호의 아들 싱갈라는 아침 일찍 일어나 개울물에 옷을 적시고, 머리를 적시고, 손을 모아 동·서·남·북·상·하의 육방에 예배하는 것을 일과로 삼고 있었다.

세존은 어느 날 탁발하는 도중에 그를 보고 말씀하셨다.

"그대는 무엇 때문에 이렇게 아침 일찍 성을 나와 옷과 머리를 적시어 동·서·남·북·상·하의 여섯 군데에 절을 하고 있는 것인가?"

"세존이시여, 저의 아버지가 돌아가실 무렵 '너는 육방에 배례하라.'고 저에게 유언을 하셨습니다. 그래서 저는 아버지의 뜻을 존중하여 이렇게 육방에 예배하고 있사옵니다."

"선남자여, 진실한 가르침은 그와 같은 방법으로 육방에 배례하는 것이 아니다."

"세존이시여, 그렇다면 어떻게 육방에 배례하면 좋겠습니까? 모쪼록 저에게 설해주시옵소서."

2. "선남자여, 그렇다면 잘 들으라. 훌륭한 가르침을 받은 제자는 네 가지의 업구(業垢: 죄업의 때)를 여의고, 또한 네 가지 악을 짓지 않으며, 재산을 소모시키는 여섯 가지의 업과 사귀지 않는다. 따라서 이상 열네 가지의 악을 멀리하여 육방을 삼가 지키는 것이다. 그러하기 때문에 금세도 후세도 승리를 거두어 죽은 뒤에는 천계에 태어나는 것이다.

네 가지의 업구란 살생과 도둑질과 음행과 거짓말을 말한다. 네 가지 악을 짓지 않는다 함은 탐욕과 진에와 우치와 두려움의 네 가지 나쁜 길로 가지 않는 것이다.

재산을 소모시키는 여섯 가지의 업과 사귀지 않는다는 것은 술을 마시되 방일에 흐르지 않을 것, 때를 벗어나 거리를 방황하지 않을 것, 가무를 즐기지 않을 것, 도박에 빠지지 말 것, 나쁜 친구와 사귀지 말 것, 게으르지 말 것 등이다. 이 여섯 가지는 모두 재산을 소모시키는 업이다.

선남자여, 술을 마시고 방일에 빠지는 날이면 재산을 소모하고 싸움·말다툼·병·악평 등으로 인해 짜증스러워서 노하기 쉽고 지혜가 쇠퇴하는 여섯 가지의 화가 있다.

때를 벗어나 거리를 방황한다는 것은 위험에 처하여 첫째는 자기 자신을 지키지 못하고, 또 처자도 지키지 못한다. 재산도 지키지 못하고 나쁜 곳에서 공포에 싸여 자연히 거짓말을 많이 하고 여러 가지 괴로움에 매이게 되는 여섯 가지의 화가 있다.

가무를 즐기면 언제나 '춤은 어디에서, 노래는 어디에서, 음곡은, 또 만담은 어디에서, 북은 어디에서, 장고는 어디에서' 하고 찾아다니게 되는 여섯 가지의 화가 있다.

도박에 탐닉해도 역시 여섯 가지의 화가 있다. 이긴 자에게 성을 내고 패하여 슬퍼하며, 재산을 소모시키고, 재판정에 서서 말을 못하고, 붕우에게 경멸을 당하고, 혼사에 상대가 나서지 않고, 처자를 충분히 부양할 수가 없는 여섯 가지의 화가 있다.

나쁜 친구를 사귀는 데도 마찬가지로 도박자·만취자·탐욕자·위선자와 기만하는 자 및 잔인한 자만이 그의 친구가 된다고 하는 여섯 가지의 화가 있다.

게으른 자에게도 역시 마찬가지로 춥다고 하여 일하지 않고, 덥다고 하여 일을 멈추고, 배부르다, 배고프다고 하여 일을 하지 않고, 재산을 잃는 여섯 가지의 화가 있다.

선남자여, 친구인 척하면서 친구가 아닌 네 종류의 인간이 있다. 그것은 탐욕스러운 사람, 말이 교묘한 사람, 아첨하는 사람, 낭비하는 사람이다. 탐욕스러운 사람은 탐욕스럽기 때문에 조금 주고 많은 것을 바란다. 이러한 정신으로 사람을 사귀기 때문에 친구는 되지 못한다.

말이 교묘한 사람은 지나간 일을 끄집어내 친애의 정을 나타내고 당치도 않은 소리를 구변좋게 말하여 조력을 하는 척 가장하지만, 눈앞에 큰일이 닥치면 달아나버리므로 친구는 되지 못한다.

아첨하는 사람은 악을 간하지 않으며, 선을 권하지 않으며, 면전에서는 칭찬하고 물러서서는 깎아 내리므로 친구는 되지 못한다.

낭비하는 사람은 술친구가 되어 때를 벗어나 거리를 방황하는 짝이 되어 가무에 함께 나다니고, 도박으로나 사귀므로 참된 친구는 되지 못한다.

  진정 도움이 되는 친구, 고락을 같이하는 친구, 충언을 아끼지 않는 친구, 동정하는 친구가 친우인 것이다. 도움이 되는 친구는 방일에 빠지는 것을 막아주고, 재산을 보호해주고, 두려움이 있을 때는 위안해주고, 필요한 때는 자금의 조력조차 아끼지 않는다. 친구는 비밀을 드러내지 않으며, 재액을 입었을 때는 버리지 않고 죽음조차도 무릅쓴다. 충고를 아끼지 않는 친구는 악을 막아주고 선을 권하며, 못 들은 일을 들려주고, 미래에 있어서 평온을 얻는 길을 시현해준다. 동정이 있는 친구는 헤어지면 슬퍼하고 만나서는 기뻐하며, 칭찬할 일을 칭찬하고 책할 일을 책한다. 이리하여 이 네 종류의 인간은 친우가 되는 것이다.

  선남자여, 그러니 그대는 능히 이 네 종류의 벗을 알고, 친하게 잘 사귀어야 한다. 현명한 사람은 모든 행동이 바르고 햇빛처럼 빛나는 것이다. 꿀벌처럼 애써 재산을 모으고 개미처럼 부지런히 재산을 모아, 그 재산의 10분의 4는 보시를 하고 착한 친구와 사귀며, 10분의 1로써는 생계를 돌보고, 10분의 2로써는 사업을 영위하고, 그 나머지는 쌓아두었다가 불의의 재난에 대비한다.

  3. 선남자여, 여기에 육방(六方)이 있다. 동방은 부모이고 남방은 스승이며, 서방은 처자, 북방은 친구, 하방은 비복, 상방은 출가자이다.

  자식은 다섯 가지로써 동방의 부모를 섬긴다. '나는 부모의 심부름을 하자, 부모의 일을 거들자, 가계(家系)를 잇자, 유산을 지키자, 부모의 사후에는 보시를 해야겠다.'고. 이 다섯 가지로써 자식의 섬김을 받고 또 다섯 가지로써 자식을 사랑한다. 악을 멈추고 선을 이루게 하며, 학문을 가르쳐 적당한 아내를 짝지워주고 적당한 때 재산을 상속시켜준다. 이렇게 동방을 지켜야 평안하고 두려움이 없는 것이다.

  다음에 제자는 다섯 가지로써 남방의 스승을 섬긴다. 스승이 오실 때는 자리에서 일어나 맞이하고, 시중을 들고, 온순하게 공양을 하고, 삼가 가르침을 받고, 들은 것은 잊지 않는다.

　스승은 제자에게 다섯 가지로써 섬김을 받고 또 다섯 가지로써 제자를 사랑한다. 법을 따라 다루고, 모르는 것을 가르치고, 스스로 얻을 바를 얻게 하고, 모든 학술을 바르게 가르치며, 친구간에 그 이름이 들리도록 만든다. 이와 같이 남방을 지켜야 평안하고 두려움이 없다.

　다음에 남편된 자는 다섯 가지를 지켜야 한다. 그 서방의 아내를 사랑하고, 존경과 예의와 정조와 가정의 일을 맡기며, 옷과 음식을 줘야 한다.

　서방의 아내는 다섯 가지로써 남편을 섬기고, 또 다섯 가지로써 남편을 사랑한다. 능히 순서를 쫓아 일을 하고, 비복을 부리는 법을 알고, 정조를 지키고, 재산을 지키고, 모든 일을 재치 있게 처리하여 게을리하지 않는다. 이와 같이 서방을 지켜야 평안하고 두려움이 없는 것이다.

　4. 다음에 또 다섯 가지로써 북방의 벗을 섬긴다. 보시와 애어(愛語)와 이행(利行)과 동사(同事)의 사섭법(四攝法)과 독 있는 말을 하지 않는 것이다. 북방의 벗은 이 다섯 가지로써 섬기되 또 다섯 가지로써 그 사람을 사랑한다. 방일에 빠지려는 것을 보살피고, 방일하게 되었을 때 그의 재산을 지켜주고, 두려움이 있으면 그의 의지처가 되어주고, 재난을 당하였을 때는 버리지 않고, 그의 처자를 급양하여 은혜를 갚는다. 이렇게 북방을 지켜야 평안하고 두려움이 없는 것이다.

　다음에 또 주인은 다섯 가지로써 하방의 비복을 사랑하지 않으면 안 된다. 그의 힘에 따라 일을 맡기고, 식사와 급료를 주며, 병이 들었을 때는 간호하고, 진귀한 것을 나누어주며, 때때로 휴양을 시킨다. 하방의 비복은 이 다섯 가지로써 주인의 귀여움을 받고 다섯 가지로써 주인을 섬긴다. 아침에는 주인보다 일찍 일어나고, 밤에는 주인보다 늦게 자며, 일을 정직하고 능숙하게 하고, 주인의 좋은 일을 전한다. 이렇게 하방을 지켜야 평안하고 두려움이 없는 것이다.

다음으로 또 사람은 다섯 가지로써 상방의 출가자를 섬겨야 한다. 자비의 신업(身業)과, 자비의 구업(口業)과, 자비의 의업(意業)으로 그 사람들에 대하여 문을 개방하고 식사를 제공하는 것이다. 선남자여, 상방의 출가자는 이 다섯 가지로써 섬김을 받고 육사(六事)로써 그 사람을 사랑한다. 악을 멀리하고 선을 닦게 하며, 자비로써 사랑하고, 아직 듣지 못한 것을 들려주고, 이미 들은 것은 분명하게 알려주고, 미래의 평안한 도를 설해준다. 선남자여, 이와 같이 상방을 지켜야 평안하고 두려움이 없는 것이다.

싱갈라여, 이처럼 동방은 부모, 남방은 스승, 서방은 처자, 북방은 친구, 하방은 비복, 상방은 출가자인 것이다. 이 육방을 이와 같이 배례하여 행을 바르게 하고 지혜를 밝게 하여 겸손하며 완악한 마음을 버려라. 일에 힘쓰고 재액을 두려워하지 않으며, 행에 더러움이 없이 널리 착한 벗과 사귀고, 간탐을 버리고 널리 사랑하며, 보시와 애어(愛語), 행리(行利)와 동사(同事) 등 사섭법을 행해야 한다. 이것이 참된 효양(孝養)이라는 것이다."

싱갈라는 이 가르침을 듣고 법안이 열린 듯 크게 기뻐하며 이후 삼보에 귀의하는 제자가 되었다.

제4편

불법을 신봉(信奉)하고 염치가 있고 계율을 지키고 바른 뜻을 간직하는 것은 법을 닦는 인사(人士)가 숭상할 것들이다. 수행을 게을리하지 않는다면 하늘 세상에 오를 수 있다.

제1장 부처님의 마음을 마음으로 삼는 자

제1절 부처님의 지혜

1. 세존께서는 그로부터 코살라국을 유행하시다가 카필라성에 도착하셨다. 샤카족의 마하나마왕은 이 사실을 알고 세존께 문안을 드렸다. 세존께서 말씀하셨다.

"왕이여, 오늘밤의 숙소를 성내에 정하도록 부탁했으면 하오."

왕은 세존의 말씀을 듣고 성내에서 숙소를 찾았으나 적당한 곳이 없었기에 돌아와서 세존께 말씀드렸다. "세존이시여, 성내에는 적당한 장소가 없습니다. 그래서 옛날 세존의 동문이었던 카라마의 집에서 하룻밤을 지내셔야겠습니다."

"그렇다면 잠자리 준비를 부탁하오."

마하나마는 잠자리를 준비하고 발씻을 물을 갖춘 뒤 세존을 안내해 드리고 날이 새자 다시 문안을 드렸다.

세존께서 말씀하셨다. "왕이여, 세간에는 세 가지의 스승이 있소. 첫째의 스승은 욕심의 분별을 가르치고, 둘째의 스승은 욕심과 법의 분별을 가르치되 감각의 분별은 가르치지 않으며, 셋째의 스승은 욕심과 법과 감각의 분별을 함께 가르치오. 왕이여, 이 세 사람이 기착할 곳은 하나인가, 아니면 그렇지 않은가?"

그때 카라마는 "같다고 대답하라."고 권하고, 세존은 "틀린다."고 말씀하셨다. 이러기를 세 번이나 거듭하자 카라마는 '세존은 세 번씩이나 마하나마 앞에서 나를 헐뜯었다. 이제는 카필라성을 떠나야 할 때이다.'라고 생각하며 성을 떠나 다시는 돌아오지 않았다.

2. 그래서 세존께서는 얼마 동안 성밖의 니그로다 숲속에 머무르시고 마하나마는 날마다 세존을 찾아갔는데, 어느 날 그는 아뢰었다

"세존이시여, 지금 카필라성은 변화하여 인마(人馬)의 혼잡이 대단합니다. 이 때문에 저는 세존과 제자분들의 시중을 들고 저녁에 성으로 돌아올 때 코끼리·말·수레·사람들에 부딪히면 세존과 법과 제자들에 대한 생각을 잊어버리고 맙니다. 만약 이러할 때 죽는다면 어디에 태어나는 것이옵니까?"

"왕이여, 두려워할 것은 없소. 그대의 죽음은 재앙이 아니오. 누구든지 평소에 믿음과 계율과 청문(聽聞)과 희사와 지혜를 닦았다면 그 몸은 비록 언제 어디서 죽더라도 마음은 좋은 곳으로 가는 법이오. 다시 말해서 우락(牛酪)이나 기름병을 물속에서 깨트린다면, 깨어진 병조각은 밑으로 가라앉지만 우락이나 기름은 위로 뜨는 것과 같은 것이오. 왕이여, 부처·법·승가에 대해 무너지지 않는 신앙을 갖고, 성자가 찬송하는 계율을 갖춘 사람은 반드시 열반에 들어갈 것이오. 이것은 마치 동쪽으로 기울어진 나무를 베면 동쪽으로 넘어지는 것처럼 분명한 것이오. 왕의 죽음이 언제일지라도 결코 재앙은 아니오."

3. 어느 날 또 마하나마는 세존을 찾아뵈었다.

"세존이시여, 어떠한 범위 내에 있어야 부처님의 신자라 할 수 있습니까?"

"왕이여, 부처와 법과 승가에 귀의하는 것만으로도 신자인 것이오."

"세존이시여, 신자의 계율과 믿음과 희사와 지혜를 갖춘다는 것은 어떠한 범위의 것이옵니까?"

"왕이여, 살생을 하지 않고, 도둑질을 하지 않고, 사음을 범하지 않

고, 거짓말을 하지 않고, 술을 마시지 않는 것이 신자의 계율인 것이오. 부처의 보리(菩提)를 믿는 것이 신자의 믿음인 것이며, 아끼고 탐하는 마음을 여의고 집에 머무르면서 보시를 기뻐하는 것이 신자의 희사인 것이며, 모든 만물이 생멸하는 이치를 알고 탐욕의 세계를 싫어하며 멀리할 줄을 알고 괴로움을 멸하는 길을 아는 것이 신자의 지혜인 것이오."

4. 세존께서는 이 니그로다의 숲속에서 3개월간을 안거하시고 의복 준비를 갖추시자 다시 길을 떠나고자 하셨다. 마하나마는 이를 알고 세존의 곁으로 나아가 말씀드렸다. "세존이시여, 세존께서는 지금 의복을 갖추시고 기어코 떠나시려고 하십니다만, 병상에 있는 신자를 찾아가 어떤 방법으로 위로하면 좋겠습니까?"

"왕이여, 신자로서 병든 친구를 찾아간다면 네 가지의 위안으로 격려해야 하오. 즉 '벗이여, 그대는 부처와 법과 승가에 각각 무너지지 않는 신심을 갖고 성자가 찬양하는 계율을 지키시오. 이 네 가지는 그대의 위안이 될 것이오.' 라고. 이렇게 위안하고 다시 다음과 같이 말하여야 합니다. '그대는 양친에 대하여 애착을 느끼고 있습니까?' 만약 느끼고 있노라고 대답하거든 '애착을 느끼고 있거나 없거나 죽어가야 하는 것이니, 양친에 대한 애착을 버리시오.' 라고 말하시오. 만약 또 양친에게 애착이 없다고 대답하거든 다음에는 '처자에게 애착을 갖고 있는가 없는가.'를 묻고, 만약 애착을 갖고 있다고 답하거든 '죽어가야 하는 몸이니 애착을 버리도록 해야 한다.' 고 말하시오.

만약 또 처자에 대한 애착을 버렸다고 하면 인간의 오욕(五欲)에 애착이 남아 있는가 어떤가를 묻고, 애착이 있다고 하거든 인계의 오욕에 비하여 천계의 즐거움은 더없는 것이니 인계의 애착을 버리고 천계에서 마음껏 놀게 하라고 권하고, 점차 '신의 세계도 또한 무상을 면할 수가 없는 것이니 마음을 열반으로 돌리라.' 고 가르쳐야 하오.

만약 병들어 있는 신자가 신들의 세계로부터 마음을 떠나 생각을 열반으로 옮기고 모든 번뇌를 여의면, 출가한 제자와 그 어떤 차이도 없는 것이오."

5. 이리하여 세존은 카필라성을 떠나 쿠시나라에 이르러 숲속에 머무르시며 제자들에게 가르치셨다.

"제자들이여, 이곳 마을에 사는 재가자의 초대를 받았을 경우 맛있는 음식을 공양받음을 기뻐하고 '모쪼록 몇 번이고 이렇게 초대해주셨으면 좋겠다.'라고 생각하는 것은 음식에 집착하여 그 재앙으로부터 벗어나는 길을 모르는 소행이다.

6. 제자들이여, 이 세간에는 보기 드문 세 사람이 있다. 그 한 사람은 부처이고, 다른 한 사람은 부처의 법을 설하는 사람이고, 또 한 사람은 은혜를 알고 감사할 줄 아는 사람이다.

제자들이여, 세간에는 또 세 가지 종류의 사람들이 있다. 제1은 성질을 쉽게 알 수 있는 사람으로, 마음이 오만하고 경솔하여 말이 많고 항상 차분하지 못한 사람이다. 제2는 성질을 알기 어려운 사람으로, 조용하고 겸손하며 사물에 주의가 깊어서 말수가 적고 자기의 욕망을 억누를 수 있는 사람이다. 제3은 성질을 알 수 없는 사람으로, 번뇌를 다 끊은 사람이다.

제자들이여, 세간에는 또 세 가지의 도를 파괴하는 사람이 있다. 업의 도를 파괴하는 사람과, 생활의 도를 파괴하는 사람과, 정견(正見)의 도를 파괴하는 사람이다.

업의 도를 파괴하는 사람이란 살생을 하고 도둑질을 하며, 사음을 범하고 거짓말을 하며, 악한 말을 하고 화합을 깨는 말을 내뱉고 쓸데없이 입을 놀리는 자이다. 생활의 도를 파괴하는 사람이란 사악한 방법에 의해 생활하는 사람이다. 정견(正見)의 도를 파괴하는 사람이란 '보시도 소용없고 공양도 소용없다. 선악의 업도 과보도 없다. 이 세상도 없고, 다른 세계도 없다. 어버이를 공양하는 것도 소용없다. 도를 열 수 있는 출가자도 없다.'고 하는 사악한 생각을 품은 사람인 것이다.

　제자들이여, 항상 몸과 입과 뜻의 삼업을 청정하게 하는 데 신경을 써야 한다. 신업(身業)을 청정하게 한다는 것은 살생을 하지 않고 도둑질을 하지 않고 사음을 범하지 않는 것이다. 구업(口業)을 청정하게 한다는 것은 거짓말을 하지 않고 사악한 말을 하지 않으며, 화합을 해치는 말을 삼가고 쓸데없이 입을 놀리지 않는 것이다. 의업(意業)을 청정하게 함은 탐하지 않고 성내지 않으며 바른 의견을 갖는 것이다.

　제자들이여, 집단에는 세 가지가 있다. 우두머리가 있는 집단과 유리(遊離)된 집단과 조화된 집단이다.

　우두머리가 있는 집단이란 그 집단의 상좌(上座)가 거만하지 않고 학문을 게을리하지 않으며 도를 깨치기 위하여 정진한다. 또한 이 상좌를 따르는 자도 이를 본받아 부지런히 힘쓴다. 이것이 우두머리가 있는 집단인 것이다. 다음의 유리된 집단이란 그 집단에 싸움이 일어나 서로가 혀끝으로 중상하는 것이다. 제3의 조화된 집단이란 서로 화합하여 마치 젖과 물이 융화된 것과 같은 집단이다. 여기 제3의 집단에는 여러 가지의 덕이 생한다. 그것은 부처님과 같은 생활인 것이다. 그들은 마음에 기쁨을 지니고 기쁨에 의해 복을 얻고, 복으로 해서 몸이 유쾌해진다. 다시 말하면 산에 큰비가 내려 그것이 흐르면 물이 괴 시내가 되고, 그것이 대하를 이루고 마침내는 넘실거리는 대해를 이루게 되는 것이다. 서로가 화합하면 점차로 이러한 덕을 낳아 마음의 즐거움을 느끼며, 정신이 흐트러지지 않고 전심할 수 있게 되는 것이다.

　7. 제자들이여, 만약 왕실에서 기르는 말이 아름답고 힘이 세고 걸음이 빠른 등 세 가지 조건이 갖추어지면 국왕의 어마(御馬)가 되듯

이, 불제자도 또한 이 세 가지의 좋은 기질을 갖추면 세간의 공양을 받아 더할 수 없는 복전(福田)을 이룰 것이다. 불제자의 아름다움은 계율을 지키고 선행을 하며, 몸의 욕을 제어하고 작은 죄에도 두려워하며 수행에 정진하는 것이다. 불제자의 힘이란 정진함과, 악을 여의고 선행에 힘쓰는 것이다. 불제자는 속히 사성제(四聖諦)의 가르침을 여실하게 알아야 한다. 이 세 가지 좋은 기질이 있는 자는 세간의 더할 나위 없는 복전인 것이다.

8. 제자들이여, 예컨대 왕의 병사가 화살을 번갯불같이 빨리 쏘아 멀리 저쪽의 것을 꿰뚫을 수 있다면 왕의 가장 중요한 시위(侍衛)가 될 수 있듯이, 불제자도 이 세 가지 일을 할 수 있다면 세간의 공양을 받을 자격을 갖추어 더할 나위 없는 복전이 되는 것이다. 불제자가 멀리 화살을 쏜다는 것은 어떤 일에서나 '아' 와 '아소' 의 집착을 버리고 여실히 바른 지혜를 얻게 되는 것이다. 또 번갯불 같은 속력이 주어진다는 것은 사성제의 가르침을 여실하게 아는 일인 것이다. 게다가 또 먼데의 것을 쏘아 꿰뚫는다 함은 무명(無明)의 어둠을 분쇄하는 것이다.

9. 제자들이여, 탐욕이란 어떤 것인가를 알고 탐욕을 여의기 위해서는 공(空)·무상(無相)·무원(無願)의 세 가지 법을 수행해야 한다. 노여움과 어리석음, 그밖의 다른 모든 번뇌가 무엇인가를 알고 그것을 멸하기 위해서도 공·무상·무원의 세 가지 법을 수행해야 한다. 제자들이여, 직물 중에서도 머리털로 짠 직물은 제일 하등으로, 추울 때는 차고 더울 때는 뜨겁고 악취가 나서 추하고 감촉도 나쁘다. 이와 같이 모든 출가자 중에서도 마스카리 고살리프트라(외도의 하나)가 제일 하등인 자로서, '업도 없고 과보도 없고 노력도 필요치 않다.' 는 사견(邪見)을 내뱉고 있는 것이다.

그렇지만 제자들이여, 과거의 부처님이나 미래의 부처님이나 업을 설하고 과보를 설하고 노력을 설하셨다. 현재의 부처인 나도 또한 그와 같이 설하고 있다. 그러나 어리석은 마스카리는 삼세의 부처님을 거슬러 '업도 없다, 과보도 없다, 노력도 필요치 않다.'라고 말하고 있다. 이것은 바로 강물의 어귀에 쳐놓은 그물에 많은 고기가 걸리도록 불리함과 고뇌와 멸망을 준비해 놓음과 같은 것이다."

제2절 이교도와의 문답

1. 세존께서는 그로부터 쿠시나라를 떠나서 베살리를 향해 그 대삼림의 중각강당에 머무르셨다. 그때 코살라와 마가다의 양국에서 어떤 업무를 위해 많은 바라문들이 파견되었는데, 세존께서 대삼림에 머무르고 계신다는 말씀을 전해듣고 찾아왔다. 리차비족(離車族)의 앙다타도 많은 리차비 사람들을 데리고 세존을 찾아가 곁에 앉아서 뵐 수 있는 때를 기다리고 있었다.

2. 세존의 분부로 정사 앞 그늘에 자리가 마련되자, 세존은 향실을 나와 그 자리에 나타나셨다. 바라문들이 정중하게 인사를 드린 후 곁에 앉자, 앙다타는 세존께 말씀드리기를 "세존이시여, 2, 3일 전 리차비족의 수나카타가 저의 처소에 찾아와서 '마하리(摩訶梨)여, 나는 세존의 곁에 머무른 지 3년 밖에 되지 않았지만 그 사이에 사람의 소망을 충족시킨다는 즐거운 신의 모습은 볼 수 있었다. 그러나 아직 신의 음성은 듣지 못했다.'라고 말하였습니다. 세존이시여, 그러한 신의 음성은 있는 것이옵니까?" 하였다.

"마하리여, 물론 그와 같은 신의 음성은 있다."

"그렇다면 어찌하여 수나카타는 들을 수가 없는 것이옵니까?"

"마하리여, 여기에 한 불제자가 있어 아름다운 신의 모습을 보고 싶어서 마음을 가다듬고 선정에 든다면 아름다운 신의 모습을 볼 것이며, 유쾌한 신의 음성을 듣고자 선정에 든다면 유쾌한 신의 음성을 들을 수 있을 것이다."

"세존이시여, 그렇다면 불제자들이 세존의 밑에서 청정한 행을 닦는 것은 그와 같은 선정을 얻기 위함이옵니까?"

"마하리여, 그렇지 않다. 더욱 미묘한 법에 이르기 위해 행을 닦는 것이다. 마하리여, 세 가지의 계박을 끊는다면 불의 성류(聖流)에 예참(預參)하는 예류과(預流果)를 얻어 두번 다시 악취에 빠지지 않고 마침내는 각을 얻을 것이다. 세 가지의 계박, 즉 탐(貪)・진(瞋)・치(癡)를 적게 한다면, 이 욕계에 태어났어도 고뇌의 종말을 고하는 일래과(一來果)를 얻게 된다. 이 몸은 이 욕계에 계박하는 번뇌를 끊으면 천계에 태어나 다시 이 욕계에 환생함이 없이 열반에 드는 불환과(不還果)를 얻게 된다. 욕과 유(有)와 무명(無明)과 견(見)의 네 가지 번뇌의 폭류(暴流)를 모두 멸하면, 이 현세에서 깨달음을 얻는 성자가 된다. 마하리여, 이와 같은 경계에 도달하기 위해서 제자들은 내 밑에서 청정한 행을 닦는 것이다."

"세존이시여, 그와 같이 경지에 드는 길은 무엇이옵니까?"

"마하리여, 그것은 그저 이 정견(正見)・정사유(正思惟)・정어(正語)・정업(正業)・정명(正命)・정정진(正精進)・정념(正念)・정정(正定)의 팔정도(八正道)인 것이다."

3. 세존께서는 차례로 여러 곳을 두루 돌아다니시다가 해를 넘겨 라자가하성에 들어가 영취산에 오르셨다. 그때 마침 동산에 니구로타라고 하는 유행자가 3000명의 제자들을 이끌고 머물고 있었다.

어느 날 산타나라고 하는 거사가 세존을 찾아뵈려고 했으나 도중에서 '세존께서는 지금 물러가시어 선정에 드는 시간이고 제자들도 마찬가지이니, 지금 찾아가는 것은 좋지 않다. 그보다는 니구로타 유행자를 찾아가 보자.'고 생각하였다. 그리하여 거사는 그 숲속으로 향했다.
 그때 니구로타는 제자들에게 둘러싸여 큰 소리로 잡담하고 있었다. 왕에 대한 이야기, 도둑에 대한 이야기, 장관에 대한 이야기, 군대에 대한 이야기, 의식에 대한 이야기, 유령에 대한 이야기, 그밖의 여러 가지 쓸데없는 이야기를 하고 있었으나 산타나가 멀리서 오는 것을 보고 말하였다. "모두 조용히 하라. 소리를 높이지 말라. 저기에 고타마의 신자인 산타나가 오고 있다. 그들은 조용한 것을 기뻐하고 조용한 사람을 찬양하기 때문에, 이쪽에서 조용하면 조용한 모임이라고 생각하고 찾아오게 될지도 모르겠다."
 사람들은 이 말에 조용해 졌다. 잠시 후 산타나는 그곳으로 와서 곧 말하였다. "대덕(大德)들은 무슨 재미있는 이야기들을 하고 있는 것 같으나, 우리 세존께서는 인기척이 없는 쓸쓸하고 조용한, 명상하기에 알맞은 숲속에 자리를 잡고 계신다."
 "오오, 거사여, 그대는 고타마가 누구와 이야기를 주고받으며, 누구와 이야기하여 지혜를 얻는지 알고 있는가? 고타마는 사람이 없는 집에 머물면서 엉터리 지혜를 얻을 뿐 전통있는 지혜를 지니지 못한 자이다. 그러기에 구석진 곳에서 방황하고 있는 것이다. 마치 하나밖에 없는 소가 목장의 가장자리에서 방황하고 있는 것과 같은 꼴이다. 만일 그가 여기에 오는 일이 있다면 우리들은 한 가지 물음으로써 굴복시켜 빈 통처럼 뒹굴게 할 것이다."
 4. 그때 우연히 세존께서는 영취산을 내려와 그 동산을 거닐고 있었다. 재빨리 이것을 본 니구로타는 우선 자기 무리에게 조용히 하라고 일렀다. 그리고 세존이 오셨을 때 물을 것을 생각하며 마음의 준비를 단단히 하고 있었다.
 이윽고 세존께서는 이곳에 이르러 마련된 자리에 앉자, 무슨 일로 이와 같이 모여 있는가 하고 물으셨다.

"세존이시여, 저희들은 세존이 만약 이곳에 이르신다면, 세존께서 제자들을 수련하는 법을 물으려고 생각했습니다."

"니구로타여, 가르침이 다르고 의견이 다른 그대들로서 나의 법을 제대로 알기는 어렵다. 그보다는 차라리 '어떻게 하면 고행과 욕의 염리(厭離 : 더러운 사바세계를 여의는 것)가 완전하게 될 것인가.' 하고, 자기의 가르침에서 말할 수 있는 뛰어난 염리에 대해서 묻는 것이 좋겠다."

5. 그 좌석에 같이 앉아 있던 유행자들은 큰 소리로 "고타마는 참으로 위대한 힘이 있다. 유리한 자기 주장을 제쳐놓고 남의 주장을 취한다."며 감탄했다.

니구로타는 그와 같은 시끄러움을 진정시키고 말씀드리기를 "세존이시여, 저희들은 고행과 염리를 주의로 하여 그것에 의지하며 살고 있습니다. 이 고행과 염리는 어떻게 하면 완성시킬 수 있습니까?" 하였다.

"니구로타여, 벌거숭이로 살며 세간의 습관을 무시하고, 식후에 손도 씻지 않고 자며, 음식으로 보시하는 자가 초대해도 가지 않고, 기다려 달라고 민류해도 듣지 않으며, 자신에게 가져다준 음식도 받지 않고, 자신을 위하여 냄비나 솥이 상하는 것을 두려워하여 끓는 냄비나 끓는 솥에서 음식을 받지 않고, 특히 자신을 위해서 준비된 음식을 받지 않으며, 남녀가 유희하는 처소에서 받지 않으며, 흉년이 들었을 때 자기를 위해서 거둔 음식을 받지 않으며, 개가 있는 집의 음식을 받지 않으며, 파리떼가 날고 있는 집의 음식을 받지 않으며, 생선을 먹지 않으며, 고기를 먹지 않으며, 주류를 마시지 않으며, 첫째 집에서 한 술의 밥을 얻고, 둘째 집에서 두 술의 밥을 얻고, 그리고 일곱째 집에서 일곱 술의 밥을 얻어 그것으로 만족하여 몸을 지탱하며, 하루에 한 끼를 먹고 7일간에 한 끼를 먹으며, 보름 동안 단식을 지켜 떡잎, 쭉정이쌀, 짐승가죽을 벗기고 버린 물건, 쌀겨, 솥에 타다 남은 누룽지, 채종(菜種) 찌꺼기, 쇠똥, 나무뿌리, 썩어서 떨어진 과일 등을 먹고, 의복으로는 대마(大麻)나 그밖의 엉성한 천, 쓰레기통에서 주운 누더기, 나무껍질, 짐승의 가죽, 풀로 만든 옷, 머리털로 짠 직물, 조류의 꼬리나 날개로 짠 직물을 걸치고, 수염이나 머리털을 뽑는 수행, 항시 서서 있는 수행, 항시 웅크리고 있는 수행, 가시로 된 잠자리에서 자는 수행, 땅바닥에서 자는 수행, 몸에 기름을 바르고 먼지를 뒤집어쓰며 옆구리로만 잠자는 수행, 불결한 것을 먹는 수행, 물을 마시지 않는 수행, 물에 들어가는 수행을 지키기만 하면 고행과 염리를 수행했다고 말할 수 있을까?"

　세존이시여, 저는 수행했다고 생각합니다."

　6. "니구로타여, 나는 지금 그대가 이루었다고 생각하는 고행과 염리의 부정(不淨)함을 들어보겠노라. 지금 여기에 어떤 고행자가 그와 같은 고행을 닦았다고 하자. 그는 그와 같은 고행을 기뻐하며, 나는 고행을 이루었다고 자랑한다. 이 자랑이 부정의 첫째이다. 다음에 그는 자기가 고행을 지켰다는 데서 자기를 들어 남을 헐뜯는다. 이것이 그 부정의 둘째이다. 다음에 그는 그 고행을 닦았다는 것에 취하여 기뻐 날뛰고 뽐냄과 동시에 방자해진다. 이것이 그 부정의 셋째이다. 다음에 그는 그 고행으로써 명예와 존경과 이양(利養)을 얻고서 기뻐 날뛴다. 이것이 그 부정의 넷째이다. 다음에 그는 자기가 명예와 존경과 이양을 얻은 데서 자기를 내세워 남을 헐뜯는다. 이것이 그 부정의 다섯째이다.

　다음에 그는 그 명리(名利)에 취해서 방일에 빠진다. 이것이 그 부정의 여섯째이다. 다음에 그는 점차 음식물의 선택을 즐겨 집착을 일으키고 그 화난을 보지 못하게 된다. 이것이 그 부정의 일곱째이다.

다음에 그는 점차 명리를 증장시켜 왕이나 대신이나 그 누구든지 자기를 존경할 것이라고 생각한다. 그것이 그 부정의 여덟째이다. 다음에 그는 다른 출가자를 보고, 이 사람들은 사치스러워 무엇이든지 먹는다고 비난한다. 이것이 그 부정의 아홉째이다. 다음에 그는 출가자들이 공양받는 것을 보고, 이 집에서는 이와 같이 사치스러운 사람들에게 공양하면서 고행하는 나를 존중하지 않는다고 질투를 한다. 이것이 그 부정의 열번째이다.

다음에 그는 사람이 보고 있는 데서 수행하게 된다. 이것이 그 부정의 열한번째이다. 다음에 그는 자기의 덕을 자랑하기 위해 재가자를 찾아가 이것이 나의 고행의 일부라고 뽐낸다. 이것이 그 부정의 열두번째이다. 다음에 그는 거짓말을 하게 되고 감내할 수 없는 것을 감내할 수 있다고 대답하며, 참을 수 없는 것을 참을 수 있다고 한다. 이것이 그 부정의 열세번째이다. 다음에 그는 부처와 또는 불제자의 설법을 좋아하지 않는다. 이것이 그 부정의 열네번째이다. 다음에 그는 분노와 원한을 품고 거만해져 질시하고 인색하며 거짓과 아첨, 어리석고 오만하고 악욕 등의 번뇌를 일으켜 현세에 집착하게 된다. 이것이 그 부정의 열다섯번째이다.

니구로타여, 이같은 것이라면 이 고행과 염리에는 부정이 있다. 또 이와 같은 부정이 없더라도 또한 이 고행과 염리에는 이르지 못한 것이다. 그러나 이 고행자가 살생하지 않고 도둑질하지 않으며, 거짓말하지 않고 오욕에 빠지지 않으며, 이 네 가지를 제어하여 지키고 한가한 곳에 물러앉아 욕과 진과 게으름, 마음의 도거(掉擧)와 뉘우침, 의심의 다섯 가지, 마음의 부개(覆蓋)를 버리고 자·비·희·사의 사무량심(四無量心)으로써 모든 세계를 충만하게 한다면, 다음에 그는 과거를 돌이켜보아 숙명을 알고 또 중생들의 차별을 보고 타심통(他心通)을 지득하리라. 니구로타여, 이에 이르러 비로소 고행과 염리는 이를 곳에 이르는 것이다."

이 설법이 행해졌을 때 늘어앉은 유행자들은 큰 소리로 "이 스승과 대적할 만한 자는 없다. 이 이상의 스승은 없다."라고 진심으로 찬탄했다.

7. 그때 산타나는 "존자 니구로타여, 존자는 나에게 여러 가지로 우리 세존을 헐뜯지 않았던가? 그 말대로 지금 세존을 빈 통을 굴리듯이 굴려보는 것이 어떻겠소?"라고 하였다. 이 말을 듣고 니구로타는 그저 머리를 숙이고 대답하지 않았다.

"니구로타여, 지금 산타나의 말은 사실인가?"라는 세존의 물음에 니구로타는 점점 난처해져서 "세존이시여, 저는 어리석게도 마음이 흐트러진 채 그와 같은 말을 했습니다." 하고 스스로의 잘못을 사과했다.

"니구로타여, 그대는 일찍이 그대의 선배로부터 '옛 각자(覺者)는 제자들을 모아놓고 왕이나 대신이나 도둑이나 군대의 얘기 등 쓸데없는 잡담에만 열중해 있었다.'는 말을 들은 일이 있는가? 아니면 '옛 각자는 인적 없는 쓸쓸하고 조용한, 명상하기 적합한 숲속에 자리를 정했다.'고 들었는가?"

"세존이시여, 저는 후자이옵니다."

"니구로타여, 그런데 그대는 지혜도 있고 정념(正念)도 있고 노성자(老成者)이면서 무엇 때문에 '세존은 보리(菩提)를 얻어 보리를 위하여 설법하고, 일신을 조복(調伏)하고 조복을 위하여 설법하며, 번뇌를 가라앉히고 번뇌를 가라앉히기 위하여 설법하며, 스스로 각의 피안을 향해 남을 제도하기 위하여 설법하고, 열반에 들어가서 남을 열반에 들게 하기 위하여 설법한다.'고 말하지를 않는 것인가?"

"세존이시여, 어리석은 저는 마음이 흐트러져 죄를 지었습니다. 어떻게든지 앞으로 재차 범하지 않게 이번의 저의 죄를 용서하여 주십시오.”

"니구로타여, 그대는 분명히 마음이 흐트러져 죄를 지은 것이다. 나는 그대가 미래에 스스로를 제어하도록 그 죄를 용서할 것이다. 니구로타여, 나는 다음과 같이 말하노라. '오너라. 지혜가 있고 속이지 않고 아첨하지 않고 바르고 곧은 마음을 가진 자여. 나는 여기 법을 설하노라. 만약 이 법을 좇아서 수행한다면 출가한 목적을 7년, 아니 1년, 아니 7일로써 성취할 것이다.' 라고.

그러나 니구로타여, 그대는 '고타마가 나를 제자로 삼고 싶어서 이와 같이 말하는 것이다. 우리들을 이 지방에서 내쫓기 위해서 이와 같이 말하는 것이다. 우리들의 생활을 빼앗기 위해서 이와 같이 말하는 것이다. 우리들로 하여금 선(善)을 여의게 하고 불선(不善)에 집착하도록 하기 위해 이와 같이 말한다.' 고 생각해서는 안 된다. 그대의 스승으로 하여금 그대의 스승답게 하라. 그대의 고향으로 하여금 그대의 고향답게 하라. 그대의 생활로 하여금 그대의 생활답게 하라. 나는 단지 망집의 생사(生死)에 씨앗이 되는 불선의 법을 여의게 하기 위해 법을 설하는 것이다. 그와 같이 몸을 닦는다면 그대의 더러운 법은 사라지고 청정한 법이 증장하여, 원만한 지혜를 이룰 수가 있을 것이다."

좌석에 무리지어 있던 유행자들은 묵묵히 고개를 숙이고 앉아 있었다. 세존께서는 열반을 위해 겨우 7일간의 행도 닦을 생각이 없는, 악마에 사로잡혀 마음이 공허한 사람들을 불쌍히 여기며 영취산으로 돌아가셨다.

제3절 전륜왕(轉輪王)

1. 세존께서는 그로부터 마가다국을 유행하여 얼마 동안을 마트라

에 머무르시면서 제자들을 가르치셨다.

"제자들이여, 스스로를 등불로 삼아 귀의처로 하며, 법을 등불로 삼아 귀의처로 하고 주거지로 삼는 것이 좋으리라. 남을 등불로 삼아 귀의처로 해서는 안 된다. 제자들이여, 노력하고 힘써 바른 염을 지켜라. 몸은 부정한 것이며 얻는 바는 괴로움뿐이니라. 마음은 무상하며 일체의 법은 무아(無我)임을 관(觀)하여 세간의 탐욕을 여의고 근심을 버리면, 이는 스스로와 법을 등불로 삼고 귀의처로 삼는 것인즉, 남을 등불로 삼고 귀의처로 삼지 않는 것이다.

2. 제자들이여, 여행을 할 때 조상이 살던 곳을 여행하라. 악마는 범할 기회를 잃고 너희들의 공덕은 증장할 것이다. 제자들이여, 먼 옛날 전륜왕(轉輪王)이 있었다. 정의로써 나라를 다스리고 사방을 정복하고 윤보(輪寶)·상보(象寶)·마보(馬寶)·마니보(摩尼寶)·옥녀보(玉女寶)·거사보(居士寶)·통군보(統軍寶)의 칠보를 구비하고, 천 명이나 되는 용맹스러운 자식이 있어 모두가 적을 쳐부술 만한 힘이 있었다. 왕은 바다를 경계로 하는 세계를, 검이나 채찍에 의하지 않고 법으로써 정복하고 있었다. 어느 때 전륜왕은 시신에게 말하기를 '윤보(輪寶)가 동하면 나에게 알리라.'고 말했고, 그로부터 수천 년이 지나 윤보가 동하기 시작했으므로 시신은 이것을 왕에게 알렸다. 왕은 장자(長子)를 불러 '윤보가 움직이기 시작하면 왕의 목숨은 머지않아 끊어진다고 들었다. 나는 이 세간의 즐거움을 모두 맛보았으니 이제는 성스러운 낙을 구할 때이다. 나는 출가하여 도를 구하겠으니 너는 이 나라를 계승함이 좋겠다.'고 말하고 출가했다. 그로부터 이레째 되는 날에 윤보는 완전히 그 모습을 감추었다.

장자는 이 말을 듣고 슬퍼하며 부왕의 은신처를 찾아 '부왕이시여, 윤보가 자취를 감추었습니다.'라고 고했다. '사랑하는 아들아, 윤보가 모습을 감추었다고 해서 슬퍼할 것까지는 없다. 윤보는 아버지의 유산이 아니다. 네가 스스로 전륜왕의 정법을 행하고, 오는 15일의 재계일에 머리를 감고 높은 누각에 오르면 천 개의 바퀴와 축(軸)을 갖춘, 모든 것이 장엄하고 원만한 너의 윤보가 나타남을 볼 수 있을 것이다.'

'부왕이시여, 그 전륜왕의 정법이란 무엇이옵니까?'

'사랑하는 아들아, 법에 의해서 법을 공경하고 법을 깃발로 하여 법의 수호와 방어를 정하라. 너의 영지 안에서 불법(不法)이 없도록 가난한 사람에게 부를 돌려줌이 좋다. 오만과 방일함을 버리고 인내와 유화함을 지키고 자신을 조복하여 열반으로 향해 나아가는 출가자가 있거든 찾아가서 도를 묻고, 불선(不善)을 버리고 선에 나아감이 좋다. 사랑하는 아들아, 이것이 전륜왕의 정법인 것이다.'

3. 장자는 부친의 명을 받들어 전륜왕의 법을 행하고 그달 15일 재계일에 머리를 감고 높은 누각에 올라 윤보가 나타남을 보고 전륜왕이 되었다. 왕은 자리에서 일어나 그 한쪽 어깨에 옷을 걸치고 왼손에는 금으로 만든 병을 쥐고 오른손으로는 윤보에 물을 부으며 '굴러라, 윤보여! 정복하라, 윤보여!' 라고 부르짖으니, 윤보는 먼저 동방을 향해 굴러가기 시작했다. 왕은 사군(四軍)을 정돈하여 이에 따르고 윤보가 머무르는 곳에 수레를 멈추게 했다.

동방의 제왕은 재빨리 왕 앞에 나타나 '대왕이시여, 모든 것은 대왕의 것, 우리들에게 가르침을 내려주소서.' 라고 환영했다. 왕은 '살생하지 말라, 도둑질하지 말라, 간음하지 말라, 거짓말하지 말라, 술을 삼가야 한다, 음식에는 양을 알지 않으면 안 된다.' 라고 가르치고 동방을 다 따르게 했다. 그로부터 윤보는 동방의 바다로 들어갔다가 다시 뭍으로 올라와, 남으로 서로 북을 돌아서 왕의 정복하는 길잡이가 돼 사해를 평정하고 왕궁으로 돌아와 왕의 내궁에 마치 장식품이나 되는 것처럼 적당한 곳에 멈추었다.

4. 제자들이여, 제2의 전륜왕도 그같이 하여 사해를 다스렸다. 제3, 제4, 제5, 제6, 제7의 전륜왕도 그같이 하여 나라를 다스렸다. 제7의 왕이 출가했을 때 그 장자는 부친의 출가에 전륜왕의 정법을 묻지 않았으며, 또 행하려고도 하지 않았다. 그로부터 백성들의 수는 감퇴해갔다. 신하들은 이것을 근심하여 왕에게 간했다. 왕은 마지못해 전륜왕의 법을 듣고 행을 지켰다. 그렇지만 가난한 자에게 부를 돌려주는 것을 게을리했다. 그 결과로 가난한 사람은 점점 가난이 심해지고 또 그 수가 불어나, 남이 주지 않는 물건을 도둑질하는 자가 생겼다.

사람들은 그 도둑을 잡아서 왕에게 보였다. 왕은 그 도둑이 살기 위함이었다는 말을 듣고 재산을 주며, 앞으로는 자기의 재산으로써 바르게 생활하고 부모를 봉양하며, 처자를 먹이고 선업을 행하며, 출가자들에게 보시하고 천계에 태어나라고 가르쳤다. 그러나 도둑들은 계속 나타났으므로 왕은 모든 재산을 나눠주어야 했으며, 그후로는 왕에게 부를 얻기 위해 도둑질을 했다.

왕은 '내가 이제까지처럼 도둑질하는 자에게 재산을 나눠주는 한 도둑은 늘기만 할 것이다. 도둑을 근절하기 위해 이번엔 목을 베어야겠다.' 라고 생각했다. 그리하여 왕의 명령으로 도둑을 포박하고 머리를 깎아 장안으로 끌고다니다가 성밖의 단두대에서 목을 베었다.

백성들은 왕의 이 행동을 본받아 제각기 칼을 준비하여 도둑을 근절코자 했다. 그 때문에 도둑들도 칼을 준비하여 촌락과 거리를 습격하는 등, 거리에는 통행인을 위협하고 금품을 갈취하는 자가 늘어나 다투는 예가 많았다. 가난한 자에게 재산을 나눠주지 않음으로써 가난한 사람이 늘고 도둑이 많아졌으며, 칼을 번쩍여 살생은 늘고, 거짓말이 생겨 그 결과 수명이 줄어들고 몸도 왜소해졌다. 거짓이 생겨서 밀고하는 자가 나타나고, 서로를 이간질하는 말이 많아졌으며, 사음하는 자가 생겨 비뚤어진 성품이 나타났으며, 탐하고 노함이 성해져 무법과 사법(邪法)이 만연되어 인간의 수명은 점점 줄어갔다.

5. 제자들이여, 이 무법과 사법이 만연된 결과 끝내는 사람의 수명이 10세로 될 때가 있을 것이다. 그때는 이 세상에서 생소(生蘇)·버터·설탕·소금이 없어져, 겨자가 제1의 음식물이 되어 10선(善)이 아주 없어지고 10악(惡)만이 남게 될 것이다. 선이란 것이 없어지므로 선을 행하는 자가 없고, 부모에게 효도하지 않고 출가자에게 공양하지 않으며, 가장을 섬기지 않고 어머니도 없고 숙모도 없으며, 스승도 없고 처도 없고 장자(長者)의 부인도 없고, 개나 야간(野干) 같은 행위로 충만할 것이다.

그래서 그들은 분개하여 서로가 살해할 마음을 일으키고, 어머니는 자식에게, 자식은 아버지에게, 형은 동생에게, 언니는 아우에게 마치 포수가 사슴을 발견했을 때처럼 세찬 살의를 품고 끝내는 7일간에 걸쳐 그들끼리 서로 '이것은 사슴이다. 이것은 사슴이다.' 라고 소리치면서 칼질을 할 것이다.

제자들이여, 그때 그러한 사람들 중에서 그런 살상을 혐오하여 7일간을 풀숲이나 나무가 우거진 곳이나 산의 동굴 속에 숨는 자가 생겨, 7일이 지나서야 나타나 서로가 만나 포옹하고 축복하면서 '보라, 살아 있다, 살아 있다.' 라고 할 것이다. 그 사람들은 이런 비참한 일들이 생긴 것은 모두 자기들이 악에 휘말려 있었기 때문이라 생각하고 이제부터 선으로 되돌아가려고 마음먹고 선을 행하게 된다. 선을 행함으로써 수명이 늘고 몸집이 커지며, 점차 무법과 사법(邪法)을 지양하고 탐과 진에를 멸하고 사견을 버리고 서로 이간하는 말을 버리고 거짓말을 하지 않게 될 것이다. 이 결과 전에 10세로 감소되었던 수명이 8만 세가 되고 사람의 딸들은 500세가 되어서 시집가게 된다.

제자들이여, 이때 인계에는 탐(貪)함과 먹지 못하는 병과 늙는 세 가지의 병이 있을 따름이다. 이 세간에는 사람으로 가득 차 갈대밭의 숲처럼 번식하여 지금의 베나레스의 거리에 케이트마치와 같은 왕성이 이루어지고, 그 나라의 임금인 상카는 법왕으로서 사방을 복종시켜 칠보를 구비하고 전륜왕이 될 것이다.

6. 제자들이여, 그 왕의 세대에 미륵불이 나타나서 지금의 나처럼 깨달음을 얻어, 나처럼 법을 설하고 수천 명의 제자들을 거느리게 될 것이다. 상카왕은 마하파나다왕이 세운 제단에 올라 대보시회(大布施會)를 열고, 집을 나와서 미륵불에게 나아가 제자가 되어 열심히 노력하여 출가자의 목적인 깨달음을 얻게 될 것이다."

7. 세존께서는 그후 베나레스로 가서 녹야원에 체재하셨다. 어느 날 아침 베나레스의 마을에 탁발하러 가셨을 때, 무화수(無花樹) 밑에서 마음을 흐트러뜨리고 정념을 잃은 한 제자를 보고 말씀하셨다.

"제자여, 더러움으로 너 스스로를 더럽혀서는 안 된다. 부정의 근원인 네 몸에 파리가 모여들고 있지 않느냐."

그는 세존의 말씀에 낙담하고 근심 끝에 번민했다.

세존은 드디어 녹야원으로 돌아와 제자들에게 말씀하시기를 "제자들이여, 나는 오늘 아침 탁발 도중 마음이 산란하고 정념을 잃은 제자를 보고, '제자여, 더러움에 네 스스로를 더럽혀서는 안 된다.'고 했다. 제자들이여, 더러움이란 탐욕을 말하는 것이다. 부정의 둥우리란 노여움을 말하는 것이고, 파리란 나쁜 생각을 말하는 것이다. 이 탐욕의 부정에 더럽혀져 노여움의 둥우리가 되었는데, 나쁜 파리가 모여들지 않을 리 없다."

제4절 보현(普賢)의 행

1. 세존은 녹야원에서 또다시 영취산으로 돌아와 많은 보살들에게

둘러싸여 있었다. 그때 보현보살은 회좌(會座)의 대중을 향해서 말하였다. "불자들이여, 보살은 능히 모든 것에 이름이 없는 것, 자성(自性)이 없는 것, 오는 일도 가는 일도 없는 것, 일체가 무아라는 것을 알고 있다. 그러기에 보살은 세제(世諦)에도 제일의제(第一義諦)에도 집착하지 않는다. 이름자에 집착하지 않고 제일의제를 따라 좋은 방편을 갖고 모든 법을 설하여 중생을 인도하는 변재(辯才)는 다함이 없다. 글자 없는 경지에서 글자를 끌어내고, 그리고 글자의 성(性)을 무너뜨리지 않고, 일체의 말을 깨쳐 중생을 이끌며, 의심을 멸하고 때에 알맞게 법우(法雨)를 뿌리는 것이다.

　불제자들이여, 보살이 만약 진실한 법을 듣고 놀라지 않고 겁내지 않으며, 믿음을 가지고 즐겁게 따르고 마음을 편히 갖는 습성이라면 그는 음향인(音響忍), 즉 음성에 따라 각을 얻은 것이다. 또 만약 적멸에 따라서 일체의 법을 평등하게 보고, 청정하고 올바른 마음으로 모든 법을 분별하고, 깊이 모든 법의 성에 들어간다면 그는 순인(順忍), 즉 모든 법의 자성(自性)에 합당한 각을 얻은 것이다. 또 더 나아가서 법의 생멸을 보지 않게 된다. 즉 법에는 생멸이 없다. 생하지 않기에 멸함이 없다. 멸함이 없기에 다함이 없다. 다함이 없기에 번뇌의 때〔垢〕를 멀리하고 있다. 때를 멀리하고 있으므로 무너지지 않는다. 무너지지 않기에 움직이지 않음을 안다. 그것이 즉 번뇌의 적멸한 경계이며, 거기에는 욕도 없고 행도 없다. 그리고 그것이 드디어는 대원(大願)이 되는 것이다. 즉 불토의 장엄에 안주하는 것이다. 이것이 제3의 무생법인(無生法忍)이라고 일컫는 것이다.

　2. 불자들이여, 보살은 또 부처의 음성이란 안에서도 밖에서도 나오는 것이 아님을 깨닫고, 그 음성을 안에서도 밖에서도 찾지 않는다. 그것은 메아리처럼 인연에 의해서 일어나는 것으로, 그것도 일단 음성이 드러나면 법시(法施)를 내리게 하는 것이라고 깨닫는다. 이와 같

이 깊이 음성의 비밀에 들어가서 음성에 사로잡히는 오류를 버리고 능히 일체를 배워야 하는 것이다.

(1) 헤아릴 수 없는 법은 마음에서 일어나 그 허무함은 환상과 같다. 마법사가 갖가지의 현상을 나타내어 사람들을 즐겁게 하는 것도 실은 무와 같음을 알게 된다. 부처는 모든 것을 환상으로 보시지만, 무량한 서원을 세워 도사(導師)가 되어 대비는 더욱더 널리 중생을 청정하게 만든다. 청정은 환(幻)이 있으므로 환상의 힘에 지탱되어 이 세간에 나타난다.

(2) 지체는 허공처럼 충만하여 모든 장애를 제거한다. 허공에 형체가 없으니 잡견(雜見)도 없다. 세간 또한 이와 같은 것이며, 지혜 역시 참으로 이와 같은 것이다.

허공에 자성(自性)이 없으므로 단견(斷見)은 있을 수 없다. 처음도 중간도 끝도 없으며 다른 모양이 있을 수도 없는 것이니, 지혜도 허망한 모양을 취하지 않으며, 다함도 없고 한이 있을 수도 없다.

(3) 하나하나의 털구멍에 한없는 청정한 국토가 있고, 한없는 보배로써 장엄된 한없는 이름이 있어 한없는 법을 설한다. 그렇지만 부처는 설하기 어려운 노래를 설하고 그 노래는 끊이지 않으며, 풀수 없는 진실을 설했노라. 하나하나의 음성에 설할 수 없는 법륜을 굴리어 하나하나의 법륜을 설하지 못한 가르침을 밝히셨도다.

자성도 설하기 어려우며 부처님을 뵙기도 역시 힘들고, 하나하나의 방편도 알기 어렵다.

그저 능히 따름으로써 불성에 드는 것이로다.

3. 불자들이여, 부처의 마음을 어떻게 하면 알 수 있을 것인가. 그것은 오직 한없는 지혜로써 알 수 있을 뿐이다. 이 부처의 지혜는 모

든 지혜의 의지처로서, 따로 의지처가 없다. 비유컨대 허공은 만물의 의지처이지만 그곳에는 의지처가 없다는 것과 같은 것이다. 또 비유컨대 사대(四大)의 해수(海水)는 사천하(四天下)의 땅과 80억의 작은 주(洲)들을 윤택하게 하고 있으므로, 사람이 만약 물을 구한다면 도처에서 얻지 못할 바 아니지만 대해는 결코 '우리는 모든 것에 물을 주고 있다.'는 생각을 일으키지 않는 것과 같이, 부처의 지혜도 모든 중생들의 마음을 윤택하게 하고 있으므로, 중생들이 만약 가르침의 도에 의해서 각기 선근을 닦는다면 모두 지혜의 광명을 얻는다. 그러나 부처는 결코 '나는 중생들에게 지혜를 준다.'고 하는 생각을 일으키는 일은 없다.

불자들이여, 부처의 지혜가 미치지 않는 곳은 없다. 왜냐하면 중생들에게 부처의 지혜가 구족되지 않음이 없기 때문이다. 다만 중생들은 생각이 전도되어 부처의 지혜를 알지 못한다. 염을 여의면 일체지(一切智), 무상(無相)을 알게 되는 지(智), 장애없는 지혜가 생길 것이다. 다만 어리석은 자는 전도된 상념이 그것을 가리어 그것을 알지 못하고 보지 못하며, 심신을 일으키지 못하는 것뿐이다. 부처는 장애없는 천안(天眼)에 의해서 일체의 중생들을 돌보고 '기이하도다, 기이하도다. 무엇 때문에 부처의 지혜를 몸 속에 갖추고서도 중생들은 이것을 알지 못하는 것일까. 나는 그들에게 가르쳐서 성인의 도를 깨닫게 하며, 길이 망상을 여의고 부처의 지혜가 체내에 스며 있어 부처와 다름이 없음을 알려주어야겠다.'고 말씀하신다.

4. 불자들이여, 부처의 지혜는 모든 의리를 알고 의심을 제거하며, 이변(二邊)을 여의고 중도에 머무르며, 모든 문자와 언어를 뛰어넘어 일체 중생들의 마음·행·번뇌·습성을 알고 일념으로 삼세(三世)의 모든 법을 안다. 비유하면 대해에 일체의 색상(色像)이 찍히므로 인(印)이라고 이름하는 것처럼, 부처의 정각을 이룬 지혜의 바닷속에도

일체 중생들의 신념이나 감각이 모름지기 나타나며, 그렇지만 또 나타나는 곳도 없다. 그러므로 부처를 일체각(一切覺)이라고 이름하는 것이다.

　불자들이여, 부처는 정각을 얻었을 때 방편으로서 일체 중생들에게 차등이 없는 몸을 얻게 하고 일체의 법, 일체의 국토, 일체의 삼세(三世), 일체의 부처, 일체의 언어, 일체의 법계와 아울러 열반계에 차등 없는 몸을 얻게 하신다. 그리고 음성도 마음도 몸과 같은 것이다. 불자들이여, 일체의 문자와 일체의 언어는 모두 법륜을 굴리는 것으로 보라. 왜냐하면 부처의 음성은 이르지 않는 곳이 없기 때문이다. 또 법륜은 메아리와 같은 것임을 알라. 그것은 진실한 법성(法性)인 까닭에 오는 곳도 가는 곳도 없기 때문이다. 또 일체의 음성이 한 가지 소리임을 알라. 부처는 그것에 의하여 법륜을 굴리고, 부처의 법륜을 굴리려면 주재자(主宰者)가 필요하기 때문이다.

　불자들이여, 부처는 다만 중생들을 기쁘게 해주기 위하여 세상에 나타나 근심하고 슬퍼하고 사모하며 멸도를 시현하셨다. 그러나 실제로 부처는 세상에 나오는 일도 없거니와 멸도에 드시는 일도 없다. 왜냐하면 부처는 법계에 상주하시기 때문이다.

　불자들이여, 설사 해가 세상을 비추어 모든 그릇에 담긴 물에 그림자를 깃들이게 할지라도 '나는 일체의 청정한 물에 깃들인다.'는 상념은 없다. 그때 그 그릇이 깨어지면 해의 그림자는 나타나지 않는데, 그것은 해의 잘못이 아니라 물이 담긴 그릇이 깨어졌기 때문이다.

　부처의 원만한 지혜의 해는 일념에서 나타나 일체의 세계, 일체의 중생들을 비추고 때를 제거하고 항상 청정한 마음의 그릇 속에 나타난다. 다만 깨진 그릇, 마음이 탁한 중생들은 항상 부처의 법신을 보지 못하므로, 특히 부처의 돌아가심을 보고 경악하여 비로소 구원을 바란다. 그러므로 부처는 멸도를 나타내 보이신다. 그러나 실제로 부처는 생하지도 멸하지도 않으며, 영구히 돌아가시는 일도 없다. 또 비유하면 세계에 큰불이 일어나 초목을 태워버릴 즈음에 만약 풀이나 나무나 상가나 마을이 없는 곳에 이르면 그 불은 저절로 꺼지지만, 그렇다고 세간에 불이 없어진 것은 아니듯이, 부처도 일체의 세계에 구원의 불을 태우고 구원의 풀이 없는 곳에 멸도를 나타내지만, 세간에서 모습을 감추어버린 것은 아니다.

  5. 불자들이여, 부처의 마음을 마음으로 삼는 자는 삼세에 걸쳐 사람의 행(行)에 들고, 그 선과 불선의 행에 들며, 일체의 중생들을 구제하고 일체의 중생들을 대신해서 고통을 받기 때문에 대비(大悲)의 마음을 일으킨다. 또 지니는 모든 것을 희사하기 때문에 보시를 첫째로 삼고, 일체의 불법을 구하기 때문에 일체지(一切智)를 염하는 것을 주로 한다. 그리고 염하기를 '깨달음은 마음을 근본으로 한다. 마음이 청정하면 능히 모든 선근(善根)이 모여 충만한다. 만약 마음이 자재롭다면 위없는 지혜를 갖추어 큰 덕행을 이루고 모든 원을 충만하게 하며 일체의 중생들을 인도할 수 있을 것이다.' 라고. 이것을 보현의 행이라 일컫는다.

  불자들이여, 부처의 마음을 마음으로 삼는 자는 경계(境界)의 자재(自在)를 갖는다. 곧 가의 경계에 있으면서 망집의 경계에 나타나고, 열반의 정적한 경계에 있으면서 번뇌로 어지러운 중생의 경계를 버리지 않는다. 그는 대비와 지혜의 원을 일으켜 중생들을 불쌍히 여기기 때문에 혼탁한 세간에 태어나 욕의 구속에 빠져 처자나 권속을 기르게 된다. 왜냐하면 한쪽에 치우쳐 중생을 가르치며 베풀고 싶기 때문이다.

  마음에 염하기를 '나는 이 번뇌 속에 있더라도 지혜·해탈·선정 등에 미혹을 일으켜서는 안 된다. 왜냐하면 부처의 마음을 마음으로 삼는 자는 일체의 법에 걸쳐 자재를 얻고 지혜에 안주하며, 행을 닦아 각의 언덕에 이르러야만 하기 때문이다.'라고 하신다. 또 그의 마음은 일체의 지혜를 갖추어 견고하고 정직하며 크고 장엄하게 꾸며져 있기 때문에, 어떤 난처한 일이나 악인 속에 있더라도 그 일체지의 보배를 잃는 일은 없다. 비유컨대 정광(淨光)이라 이름하는 수주(水珠)는 탁한 물속에 있더라도 성(性)이 변하지 많을 뿐더러 그 탁한 물을 모두 맑게 하는 것과 같은 것이다.

6. 불자들이여, 부처의 마음을 마음으로 삼는 자가 만약 게으른 마음을 일으켜 부처의 정법을 버리고 탐내어 싫증을 모른다면 마에 사로잡힌 자인 것이다. 또 자신만을 구할 것을 생각하고 번뇌를 여읜 적정만을 원하여 실제의 인생을 버리는 것도 마에 사로잡힌 자인 것이다. 모든 중생들을 인도하여 가르칠 마음을 버리고 정법 속에 의심을 일으키고 불법을 헐뜯는 것도 마에 사로잡힌 자인 것이다. 이러한 것은 당장 멀리해야 한다.

불자들이여, 그가 만약 모든 것은 무상한 것으로 괴로움이며, 일체의 법은 무아(無我)이고 열반은 번뇌의 적멸한 바임을 안다면 법에 섭수된 자인 것이다. 또 바르지 못한 생각이 갖가지 망집을 일으킨다. 이 바르지 못한 생각이 멸하고 망집도 멸한다는 것을 안다면 법에 섭수된 자인 것이다. 일체의 국토, 일체의 법, 일체의 중생, 일체의 세간은 부처의 경계임을 알아 일체의 염을 끊고 일체의 집착을 버리고 열반을 따른다면 법에 섭수된 자인 것이다."

제5절 몸의 업과 마음의 업

1. 세존께서는 그로부터 라자가하성을 떠나 나란다로 가서 몽수림(檬樹林)으로 들어가셨다. 그때 니간타(사교의 일파)의 야데자도 많은

제자들을 이끌고 이곳에 머물렀는데, 그 제자인 장고행(長苦行)은 읍에서 탁발한 뒤 몽수림으로 세존을 찾아와 자리를 같이했다.

세존은 말씀하시기를 "장고행이여, 그대의 스승은 악업에 대하여 어느 정도 업을 수립하고 있는가?" 하셨다.

"고타마여, 저의 스승은 업이라고 하지 않고 신벌(神罰)·어벌(語罰)·의벌(意罰)이라는 식으로 벌로써 나타내고 있습니다."

"장고행이여, 이 세 가지 벌 중에서 어느 것을 중하다고 하는가?"

"신벌을 가장 중한 것으로 삼고 있습니다. 그런데 존자 고타마여, 당신은 어떻게 벌의 구별을 세우고 계십니까?"

"장고행이여, 나는 벌이라고는 하지 않고 업이라고 한다. 신업(身業)·구업(口業)·의업(意業)의 구별을 세우고 의업을 가장 중한 것으로 하고 있다."

장고행은 이 문답을 마치고 세존과 헤어져 자기 스승에게로 가서 이 얘기를 하였다. 야데자는 "참으로 잘했다. 너는 옳게 고타마에게 설명했다. 힘이 약한 의(意)의 벌이 힘이 강한 몸의 벌에 비하여 뛰어날 리는 없다. 몸의 벌이 중한 것은 말할 나위도 없다."고 칭찬하였다. 그러자 그 자리에 함께 있던 재가자의 우팔리는 "나도 한번 고타마의 처소에 가보겠다. 만약 그가 이론으로 도전해 오면, 힘센 사내가 기다란 양의 털을 쥐고 휘두르고 또 휘두르며 양을 내팽개치듯이 던져버리겠다." 하고 용기 백배하여 말했다. "고타마는 괴상한 술수를 알고 있어 남의 제자를 꾀어내는 일에 능하므로 그만두는 것이 좋겠다."라고 주위에서 말렸지만 우팔리는 듣지 않고 떠나 세존께 논쟁을 시도했다.

2. 세존은 말씀하셨다. "우팔리여, 만약 그대가 도리에 입각해서 감정으로 달리지 않겠다고 약속한다면 논의를 해도 좋다. 가령 여기에 한 니간타가 병에 걸려 있다고 하자. 그는 병 때문에 냉수를 원하면서

도 가르침에 따라 냉수를 사용하지 못하고 금지된 채 더운물을 받았으며, 끝내 냉수를 얻지 못하고 죽었다고 한다면 어느 곳에 태어날 것 같은가?"

"그것은 의착천(意着天)이라는 곳에 태어납니다. 냉수에 마음을 두고 죽었기 때문입니다."

"우팔리여, 잘 생각해서 대답해야 한다. 앞뒤 모순이 있어서는 안 된다. 또 한 가지, 가령 여기에 한 니간타가 있어서 네 가지의 금계를 지키고 밤낮으로 스스로를 억제하고 모든 악을 여의려고 하되, 그 오가는 길에서 작은 벌레를 수없이 죽였다고 한다면, 네 스승인 야예자는 어떠한 응보가 있다고 말하겠는가?"

"마음이 있어서 저지른 일이 아니면 대단한 죄는 아니라고 말씀하십니다. 그러나 마음이 있어서 저지른 일이라면 매우 무거운 죄가 됩니다."

"우팔리여, 잘 생각해서 대답해야 한다. 앞뒤 모순이 있어서는 안 된다. 또 한 가지, 이 나란다는 참으로 번영하여 인구도 많으나, 여기 어떤 사람이 검을 빼들고 '순식간에 이 나란다의 인구를 몰살시켜버리겠다.'고 말했다고 하자. 그것은 될 수 있는 일이겠는가?"

"그것은 물론 될 수 없습니다. 10명, 20명, 50명의 많은 사람들이 모여서도 될 일이 아닙니다."

"그런데 여기에 신통력을 갖추고 마음대로 할 수 있는 출가자가 이 나란다를 진에(瞋恚)로써 재로 만들려고 한다면 그것은 될 수 있는 것일까?"

"물론 될 수 있습니다. 10, 20, 50명 정도의 나란다를 마음대로 재로 만들 수가 있습니다."

"우팔리여, 잘 생각해서 대답해야 한다. 앞뒤 모순이 있어서는 안 된다. 그대는 일찍이 선인(仙人)이 한번 노여움에 의해서 여러 국토를 넓은 벌판으로 만들었다는 사실을 들은 일이 있는가?"

"세존이시여, 저는 그것을 들었습니다. 세존이시여, 최초의 비유로서 저는 이미 명확하게 깨달았던 것입니다만, 다시 한번 질문하고 싶어서 지금까지 잠자코 있었던 것입니다. 저는 삼보(三寶)에 귀의하겠습니다. 부디 오늘부터 저를 세존의 신자(信者)가 됨을 허락해주시옵소서."

3. "그것은 그대가 숙고한 끝에, 하지 않으면 안 된다고 생각하는 일을 하면 되는 것이다. 그대와 같이 이름 있는 사람은 자기 생각대로 마음먹은 일을 해야 한다."

"세존께서 그렇게 말씀하시니 저는 꼭 삼보에 귀의하겠습니다. 다른 교도들은 저와 같은 자를 제자로 삼으면 그것을 나란다 시중에 떠들어댈 것이지만, 세존께서는 다만 잘 생각해서 하라고 말씀하셨습니다. 저는 꼭 삼보에 귀의하겠습니다."

"우팔리여, 그대의 집에서는 지금까지 니간타 사람들에게 공양해왔으므로 앞으로도 그들이 올 때는 여전히 공양함이 좋다."

"세존이시여, 그 말씀을 듣고서 저는 더욱더 귀의할 생각이 드옵니다. 저는 전에 세존은 '지기와 그 제자들에게 공양하라. 다른 교인들에게 공양하시 말라.'고 말씀하시는 것으로 듣고 있었습니다. 그런데 지금 세존께서 니간타 사람들에게도 전과 다름없이 공양하라고 말씀하시는 것을 듣고 삼보에 귀의할 마음이 더욱 간절해졌습니다."

우팔리는 세존의 가르침을 받고 모든 것은 무상하다는 이치를 깨달아 기쁨을 안고 집으로 돌아와, 문지기에게 앞으로 니간타의 사람들이 오거든 "우팔리는 고타마의 신자가 되었으므로, 이 문은 니간타 사람들에게는 닫혀지고 고타마의 제자들에게 열려 있다고 말해라." 하고 명령했다.

4. 세존은 길을 동쪽으로 취하여 앙가국을 유행하여 앙가 하류의

가가라 호반에 숙소를 정하셨다. 그곳에는 소나단타라는 바라문이 있었는데, 빔비사라왕으로 책봉되어 부유하며 사람들의 존경을 받고 있었다.

 소나단타가 누각에 올라 낮잠을 자고 있으려니 많은 사람들이 떼를 지어 가가라 호반 쪽으로 걸어갔다. 그 소음에 눈을 뜨고 무슨 일인가 하고 이상하게 여기다가, 세존을 방문하는 것임을 알고 자기도 만나 봐야겠다고 결심했다. 많은 바라문들은 이 말을 듣고 놀라며 간하기를 "그것은 좋지 않은 일입니다. 이쪽에서 찾아가신다면 당신의 이름이 깎이고 고타마의 평판이 높아질 것입니다. 당신은 7대를 청정한 바라문의 가문에서 태어난 청정한 분입니다. 게다가 삼베다(三吠陀)에 정통한 도덕 높은 학자로서 300명이나 되는 제자에게 성전을 가르치는 바라문 중의 기숙(耆宿)인 마가다국의 왕입니다. 고타마 편에서 찾아오는 것이 지당합니다."

 "아니, 그렇지 않다. 내 편에서 찾아가는 것이 지당하다. 고타마는 훌륭한 집안에서 태어나 그 가문과 재보를 버리고 출가하였는데, 그 용모는 미려하고 위엄이 있으며, 계로써 몸을 지키고 업을 믿으며, 뛰어난 상(相)을 갖추고 득도하여 세간의 도사가 되어 중생에게 상냥하다. 따라서 그가 머무르는 곳에서는 싸움이 없고 출가, 재가의 제자들을 이끌어 훌륭한 가르침을 베푸는 자이다. 지금 그 고타마가 우리들의 영지인 가가라 호반에 머물고 계시니 우리들의 빈객인 것이다. 빈객은 공경하지 않으면 안 되므로 내 편에서 찾아가는 것이 마땅하다. 게다가 나는 고타마의 덕을 이 정도로 밖에 가르칠 수 없으나, 그의 덕은 결코 이것뿐이 아니다. 신(信)이 있는 자는 등에 양식을 짊어지고서라도 멀리하지 않고 찾아뵈어야 한다."

 5. 소나단타의 이 말에 많은 바라문들이 수긍하여 함께 가가라 호반을 향해 떠났다. 그 도중 숲속을 지날 때 소나단타는 이렇게 생각하

였다. '만약 내가 고타마에게 질문하는데 〈바라문이여, 그렇게 물어서는 안 된다. 이렇게 물어야만 한다.〉라고 말한다면 이 사람들이 나를 경멸하기 시작하고, 그 때문에 내 이름이 깎이고 수입에도 관련되는 일이 생길 것이다. 또 고타마 편에서 질문하여 나의 대답이 마음에 들지 않아 〈그렇게 설명해서는 안 된다.〉라고 말해도 결과는 꼭 같은 것이 된다. 그렇다고 또 이렇게 떠나와서 만나지 않고 돌아간다면, 내가 겁쟁이임을 간파하는 자가 있어 더욱 나의 이름이 깎일 것이다. 참으로 곤란한 일이다. 어떻게든지 나의 자랑으로 삼는 삼베다의 학문으로 문답하여 그로부터 칭찬을 받았으면 좋겠다.'

소나단타 일행이 인사를 마치고 각각 자리를 잡자, 안절부절못하고 있는 소나단타의 거동을 본 세존은 그 심중을 살피시고, 그를 기쁘게 하기 위해 말씀하셨다.

"바라문이여, 어떠한 자격을 갖추고 있어야만 참다운 바라문이라 말하는가?"

이 물음은 크게 소나단타를 기쁘게 하였고, 또 마음 놓이게 했다. 소나단타는 이렇게 생각했다. '고타마는 나에게 이런 물음을 잘도 해 주셨다. 이거라면 나의 대답은 그의 가납하는 바가 될 것이다.' 그리고는 몸을 쭉 펴고 침착하게 일좌의 대중들을 돌아보며 대답했다.

"세존이시여, 나음의 다섯 가지 자격이 있으면 참된 바라문이라고 불립니다.

첫째 7대 동안 그의 가문은 부모계 모두 혈통이 깨끗할 것, 둘째는 성교(聖敎)를 읽고 삼베다의 학문에 정통하고 순세파(順世波)의 학문에도 밝으며 대인의 상을 분간하는 법을 알고 있어야 할 것, 셋째는 용자가 뛰어나게 아름다우며 게다가 위엄이 있을 것, 넷째는 계행(戒行)이 바를 것, 다섯째는 지자(智者)로서 공희(供犧)의 국자[杓]를 받드는 제1인자 또는 제2인자가 될 것, 이 다섯 가지 자격이 있으면 참다운 바라문이라고 부릅니다."

"바라문이여, 그대가 든 다섯 가지 자격 중에서 한 가지가 빠지더라도 바라문이라고 부르는가?"

"그것은 가합니다. 셋째의 용모의 아름다움이 빠지더라도 바라문이라고 부릅니다."

"나머지 네 가지에서 또 한 가지가 빠지더라도 바라문이라고 부르는가?"

"그러하옵니다. 둘째를 뺄 수 있습니다."

"다음 세 가지 중에서 또 한 가지를 뺄 수가 있겠는가?"

"가합니다. 첫째를 뺄 수 있습니다."

6. 그때 다른 바라문들은 이 문답을 들으면서 안절부절못하며 소나단타에게 속삭였다. "존자여, 그렇게 말씀하지 마십시오. 고타마의 말을 너무 좇으면 안 됩니다."

세존께서 말씀하셨다. "여러 바라문이여, 너희들이 만약 소나단타가 학문이 얕아 말이 졸렬하여 나와 논의하는 데 견디지 못할 것이라고 생각한다면, 너희들이 스스로 나서서 말하는 것이 좋다. 또 만약 소나단타가 박학(博學)해서 틀림없이 나와 논의할 수가 있다고 생각한다면 너희들은 물러가 있음이 좋다."

소나단타는 말하였다. "세존이시여, 상관하지 마시옵소서. 제가 직접 이 사람들에게 말하겠습니다. 당신들은 내가 용모를 경시하고, 주문(呪文)을 경시하며, 문지를 더럽힌다고 생각하는 듯한데, 나는 그러한 것을 경시하고 더럽히는 것은 아니오. 이 나의 조카인 앙가카를 보시오. 용모도 아름답고 고타마를 빼고는 비길 사람이 없소. 또 주문을 배우고 삼베다에 정통한데, 내가 손을 잡고 가르친 것이오. 또 문지도 7대에 걸쳐 아버지 쪽이나 어머니 쪽이나 한결같이 깨끗하오. 그러나 만약 이 앙가카가 산 목숨을 죽이고 물건을 훔치며, 다른 사람의 처를 범하고 거짓말을 내뱉고 술을 마신다면, 용모도 학문도 문지도 필경은 무엇이겠소? 때문에 나는 계행이 청정하고, 지혜가 있고, 공희(供犧)의 음기(飮器)를 바치는 제1인자 또는 제2인자가 될 자격이 있으면, 참된 바라문이라고 부를 수 있다고 말한 것이오."

"바라문이여, 그렇다면 그 최후의 두 가지 중에서 한 가지를 뺄 수가 있는가?"

"세존이시여, 그것은 될 수 없습니다. 지혜는 계행으로써 청정해지고, 계행은 지혜로써 청정해지니, 계행이 있는 곳에 지혜가 있고, 지혜가 있는 곳에 계행이 있으며, 계행을 갖는 사람은 지혜가 있고, 지혜가 있는 사람은 계행을 지니며, 계행과 지혜는 이 세간에서 가장 소중한 것이라고 일컫고 있기 때문입니다. 마치 사람이 손으로써 손을 씻고, 발로써 발을 씻는 것과 같이 계행과 지혜는 서로 청정하게 하는 것입니다."

"바라문이여, 참으로 그대로이다. 계행과 지혜는 서로가 서로를 청정하게 하며, 이 세간에서 가장 절실한 것이라고 일컫는다. 그렇다면 그 계행과 지혜는 대체 무엇인가?"

"오오 세존이시여, 저는 단지 이것만을 알고 있습니다. 모쪼록 그 이상을 말씀해주십시오."

7. "바라문이여, 부처가 이 세상에 나와서 법을 설하고, 재가자가 이것을 듣고 믿음을 일으켜 출가하며, 계율을 지켜 바른 행을 낙으로 삼고 작은 죄도 두려워하며, 생활을 바르게 하고 오관(五官)의 문호를 지키면서 살생을 하지 않으며, 인(仁)이 넘쳐 도둑질을 하지 않으며, 마음을 곧고 청정하게 하며, 음행을 금하고 망어를 버리고 남을 이간시키는 말을 하지 않으며, 난폭한 말을 삼가며 쓸데없는 말을 하지 않으며, 적당한 때 바르게 말하는 이것이 계인 것이다. 또 번뇌를 여의고 모든 선정에 들어, 조용히 온화하고 단단한 마음으로 모든 법이 무

상 무아임을 알고 자타의 숙명을 알며, 사람들의 생사를 알고, 번뇌의 멸을 안다. 이것이 지혜인 것이다."

소나단타는 이것을 듣고 삼보 귀의의 신자가 될 것을 서약하고, 이튿날의 식사에 초대한다는 말씀을 올렸다.

이튿날 식사가 끝났을 때 소나단타는 낮은 걸상을 갖고 와서 앉아 세존께 말씀드렸다. "세존이시여, 제가 저의 동료들 틈에 있을 때 자리에서 일어나 세존께 절을 하면 동료들은 저를 경멸하여 그 때문에 불화가 일어납니다. 그러므로 제가 합장하는 손을 뻗으면 자리에서 일어서는 것으로 생각해주셔야겠습니다. 또 제가 모자를 벗거든 절하는 것으로 생각해주십시오. 또 제가 수레를 달리고 있다가 세존을 뵈었을 때 채찍을 아래로 내리고 손을 머리에 올리거든 수레를 내려서 절한 것으로 생각해주셨으면 합니다."

세존은 이에 응하고 설법을 마치신 뒤 가가라 호반으로 돌아가셨다.

8. 다음에 세존은 앙가국을 차례로 유행하며 제자들에게 다음의 가르침을 남기셨다.

"제자들이여, 너희들은 출가자로 알려져 있다. 또 사람들이 물으면 나는 출가자라고 대답하고 있다. 그러므로 너희들은 다음과 같이 익혀두지 않으면 안 된다. '나는 출가자로서의 해야 할 법을 지켜가자. 그래야만 출가자가 된 진실함이 있다. 나에게 의복과 음식과 주거와 약을 주는 사람들에게 큰 복을 얻게 하고, 이 나의 출가생활에 유익하고 보람이 있도록 하자.'라고.

제자들이여, 출가자가 해야 할 법이란 무엇인가? 그것은 참(慚)과 괴(愧)를 갖추는 일이다. 그러나 참과 괴를 갖추어 이것만으로 충분하다고 생각해서는 안 된다. 몸과 말과 마음 위에서 행과 생활을 청정하게 하고 숨김없이 하되, 그렇다고 자기의 행을 뽐내어 자찬하고 남을 헐뜯어서는 안 된다.

제자들이여, 더구나 이것만으로 충분히 출가자의 목적을 다했다고 생각해서는 안 된다. 오관의 문호를 지키고 외경(外境)을 보고 그것에 집착하지 않도록 해야 한다. 또 음식에는 양을 알며 먹는 것을 낙으로 삼지 말 것이며, 이 법의 그릇인 몸을 지탱하며 기르고 청정한 행을 이루는 도움으로 하며, 바른 반성으로써 식사를 하지 않으면 안 된다. 또 언제나 깨닫고 있지 않으면 안 된다. 또 낮에는 정좌한다든지 경행(經行)한다든지 하여 금하는 법을 행하지 않으며, 초저녁에는 정좌하고 경행하고, 밤중에는 우협(右脅)으로 누워 발과 발을 포개고 정심정념으로 일어나야 할 때를 마음에 떠올리고 사자(獅子)와 같이 자며, 새벽에는 일찍 일어나 정좌하고 경행하며, 금지된 법에서 마음을 청정하게 하지 않으면 안 된다.

또 평소 가는 일에나 오는 일에나, 가까이를 바라보는 일에나 멀리 보는 일에나, 옷을 입는 일에나 바리때를 들 때나, 식사할 때나 물을 마실 때나 행주좌와(行住坐臥)를 언제나 바른 마음으로 하지 않으면 안 된다. 또 항상 조용한 거처를 찾아 수풀 속 나무 밑이나 산중의 동굴 속이나 무덤가나 거적에 자리를 정하고, 몸과 마음을 똑바로 하고, 탐욕·진에·나태와 수면, 도거(悼擧), 뉘우침과 의심을 여의고 마음을 청정하게 하지 않으면 안 된다. 그리고 병의 고통을 참내할 수 없는 자가 몸을 회복하여 기뻐하듯이, 노예에게 자유가 주어져 자기가 생각하는 곳으로 갈 수 있는 것을 기뻐하듯이, 또 많은 재보를 등에 지고 황야의 여행을 무사히 마치고 기뻐하듯이, 이 다섯 가지 마음의 부개(覆蓋)를 여의고 마음은 환희에 차서 몸이 느긋하여 정신의 통일을 얻어 모든 선정에 들어가지 않으면 안 된다.

제자들이여, 그 위에 다시 이 선정으로 단련시켜 언제라도 일할 수 있는 마음으로써 자타의 숙명을 알며, 중생들의 생사를 알며, 번뇌의 멸각을 알지 않으면 안 된다. 제자들이여, 이리하여 비로소 출가자,

바라문, 지혜 있는 사람, 평온한 사람, 성자라고 일컫는 것이다. 제자들이여, 출가자나 바라문 또는 성자란 악불선(惡不善), 더러움의 법, 고통의 열매를 낳아, 다음 세상에 태어날 근본이 되는 바를 진압한 사람이다.

9. 제자들이여, 출가해서 만약 탐욕을 버리지 못하고, 진에를 여의지 못하고, 분노와 원한을 숨기는 일이나 자존과 질투, 사기와 아첨, 악욕과 사견을 멀리하지 않는다면 마침내 쌍날 칼을 옷속에 감추고 있는 것과 같다. 나는 옷을 입고 있다 하여 출가자라고 부르지 않는다. 나체로 있다 해서 출가자라고 부르지 않는다. 도회자(塗灰者)는 그저 이마에 회를 발랐을 뿐, 수욕자(水浴者)는 그저 하루에 세 번씩 목욕할 뿐, 어느 누구도 출가자는 아니다. 나무 밑에 머무르는 사람, 황야에 머무르는 사람, 입행(立行)하는 사람, 단식하는 사람, 송경하는 사람, 이들도 그저 그것에 한한 사람일 따름이며 출가자는 아니다.

제자들이여, 옷을 입는 것만으로 탐욕과 진에, 그밖의 번뇌를 여읠 수 있는 것은 아니다. 또 나체로 있다든가, 이마에 회를 바른다든가, 하루 세 번씩 목욕한다든가, 나무 밑 또는 황야에 머무른다든가, 늘 서서 있다든가, 단식하든가, 송경하든가 하는 것은 그저 외형뿐으로 출가한 자의 본래의 도는 아니다.

그렇다면 출가한 자의 본래의 도는 무엇인가. 탐욕과 진에와 분노와 원한에 덮인 자 등등은 자존과 질투, 속임수와 아첨, 악욕과 사견을 떠나야 한다. 이와 같은 악에서 떠났을 때 떠났다는 것을 알아 기쁨을 깨닫고 몸이 느긋해지며 마음이 능히 정복된다.

제자들이여, 비유컨대 강변에 깨끗한 백사(白沙)가 깔려 있고 맑은 물이 가득 찬 연못이 있다고 하자. 여행자들은 사방에서 더위에 지친 발을 이끌고 연못가에 왔을 때, 이 물로 갈증을 풀고 더운 열기의 고통을 풀 것이다. 그와 마찬가지로 크사트리야, 바라문, 바이샤 사람들이 부처가 설하는 법에 의해서 자비희사(慈悲喜捨)의 사무량심(四無量心)을 닦아 번뇌라는 염열(炎熱)의 괴로움을 멸하고 마음의 청량함을 얻는다면, 나는 이 사람을 출가의 도에 들어선 사람이라고 부른다. 그리하여 번뇌를 적멸시킨 후에 참다운 출가자가 되는 것이다."

제2장 반야(般若)

제1절 공(空)

1. 세존은 성도(成道) 제14년 초에 앙가국에서 강을 건너 밧지국에 들어가 점차 유행하여 베살리의 대삼림에서 얼마 동안을 체류하셨다. 어느 날 제자들에게 가르치셨다. "제자들이여, 생사의 작위(作爲)가 없는 무위(無爲)의 경지란 어떠한 것이며, 거기에 이르는 길이란 어떠한 것인가? 탐욕과 진에, 우치가 다 멸한 것이 무위인 것이다. 공(空)의 정(定)과 무상(無相)의 정과 무원(無願)의 정이 서기에 이르는 노인 것이다. 그러하기 때문에 너희들은 숲이나 사람이 살지 않는 빈집에 들어가서 마음을 수습하여야 한다. 방일해서도 안 되고, 후회가 따라서도 안 된다. 이것이 너희들에 대한 나의 가르침인 것이다."

2. 어느 날 오후, 아난다는 세존께 묻기를 "세존이시여, 세간을 공(空)이라고도 일컫고 있사온데, 이것은 무슨 뜻이옵니까?" 하였다.
"아난다여, '아'와 '아소'라는 것이 전혀 없는 것이므로 세간을 공이라고도 일컫는다. 아와 아소가 전혀 없다는 것은, 눈(眼)은 나도 아니요 내 것도 아니다. 색(色), 곧 모양이 있는 것은 나도 아니요 내 것도 아니다. 안식(眼識)은 나도 아니요 내 것도 아니다. 이 근(根)과 경(境)과 식(識)과의 화합에 의하여 생기는 감촉 역시 나도 아니요 내 것도 아니다. 그 감촉에서 생기는 수(受), 곧 감각도 나도 아니요 내 것도 아니다. 이와 같이 귀·코·혀·몸·뜻과, 그러한 것의 대경(對境)과 그러한 것의 식(識) 및 그 화합에서 생기는 감촉과 감각도 모름지기 나도 아니요 내 것도 아니라는 것이다. 이 아와 아소가 전혀 없다는 이유에 의하여 세간을 공이라고 일컫는 것이다."

3. 어느 날 해질 무렵, 사리푸타는 선정(禪定)에서 일어나자 세존 앞에 나아가 예를 드린 다음 그 옆에 앉았다.

세존께서 말씀하셨다. "사리푸타여, 너의 모습은 청정하고 조용하며, 살빛은 빛나 보인다. 너는 오늘 어떠한 선정에 들었던가?"

"세존이시여, 오늘 저는 공(空)의 선정에 들었습니다."

"착하도다, 사리푸타여. 너는 오늘 부처의 선정에 들었다. 실로 공은 부처의 선정인 것이다. 만약 불제자가 공의 선정에 들기를 바란다면 이와 같이 생각을 하지 않으면 안 되리라. '나는 오늘 마을에 들어가 탁발을 했지만 그 오가는 길에서 눈으로 보는 모양, 귀로 듣는 소리, 코로 맡는 냄새, 혀로 음미하는 맛, 피부에 닿는 감촉, 뜻을 아는 법에 있어서의 탐욕·진에·우치의 마음에 장애가 있었던 것은 아니었던가?' 이와 같이 생각하여, 만약 있었다는 것을 깨달았으면 그 악을 버리기 위해 힘써야 한다. 만약 없었다고 자각한다면 기쁨과 낙으로써 밤낮으로 선을 배우는 것을 계속해야 한다.

그리고 사리푸타여, 그 제자는 이와 같이 생각하지 않으면 안 되리라. '나는 과연 오욕을 버렸다고 할 것이며, 번뇌를 제거했다고 할 수 있을 것인가? 이 몸뚱이를 이루고 있는 몸과 마음을 자각했던가? 지혜를 얻고 각을 얻었을까?' 라고. 사리푸타여, 이와 같이 생각하여 아직도 번뇌를 여의지 못하고 각을 얻지 못하였다면 그것을 위해 힘써야 한다. 또 이미 번뇌를 여의고 각을 얻었다면 기쁨과 즐거움으로써 밤낮으로 선을 배우는 일을 계속해야 한다.

사리푸타여, 먼 과거의 어떠한 출가자도, 또 먼 미래의 어떠한 출가자도, 또 현재의 어떠한 출가자도 모름지기 보시에 의해 얻은 음식을 청정하게 하는 길은 모두 이와 같이 생각하는 데 있는 것이다. 그러나 사리푸타여, 너희들도 모두 나의 가르침과 같이 생각하여 보시에 의해 얻은 음식물을 청정하게 해야겠다는 길을 배워야 한다."

4. 또 어느 날 저물녘에 아난다는 세존께 물었다.

"세존이시여, 일찍이 세존께서는 저에게 '아난다여, 나는 지금 대부분의 시간을 공(空)의 선정에 머무른다.' 라고 말씀하신 것으로 기억하고 있습니다만, 이러한 저의 기억은 정확한 것이옵니까?"

세존은 "아난다여, 너의 기억은 정확하다. 나는 전이나 지금이나 마찬가지로 대부분의 시간을 공의 선정에 머물고 있다. 비유컨대 이 대삼림의 중각강당에는 코끼리·소·말·양이 있지 않다는 뜻에서 공인 것이며, 금은이 없다는 뜻에서 공인 것이며, 남녀의 모임이 없다는 뜻에서 공인 것이다. 다만 공이 아닌 것은 승가(僧伽)뿐이다. 이와 마찬가지로 제자가 마을의 상념을 일으키지 않고 사회의 상념을 일으키지 않고 그저 숲속에 대해서만 생각한다면 그 숲속의 상념으로 마음은 기쁘고, 마을에 따른 괴로움도 사회에 대한 괴로움도 없어지고 숲속에 대한 심려만이 있을 뿐이다. 그래서 마을 또는 사회라고 하는 상념도 공이 되고, 숲속의 상념만이 공이 아닌 것이 된다. 이와 같이 그곳에 없으니 공으로 보며, 그곳에 있으니 유(有)로 알게 되는 것이다.

나아가서 숲속의 상념을 버리고 단지 땅의 상념을 일으킨다. 산도 강도 숲도 있으며 고처가 있는 대지를, 소가죽을 깐듯한 주름살 하나 없는 평탄한 땅을 상념한다. 이 상념으로 마음은 기쁘고, 숲속에 관한 괴로움은 없어지고 그저 땅에 대한 심려만이 있을 뿐이다.

이와 같이 하여 차례로 갖가지 선정을 닦은 뒤 무상정(無想定)으로 나아가, 그저 무상정만을 상념하면 무상정으로 마음은 기쁘고 오래 살며, 이 몸에 따라 일어나는 괴로움만이 있는 것으로 된다. 이와 같이 무상정에 들어, 이 무상정도 만들어진 것, 생각한 결과로 이루어진 것이기 때문에 무상(無常)한 것이며, 멸(滅)의 진리를 알고 욕의 번뇌, 유(有)의 번뇌, 무명(無明)의 번뇌에서 해탈되어 '내가 이루어야 할 것은 끝내 이루었다. 이후 망집의 생을 받는 일은 없다.'는 것을 알게 되는 것이다. 이렇게 되면 모든 번뇌에서 일어나는 괴로움은 없고, 그저 오래도록 이 몸에 관해 일어나는 괴로움이 있을 뿐이다. 이리하여 모든 것은 공이 되고, 공이 아닌 것은 단지 하나 이 생존해가고 있는 몸뚱이뿐이게 된다. 이와 같이 그곳에 없으니 공으로 보고, 그곳에 남아 있으니 유(有)라는 것을 알게 되는 것이며, 이리하여 공의 선정을 닦고보면 진실에 계합되고 전도(顚倒)된 생각에 사로잡히지 않는다.

아난다여, 이 청정하고 수능한 공의 선정에 머물도록 닦지 않으면 안 된다." 하고 말씀하셨다.

제2 절 무주(無住)의 증득

1. 세존이 어느 날 사바티성에서 탁발하고 기원정사에 돌아오셔서 의발(衣鉢)을 거두시고 발을 씻으신 뒤 자리를 잡자, 수부티가 대중 가운데서 일어나 세존께 절하고 아뢰었다. "세존이시여, 부처가 능히 도를 구하는 모든 중생들을 두호하고 또 그들에게 두드러진 부촉(付囑)을 하시는 일은 희유한 일이라고 생각합니다. 세존이시여, 만약 중생들이 무상의 도를 구하는 마음을 일으킬 때 어떻게 하여 그 마음을 억누를 수가 있겠습니까?"

세존께서 말씀하셨다. "착하도다, 수부티여. 보살이 그 마음을 항복시키는 데에는 먼저 세계의 모든 유정(有情)을 완전한 열반에 들게 해야 한다. 게다가 이와 같이 했더라도 실은 한 사람도 열반에 든 중생이 없는 것이다. 왜냐하면 적어도 보살된 자체가 '인(人)'·'아(我)'·'수(壽)' 등의 상주(常住)를 인정한다면 그는 보살 자체가 될 수 없기 때문이다.

그리고 수부티여, 보살은 법에 머물러서는 안 된다. 보시를 행함에 있어서도 그러한 것에 가로막혀서는 안 된다. 곧 법의 모양에 구애받지 않아야 한다는 것이다. 그렇게 하면 그 복덕의 무한함은, 예를 들면 동·서·남·북 사유의 어느 곳을 향하더라도 마치 허공이 끝이 없어 헤아릴 수 없는 것과 같은 것이다.

수부티여, 신상(身相)으로서 부처를 구해서는 안 된다. 왜냐하면 부처가 설하신 신상(身相)은 참된 신상이 아니기 때문이다. 모름지기 모든 상은 허망한 것이다. 그러므로 만약 모든 상이 상이 아님을 보면 곧 부처를 보게 되는 것이다.

만약 색으로써 나를 보거나 음성으로써 나를 구한다면 이 사람은 사도(邪道)를 행하는 것으로, 그는 부처를 보지 못하리라."

2. 수부티는 또 물었다. "세존이시여, 중생들은 이러한 말씀을 믿고 있는 것이옵니까?"

세존께서 답하셨다. "그렇게 말해서는 안 된다. 부처가 돌아가신 지 500년 뒤에 계율을 지니고 복을 닦는 자는 이 말을 듣고 진실이라고 믿게 될 것이다. 이 사람들은 부처 앞에 34의 선(善)을 심었기 때문에 이러한 일념의 청정한 믿음을 일으킴에 이른 것이다. 이와 같이 하여 그들은 헤아릴 수 없는 복을 얻는 것이다. 곧 그들은 아상(我相), 인상(人相)을 인정하기 때문이다. 수부티여, 부처는 이 무상의 도를 증득할 것인가. 또 부처가 설해야 할 법이 과연 있는 것일까. 어떻게 생각하느냐?"

"제가 깨달은 바에 의하면 따로 무상의 도를 증득할 법이 있다고는 생각되지 않습니다. 또 부처님께서는 '이것이다' 하고 정한 법이 있다고는 생각되지 않습니다. 왜냐하면 부처의 가르침은 붙잡을 수도 설할 수도 없는 것이며, 또 법일 수도 비법일 수도 없기 때문입니다. 그 이유는 모든 성자는 다 무위의 시현이기 때문입니다."

3. "수부티여, 여러 성자들은 각각 이른바 도를 증득한 것으로 생각하고 있는 것일까?"

"저 성자들은 결코 그러한 생각을 하실 리는 없다고 생각합니다. 왜냐하면 특히 그러한 증득이라 일컫는 것이 없기 때문입니다. 그러나 만약 그들 성자들이 나는 어떠한 도를 증득했다고 생각한다면 그는 아직 아집을 여의지 못한 것으로, 이는 성자라 이름할 수는 없기 때문입니다."

"부처는 옛날 연등불 밑에 있으면서 그 어떠한 법을 얻었던 것인가?"

"아무것도 얻지 못했다고 생각합니다."

"만약 보살이 부처의 국토를 장엄한다고 한다면, 그는 실(實)을 말하는 것은 아니다. 왜냐하면 장엄하되 장엄한다는 생각이 없는 것을 장엄한다고 이름하기 때문이다. 그러나 수부티여, 보살은 어떠한 곳과 사물에도 마음을 주(住)하는 일이 없도록 마음에 새겨두지 않으면 안 되느니라."

4. 수부티는 이 심오한 의취(義趣)를 듣고 기쁨의 눈물에 목이 메면서 세존께 여쭈었다. "세존이시여, 저는 지금까지 이러한 교법을 들은 일이 없습니다. 만약 인연 있는 사람이 있어 이 교법을 듣고 청정한 믿음을 일으킨다면 곧 실상(實相)을 낳을 것입니다. 그 사람은 세간에서 드문 제1의 공덕을 얻을 것입니다. 세존이시여, 이 실상은 처

음부터 정함이 없는 상(相)으로, 이것을 실상이라 설한 것으로 생각하옵니다."

세존께서 말씀하셨다. "세상의 무량한 보물을 남에게 베풀었다 하더라도 이 교법(敎法)을 갖고 중생을 위하여 설한 공덕에는 미치지 못한다. 그렇다면 어떤 방편으로 남을 위해 설해야 하는 것일까? 모든 것은 꿈이요 환상이다. 마치 물거품이나 그림자와 같다. 이슬이나 번갯불처럼 봐야만 옳은 것이다."

세존께서 설법을 마치시자 수부티를 비롯하여 일회(一會)의 대중은 법의 기쁨에 젖어 마음이 약동했다.

제3절 반야의 요체(要諦)

1. 다시 세존은 사리푸타를 향해 말씀하셨다. "관음보살은 각의 피안에 이르는 깊은 지혜의 행을 가지시고, 몸도 마음도 모두 공임을 아는 일이 일체의 괴로움을 건지는 도라고 생각하셨다. 그러니 사리푸타여, 색은 곧 공이며 공은 즉 색인 것이다. 공은 색과 다를 바 없고, 색은 공과 다를 것이 없다. 수(受)·상(想)·행(行)·식(識)의 사법(四法)에 대해서도 이와 마찬가지인 것이다.

사리푸타여, 제법은 모두가 공인 것이며, 생하지도 않고 멸하지도 않고, 더럽혀지지도 않고, 줄지도 않고 늘지도 않는다. 그러니 공 가운데는 색 등의 오온(五蘊)도 없고, 눈 등의 육근(六根)도 없으며, 색 등의 육경(六境)도 없다. 안식의 세계 내지 의식의 세계도 없다. 무명(無明)도 없고 무명이다 함도 없으며, 노사(老死)도 없고 노사가 다함도 없다. 고(苦)·집(集)·멸(滅)·도(道)도 없고, 지(智)도 없고 얻는 바도 없다. 얻는 바가 없으므로 보살은 각의 피안에 이르는 지혜에 의하여 마음의 장애는 없다. 장애가 없으므로 공포가 없다. 꿈과 같은 도착된 상념을 여의고 궁극의 열반을 얻는다. 삼세의 부처들은 득도의 피안에 이르는 지혜에 의하여 더 없는 평등의 각을 얻게 되는 것이다. 이리하여 각의 피안에 이르는 지혜, 곧 반야바라밀은 반드시 영험 있는 주문인 것이다. 그것은 진실하므로 일체의 고를 제한다. 주문에 말했다.
'아아, 각의 언덕으로 가고 싶구나. 피안에 닿고 싶구나.'

제3장 회향(廻向)

제1절 세 종류의 스승

1. 세존은 다시 북으로 향하시어 사바티성에 들르시고 다시 코살라국을 차례로 돌아서 사라발제가 마을에 잠시 머무르셨다. 이 마을은 파세나디왕이 바라문 로히처에게 준 마을로서 목장과 논이 많았으며, 주민도 많고 번화했다. 당시의 로히처 바라문은 이러한 생각을 갖고 있었다. '출가자는 혹은 그 구하는 선(善)에 달할는지는 모르나, 그 선을 남을 향하여 설해서는 안 된다. 남이 남에게 무엇을 할 수 있다는 것인가. 그것은 지나간 속박을 끊어버리고 게다가 다시 새로운 속박을 짓는 것과 같은 것이어서 역시 일종의 탐인 것이다.'
세존이 이 마을에 이르셨다는 말을 듣고 로히처는 이발사인 베시카를 불러 세존의 기색을 살핀 뒤에 내일의 식사에 초대하시도록 명했다. 베시카는 그 용건을 마치자 세존을 모시고 오는 길에 주인이 품고 있는 생각을 말씀드리고, 모쪼록 세존의 힘에 의해 주인의 과실을 제거해주실 것을 원하였다.

2. 식사의 공양을 마치고 로히처가 낮은 곳에 자리를 잡고 앉게 되자, 세존은 로히처의 앞서의 생각을 말하면서 "그것은 정말인가?" 하고 말씀하셨다. 그는 "네, 그러하옵니다."라고 대답했다. 세존은 거듭하여 "로히처여, 그대는 지금 사라발제가 마을을 영유하고 있으나, 어떤 사람은 다음과 같이 말할지도 모른다. '이 마을의 수입과 산물은 로히처 바라문 한 사람이 취하고 다른 사람에게는 주지 않음이 좋다.'고. 로히처여, 이와 같이 말하는 사람은 이 마을에 사는 사람에게 위험스럽다고는 생각하지 않는가?"

"그것은 위험스러운 사람이옵니다."

"위험이 있다고 하는 것은 동정을 갖지 않는 사람을 말하는 것이며, 자애심이 없는 적의(敵意)있는 사람이라는 것이 아닌가? 적의를 갖는다는 것은 비뚤어진 생각이 아닌가? 비뚤어진 사람은 지옥에 떨어지지 않으면 안 된다. 이것은 크게 말해서 파세나디왕에 관해서도 마찬가지인 것이다. 왕은 카시(迦尸)와 코살라국을 갖고 있으나, 이 두 나라의 수입과 산물은 다만 왕만이 취하게 하여 다른 누구에게도 주지 않는 것이 좋다고 한다면, 그 사람은 이 두 나라의 주민에게 있어서는 위태로운 사람인 것이며, 동정이 없고 악이 있는 사람인 것이며, 비뚤어지게 살았으므로 지옥에 떨어지지 않으면 안 된다. 로히처여, 이와 마찬가지로 '출가자가 도달한 선(善)을 남에게 설해서는 안 된다.'고 하는 사람은 중생들에게 장애를 주는 사람, 동정이 없는 사람이며, 적의를 품고 비뚤어지게 살며, 따라서 지옥에 떨어질 사람인 것이다.

3. 로히처여, 세상에는 분명히 힐책되어야 할 세 종류의 스승이 있다. 제1은 출가자이면서도 그 목적을 다하지 못하고 있으면서 '이것은 너희들을 위하는 것, 너희들의 행복이 되는 것'이라고 제자들에게

가르친다. 제자들은 그 가르침에 귀를 기울이지 않고 스승의 가르침으로부터 떨어져나간다. 이런 스승은 이렇게 힐책되지 않으면 안 된다. '당신은 출가자이면서 스스로 그 목적을 다하지 못하고서 제자들에게 법을 설하는 자이므로, 제자들은 당신의 가르침에 귀기울이지 않고 다른 스승에게로 달아나려고 한다. 당신의 가르침은, 싫다는 여자에 빠져서 끌어안으려고 하는 것과 같은 것으로, 그것은 일종의 나쁜 탐욕인 것이다.' 라고.

제2의 스승은 출가하고도 스스로 출가의 목적을 다하지 못하고 있으면서 '이건 너희들을 위하는 것이며, 너희들의 행복이 되는 것' 이라고 제자들에게 가르친다. 제자들은 순순히 그 가르침에 귀기울이고 열심히 행을 닦으려고 한다. 이 스승도 비방되어야 한다. '당신은 마치 자기의 밭을 잊고 있으면서 남의 밭의 풀을 뽑고 있는 것과 같은 것으로, 그것은 일종의 나쁜 탐인 것이다.' 라고. 제3의 스승은 스스로 출가의 목적을 다하여 제자들에게 가르치고 있지만 제자들은 그 가르침에 귀기울이지 않고 스승의 가르침에서 떨어져 나간다. 이 스승도 '당신은 마치 낡은 포박을 끊고 일부러 새로운 포박에 임하는 것과 같은 것으로, 그것은 일종의 나쁜 탐욕인 것이다. 남이 남에게 무엇을 할 수 있으랴.' 하고 비난받지 않을 수 없다."

4. "세존이시여, 그렇다면 세간에서 비방받지 않는 스승이 있습니까?"

"로히처여, 부처가 이 세상에 나와서 법을 설하고 재가자가 이를 듣고 신심을 일으켜 출가하여, 계율에 따라 생활하고 바른 업을 즐거움으로 삼아 작은 죄도 두렵게 보고 오관(五官)의 문호를 지키고 번뇌를 여의고 선정에 들어, 선정에 의하여 수련된 마음으로 숙명과 타심(他心)과 번뇌가 다함을 알고 해탈하여 스스로 해탈한 것을 안다. 어떤가, 로히처여. 어떠한 스승일지라도 그 제자들이 그 가르침 아래에서 이와 같은 뛰어난 지위에 이르렀다면 비난을 받을 리가 없다. 비난은 부당하며 도리어 죄인 것이다."

로히쳐는 이 세존의 가르침을 받고 "마치 절벽에서 떨어지려는 것을 목덜미를 붙잡고 구해주신 것처럼 지옥에 떨어지려고 하는 저를 구해주셨다."라고 크게 기뻐하며 세존께 귀의하여 신자가 되었다.

5. 세존은 다시 유행하여 마나사카타라는 바라문 마을에 이르러, 마을의 북쪽을 흐르는 아치라와치강의 하반에 있는 숲속에서 체류하셨다.

그때 타루카, 포카라서치 등 유명한 많은 바라문들이 어떤 일로 이 마을에 모여 있었다. 포카라서치 바라문의 제자인 바실타와, 타루카 바라문의 제자인 바라드와자는 해질녘에 목욕한 후 조용히 모래밭을 거닐면서 도(道)의 정부(正否)에 대하여 의론을 전개했다. 바실타의 말하는 바는, 스승인 포카라서치 바라문의 설법은 똑바른 길로 그대로 가기만 하면 신의 세계에 태어난다고 하는 것이었다. 바라드와자의 주장하는 바는, 타루카 바라문의 설법이야말로 그 똑바른 길이라고 하였다. 이 점에서 서로가 설복하지를 못하여 두 사람은 상의한 결과, 그 판결을 당시 유명한 고타마에게 부탁해보리라 결정하고 세존의 곁에 가서 그 취지를 말씀드렸다.

6. 세존께서 말씀하셨다. "바실타는 그 스승의 법을 신의 세계에 태어나는 똑바른 길이라 하고, 바라드와자는 또 그 스승의 법을 똑바른 길이라고 말했는데, 어디에 의견의 차이가 일어나서 쟁점이 된 것인가?"

"세존이시여, 도의 정부에 관해서입니다. 요즘 많은 바라문이 도를 설하고 있으나, 이러한 가르침은 모름지기 어느 쪽을 좇아서 도를 닦더라도 모두 신의 세계에 태어나게 하는 것이옵니까? 비유컨대 마을이나 상가 가까이에 여러 갈래의 길이 있어, 그것이 그 마을이나 상가에서 하나로 만나는 것과 같은 것이옵니까?"

"바실타여, 그대는 그러한 바라문교가 올바르게 이끈다고 말하는 것인가?"

"그러하옵니다."

"바실타여, 삼베다를 아는 바라문들 가운데서 한 사람이라도 진실로 신을 본 적이라도 있었던가?"

"그것은 없습니다."

"바실타여, 그러한 바라문의 스승, 또는 그 스승의 스승인 누군가가 한 사람이라도 신을 본 적이 있었던가?"

"그것도 없습니다."

"바실타여, 그렇다면 그러한 바라문의 선조 7대 동안에 한 사람이라도 신을 본 적이 있었던가?"

"없었습니다."

"바실타여, 바라문들의 성주(聖呪)의 작자인 옛 성자들은 한 사람이라도 '어디에 신이 있는가, 무엇에 의해 신으로 되었던가, 신은 누군가를 능히 알고, 능히 보고 있다.'고 말하고 있는가?"

"세존이시여, 그렇게는 말하고 있지 않습니다."

7. "바실타여, 그렇다면 이렇게 되는 것이다. 삼베다에 밝힌 바라문이나 성자 중에서 예부터 한 사람도 신을 보지 못했다. 그들은 말한다. '우리들은 우리들이 알지도 못하고 본 일도 없는 곳에 가는 길을 가리킨다. 이것은 똑바른 길로, 그대로 가기만 하면 알지도 못하고 본 일도 없는 곳에 갈 수가 있다.'고. 바실타여, 장님의 무리가 이어져 앞사람도 뒷사람도 중간 사람도 서로를 볼 수 없는 것과 같이, 그러한 바라문들도 볼 수도 없으면서 그와 같이 말하는 것이므로, 그 말은 우습게 되고 소용없는 것이 될 것이니라.

바실타여, 비유컨대 어떤 사람이 얘기하기를, 그 사람이 나라 안에서 제일가는 미인을 사랑하고 있다고 했다 하자. 어떤 사람으로부터 '그것은 좋으나 너의 애인은 공주인가 신의 딸인가, 아니면 서민이나 종의 딸인가?' 라는 질문을 받자 '그건 모르겠다.'고 대답했다. '그렇다면 성이나 이름은 무엇인가, 키는 큰가 작은가, 살빛은 흰가 검은가, 어떠한 곳에 살고 있단 말인가?' 라는 질문을 받자 '그것도 모르겠다.'고 대답했다. '그렇다면 그대는 사랑을 한다고 하지만, 그 여자를 알지도 못하고 보지도 못한 것이 아닌가?' 라고 말하자 '사실이 그러하다.'고 대답했다. 바실타여, 신의 세계에 태어난다는 가르침을 설하는 바라문의 교는 마치 그와 같은 것이다.

바실타여, 큰비가 내려서 아치라와치강이 범람하여 하안까지 차올랐다고 하자. 그곳에 저쪽 하안에 용무가 있는 사람이 와서 이쪽 하안에 서서 말하기를 '저쪽 하안이여 오너라, 저쪽 하안이여 오너라.' 하고 외친다. 이때 저쪽 하안은 그 기도에 의해 이쪽 하안을 향하여 오게 되는 것일까? 바라문이 바라문으로서 해야 할 법을 버리고 바라문에게 맞지 않는 일에 붙어 있으면서, 그러고도 신들을 향해 손짓하고 있다.

또 바실타여, 아치라와치강의 저쪽 하안으로 건너가고 싶다는 남자가 이쪽 하안에서 강한 쇠사슬로 손을 뒤로 묶였다면, 저쪽 하안에 건너갈 수 있을 것인가? 바라문들은 자기의 해야 할 법을 버리고, 성자의 도 속에 있으면서 오욕의 쇠사슬로 묶여 있다.

또 바실타여, 범람한 아치라와치강의 이쪽 하안에서 머리까지 완전히 이불을 덮어쓰고 잠들어버린 남자가 저쪽 하안에 건너갈 수 있다는 말인가. 바라문도 자기의 해야 할 법을 버리고 성자의 도에 있어서 번뇌의 장애물로 뒤덮여 있다. 그러하니 이러한 바라문은 피안에 닿을 수가 있다는 것일까? 바실타여, 너희들의 기숙(耆宿)인 바라문들의 얘기에 의하면, 신들은 가족도 없고 재산도 없고, 그 마음에 노여움도 없고 해심(害心)도 없고, 부정(不淨)도 없고 청정하다는 얘기이다. 지금의 바라문은 그대의 눈에 어떻게 반영되고 있는가?"

"세존이시여, 바라문은 이에 반하여 가족이 있고 재산이 있고, 마음은 노여움과 해심과 부정에 차 있습니다."

"바실타여, 그렇다면 신과 바라문과의 사이에는 아무런 상통하는 것도 없지 않은가? 상통하는 바가 없다면 죽어서 그 동류가 되겠다는 것은 있을 수 없는 일이 아닌가? 바라문은 앉은 채로 지옥에 가라앉아가는 것, 천계에 오른다고 생각하면서 지옥에 가라앉아버리는 존재이다. 그러하니 이 바라문의 삼베다의 학문은 물 없는 사막인 것이며, 길 없는 숲이며, 파멸이라 불리는 것이다."

8. "세존이시여, 그렇다면 세존은 신의 세계에 태어나는 법을 알고 계시옵니까?"

"바실타여, 마나사카타 마을은 이 숲에서 가까운 곳인가, 먼 곳인가?"

"세존이시여, 멀지는 않습니다."

"바실타여, 마나사카타 마을에 태어나서 그 마을에서 자란 사람이 마을로 가는 길을 누가 물으면 몰라 쩔쩔매는 일이 있어서야 되겠는가? 바실타여, 설령 누가 신의 세계의 일이나, 그곳에 이르는 길을 물었다면 몰라 난처해할 것은 없다. 나는 신계의 신마냥 이를 분명히 알고 있는 것이다."

"세존이시여, 저는 세존께서 그것을 알고 계심을 들었습니다. 모쪼록 이 바라문인 저를 제도하시기 위하여 그 도를 설해주시옵소서."

"바실타여, 그렇다면 정신을 가다듬고 듣는 것이 좋으리라. 부처는 이 세상에 나와서 법을 설하고, 재가자가 이를 듣고 신심을 일으켜 출가하여 계율에 따라 날을 보내고 바른 업을 즐기고 작은 죄도 두렵게 보고 오관의 문호를 지키고 번뇌를 여의어, 몸은 평온하고 마음은 맑고 고요히 한곳에 집중시키는, 그는 자(慈)・비(悲)・희(喜)의 마음, 평등의 마음이 이 세간에 충만하여 마치 뛰어난 나팔수가 나팔소리를 쉽게 사방에 들리게 하는 것과 같이, 무량한 그러한 마음으로써 원한이 없고 노여움이 없이 충만케 하는 것이다. 바실타여, 이것이 신계에 태어나는 길인 것이다. 이와 같이 네 가지의 무량한 마음을 닦는 불제자에게는 가족도 없고 재산도 없고, 그 마음에는 노여움도 해의(害意)도 더러움도 없다. 그것은 신들과 상통하는 것이며, 그것에 의하여 신의 한패가 된다고 말할 수 있는 것이다."

바실타와 바라드와자는 이 세존의 설법을 듣고 진심으로 기뻐하며 신자가 될 것을 맹세하였다.

제2절 사종(四種)의 외포(畏怖)

1. 세존은 사바티성을 떠나 샤카족의 나라에 이르러 그 차토마 마을의 숲속에 체류하고 계셨다. 그때 사리푸타와 목갈라나는 500명쯤의 제자들을 거느리고 세존을 만나뵙고자 이 마을에 이르렀으나, 밖에서 온 제자와 상주하는 제자들이 서로 인사를 교환한다든지 방석을 갖춘다든지 혹은 의복이나 바리때를 정리하느라고 소음을 내고 있었다. 세존은 아난다를 불러 무엇 때문에 어부들이 고기를 서로 탈취하는 때와 같이 큰 소리를 지르고 있는 것이냐고 물으시고, 아난다로부터 그 이유를 듣자 제자들을 부르게 하여 "제자들이여, 가라. 나는 너희들을 물리치노라. 내 가까이에 머물러서는 안 된다."고 명하셨다.

"세존이시여, 분부대로 받들겠습니다." 하며 제자들이 자리에서 일어나 세존께 절하고 오른편으로 돌아 옷과 바리때를 들고 그 자리에서 물러갔다.

그때 차토마 마을의 샤카족들은 회의 때문에 공회당에 모여 있었는데, 제자들이 멀리서 오는 것을 보고 그 이유를 묻고, 잠시 그들을 기다리게 한 후 세존 앞에 나아가 그들 대신 사과를 드렸다.

"세존이시여, 제자들을 용서해주십시오. 전에 세존께서 승가를 수호하신 것과 같이 지금도 승가를 수호해주십시오. 이 승가 속에는 새로이 이 교에 귀의하여 얼마 되지 않은 사람도 있습니다. 그들로 하여금 만약 세존을 모시게 하지 않는다면 혹은 마음이 변하여 퇴전(退轉)할는지도 모릅니다. 비유컨대 뿌린 씨앗이 물을 얻지 못하여 말라버리듯이, 또는 어린 송아지가 어미를 볼 수가 없기 때문에 야위어가는 것처럼, 그들도 세존을 볼 수 없기 때문에 퇴전할는지도 모릅니다. 그러니 세존이시여, 그 제자들을 용서해주십시오. 전과 같이 승가를 수호해주십시오."

2. 이 원에 의해 세존의 허락을 얻어 목갈라나는 다시 대중을 재촉하여 세존 앞으로 가까이 가서 세존께 배례하고 곁에 앉았다. 세존은 사리푸타에게 말씀하시기를 "사리푸타여, 너는 내가 제자들을 물리칠 때 어떻게 생각했는가?" 하셨다.

"그때는 이렇게 생각했습니다.— 세존은 제자들을 물리치셨다. 세존은 지금 무사함을 즐기고 선정의 즐거움에 전심할 것이다. 우리도 지금 무사함을 즐겨 선정의 즐거움에 몰입하리라고."

"그만둬라, 사리부타여. 너는 다시는 그런 생각을 일으켜서는 안 된다."

세존은 이어서 목갈라나에게 물으셨다. "목갈라나여, 너는 어떻게 생각했는가?"

"세존이시여, 저는 그때 이렇게 생각했습니다.— 세존은 제자들을 물리치셨다. 세존은 지금 무사함을 바라고 선정의 즐거움에 전심하시리라. 나는 지금 세존을 대신하여 사리푸타와 함께 제자들을 이끌고

가자고."

"착하도다, 목갈라나여. 제자들을 이끌 자는 나 아니면 사리푸타이거나 너인 것이다."

3. 세존은 제자들을 부르시어 말씀하셨다.

"제자들이여, 바다에 나가는 사람은 네 가지 공포에 미리 대비하지 않으면 안 된다. 그것은 파도와 악어와 소용돌이와 농어의 공포인 것이다. 제자들로서 이 교에 출가한 자도 역시 이와 똑같이 네 가지의 공포에 미리 대비하지 않으면 안 된다.

제자들이여, 파도의 공포란 무엇인가? 여기에 양가의 아들이 신심을 일으켜 출가했는데, 이렇게 생각한다. '나는 생·노·병·사·우·비·고·뇌·민에 잠기고 괴로움에 패퇴되고 있다. 이 괴로움에서 벗어나는 법을 듣지 않으면 안 되겠다.'고. 그런데 그 동학자(同學者)는 '가는 데는 이와 같이 하지 않으면 안 된다. 돌아오는 데는 이와 같이 하지 않으면 안 된다. 이와 같이 멀리 바라다보지 않으면 안 된다. 팔을 뻗는다든지 굽히는 데는 이와 같이 하지 않으면 안 된다. 이와 같이 옷을 입지 않으면 안 된다.'고 가르친다. 그는 이와 같이 생각한다. '나도 전에 집에 있을 때는 집안 사람들에게 일일이 가르쳤다. 그런데 지금 아들이나 손자 같은 사람들로부터 가르침을 받지 않으면 안 된다. 창피스러운 일이다.'라고 화를 내고, 교를 버리고 환속해 버린다. 제자들이여, 파도의 공포란 노여움과 자포자기를 이름하는 것이다.

제자들이여, 악어의 공포란 무엇인가? 이것 또한 출가한 그에게 동학자는 가르친다. '이건 먹지 않으면 안 된다. 이건 마시지 않으면 안 된다.'고. 이 말을 듣고 그는 이렇게 생각한다. '나는 집에 있었을 때는 먹고 싶은 것을 먹고, 마시고 싶은 것을 마시고 있었다. 나는 음식에 적합한 것이라든가 부적합한 것이라든가, 정시(正時) 및 비시(非

時)라는 것이 없었다. 지금 신심있는 제자들이 맛있는 음식을 보내주더라도 그것도 때 아니면 나는 먹지 못한다. 답답한 일이다.' 라고. 그리하여 교를 버리고 환속한다. 제자들이여, 이것은 악어의 공포인데, 말하자면 먹는 일로 괴로워하는 일인 것이다.

제자들이여, 소용돌이의 공포란 무엇인가? 출가한 그는 새벽에 승복을 입고 바리때를 들고 마을 또는 읍에서 밥을 빈다. 그는 그곳에서 재가자들이 오욕에 둘러싸여 즐기는 것을 보고 '나도 집에 있었을 때는 저와 같이 즐거움에 잠겼다. 집에는 재산이 있으므로 즐기면서 공덕을 쌓을 수 있다.' 고 생각하고 끝내는 교에 싫증을 내고 환속한다. 제자들이여, 이것이 소용돌이의 공포인데, 즉 오욕을 말하는 것이다.

제자들이여, 농어의 공포란 무엇인가? 그는 출가하여 밥을 비는 도중, 어지러운 옷차림을 한 부인을 보고 욕정에 마음을 빼앗기고 교를 싫다 하여 환속한다. 이것이 농어의 공포인 것이며, 그것은 여자에 대한 말이다. 제자들이여, 출가한 사람에게는 이 네 가지의 공포가 대기하고 있는 것이다."

4. 세존은 다시 길을 동쪽으로 향해 여행을 거듭하여 다시 남하, 재차 베살리에 이르러 큰 숲속으로 들어가셨다. 그때 니간타교의 사차카도 베살리에 있었으며 변론에 뛰어나 사람들의 칭찬을 받았는데, 자신도 그것을 자랑으로 여겨 베살리 사람들에게 이와 같이 큰소리를 치고 있었다.

"어떠한 출가자일지라도 나와 토론하여 식은땀을 흘리지 않는 사람은 없다. 무심한 기둥까지도 토론할 수만 있는 것이라면 나를 향하여 두려워 벌벌 떨 것이다."

어느 날 불제자인 마승(馬勝)이 탁발차 베살리로 향했다. 사차카는 숲속을 어슬렁거리고 있었는데, 마침 그를 알아보고는 다가와서 "존자여, 고타마는 제자를 어떤 방편으로 가르칩니까?" 하였다.

"사차카여, 세존은 이와 같이 가르치고 있다. '제자들이여, 몸은 무상하다. 마음도 무상하다. 모름지기 만들어진 것은 다 무상하여 아가 없다……' 이런 가르침이 많이 행해지고 있다."

"존자여, 그와 같은 가르침을 듣는 것은 우리들에게는 귀가 더러워지는 말이오. 언제 어디서라도 좋으니 고타마와 만나고 싶소. 그리하여 악견(惡見)을 버리도록 해야겠습니다."

사차카는 즉시 시의 공회당을 향해 출발했다. 그곳에는 500명 정도의 리차비족의 공자들이 무슨 용건 때문에 모여 있었다.

"공자들이여, 나는 오늘 고타마와 논의하려고 생각한다. 만약 고타마가 그 제자의 한 사람인 마승이 말하는 것과 같은 설을 갖고 있다면, 마치 힘센 사람이 양의 털을 쥐고 몇 번이고 휘두르듯이 고타마의 말꼬리를 잡아 휘둘러보리라."

이것을 들은 공자들 가운데 사차카가 이길 것이라고 생각하는 자도 있었고, 세존이 이길 것이라고 생각하는 자도 있었다.

5. 사차카는 사람들에게 둘러싸여 큰 숲속 중각강당에 나아가니 많은 제자들이 평온한 걸음으로 산책을 하고 있었다. 제자들에게 물으니 세존은 지금 대림 깊숙이 선정에 들어가 있다고 하므로, 그 장소에 이르러 자리를 잡고 사차카가 말하였다. "존자 고타마가 허락해주신다면 나는 물어볼 말이 있습니다."

"사차카여, 무엇이든 생각하는 바를 물어도 상관없다."

"고타마여, 당신은 어떻게 제자들에게 법을 설하는 것이옵니까? 제자들간에는 또 어떠한 가르침이 많이 행해지는 것이옵니까?"

"사차카여, 나는 이와 같이 제자들에게 가르친다 ― 제자들이여, 몸도 마음도 무상이며 무아인 것이다. 모름지기 만들어진 것은 모두 무상이며 무아인 것이다라고."

"존자여, 나의 마음에 하나의 비유가 떠올랐습니다. 어떤 초목이라도, 또 그 씨앗이라도 대지에 의지하여 대지를 줄기로 삼아 생장하고 있는 것입니다. 존자여, 마치 이와 같이 인간은 몸을 아(我)로 하고 몸에 입각해서 선악의 행을 이루고, 마음을 아(我)로 하여 마음에 입각하여 선악의 행을 하는 것으로 생각하는데 어떻습니까?"

"사차카여, 그렇다면 너는 이와 같이 말할 셈이 아닌가. '몸은 나의 자아이다, 마음도 나의 자아이다.' 라고."

"존자여, 저도 그대로 말하고, 여기에 있는 많은 사람들도 역시 그와 같이 말합니다."

"사차카여, 여기에 있는 많은 사람들은 너에게 무슨 상관이 있는가? 너는 너 자신의 설만 말하는 게 좋지 않은가?"

"존자여, 제 몸은 자아이며, 또 마음도 자아라고 말씀드립니다."

6. "사차카여, 나는 너에게 묻고 싶은데 의견대로 대답해보라. 코살라의 파세나디왕이라든가, 마가다의 빔비사라왕이라든가, 그밖의 왕자들은 자기가 평정한 영토에서 죽여야 할 사람을 죽이고 빼앗아야 할 것을 빼앗고 추방해야 할 사람을 추방하는 등 자신의 생각대로 할 수 있는 것일까?"

"존자여, 그것은 가능합니다. 그들은 그만한 권리와 힘을 갖고 있기 때문입니다."

"사차카여, 너는 '몸은 나의 자아이다.' 라고 했다. 그 몸에 관해서 '나의 몸은 이렇게 되라, 이렇게 되어서는 안 된다.' 고 자기 뜻대로 할 수가 있는 것일까?"

세존의 이 물음에 대하여 사차카는 잠자코 있었다. 다시 질문을 해도 여전히 대답하려고 하지 않았다.

세존께서 "사차카여, 빨리 생각대로 대답함이 좋으리라."고 재촉하자 겨우 "그건 자의대로는 되지 않습니다."라고 대답했다.

7. "사차카여, 잘 생각하여 대답함이 좋다. 앞뒤의 모순을 가져와서

는 안 된다. 몸에 대해서와 같이 네가 나의 '자아이다.' 라는 마음에 대해서도 '이렇게 될지어다, 혹은 이렇게 되지 말지어다.' 라고 생각하고 뜻대로 할 수가 있을 것인가?"

"존자여, 그건 될 수 없습니다."

"사차카여, 잘 생각하여 앞뒤 모순이 없도록 대답하라. 그렇다면 몸은 상주(常住)해 있는 것일까, 무상한 것일까?"

"무상한 것이옵니다."

"무상한 것은 괴로운 것인가, 편안한 것인가?"

"괴로운 것이옵니다."

"무상하며 괴로운 것이며 변천하는 것을 '이것은 나의 것이다, 나인 것이다, 나의 자아이다.' 라고 말하는 것은 바른 것일까?"

"바르지 않습니다."

"사차카여, 그것은 마음에 관해서도 마찬가지인 것이다. 그래서 괴로움을 받고 괴로움에 집착하여 '괴로움은 나의 것이다, 나인 것이다, 나의 자아인 것이다.' 라고 보는 것은, 괴로움을 알고 괴로움을 벗어나 있는 것은 아닐까?"

"물론 그렇지는 않습니다."

"사차카여, 비유컨대 나무의 심(芯)을 찾아 도끼를 들고 숲속에 들어간 사람이 파초나무가 눈에 띄자 베어버리고 심을 구했으나, 어디까지나 타원형의 잎을 볼 뿐 목육(木肉)조차도 얻지 못함과 같이, 너는 나의 물음에 그저 너의 의견이 공허하고 그릇되고 더러운 것임을 가리키고 있을 뿐이다. 그런데도 너는 무엇 때문에 베살리의 이 사람들에 대해서, '어떠한 자일지라도 나와 토론하여 식은땀을 흘리지 않는 사람은 없다.' 고 큰소리를 쳤단 말인가. 지금 너의 얼굴에서는 땀이 흘러서 옷을 적시고 있지 않은가?"

8. 사차카는 이 말을 듣고 더욱 머리를 숙여 어깨를 떨어뜨리고 맥

없이 앉아 있는데, 리차비족의 돈무카가 참견하였다. "세존이시여, 저의 마음에 하나의 비유가 떠올랐습니다. 어느 곳에 커다란 게가 있는데, 아이들의 손발을 끼워 자르려고 했습니다만, 아이들에게 잡혀서 땅에 집어던져진 끝에 돌에 맞아 상처를 입고 못에도 들어갈 수 없게 되었습니다. 사차카는 마치 이 게와 같습니다."

사차카는 이때 머리를 들어 말하기를 "돈무카여, 나는 너와 얘기하고 있는 것이 아니니 잠자코 있으라. 존자 고타마여, 나는 의론도 소용이 없음을 깨달았습니다. 그렇다면 대체 존자의 제자들은 어떻게 가르침을 지키며, 의문을 초월하여 다른 곳에 마음을 두지 않고 스승의 가르침을 신뢰하고 있는 것입니까?"

"사차카여, 나의 제자는 몸도 마음까지도 '이것은 나의 것이 아니다, 내가 아니다, 나의 자아가 아니다.'라고 여실히 바르게 보는 것이다. 그래서 교훈을 지키고 의문을 떠나 다른 곳에 마음을 두지 않고 스승의 가르침을 신뢰하고 있는 것이다."

제3절 왕도(王道)

1. 이리하여 사차카는 니간타의 무리이면서도 드디어 깊이 세존의 가르침을 기뻐하고 진심으로 세존께 귀의하여 받드는 사람이 되었다. 어느 때 그는 많은 제자들을 이끌고 울사연의 성으로 갔는데, 파조아타왕은 유명한 스승이 왔다고 크게 기뻐하여 맞았으며, 왕도에 관하여 그의 가르침을 청했다. 사차카는 서서히 설해나갔다.

"대왕이시여, 왕된 사람의 임무는 백성을 두호하는 데에 있습니다. 그 임금으로 불리는 소이는 백성의 부모이기 때문입니다. 법에 의해 백성을 두호하고 편안하게 감싸주므로 임금이라 불리는 것이옵니다.

대왕이시여, 왕이 양민(養民)하는 것은 부모와 아기 사이 같지 않으면 안 됩니다. 부모는 아기의 말을 기다리지 않고 젖은 기저귀를 새로이 갈아줍니다. 이와 같이 백성에게 행복을 주고 괴로움을 덜어주며 어여삐 여겨야 합니다. 이렇게 하는 것은, 임금은 백성으로써 나라의 보배를 삼고, 백성이 편안하지 못하면 왕도가 서지 않기 때문입니다.

대왕이시여, 그렇기 때문에 임금된 자는 백성을 근심하여 백성의 고락을 살피고 백성의 번영을 도모하며, 그러기 위해서는 항상 수해와 한해를 알고, 바람과 비를 알고, 결실의 선악을 알고, 백성의 근심과 선악을 알고, 죄의 유무와 경중, 공의 유무 등을 알고 능히 상벌을 밝혀야 합니다. 이와 같이 백성의 마음을 알고 임금의 위력으로써 이것을 지키고 줘야 할 것은 때를 헤아려 주고, 취할 것은 능히 헤아려 취하고 백성의 이익을 빼앗지 않도록 가렴주구를 버리고 백성을 편안하게 해줘야 합니다. 이처럼 백성한테서 마음이 떠나지 않고 백성을 잘 두호하는 자를 임금이라 부르는 것입니다.

대왕이시여, 왕 중 왕을 전륜왕(轉輪王)이라 일컫는데, 전륜왕은 그 가계(家系)가 바르고 그 선조는 존귀하며, 사방을 통어하며 또 덕교를 수호하는 법왕입니다. 이 왕 곁에는 창과 칼도 없고 원한도 없으며, 법에 의하여 덕을 베풀고 백성을 편안하게 하고 사와 악을 항복시킵니다. 대왕이시여, 전륜왕은 불살생・불투도・불사음・불망어・부진(不瞋)・불악구(不惡口)・불양설(不兩舌)・불기어(不綺語)・불탐・불치(不癡)의 10선(善)을 행하여 백성의 10악을 제거하고 가르침으로써 정치를 바로 이끌어나갔으므로 천하의 일은 뜻대로 이루어졌으며, 행하는 곳에는 창과 칼이 없고 원망이 없고 서로 범하는 일도 없으며, 백성은 화목하고 나라는 편안하며 각각 그 생을 즐겁게 할 수가 있었던 것입니다. 때문에 법왕이라고 부르는 것입니다.

대왕이시여, 전륜왕은 왕 중 왕입니다. 제왕은 전륜왕의 덕을 기뻐하고 전륜왕을 좇아 각각 그의 나라를 다스리고 그의 가르침을 등지지 않았던 것입니다. 전륜왕은 제왕으로 하여금 각각 그의 나라를 편안하게 하고 정법 밑에 왕된 의무를 이루게 했습니다."

이때 파조아타왕이 물었다. "가르침에 의하고 법에 의한 왕자(王者)의 자비심을 근본으로 하여 백성을 두호해야 할 것은 알았습니다만, 나쁜 짓을 하는 자들을 어떻게 처벌해야 하옵니까?"

"대왕이시여, 그것에 대해서도 역시 자비를 근본으로 삼지 않으면 안 됩니다. 밝은 지혜로써 능히 관찰하고, 오법(五法)으로써 능히 처치하지 않으면 안 되옵니다. 오법이란, 그 1은 진실에 의지하되 불실에 의하지 않고 이것을 사실로써 따져 그 사실에 의하여 처단하는 일입니다. 그 2는 때에 따르되 비시(非時)에 의하지 않는 것입니다. 이는 임금에게 힘이 있을 때가 시(時)인 것이며, 힘이 없을 때가 비시인 것입니다. 힘이 있을 때는 벌하되 효과가 있고, 힘이 없을 때는 처벌하되 어지러울 뿐이므로 때를 기다리지 않으면 안 됩니다. 그 3은 의(義)에 의하되 불의(不義)에 의하지 않고, 죄를 범하는 자의 마음에 입각하여, 그것이 고의인가 고의가 아닌가를 간파하여 고의가 아니라면 용서해야 하는 것입니다. 그 4는 부드러운 말에 의하되 거친 말에 의하지 않고, 그 죄가 법의 어느 것에 해당하는가를 분명히 하고 죄가 되지 않도록, 또 부드럽고 순한 말로 설유하고 그 죄를 깨닫게 하는 일입니다. 그 5는 자비심에 의하되 노여운 마음에 의하지 않고, 죄를 미워하되 그 사람을 미워하지 않고, 자비심을 근본으로 하여 죄를 범한 자는 그 죄를 회개하도록 하는 일입니다."

"스승이시여, 왕의 신료(臣僚)로서 나라의 대계(大計)를 생각하지 않고 그저 이기(利己)만을 구하고, 뇌물을 취해 정도(政道)를 굽히고 민풍을 퇴폐케 하여, 이 때문에 백성이 서로 속이게 되고, 강한 자는 약한 자를 업신여기고, 부한 자는 빈한 자를 속이고, 곡(曲)으로써 직

(直)을 굽혀 환란을 증장시키게 되며, 따라서 충성스럽고 어진 선비는 숨거나 물러나고, 아첨하는 자는 정권을 잡고 마음있는 자도 위해를 두려워하여 침묵한 채 말하지 않고, 권리를 남용하여 사복을 채우면서 백성의 빈은 구제해주지 않는 경우가 많습니다. 이와 같이 정령은 행해지지 않고 정도가 이완되는 이유는 나라의 정치를 맡은 충절을 결한 때문이온데, 이와 같은 자들을 어떻게 봐야 할 것이옵니까?"

"대왕이시여, 이와 같은 악인이야말로 백성의 행복을 빼앗는 도둑이며 나라의 가장 큰 적이라 아니할 수 없습니다. 왜냐하면 임금을 속이고 백성을 어지럽혀 일국의 환란의 근원을 이루는 자이기 때문입니다. 왕은 이러한 자를 가장 엄하게 처벌하지 않으면 안 됩니다.

대왕이시여, 또 법에 의하여 정사를 베푸는 왕은 부모의 기른 은혜를 생각하지 않고 처자에게만 마음을 기울여 부모를 공양하지 않는 자나, 혹은 또 부모의 소유물을 빼앗고 부모의 가르침을 따르지 않는 자를 가장 큰 죄로 묶어 수죄하지 않으면 안 됩니다. 왜냐하면 부모의 은혜는 무겁고 일생 동안 마음을 다하여 효양하더라도 다하지 못하기 때문입니다. 임금을 대함에 있어 충이 없고 어버이를 대함에 있어 효가 없는 자는 가장 무거운 죄로 처벌해야 할 사람입니다.

대왕이시여, 법에 의하여 정사를 베풂에 있어서 불법승의 3보에 대하여 믿는 바가 없고, 절을 훼손하고 경을 불태우고 승려를 잡아 부리고 불법을 파괴하는 행위를 하는 자도 가장 무거운 죄인인 것입니다. 왜냐하면 이것은 일체의 선행의 근본인 백성의 신념을 무너뜨리는 것이기 때문입니다. 이러한 사람은 모두가 선근을 불태우고 스스로의 무덤을 파는 자입니다. 대왕이시여, 이 세 가지의 죄는 가장 무거우므로 가장 엄하게 벌해야 할 것이며, 그밖의 죄는 중죄라 할지라도 이에 비해 오히려 가볍다고 할 수 있습니다."

"스승이시여, 정법을 지키는 왕에 대하여 반역하는 적이 일어나 또 외국으로부터 공략하는 자가 있다고 할 때 군사를 일으켜 이에 진을 칩니다. 이때 왕은 어떻게 생각하는 것이 마땅하옵니까?"

"대왕이시여, 정법의 왕은 이때 세 가지의 생각을 지니지 않으면 안됩니다. 첫째로, 역적 또는 외구(外寇)는 다만 인민을 죽이고 인민을 학대하는 일만을 생각하고 있으므로 무력으로써 인민의 괴로움을 구하리라. 둘째로는, 만약 방법이 있다면 칼을 쓰는 일이 없이 역적과 외구를 평정해야겠다. 셋째로는, 적을 될 수 있는 대로 사로잡아 죽이는 일이 없이 그 무력을 없애자.

대왕이시여, 왕은 이 세 가지의 마음을 일으켜, 그런 다음에 부서를 정하고 훈령하여 싸움에 임하도록 해야 합니다. 그러한 군사는 저절로 왕의 위광에 대하여 비겁한 생각을 버리고, 왕의 위덕을 경외하고, 왕의 은혜를 깨닫고, 싸움의 성질을 깨닫고, 왕의 마음을 돕고 왕의 자비가 후일의 근심을 제거함을 기뻐하고, 왕의 은혜에 보답하겠다는 마음을 일으켜 싸우게 됩니다. 이와 같이 싸워서 이기면 싸움은 도리어 공덕이 있는 것으로 되는 것입니다."

제4절 세존의 오덕(五德)

1. 세존은 또 영취산을 내려와 죽림정사에서 16년간 안거에 들어가셨다. 어느 날 숲속에 머물면서 수행하고 있던 글리서니라는 불제자가 사소한 용건이 있어서 승중(僧衆)이 있는 곳에 와 머물렀는데, 그는 항상 욕심이 많고 위의가 단정치 못하며, 마음을 억제하지 못하여 추한 모양을 하고 있었다. 사리푸타는 이 글리서니를 예로 들어 제자를 가르쳤다.

"벗이여, 숲속에 머무르는 사람은 승중이 있는 곳에 오더라도 동문을 존경하고, 스승을 우러러볼 마음가짐을 갖지 않으면 안 된다. 그렇지 못하면 '숲속에 홀로 머무르는 것이 이 사람에게 있어서 무슨 소용이 될 것인가.'라고 말하는 사람이 있으리라. 또 숲속에 머무르는 사람은 승중이 있는 곳에 와서 자리를 차지하되 상수 제자에게 방해가 되지 않도록, 또 신참 제자에게 폐가 되지 않도록 주의해야 한다. 때를 지나서 마을에 들어가고 때늦게 돌아오는 것과 같은 일이 있어서도 안 된다. 식전 식후에 재가자들과 만나서도 안 된다. 침착하지 못하고 경망해서도 안 된다. 떠벌이가 되어서도 안 된다. 선한 말로 얘기하고 선한 친구와 사귀고 욕심을 억제하고, 음식은 그 양을 헤아리지 않으면 안 된다. 밤에도 수행에 힘쓰고 마음을 가라앉히고 지혜를 갖추고 법과 율(律)에 밝지 않으면 안 된다. 괴로움을 벗어나는 길을 서두르되 인간을 넘어선 법을 닦지 않으련 안 된다. 만약 그렇지 못하다면 출가한 목적을 모르는 사람이라고 비방하는 사람이 있으리라."

이때 목갈라나가 말하였다. "벗이여, 이 일은 숲속에 머무르는 자만이 지켜야 하는 일일까? 혹은 또 마을 근처에 사는 자도 지키지 않으면 안 되는 일일까?"

"벗이여. 숲속에 사는 자가 지키지 않으면 안 되는 것이니, 마을 근처에 사는 사람은 더할 나위가 없다."

2. 그때 아누갈라, 와라차라, 사쿨 우다인 등 유명한 유행자들이 공작원에 머무르고 있었다. 어느 날 세존은 탁발하기는 때가 이르다고 하여 죽림정사를 나와 공작원으로 향했다.

그때 사쿨 우다인은 많은 유행자들과 큰 소리로 잡담하고 있었는데, 세존께서 다가오는 것을 보자 급히 일동에게 입을 다물도록 하고 조용히 세존을 영접했다. 세존은 마련된 자리에 앉아 말씀하셨다 "우다인이여, 무슨 얘기로 이렇게들 모여 있는가?"

"세존이시여, 그것은 아무튼 나중에 말씀드리겠습니다만, 전일 각

교파의 출가자들이 논의당(論議堂)에 모였을 때 이런 얘기가 제시되었습니다—마가다국의 백성은 참으로 행복하다. 그것은 부란나 카샤파, 아기다시사흠바라, 니간타야 제자를 거느린 고명한 스승이 라자가하성에 안거하시기 때문이다. 그러나 이 출가자 중 누가 가장 대중들에게 공경받고, 또 제자들로부터 존경받고 있는 것일까? 그런데 어떤 사람은 부란나 카샤파는 제자들로부터 공경받고 있지 않다고 하고, 어떤 사람은 아기다시사흠바라도 그렇다고 했으며, 니간타야 제자도 마찬가지라고 하면서 일일이 이유를 들었습니다.

그러자 한 사람이 '고타마는 대중들로부터 공경과 함께 제자들로부터도 존경받고 있다. 어느 때 고타마가 수백 명의 제자들 앞에서 설법을 하시는데, 마침 조용한 청중 속에서 제자 한 사람이 기침을 했다. 그러자 옆에 있던 한 제자가 무릎을 쿡쿡 찌르며 소리를 내지 말라, 스승께서 법을 설하고 계시지 않느냐고 귀띔을 했다. 설법 중 소리를 내는 사람은 한 사람도 없었으며, 기침을 하는 사람도 없었다. 마치 벌꿀을 짜고 있는 것을 숨도 쉬지 않고 많은 사람들이 지켜보고 있는 것처럼, 스승의 설법을 한마디도 빠뜨리지 않으려고 대기하고 있었다. 또 고타마의 제자는 그 중에 환속하는 자가 있더라도 스승과 법과 승가의 덕을 찬양하여 자신을 책하고, 자신이 부족했기 때문에 그 가르침의 청정한 행을 닦을 수가 없었다고 한탄하고, 어떤 자는 재가 신자가 되고 혹은 절의 머슴이 되어 오계를 지키고 있다. 이와 같이 고타마는 제자들로부터 존경받고 있다.'고 말했습니다."

3. "우다인이여, 그대는 나의 제자가 어떤 일로 나를 공경하고 있다고 생각하는가?"

"세존이시여, 다섯 가지 일로써 공경받고 있다고 생각합니다. 첫째는 세존이 소식(小食)을 찬양하는 일, 둘째는 세존은 어떠한 승복일지라도 얻기만 하면 그것으로 기뻐하며 그 일을 찬양하는 일, 셋째는 어떠한 음식일지라도 얻기란 하면 그것으로 족하고 그것을 기뻐하는 일, 넷째는 앉고 눕는 어떠한 자리일지라도 얻기만 하면 그것으로 만족하고 그것을 찬양하는 일, 다섯째는 뜬세상을 피하여 은둔을 찬양하는 일이옵니다."

"우다인이여, 만약 소식 및 소식을 찬양하는 일이 나의 덕이라고 한다면, 나의 제자들 중에는 빌바열매의 반 정도 양의 소식자도 있다. 그런데 나는 이 바리때 가득히 먹고, 때로는 이보다 더 먹을 때도 있다. 또 만약 어떠한 옷일지라도 얻기만 하면 만족하고 그것을 기뻐하는 것이 나의 덕이라고 한다면, 내 제자 중에는 쓰레기통이나 묘지에서 누더기를 주워와서 옷을 만들어 그것을 입고 있는 자도 있다. 그러나 나는 때로는 아름다운 훌륭한 재가자의 옷을 입는 일도 있다. 또 어떠한 음식일지라도 얻기만 하면 그것에 만족하고 또 그것을 찬양하는 것이 나의 덕이라고 한다면, 내 제자들 중 집집마다 탁발하며 곡식의 이삭을 주워먹되 집에 초청될 때는 식사를 하지 않는 자도 있다. 그런데도 나는 때로는 초대를 받아 상등미의 훌륭한 쌀로 지은 밥을 먹을 때도 있다.

또 어떠한 좌와(坐臥)일지라도 얻기만 하면 그것으로 만족하고 또 그 일을 찬양하는 것이 나의 덕이라면, 내 제자들 중에는 나무 밑이나 노천에서 자고 8개월간을 지붕 밑에 들지 않는 자까지 있다. 그런데도 나는 중각이나 바람을 잘 막고 창이나 문이 잘 닫힌 집에서 자는 일도 있다. 또 세상을 피하여 그 은둔을 찬양하는 것이 나의 덕이라고 한다면, 내 제자 중에는 숲속에 들어가 인가가 먼 곳에 살며 2주일만에 단 한 번의 계문(戒文) 독송의 집회에 나오는 자도 있다. 그런데도 나는 제자, 신자, 왕자, 왕자의 신하, 이교도(異教徒)의 사제(師弟)와 사귀어 지내는 일이 많다.

그러니 그대가 열거한 다섯 가지 법 때문에 제자들이 나를 존경하는 것은 아니며, 따로 다섯 가지 법이 있는 것이다. 그것은 훌륭한 계를 갖추고, 뛰어난 지견(知見)을 갖추고, 더할 수 없는 지혜가 있고, 사성제(四聖諦)에 대하여 밝게 설하여 인심을 격려하고, 각에 이르기 위한 갖가지 도를 설하여 제자들로 하여금 여실히 닦게 하여 각을 열게 하는 것이다. 이 다섯 가지 법으로써 내 제자들은 나를 존경하고 있는 것이다."

4. 이보다 앞서 라자가하성에 비사카라는 거사가 있었는데, 집도 부하고 번창하여 같은 계급의 처녀인 단마진나를 맞이하여 화목한 가정을 이루고 있었으나, 일찍이 세존의 가르침을 받아 재속(在俗)한 채로 각을 얻었다. 단마진나는 남편의 인도로 부처님의 가르침을 받는 몸이 된 후 출가할 뜻이 있어, 마침내 남편의 허락을 얻어 머리를 깎고 이승(尼僧)이 되어 오로지 도에 힘쓰는 몸이 되었다.

그후 비구니의 교단도 세존을 따라 라자가하성의 죽림에 머물러 있었으므로, 오랜만에 비사카는 단마진나를 찾아 문답을 했다.

"비구니여, 중생들은 자아라는 말을 하는데, 세존은 이 자아에 대해 어떻게 말씀하시는가?"

"비사카여, 세존은 몸과 마음의 집(集)을 가칭 자아라고 말씀하셨습니다."

"비구니여, 그 자아의 인(因)이 되는 것은 무엇인가?"

"자아의 인을 세존은 갈애라고 말씀하셨습니다."

"비구니여, 그 자아의 멸이 되는 것은 무엇인가?"

"갈애가 남김없이 소진된 것이 자아의 멸이라고 말씀하셨습니다."

"비구니여, 그 자아의 멸에 이르는 도란 무엇인가?"

"정견(正見)·정사유(正思惟)·정어(正語)·정업(正業)·정명(正命)·정정진(正精進)·정념(正念)·정정(正定)의 팔정도(八正道)가 자아의 멸에 이르는 도라고 말씀하옵니다."

5. "비구니여, 자아라는 그릇된 생각은 왜 일어나며, 또 어떻게 하면 그 그릇된 생각을 여읠 수가 있는가?"

"성자를 보지 않고, 성자의 법을 모르고, 성자의 법을 행하지 않는 자는 몸과 마음을 자아라고 생각하고, 몸과 마음을 갖는 것을 자아로 생각하고, 자아 가운데는 몸과 마음이 있다고 생각하고, 또는 몸과 마음속에 자아가 있다고 생각하며, 이리하여 그릇된 자아라는 생각을 일으킵니다. 성자를 보고, 성자를 알고, 성자의 법을 행하면 이 잘못을 여읠 수가 있습니다."

6. 비사카는 이 문답에 마음이 기뻐 자리에서 일어나 세존을 뵙고 이 문답을 남김없이 말씀드렸다. 세존은 말씀하셨다.

"비사카여, 단마진나는 지자(知者)이다. 그대가 나에게 이 뜻을 묻더라도 나는 단마진나가 얘기한 외에 더 말할 것은 없다. 왜냐하면 이것이 그 바른 이유이기 때문이다."

세존은 후에 단마진나를 비구니 중에서 설법이 뛰어난 제1인자로 찬양하셨다.

제4장 각(覺)의 단계

제1절 나후라

1. 세존은 라자가하성의 죽림에 계셨고, 나후라는 그다지 멀지 않은 안바라치카에 머물고 있었다. 어느 날 세존은 저녁때 선정에서 나와 나후라가 있는 곳으로 가셨다. 나후라는 자리를 마련한 뒤 발씻을

물을 준비하고 맞아들였다.
　세존은 발을 다 씻으시고 물통에 약간의 물을 남기시고는 말씀하셨다.
　"나후라여, 이 남은 적은 물이 보이는가, 어떤가?"
　"세존이시여, 말씀대로 보이옵니다."
　"나후라여, 알면서 거짓말을 하고 부끄러워할 줄을 모르는 출가자의 자격은 이와 같이 버림받은 것이다."
　그리고서 세존은 그 남은 물을 버리고 말씀하셨다.
　"나후라여, 이 남은 물이 버려진 것을 보았는가, 어떤가?"
　"세존의 말씀대로입니다."
　"나후라여, 알면서 거짓말을 하고 부끄러워할 줄 모르는 출가자의 자격은 이와 같이 버림받은 것이다."
　세존은 다음에 그 물통을 뒤엎으면서 말씀하셨다.
　"나후라여, 이 뒤엎어진 물통을 볼 수 있는가, 어떤가?"
　"세존이시여, 말씀대로입니다."
　"나후라여, 알면서 거짓말을 하고 부끄러워할 줄 모르는 출가자의 자격은 이와 같이 뒤집혀진 것이니라."
　다음에 또 세존은 물통을 일으키고 말씀하셨다.
　"나후라여, 너는 이 물통 속의 물이 없어진 것이 보이는가, 어떤가?"
　"세존이시여, 말씀대로입니다."
　"나후라여, 알면서 거짓말을 하고 부끄러워할 줄 모르는 출가자의 자격은 속이 비어 아무것도 없는 것이다. 나후라여, 마치 저 방망이와 같이 긴 어금니를 가진 성질 사나운 참으로 큰 코끼리가 전장에 나가 앞발을 쓰고, 뒷발을 쓰고, 귀를 쓰고, 어금니를 쓰고, 꼬리를 쓰고 있는 동안은 조련사는 코끼리가 의심할 것 없이 그 생명이 무사할 것을 믿지만 코까지 쓰게 되면 코끼리도 마침내 전사할 것이라고 생각하듯이, 나후라여, 알고 있으면서 거짓말을 하고 부끄러워할 줄 모르는 자는 악이라면 하지 않는 악이 없다고 나는 단언한다. 그러니 설사 농으로라도 거짓말을 해서는 안 된다."

2. "나후라여, 거울은 무엇에 쓰는 것인가?"

"모습을 비춰보는 것이옵니다."

"나후라여, 거울에 모습을 비쳐보는 것과 같이 생각에 생각을 거듭하여 행하지 않으면 안 된다. 마음으로 생각하는 것도, 몸으로 행하는 것도, 입으로 말하는 것도 생각에 생각을 거듭해서 하지 않으면 안 된다. 나후라여, 몸과 입과 뜻의 세 가지 행 중 어느 쪽을 이루려고 할 때도 그 행이 '스스로를 해치고, 남을 해치고, 피차의 해침이 되지는 않을까? 좋지 않은 행위는 아닐까? 괴로움을 낳게 하는 근원은 아닐까?'라고 생각하여, 만약 그렇다면 그와 같은 행위는 결코 해서는 안 된다. 생각 끝에 그와 같은 행위가 아니라면 그 행위를 해도 좋다. 또 행하고 있는 중이라도 위와 같이 생각하여, 만약 그것이 피차의 해로움이 되는 것이라면 그 행으로부터 자신이 물러나 스승이나 동문 앞에 참회하지 않으면 안 된다. 만약 위와 같이 생각해보아도 자타의 해로움이 되지 않고 선한 행위로 즐거움을 낳을 수 있는 것이라면, 그 행위를 하지 않으면 안 된다. 또 잇따라 행하고 이와 같은 착한 행위를 하게 된 것을 기뻐하지 않으면 안 된다.

나후라여, 옛날의 출가자들도 이와 같이 하여 그 행을 청정하게 했다. 장차의 출가자도 이와 같이 하여 그 행을 청정하게 해 나가리라. 또 현재의 출가자들도 이와 같이 하여 그 행을 청정하게 하고 있다. 그러니 나후라여, 너도 또한 이와 같이 깊이 생각하여 몸과 입과 뜻의 세 가지 업을 청정하게 하지 않으며 안 된다."

제2절 십지(十地)

1. 어느 날 세존은 많은 대보살들과 함께 거동하셨다. 이때 금강장보살은 부처의 힘을 입어 대지혜광명(大智慧光明)의 선정에 들어, 장애없는 변재와 청정한 지혜를 얻고 대중에 고하여 말하였다. "불자들이여, 도를 구하는 중생의 원은 동하는 일이 없고, 무너지는 일이 없고, 크기로는 법계와 같고, 모든 부처의 수호하는 바가 된다. 그것은 그들이 부처의 지혜의 땅에 들어가기 때문인 것이다. 이 지혜의 땅에 열 단계가 있으니, 환희지(歡喜地)・이구지(離垢地)・명지(明地)・염지(焰地)・난승지(難勝地)・현전지(現前地)・원행지(遠行地)・부동지(不動地)・선혜지(善慧地)・법운지(法雲地)라 일컫는다.

불자들이여, 제1의 환희지에 들면 기쁨과 신심을 얻어 청정하고 부드럽게 감내하고, 다툼을 즐기지 않고 중생을 괴롭히는 일이 없다. 또 부처를 염하고 법을 염하고 승가를 염하므로 환희의 마음을 낳는다. 곧 생활의 두려움, 악명의 두려움, 죽음의 두려움, 지옥에 떨어지는 두려움, 군중을 향할 때의 두려움, 이러한 모든 두려움은 모조리 제거된다.

이 땅에 있는 것은 '아(我)'를 떠나 있으므로 내 물건을 탐하지 않고, 내 물건을 탐하지 않으므로 생활의 두려움이 없다. 남으로부터 공경받고 싶다는 소망이 없으므로 악명을 두려워하지 않고, '아'의 견해를 떠나 있으므로 죽음의 두려움이 없고, 생명을 다하여 다시 태어나는 곳에서 부처를 받들겠다고 생각하므로 지옥에 떨어지는 일까지도 두려워하지 않는다. 그리고 '나의 즐거워하는 바에 비길 것이 없다. 이 이상 뛰어난 것이 있을 리가 있겠는가.' 하고 염하므로 군중 앞에 나가더라도 두려워하고 겁내는 일이 없는 것이다.

또 이 보살은 대비(大悲)를 비롯하여 모든 중생을 싫어하는 염이 없고, 마음을 곧게 하며 저절로 청정하게 나아가 모든 선을 닦는다. 곧 신심을 증장하고 몸과 마음에 참괴를 품고 부드러우며 능히 참고, 가르침을 공경하고, 착한 벗을 중히 여기고, 법을 듣되 싫증을 내지 않고, 들은 법을 바르게 마음에 새기고, 영예를 구하지 않고, 이양(利養)을 탐하지 않고, 모든 아첨을 버리고 말과 같이 행하고, 일체의 지(智)를 낳기 때문에 마음은 산과 같이 동하지 않고, 도를 돕는 법을 모아 싫어할 줄을 모르고, 항상 뛰어난 것 중의 뛰어난 도를 구한다. 또 모든 부처를 받들고 남김없이 그 법을 지니려고 원하니, 그 대원은 법계(法界)와 같고, 이르지 않는 곳이 없음이 허공과 같으며, 이리하여 미래제(未來際)가 다하도록 법을 수호하여 싫증을 내는 일이 없다.

또 다음과 같은 원을 일으킨다. '모름지기 도에 나아가는 중생들은 마음을 같이하고, 배움을 같이하고, 다함께 선을 쌓아 원망하고 질시하는 생각을 버리고, 평등심으로 같은 경계에서 화목하고, 각자의 연(緣)에 이르면 부처의 몸을 나타내고, 마음에 부처의 경계와 신통력을 깨쳐 여러 국토에 노닐며, 모든 집회에 몸을 나타내어 보살행을 갖추게 될 것이다.'

또 이와 같이 염한다. '부처의 가르침은 이와 같이 심오하고 넓고 큰 것이지만, 범부는 사견에 떨어져 어리석음 때문에 지혜의 눈이 가리워져 교만하고 갈애에 젖어 아첨·인색·질투·탐욕·진에의 염을 품고 원한의 불꽃을 부채질하여, 때마침 베풀 곳이 있으면 도리어 도착된 생각을 한 끝에 망집에 망집을 거듭하고 있다. 나는 지금 이러한 괴로움 속에 있는 중생들을 구하여 불도의 즐거움에 이르게 하리라.'

2. 제2의 이구지(離垢地)에 머물면 스스로 살생을 금하고, 검이나 채찍을 버리고, 사음을 금하여 자기 처로 족함을 알며 일념(一念)도 다른 여자를 구하는 일이 없다. 생각건대 '중생들은 사견(邪見)에 떨어져 남과 나를 분리시켜 다투고, 재물을 탐하고, 언제나 무명에 뒤덮

여 헤아릴 수 없는 괴로움을 받고 있으니 참으로 불쌍한 일인 것이다. 나는 우선 그들을 바른길로 인도하여 바른 생활을 시키고, 번뇌의 불을 끄고 지혜의 눈을 얻게 하리라.'고 한다.

3. 제3의 명지(明地)에 머무르면 법의 모양을 있는 그대로 관한다. 곧 모든 법은 무상하고 괴로움에 차 무아(無我)로써 부정(不淨)이라는 것을 보며, 법의 실상은 스스로 인연을 지어 일어나는 것이 아님을 안다.

4. 제4의 염지(焰地)에 머무르면 모든 부처와 친하여 공손히 공양하고 마음은 청정하며, 그리고 삼보에 대한 믿음은 더욱 분명해지고 선근은 더욱 북돋워진다.

5. 제5의 난승지(難勝地)에 머무르면 큰 원력을 얻어 큰 자비로써 맹세하기를, '내가 행하는 선은 단지 중생들의 괴로움을 뽑아내고 중도에 이르게 하여 그 원을 충만하게 하리라.' 한다.

6. 제6의 현전지(現前地)에 머무르게 되면 12인연의 이치를 깊이 관한다.

　(1) 만약 중생이 법의 성을 안다면 '유(有)', '무(無)'의 두 가지에 마음이 동요되지 않으며, 대비의 마음을 갖고 중생들을 제도한다. 이것을 부처의 아들이라 이름한다.

　마음이 이미 청정하다면 계를 지니며 상하는 마음이 없어져 인욕(忍辱)을 행하고 법성의 이치를 깨닫더라도 면려하며, 먼저 번뇌를 멸했더라도 선정을 닦고, 법공(法空)을 깨닫더라도 제법을 분별하고, 적멸의 지혜가 있더라도 세간에 베풀고 악을 멸한다. 이 사람을 대사(大士)라 이름한다.

　(2) 탐하는 마음에서 삼계가 생하고 12인연도 하나의 마음속에 있다. 그러니 생사도 그저 마음에서 일어나 마음이 멸하면 생사는

다한다. '무명'에 의해 '업'이 생하고, 업으로써 '고'를 짓는다. 그러하니 무명에 따르면 세간이 있고 따르지 않으면 세간은 사라진다. 이 인연을 보고 제자는 '공'을 깨닫고, 물(物)은 멸하여 계속되지 않으므로 '무상(無相)'의 행으로 들어가 두 가지의 거짓을 알아 마음은 무원(無願)에 이르게 되는 것이다. 이리하여 대비의 마음을 갖고 중생들을 구할 뿐이다.

(3) 무량불을 공양하고 부처를 찬송하고 부처의 법장에 들면 선근은 사뭇 증장할 것이다.

비유컨대 유리 보석으로 진금(眞金)을 갈면 빛은 더 한층 번쩍여 알맞게 밝아지게 됨과 같다.

혹은 달이 허공을 지나며 청량함을 만물에 입히고 사방에서 폭풍이 불어도 머무르는 일이 없음과 같이, 보살의 지혜의 빛은 번뇌의 불을 능히 끄고 사마(四魔)도 부수지 못함이 없다.

7. 제7의 원행지(遠行地)에 머물게 되면 한없는 방편으로써 중생들을 인도하고 능히 육도의 행을 닦게 한다. 또 이 보살은 열반을 길이 사랑하지만 이 세계를 버리지 않고, 망집의 세계에 태어나더라도 세간 때문에 더러워지는 일은 없다. 또 마음은 언제나 정적에 잠겨 있지만 방편의 힘에 의하여 맹렬히 불타고 있다. 부처의 지혜에 있으면서도 마의 업을 나타내고, 외도의 행을 시현하면서도 불법을 버리는 일이 없다.

8. 제8의 부동지(不動地)에 들 때, '깊이 행하는 보살'이라 이름한다. 그때 일체의 상념, 일체의 탐욕을 버리고 다시 모든 근면하는 방편과 몸·입·뜻의 행을 멸한다. 비유컨대 꿈속에 깊은 강을 건너려고 갖가지 방편을 짜내다가 아직 건너기 전에 갑자기 꿈을 깨면 그러한 방편은 저절로 버려지는 것과 같다. 이때 부처는 이 사람에게 말씀

하신다. '선남자여, 그대는 지금 깊은 정적을 얻어 불법을 좇고 있으나, 부처의 모든 덕을 얻고 있지 않다. 게다가 세간의 범부는 그대가 얻고 있는 정적의 법을 떠나 번뇌 때문에 해를 입고 있다. 그대는 이 일체의 중생들을 불쌍히 여기지 않으면 안 된다. 그렇다면 선남자여, 그대의 본래의 원을 염하고 중생에게 보시하고 불가사의한 지혜를 얻으려고 결심해야 한다.

일체 법의 성(性)과 상(相)은 부처가 재세하든 재세하지 않든 항상 변함이 없다. 일체의 부처는 이것을 깨달았음으로 부처라 이름하는 것이다. 선남자여, 그대는 부처가 갖는 헤아릴 수 없는 청정한 몸, 헤아릴 수 없는 지혜, 헤아릴 수 없는 국토, 헤아릴 수 없는 방편과 빛과 소리를 생각해야 한다. 그대는 지금 법의 정적함이라는 하나의 지혜를 얻은 것이지만, 부처는 헤아릴 수 없는 지혜를 얻고 있다. 그대는 힘써 이러한 법을 얻지 않으면 안 된다.'

불자들이여, 만약 부처가 이 권고를 부여하지 않는다면 이 사람은 열반에 들어 중생에게 보시함을 버리리라. 그런데 이 권고가 주어지는 데 있어서 이때까지의 보시와는 비교도 되지 못할 정도의 지혜를 낳게 된다. 비유컨대 바다를 건너려는 사람이 해변에 이르기까지는 많은 노력을 기울여야 하지만, 이미 배에 타고서 바다를 간다면 하루의 행로는 앞서 육지에 있었을 때 비하여 몇 배나 빠른 것처럼 되는 것이다.

불자들이여, 이와 같이 제8지에 이르면 커다란 방편의 지혜에서 저절로 활동하는 마음을 낳아, 보살도에 있으면서도 부처의 지혜의 힘을 생각하고 세계의 생멸의 인연을 소상히 알게 된다. 또 해나 달이 모든 물에 그 형상을 나타내듯이 사람들의 몸을 따라서 한없는 몸을 나타내게 된다. 그리고 모든 일에 자재의 힘을 얻게 된다.

9. 제9의 선혜지(善慧地)에 주(住)하게 되면 부처님의 비밀의 법장

에 들어 모든 법의 차별과 마음의 차별을 알고, 또 생명이 있는 모든 것의 상(相)을 알게 된다. 업은 전지(田地), 사랑은 물, 무명은 덮개, 식(識)은 씨앗, 몸은 싹과 같으며, 여기에 몸과 마음이 함께 생겨 떨어지지 않으며, 어리석음과 사랑이 서로 잇따라 일어나며, 사는 것을 바라고 짓는 것을 바라고 사랑을 바라되 열반을 바라는 일은 없다. 이리하여 삼계로 차별되어 잇따라 일어나는 상(相)을 여실히 아는 것이다.

10. 끝으로 제10의 법운지(法雲地)에 들어 헤아릴 수 없는 지혜를 갖고 부처의 지위에 다가가면 여러 가지 뛰어난 삼매를 얻는다. 그리고 이러한 삼매가 나타남과 동시에 커다란 보물인 연화가 나타난다. 주위는 이 세상의 백천 배, 모든 보물로써 장엄되어 있다. 그리고 보살이 수승한 몸으로써 이 보배로 된 연화 위에 오르면 모든 세계가 진동하고 빛은 두루 비추어 모든 악도는 일시에 다 쉬게 된다. 또 이 보살은 득도에 따라 일념 사이에 부처 곁에 이르러 한없는 법을 다 받아지닌다. 비유컨대 대해는 어떠한 큰비도 남김없이 받아들이는 것과 같다.

불자들이여, 바다에는 첫째 점점 깊어지고, 둘째 시체를 물가에 떠밀어 받지 않으며, 셋째 다른 물은 원래의 이름을 잃고, 넷째 한 가지 맛이며, 다섯째 보물이 많고, 여섯째 깊어 들어가기 힘들고, 일곱째 가이없고, 여덟째 큰 생물을 살게 하고, 아홉째 조수의 때를 어기지 않고, 열번째 어떠한 큰비를 받아들이더라도 넘치지 않는다는 10종의 상이 있으며, 어떤 것도 이것을 무너뜨릴 수 없는 것과 같이, 도를 구하는 사람에게도 십지(十地)의 인연이 있어 어떤 자도 무너뜨릴 수가 없다.

환희지에는 굳은 원을 일으키고, 이구지에는 파계자와 함께 잠자지 않으며, 명지에는 모든 가명을 버리며, 염지에는 부처를 향하여 무너뜨릴 수 없는 청정한 일심을 얻고, 난승지에는 갖가지 방편이나 신통을 낳아 세간의 일을 수행하며, 현전지에는 깊은 인연의 법을 관하고, 원행지에는 커다란 마음으로 제법을 관하고, 부동지에는 대장엄을 나타내고, 선혜지에는 깊은 해탈을 얻음과 동시에 세간사를 능히 알아 그릇된 일이 없고, 법운지에는 일체 제불의 큰 교법(敎法)의 비를 받아들이는 것이다."

제3절 비말라키르티(유마) 거사

1. 세존은 라자가하성을 나와서 또다시 강을 건너 베살리성으로 돌아가, 성밖의 암라수원(菴羅樹園)에 많은 제자 및 보살들과 함께 머무르셨다.

이때 이 고을에 살고 있던 보적(寶積) 장자는 500명 정도의 부호 자제를 거느리고 이 동산에 나아가 각각 구슬로 장식한 일산을 세존께 바치고, 다시 세존의 앞에 나아가 덕을 찬송했다.

2. 보적 장자는 다시 세존께 말씀드리기를 "세존이시여, 이들 젊은 이들은 모두가 부처가 되고 싶다는 원을 일으키고 있습니다. 모쪼록 청정한 부처의 국토와 그 국토를 세우는 행을 설하여 주시옵소서." 하였다.

세존께서 말씀하셨다.

"착하도다, 보적이여. 이제부터 그대의 물음에 대해 설하리라. 자세히 듣고 잘 생각하여야 한다. 보적이여, 도를 구하는 중생에게 있어서는 어디서나 중생이 사는 곳 그대로가 부처의 국토인 것이다. 왜냐하면 원래 부처의 국토는 중생들에게 보시하기 위해 세우는 것이지만, 거기에는 비유컨대 집을 대지에다 세우는 것과 같이 부처의 국토는 중생들의 마음을 대지로 삼아 세워지기 때문이다. 보적이여, 그 부처의 국토를 세우는 것은 '순직한 마음'인 것이다. 그 마음은 '깊은 마음, 도를 구하는 마음, 베푸는 마음, 계를 지키는 마음, 참는 마음, 힘쓰는 마음, 마음을 섭수하여 어지럽히지 않는 마음, 지혜와 자비를 낳는 마음'인데, 이것은 모두 방편을 자아내어 중생들에게 도를 얻게 하는 마음인 것이다.

그러니 보적이여, 청정한 부처의 국토를 얻고 싶다고 생각한다면 그 마음을 청정히 하여야 한다. 마음이 청정하면 그가 사는 국토도 청정하다."

이때 사리푸타는 마음속으로 '만약 마음이 청정하면 그 국토도 청정하다고 할진대, 세존은 일찍이 도를 구하셨을 때 꿈에도 더러운 마음을 일으키지는 않았을 터인데도 이 세상은 어째서 이와 같이 더러워져 있는 것인가?' 라고 생각하였다.

세존은 그 마음을 헤아리고 말씀하셨다. "사리푸타여, 장님은 해나 달을 볼 수가 없다. 그러나 그는 해나 달에 빛이 없다고는 할 수 없는 것이다. 그것은 장님의 허물이지 해나 달의 허물은 아니기 때문이다. 그와 마찬가지로 사람들은 그 죄에 의하여 불토(佛土)의 청정함을 볼 수 없는 것이다. 이 세계는 청정하다. 그러나 그대에게는 그것이 보이지 않을 뿐이다."

이때 자리에 있던 한 바라문이 말했다. "존자 사리푸타여, 이 세계는 결코 더럽혀져 있지는 않다. 신들의 궁전과 같이 맑게 개 있다."

사리푸타가 말하였다. "나는 그렇게는 보지 않는다. 이 세계는 언덕이나 산이나 자갈이나 갱(坑)이나 형극 등의 추하고 더러운 것으로 가득 차 있다."

바라문이 말하였다. "그것은 그대가 부처의 지혜에 의하지 않고 마음에 고저의 견해를 갖고 있기 때문이다. 보살은 모든 중생에 대하여 평등의 청정한 마음을 품고 있으므로 이 국토 역시 청정하게 비치는 것이다."

이때 세존이 발을 들어 대지를 가리키시자 홀연히 세계는 일변하여 널리 번쩍거리며, 어느새 모두 보석으로 아로새겨진 연화의 자리에 그 몸을 드러내자 대중들은 놀라움에 눈을 크게 떴다. 세존께서 말씀하셨다. "사리푸타여, 그대는 이 세계를 어떻게 보는가?"

사리푸타가 말하였다. "세존이시여, 저는 이와 같이 청정하고 아름다운 세계를 여태껏 본 일이 없습니다."

세존께서 말씀하셨다. "나의 국토는 언제나 이와 같이 청정하다. 그러나 마음이 비열한 사람에게는 악과 더러움이 가득 찬 세계로밖에 보이지 않는다. 그러므로 사리푸타여, 중생들이 지금 모두 나의 설법에 의해 마음을 청정하게 하여 눈을 닦고 본다면, 언제나 이와 같이 번쩍거리는 세계를 볼 수 있을 것이다."

세존이 이윽고 신통술을 거두시자 세계는 원래의 모습으로 돌아가고, 보적 장자를 비롯하여 많은 청년들은 모두 법의 실상을 보는 눈을 얻어 한없는 환희에 젖었다.

3. 그즈음 이 베살리성에 비말라키르티라는 한 장자가 살고 있었다. 그는 많은 재물을 베풀어 가난한 사람을 구제하고, 능히 계를 지키고, 사물을 감내하여 노여움을 억제하고, 언제나 면려하며, 어지러운 마음을 수습하고, 그리고 산뜻한 지혜의 빛은 어리석은 중생들의 어두운 마음을 빛나게 했다.

곧 집에 있되 세간사에 집착하지 않고, 처자를 두고 있으면서도 그 사랑에 빠지지 않고, 많은 사람의 시중을 받으면서도 홀로 처하는 마음가짐을 잃지 않고, 신분에 응하여 좋은 옷을 입더라도 자연의 인품을 잃지 않고, 어떠한 음식을 취하더라도 마음은 깊이 법의 맛을 음미하고 있었다.

그는 또 세간의 사귐에 있어서도 유희장에 출입은 하지만 도리어 남을 인도하고, 갖가지 이교의 가르침을 듣지만 그것 때문에 바른 믿음을 파괴하는 법이 없고, 세간의 전적(典籍)을 배우면서도 불법을 즐기고, 어떤 때는 정치에 관계하여 사람들을 편안케 하고, 학사(學舍)에 들어서는 젊은 사람들에게 바른 법을 가르치고, 매춘부의 집이나 술집에 들어갈 때도 욕심의 잘못이나 뜻을 세울 점을 사례를 들어 가르쳤다.

또 장자들이나 상업에 관계하는 사람들과의 사귐에는 재산보다도 법과 선한 행의 존귀함을 가르치고, 권세를 믿는 왕자에게는 참는 마음을, 마음이 교만하기 쉬운 승려나 수도자에게는 아만(我慢)을 제거할 것을, 일반인에게는 목전의 돈보다는 참된 복덕을 짓는 것이 절실하다고 가르쳤다.

이와 같이 일세의 스승으로 존경을 받는 비말라키르티는, 지금은 병상에 있었다. 나라에서 여러 계층의 사람들이 날마다 그 병상을 찾았지만, 그는 이것을 좋은 기회로 삼아 사람들에게 법을 설했다.

"경들이여, 이 몸은 무상한 것이다. 제아무리 건강한 몸이라도 끝내는 쇠한다. 참으로 몸은 갖가지 병이 모이는 곳이지만, 사람은 이것을 믿지 않는다. 또 이 몸은 무아인 것이다. 대지에 임자가 없는 것과 같이, 불에 주제가 없는 것과 같이, 바람처럼 홀연히 사라져버리는 것처럼 확고한 수명이라는 것이 없고, 물의 그릇에 따라 모양을 바꾸는 것과 같이 정해진 인격이라는 것이 없다. 가령 갖가지 물이 모여서 몸을 이루는 것이지만, 그곳에 중심이 되는 것이 있는 것은 아니다. 또 이 몸은 부정한 것이다. 목욕을 하거나 밥을 먹거나 끝내는 늙어 죽음에 이르게 되는 것이다.

그러므로 이러한 일을 아는 자는 이 몸에 집착해서는 안 된다. 참으로 부처의 몸을 얻으려고 원하지 않으면 안 된다. 불신(佛身)이란 법신인 것이다. 그것은 모든 선과 지혜와 진실에서 생기는 것이다. 그러하니 경들이여, 불신을 얻고 싶어한다면 참된 각에 이르는 길을 원해야 한다."

비말라키르티는 이와 같이 하여 그 병상에 있으면서 많은 사람들을 도에 끌어들였다.

4. 그때 비말라키르티는 마음속으로 '나는 지금 병으로 누워 있는데, 세존께서 만약 불쌍히 여기신다면 사람을 보내 위로해주실 것이다.' 라고 생각하였다.

세존은 거사의 마음을 헤아려 사리푸타에게 말씀하셨다. "그대는 이제부터 가서 비말라키르티를 문병하라."

사리푸타가 대답하였다. "세존이시여, 저는 거사를 문병할 자격이 없습니다. 언젠가 제가 숲속에서 좌선하고 있는데 거사가 그곳에 와서 '사리푸타여, 앉는다고 하는 것이 반드시 좌선일 수는 없다. 몸이라든가 뜻이라든가 형태의 약속에 얽매이지 않는 것이 참된 좌선인 것이다. 적연부동(寂然不動)의 경지에 마음을 머물게 하면서 갖가지의 활동을 하고, 성도를 보유하면서 범부의 일을 행하는 것이 참된 좌선인 것이다. 갖가지 이교의 가르침을 들으면서 그것에 마음이 동하지 않고 득도에 이르는 길을 행하는 것이 참된 좌선인 것이다. 번뇌를 끊지 않고 열반에 드는 것이 참된 좌선인 것이다. 이러한 좌선이야말로 세존께서 인증하는 바이다.' 라고 말했습니다.

세존이시여, 저는 이에 대해 답할 수가 없어서 침묵하고 말았습니다. 이러한 까닭에 저는 거사의 문병을 갈 수가 없습니다."

세존께서 다음에 목갈라나에게 말씀하시자 그가 말하였다. "세존이시여, 저도 거사의 문병을 갈 자격이 없습니다. 언젠가 제가 베살리의 마을에서 많은 신자들에게 법을 설하고 있는데 거사가 와서 말하기를 '목갈라나여, 법을 설하려거든 법대로 설하지 않으면 안 된다. 진여(眞如)의 법은 평등한 것이다. 그러니 설자(說者)로서도 설했다는 분별이 없고, 듣는 자로서도 들었다고 하는 분별이 없다. 비유컨대 마술사가 그 조작하는 인형을 향해 얘기하는 것과 같은 것이다. 이 뜻을 체득하고 법을 설함이 좋다. 중생들의 근기(根機)에는 이근기(利根機)가 있고 둔근기(鈍根機)가 있으며, 능히 그것을 알고 구애되는 바 없이 대비의 마음으로써 법을 설하고 부처님의 은혜에 보답하고 삼보를 받들겠다는 염을 가진 연후에 법을 설하여야 한다.' 고 했습니다.

세존이시여, 거사가 이와 같이 설했을 때 그곳에 모였던 800명의 신자들은 도를 구하는 마음을 일으켰습니다. 저에게는 이러한 재주가 없으므로 그의 문병을 갈 수가 없습니다."

5. 세존께서 이번에는 대(大)카샤파에게 말씀하시자 그도 말하기를 "세존이시여, 저도 거사를 문병할 자격이 없습니다. 언젠가 제가 가난한 마을에서 걸식을 하는데 거사가 와서 말했습니다.

'대카샤파여, 그대는 자비심을 가지고도 뭇사람에게 골고루 미치게 하지 못하고, 부한 사람들을 버리고 가난한 마을에서 밥을 빌고 있다. 카샤파여, 집 순서대로 평등하게 걸식을 해야 하는 것이다. 그리고 마을에 들어가거든 마을을 공(空)으로 보고, 물건을 보아도 마음에 집착하지 말고, 듣는 소리는 메아리와 같이, 맡는 향기를 바람과 같이 생각하고, 먹더라도 맛을 생각하지 않고, 촉감되는 것에는 모두 깨달음의 지혜를 얻어야겠다고 염하여야 한다. 이리하여 한 끼의 밥을 얻음으로써 모든 중생에게 도의 마음을 베풀고, 또 그 밥을 모든 부처님과 성자에게 바친 뒤에 먹어야 한다. 그곳에는 세간에 머무르는 집착도 없고, 그렇다고 열반에 머물고 미망의 세계를 피하는 일이 있어서도 안 된다.

카샤파여, 대저 은혜를 베푸는 사람이 있을지라도 복에 대소의 차별을 붙여 보지 않아야 하며, 또 손익을 계산하는 일이 없어야 한다. 이것이야말로 참된 불도에 든 것이다. 만약 이와 같이 구한다면 남이 베풀어준 것을 헛되게 하지 못할 것이다.'라고 했습니다.

 세존이시여, 저는 이 말을 듣고 놀라면서도 기뻐했으며, 그리고 모름지기 바른 수도자를 향하여 깊은 공경심을 일으키게 되었습니다. 이와 같이 위대한 거사를 어찌 제가 문병하오리까."

 세존께서 수부티에게 분부하시자 그도 사양하며 말하였다. "세존이시여, 언젠가 제가 거사의 집에 가서 밥을 빌었는데, 거사가 제 바리때를 받아 밥을 담으면서 말하기를 '수부티여, 만약 제법이 모두 평등하다는 것을 안다면 이 밥을 받아도 좋다. 또 번뇌를 끊지 않고 게다가 그 번뇌를 따라 애착에 얽매이면서 그곳을 벗어나는 지혜를 얻고, 모름지기 차별이 있는 법의 모양에 집착되지 않겠다면 이 밥을 받아도 좋다. 수부티여, 지금의 차별이 있는 견해를 갖는 그대에게 베풀면 복을 얻기는커녕 도리어 삼악도(三惡道)에 떨어질 것이다.'라고 했습니다.

 세존이시여, 저는 이 말을 듣고 망연한 가운데 대답할 재주가 없어 그대로 그 집을 나오려고 하는데, 거사가 다시 말씀하셨습니다. '수부티여, 이 바리때를 받으라. 그렇게까지 두려워할 것은 없다. 만약 부처가 화신(化身)의 몸을 나타내어 이와 같이 그대를 힐난한다면 그대는 두려워할 것인가?' 제가 '아니오.' 하고 대답하자 거사는 '제법은 모두 환상이다. 아무것도 두려워할 것이 없다. 지혜있는 사람은 말에 구애되지 않으므로 조금도 두려워할 것이 없다. 왜냐하면 말이란 물(物)의 성(性)과는 별개이므로 말이 없는 곳에 해탈이 있기 때문이다.'라고 말씀하셨습니다. 세존이시여, 저는 도저히 그의 문병을 갈 수가 없습니다.

 6. 세존께서 다시 푸르나에게 말씀하시자 그는 말하였다. "저 역시 거사의 문병을 갈 수가 없습니다. 언젠가 제가 숲속에서 새로 출가한 제자들에게 법을 설하고 있는데 거사가 와서 '푸르나여, 선정에 들어

중생들의 마음을 관하고 그뒤에 법을 설함이 좋다. 더러운 음식물을 보배의 그릇에 담아서는 안 된다. 그대가 인간의 심기(心機)를 보지 않고 얕은 가르침을 설하는 것은, 상처없는 자를 상하게 하고, 대해를 소의 발자국 속에 넣으려 하고, 개똥벌레를 햇빛과 같이 보려고 하는 것이다. 푸르나여, 이 제자들 중에는 일찍이 대승의 마음을 일으켰지만 중간에 그 뜻을 잊은 자가 있다. 이러한 사람들을 어째서 장님과 같은 적고 얕은 지혜로 이끌 수가 있는가?' 라고 말했습니다.

그러고는 거사가 스스로 선정에 들어가 이 제자들의 마음을 대승을 구했던 원래의 마음으로 되돌려주자, 그들은 거사에게 절하고 그 가르침을 들어 커다란 참된 깨달음에서 물러서지 않게 되었습니다. 이 때 저는 중생의 근기를 보지 않고서는 법을 설할 수가 없다고 깊이 생각했습니다. 제가 거사를 문병할 수 없는 것은 이러한 이유에서입니다."

세존께서 다음에 마하카타야나에게 말씀하시자 그가 말하였다. "세존이시여, 저 역시 거사를 문병할 수가 없습니다. 언젠가 세존께서 법요(法要)를 설하신 뒤에 제가 그 대의를 말한 바 있었습니다. 그것은 무상·고(苦)·공(空)·무아·적멸의 대의였습니다. 그때 거사가 와서 말하었습니다. '마하카타야나여, 변천하는 마음으로 실상의 법을 설해서는 안 된다. 말하건대 제법은 모두 나지도 않고 멸하지도 않는 것으로, 이것이 무상의 뜻인 것이다. 갖가지 감각이 일어나지만 필경은 실이 없는 것으로, 고락이 일어나는 일이 없다. 이와 같이 알아야만 괴로움의 뜻을 아는 것, 제법은 끝내 내 것으로 삼을 수 없다는 것이 공(空)의 뜻, 아와 무아가 둘이 아니라는 것이 무아의 뜻, 법은 원래 나지도 않고 멸하지도 않는 것이므로 따라서 멸함이 없는 것이 적멸의 뜻이다.' 이와 같이 설하셨을 때 제자들은 마음의 계박에서 벗어났습니다. 이러한 이유로 저는 그곳을 찾을 수가 없습니다."

세존께서 다시 아니룻다에게 말씀하시자 그는 아뢰었다. "세존이시여, 저도 그 책임을 감당할 수 없습니다. 언젠가 제가 어느 곳에서 산책하고 있었는데 한 신이 와서 저에게 인사하며 천안(天眼)에 대하여 물으므로, 저는 손에 들고 있던 암마라(菴摩羅)의 과일을 가리키면서, '삼천대천세계를 이 열매처럼 볼 수 있겠는가?'라고 말했습니다. 그곳에 거사가 와서 '아니룻다여, 천안이라고 하는 것은 작용하는 상이 있는가? 만약 있다면 외도의 신통력과 같은 것이며, 없다면 하는 일은 있을 수 없다.'고 말했습니다.

세존이시여, 이때 저는 대답할 방법이 없어 잠자코 있었습니다. 신은 놀라며 거사께 절하고 '세간에 참된 천안을 갖고 있는 자는 누구이겠습니까?' 하자 거사가 대답하기를 '그것은 세존 한 분이시다. 언제나 선정에 있으면서 여러 부처의 국토를 관하시고 자타, 유무 등의 차별있는 생각을 갖는 일이 없다.'고 했습니다. 이 말을 듣자 그들은 불도를 구하는 마음을 일으켜 거사에게 절하고 돌아갔습니다. 이러한 이유에서 저는 거사의 병문안을 가지 못하겠습니다."

7. 세존께서 다음은 우팔리에게 명하시자 그는 아뢰었다. "세존이시여, 저는 그 책임을 감당할 수가 없습니다. 언젠가 두 제자가 계율을 범하자 부끄럽게 생각하여 세존 앞에 나서지 못하고, 저의 처소에 와서 어떻게 하면 이 의문과 뉘우치는 마음에서 벗어나 허물을 면할 수가 있겠느냐고 하므로 저는 '정한 대로 20명의 제자들 앞에서 참회하도록 하라.'고 설했는데, 때마침 거사가 와서 말했습니다.

'우팔리여, 그러한 것을 가르쳐서 이 제자들의 죄를 더 무겁게 해서는 안 된다. 당장 그 죄를 제거하여 그들의 마음을 어지럽히지 않도록 해야 한다. 우팔리여, 만약 마음이 해탈될 때 더러움이 있다고 생각하는가?' 제가 '없다.'고 대답하자 거사가 말하기를 '모든 사람의 마음에 더러움이 없는 것 역시 그와 같은 것이다. 우팔리여, 망상, 전도된 견해, 아의 집착은 모두가 더러운 것이나, 이러한 것을 여의면 청정한 것이다. 우팔리여, 제법은 모름지기 생하면 멸하여 머물지 않으며, 상호간에 기다리지 않으며, 마치 환상이나 번갯불 같아서 일념도 머무르는 일이 없다. 이것을 실재한다고 생각함은 망견(妄見)이며, 마치 꿈과 같고 불꽃과 같고 물속의 달이나 거울 속의 그림자와 마찬가지로 만물은 모두 망상에 비치는 그림자와 같다. 이와 같이 앎으로써 비로소 참된 계율을 지키는 것이다.'라고 하였습니다. 두 제자는 의문과 후회하는 마음이 제거되어 이 거사와 같이 변재(辯才)를 얻고 싶은 원이 일어났습니다. 이러한 마음에서 저는 그 거사를 문병할 수가 없습니다."

　세존께서 다시 나후라에게 명하시자 그가 말하였다. "저도 거사를 찾아갈 수 없습니다. 언젠가 베살리의 장자의 아들들이 저 있는 곳에 와서 '무엇 때문에 왕이 될 자리를 버리고 도를 위하여 출가한 것인가? 출가에는 어떠한 이익이 있는 것인가?' 하고 물으므로 제가 가르침에 따라 출가의 공덕과 이익을 설한즉 거사가 와서 말했습니다. '나후라여, 출가의 공덕이나 이익은 설할 성질의 것이 아니다. 왜냐하면 공덕과 이익은 상대의 일에 대하여 말하는 것이며, 비길 수 없는 일에 대해 말할 수는 없기 때문이다. 출가자라는 것은 비길 수 없는 가치를 가지고 있으므로 이익이나 공덕이 있을 리는 없는 것이다.'

　이리하여 장자의 아들들에게 '너희들은 바른 법에 출가해야 한다. 부처의 세계를 만난다는 것은 쉬운 일이 아니다.'라고 말했습니다. 그러나 그들이 '우리들은 양친의 허락을 얻지 못하면 세존께서 출가를 허락하지 않는 것으로 알고 있습니다.'라고 말하자 거사가 대답했습니다. '너희들은 다만 참된 도를 구하는 마음을 일으키면 그것으로 족한 것이다. 그것이 곧 출가인 것이다.' 그때 그들은 모두 참된 도를 구하는 마음을 일으켰습니다. 이러한 이유에서 저는 거사를 찾아갈 수가 없습니다."

 세존께서 마지막으로 아난다에게 명하시자 그가 말하였다. "세존이시여, 저 역시 그 책임을 감당할 수가 없습니다. 언젠가 제가 세존 옥체에 미령이 생겼을 때 우유를 드리려고 바리때를 들고 큰 바라문의 문앞에 우두커니 서 있는데, 거사가 와서 일의 전말을 듣고 말하기를 '그만두어라, 아난다여. 세존의 몸은 금강(金剛)이다. 모든 악을 끊고 모든 선이 모인 몸에 무슨 병, 무슨 고뇌가 있을 것인가. 만약 외도들이 이것을 듣는다면, 자신의 병조차 구하지 못하는 자가 어찌 중생들의 온갖 병을 고칠 수 있으며, 그럴진대 스승으로 삼기에는 족하지 않을 것이라고 하리라. 너는 속히 이곳을 떠나되 이 일이 사람들 귀에 들어가지 않도록 하라.' 고 했습니다.

 세존이시여, 저는 이 말을 들은 후 부끄러운 생각을 품고 '나는 언제나 세존을 가까이하고 있으면서 그 가르침을 그릇되게 듣고 있었던 것은 아닐까.' 하고 생각했습니다. 그때 공중에서 소리가 나며 '아난다여, 거사가 말한 대로이다. 다만 세존은 이와 같은 오탁(五濁)의 세계에 나오셔서 그 병을 드러내어 중생들의 병을 구제하시는 것이다. 우유를 얻는 것을 수치로 생각할 것은 없다.' 고 말했습니다.

 세존이시여, 거사의 지혜와 변재는 이와 같습니다. 저는 그를 문병할 자격이 없습니다."

 그밖의 500의 대제자들도 각각 그 이유를 밝혀 거사에게 문병가는 것을 사양했다.

 8. 여기에 세존께서 미륵보살에게 거사의 문병을 가도록 말씀하시자 그가 사양하며 말하였다. "세존이시여, 저 역시 그곳에 갈 수는 없습니다. 언젠가 제가 도솔천의 신들에게 악도(惡道)에 떨어지지 않을 계위에 이르는 행을 설하고 있는데 거사가 와서 말하기를 '미륵이여, 세존은 그대에게 일생 동안에 정각을 얻으리라는 수기(授記)를 내리

셨다. 하지만 그 일생이란 언제의 생이란 것인가. 과거라면 벌써 지나가 버렸고, 미래라면 아직 오지 않았고, 현재라면 잠시도 머물러 있는 일이 없다. 또 생멸이 없는 각의 경지의 생이라면 이미 그 자체가 각의 지위이므로 수기를 줄 필요는 없다. 또 모든 사람들은 진여(眞如)를 떠나 있으면서도, 만약 미륵이 수기를 받았다고 한다면 모든 중생들도 수기를 받게 되리라. 또 만약 미륵이 번뇌를 멸할 수가 있다면 모든 중생들도 또한 번뇌를 멸할 수가 있는 것이다. 그러니 미륵이여, 그대의 가르침을 갖고 모든 신을 유혹하여서는 안 된다.' 고 하였습니다.

세존이시여, 거사가 이와 같이 설하여 많은 신들은 법안(法眼)을 얻었습니다. 그러니 저는 그곳에 갈 수가 없습니다."

9. 세존께서 이번에는 장자의 아들인 선덕보살에게 명하시자 그가 말씀드렸다. "세존이시여, 저도 이 사명을 감당할 수 없습니다. 언젠가 제가 아비의 집에서 대법회를 베풀고 7일간을 여러 출가자를 비롯하여 가난한 사람들에게 보시를 행하는데 마침 거사가 나타나 말하였습니다. '장자의 아들이여, 이러한 재물을 베푸는 모임을 가져서는 안 된다. 법을 베푸는 모임을 가져야 한다.'

제가 '법시(法施)란 무엇인가?' 하고 묻자 거사가 대답하였습니다. '그것은 앞뒤가 없이 일시에 모든 중생들에게 바치는 것이다. 이른바 불도를 구하여 대자(大慈)의 마음을 일으키고, 중생들을 구하기 위하여 대비(大悲)의 마음을 일으키며, 바른 법을 지니기 위하여 기쁜 마음을, 지혜를 섭수(攝受)하기 위하여 사가 없는 마음을 일으키고, 탐하는 자를 섭수하기 위하여 보호하고, 계율을 파괴하는 자를 가르치기 위하여 계를 지키고, 잘 참고 부지런히 일하며, 선정에 들어 지혜를 일으켜 중생들을 교도하면서 공의 이치를 깊이 궁구하고, 모든 법은 임시로 모인 것이므로 그 자체의 모양이 없는 것임을 깨닫고, 선현을 가까이하여 악인이 증장하지 않도록 이것을 조복하는 마음을 일으키고, 깊은 마음으로 세간에 집착하는 마음을 물리치고, 잘 듣고 말과 같이 행하고, 고요한 곳에 있으면서 다툼이 없는 법을 음미하고, 부처의 지혜를 향하여 행을 다스리고, 중생들의 계박을 풀어주고, 덕으로 몸을 장엄하여 국토를 청정하게 하고, 모든 번뇌를 끊고 모든 지혜를 얻는다. 이것을 법을 베푸는 모임이라고 이름한다. 만약 보살이 이 법회에 있다면 대시주라 일컬으며, 또 세간의 복을 낳는 밭이라고 이름한다.'

세존이시여, 거사가 이 법을 설할 때 200명의 바라문은 불도를 구하는 마음을 일으켰습니다. 저도 마음이 청정해져 거사에게 예를 드리고 값비싼 영락을 풀어 바치자, 거사는 이것을 받아 가지고 둘로 나눠 반을 그 회중에서 가장 천한 걸인에게 베풀고, 다른 반을 난승불(難勝佛)에게 바치고 나서 말하기를 '만약 베푸는 사람이 천한 걸인에게 베푸는 것과 부처에게 공양하는 일에 차별을 두지 않고, 그 보시에 의한 과보를 구하지 않는다면 이것을 원만한 법의 보시라고 이름한다.' 고 했습니다. 그때 그 천한 걸인은 불도를 구하는 마음을 일으켰습니다. 이 때문에 저는 그쪽에 갈 수가 없습니다."

이와 같이 다른 보살들도 또한 이유를 대며 거사의 문병을 사절하였다.

10. 다음에 세존께서 문수사리보살에게 말씀하시자 "세존이시여, 거사는 깊이 법의 실상을 남김없이 궁구하여 지혜에 장애가 없어 어떻게 설할 것인가, 어떻게 행할 것인가를 알고 있으며, 모든 마를 항복시켜 뜻대로 신통력을 나타내고 있습니다. 저로서 될 일도 아닙니다만 세존의 뜻이라면 가기로 하겠습니다."라고 말하였다.

이리하여 많은 보살과 제자들을 비롯하여 많은 중생들은 문수를 따라 베살리의 고을로 들어갔다. 거사는 이것을 알고 신통력으로 그 방을 비우되 모든 물건과 시자들을 내보내고 다만 한 침상만을 남겨놓고는 그 위에 누워 문수를 맞이했다. "잘 오셨네, 문수여. 오지 않는 상(相)으로 오셨고, 보이지 않는 상으로 오셨네 그려."

문수가 말하였다. "거사여, 그대의 말대로이다. 오면 거듭 오지 않고, 가면 거듭 가지 않는다. 왜냐하면 오는 자에게 오는 곳이 없고 가는 자에게 가는 곳이 없기 때문이다. 그것은 그렇다 하고, 거사의 병은 어떠하온지 세존께서는 간곡히 물으셨다. 거사여, 거사의 병은 어떠한 일에서 일어난 것인가, 또 오래 계속되고 있는 것인가?"

거사가 말하였다. "어리석음에서 애착은 일어난다. 나의 병도 그곳에서 난다. 모든 중생이 병이 들므로 나도 병든다. 만약 모든 중생이 병들지 않는다면 나의 병도 없어질 것이다. 왜냐하면 보살은 사람들을 위하여 미망의 세계에 들기 때문이다. 마치 아들이 병들면 부모도 병들고, 아들이 나으면 부모도 낫게 되는 것과 같은 이치이다."

"이 병은 무슨 원인으로 일어난 것인가?"

"보살의 병은 대자비에서 일어난다."

"이 방은 무엇 때문에 한 사람의 시자도 없이 이와 같이 비어 있는 것인가?"

"모든 세계도 모름지기 공(空)이니 방도 공인 것이다. 또 그대는 시자가 없다고 말하지만, 모든 마와 뭇 외도는 나의 시자인 것이다. 왜냐하면 마는 망집만을 원하지만 보살은 망집을 제도하며, 또 외도는 사특한 견해를 원하지만 보살은 그러한 생각에 움직이는 일이 없기 때문이다."

"그대의 병은 마음의 병인가, 육신의 병인가?"

"나는 몸을 떠나 있으므로 몸이 아프지 않으며, 마음은 환상과 같은 것임을 알기 때문에 마음도 아프지 않다. 중생들이 병들기 때문에 나도 병드는 것이다."

"보살은 병든 중생을 어떻게 위로하는가?"

"몸은 무상하다고 설하라. 그러나 몸을 지겨워하도록 설해서는 안 된다. 몸은 괴로움이라고 설하라. 그러나 열반에 머물도록 설해서는 안 된다. 몸에는 아가 없다고 설하라. 그러나 중생들을 버리는 것은 아니다. 능히 이것을 효도하는 일을 잊어서는 안 된다. 먼저 지은 죄를 뉘우치도록 하는 것은 중요한 일이지만, 과거사로써 괴롭혀서는 안 된다. 내 병으로써 남의 병을 불쌍히 여기고, 지나간 세상의 한없이 긴 동안의 괴로움을 알고 격려하고, 의왕(醫王)인 부처가 되어 모든 병을 낫게 하여야 한다. 설하여 병든 중생을 위로하고 기쁘게 하는 것이다."

"거사여, 병든 중생은 어떻게 하여 마음을 조복하는가?"

"병든 중생은 이와 같이 생각함이 좋다. '이 병은 번뇌의 독으로부터 일어나는 것으로, 실체가 있는 것은 아니다. 그리고 이 몸은 가짜이므로 주인도 없고 아무도 없는데, 어디에 병을 받아들일 곳이 있겠는가?' 라고. 또 병든 중생은 자신의 병이 실제로 있는 것이 아니라고 생각하는 것처럼 남의 병도 그와 같다고 생각하는 것이다. 그리고 애착으로부터 일어나는 자비를 버리지 않으면 안 된다. 왜냐하면 보살은 티끌과 같이 많은 번뇌를 제거하고 자비를 일으키므로, 애착에서 일어나는 모든 자비에는 피로를 느끼게 되기 때문이다. 그러므로 만약 이것을 제거한다면 일에 임하여 계박되는 일이 없다. 스스로 계박되면 타인의 계박을 풀 수가 없는 것이다.

그렇다면 계박되고 풀어진다는 것은 무엇을 가리키는가 하면, 선정의 맛을 탐하는 것이 계박되는 것이며, 방편으로써 망집의 생을 받는 것이 풀어지는 것이다. 또 방편이 없는 지혜는 계박되고, 방편이 있는 지혜는 풀어진다. 지혜가 없는 방편은 계박되고, 지혜가 있는 방편은 풀릴 것을 말한다.

또 몸은 무상한 것이며 괴로움에 차 무아라고 관한다면 이것을 지혜라 이름하며, 몸은 망집 속에서 병들더라도 모든 중생들에게 베풀고 지치는 일이 없으므로 이것을 방편이라고 이름한다. 또 몸은 병을 떠나지 않고 병은 몸을 떠나지 않으며, 이 병도 이 몸도 새로운 것도 낡은 것도 아니라고 본다면 이것을 지혜라 이름하며, 설령 몸은 병들지라도 이 세계를 버리고 길이 깨달음의 경지에 들어갔다고 하지 않는다면 이것을 방편이라고 이름한다.

또 병든 사람은 마음을 조복하는 일에만 머물러 있어서는 안 된다. 그렇다고 마음을 조복하지 말라고 말하는 것은 아니다. 왜냐하면 앞 사람은 덕에 구애되는 사람이며, 뒷사람은 어리석은 행위를 하는 사람이기 때문이다. 이 두 가지를 여읜 중도(中道)가 보살행이다. 곧 범부의 행도 아니고, 이른바 성현의 행도 아닌 것이 보살의 행인 것이다. 더러운 행도 아니고 청정한 행도 아니며, 그리고 마와 행을 같이 하면서도 마에게 항복받는 것이 보살행인 것이다. 혹은 망집의 세계를 멀리하는 것을 원할지라도 몸도 마음도 다 멸진(滅盡)시키려고 하지 않는 것이 보살행인 것이다. 법이 나지도 않고 멸하지도 않는 이치를 알고 상호를 장엄하여 부처의 국토가 길이 고요하고 공한 것을 알지라도 갖가지의 청정한 부처의 국토를 관하고, 또 불도를 이루어 법을 설하고 또는 열반에 들지라도 남에게 베푸는 보살도를 버리지 않는 것이 보살행인 것이다."

11. 그때 사리푸타는 이 방안에 침상이 없는 것을 보고 '보살들이나 제자들은 모두 어디에 앉는 것인가?' 하고 생각했다.

거사는 그의 마음을 헤아려 사리푸타에게 말하였다. "그대는 법을 위해 온 것인가, 또는 자리를 구하기 위해 온 것인가?"

사리푸타가 말하였다. "다만 법을 구하기 위해서이다."

"사리푸타여, 참으로 법을 구하는 자에게는 몸도 생명도 탐하는 일이 없으니, 어찌 침상 따위를 구하랴. 참으로 법을 구하는 자, 모든 세계에 구하는 것이란 없다. 불·법·승의 삼보에도 마음을 집착하지 않는 것이다. 그러니 괴로움을 보더라도 그 근본인 번뇌를 끊으려고는 생각하지 않고, 중도(中道)를 목적으로 도를 닦으려고도 생각하지 않는다. 이러할진대 덮어놓고 번뇌와 보리를 다른 것으로 보는 것은 희론(戱論)인 것이다.

사리푸타여, 모든 법은 적멸인 것이다. 만약 생하고 멸하는 것에 매이게 된다면 법을 구하는 것이 아니다. 또 모든 법은 집착의 마음을 여의고 취사(取捨)의 마음을 떠나 있다. 만약 이것에 매이게 된다면 법을 구하는 것이 아니다. 또 법은 빠짐없이 두루 미치는 것으로, 정한 바 모양을 떠나 있다. 그러므로 만약 법을 한 곳에서 보고, 또는 모양에서 알 수 있다면 그것은 법을 구하는 것이 아니다. 또 법은 한 곳에 머물러 있는 것도 아니고, 보고 듣고 알 수 있는 것도 아니다. 그러므로 견문각지(見聞覺知)의 방법으로써는 법을 구할 수가 없는 것이다. 또 법은 작위(作爲)가 없는 것으로 무위(無爲)라고 이름하는 것이다. 만약 짓는 것, 곧 유위(有爲)에 매이게 된다면 법을 구할 수가 없다. 그러므로 사리푸타여, 법을 구하는 자는 일체의 법을 향하여 구하는 생각을 품어서는 안 된다."

다시 거사는 방향을 바꾸어 문수에게 물었다. "그대는 한없는 여러 국토에서 노닐었지만, 어떤 국토에 가장 묘한 사자좌(獅子座)가 있던가?"

문수가 대답하였다. "동방으로 한없는 국토를 지나면 수미상(須彌相)이라고 이름하는 세계가 있는데, 그곳에 수미등왕(須彌燈王)이라고 일컫는 부처가 계시다. 그분은 지금 현재도 높고 널찍한 사자좌 위에 계시다. 그 자리야말로 비길 데 없이 묘한 것이다."

거사는 이 말을 듣자 곧 신통력을 나타내어 그 부처님에게 청하여

3만 2000의 사자좌를 그 방에 옮겨왔는데, 방은 널찍하여 그러한 자리를 수용하고도 남음이 있었으며, 그렇다고 베살리의 거리나 이 세계가 좁혀진 것도 아니었다. 이리하여 거사가 늘어서 있는 대중들을 그 장엄무비한 자리에 청하자 신통력을 가진 보살들은 곧 상호를 바꾸어 그 자리에 올랐지만, 초신 보살이나 작은 교에 만족하는 제자들은 오를 수가 없었다. 거사는 그들을 위하여 "수미등왕불께 예배하고 받들면 그 자리에 오를 수가 있다."고 가르쳐 그들을 그 자리에 오르게 했다.

거사는 놀라며 의심하는 사리푸타에게 말하였다. "사리푸타여, 모든 부처나 보살들은 불가사의한 해탈을 얻고 계시다. 모름지기 이 경지에 있는 자는 큰 수미산을 개자(芥子) 속에 넣고, 또는 사해의 바닷물을 하나의 털구멍 속에 넣더라도 산의 모습은 옛날과 같고, 바다에 살고 있는 어족이나 용, 아수라 등은 조금도 그것을 깨닫지 못하고 있다. 또 중생들의 원에 의해 7일간의 생명을 1겁(劫)과 같이 길게 생각하게 하고, 혹은 1겁을 재촉하여 7일과 같이 생각하게 한다. 또는 시방(十方)의 모든 세계의 바람이라는 바람을 다 흡수하고도 그 몸이 상하지 않고, 나무도 부러지는 일이 없다.

또 사리푸타여, 어떤 때는 부처의 몸으로 나타나고 성자의 몸이나 신들의 몸으로 나타나고, 그리고 세계의 모든 소리라는 소리를 바꾸어 부처의 소리로 하고, 세간의 무상·고(苦)·공·무아와 함께 갖가지의 법을 설하여 두루 중생으로 하여금 듣게 한다. 사리푸타여, 나는 지금 간략히 이 불가사의한 해탈의 경지를 설한 것이나, 만약 광의로 한다면 겁(劫)을 다하더라도 다 설할 수가 없다."

12. 문수가 거사에게 물었다. "보살은 어떤 식으로 중생들을 보는 것인가?"

거사가 대답하였다. "마술사가 나타내 보이는 환상과 같이 중생을 본다. 또는 물 속의 달, 거울 속의 형상, 아지랑이, 메아리, 공중의 뜬 구름, 물 위의 거품, 번쩍이는 번개, 공중을 나는 새의 자취, 석녀(石女)의 아이들, 잠을 깬 뒤의 꿈을 꾸듯 본다."

"그와 같이 본다면 어찌해서 자비의 행을 할 수 있으랴."

"보살은 이같이 본 뒤에 참된 자비를 일으킨다. 곧 고요히 하여 번뇌를 여의고, 허공 같이 가(邊)가 없고, 청정하고 편안하게 차별이 없는 자비로써 중생들을 안식에 들게 하는 것이다."

"자(慈)와 희(喜)란 무엇인가?"

"그 짓는 바의 공덕을 모든 중생과 함께하는 것이 '자(慈)'이고, 중생들에게 베푸는 바가 있으면 기뻐하며 후회함이 없는 것이 '희(喜)'인 것이다."

"생사에 두려움을 품은 보살은 무엇에 의해야만 하는가?"

"부처님의 공덕의 힘에 의해야만 한다."

"그 불력에 의하기 위해서는 어떻게 하면 되는가?"

"일체의 중생들을 해탈시키도록 해야 한다."

"중생들을 구제함에는 무엇을 제거하여야 하는가?"

"그 번뇌를 제거하여야 한다."

"그 번뇌를 제거함에는 어떻게 행해야 하는가?"

"생각을 바르게 하여야 한다."

"어떻게 하여 생각을 바르게 하는가?"

"일체 만물이 나지 않고 멸하지 않는 것이라는 이치를 증득하게 하여야 한다."

"나지도 않고, 또 멸하지 않는 것은 무엇인가?"

"선하지 못한 것은 억누르고, 선한 것은 길러나가야 한다."

"선한 것과 선하지 않은 것의 근본은 무엇인가?"

"몸이다."

"몸의 근본은 무엇인가?"
"탐욕이다."
"탐욕의 근본은 무엇인가?"
"망집의 분별이다."
"분별의 근본은 무엇인가?"
"전도(顚倒)된 생각이다."
"전도된 생각은 무엇인가?"
"연에 의하여 일어나고, 정한 자성(自性)이 없는 것이 근본인 것이다."
"그 근본은 무엇인가?"
"그리하여 정해진 자성이 없는 것은 한 곳에 머무르는 일이 없으므로 무주(無住)라 한다. 그 무주에는 근본이 없다. 이 무주를 근본으로 하여 만 가지 일이 일어나고 있다."

13. 이때 그 방에 있던 한 천녀가 몸을 나타내어 신의 세계의 꽃을 사람들의 머리에 뿌렸는데, 보살들에게 닿은 꽃은 모두 흩어져 떨어지고 제자들에게 닿은 꽃은 몸에 붙어 떨어지지 않았다. 그들은 애써 털어버리려고 했으나 아무래도 떨어뜨릴 수가 없었다.

천녀가 사리푸타에게 물었다. "어째서 꽃을 털어버립니까?"

사리푸타가 말하였다. "꽃은 출가자에게는 부적당한 것이기 때문이오."

"꽃은 왜 부적당한 것인가요? 꽃에는 아무런 분별도 없으며, 분별은 대덕(大德)에게 있습니다. 부처의 도를 닦으면서 분별을 갖는다는 것은 어울리지 않습니다. 분별이 없는 것이라면 법대로 자연대로인 것입니다. 보살들에게 꽃이 붙지 않는 것은 모든 분별을 끊었기 때문입니다. 비유컨대 두려움을 품고 있을 때 마가 들듯이, 대덕들은 어디엔가 생사를 두려워하는 바가 있으므로 무엇인가 그 틈에 붙게 되는 것입니다. 번뇌의 습기가 다하지 않았기 때문에 꽃에 사로잡히는 것으로 생각합니다."
　사리푸타가 천녀에게 물었다.
　"그대는 오래 전부터 이 방에 있었던가?"
　"제가 이 방에 있는 것은 대덕의 해탈 같은 것입니다."
　"여기에 오랫동안 있을 것인가?"
　"대덕은 해탈을 얻으시고 얼마나 경과했습니까?"
　사리푸타는 잠자코 이 물음에 대답하지 않았다.
　"커다란 지혜의 주인공인 대덕은 어째서 입을 다무시는 것입니까?"
　"해탈은 설할 수가 없기 때문이오."
　"말도 문자도 모두 해탈의 상이라고 생각합니다. 그러므로 문자를 떠난 바가 해탈이라고는 할 수 없습니다. 왜냐하면 모든 법은 해탈의 상인 것이기 때문입니다."
　"그렇지만 탐(貪)·진(瞋)·치(癡)를 여의는 것이 해탈이 아닐까?"
　"그것은 세존이 만심을 일으키는 중생에게 설했던 것으로, 만심이 없는 중생에게는 탐·진·치의 성(性) 그대로가 해탈이라고 설하고 있습니다."
　"천녀여, 그대의 말하는 바는 훌륭하오. 그대는 도대체 무엇을 얻고, 무엇을 깨닫고서 이와 같이 설하는 것인가?"
　"저에게는 얻는 바도 깨닫는 바도 없으므로 이와 같이 설할 수가 있습니다. 만약 얻는 바, 깨닫는 바가 있다면 불법상에 만심을 일으키는 것이 되옵니다."
　"그대는 대체 어떠한 도를 구했단 말인가?"
　"저는 이것이라는 일정한 도를 구하지 않습니다. 마치 첨복(瞻蔔)의 숲에 들면 단지 그 꽃의 향기만으로 다른 향기를 맡지 않음과 같이, 이 방에 드는 자는 부처의 뛰어난 향기 외에 다른 성자의 향기를 원하는 생각은 없습니다. 참으로 이 방에는 낮에도 밤에도 금빛이 번쩍이니, 해와 달의 빛도 필요하지 않습니다. 그곳에는 때가 끼고 괴로운 것이 없고, 신들이나 보살들이 모여 언제나 자기도 이롭게 하고 남도 이롭게 하는 법을 설하고, 미묘한 천악(天樂)으로 영원히 법음을 연주하고, 또 법보가 충만하여 가난한 자를 제도하며, 그리고 석가모니불이나 아미타불 등의 부처님들은 생각에 따라 이 방에 나타나시어 법요를 설하십니다. 또 이 방에는 모든 신들의 아름다운 궁전, 부처님의 청정한 국토가 원만하게 나타나고 있습니다. 대덕이시여, 이 방은 이와 같이 수승한 덕을 지니고 있으므로 누구도 분별을 일으키는 자는 없습니다."

"그대는 어째서 여자의 몸을 바꾸지 않는가?"

"저는 오랜 세월을 두고 아무리 생각하여도 저를 여자로 볼 수는 없습니다. 그러니 어찌 변신할 필요가 있겠습니까. 비유컨대 마술사가 환상의 여자를 만들었을 때, 만약 어떤 사람이 와서 왜 그 여자의 몸을 바꾸지 않느냐고 말했다면 바른 물음이겠습니까?"

"아니, 마술에는 정한 상이 없으므로 바꿀 필요는 없소."

"법은 모두 그것과 같이 정한 상이 없습니다. 그렇다면 여자의 몸을 바꾸는 일을 묻는다는 것은 필요하지 않은 것이라 생각합니다."

그때 천녀는 신통력을 나타내어 사리푸타를 천녀의 모습으로 바꾸고, 자신은 사리푸타가 되어 말했다. "어째서 당신은 여자의 몸을 바꾸지 않습니까?"

사리푸타는 천녀가 되었으면서도 혼잣말처럼 "허허, 모르는 새 나는 천녀가 되고 말았다." 하고 말하였다.

"만약 당신이 그 여자의 몸을 바꿀 수가 있다면 모든 여자들도 바꿀 수 있겠죠. 대덕이 여자가 아니면서 여자의 몸을 나타내듯, 모든 여자도 이를테면 여자가 아닙니다. 그러므로 세존은 세상에는 원래부터 남자, 여자라는 것은 없다고 설하셨던 것입니다."

이리하여 천녀가 신통력을 거두자 사리푸타도 천녀도 원래의 몸으로 돌아갔다.
"여자의 모습은 어디로 갔습니까?"
천녀가 사리푸타에게 물었다.
"그건 있는 듯도 하고 없는 듯도 하오."
"무엇이나 그것과 마찬가지로 있는 듯도 하고 없는 듯도 한 것은 세존이 설하신 바입니다."
"그대는 죽어서 어디에 태어날 것인가?"
"제가 생을 받는 것은, 마치 부처가 거짓으로 생을 짓는 것과 같습니다."
"부처님이 짓는 것은 거짓 생으로, 실제로 생사가 있는 것은 아니오."
"사람들도 역시 그러하며, 참으로 생과 사는 없습니다."
"그대는 언제 부처의 도를 증득하였는가?"
"대덕이 재차 범부로 되돌아간다면 저도 부처의 도를 얻게 될 것입니다."
"내가 범부로 되돌아갈 리는 없소."
"저 역시 부처의 도를 얻을 수는 없습니다. 왜냐하면 각에는 주거가 없으므로 그것을 얻는 자도 없기 때문입니다."
"그렇다고는 하나 지금 현재 모든 부처들은 불도를 증득하셨소. 이미 증득한 분과 뒤에 증득할 분은 강가의 모래만큼이나 많다고 일컫고 있는 것이 아닌가?"
"그것은 세간의 관습에 의해 삼세를 설한 것으로서, 각에는 과거·미래·현재라는 것이 없습니다. 대덕은 성자의 도를 증득하셨습니까?"
"얻는 바가 없다는 것을 얻고 있소."

"모든 부처님도 보살도 그와 같이 얻는 바가 없다는 것을 얻고 계십니다."

그때 거사는 사리푸타에게 이 천녀가 오랫동안 도를 닦아 무엇에나 생멸이 없는 이치를 믿는 지위에 들어 뜻대로 중생을 교도하고 있다는 것을 얘기했다.

14. 문수가 물었다. "보살은 어떻게 하여 불도에 이르게 되는 것일까?"

거사가 말하였다. "그것은 도 아닌 일을 행함에 의해서이다. 역죄(逆罪)를 행하여 지옥에 떨어지더라도 괴로움이 없고, 축생도에 이르러도 우치(愚癡)가 없고, 아귀도에 들더라도 공덕을 갖추고, 탐하는 것같이 보이면서도 집착을 버리고, 노여움을 나타내면서도 마음을 조복받고, 인색함을 나타내면서도 모든 것을 버리고, 목숨까지도 아끼지 않고, 파계하는 것같이 보이면서도 작은 죄에까지 두려움을 품고, 아첨하는 것같이 보이면서도 좋은 방편으로써 법에 계합하고, 교만한 것같이 보이면서도 겸손하고, 마도에 들어가는 것같이 보이면서도 부처의 지혜에 따르고, 풍요한 생활을 하면서도 항상 무상을 생각하여 탐하지 않고, 아내를 갖더라도 진흙탕의 욕을 멀리하고, 사도에 들면서도 바른 도를 권하고, 열반에 드는 일을 나타내면서도 생사를 끊는 일은 없다. 문수사리여, 이와 같이 도 아닌 일을 행하면 불도에 이를 것이다."

15. 이에 거사는 문수에게 얘기했다. "이제부터 모두 함께 세존께 예배하고 미묘한 법을 듣도록 하자."

문수는 이 말을 듣자 기뻐하며 함께 일회의 대중을 이끌고 암라수원(菴羅樹園)에 계시는 세존 앞에 나아가 공손히 세존에게 절한 뒤 일심으로 합장하고 한쪽에 섰다.

세존께서 거사에게 물으셨다. "그대는 부처를 관하고자 하니, 부처를 관한다는 것은 무엇이냐?"

거사가 대답하였다. "부처를 관한다는 것은 내 몸의 실상을 보는 것입니다. 불신은 과거로부터 온 것이 아니며, 미래에도 떠나는 것이 아니며, 현재에도 머무르는 것이 아닙니다. 육체도 아니요 육체의 성질을 가진 것도 아닙니다. 따라서 눈에 보이고 몸에 닿고 생각에도 떠오를 수 없는 것이므로 망집의 세계를 초월한 것입니다. 탐·진·치를 떠나 1도 아니고 다(多)도 아니고 자·타·유·무 등의 차별이 있는 상도 아니며, 차안(此岸)에도 피안(彼岸)에도 또 그 중간의 어디에도 있지 않으며, 그럼에도 불구하고 사람들을 인도합니다.

적멸을 관하되 영원히 사라지는 것이 아니며, 또 모든 분별을 떠나 정해진 방소(方所)가 없으나 방소를 떠나지 않으며, 또 유위도 무위도 아닙니다. 나타내는 일도 설하는 일도 없으며, 베풀지도 않고 인색하지도 않으며, 계를 지키지도 않고 계를 범하지도 않으며, 참지도 않고 성내지도 않고 나아가지도 않고 게으르지도 않으며, 정한 것도 아니고 어지러운 것도 아니며, 지혜롭지도 않고 어리석지도 않습니다. 정성스럽지도 않고 속이지도 않으며, 오는 것도 아니고 가는 것도 아니며, 나가지도 않고 들지도 않으며, 진실로 말도 생각도 끊어진 것이 부처인 것입니다.

세존이시여, 불신은 이와 같이 어떤 것에 의해서도 나타낼 수가 없습니다. 그리고 이와 같이 관하는 것이 바른 것이며, 그렇지 않은 것은 부정한 것이라고 생각합니다."

이때 제석천이 세존에게 말씀드렸다. "세존이시여, 저는 지금까지 많은 법을 들었습니다만, 이처럼 희유하고 실상을 밝힌 법을 들은 일은 없습니다. 만약 인연있는 사람이 이 가르침을 믿고 지닌다면 반드시 이 법을 얻을 것이 틀림없습니다. 또 그 사람은 악도의 문을 닫고 모든 선의 문을 열어 여러 부처님들의 두호를 받아 외도를 항복시키고 정각을 닦아 부처가 행한 자취를 밝게 될 것입니다. 세존이시여, 저는 이 가르침과 같이 행하는 중생을 많은 권속과 함께 공양하고 섬기게 될 것입니다."

세존께서 말씀하셨다. "착하도다, 제석이여, 너의 말과 같다. 나는 너의 기쁨을 도울 것이다."

제5편

오욕(五欲)의 번뇌는 사람의 마음을 무한히 괴롭힌다. 제행(諸行)이 무상하여 부귀와 영화도 물거품 같으니, 모름지기 부처님의 가르침만이 진리임을 깨달아야 한다.

제1장 교화(教化)

제1절 바른 스승과 바르지 못한 스승

1. 세존은 죽림정사를 나와 서쪽으로 향하여 오랜만에 베나레스의 녹야원에 들어가셨다. 그로부터 코삼비로 향하는 도중 카시국을 유행하셨는데, 그 길에서 제자들에게 말씀하셨다.
 "제자들이여, 나는 오후의 식사를 끊고 하루에 한 끼의 음식을 취한 후부터 병도 없고 건강과 평안함을 얻게 되었다. 그러니 너희들도 오후의 식사를 끊어 하루에 한 끼만 먹는다면 좋으리라." 그리고 나서 세존은 기타길리라는 카시의 마을로 들어가 잠시 그곳에 머무르셨다.
 2. 그때 아스바지트와 푸나트파스카라는 두 불제자가 기타길리에 살고 있었는데, 이 얘기를 듣고서 "아침, 점심, 저녁 세 끼의 식사를 충분히 취해도 병도 나지 않고 건강하니만큼, 굳이 눈앞의 효과가 있는 것을 버리고 결과를 알 수 없는 일에 따를 필요가 없잖은가?" 하여 제자들의 간언을 듣지 않고 불평했다.
 제자들이 이 말씀을 세존께 아뢰었더니, 세존은 그들 두 사람을 불러오게 하여 그 일을 확인하고서 말씀하셨다. "제자들이여, 너희들은 불고불락의 어떠한 감각을 받더라도 악법이 줄고 선법이 는다고 내가 설법한 것처럼 생각하고 있느냐?"
 "세존이시여, 그렇지는 않습니다."
 "제자들이여, 그렇다면 어떤 즐거움의 감각이 악법을 늘리고 선법을 줄이며, 어떤 즐거움의 감각이 선법을 늘리고 악법을 줄이는가? 또 고(苦)와 불고불락의 감각에 관해서도 같다고 가르친 것으로 생각하고 있느냐?"

"세존이시여, 말씀하신 대로 생각하고 있습니다."

"제자들이여, 이 일을 내가 알고 깨닫고 시험하지 않고서 설법했다면, 그것은 적절한 것이 못되리라. 그러나 나는 스스로 알고 깨닫고 시험한 일이기 때문에 '이와 같이 즐거움의 감각은 버려라, 또는 받으라. 이러한 고·불고불락의 감각은 버려라, 또는 받으라.'고 명하는 것이다. 제자들이여, 나는 모든 제자들에게 방일하게 행하라고는 말하지 않는다. 왜냐하면 이미 해탈한 자는 방일에 빠지는 일이 없기 때문이다. 그렇건만 더없는 안온을 바라고서 나아가는 자는 법을 좇아 마음을 닦으면 이 현세에 출가의 목적을 달성할 수가 있을 것이므로, 나는 이들에 대해서 방일하지 않도록 말하는 것이다.

제자들이여, 깨달음은 한꺼번에 얻어지지 않는다. 믿음을 일으켜 스승을 섬기고 법을 듣되, 마음에 새기고 그 뜻을 생각하여 깨우치고, 부지런히 닦아서 마음을 전일하게 하며, 그것에 의해 이 몸으로 하여금 더할 데 없는 진실을 깨칠 수가 있는 것이다. 너희들은 믿음도 없고 섬기는 일도 없으며, 법을 들어 마음에 새기는 일도 없고 그 뜻을 생각하여 깨우치는 일도 없으며, 마음을 전일하게 하는 일도 없이 길을 그르치고 사악한 길로 들어가 이 가르침에서 멀리 떨어져 있는 것이다.

3. 제자들이여, 세간의 이교의 사제간에도 너희들처럼 손익을 다투지는 않느니라. 하물며 이 가르침에 있어서는 세존은 스승이요 나는 제자이니, 믿음 있는 제자는 스승의 가르침을 받들고 꿋꿋한 정진에 의해 도달해야만 할 것에 도달하지 않고서는 자리에서 일어서지 않겠다고 맹세하는 것이 당연하다. 이와 같은 믿음이 있는 제자라야 비로

소 이 세상에 있어 깨달음을 얻을 수가 있는 것이다."

4. 세존은 많은 제자들을 거느리고서 카시국을 지나 코삼비에 이르러 구사다원(瞿師多園)에 머무르셨다. 그때 유행자인 산다카는 500명의 제자를 거느리고서 피라카 동굴에 기거하고 있었다.

어느 날 저녁나절, 아난다는 선정에서 일어나 큰비가 내린 후의 동굴을 보기 위하여 몇 명의 제자를 재촉하여 나섰는데, 산다카는 멀리서 아난다가 오는 것을 보자 제자들의 잡담을 중지시키고 조용히 대기했다. 인사가 끝나고, 어째서 수많은 사람이 모여 있는지, 무슨 이야기를 하고 있었는지를 아난다가 묻자, 산다카는 이것을 가로막고서 "존자는 친히 스승의 법에 대해 이야기해달라."고 청했다. 아난다는 다음과 같이 말했다.

"산다카여, 지자(知者)이시고 견자(見者)이신 우리 세존은 네 가지의 사행(邪行)과 네 가지의 효험없는 수행에 대해 설하셨으며, 그 효험이 없고 해로운 일에 중생들이 빠지지 않도록 가르치신다.

산다카여, 세상에는 이와 같이 주장하는 사람이 있다. '보시도 없다. 공양도 없다. 선악의 업보도 없다. 현세·내세라는 것도 없다. 부모도 없다. 중생들을 이끄는 사람도 없다. 인간은 죽을 때 본디의 것으로 돌아가고 오관(五官)은 공으로 돌아간다. 네 사람이 관을 메고서 노래를 하며 장례식에 들어가되, 뼈는 비바람에 씻기고, 공양의 물건은 재로 화한다. 보시를 하라는 것은 어리석은 자의 가르침이며, 이익이 있다고 말하는 것은 공허한 소리이다. 어리석은 자도 현명한 자도 죽으면 없어질 뿐이다.' 라고.

또 이렇게 떠벌리는 사람도 있다. '사람을 죽여도, 사람을 괴롭혀도, 훔치고 빼앗고 음행을 일삼고 거짓말을 해도, 칼날을 달아맨 수레바퀴로 지상의 생물을 모조리 죽여도 죄가 되지 않는다. 강가의 남안에서 살생을 하고 강가의 북안에서 보시를 하더라도 죄가 없거니와 공덕도 없다. 보시를 하고 자기를 억제하고 진리를 말한다 하더라도 아무런 공덕도 없다.'고.

또 어떤 사람은 말한다. '사람이 타락하는 것도 향상하는 것도 인연이 있어서가 아니며, 이유도 없이 타락도 하고 향상도 한다. 힘도 없다. 면려도 없다. 모두 운명에 의해 저마다 정해진 고락을 받는 것이다.'라고.

또 다음과 같은 주장을 하는 사람도 있다. '지(地)·수(水)·화(火)·풍(風)·고(苦)·낙(樂)·생명(生命)의 일곱 가지 근본은 만든 것도 만들어져 있는 것도 아니고, 또 무엇인가를 낳는 것도 아니고, 봉우리처럼 기둥처럼 단단하여 움직이지 않고 변하지 않고 서로 해치지 않고 서로 고락에 영향을 주는 것도 아니다. 그러므로 죽이는 자도 죽임을 당하는 자도 없고, 듣는 자도 들려주는 자도 없고, 아는 자도 알려주는 자도 없다. 날카로운 검을 갖고서 머리를 베더라도 누구도 누구의 목숨을 빼앗는 것이 아니다. 단지 검이 이 일곱 가지의 한가운데 들어갔을 뿐이다.'라고.

5. 산다카여, 이러한 네 가지 주장에 대해서 마음 있는 자는 생각한다. '만일 이들의 말하는 바를 진실이라고 한다면, 나는 하지 않고서 이루고, 행하지 않고서 행하는 셋이 되며, 이러한 가르침을 생각해내고 여러 가지 고행을 한다든지 하는 이러한 스승과, 처자에 얽매인 채 여러 가지로 욕의 생활을 하고 있는 나는 똑같은 깨달음에 도달할 뿐 아니라 내세에서도 같은 곳에 갈 수 있는 것이다. 그러니 무슨 이익이 있어 이 스승 밑에서 청정한 도를 닦을 필요가 있으랴.'고. 그는 이 가르침이 청정한 행이 아님을 알고서는 버리고 떠나게 되리라. 산다카여, 이것이 네 가지의 사행(邪行)으로서, 마음있는 자가 이에 빠지지 않도록 우리 스승께서 가르쳐주신 것이다."

제2절 광야귀(曠野鬼)

1. 세존은 길을 조금 돌아 아라비로 향하셨다. 그 무렵 이 고장에는 아라와카라고 불리는 흉악한 야차(夜叉)가 있어 사람들을 괴롭히고 있었다. 이때 아라비의 왕이 사냥을 나갔다. 사냥감을 쫓으며 홀로 길 없는 곳에 이르러, 그 돌아오는 길에 피로를 풀기 위하여 성에서 그다지 멀지 않은 커다란 니그로다 나무의 그늘에서 쉬고 있었다. 이때 아라비의 왕은 야차에게 붙잡혔는데, 하루에 한 사람씩을 제물로 보내겠다는 약속으로 간신히 목숨을 건질 수가 있었다.

처음에는 도둑질을 하여 사형선고를 받은 자가 제물로서 보내졌지만, 죄인이 없어지자 갓난아이를 보내고 그것도 거의 다하여 마지막에는 왕의 귀여운 왕자가 그 슬픈 무거운 짐을 지지 않으면 안 되게 되었다. 성안 사람들은 모두 가슴을 움켜쥐고 떨고 있었다.

세존은 이 광경을 보고 가엾게 여기시어 성안 사람들을 구하기 위해 홀로 야차의 집을 찾아가셨다. 마침 그때 아라와카 야차는 히말라야산으로 야차의 모임에 가고 없었는데, 세존은 문지기에게 하룻밤의 잠자리를 청하셨다. 문지기는 "주인에게 일단 알리고 오겠습니다." 하고 히말라야를 향해 달려갔다. 세존은 궁전 안에 들어가 자리를 정하시고 야차의 여자들에게 법화(法話)를 들려주어 기뻐하게 했으며, 때가 이르기를 기다렸다. 사타길라라는 야차는 평소 세존을 믿고 있었는데, 이날 히말라야의 모임에 참석하기 위해 마침 이 아라와카 야차의 궁전 위를 날고 있었다. 그런데 세존의 법력으로 날 수가 없었다. 어찌된 일인가 하고 이상히 여겼으나, 세존을 뵙고 법문을 듣고서 다시 하늘을 날아 회의에 참석했으며, 아라와카 야차의 옆에 자리를 잡더니 "오늘은 너에게 복된 날이다. 세존께서 너의 집에 숙박하셨다."고 축하했다.

2. 아라와카 야차는 광폭한데다가 공경할 줄을 모르는 자여서, 자기의 허락이 없는데도 집에 들어가 주인이나 된듯 여자들에게 이야기를 하고 있음을 알고 크게 성을 냈으며, 게다가 사타길라 야차가 세존의 덕을 칭송해 마지않으므로 더욱더 화가 나서 말하기를 "아라와카이다. 오늘이야말로 본때를 보여주고 말테다." 하며 급히 돌아와 바람을 일으켜 비를 내리고, 검을 던지고 화살을 퍼붓고 창으로 찌르고 불을 뿜으며 공격했지만, 그같은 무기는 한결같이 세존의 옥체 가까이에 이르자 신기로운 꽃이 되어 조용히 자리의 주위에 내려 깔렸다. 아라와카는 이것을 보고 놀라면서도, 누구에게도 진 일이 없는 자기의 마지막 무기인 '무명'으로 덮어씌우려고 세존의 몸에 펼쳤다. 이 무명을 펼칠 때는 하늘이 비를 내리지 않고 땅은 메마르고 바닷물도 줄고 산까지 무너진다는 것인데, 세존 앞에서는 아무런 위력도 발하지 못하고 발닦는 걸레 정도의 무명이 되어 떨어졌을 뿐이다.

이 광경에 놀란 야차는 '이 무서운 무기마저 쓸모가 없다는 것은 아마도 그의 자비심에는 이길 수 없기 때문이리라. 그러니 그를 초조하게 만들고 그런 뒤 싸운다면 이길지도 모르겠다.' 고 생각하고, 이번에는 방법을 바꾸어 꺼져버리라고 외쳤다. 세존은 야차의 마음을 누그리뜨려 가르치고 타이르고자 그의 말대로 자리에서 일어나 떠나려고 하셨다. 야차는 세존이 너무나도 순순히 자리에서 일어나므로 조금 마음을 누그러뜨리고 아직도 세존을 시험할 속셈으로 "머물러도 좋다."고 말했으며, 자리에 앉으시자 또 "꺼져버려." 하고 외쳤다. 이렇게 하기를 네 차례에 이르렀고, 때를 엿보던 세존은 "야차야, 나는 세 번이나 너의 말대로 했지만 이번에는 네 말대로는 되지 않는다. 어디 네 생각대로 해봐라." 하고 말씀하셨다.

야차는 말했다. "좋아, 그렇다면 묻겠노라. 만약 당신이 대답할 수 없을 경우 나는 당신의 심장을 찢어놓고 당신의 다리를 들어 강가의 저편으로 던지겠노라."

세존은 말씀하셨다. "야차야, 나는 온갖 세계에서도 나의 심장을 찢고 나의 다리를 들어 던질 수 있는 자를 찾을 수 없었지만, 좋다, 어디 네 마음대로 물어봐라."

3. 아라와카 야차에게는 일찍이 그 부모로부터 전해진 의문이 있었다. 야차는 언젠가는 이 의문을 풀어줄 사람이 있으리라 생각하고 그 의문을 잊지 않고자 붉은 글씨로 금반(金盤)에 적어 간직해두었던 것이다. 그는 이것을 생각해내고, 지금 이 의문이 담긴 금반을 세존 앞에 내놓았다.

"이 세상에서 뛰어난 부(富)란 무엇인가? 평안함을 가져다주는 건 누구이고, 맛 가운데 맛이란 무엇이며, 어떻게 살아야 뛰어난 생활이라고 불릴까?"

"믿음은 극히 뛰어난 부이고, 올바른 행은 평안함을 가져다주며, 참은 맛가운데 맛, 지혜로운 생활이야말로 뛰어나다고 일컫는다."

"어떻게 하면 강물을 건너고, 어떻게 악마를 이기고, 어떻게 번뇌를 여의며, 어떻게 청정함을 얻을까?"

"믿음에 의해 강물을 건너고 방일(放逸)을 여의며 악마를 이기고, 정진에 의해 번뇌를 여의고 지혜로써 청정함을 얻으리."

"지혜를 얻는 길은 무엇이며, 부를 쌓는 길은 무엇이며, 어떻게 하면 영예를 얻고, 어떻게 하면 벗과 떨어지지 않을까? 현세에서 후세까지 어떻게 하면 슬픔 없음을 얻을까?"

"성자를 믿고 깨달음의 법문을 듣고 방일하지 않으며 분별을 한다면 지혜는 얻어지리라. 행을 바르게, 무거운 짐에 견디고 굳이 서두르지 않는다면 부를 얻으리. 참되게 말하면 영예를 얻고, 베풀어 아낌이 없으면 벗은 떠나지 않으리. 참됨과 올바름과 착실함과 베푸는 마음인 이 네 가지를 갖고 믿음이 있다면, 재가할지라도 이승을 떠나서 슬

품은 없다."

4. 세존의 이 분명한 대답을 듣고서 아라와카 야차는 진심으로 기뻐하며 지금까지 자신의 난폭함을 부끄러워하고, 세존의 가르침을 좇아 신자가 되기를 맹세했다. 마침 그때는 날이 밝아오는 무렵이었다. 왕궁의 사람들은 통곡하며 야차의 제물로 어린 왕자를 떠메고 왔다. 이때 무서운 야차는 세존의 무릎 밑에 엎드려 손을 모으고서 머리를 늘어뜨려 배례하고 있었다. 사람들은 뜻밖의 광경에 한편 놀라고 한편 기뻐하며, 약속에 의해 어린 왕자를 데려왔으니 받아달라고 말하자 야차는 두 손으로 왕자를 받아 세존에게 바쳤고, 세존은 다시 사람들의 손에 돌려주며 "이 왕자를 건강하게 키워 성장한 다음 다시 나한테 데려와주기 바란다."고 말씀하셨다. 손에서 손으로 건네졌으므로 왕자는 이로부터 하타카, 즉 수공자(手公子)라고 불리게 되었다. 하타카는 성장한 뒤 세존에 의해 목숨을 구한 것을 알고 세존께 귀의하여 부처님의 법을 기뻐하는 사람이 되었다.

제3절 자아(自我)의 문제

1. 세존은 또다시 사바티성의 기원정사로 들어가셨다. 그때 유행자인 보타바루는 많은 유행자들과 함께 말리카 왕비가 세운 유행자 동산의 강당에 머물고 있었다.
세존은 이른 아침 탁발 도중 보타바루를 방문하셨는데, 보타바루는 동료의 잡담을 중지시키고 세존을 맞이했다.
인사가 끝나자 보타바루는 세존께 물었다.
"대덕이시여, 저희들은 전에 자주 이 강당에 모여 여러 학파들과 '상념의 소멸'이라는 것에 관해 서로 이야기한 바 있습니다. 어떤 사람은 말하기를, '상념의 소멸에는 인(因)도 연(緣)도 없다. 태어날 때 태어나고 사라질 때 사라질 뿐'이라고 했으며, 어떤 사람은 '상념이란 사람의 '아'로서, 아가 올 때는 상념이 일어나고 아가 사라질 때는 상념이 없어진다.'고 했으며, 또 어떤 사람은 '신통력이 있는 사람이 상념을 남에게 쏟아 넣든가 끌어내든가 하는 것이다.'라고 주장했습니다. 저는 그때 이 자리에 세존이 계셨으면 하고 생각했습니다. 왜냐하면 세존은 그와 같은 일을 자세히 알고 계시기 때문이옵니다. 세존이시여, 상념은 어째서 소멸되는 것이옵니까?"

2. "보타바루여, 상념이 없어지는 데 있어 인도 연도 없다고 하는 것은 잘못이다. 상념은 수양에 의해 나기도 하고 또 멸하기도 하는 것이다. 보타바루여, 그 수양이란 무엇이겠는가. 여기에 사람이 있어 부처를 믿고 출가하여 그 가르침을 지키고 오관을 다스리고, 작은 죄에도 두려움을 느끼고 번뇌의 부개(覆蓋)를 없애고서 제1의 선정에 들어갔다고 하자. 그는 여기에서 이전의 욕심인 상념을 없애고 욕심을 멀리함으로써 생기는 기쁨과 즐거움을 얻는다. 이렇듯 욕심의 상념이 멸하여 욕의 원리(遠離)에서 생하는 미묘하고 참된 상념, 기쁨과 즐거움이 생하는 것이다. 이것이 수양에 의해 어떤 상념이 일어나고 어떤 상념이 멸한다고 말하는 것이다. 이와 같이 하여 제2, 제3, 제4로 점차 선정에 나아가게 하고, 제4의 선정에 있어 비로소 거친 상념이 소멸되고 고락을 벗어난 미묘하고도 참된 상념이 생하는 것이다. 이것이 수양에 의해 어떤 상념이 일어나고 어떤 상념이 소멸한다고 말하는 것이다.

보타바루여, 다시 나아가 공무변처(空無邊處)라는 선정에 있어서는 모든 물질과 장애와 차별과 상념이 멸하여 '공만이 무변이다'라는 상념이 생기고, 식무변처(識無邊處)라는 선정에 있어서는 '공만이 무변이다'라는 상념도 멸하여 '식만이 무변'이라는 상념이 생기고, 무소유처(無所有處)라는 선정에 있어서는 식만이 무변이라는 상념도 멸하여 '아무것도 없다' 라는 상념이 생한다. 이것이 수양에 의해 어떤 상념은 일어나고 어떤 상념은 소멸한다고 하는 것이다.

보타바루여, 이렇듯 차례차례로 나아가 나의 제자는 상념의 정점에 이른다. 여기까지 이른 자는 다시 생각한다.

'이 생각하고 있는 일 자체가 그릇된 것이다. 생각한다는 일이 없는 것이 옳은 것이다. 자꾸만 생각하고 나아가면 이 상념이 소멸될 테지만, 또 다른 거친 상념이 일어나리라. 그러므로 나는 생각하지 않기로 하자.' 그리하여 그는 자꾸만 생각하는 것을 멈추어 상념을 멸하자 다른 상념은 일어나지 않았고, 상념은 완전히 없어졌던 것이다."

3. "세존이시여, 상념과 지식 중 어느 것이 먼저 나는 것이옵니까?"

"보타바루여, 상념이 먼저 나고, 지식은 나중에 나는 것이다."

"세존이시여, 상념은 자아입니까, 또 전혀 다른 것이옵니까?"

"보타바루여, 그대는 자아를 믿는가?"

"세존이시여, 저는 물질에 의해 이루어지고 먹을 것에 의해 길러지는 이 육체의 자아를 믿습니다."

"보타바루여, 비록 자아는 그대가 말하는 것과 같은 것일지라도, 상념이 생하든가 소멸되든가 하는 일로 말미암아 상념과 자아는 다른 것임을 알 수가 있느니라."

"세존이시여, 저는 사지(四肢)를 빠짐없이 갖추고 있는 바른 마음으로 이루어지는 자아를 믿습니다."

"보타바루여, 자아가 그대의 말하는 것과 같을지라도 위와 똑같은 까닭에 의해 다른 것임을 알게 되느니라."

"세존이시여, 저는 물질이 아닌 상념으로써 이루어진 자아를 믿습니다."

"보타바루여, 그렇긴 하더라도 똑같은 까닭에 의해 상념과 자아는 전혀 다른 것임을 알 수가 있느니라. 보타바루여, 그대처럼 다른 의견을 갖고, 다른 가르침을 받들고, 다른 목표로 나아가는 자에게는 이 일이 심히 알기 어려운 것이다."

"그렇다면 세존이시여, 세계는 상주하는 것이옵니까?"

"보타바루여, 그것은 내가 설하지 않는 바이니라."

"그렇다면 세계는 무상한 것이옵니까?"

"그것도 내가 설하지 않는 바이니라."

"목숨은 몸뚱이와 하나입니까, 다른 것입니까?"

"그것도 내가 설하지 않는 바이니라."

"그렇다면 세계는 무변하는 것입니까, 무변하지 않는 것입니까?"

"보타바루여, 그것도 내가 설하지 않는 바이니라."

"사람은 죽은 뒤 존재하는 것입니까, 존재하지 않는 것입니까? 사후 존재하되 존재하지 않는 것과 같은 것입니까? 또 존재하는 것도 아니고 존재하지 않는 것도 아닌 듯한 것입니까?"

"보타바루여, 이것도 내가 설하지 않는 바이니라."

"세존이시여, 무슨 까닭에 이같은 일들을 설하지 않습니까?"

"보타바루여, 이것은 의(義)가 없고 법에는 맞지 않으며 수행과 관계없을 뿐 아니라, 집착을 끊고 욕심을 버리고 정지(正智)를 열어 열반으로 이끄는 것이 아니기 때문이다."

"그렇다면 세존은 무엇을 설하시옵니까?"

"보타바루여, 나는 괴로움을 설하고 괴로움의 인을 설하며, 괴로움의 멸을 설하고 괴로움의 멸에 이르는 길을 설하느니라."

"세존은 무엇 때문에 그것을 설하시는 것이옵니까?"

"보타바루여, 이것은 의가 있고 법에도 맞고 수행과도 관계 있을 뿐 아니라, 집착을 끊고 욕심을 버리고 정지를 열어 열반으로 이끄는 것이기 때문이다."

4. 이리하여 세존은 자리에서 일어나 가버리셨다. 뒤에 남은 유행자들은 세존의 모습이 보이지 않게 되자 사방에서 보타바루에게 비웃음의 소리를 퍼부었다.

"보타바루여, 그대는 고타마가 말하는 바는 무엇이든 옳다, 옳다 하여 긍정하고 있는데, 고타마는 세간이 상주인지 무상인지, 유변(有邊)인지 무변(無邊)인지, 그러한 문제에 관해서는 조금도 분명한 말을 안 하지 않았는가."

보타바루는 말했다. "과연 고타마는 세간의 상주 등의 문제에 관해서는 아무런 설법하는 바가 없었다. 그러나 그는 법에 의하여 법에 입각한 참된 도를 시현하였다. 내가 어찌 이 훌륭한 말을 받아들이지 않을 수 있겠는가."

그러고 나서 2, 3일이 지난 뒤 보타바루는 세존을 찾아뵙고 유행자들로부터 비웃음을 받았다는 것을 말씀드렸다. 세존은 많은 눈먼 사람이 한 사람의 눈뜬 사람을 비웃는 것이라고 말씀하시고서, 이어서 "자아란 죽고 난 뒤 이 몸뚱이를 떠난 후에야 병이 없는 그야말로 행복한 것이 된다."고 설하시고 "그것은 마치 사랑을 이야기하되 연인을 모르고, 사다리를 만들되 올라갈 높은 다락이 있는 곳을 모르는 것과 같다."고 말씀하셨다.

"보타바루여, 자아의 존재에는 세 종류가 있다. 하나는 물질로써 만들어진 자아, 두번째는 사지를 빠짐없이 갖춘 마음으로써 이루어진 자아, 세번째는 물질이 없는 순수한 상념으로 이루어진 자아이다. 나는 이 세 종류의 자아를 버리는 법을 설하리라. 그대가 만일 그 법을 좇아 도를 닦는다면 더러움을 여의고 청정해지며, 이 눈앞에서 지혜의 충족과 발전을 얻게 되리라. 보타바루여, 그대는 경지에 아직도 고뇌가 있다고 생각할지도 모르지만, 거기에는 고뇌란 없고 기쁨과 행복과 평화가 있어 오직 한마음으로 평안하게 머물 수 있는 것이다. 보타바루여, 만일 어떤 사람이 나에게 당신이 버린다고 하는 자아란 어떤 것이냐고 묻는다면, 나는 지금 그대가 그대의 앞에서 보고 있는 것이 그것이라고 대답하겠다."

이 세존의 간곡한 가르침에 움직여 보타바루는 평생 삼보에 귀의하는 신자가 되었다.

5. 어느 날 사노소인이라는 바라문이 기원정사로 세존을 찾아뵙고 말했다.

"세존이시여, 재가자들 가운데 세존에 대한 신심에서 출가하여 세존을 선도자로서 스승으로 받드는 자는 세존의 선례(先例)를 좇고 있습니까?"

"바라문이여, 그러하다."

"세존이시여, 인가에서 멀리 떨어진 숲속에 산다는 일에는 곤란이 많이 따르시겠지요. 은둔한다 하는 일은 참으로 이루기 어려운 것, 아직도 선정을 얻지 못한 자에게 있어서는 숲속은 참으로 쓸쓸할 것이라고 생각됩니다."

"바라문이여, 그대로이다. 내가 아직 깨달음을 얻지 못하였을 때, 선정을 얻지 못한 자에게 있어 숲속은 쓸쓸한 곳이라고 생각한 일이 있었다. 바라문이여, 그래서 나는 또 생각하였다. 어떠한 출가자라도 몸과 입과 뜻의 삼업(三業)이 청정하지 않고 생활의 방법이 청정하지 않다면, 그 때문에 숲속은 두려운 곳이 된다. 그러나 나는 삼업이 모두 청정하고 생활의 방법도 청정하기 때문에 숲속이 무서울 까닭은 없다. 이렇게 생각하니 숲속의 거처는 나에게 적정의 즐거움을 주었던 것이다.

바라문이여, 나는 또 생각했다. 만일 출가자로서 천한 육욕과 심한 탐욕을 갖고, 노여운 마음과 나쁜 생각을 갖고, 게으름과 졸음에 빠져 경박하고, 시기심이 있으며, 스스로 칭찬하거나 남을 헐뜯고, 이익이

나 명예에 사로잡히고, 게으른데다가 용기가 부족하고, 바른 마음과 염(念)이 없고, 마음이 흔들려 어지럽고, 지혜가 없는데도 인가에서 멀리 떨어진 숲속에서 머무른다면, 그 이유만으로 숲속은 무서운 것이 될 수 있으리라. 그러나 나는 그와 같은 자가 아니다. 바라문이여, 이것에 의해 나는 숲속의 생활에서 더욱더 정적의 즐거움을 찾았던 것이다.

바라문이여, 그것에 관해 나는 생각한다. '초승달의 밤이라든가, 보름달의 밤이라든가, 또는 달이 뜨기 전의 엿새 뒤의 여드레와 같은 특이한 밤에 공포로 몸서리쳐지는 숲속이나 숲속의 묘지에 들어가보라. 그렇게 한다면 대개는 저 공포심에 부딪히리라.'고. 바라문이여, 그래서 나는 그 특이한 밤에 숲속이나 숲속의 묘지에 들어가보았다. 밤이 이슥해지자 짐승이 찾아온다. 새가 나뭇가지를 떨어뜨리며, 바람이 쌩쌩 불어 나뭇가지를 흔들어준다. 무서움이 점점 몸에 닥치는 것을 느꼈다. 그러나 나는 생각했다. '무서움이 오는 것을 기다리는 듯한 심정은 어리석은 일이다. 공포심이 몰아쳐올지라도 정복하면 좋지 않겠는가.' 라고.

그래서 바라문이여, 걷고 있을 때 무서움이 덮쳐오면 걸으면서 무서움을 정복했다. 앉아 있을 때 닥치면 앉은 채로 정복했다. 머물러서 있을 때 오면 머물러 서 있는 채로 정복했다. 그 때문에 태도를 바꾸는 일은 하지 않았다.

바라문이여, 어떤 출가자는 애써 밤은 낮과 같고 낮은 밤과 같다고 보지만, 그것은 그 사람의 망집이다. 나로서는 역시 밤은 밤이고 낮은 역시 낮이다.

바라문이여, 많은 유정(有情)의 이익을 위해, 행복을 위해, 인천(人天)의 애련(愛憐)을 위해 나타났다고 하는 말이 다른 것에 대하여 진실이라고 한다면, 나에 관해서도 말할 수 있는 일이다. 나는 면려하고 자신만만하게 정념함으로써 무엇에도 현혹되지 않고 몸을 느긋하니 조용하게, 마음을 한 경지에 모아서 애욕을 버리고 불선(不善)한 법을 버리고 선정에 들어가 부드럽게 다스려, 조용하면서도 흔들림이 없는 마음으로 번뇌가 다했음을 알고, 무명(無明)이 깨어져 명(明)이 생하고 어둠이 사라지고 빛이 나타났던 것이다.

바라문이여, 그대는 이와 같이 생각할지도 모른다. '고타마는 지금까지도 탐욕·진에·우치를 여의지 못했으므로, 그 번뇌를 끊기 위해 마을에서 떨어진 숲속에 머무르는 것이다.' 라고. 그러나 그렇게 생각해서는 안 된다. 나는 두 가지 이유에 의해 숲속에 머무르는 것이다. 하나는 자기의 현재 생활의 평안을 위해서이고, 하나는 미래의 중생들을 가엾이 여겨 모범을 보이기 위해서이다."

바라문은 세존의 가르침을 기뻐하고 중생에게 애련을 시현함을 기뻐하며 그곳을 떠났다.

6. 앞서 세존이 1일 1식을 취하도록 가르치셨을 때, 발타리는 이 가르침을 거역하며 말했다.

"세존이시여, 저는 하루 한 끼의 식사를 할 수가 없습니다. 그같은 소식으로는 평생토록 행을 닦지 못할까 염려스럽습니다."

"그렇다면 발타리여, 초대를 받은 곳에서 일부를 먹고 일부를 갖고 돌아와 먹는 것이 좋으리라."

"세존이시여, 그것은 저로서는 할 수가 없습니다."

발타리는 세존이 정하신 규칙을 다른 제자들이 지키는데도 불구하고 '못합니다.' 라고 한마디로 거절하고 지키려 하지 않았지만, 그 때문에 부끄러워하여 안거의 석 달 동안을 세존 앞에 나올 수가 없었다.

이윽고 우기인 3월이 지나 의복 손질도 끝내고 세존께서 유행을 떠나고자 하실 무렵, 발타리는 다른 제자의 간언에 의해 세존 앞에 나아갔다.

"저는 어리석게도 고약한 마음씨로 정하신 계율을 지키지 않고 죄를 범했습니다만, 용서해주시기 바랍니다."

세존은 말씀하셨다. "발타리여, 참으로 그대의 말과 같다. 이 석 달 동안 제자들도 신자들도 이교도들까지도, 발타리는 스승의 가르침을 지키지 않는 자라고 경멸을 하고 있었던 일을 그대로서는 알지 못했을 것이다. 발타리여, 여기서 내가 나의 제자에게 진흙탕에 들어가라고 말한다면 그들은 싫다고 말할까?"

"세존이시여, 그렇게는 말하지 않습니다."

"발타리여, 진흙탕에 들어가라고 명령할 것은 못된다만, 이 명령을 받고 싫다고 하는 거친 말을 하는 자는 없다. 그렇지만 그대는 그 덕을 상실하여 바른 명을 받았으면서도 싫다고 거친 말을 하고 있다. 발타리여, 스승의 계율을 지키지 않는 자가 깨달음을 얻고자 숲속에 들어가고 빈집에 들어가며, 그곳에서조차 스승을 욕하고 동료를 욕하고 자기를 욕하는데, 어찌 깨달음을 얻을 수가 있겠는가. 당연히 될 수 있는 일이 아니다. 왜냐하면 그것은 계율을 지키지 않는 자의 당연한 결과이기 때문이다. 발타리여, 스승의 가르침을 지키는 자로서 숲속에 들고 빈집에 들어, 스승을 욕하지 않고 동료를 욕하지 않아야 비로소 깨달음을 얻을 수가 있는 것이다."

7. "세존이시여, 어째서 승가 사람들은 어떤 제자의 죄는 고치게 하고 어떤 제자의 죄는 고치도록 책하지 않고 버려두는 것이옵니까?"

"발타리여, 비난받자 모순된 변명을 하고 터무니없는 노여움에 악의를 나타내고, 승가가 기뻐하는 일을 하려고 하지 않는 자에게는 승가가 가까이하려고 하지 않는 것이다. 또 믿음이 얕고 사랑이 적은 제자를 너무 책하여 그 믿음과 사랑을 잃게 해서는 안 된다는 관점에서 그대로 놔두는 것이다. 마치 애꾸눈인 자를 두 눈 가진 주위 사람이 돌보아주고 아끼는 것과 같다. 책망을 받고도 부드러운 태도로 당장 노여움과 악의를 나타내지 않는 자를 승가는 회개시키려고 책하는 것이다."

"계율 수가 적을 때 각을 얻는 제자가 많고, 계율이 많아 도리어 깨달음을 얻는 자가 적은 것은 어떠한 까닭입니까?"

"발타리여, 중생들의 행의 쇠퇴와 정법(正法)의 소멸에 의해 계율이 더욱더 많아지게 되고, 깨달음을 얻는 자는 더욱더 적어지게 되는 것이다. 승가가 커지고 가르침이 많아지고 세월이 쌓이면 거기에서 번뇌가 일어날 수 있으므로, 그것을 막기 위하여 계율을 늘리는 것이다. 발타리여, 제자들의 수효가 아직 적을 무렵 나는 양마(良馬)의 비유로써 법을 설한 일이 있다. 그대는 그것을 기억하고 있는가?"

"기억하지 못하고 있습니다. 저는 오랫동안 계율을 지키지 않고 있었습니다."

"발타리여, 그것만이 아니다. 나는 오랫동안 그대의 마음을 속속들이 알고, 그대가 나의 가르침에 대해서 마음을 쏟지 않고 귀기울여 듣지 않았음을 알고 있다. 지금 저 양마의 비유를 설명해 들려주리라. 발타리여, 비유한다면 교묘한 조마사(調馬師)가 좋은 말을 얻어 재갈을 물린다. 그때 말은 전에 하지 않았던 일을 강제로 하므로 뛰든가 소란을 피우든가 하지만, 그것도 익숙해지면 온순해진다. 이번에는 안장이나 정강이받이를 댄다. 다시 그것에 익숙해지면 이번에는 채찍질 한 번에 네 발을 한꺼번에 들어 나는듯 뛰게 한다. 마상에 있으면서 지상의 무기를 취할 수 있게 말로 하여금 원을 그리게 하는 일, 말발굽 끝으로 가볍게 걷는 일, 재빠르게 달리는 일, 어떠한 소리에도 놀라지 않는 일, 왕의 덕을 알고 왕자의 수레에 어울리는 일, 채찍질하는 참된 이유를 깨닫고 주인이 생각하는 곳으로 달린다는 일 따위를 가르친다. 이리하여 이같은 성질을 갖춘 말은 왕의 승마가 되는 것이다.

발타리여, 제자도 십법(十法)을 갖추면 세간의 존경과 공양을 받으며, 더할 나위 없는 복전(福田)이 될 수가 있다. 십법은 성자의 정견(正見)·정사유(正思惟)·정어(正語)·정업(正業)·정명(正命)·정정진(正精進)·정념(正念)·정정(正定)·정해탈(正解脫)·혜해탈(慧解脫)이다."

제4절 오무기 왕자(五武器王子)

1. 세존은 많은 제자를 데리고 사바티성으로 들어가서 기원정사에 머무르셨다. 그때 어떤 제자가 지금까지 면려하여 닦았지만 아무런 조짐도 보이지 않으므로, 마침내 나태한 마음을 일으켜 뒤뚱거렸다. 세존은 상기한 일을 경계하시며, 다음과 같이 말씀하셨다.

"먼 옛날 베나레스에 범달이란 왕이 있었다. 그 왕자는 오무기라고 이름하며 멀리 타카실라에게 배웠는데, 학업을 마치고 돌아가려 할 때 스승이 다섯 개의 무기를 주며 도중 각별히 조심하라 하면서 따뜻하게 주의를 주었다.

왕자는 길을 재촉하여 베나레스로 돌아오는 도중, 어느날 숲속에 이르렀는데 사람들이 만류하며 말하기를 '이 숲속에는 유모라는 야차가 살고 있어 누구 한 사람 무사히 지나간 자가 없으니, 가지 않는 편이 좋으리라.'고 했지만, 스스로 믿는 바가 있는 왕자는 이 사람들의 만류를 귀담아 듣지 않고 숲속으로 들어갔다.

바로 숲속 중간쯤에 이르렀다고 생각될 무렵 과연 야차가 나타났다. 야자나무만큼 키가 크고 쟁반처럼 둥근 두 눈은 불길마냥 번쩍이고, 날카로운 송곳니와 독수리 같은 부리는 뾰족하기만 했다. 그리고 배는 자줏빛으로 부풀어 올랐으며, 손바닥과 발뒤꿈치는 검푸르게 번쩍이고 온몸에 털이 덮인 괴물이었다.

'어디로 가느냐. 멈춰라, 나의 밥아!' 야차는 우레와 같은 목소리로 처음부터 고함을 질렀다.

왕자는 조용히 대답했다. '나는 이 숲속에 들어올 적부터 그대를 만날 것을 예측했다. 내 곁에 온 것은 그대의 불운이다. 나의 손에는 독화살이 있다. 이렇게 말하며 독화살을 시위에 메워 휙 하고 당기자, 독화살은 야차의 몸에 맞았지만 단지 가볍게 야차의 털에 붙었을 뿐이었다. 야차는 그 화살을 뽑아 발아래 짓밟고 왕자에게 다가왔다. 왕자가 검을 뽑아 베니 검은 털에 들러붙고, 창을 갖고서 찌르니 창은 털에 빨려들어가고 몽둥이도 쓸모가 없고, 어느 것이나 단지 야차의 털에 들러붙을 뿐이었다.

'야차야, 너는 일찍이 오무기라고 하는 내 이름을 들은 일이 없느냐? 나는 이 숲속에 이르렀을 때 나의 화살이나 검이나 창이나 몽둥이를 의지했던 것이 아니고 나 스스로를 의지하고 있었던 것이다. 나의 무쇠 같은 주먹맛을 보아라.' 하고 말했다. 그런데 오른손으로 치면 오른손은 털에, 왼손으로 치면 왼손도 털에, 좌우의 발도 털에 찰싹 들러붙어 아무런 소용이 없었다. '좋아, 그렇다면 이 머리로 박살을 내주겠다.' 하고 머리로써 가슴을 받으면, 머리도 털에 들러붙어 왕자의 몸뚱이는 허공에 매달렸다. 그러나 왕자는 조금도 공포심을 보이지 않고 졌다는 낌새를 보이지 않았다. 야차도 그 용기에 놀랐다. '이 숲속에서 이렇듯 배짱이 센 인간을 만난 것은 처음이다. 어째서 이 작은 인간이 죽음을 겁내지 않는 것일까.' 하고 이상히 여기고서 물었다. '너는 지금 완전히 내 손아귀에 있는 것인데, 어째서 조금도 겁내지를 않느냐?'

'겁내다니, 야차야! 누구라도 한번은 죽지 않으면 안 되는 것이 아니냐. 하물며 나는 아직도 하나의 무기를 가지고 있다. 그것은 내 뱃속의 금강의 무기이다. 너는 나를 잡아먹더라도 그 무기를 소화시키지 못한다. 금강의 무기는 너의 뱃속에 들어가 안에서 너를 잘게 자르고, 너를 죽음의 운명으로 몰아세우리라. 그러므로 나는 조금도 겁내지 않는 것이다.'

이 말을 듣고 야차는 놀라며 생각했다. '이 젊은이의 말은 거짓이 아니다. 이렇듯 용감한 젊은이의 고기 한 점이라도 나는 소화시킬 수가 없으리라. 놓아줘야지.'

'젊은이여, 라후(일식·월식의 신의 손)에서 달이 달아나듯이, 나의 몸에서 떠나 급히 돌아가 어버이의 마음을 기쁘게 해주어라.'

'오냐, 야차야. 나는 돌아가마. 그러나 네가 이렇듯 고기를 먹는 야차가 된 것도 모두 전생의 업이다. 만일 이 죄를 언제까지라도 계속한다면 너는 더욱더 어둠 속에 빠지리라. 나를 만난 것을 계기로 앞으로는 더 죄를 범하지 않는 것이 좋다.'

왕자가 이것을 기회로 오악을 경계하고 오선을 설하자, 야차도 설법을 기뻐하며 오계를 받기에 이르렀다. 왕자는 그 다섯 가지의 무기를 가지고 무사히 베나레스에 돌아와 부왕의 뒤를 이어 바른 정치를 폈던 것이다.

제자들이여, 이 이야기를 잘 음미하라. 무엇에도 흔들리지 않고 애써 노력하면 마침내는 목적을 달성할 수 있는 것이다."

2. 바야흐로 세존의 덕화(德化)는 왕궁 안까지 미쳤다. 말리 부인을 비롯하여 비(妃)들은 모두 부처의 가르침을 기뻐하며, '사람의 몸도 얻기 어려운데 하물며 불타의 출세는 얼마나 만나기 어렵겠는가. 또한 우리들은 정사(精舍)로 자주 세존을 찾아뵙기가 어렵고, 세존께 직접 가르침을 듣는 일도 매우 드물다.'고 생각하고서, 어느 날 왕께 모쪼록 대왕의 허락을 얻어 교단의 제자를 초대하고 싶다고 청하므로 왕은 기꺼이 이것을 허락했다.

어느 날 왕이 화원에 놀러 가려고 생각하여 준비를 하고 있으려니 그곳에 화원지기가 와서 말하기를, "세존께서 들어오시어 나무 아래 계시다."고 했다. 왕은 "알았다."고 대답하고 일어서서 수레를 몰아 화원으로 세존을 찾아갔다.

세존은 나무 아래에 자리하고 계시고, 그 발밑에는 한 사내가 웅크리고 앉아 무엇인가 가르침을 받는 모양을 하고 있었다. 왕은 이것을 보고 잠시 주저했지만, 저런 태도로 세존의 가르침을 듣고 있는 것을 보면 덕있는 사람이 아니고는 안 될 것이라고 안심하며 세존께 다가가서 배례를 하고 자리를 잡았다. 그 사나이는 차타파니라는 신자였는데, 그는 세존을 깊이 신봉하고 지금도 세존을 모시고 가르침을 받고 있으므로, 세속의 왕을 맞이하여 자리에서 일어나 배례한다는 것은 세존께 결례를 범하는 일이라고 생각하여 그대로 있었다. 왕은 이 모양을 보고서 마음속으로 심히 불쾌하여 울화가 치밀었다. 세존은 왕의 심정을 아시고 왕의 마음을 달래실 속셈으로, 그가 지혜를 갖추고 깨달음을 얻은 유덕한 사람임을 말씀하셨다. 왕은 세존께서 이렇게까지 말씀하시는 사람이니만큼 보통 사람이 아니리라 생각하고 "무엇이든 필요한 것이 있으면 말해주시오."라고 자청했다.

차타파니는 다만 "고맙소."라고 말할 뿐이었다. 그날도 왕은 세존의 가르침에 기쁨을 느끼고, 후궁들의 청을 잊고서 자리에서 일어나 돌아왔다. 며칠이 지난 어느 날, 기원정사로 가는 도중에 또 차타파니를 만나자 불러서 말했다.

"세존으로부터 듣자 하니 그대는 박학한 사람이라고 하는데, 나의 후궁들이 모두 법을 듣고 싶다 하므로 부디 법문을 들려주시오."

차타파니는 "법을 설하는 일, 특히 궁중에 들어가 설법하는 것은 재가자에게 있어 걸맞지 않는 것입니다. 그것은 승가가 할 일입니다."라고 거절했다. 파세나디왕의 원에 의해, 아난다는 세존의 분부를 받아 그로부터 매일 후궁에 가서 설법하게 되었다.
　어느 날 아난다가 후궁에 가자 후궁들은 모두 수심에 싸여 있었는데, 설법에 의해서도 기쁨의 빛을 찾아낼 수가 없었다. 그 이유는 왕관에 달려 있던 귀한 보석을 도둑맞아 후궁 모두가 엄한 혐의를 받고 있었기 때문이었다. 따라서 누구나가 목숨에 관계되는 왕의 노여움을 겁내고 있었던 것이다. 아난다는 이 말을 듣자 염려할 것 없다고 위로하며 왕께 가서 말했다.
　"수많은 사람들을 괴롭히지 않고 찾아내는 길이 있으니 그것에 따르도록 하십시오. 흙덩이로 옥을 만들어 혐의가 있는 사람들에게 주고, 내일 새벽까지 이러저러한 곳에 놓아두라고 분부하시고서 내일 아침 그것을 조사하십시오. 만일 하루에 나오지 않으면 이삼 일 계속하시는 것이 좋습니다. 그렇게 하면 누구도 괴롭히지 않고 보옥을 무사히 찾을 것입니다."
　왕은 이 가르침을 받아들여 실시해보았지만, 그래도 나오지 않았다. 사흘째 되는 날 아난다가 왕궁에 와서 아직도 효험이 없다는 말을 듣자, 이번에는 커다란 물독에 물을 가득 담아 그것을 밀실에 두고 휘장을 치고서 그 안에 한 사람 한 사람 들여보내되, 옷을 벗고 손을 씻고 나오도록 명령하라고 가르치고서 돌아갔다. 왕은 그렇게 했다.
　보석을 훔친 자는 생각했다. '아난다는 옥이 나오지 않으면 나올 때까지 끈질기게 계속하리라. 이때 옥을 내놓는 것이 좋겠다.' 그리고는 옥을 갖고 그 방에 들어가 잠자코 물독 속에 집어넣고 나왔다. 모든 사람이 차례로 그 일을 마친 뒤 물독을 비웠더니 보석이 발견되었고, 누구 한 사람 괴롭히는 일도 없이 왕의 손에 돌아와 이 사건은 수습되었다.
　3. 이 소문이 차츰 전해져 기원정사의 대중들 귀에까지 들어갔다. 어느 해질 무렵 제자들이 모여 아난다의 지혜를 찬양하고 있으려니까

세존께서 문득 그곳에 나타나셨으므로, 제자들은 그 이야기를 자세히 말씀드렸다. 세존은 이것을 듣고 다음과 같은 이야기를 하셨다.

"제자들이여, 먼 옛날에도 그런 일이 있었다. 베나레스의 왕이 수많은 비들을 데리고 화원에서 놀았다. 즐거운 한때를 보낸 뒤, 여러 비들은 영락을 풀고 옷을 벗고서 맑은 물이 담긴 연못에 들어가 목욕을 했다. 그때 왕비는 진주목걸이를 풀어 윗도리에 싸서 상자에 넣어 한 시녀에게 지키게 하고서 물에 들어갔다. 앞서부터 나무 그늘에 숨어 이것을 보고 있던 한 마리의 암원숭이는 시녀의 거동을 열심히 지켜보고 있었는데, 시녀의 주의가 이완되어 꾸벅꾸벅 졸기 시작하자 토끼처럼 뛰어나와 그 목걸이를 훔쳐 나무 위에 올라갔다. 그리고 다른 원숭이에게 들키면 안 된다고 생각하여 목걸이를 나무 구멍에 숨겨놓고 시치미를 뗀 채 살피고 있었다.

시녀가 정신을 차리고 보니 상자 속이 흐트러져 있었고, 맡았던 소중한 진주목걸이가 보이지 않았다. 놀라 비명을 지르자 근시인 무사들이 달려왔다. 시녀는 졸고 있는 새에 잃었다고는 말할 수 없었으므로 방금 한 사내아이가 나타나 목걸이를 강탈해 달아났다고 알렸다. 이리하여 무사는 팔방으로 흩어져 도둑을 쫓았다. 한 시골 사나이가 그 근처에 있었는데, 이 소리를 듣자 놀라 달아나려 하는 것을 붙잡아 캐물었다. 그 사나이는 고문이 두려워 무고한 죄를 뒤집어쓴 채 허위로 자백했고, 왕 앞에 끌려나가 숨긴 장소를 다그침받았다.

'대왕이시여, 저 같은 가난한 자에게 무엇 하나 값나가는 물건이 있을 턱이 없습니다. 그런 보물을 훔쳐보았자 써먹을 줄도 모릅니다. 장자의 분부를 받아 훔쳐 장자에게 건네주었습니다.' 라고 그는 발뺌을 했다.

장자를 불러 물었더니 '마름에게 주었습니다.' 라고 대답했다.

마름에게 물었더니 '악사에게 주었습니다.' 라고 말했다.

악사에게 묻자 '창부에게 주었습니다.' 라고 대답했다.

창부를 불러 물었더니 '저는 아무것도 모릅니다.' 라고 말했다. 그러는 새에 날도 저물어 모두 하옥시켰다.

그날 밤 한 대신이 집에 돌아와 생각하기를 '이것은 이상한 사건이다. 화원 문을 굳게 지키고 있었으므로 목걸이를 외인이 훔칠 리가 없다. 또 안에 있는 사람이 훔쳐서 달아날 수도 없을 것이다. 그 가난한 사나이가 장자에게 주었다고 하는 것은 단지 모면하려는 구실일 것이고, 장자가 마름에게 주었다고 하는 것은 마름을 끌어들여 살아나겠다는 수작이리라. 마름이 악사를 끌어댄 것은 어차피 옥에서 며칠인가 지내야만 될 것이라면 악사를 데리고 즐거운 음악이라도 듣겠다는 것일 테고, 악사가 창부에게 주었다고 하는 것은 하다못해 한 사람쯤은 아름다운 얼굴이라도 옆에 두고 싶다는 것이리라. 이것은 아무래도 달리 훔친 자가 있어야만 되는데, 그 꽃밭은 원숭이가 떼지어 있으므로 암원숭이 중의 어떤 놈이 훔쳐 숨긴 것이리라.' 고 하였다.

그리하여 은밀히 부하를 보내어 옥안을 살피게 했더니, 과연 다섯 사람은 서로 책망하며 속마음을 털어놓았다. 다섯 사람이 죄없음을 알자 대신은 수많은 원숭이를 붙잡게 한 뒤, 그것에 일일이 거짓 옥으로 만든 목걸이를 달게 하여 꽃밭에 놓아주었다. 원숭이들이 크게 기뻐하며 목걸이를 짤랑거리면서 꽃밭 속을 쏘다니고 있는데, 예의 암원숭이는 그같은 가짜 구슬목걸이가 무엇이냐, 진짜 진주목걸이는 이것이라는 듯 우쭐대며 숨긴 장소에서 꺼내어 목에 걸고 나왔다. 이 광경을 지켜보고 있던 관리들은 재빠르게 이것을 발견하고 **빼앗아** 대신한테 가져왔다. 대신은 왕에게 그 목걸이를 돌려드리고 다섯 사람의 무죄를 증명했다. 왕은 기뻐하며 다음의 노래로써 대신을 칭찬했다.

싸움에는 용자요 회의에는 진지한 사람, 좋은 일은 사랑하는 자에게, 유사시에는 지혜있는 사람이야말로 소망되도다.

제자들이여, 먼 옛날의 일이기는 하지만 이와 같은 일도 있었다. 아난다는 바로 일단 유사시에 촉망되는 지혜자이다."

4. 사바티성에 신심이 두터운 한 젊은이가 있었는데, 아버지가 죽은 뒤에는 어머니를 잘 봉양하여 여생이 짧은 어머니의 안락이 그 소원으로 무엇 하나 부자유함이 없도록 섬기고 있었다.

어머니는 자기 자식이 성인이 되었는데도 아내도 맞지 않고 자기를 섬겨주는 것이 기뻤지만, 아내를 맞이하도록 권해도 듣지 않으므로 몸소 한 아가씨를 택하여 집에 데려다가 며느리로 삼았다. 젊은이는 어머니의 인자로움을 기쁘게 여겼고, 집안은 화목하고 단란하여 때때로 정사에 찾아가서는 세존의 가르침을 듣고 있었는데, 며느리는 별안간 마음이 변하여 시어머니를 미워하기 시작했고, 남편에게 권하여 시어머니를 따로 내보내도록 충동질했다. 이 때문에 집안에 화락한 소리는 끊기고 다투는 고함소리가 생겼으며, 번뇌로 더럽혀진 바람이 일어났다. 그러나 젊은이는 쉴새없이 부처의 힘을 얻어 참고 견디었고, 마침내는 아내도 고집을 꺾고 또다시 성의껏 시어머니를 섬기게 되었으며, 평화의 기쁨이 다시 집안에 찾아오게 되었다.

젊은이는 어느 날 세존 앞에 나아가 법을 들으며 세존이 어머니를 잘 봉양하고 있느냐 하는 물음에, 지금까지의 일을 말씀드렸다. 세존은 다음과 같은 이야기를 하여 효자를 격려하셨다.

5. "젊은이여, 옛날 그대와 마찬가지로 아버지가 돌아가신 뒤에 어머니를 소중히 하는 효성스런 아들이 있었다. 어머니가 같은 문벌의 딸을 데리고 와서 짝을 지워주자 처음에는 집안도 원만했지만, 여자끼리의 질투가 고개를 들기 시작하자 며느리는 시어머니를 못마땅하게 여겨 여러 가지 방법으로 시어머니를 내쫓을 궁리를 했다. 효성스

러운 아들도 여자의 마음에 이끌려 잠시 어머니를 밖에 내보낼 결심을 했으므로, 어머니는 슬피 울며 친척집에 의지하여 삯바느질 등으로 근근이 생계를 꾸리며 그날그날을 보내고 있었다. 시어머니가 집을 나가자 곧 아내는 어린아이를 잉태하여 달이 차서 아들을 낳았으며, 남편이나 이웃 사람들에게 '이것으로써도 시어머니가 나쁘다는 걸 알 수 있을 거예요. 그분이 집에 있는 동안은 얻고 싶던 어린아이도 없어 쓸쓸했지만, 그분이 없게 되자 이렇듯 좋은 아이가 태어났습니다.' 라고 떠벌렸다.

쓸쓸하게 무미건조한 생활을 보내고 있던 어머니는 이 소리를 인편에 듣자 분해 견딜 수가 없었다. '이렇다면 세상에 올바른 일은 존재하지 않는 것이나 같다. 어머니를 내쫓고도 의좋게 훌륭히 세상살이를 할 수 있고 어린아이까지 생겨 잘되기만 하니, 세상에 정의는 죽은 것이나 같으니, 이젠 정의의 장례식이나 치뤄야지.' 하고 냄비와 국자와 쌀을 갖고 묘지에 갔다. 그리고는 근처의 물에 들어가 백의를 걸치고 머리를 산발한 채 쌀을 씻기 시작했다. 때마침 제석천(帝釋天)은 인간세계를 둘러보고 있다가 이 꼴을 발견하고 딱하게 여겨 바라문의 모습이 되어 어머니 앞에 나타나 말했다. '그대는 그와 같은 짓을 하기 전에 잘 생각해보는 것이 좋다. 누가 그대에게 정의가 죽었다고 이야기했는가. 힘이 센 천 개의 눈을 가진 올바른 법인 나는 죽지 않았잖느냐?'

'아닙니다. 확실히 정의는 죽었습니다. 저는 그것을 똑똑히 보았습니다. 나쁜 일을 하는 사람이 영화를 누리고 있는 것이 그 증거입니다. 어린아이가 없었던 집의 며느리가 저를 내쫓고 어린아이를 낳았고, 남편을 다그쳐서 즐겁게 살고 있는 것이 무엇보다 확실한 증거가 아닙니까?'

'여인이여, 곧 법이기도 한 나는 이렇듯 확실히 살고 있다. 나는 그

래를 위하여 이 세상에 온 것이다. 그렇다면 그대의 나쁜 며느리도 손자도 나의 불로 함께 태워버리자.'

이 말을 듣자 어머니는 놀라며, 손자가 타면 큰일이라고 말렸다. '아닙니다, 신이여! 모쪼록 저의 며느리도 손자도 저도 의좋게 살아갈 수 있도록 도와주십시오.'

'여인이여, 그대가 학대받더라도 그대 스스로 바른길을 버리지 않는다면 그대는 귀여운 손자나 며느리와도 화목하게 살 수가 있으리라. 겁낼 것은 없다. 그대의 아들도 며느리도 나의 힘으로 깨닫게 되어 지금쯤 그대를 맞이하고자 이곳으로 오고 있을 것이다. 애써 게을리하지 말고 선을 닦으라.' 이렇게 이르고는 모습을 감추어 천계(天界)로 돌아갔다.

과연 아들과 며느리는 시어머니를 찾아 무덤에 와서 지금까지 지은 죄를 빌고, 어머니를 모시고 집에 돌아가 평화로운 나날을 보냈다. 젊은이여, 스스로 법을 버리지 않는 자에게는 법은 영원히 죽는 일이 없다. 어머니를 소중히 여기고 집안이 화목하게 살도록 하라."

제5절 뢰다화라

1. 이리하여 세존은 구루국에 도를 전하고 유로다 마을의 북쪽 시섭화원에 계셨다. 그 나라 사람들은 세존의 이름을 경모하여 사방에서 이곳에 모여 법을 듣고서 마음에 큰 기쁨을 얻었다. 사람들 가운데 마을의 장자의 아들로서 뢰다화라가 있었는데, 사람들이 가버린 뒤 세존께 공손히 배례하며 말했다. "제가 만일 집에 있으면 번거로운 집안일 때문에 가르침대로 행할 수가 없다고 생각합니다. 모쪼록 저의 출가를 허락해주십시오."

세존께서는 "만일 양친의 허락을 받는다면" 하고 말씀하셨으므로, 그는 집에 돌아가 부모의 허락을 청했다.

부모는 놀라며 말했다. "내 아들아, 너는 우리 집의 외아들로서 자나깨나 변함없는 애정을 받아왔다. 설사 너의 목숨이 끝나더라도 우리는 너를 저버릴 수가 없다. 하물며 어찌 생이별을 견딜 수가 있겠느냐."

그러나 뢰다화라는 오직 출가를 간절히 바랐고 양친은 앞서의 말을 되풀이하며 이것을 만류하자, 그는 이레 동안 땅에 누워 식음을 전폐했다. 부모도 그 곁에 가서 사정하기를 "내 아들아, 너의 몸은 연약하여 앉는 데도 잠자는 데도 언제나 좋은 침상을 썼다. 출가하여 도를 배우는 일은 쉬운 노릇이 아니므로 집에 있으면서 시주가 되어 복을 닦는 것이 좋으리라." 하였다.

뢰다화라는 입을 다물고서 대답하지 않았다. 많은 친척이나 아는 사람들이 부모의 부탁을 받고서 그한테 번갈아 가며 출가생활이 어렵다는 것을 말하며 생각을 돌이키도록 설유하였지만, 그의 마음은 비가 내릴 적마다 굳어지는 대지처럼 설득을 더할수록 출가의 일념을 굳혔다.

친척들도 어찌할 도리가 없으므로 부모에게 말하였다. "뢰다화라의 원을 들어주라. 그가 만일 그 소원처럼 출가의 도를 즐긴다 하더라도 이승에서 다시 만날 수 있고, 만일 또 그 도를 즐길 수가 없다면 부모의 집에 돌아올 것이 분명하다. 이대로 그의 소원을 가로막는다면 반드시 죽음에 이르게 되리라."

양친도 이치를 좇아 도를 배우면 반드시 돌아와 우리들을 찾아보도록 하라고 말하며 아들의 출가를 허락했다. 뢰다화라는 이 허락을 듣고 매우 기뻐하며 바로 시섭화원에 계신 세존께 나아가 출가의 허락을 받고 제자가 되었다.

그뒤 그는 기원정사로 갔으며, 조용한 곳에서 마음을 채찍질하고 도를 닦아 마침내 깨달음을 얻었다.

이윽고 10년의 세월이 흘렀다. 그는 여기서 고향에 돌아가 부모를 찾아뵈리라 마음먹고 세존의 허락을 청하자 세존께서 말씀하셨다. "그대는 지금 고향에 돌아간다 하더라도 계율을 버리고 욕의 도를 행할 그러한 염려는 없다. 가서 아직 구원받지 못한 자를 구제하고 깨닫지 못한 자를 깨달음에 들도록 하라."

2. 그는 공손히 분부를 받아 자기 방에 들어가 침구를 꾸리고 옷을 갈아입고 바리때를 들고서 유행의 길에 올랐으며, 드디어 유로다 마을의 북쪽인 시섭화동산에 이르러 그곳에서 하룻밤을 지내고, 이튿날 마을에 들어가 집집마다 걸식을 하며 아버지의 집 앞에 섰다. 이때 아버지는 뜰에서 머리를 빗고 있다가 뢰다화라의 모습을 보더니 욕설을 퍼부었다. "저들 대머리의 나쁜 출가자 때문에 나는 그지없이 사랑을 쏟은 외아들을 빼앗겼다. 대를 이을 자식이 없으므로 우리 집은 망하고 말았다. 그같은 자에게 음식 따위를 줄 수 있겠는가."

뢰다화라는 이 말을 듣고서 재빨리 문을 나왔는데, 그때 하녀가 쉰 음식을 쓰레기통에 버리고자 나온 것을 보고서 그녀를 불러 그 음식을 바리때에 받았다. 하녀는 뢰다화라임을 알고 급히 이것을 주인에게 알렸는데, 아버지는 놀라고 기뻐하며 왼손으로 옷자락을 여미고 오른손으로 머리를 쓸어넘기면서 아들의 뒤를 쫓았다. 마침내 어떤 벽을 향해 서서 쉰 음식을 먹고 있는 아들을 발견하자 기가 막혀 "오오, 뢰다화라야, 너는 어째서 그와 같은 상한 음식을 먹게 되었느냐? 또 어찌된 까닭으로 이 마을에 왔으면서도 부모의 집에 들어오지 않느냐?" 하고 물었다.

그는 조용히 말했다. "거사(居士)시여, 저는 아버지의 집에 들어갔지만 시주를 받지 못하고 욕설만 들었습니다. 때문에 재빨리 그곳을 나왔던 것입니다."

아버지는 사리를 좇아 아들에게 빌었고, 공경하는 마음으로써 부축하고 위로하며 정중히 집에 초대한 뒤 아내에게 그 자초지종을 말했다. 아내는 춤추듯이 기뻐하고 즉시 음식을 준비하는 한편 종에게 일러 금은이며 재보를 산더미처럼 쌓아올리고 뢰다화라한테 가서 말했다. "오오, 내 아들아, 이 보물은 어머니의 것이다. 아버지의 것은 얼마쯤 있는지 모른다. 지금 이 보물을 남김없이 너에게 줄 테니 부디 출가를 그만두고 집에 돌아와 보시의 덕을 쌓도록 해라."

그는 조용히 어머니를 향해 말했다. "어머니, 저를 위해서라면 보물을 커다란 자루에 넣어 수레로 운반하여 강가의 깊은 물속에 남김없이 집어넣어 주십시오. 왜냐하면 사람은 이 재보 때문에 수심과 슬픔에 얽매이고 참된 즐거움을 얻을 수가 없기 때문입니다."

어머니는 아들의 마음을 재보로써도 움직일 수 없다는 걸 알고, 젊은 여자들을 예쁘게 단장시키고 그에게 시중들게 하였다. 그들은 상냥하게 그에게 다가와서 말했다. "당신은 왜 젊은 저희들을 버리고 쓸쓸히 도를 닦고 계시나요?"

"누이들이여, 나는 색을 낚기 위해 출가한 것이 아니로다. 바야흐로 도를 얻어 해야 할 일을 다했고 마음에 구하는 바도 없다. 아름다운 누이들도 나에게는 조금도 필요하지 않다."

그들은 누이라고 불리면서 경원되고 있음을 알고서 어찌할 바를 모른 채 울음을 터뜨렸다.

이때 뢰다화라는 부모님께 "두 분께서는 어찌하여 저를 이렇듯 번거롭게 만드시는 겁니까? 만일 음식을 시주하실 뜻이 있으시다면 속히 시주해주십시오."라고 말했는데, 부모는 몸소 일어나 물을 뿌리고 온갖 맛있는 음식을 바쳐 마음껏 먹도록 하였으며, 작은 자리를 그의 옆에 마련하고 거기에 앉았다. 그는 부모를 위해 부처의 법을 설했고,

기쁨에 넘치게 한 뒤 자리에서 일어나 다음의 노래를 불렀다.

아름다운 머리장식, 보배의 영락, 짙은 청색의 눈썹, 먹으로 그린 그림 같은 초승달 눈썹도 깨달음을 얻은 사람에게는 보람이 없네.
수놓은 옷으로 냄새가 풍기는 몸을 장식하고 온갖 향을 피웠지만, 모두가 거짓의 환상이어라. 사로잡힌 사슴이 그물을 끊고 그 문을 부수듯이, 난 이제 먹이를 버리고 떠나가리라. 어느 누가 계박을 즐기랴.

3. 그는 곧 떠나 유로다원에 이르러 어떤 나무 밑에 앉았다. 그때 나라의 임금 구뢰바왕이 성을 나와 숲속에서 노는데, 근시(近侍)의 알림으로 뢰다화라에게 다가가 수레에서 내려 곁에 자리를 잡고 문답을 했다.

왕이 물었다. "만일 그대의 집이 몰락했기 때문에 출가했다고 한다면 나는 많은 재보를 그대에게 베풀리라. 출가를 그만두고 집에 돌아가 보시를 행한다면 좋지 않겠는가?"

그는 대답하였다. "왕이시여, 그것은 저에 대한 바른 대우가 아닙니다. 만일 왕께서 저를 향해 '이 나라는 잘 다스려져 백성은 평안하며 오곡 또한 여물어 두려움도 다툼도 없고 음식도 빌기 쉽소. 그러니 이 나라에 머무르면 나는 법을 좇고 지키리라.'고 하신다면 올바른 대우라고 할 수 있을 것입니다."

왕은 그가 말한 대로 말하고, 다시 말을 바꾸어 물었다. "존자시여, 출가하는 원인에 네 가지가 있다고 듣고 있습니다. 첫째는 오래 병들어 욕심을 채울 수가 없기 때문에, 둘째는 늙어 몸의 자유를 잃고 즐기는 바가 없기 때문에, 셋째는 재물을 잃어 의식(衣食)의 일이 중하기 때문에, 넷째는 가족과 사별(死別)하여 세상을 덧없이 보기 때문이다. 그런데 존자는 나이도 젊고 건강하고 집도 넉넉하며 가족도 변고가 없건만, 어째서 모든 즐거움을 버리고 출가를 하셨소?"

뢰다화라는 대답했다. "왕이시여, 저는 부처께서 가르치시는 네 가지 사항에 의해 출가했습니다. 이것은 사람으로서 피할 수 없는 고뇌입니다. 왕은 현재와 젊었을 때를 비교하여 기력이나 무술에 쇠함이 없습니까? 또 왕은 병상에 있으며 심한 고통을 받을 때, 신하들에게 그 고통을 대체시킬 수가 있었습니까? 또 왕은 아무리 부귀영화가 있더라도 죽음을 피할 수가 있겠습니까? 죽음이 올 때는 온갖 물건을 버리고 가지 않으면 안 됩니다. 진실로 이 세상에는 참으로 의지할 만한 것은 하나도 없습니다.

왕이여, 게다가 사람에게는 끝없는 욕심이 있기 때문에, 이 나라는 지금 부유하고 영화를 누리고 있더라도, 만일 어떤 사람이 동쪽에 풍부한 나라가 있다고 왕에게 고한다면, 왕은 군사로써 그 나라를 뺏으려고 하실 것입니다. 남·서·북의 각 방향에도 그러한 나라가 있다면 왕은 마다 않고 그 나라들을 공략하려고 할 것이 분명합니다. 참으로 이 세상에는 만족스러운 일도 없고 싫증나는 일도 없습니다. 그것은 물건 때문이 아니고 인간의 애착심이 인간에게 작용하기 때문입니다. 왕이시여, 나는 이것을 피하기 어려운 네 가지 사항으로 보고서 출가하여 도를 얻었던 것입니다.

　재물 있는 사람도 어리석음 때문에 베풀지 않고, 얻으면 더욱더 구하고 아껴 모은다. 하늘이 땅을 다스리더라도 탐욕은 여전히 나라와 나라를 갈구해 마지않는다. 탐욕이 없어지기 전에 목숨은 다해 처자는 울고, 쌓인 장작 속에 재가 되리라.
　죽을 때는 아내도 자식도 좇지 못하고, 재물도 소용없어 부자도 걸인도 다를 바 없네.

어리석은 사람은 죄를 만들어 스스로를 결박하고 농익어서 떨어지는 과일마냥 곧잘 망집의 어둠으로 드네. 마음은 아름다운 독을 즐기고 욕심 때문에 해침을 받는다.

왕이여, 이것을 깨닫고서 나는 부처의 도에 들어갔다오."
왕은 이 가르침을 받자 신심을 일으켜 기뻐하며 말했다. "존자는 능히 망집에서 벗어나셨소. 나는 지금부터 존자에게 귀의하겠습니다."
"왕이여, 나에게 귀의해서는 안 됩니다. 부처와 법과 승가에 귀의하는 것이 좋습니다."
왕은 가르침대로 좇아 착실한 신자가 되었다.

제2장 교단의 통제

제1절 십중(十重), 사십팔경계(四十八輕戒)

어느 때 세존은 대중을 향해 말씀하셨다. "만일 보살이 이 십중, 사십팔경계를 받지 않는다면 보살이라 부르지 않고 부처의 종자가 되는 일은 없으리라. 나는 이제 간추려서 너희들을 위해 보살의 계율을 설하리라.
1. 산 목숨을 죽이지 말라. 만일 불자가 직접 손써서 죽이거나 또는 남으로 하여금 죽이게 하고, 방편을 주거나 혹은 찬탄하여 죽이고, 또는 죽이는 일을 마음에 즐겁게 여기고, 혹은 저주하여 죽인다면 살(殺)의 인(因)·연(緣), 살의 법·업으로 된다. 그러므로 어떠한 경우

에도 어떠한 유정(有情)의 생명도 빼앗아서는 안 된다. 보살은 항상 자비심을 가지고 온갖 유정을 구제하지 않으면 안 된다. 그럼에도 불구하고 스스로 마음을 방자하게 하여 살생을 한다면, 이는 곧 보살의 단두죄이다.

2. 도둑질하지 말라. 불자가 만일 스스로 도둑질하거나 사람으로 하여금 훔치게 하고, 또는 방편을 주거나 칭찬 등에 의해 훔치게 한다면, 그것은 곧 투도의 인, 투도의 업 등으로 된다. 보살은 타인의 소유물이라면 한 개의 바늘, 한 포기의 풀이라도 함부로 빼앗아서는 안 된다. 항상 불성에 순응하는 마음과 자비심을 일으켜, 모든 중생을 돕고 복을 낳게 하고 즐거움을 낳게 함이 좋다. 그럼에도 불구하고 오히려 남의 재물을 훔친다면 이는 곧 보살의 단두죄이다.

3. 음행하지 말라. 불자가 만일 스스로 음란하거나 사람으로 하여금 음란하게 한다면 이는 사음의 인·업 등이 된다. 또한 다른 여인을 범해서는 안 된다. 도가 아닌 음행에 있어서는 더더구나 그러하다. 보살은 항상 효순(孝順)의 마음을 일으켜 중생을 구제하고 청정한 법을 가르쳐주지 않으면 안 된다. 그럼에도 불구하고 오히려 도가 아닌 음행을 행한다면 이는 곧 보살의 단두죄이다.

4. 거짓말하지 말라. 불자가 만일 스스로 거짓말을 하거나 사람으로 하여금 거짓말을 하게 하고, 또는 돕거나 거짓말을 한다면 이는 망어의 인·업 등이 된다. 보살은 항상 바른말, 바른 견해를 일으켜 모든 중생들로 하여금 바른말과 바른 견해를 낳게 하지 않으면 안 된다. 그럼에도 불구하고 오히려 사람들로 하여금 사악한 말, 사악한 견해를 일으키게 한다면 이는 곧 보살의 단두죄이다.

5. 술을 팔거나 마시지 말라. 불자가 만일 스스로 술을 팔고 사람으로 하여금 술을 팔게 한다면 술을 파는 인·업 등이 된다. 술은 죄를 일으키게 하는 인연이다. 보살은 중생들로 하여금 밝은 지혜를 낳게

하지 않으면 안 된다. 그럼에도 불구하고 오히려 보살이 중생들의 마음을 전도시킨다면 이는 곧 보살의 단두죄이다.

6. 사부대중의 허물을 말하지 말라. 불자가 만일 스스로 출가 또는 재가의 불도를 닦는 남녀의 허물을 말하고 또 사람으로 하여금 말하게 한다면 허물의 인·업 등이 된다. 보살은 외도인 악인들이 불법이 아닌 것을 말하더라도 항상 자비의 마음을 가지고서 이들 악인을 가르쳐 이끌며 대승의 믿음을 일으키게 하지 않으면 안 된다. 그럼에도 불구하고 스스로 불법의 허물을 말하는 것은, 이는 곧 보살의 단두죄이다.

7. 자기를 칭찬하고 남을 헐뜯지 말라. 불자가 만일 스스로를 칭찬하고 남을 헐뜯거나 사람으로 하여금 그렇게 하게 만든다면 남을 헐뜯는 인·업 등이 된다. 보살은 모든 중생들을 대신하여 헐뜯음이나 욕을 받되 악한 일은 스스로에게 향하도록 하며 좋은 일은 남에게 돌아가도록 하지 않으면 안 된다. 그럼에도 불구하고 스스로 자기의 덕을 내걸고 남의 좋은 일을 숨기고 남으로 하여금 헐뜯음을 받게 한다면 이는 곧 보살의 단두죄이다.

8. 제 것을 아끼려고 남을 욕하지 말라. 불자가 만일 스스로 간탐하고 사람으로 하여금 간탐케 한다면 간탐의 인·업 등이 된다. 보살은 진실로 가난한 자가 구한다면 무엇이라도 주지 않으면 안 된다. 그렇지만 악한 마음을 갖고서 물건을 베풀지 않으며 법을 설하지 않고 도리어 구하는 자를 욕한다면 이는 곧 보살의 단두죄이다.

9. 성내지 말고 참회를 받으라. 불자가 만일 스스로 성내고 남으로 하여금 성내게 한다면 진에의 인·업 등이 된다. 보살은 진실로 중생들 사이에 선근을 낳게 하고 항상 자비의 마음을 일으키지 않으면 안 된다. 그럼에도 불구하고 모든 유정(有情)을 욕하고 또는 그들에게 칼과 채찍을 가하며, 그들이 그 잘못을 뉘우치고 죄의 용서를 빌기에 이

르러서도 아직 노여움을 풀지 않는다면 이는 곧 보살의 단두죄이다.

10. 삼보를 비방하지 말라. 불자가 만일 스스로 삼보를 비방하고 사람으로 하여금 비방케 한다면 비방의 인·업 등이 된다. 보살은 진실로 외도 또는 악인 등이 한마디라도 부처를 비방함을 들으면 마치 300개의 창이 한꺼번에 자기 가슴을 찌르는 듯한 느낌을 가져야 한다. 그럼에도 불구하고 스스로 비방하여 믿음을 잃고 또 남으로 하여금 비방케 한다면 이는 곧 보살의 단두죄이다."

"불자여, 이것이 보살의 십중계이니, 티끌만큼도 이같은 계율을 범해서는 안 된다. 만일 이것을 범한다면 도를 구하는 마음을 잃고 온갖 공덕을 멸하기에 이르리라.
다시 사십팔경계를 설하리라.
1. 스승과 벗을 공경하라. 불자는 이미 계를 받았다면 상좌(上座)·화상(和尙)·동학(同學)·동행(同行)을 공경해야 한다. 만일 그렇지 않다면 경죄를 범하는 것이다.
2. 술을 마시지 말라. 불자가 만일 일부러 술을 마시고 또 손수 술잔을 건네어 다른 사람에게 술을 마시게 한다면 500세(世)에 걸쳐 손을 잃으리라. 술은 끊임없이 허물을 일으키게 하기 때문이다. 그러므로 일부러 그같이 함은 경죄를 범하는 것이다.
3. 고기를 먹지 말라. 불자가 만일 일부러 고기를 먹는다면 대자비인 불성(佛性)의 종자를 끊게 되리라. 그러므로 보살은 모든 고기를 먹어서는 안 된다. 만일 고의로 먹는다면 경죄를 범하는 것이다.
4. 냄새나는 채소를 먹지 말라. 불자는 오훈채(五葷菜)를 먹어서는 안 된다. 만일 마늘·달래·파·부추·무릇 등 냄새나는 다섯 채소를 고의로 먹는다면 경죄를 범하는 것이다.
5. 가르치고 타이르라. 불자가 만일 중생들이 제멋대로 갖가지 파

계하는 것을 본다면 가르치고 타일러 참회시키지 않으면 안 된다. 그럼에도 불구하고 도리어 이양(利養)을 같이하고 함께 산다고 하면 경죄를 범하는 것이다.

6. 법을 청하라. 불자가 만일 대승의 법사 또는 동료 등이 멀리서 오든가 찾아왔을 경우에는 정중히 공양하되, 설법을 청하여 마음의 고뇌를 없애고 잠시도 게을리 해서는 안 된다. 만일 이와 같이 하지 않는다면 경죄를 범하는 것이다.

7. 부지런히 가르침을 들어라. 만일 어떠한 곳에서라도 경(經)·율(律)의 강화가 있다면 새로 배우는 보살은 이를 듣고 또는 묻지 않으면 안 된다. 만일 이와 같이 하지 않는다면 경죄를 범하는 것이다.

8. 대승계(大乘戒)를 저버리지 말라. 불자가 만일 대승의 경과 율을 저버리고, 이를 부처가 설법하신 것이 아니라 말하여 다른 비열한 계를 받아들인다면 경죄를 범하는 것이다.

9. 병을 간호하라. 불자가 만일 병든 사람을 본다면 부처에게 공양하듯 하지 않으면 안 된다. 숱한 복전 중에서 병간호의 복전이 제일이다. 만일 이와 같이 하지 않는다면 경죄를 범하는 것이다.

10. 병기를 비축하지 말라. 불자는 칼이나 활 따위의 온갖 무기를 비축해서는 안 된다. 보살은 부모를 죽인 자에게조차 원수를 갚는 일이 없다. 그러므로 만일 의도적으로 무기를 비축해두는 자가 있다면 그는 경죄를 범하는 것이다.

11. 국사(國使)가 되지 말라. 불자는 이양을 얻겠다는 악심에서 나라의 사자가 되고 군진에 왕래하고 군사를 일으켜 사람들을 죽게 만들어서는 안 된다. 하물며 나라의 역적이 되는 일이야 말할 필요가 있겠는가. 만일 이와 같이 하는 자는 경죄를 범하는 것이다.

12. 팔고 사지 말라. 불자는 고의로 노비나 가축 또는 관(棺)의 재료를 스스로 팔고 또 사람으로 하여금 팔게 해서는 안 된다. 만일 이와

같이 하는 자는 경죄를 범하는 것이다.

13. 비방하지 말라. 불자가 만일 나쁜 마음을 갖고서 고의로 착한 사람, 법사, 국왕, 귀인, 또는 부모 형제 등 육친(六親)을 비방하고 불우한 처지에 떨어뜨린다면 경죄를 범하는 것이다.

14. 방화(放火)하지 말라. 불자가 만일 나쁜 마음을 갖고서 고의로 불을 지르고 산림·가옥·승방 등을 태운다면 경죄를 범하는 것이다.

15. 사교(邪敎)를 가르치지 말라. 불자는 온갖 외도나 악인에 이르기까지 일일이 대승의 경률(經律)을 갖게 하고 그 이치를 깨닫게 하지 않으면 안 된다. 그렇지만 만일 좋지 않은 마음을 갖고서 외도인 사악한 교 등을 가르친다면 경죄를 범하는 것이다.

16. 바르게 경률을 가르치라. 불자는 먼저 대승의 경률을 배워 널리 그 이치를 깨닫고, 새로이 배우는 보살이 멀리서부터 왔을 때는 법이 가르치는 대로 몸을 던져서라도 그들을 공양하지 않으면 안 된다. 그런 뒤에 점차 정법(正法)을 가르쳐 마음을 열고 깨치게 하지 않으면 안 된다. 그럼에도 불구하고 만일 불자가 이양을 위하여 경률을 거꾸로 가르치고 삼보를 비방한다면 경죄를 범하는 것이다.

17. 권세를 믿고 재물을 탐하지 말라. 불자가 만일 명예나 이양을 위해 국왕, 대신 등과 가까이히고 그 권세를 믿고서 새물을 탐한다면 경죄를 범하는 것이다.

18. 깨달음 없이 스승이 되지 말라. 불자는 주야 육시(六時)에 걸쳐 보살계를 지키고 그 이치와 불성의 성품을 깨치지 않으면 안 된다. 그럼에도 불구하고 그 계를 지키는 일의 인연을 깨치지 않고서 스스로 깨달은듯 속인다면 경죄를 범하는 것이다.

19. 두 가지 말을 해서는 안 된다. 불자가 만일 고의로 보살도를 행하는 중생들 사이에 서서 쌍방의 허물을 말하여 다투게 하고 올바른 자를 비방한다면 경죄를 범하는 것이다.

20. 방생(放生)을 행하라. 불자는 자비의 마음을 갖고서 방생을 행하지 않으면 안 된다. 모든 생물은 언젠가의 세상에서는 우리들의 부모였던 것이다. 그러므로 친족의 제삿날에는 법사를 초대하여 가르침을 듣고 축생의 목숨을 구하여 그 괴로움을 풀어주고서 부처의 인연을 맺게 하지 않으면 안 된다. 만일 이와 같이 하지 않는다면 경죄를 범하는 것이다.

21. 원수를 갚지 말라. 불자는 노여움을 갖고서 노여움을 갚아서는 안 된다. 설사 부모나 친척, 또는 국왕을 죽인 자가 있더라도 보복을 해서는 안 된다. 생을 죽여 생에 보답하는 일은 효도를 좇는 게 아니다. 그러므로 일부러 보를 만드는 자는 경죄를 범하는 것이다.

22. 교만하지 말라. 불자가 만일 처음으로 출가하고 또 확실히 깨달은 바 없이 스스로의 총명을 믿거나 또는 신분·나이·재산 등을 믿거나, 덕있는 법사가 연소하다든지 혹은 낮은 신분의 출신이라는 이유로 경률을 청하지 않는다면 경죄를 범하는 것이다.

23. 계를 받아라. 불자는 부처가 입멸하신 뒤 보살계를 받고자 생각할 때, 만일 천 리 안에 수계할 스승이 없다면 불보살의 형상 앞에 스스로 맹세하여 계를 받아야 한다. 그리고 7일 동안 참회해야 한다. 다만 이때 만일 상서를 될 수가 없다면 계를 받은 자라고 하지 못한다. 또 만일 앞서 보살계를 받은 법사 앞에서 계를 받는다면 상서를 봐야 할 필요는 없다. 그리고 또 대승의 경률을 깨달은 법사가 스스로 국왕, 백관과 교제를 맺는다는 이유로 마음이 교만해지고 새로이 배우는 보살에게 경률의 뜻을 깨우쳐 들려주지 않는다면 경죄를 범하는 것이다.

24. 부처의 경률을 배우라. 불자가 만일 부처의 올바른 경률을 배우지 않고 도리어 외도의 속전(俗典) 따위를 배운다면 불성을 끊고 도에 장애가 되는 인연을 갖는 것이다. 이는 곧 경죄를 범하는 것이다.

25. 대중과 화합하라. 불자가 만일 부처께서 입멸하신 뒤 설법의 주인, 좌선의 주인, 또는 순화(巡化)의 주인이 된다면 자비의 마음을 갖고서 다툼을 누그러뜨려 능히 삼보의 소유물을 지켜야 한다. 그럼에도 불구하고 도리어 대중을 어지럽히고 멋대로 삼보의 소유물을 쓴다면 이는 경죄를 범하는 것이다.

26. 홀로 이양을 받지 말라. 만약 불자가 먼저 승방에 있고 후에 객승이 여름 안거를 위해 그곳에 오게 되었다면, 먼저 온 사람은 이를 공손히 맞이하여 숙소와 음식 등을 공양하지 않으면 안 된다. 만일 시주가 있어 중승을 초대한다면 객승에게도 이양의 몫을 주어라. 만일 자기 혼자서 초대를 받는다면 그 죄는 끝이 없으며 축생과 다를 바가 없다. 그는 경죄를 범하는 것이다.

27. 따로 초대를 받지 말라. 불자는 따로 초대를 받아서는 안 된다. 이 이양은 시방의 승려에게 속하는 것이기 때문에 따로 초대를 받는 것은 시방 승려의 것을 혼자 가로채는 꼴이다. 모든 복전 가운데 모든 부처, 성자, 개개의 사승(師僧), 부모나 병자의 것을 자기만 사용하기 때문에 경죄를 범하는 것이다.

28. 승려를 별도로 청하지 말라. 불자가 승려를 초대하고자 한다면 승가의 책임자에게 말하고 규칙을 좇아 초대하지 않으면 안 된다. 그리하면 어질고 성스러운 승려를 얻게 되리라.

29. 사악한 생활을 금하라. 불자가 만약 이양을 위해 남녀의 색을 팔고 점(店)·주술(呪術)·독약의 조제 등을 한다면 이는 자비의 마음 또는 효순의 마음에서가 아니다. 즉 경죄를 범하는 것이다.

30. 재일(齋日)을 공경하라. 불자가 만일 나쁜 마음을 갖고서 속임수로 삼보와 가까이하고, 입으로는 공(空)을 설하면서 행은 유(有)에 있고, 재가자들을 위해 남녀의 색을 중매하고 때문에 온갖 집착을 불러일으키며, 그리하여 6재일 등에 있어서 살생을 하고 도둑질을 하고

계를 깬다면 경죄를 범하는 것이다.

31. 속죄해야 할 것을 속죄하라. 불자가 만일 부처께서 입멸하신 뒤 외도 또는 온갖 악인들이 불보살 등의 형상 또는 경률을 팔고 승니 또는 신심을 발한 보살 등을 노비로 삼는 것을 본다면, 참으로 자비의 마음을 갖고서 방편을 써서 구하고 이들 모두를 속량(贖良)하지 않으면 안 된다. 만일 이와 같이 하지 않는다면 경죄를 범하는 것이다.

32. 생물을 해치지 말라. 불자가 만일 칼이나 활 등의 무기, 또는 저울, 되 등을 팔고 관의 위력으로써 남의 재물을 뺏고, 남의 공을 그르치게 하고, 다른 생물을 죽이고, 고양이나 개를 기른다면 경죄를 범하는 것이다.

33. 사특한 업을 보지 말라. 불자가 만일 나쁜 마음을 갖고서 군진(軍陳)·도둑질·싸움을 구경하고, 비파·피리·공후 등의 가무나 기악을 듣고, 화투·바둑·장기 등을 즐기고, 거울·이쑤시개·바리때·해골 등을 갖고 점치고, 또는 도둑의 심부름꾼이 된다면 이는 경죄를 범하는 것이다.

34. 소계(小戒)를 염하지 말라. 불자는 금강과 같이 대승의 계를 지키고 낮이나 밤이나 잊지 말 것이며, 마치 부낭(浮囊)을 갖고서 큰 바다를 건너는 듯한 생각으로 잊지 말아야 한다. 항상 대승의 믿음을 일으켜 자기는 아직 이루어지지 않은 부처, 모든 부처는 이미 이룩한 부처임을 알고, 만일 일념이라도 외도의 마음을 일으킨다면 이는 경죄를 범하는 것이다.

35. 원을 일으키라. 불자는 그야말로 온갖 원을 일으켜 부모와 사승(師僧)을 섬기고, 또한 동학의 벗에게는 대승의 경률을 배우고, 차라리 목숨을 버릴지언정 부처의 계를 지키겠다고 원하지 않으면 안 된다. 만일 이 원을 일으키지 않는다면 경죄를 범하는 것이다.

36. 서원을 세우라. 불자는 다음의 맹세를 하지 않으면 안 된다.

'설사 몸이 맹렬한 불구덩이에 떨어질지라도 여인을 탐하거나 부정한 짓을 하지 않으리라. 또는 불에 달군 쇠그물로 몸을 감을지라도 파계한 몸으로 믿음있는 사람이 시주하는 옷을 받지 않고, 또 끓는 무쇳물을 마실지라도 파계한 입으로 믿음있는 사람이 시주하는 백 가지 맛이 나는 음식을 먹지 않고, 또는 달군 무쇠에 눕더라도 백종(百種)의 자리를 받지 않고, 300개의 창으로써 몸을 찔리울지라도 약을 받지 않고, 파계한 몸으로서 좋은 방에서 잠자고 시주의 공경을 받고, 좋은 빛깔, 좋은 소리, 좋은 향기를 취하지 않으리라.' 만일 이같은 맹세를 하지 않는다면 경죄를 범하는 것이다.

37. 위험한 곳에 나다니지 말라. 불자는 두 때(1월 15일부터 3월 15일, 8월 15일부터 10월 15일)에 두타를 하고 여름과 겨울에 안거하라. 족집게·가루비누·삼의(三衣)·병·바리때·좌구·석장(錫杖)·향로·녹수낭(漉水囊)·수건·단도·부싯돌·가위·승상(繩床)·경·율·불상·보살상인 열여덟 가지의 물건을 몸에 지니고서 백천리 사이를 유행하라. 새로이 배우는 보살은 보름마다 포살(布薩)하여 십중(十重)과 사십팔경계(四十八輕戒)를 불보살상 앞에서 외워라. 한 사람은 고좌(高座)에서 외우고 기타는 하좌에서 이를 듣고, 각각 구조(九條)·칠조(七條)·오조(五條)의 가사를 걸쳐라. 만일 또 두타할 때는 어지러운 나라, 악왕의 나라, 맹수 및 독사가 있는 산림 속에 들어가서는 안 된다. 만일 고의로 한다면 경죄를 범하는 것이다.

38. 순서를 지키라. 불자로서 먼저 계를 받은 자는 앞에, 나중에 계를 받은 자는 차례로 뒤에 앉아라. 노유(老幼)·남녀·귀인·왕족·노비 등 어느 출신임을 묻지 않고 단지 계의 선후에 따라 앉지 않으면 안 된다. 만일 이와 같이 하지 않는다면 경죄를 범하는 것이다.

39. 복혜(福惠)를 닦아라. 불자는 중생을 가르쳐 이끌고 승방·산림·전원, 또는 불탑을 세워라. 그리고 보살은 질병·국난·친족, 또

는 스승의 기일, 혹은 수재나 화재, 온갖 죄의 업보, 특히 탐·진·치가 많은 중생을 위해서도 대승의 경률을 설하는 것이 좋다. 만일 새로이 배우는 보살로서 이와 같이 하지 않는다면 경죄를 범하는 것이다.

40. 수계자를 택하라. 불자는 사람에게 계를 받게 할 때 국왕·백관·승니·신남·신녀, 나아가서는 음남과 음녀, 오근(五根)을 갖추지 못한 사람일지라도 조금도 차별해서는 안 된다. 다만 일곱 가지 역죄를 범한 사람〔불신에서 피를 내게 하고, 아버지나 어머니를 죽이고, 화상이나 아사리(阿闍梨)를 죽이고, 갈마전법윤승(渴磨轉法輪僧)의 화합을 깨고, 성자를 죽인 자〕은 제외한다.

출가자는 국왕, 부모를 배례하지 않거나 육친을 공경하지 않고, 귀신을 예하는 일은 없다. 다만 백천 리의 먼 곳에서 법을 구하는 사람에 대해서 좋지 않은 마음을 갖고 계를 내려주지 않는다면 경죄를 범하는 것이다.

41. 이(利)를 위해 스승이 되지 말라. 불자가 만일 수계받을 사람을 본다면 화상(和尙)과 아사리의 두 스승 앞에 나아가도록 하라. 두 스승은 그 사람에게 일곱 가지 역죄가 있고 없음을 물으리라. 그 죄가 없는 자는 계를 받을 수가 있다. 만일 십중계를 범하는 자가 있으면 불보살의 상 앞에서 17일 내지 1년이 걸리더라도 참회를 시킨 뒤 죄를 제거해주어야 한다. 또 사십팔경계를 범하는 자는 범하는 것에 따라 참회하면 죄는 제거된다. 뿐만 아니라 교회(敎誨)하는 스승은 이러한 것의 제상(諸相)을 잘 깨닫고, 또 도를 닦는 중생의 갖가지 성품을 알지 않으면 안 된다. 그렇지만 만일에 불자가 명문이나 이양을 위해 제자를 탐하고 속여서 일체의 경률을 깨닫게 하는 것 등은 곧 경죄를 범하는 것이다.

42. 악인을 위해 계를 가르치지 말라. 불자가 만일 보살계를 받지 않은 사람, 또는 외도, 악인 앞에서 이 수승한 계를 가르쳐서는 안 된

다. 국왕을 제외하고서는 여타의 모든 사견을 가진 중생 앞에서 설법을 해서는 안 된다. 이들 악인은 부처의 계를 좇는 일이 없기 때문에 축생이나 다를 바가 없고, 또 나무나 돌멩이처럼 무심한 자이다. 그러므로 고의로 그들 앞에서 이 뛰어난 계를 깨뜨린다면 경죄를 범하는 것이다.

43. 무참(無慚)하면서 보시를 받지 말라. 불자가 신심을 갖고 출가하여 부처의 바른 계를 받았으면서도 일부러 파계한다면 모든 시주의 공양을 받을 자격이 없다. 국왕의 땅을 오가고 그 물을 마셔서도 안 된다. 세상 사람들은 모두 불법 속의 도둑이라고 꾸짖게 되리라. 그러므로 만일 바른 계를 깨뜨린다면 경죄를 범하는 것이다.

44. 경전을 공양하라. 불자는 한결같이 대승의 경률을 지키지 않으면 안 된다. 가죽을 벗겨 종이로 삼고, 피를 먹으로, 골수를 물로, 뼈를 붓으로 삼아 부처의 계를 서사(書寫)하지 않으면 안 된다. 나무껍질, 볏짚종이, 죽백(竹帛)에 있어서는 더군다나 그러하다. 항상 칠보의 향화(香華), 보석을 아로새긴 상자나 주머니에 경률을 간직하라. 만일 법과 같이 공양하지 않는다면 경죄를 범하는 것이다.

45. 중생을 교화하라. 불자는 항상 큰 자비의 마음을 갖고서 여러 곳에서 온갖 중생을 본다면 '너희들은 다 삼보에 귀의하고 십계를 받지 않으면 안 된다.'고 말하고, 소·말·양 등의 축생을 보게 되면 '너희들은 모두 보리심(菩提心)을 일으켜라.'고 마음에 염하고 입으로 말하라. 보살로서 만일 이와 같은 마음을 일으키지 않는다면 경죄를 범하는 것이다.

46. 법대로 법을 설하라. 불자는 항상 큰 자비의 마음으로써 교화하라. 어떠한 귀인의 집에 있어서나 설법할 때는 고좌 위에 앉지 않으면 안 된다. 무릇 설법하는 데는 법사는 고좌에 있고 듣는 중생들은 공경하는 마음으로 하좌에 있지 않으면 안 된다. 만일 이와 같이 설법

하지 않는다면 경죄를 범하는 것이다.

47. 비법으로써 제한하지 말라. 만일 국왕이나 백관 등이 스스로 고귀함을 믿고서 불법의 계율을 깨고 밝게 법을 설치하여 나의 재가 및 출가의 제자들을 제도하고, 출가하여 도를 닦는 것을 허락하지 않고, 또 불상·불탑·경률을 만드는 일을 허락하지 않고, 통제관을 두어 출가를 억누르거나, 혹은 출가자는 땅바닥에 서 있고 재가자는 고좌에 앉는다고 하는, 굳이 비법을 범하는 자가 있을 것이다. 그러나 보살은 모든 중생들의 공양을 받을 수 있는 사람이니, 어찌 관을 위하여 이용될 수 있으랴. 국왕이나 백관으로서 부처의 계를 받은 자는 이 삼보를 파괴하는 죄를 지어서는 안 된다. 만일 고의로 법을 파괴한다면 경죄를 범하는 것이다.

48. 법을 파괴하지 말라. 불자가 만일 착한 마음으로써 출가했으면서도 명문이나 이양을 위해 국왕이나 백관 앞에서 부처의 계를 설한다면 그야말로 불법을 스스로 해치는 것이다. 그러므로 만일 부처의 계를 받은 자라면 외아들을 생각하듯이, 부모를 섬기듯이 그 계를 지키지 않으면 안 된다. 만일 이와 같이 하지 않는다면 경죄를 범하는 것이다."

제2절 여로(旅路)의 교회(敎誨)

1. 세존은 다시 유행을 거듭하여 동남쪽으로 향하셨는데, 길을 걸으면서 제자들을 타이르셨다.

"제자들이여, 일법(一法)을 버려라. 그 법을 버린다면 다시 미(迷)로 돌아가지 않으리라. '불환과(不還果)'라는 것을 증명하리라. 일법이란 탐욕을 말하는 것, 또 진에와 우치이다. 은폐하는 마음을 말하는 것이다. 또 자만심을 말하는 것이다.

제자들이여, 자만을 깨닫지 못하고 마음에 그것을 싫다 않고 버리지 않으면 고뇌가 다하는 일은 없다. 탐욕·진에·우치의 경우도 모두 마찬가지이다. 빠짐없이 알고 깨달아, 마음이 그것을 싫어하고 버려야만 고뇌는 다하는 것이다.

제자들이여, 나는 중생들이 무명(無明)에 뒤덮일 만큼 오랫동안 윤회하는 경우를 보지 못했다. 또 사랑에 계박될수록 오랫동안 윤회를 하는 경우를 보지 못했다. 이 두 가지에 계박되어 중생은 길이 윤회를 계속하는 것이다. 제자들이여, 더할 데 없는 안온을 바라고 그곳에 이르고자 애쓰고 있는 자에게 있어, 이것을 내부에서 말하면 바른 사유(思惟)만큼 많은 도움이 되는 것을 보지 못했다. 바른 사유는 저절로 불선을 버리고 선을 닦는 일이다. 이것을 외부에서 말하면 착한 벗만큼 많은 도움이 되는 것을 보지 못했다. 착한 벗과 친하면 저절로 불선을 버리고 선을 닦는 것이다.

2. 제자들이여, 하나의 문제가 일어나 많은 중생들의 불리·불행·고뇌가 되는 법이다. 하나의 문제란 승가의 화합을 깨는 일이다. 승가의 화합이 깨어져 서로 다투고 헐뜯고 담을 쌓고 서로 이간하여, 그 때문에 믿음 없는 자는 믿음 없는 채로 머무르고, 믿음 있는 자들 중의 어떤 자도 그것을 잃기에 이르는 것이다.

제자들이여, 또 하나의 문제가 일어나 많은 중생의 이익과 행복이 되는 것이다. 하나의 문제란 승가의 화합이다. 승가가 화합을 하면 서로 다투지 않고 담을 쌓지 않고 이간하지 않고, 그 때문에 믿음 없는 자는 믿음을 얻고, 믿음 있는 자는 더욱더 그것을 증장하는 것이다.

제자들이여, 나는 어떤 사람의 더럽혀진 마음을 마음으로써 꿰뚫어 보고, 이 사람이 이때 목숨이 끝나 마치 짐을 내려놓듯이 분명히 지옥에 떨어질 것을 안다. 왜냐하면 그 사람의 마음이 더럽혀져 있기 때문이다. 그같은 중생들은 그 더럽혀진 마음 때문에 목숨이 끝나 괴로운 지옥에 들어가는 것이다.

제자들이여, 나는 어떤 사람이 믿고 즐기는 마음을 마음으로써 꿰뚫어보고, 이 사람이 이때 목숨이 끝나 마치 짐을 내려놓듯이 분명히 천계에 태어날 것을 안다. 왜냐하면 그 사람은 믿는 마음이 있고 기쁨으로 넘쳐 있기 때문이다. 이같은 사람들은 믿고 즐기는 마음 때문에 목숨이 끝나고 천계에 태어나는 것이다.

3. 제자들이여, 일법을 닦고 자주 이것을 되풀이하면 현재와 미래에 두 가지 이익을 얻으리라. 일법이란 선법에 있어서 방일하지 않음을 말한다.

제자들이여, 사람이 만일 내가 알고 있듯 보시의 결과를 알고 있다면 간탐(慳貪)의 더러움에 마음을 뺏기는 일은 없으리라. 마지막으로 조금 남은 음식일지라도 남에게 나누어주지 않고 먹는 일은 없으리라. 제자들이여, 세간의 어떠한 공덕의 업도 자비의 마음에 비한다면 그 16분의 1의 가치도 없다. 자비의 마음이 그것을 초월하여 빛나는 것은, 비유컨대 별빛의 전부를 합치더라도 달빛의 16분의 1에도 미치지 못하고 달빛이 그것보다 훨씬 빛나는 것과 같다.

바른 생각과 무량한 자비를 닦는 사람은 번뇌의 계박을 풀고 망집의 세간을 뛰어넘으리. 하나인 목숨에 노여움이란 없고 자비로 향함이 선한 일이 아니랴. 모두 살고자 하고 사는 자에게 가엾음의 마음을 갖는 것이야말로 가이없는 공덕이로세.

중생이 떼지어 사는 지상을 쳐 빼앗고 다섯 가지의 제물을 바치면서 돌고 도는 성왕의 공덕도, 자애의 마음을 닦는 선의 16분의 1에도 못 미친다.

죽이지 않고 죽게 하지 않고, 해치지 않고 해치게 하지 않고, 살려고 하고 산 자에게 자비심이 있으면, 그 사람은 어떠한 분함도 없는 것임을.

4. 제자들이여, 두 개의 법을 갖출 때는 이 세간에 있어 괴로움과 고와 번뇌 때문에 서로 괴로워하고, 다음 세상에서는 악도를 기다리지 않으면 안 된다. 그것은 오관의 문을 지키지 않는 일과, 먹는 데 그 분량을 모르는 일이다. 또 두 개의 법을 갖출 때는 이 세간에 있어 괴로움과 고뇌와 번뇌없이 즐겁게 날을 보내고, 다음 세상에 있어 선도(善道)를 기다리게 할 수가 있다. 그것은 오관의 문을 지키는 일과 먹는 데 그 분량을 아는 일이다.

눈·귀·코·혀·몸·뜻, 이것들의 문을 지키지 않고, 먹는 데 분량을 모르고서 제어하는 일이 없다면, 몸의 괴로움과 마음의 괴로움 두 가지를 얻어 심신이 불태워지며 낮이고 밤이고 함께 괴로워하리라. 이것들의 문을 잘 지키고 먹는데 분량을 알고 제어하면 몸도 마음도 평안하여 밤이고 낮이고 함께 즐거우리라.

제자들이여, 나에게 두 가지의 괴로움이 있다. 그것은 중생들이 착한 일을 하지 않고 두려움이 있는 사람을 지키려 하지 않는 일과, 악한 일을 하여 잔혹한 죄를 범하는 일이다. 또 나에게 두 가지의 기쁨이 있다. 그것은 중생들이 착한 일을 하며 두려움이 있는 자를 수호하고 잔혹한 죄를 범하지 않는 일이다.

제자들이여, 두 가지의 법을 갖추고 중생들은 마치 짐을 밑에 내려놓듯 어김없이 지옥에 든다. 그것은 악한 계와 악한 견해이다. 또 두 개의 법을 갖추고 중생들은 마치 짐을 밑에 내려놓듯 어김없이 천계에 태어난다. 그것은 착한 도와 착한 견해이다.

5. 제자들이여, 열성이 없고 수치를 모른다면 정각을 얻고 열반에 들며 더없는 안존에 이르는 일이 있을 수 없다.

제자들이여, 청정한 행에 사는 것은 중생들을 속이기 위해서도 아니고, 헛된 말을 하기 위해서도 아니고, 존경과 명예와 이득을 얻기 위해서도 아니다. 자기를 제어하고 모든 악을 버리고, 그리하여 완전히 알기 위해서이다.

제자들이여, 두 개의 법을 갖추고 이 세상에 있어 많은 복과 즐거움을 얻어 바르게 번뇌를 멸하기 시작하는 것이다. 그것은 경포(驚怖)를 세워야 할 곳에 경포를 세우고 놀라움을 세움에 있어 바르게 정진하는 일이다.

착실히 정진하며 사려가 깊은 사람은 지혜에 의해 관하고 두려움을 끊는다.
고요하여 마음이 흔들리지 않으며 정려하여 지관(止觀)을 거두어 괴로움의 종말에 이른다.

6. 제자들이여, 부처에게는 자주 두 가지의 생각이 일어난다. 즉 안온의 생각과 원리의 생각이다. 부처님은 해치지 않음을 즐기고 기뻐하는 사람이지만, 이러한 부처에게 이와 같은 생각이 자주 일어난다. '나는 행주좌와함에 있어 동물이라든가 초목일지라도 해치는 일을 하지 않으리.' 또 부처는 원리를 즐기고 기뻐하는 분이지만, 이 부처에게 이와 같은 생각이 때때로 일어난다. '좋지 않은 것은 모조리 버렸다.'고. 그러므로 너희들도 또한 해없음을 즐기고 기꺼이 살아가라. 또한 원리를 즐기고 기꺼이 살아가는 것이 좋다.

제자들이여, 깨끗한 지혜가 결여된 자는 재난을 당한다. 이 세간에서는 뇌(惱)와 번거로움으로 괴로워하고 미래에는 악도(惡道)가 기다린다. 깨끗한 지혜를 갖춘 자는 복을 받아 이 세간에서는 안락, 미래에는 선도를 기대할 수 있는 것이다.

7. 제자들이여, 두 가지의 열반계가 있다. 유여열반(有餘涅槃)과 무여열반(無餘涅槃)이 그것이다. 유여열반이란 번뇌를 멸하고 청정한 행을 이룩하여, 해야 할 일을 다 마친 후 무거운 짐을 벗고 자기의 목적을 달성함으로써 후생(後生)을 초치하는 번뇌를 남김없이 멸하되 올바른 지혜에 의해 해탈한 성자를 말하는 것으로서, 오관(五官)이 아직 남아 무너지지 않고 사랑해야 할 것과 사랑해서는 안 될 것을 함께 향유하여 고락을 맛본다. 이것이 유여열반이다. 무여열반이란 그 성자된 자가 모든 감각을 받아 맛보지 않고, 모든 번뇌의 열을 받지 않고 청량(淸凉)해져야 하는 것이다.

제자들이여, 한거를 즐기고 한거를 기뻐하고, 내심(內心)을 가라앉히고자 힘쓰고, 정려를 저해하지 말고, 관찰을 밝게 하고, 빈집에 머물고자 힘쓰라. 제자들이여, 계와 정(定)과 혜(慧)인 삼학(三學)의 이득을 갖되 뛰어난 지혜를 갖추고, 해탈의 요체(要諦)에 의해 착한 마음의 통치하에 머물도록 하라.

제자들이여, 방심없이 한마음으로 조용한 마음과 상쾌한 마음, 즐거운 마음으로써 쉴새없이 신법(善法)을 관하여 머물도록 하라. 이와 같이 행을 닦는다면 이승에 있어서 성자의 각을 얻거나, 그렇지 않으면 재차 망집으로 돌아가지 않는 득도[불환과(不還果)]에 이르거나, 두 가지 중의 한 과(果)를 얻게 되는 것이다. 제자들이여, 그 악함을 버리지 않고서 지옥에 떨어지는 두 가지의 예가 있다. 청정한 행의 맹세를 세웠으면서도 더러운 행을 하는 사람과, 원만히 청정한 행을 하는 사람을 방해하는 사람이다.

제자들이여, 치우친 견해에 사로잡힌 중생들은, 혹은 존재에 집착하고 혹은 존재를 혐오한다. 그러나 눈이 있는 자는 단지 있는 것을 있는 그대로 보는 것이다. 제자들이여, 어떻게 되어 존재에 집착하는 것일까. 어떤 중생들은 존재를 즐기며 존재를 기뻐하고 존재를 좋아하되, 존재가 멸하는 법이라고 듣더라도 마음이 그것에 향하지 않고 기울지 않고 기뻐하지 않는다. 또 어떻게 되어 존재를 싫어하는 것일까. 어떤 중생들은 존재를 싫어하며 존재를 꺼려하고 존재에 싫증내되, 비존재를 기뻐하고 죽은 뒤 멸하여 끊어지고 사라지는 것을 기뻐하는 것이다. 또한 어떻게 되어 눈 있는 사람은 보는 것일까. 존재를 존재로서 보고 그 존재를 염리하고 탐욕을 여의고 그 절멸을 기해 착수하는 것이다.

8. 제자들이여, 세상에는 세 가지의 감각이 있다. 고의 감각과 낙의 감각과 불고불락의 감각이다. 낙의 감각은 고로 보지 않으면 안 된다. 고의 감각은 독화살이라고 보지 않으면 안 된다. 불고불락의 감각은 무상이라고 보지 않으면 안 된다. 이와 같이 옳게 보아 갈애를 끊고 계박을 풀고 올바른 뜻을 깨우침에 의해 괴로움의 종말을 이루는 성자가 되는 것이다.

제자들이여, 갈애에는 욕애(欲愛)와 유애(有愛)와 비유애(非有愛) 등이 있다.

제자들이여, 세 가지의 법을 갖출 때 악마의 나라를 벗어나서 태양처럼 빛나는 것이다. 세 가지의 법이란 성자의 계(戒)와 정(定)과 혜(慧)이다.

제자들이여, 세 가지 성자의 법이 있다. 몸과 뜻과 말의 조용함이다. 제자들이여, 탐욕과 진에와 우치를 버리지 않는다면 누구나 다 악마의 덫에 걸리며 악마의 명령대로 움직이지 않으면 안 된다. 다만 이 탐·진·치를 버릴 때 악마의 나라를 떠나게 된다.

제자들이여, 이 세 가지를 버리지 않으면 그 사람은 아직도 바닷속에 있는 것이다. 거기에는 큰 물결과 작은 물결이 솟구치고 소용돌이치며, 상어나 야차의 두려움이 있다. 이 세 가지를 버리면 이 바다를 벗어나 이상(理想)의 피안에 이르고 깨끗한 뭍에 서는 일이라고 일컫는다.

제자들이여, 수행하는 사이에 퇴전하는 세 가지 법이 있다. 시비를 좋아하고 잡담을 즐기고 잠을 탐하는 일이다. 제자들이여, 명예가 이를 것을 바라고, 부가 증장할 것을 바라고, 내세에 좋은 곳에 태어나고자 바라는 것은 인정이다. 이 세 가지의 즐거움을 바란다면 좋은 계율을 지키지 않으면 안 된다.

9. 제자들이여, 사람은 이 명예를 깨고 불명예에 패하고, 사후에는 악도에 떨어지는 것이다. 사람은 훼예(毁譽)의 밖에 서지 않으면 안 된다.

제자들이여, 이 몸의 부정을 관하라. 숨을 들이쉬고 내쉬는 데 있어 바른 염을 잃지 말라. 일체의 사물에 관해서는 무상이라고 관하라. 이 몸의 부정을 관하면, 이 몸이 정갈하다고 하는 그릇된 생각을 일으키는 탐욕은 사라진다. 숨을 들이쉬고 내쉬는 데 있어 정념을 지키면 외물(外物)에 사로잡히는 장애가 없어진다. 일체의 사물에 관해서 무상을 관하면 무명(無明)은 멸하여 명(明)이 된다.

제자들이여, 세 가지의 불이 있다. 탐욕의 불과 진에의 불과 우치의 불이다. 탐욕의 불은 욕심에 빠지고 마음이 마비된 중생을 불사르며, 진에의 불은 마음이 노하여 생물을 해치고 사람을 불사르며, 우치의 불은 마음이 미혹하여 성법(聖法)을 모르는 자를 불사른다. 지혜의 빛이 전혀 없고 자기만 아낄 줄 아는 중생은 이 세 가지의 불에 의해 태워진다. 제자들이여, 부정관(不淨觀)을 닦아 탐욕의 불을 끄고, 자비의 마음으로써 진에의 불을 끄고, 열반으로 이끄는 지혜로써 우치의 불을 끄는 것이 좋으리라. 깊이 염하고 주야로 면려하는 자는 이들 세 가지의 불을 끄고 괴로움의 종말에 이르는 것이다.

제자들이여, 내부의 때, 내부의 적, 내부의 원수, 이 세 가지가 있다. 그것은 탐욕과 진에와 우치이다.

10. 제자들이여, 너희들에게 옷과 음식과 거처와 약을 공양하는 재가자들은 너희들에게 크나큰 도움을 주는 사람들이다. 너희들도 또 시종 아름답고 청정한 법을 설하여 그들에게 도움을 준다. 출가자와 재가자는 이와 같이 서로 의지하고 서로 도와 번뇌의 폭류를 뛰어넘어 괴로움의 끝을 맺는 것이다.

제자들이여, 계를 갖추고 계율에 의해 그 몸을 제어하며 머물도록 하라. 바른 행을 하고 작은 죄도 두렵게 보고, 배우되 게을리하지 않도록 애쓰라. 서 있을 때도 탐욕과 진에를 버리고 게으름과 졸음을 물리치고 마음의 도거와 뉘우침을 버리고 의심을 버리고 정진하되, 굴하지 않고 흔들리지 않고 생각을 바르게 고요히 마음을 한곳으로 모으라. 앉아 있을 때도 머물러 있을 때도 누워 있을 때도 또한 그와 같이 하라."

제3장 현우(賢愚)

제1절 난다와 나후라

1. 난다가 세존의 가르침을 받아 욕심을 탐하는 생활에서 떠날 수 있었던 것은 벌써 오래 전의 일이었다. 어느 날 난다는 혼자 숲속에 있으면서 '부처님을 만날 수 있다는 건 쉬운 일이 아니다. 우담화가 피는 일이 드물 듯이 부처님이 이 세상에 나오심은 드문 일이다. 이제

부처를 만나뵌 기쁨으로 수행에 힘써 열반의 즐거움을 얻지 않으면 안 된다.'라고 생각하였다.

그러나 이러한 성자의 마음속에까지도 악마는 달아나지 않고 오히려 파고들려고 했다. 난다의 마음을 알게 된 악마는 카필라성의 후궁에 나타나 순다리 공주에게, "기뻐하라, 비여. 몸을 꾸미고 기악(伎樂)을 울리며 즐거워하라. 그리운 이는 집에 돌아와 그대의 품안에 안기리."라고 부추겼다. 공주는 이 말을 듣고 기뻐하며 몸을 꾸미고 방을 장식하고 기악을 울리며 낭군이 돌아오기를 기다렸다. 파세나디왕도 이 소문을 듣고서 크게 놀라 급히 난다가 사는 숲속으로 달려왔다.

"대왕이시여, 무슨 일로 이와 같이 급히 오셨습니까? 안색이 좋지 않은 것처럼 보입니다."

"소문에 의하면 존자는 출가를 그만두고 집에 돌아온다기에 그것이 염려되어 왔습니다."

이 말을 들은 난다는 미소를 머금고 "대왕은 세존으로부터 저의 일을 들으신 적이 없습니까? 제가 미혹을 끊은 이상 저에게 다시 미혹이 생기는 일은 없습니다."

"아직 그 말을 듣질 못했습니다. 오늘 소문에 의하면 존자께서 전날의 공주에게로 환속하여 돌아간다는 소식이 전해져, 비는 전같이 아름답게 꾸미고 지난날의 방에 꽃을 장식하고 존자의 돌아옴을 기다리고 있다 합니다."

"대왕이시여, 출가한 저에게는 정적의 즐거움, 열반의 즐거움이 있으되 탐욕은 무서운 불구덩이, 꿀을 바른 칼날입니다. 이 정적에 싸인 숲속에 쉬며 시원한 감로(甘露)의 법수를 마시는 자가 어찌 또 검의 덤불에 들어 해로운 약을 쓰겠습니까. 저는 탐욕의 맹화가 일어나는 것을 알고 욕류(欲流)와 생사류(生死流), 무명류(無明流)를 뛰어넘었습니다. 해야 할 일을 모조리 끝마쳤고, 행해야 할 일을 다 행했던 것입

니다."
"그 말을 듣고 보니 의심할 것이 없습니다. 마음 편히 돌아갑니다."
악마는 아직도 끈질기게 난다를 유혹했다.
"모습은 꽃인 양 향기롭고, 얼굴은 달처럼 깨끗하다. 현가(絃歌)가 흐르는 춘야(春夜)에 어찌 아내 곁에 돌아가지를 않나."
난다는 이 목소리를 꾸짖으며 노래했다.

　옛날 나도 이 마음이어서 싫증도 없이 욕심으로 얽히고 설켜 늙음과 죽음으로 줄달음쳤네. 그렇지만 이제 난 사랑의 깊은 못을 건넜네. 더러움이 없고 물드는 일이 없으니 왕의 자리도 지겹기만 하네. 참된 가르침이야말로 믿음직스럽도다. 악마여, 떠나거라.

　제자들은 이 일을 전해듣고 세존께 말씀드렸다. 세존은 "난다는 큰 힘을 갖고 있다. 아름다운 용모를 갖추고 탐욕이 강하지만, 그것을 잘 제어하여 오관(五官)을 지키고 음식에 양을 알고 밤에도 눕지 않고 면려하며, 지혜와 행을 완성시킨 자이다."라고 찬탄하였다.
　2. 어느 날 아침 세존이 가사를 입고 바리때를 들고 사바티성에서 탁발하고 계시는데, 나후라 역시 장삼을 걸치고 바리때를 들고 수행했다. 세존은 돌아보며 말씀하시기를 "나후라야, 삼세(三世)의 모든 사물은 다 내 것도 아니요, 나도 아니요, 나의 자아도 아니다. 바른 지혜에 의해 여실히 알지 않으면 안 된다.
　"세존은 물(物)에 대해서만 그와 같이 말씀하십니까?"
　"나후라야, 사물과 같이 마음도 모름지기 마찬가지이다."
　그때 나후라는 '오늘 세존께서 친히 나에게 가르침을 주셨다. 탁발을 갈 일이 아니다.'라고 생각하고는 되돌아가 어느 나무 아래에 이르러 몸을 꼿꼿이 하고 마음을 바르게 하여 앉았다. 그것을 본 사리푸타가 가까이 가서 말했다. "나후라여, 염식(念食)을 닦으라. 자주 염식을 행하면 큰 이익이 있다."

저녁때 선정에서 일어난 나후라는 세존께 나아가 "세존이시여, 염식은 어떻게 닦아야 하옵니까? 또 어떠한 큰 이익이 있사옵니까?"라고 물었다.

세존은 말씀하셨다.

3. "나후라야, 숲속이나 나무 밑이나 사람이 살지 않는 집에 가서 몸을 꼿꼿이 하고 마음을 바르게 하고 앉아서 숨을 내쉬고 들이쉬는 데도 마음을 하나로 하되, 길게 숨을 들이쉴 때는 길게 숨을 들이쉬는 일을 자각하고, 짧게 숨을 들이 쉴 때는 짧게 숨을 들이쉬는 일을 자각하며, 길게 숨을 내쉴 때는 길게 숨을 내쉬는 일을 자각하고, 짧게 숨을 내쉴 때는 짧게 숨을 내쉬는 일을 자각하여 온몸에 지각하며, 숨을 들이쉬고 또는 내쉬도록 단련하라. 몸을 진정시켜 숨을 들이쉬고서 숨을 내쉬며, 마음을 진정시켜 숨을 들이쉬고서 숨을 내쉬도록 단련하고, 또 마음에 얽매임이 없이 숨을 들이쉬고 숨을 내쉬어라. 무상을 관하고 해탈을 관하고서 숨을 들이쉬고 숨을 내쉬도록 훈련하는 것이다.

이와 같이 호흡함을 염하고 되풀이하여 행하면 큰 이익이 있고, 마지막의 호흡은 무의식 속이 아닌 의식 속에 사라지는 것이다. 나후라야, 이것이 곧 염식을 닦는 법이다.

4. 나후라야, 또 지평등(地平等)의 행을 닦아라. 이 행을 닦으면 일어나는 호오(好惡)의 감정에 마음이 사로잡히는 일이 없다. 비유하면 대지는 청정한 것이 놓이거나 부정한 것이 놓이거나 간에 싫어하지 않고 거부하지 않는 것과 같다. 또 수평등(水平等)의 행을 닦아라. 이 행을 닦으면 일어나는 감정에 마음이 사로잡히는 일이 없다. 비유컨대 물에 정갈한 것을 흘리거나 부정한 것을 흘리거나 간에 이것들을

싫어하지 않고 거부하지 않는 것과 같다.
 나후라야, 또 자·비·희·사의 행을 닦아라. 자의 행을 닦으면 노여움을 물리칠 수 있고, 비의 행을 닦으면 고뇌를 물리칠 수 있으며, 희의 행을 닦으면 불만스러운 생각을 물리칠 수 있고, 사의 행을 닦으면 해하고자 하는 마음을 물리칠 수가 있는 것이다.
 나후라야, 또 부정의 상념을 닦고 무상의 상념을 닦아라. 부정의 상념을 닦으면 탐욕이 없어지고, 무상의 상념을 닦으면 아만심이 없어진다. 나후라야, 이러한 염식을 닦음으로써 얻는 이익은 큰 것이다."
 나후라는 세존의 가르침을 기뻐했다.

제2절 우자와 현자

 1. 세존은 어느 날 기원정사의 앞뜰에서 제자들에게 말씀하셨다. "제자들이여, 어버이를 존경하는 자녀가 있는 집은 신불(神佛)이 머무르는 집이다. 제자들이여, 신불이란 어버이를 이름한다. 어버이는 자녀를 낳아서 기르는 신, 또 이 세상의 선악을 그 자녀에게 가르쳐 보이는 부처이다.
 2. 제자들이여, 반월의 매8일마다 신들의 사자가 이 세계를 유력(遊歷)하여 인간세계에 있어서 얼마만큼의 사람들이 부모와 출가자를 받들며, 장자를 좇고 포살의 날에 사람의 도인 팔계(八戒)를 지키며, 그 전후 양일을 삼가고 덕을 쌓고 있는가를 뒤돌아보는 것이다. 제자들이여, 또 반월의 매14일에는 신의 아들들이 이 세계를 역시 그와 같이 유력하고, 또 반월의 매15일에는 신들이 역시 그와 같이 이 세계를 유력하는 것이다.
 제자들이여, 그와 같이 인간세계를 둘러보고 만일 덕을 쌓는 사람이 적을 때는 신들이 선법(善法)의 강당에 모여 '인계에서는 부모나 출가자를 섬기고 장자를 공경하고 포살일에 8계를 지키며, 그 전후 양일을 삼가고 덕을 쌓는 자가 적다. 아, 신의 무리는 줄고 악마의 무리는 는다.'고 슬퍼하며, 만일 인간 중에서 덕을 쌓는 사람이 많을 때는 '아, 신의 군집은 늘고 악마의 무리는 준다.'고 기뻐하는 것이다.

제자들이여, 신앙있는 자에게 세 가지의 것이 갖추어지면 많은 덕을 낳는다. 그것은 첫째로 신심이 있을 것, 둘째는 베푸는 바가 있을 것, 셋째로는 베풀 만한 사람이 있는 것이다.

제자들이여, 재가자가 믿음이 있다고 일컬어지기 위해서는 다음의 세 가지가 갖추어져야 한다. 첫째로는 지계가 바른 사람을 보고 싶다는 마음이 있을 것, 둘째로는 정법을 듣고 싶다는 마음이 있을 것, 셋째로는 탐욕의 더러움을 여의고 청정한 손으로써 널리 베풀고, 도움을 바라고 비는 자에게 늘 둘러싸여 베푸는 것을 즐기는 일이다. 이 세 가지의 일이 있고서야 믿음이 있는 사람임을 안다."

3. 또 어느 날 밤에는 이렇게 말씀하셨다. "제자들이여, 세간에서 말하는 어버이를 모르고 자식을 모른다는 경우가 세 가지 있다. 하나는 큰불이 일어났을 때이다. 맹렬한 불길로 인해 어버이는 자식을 돌볼 수가 없고 자식은 어버이를 구할 수가 없다. 둘째는 큰 폭풍우가 불어 대홍수가 있는 경우이다. 수세에 떠내려가고 감도는 곳에서는 어버이는 자식을 구할 수가 없고 자식은 어버이를 구할 수가 없다. 셋째는 큰 숲속에 사는 강도의 무리가 약탈을 시작한 경우이다. 마을 사람들은 달아나버려 어버이는 자식을 돌볼 수가 없고 자식은 어버이를 구할 수가 없다.

제자들이여, 그러나 이들 세 가지 경우에 있어서도 때로 어버이와 자식이 서로 돕는 기회가 있기도 하다. 그러나 이밖에 참으로 어버이와 자식이 이산되어 어버이를 모르고 자식을 모르는 세 가지 경우가 있다. 그것은 늙음의 공포와 병의 공포와 죽음의 공포가 닥쳐왔을 때이다.

자식이 늙어가는 것을 어버이가 대신 늙어 자식이 나이를 먹지 않도록 할 수는 없다. 어버이가 늙어가는 것을 자식이 대신 늙어 어버이가 나이를 먹지 않도록 할 수는 없다. 또 자식의 병을 보고서 어버이가 대신 병들어 자식의 병이 낫도록 할 수는 없다. 자식이 어버이의 병을 대신해 병이 나 어버이의 병이 낫도록 할 수도 없다. 또 어버이가 자식의 죽음을 대신하여 죽음으로써 자식이 살도록 할 수는 없다. 어버이의 죽음을 자식이 대신하여 어버이의 생명을 구할 수는 없다. 이것은 참으로 어버이를 알지 못하고 자식을 알지 못하는 일이다. 그러나 이것에 앞의 세 가지 경우와 뒤의 세 가지 경우인 이 여섯 가지의 두려움을 뛰어넘어 여의는 도가 있으니, 그것이 곧 팔정도(八正道)이다.

4. 제자들이여, 어떠한 두려움도 어리석음에서 일어나며, 어떠한 곤란도 어리석음에서 일어난다. 또 어떠한 불행도 모두 어리석음에서 일어난다. 비유컨대 띳집이나 초가집의 안팎을 백회로 잘 발라 바람을 막고 문도 창도 꼭 닫은 누마루도, 집이란 집도 모두 타버리듯이, 어떠한 두려움도 곤란도 불행도 모두 어리석음에서 일어나는 것이다.

제자들이여, 이런 것은 어리석은 사람이 갖는 바로서 현명한 자가 가질 바는 아니다. 그러므로 너희들은 어리석은 사람이라고 일컫는 세 가지의 법을 던져버리고 현명한 자라고 일컫는 세 가지의 법을 얻도록 힘쓰지 않으면 안 된다. 제자들이여, 어리석은 사람과 현명한 사람이란 행동의 나타남에 의해 아는 법이다. 지혜는 행동에 의해 빛나는 것이다. 어리석은 사람의 세 가지 법이란 몸과 입과 뜻의 세 가지 악업을 말하며, 현명한 사람의 세 가지 법이란 몸과 입과 뜻의 선업을 말한다. 이 몸과 입과 뜻의 세 가지 악업은 어리석은 사람의 모습이고, 세 가지의 선업은 현명한 사람의 모습이다.

제자들이여, 또 어리석은 사람과 현명한 사람의 세 가지 법이 있다. 어리석은 사람의 세 가지 법이란 죄를 죄로서 모르는 일, 죄를 죄로서 알더라도 법대로 고치지 않는 일, 남으로부터 죄 있음이 지적되더라도 법과 같이 받아들이지 않는 일이다. 현명한 사람의 세 가지 법이란 죄를 죄로서 알고 법과 같이 그것을 고치고, 남에게 죄 있음이 지적되면 법과 같이 받아들이는 일이다.

제자들이여, 어리석은 악인은 그 세 가지의 법을 갖추어 자기의 덕을 뿌리째 뽑아버리고 식(識)있는 사람한테 비난을 받거나 비웃음을 받으며 스스로 많은 부덕(不德)을 쌓는 것이다. 또 지혜있는 선인은 그 세 가지의 법을 갖추어 자기의 덕을 뿌리째 뽑는 일이 없고, 식있는 사람에게 비난받지 않고 조소당하는 일도 없이 스스로 많은 덕을 쌓는 것이다."

제3절 지만 외도(指鬘外道)

1. 앙가국의 멘다카 장자의 손녀딸로 태어난 비사카는 세존이 유행할 때 할아버지를 따라 세존의 법을 듣고 불연(佛緣)을 맺게 되었는데, 까닭이 있어 아버지와 함께 코살라국에 옮겨 살다 사바티성의 장자의 아들 푼나와타나의 아내가 되었다. 장자 가문은 본디 니간타의 가르침을 받들고 있었지만 비사카가 시집가고서부터 점차 세존의 가르침을 듣게 되어, 장자는 스스로 그 기쁨을 나타내어, 장자의 며느리가 아닌 장자의 어머니라고 소문이 났으므로, '장자의 어머니 비사카' 라고 불리게 되었다.

비사카는 이와 같이 하여 남편의 일족을 이끌어 세존의 신자로 만들었고, 언제나 스스로 기원정사를 찾아가 청문과 공양을 하며 날을 보내고 있었는데, 어느덧 몸소 정사를 세우고 싶다는 소원을 갖게 되었다.

땅의 선정에 대해서는 말리 부인의 힘을 빌렸고, 성밖인 동남, 기원정사의 동북에 왕의 소유림을 양도받아 각 층에 400개의 방이 있는 2층 건물을 세웠다. 목갈라나가 건축 감독을 담당했다. 큰돈을 써서 아홉 달이 걸려 완성했으며, 세존은 바로 이곳에서 넉 달간 안거하셨다.

2. 어느 날 세존께서 아나타핀다 장자의 집에 가셨는데, 왠지 집안이 소란스럽고 고함소리가 들려왔다. 세존이 자리에 앉아 그 까닭을 장자에게 묻자 장자는 말하기를 "선생(善生)이라는 큰며느리가 친정의 재산과 권세를 자랑하여 부모를 공경하지 않고 남편을 섬기지 않고 세존도 믿지를 않아, 때때로 이러한 소동이 일어납니다."라고 하는 것이었다.

세존은 큰며느리인 선생을 불러오게 하시고 말씀하셨다.

"선생이여, 세상에는 일곱 종류의 아내가 있다. 첫째로는 살인자 같은 아내, 둘째로는 도둑과 같은 아내, 셋째로는 주인과 같은 아내, 넷째로는 어머니와 같은 아내, 다섯째로는 누이와 같은 아내, 여섯째로는 벗과 같은 아내, 일곱째로는 하녀와 같은 아내이다. 선생이여, 그대는 이 일곱 종류의 아내 중 어느 것에 속하느냐?"

"세존이시여, 저는 세존께서 간략하게 설하신 말뜻을 알 수가 없습니다. 자세히 말씀해주신다면 고맙겠습니다."

"선생이여, 그렇다면 잘 들으라. 더럽혀진 마음을 갖고, 남편에 대하여 사랑이 없고, 다른 남자에게 마음을 빼앗기고, 남편을 가벼이 여기고, 남을 고용하여 남편을 죽이고자 하는 자는 '살인자 같은 아내'이다. 또 남편의 일을 이해하지 못하고 남편의 재물을 훔치거나 훔치고자 하는 자는 '도둑과 같은 아내'이다. 또 일을 즐기지 않고 게으르며 먹을 것에만 욕심이 있고, 말이 거칠고 남편을 학대하려는 자는 '주인과 같은 아내'이다. 또 늘 남편에 대해서 사랑이 있고 어머니가 자식을 대하듯이 남편을 두호하고 남편이 얻은 재물을 정성껏 지키는 자는 '어머니 같은 아내'라고 말한다. 다음으로 또 남편을 섬겨 정성을 다하고, 남매의 마음, 골육의 정이 있고 수줍은 마음으로써 남편을 섬기는 자는 '누이와 같은 아내'라고 한다. 또 남편을 보고서 기뻐하고 마치 오래 만나지 않은 벗을 만난듯이 하고 정숙하고 행동을 바르게 하여 남편을 공경하는 자는 '벗과 같은 아내'라고 한다. 끝으로 남편에게 욕설을 듣고 매맞더라도 티없는 마음으로 참고 노여움을 품지 않고 남편을 섬기는 자는 '하녀와 같은 아내'라고 한다.

이 살인자처럼, 도둑처럼, 주인처럼 구는 아내는 행동이 좋지 않고 말이 거칠며, 공경심이 없으므로 죽어 좋은 보답이 있을 턱이 없다. 어머니처럼, 누이처럼, 벗처럼, 하녀처럼 하는 아내는 행동이 아름답고 몸을 제어하여 지킴으로써 죽어서 좋은 보를 얻는 것이다. 선생이여, 그대는 이 일곱 가지 아내 중 어느 것에 속하느냐?"

이 가르침에 의해 선생은 그 오만한 마음이 꺾이고 뉘우쳐 깨달아, 그후로는 목숨이 다할 때까지 하녀와 같은 아내가 되겠다고 부처님 앞에 맹세했다.

3. 그 무렵의 일이다. 사바티성에 박식한 한 바라문이 있어 많은 사람들에게 존숭되어 500명의 제자를 거느리고 있었다. 그 수제자는 무해(無害)라고 했는데, 힘이 세고 재주와 지혜가 있었으며, 성질이 온순한데다 얼굴 생김이 특히 남보다 뛰어나 사람들의 사랑을 받았다. 어느 날 스승의 아내는 남편의 외출을 틈타 전부터 연모해온 무해한테 가서 평소의 연심을 털어놓고 옳지 못한 즐거움을 누리고자 했다. 무해는 놀라고 두려워하여 무릎을 꿇고서 말했다. "스승은 아버지와 같다고 한다면 그 부인은 어머니이십니다. 도가 아닌 행동에 마

음이 몹시 괴로울 뿐입니다."

부인은 "굶주린 자에게 먹을 것을 주고 목마른 자에게 물을 주는 것이 왜 도가 아닌가?"라고 말했지만, 무해가 "스승이 사랑하는 부인과 친압(親狎)함은 독사를 몸에 두르고 독을 마심과 다름이 없습니다."라고 말했다. 부인은 하는 수 없이 방으로 돌아갔지만, 창피를 당한 원한을 풀기 위해 스스로 옷을 쥐어뜯고 창백한 얼굴로 자리에 누워 남편이 돌아오기를 기다렸다가 "당신이 칭찬하시는 저 똑똑한 체하는 제자 때문에 저는 무서운 욕을 봤습니다." 하면서 거짓으로 울며 호소했다.

스승은 이 말을 듣고서 질투심이 불길처럼 가슴을 태웠지만, 힘으로써 혼내주기에는 너무나도 무해의 힘이 세었으므로 차라리 전도된 가르침을 베풀어 살인의 죄를 짓도록 하고, 이승에서는 형벌을 받고 내세에서는 지옥에 떨어뜨려주리라 작정하고 무해를 불러 말했다. "그대의 지혜는 이미 깊이 들어갔지만 단지 마지막으로 해야 할 일이 하나 남아 있다." 그리고는 냉엄하게 한 자루의 칼을 주며 "이것을 갖고 네거리에 서서 하루에 백 명의 목숨을 끊고 한 사람에게서 손가락 하나씩을 취하여 백 손가락을 이어 목걸이를 만들라. 그러면 참된 도가 갖추어지리라."고 명했다.

4. 무해는 칼을 받자 한편 놀라고 두려워하며 깊은 수심에 잠겼다. 스승의 명을 따르면 도리를 잃는 것이며 스승의 명을 어기면 착한 제자라고 할 수 없었다. 청정한 행을 닦으며 부모에게는 효를, 남을 위해서는 선을 베풀고, 사악을 버리고서 올바름으로 나아가고, 너그러운 마음을 갖고 자비를 베푸는 것이 바라문의 법이라 듣고 있건만, 어째서 스승은 이렇듯 가혹한 가르침을 내리시는 것일까.

스승 앞을 물러난 그는 바야흐로 모면하기 어려운 모순 속에서 죽을 것처럼 번민했다. 그리하여 저도 모르게 네거리에 이르렀을 때 어느덧 마음의 안정을 잃어, 고뇌는 격렬한 노여움으로 바뀌고 눈은 충혈되고 머리칼은 곤두섰다. 가쁘게 숨을 몰아쉬며 칼을 휘둘러 길가는 사람들을 베어 쓰러뜨렸다. 그 모습은 악귀, 나찰과 같았다. 왕래가 빈번한 네거리는 곧 시체의 산더미를 이루고 두려움은 메아리처럼 온 고을에 전해졌다. 욕설과 원성은 거리에서 거리로 흘러갔고, 벌써 왕궁에 뛰어들어가 호소하는 자도 나타났다. 그는 그것을 아랑곳하지 않고 베어버린 사람들의 손가락을 모아 목걸이를 삼았으므로 누구나 할 것 없이 지만(指鬘)이라고 불렀다.

제자들이 이른 아침에 탁발을 나가서 이 소문을 듣고, 기원정사에 돌아와 이것을 세존께 아뢰자 "제자들이여, 나는 이제부터 가서 그를 구해주리라." 하며 곧장 그곳으로 가셨다. 도중 목초(牧草)를 수레에 싣고 오는 남자들이 세존을 보고서 말했다. "세존이시여, 이 길을 가시면 안 됩니다. 무서운 백정이 길을 막고 있습니다."

세존은 말씀하셨다. "세인이 모두 나에게 덤빈다 하더라도 겁낼 것은 없다. 하물며 한 사람의 보잘것없는 자가 무엇이랴."

한편 무해의 어머니는 아들이 돌아오기를 기다리며 음식을 마련하고 마중을 나갔는데, 무해는 이미 아흔아홉 명을 죽이고 아흔아홉 손가락을 이어 목걸이를 만들고서 마지막 한 사람이 없나 하며 인기척이 없는 거리를 두리번거리고 있다가, 마침 자기 어머니가 오는 것을 발견하고 급히 덤벼들려고 했다. 이때 세존은 조용히 앞길을 가로막으셨다. 그는 잘되었구나 싶어 칼을 휘둘러 덤벼들었지만, 이상하게도 힘이 빠져 한 걸음도 나아가지 못했다.

"출가자여, 멈춰라!"

세존은 말씀하셨다. "나는 전부터 여기에 있다. 날뛰고 있는 건 그대가 아닌가?"

'이것은 도대체 어떻게 된 일일까.' 하고 무해는 신음했다.

세존은 다시 말씀하셨다. "그대는 어리석음 때문에 사람의 목숨을 해하고 있지만, 나는 무한한 지혜를 갖고 있기 때문에 마음은 누항(陋巷)에 있다 하더라도 적정하다. 나는 지금 그대를 가엾이 여겨 이곳에 왔다."

그 목소리는 물처럼 무해의 불타는 가슴에 쏟아졌다. 그는 악몽에서 깨어나듯 제정신으로 돌아와 칼을 던지더니 땅에 꿇어엎드려 말했다. "세존이시여, 부디 저의 미몽을 용서해주십시오. 저는 손가락을 모아 도를 깨닫고자 했습니다. 부디 저를 구하여 제자로 삼아주십시오." 이리하여 함께 기원정사에 이르러 새삼스러이 가르침을 받아 바로 깨달음을 얻어 생사의 굴레를 끊기에 이르렀다.

5. 이때 파세나디왕은 군사를 이끌고 흉적의 행방을 찾다가 기원정사에 이르러 세존을 만나 뵙자, 세존께서 말씀하셨다. "왕이 찾는 지만은 이곳에서 머리와 수염을 깎고 참된 출가자가 되었다. 앞서의 흉악한 행을 뉘우치고 지금은 인(仁)한 마음이 넘쳐 있다."

왕은 한때 놀라고 두려워했으나 이윽고 지만에게로 가서 출가에 대한 예를 베풀고 "나는 존자의 목숨이 끝날 때까지 공양을 하리라."고 말했으며, 다시 세존께 아뢰었다. "세존은 항상 자비를 베풀어 악역(惡逆)을 굴복시키고 법회에 들게 하십니다. 앞으로도 백성을 이끌어 주십시오." 이리하여 왕은 정사를 떠나 돌아갔다.

이튿날 지만은 바리때를 들고 마을로 나가 밥을 빌었지만, 지만이 이르렀다는 소식은 다시 고을 사람들에게 공포감을 주고 어떤 집의 임부(姙婦)는 놀란 나머지 별안간 진통을 일으켜 괴로워하기 시작했다. 지만은 가엾음을 느끼고 정사로 돌아가 세존께 그 말씀을 올리고 구해줄 방편을 청했다. 세존께서 말씀하셨다. "지만아, 그대는 바로 가서 그 여자에게 말하라. 나는 태어난 이래 아직 살생을 한 일이 없다. 이 일이 사실이라면 그대는 평안히 출산하리라."

지만은 놀라서 "세존이시여, 저는 아흔아홉 명의 목숨을 끊었습니다. 그와 같이 말하는 것은 두 혓바닥으로 거짓을 말하는 것이 아닙니까?"

세존께서 말씀하셨다. "도에 들기 전은 전생이다. 태어난 이래란 깨달음을 얻고서부터의 일이다. 그러므로 이것은 결코 거짓말이 아니니라."

그는 즉시 여자에게로 가서 세존의 가르침과 같이 이야기했더니 그녀는 아기를 평안히 낳을 수가 있었다. 그러나 길을 걷는 도중 그에게 원한이 있는 사람들은 돌이나 기왓장을 던졌고, 몽둥이나 칼을 가지고서 마구 그에게 상처를 입혔다. 그는 온몸이 피투성이가 되어 간신히 정사에 돌아와서 세존의 발 아래에 배례하며 기쁜 마음으로 아뢰었다.

"세존이시여, 저는 본디 무해라는 이름을 가졌으면서도 어리석음 때문에 많은 사람의 목숨을 해치고, 씻어도 깨끗해지지 않는 피의 손가락을 모아 지만이란 이름을 얻었습니다만, 바야흐로 삼보에 귀의하여 각(覺)의 지혜를 얻었습니다. 마소를 다루는 데는 채찍을 쓰고, 코끼리를 가르치는 데는 쇠갈고랑이를 씁니다. 그렇지만 세존은 칼도 채찍도 쓰지 않고서 잔학한 저의 마음을 다스려주셨습니다. 이는 마치 구름에 가려진 달이 구름이 사라져 빛을 나타내는 것과 같습니다. 지금 받아야 할 보답을 받았습니다. 올바른 법을 듣고서 청정한 법안(法眼)을 얻었고, 인(忍)의 마음을 닦고 있으므로 다시는 다투는 일이 없습니다. 세존이시여, 저는 이제 살기를 원하지 않습니다. 죽음 또한 바라지 않습니다. 다만 때가 이르기를 기다려 열반에 들게 될 것이옵니다."

세존은 이 말을 듣고 지만을 칭찬하셨다.

"제자들이여, 내 제자 중 법을 듣고서 빨리 깨치는 지혜를 가진 자는 지만이다."

6. 많은 제자들은 너무나도 갑작스런 급변에 놀라 지만의 본생담에 대해서 말씀해주시기를 청했다. 세존은 말씀하셨다.

"지나간 아주 먼 옛날, 대과왕(大果王)이라는 사람이 세상을 다스리고 있었다. 늙어서 한 왕자를 얻어 대력태자라 이름하였으나 서른 살이 가까워도 비(妃)를 맞이할 생각을 하지 않았으므로, 사람들은 청정태자(淸淨太子)라고 불렀다. 왕은 태자가 외아들이라 세손을 얻지 못하는 것을 근심하였고, 마침내 종을 울려 온 나라에 알리기를 '태자로 하여금 욕의 즐거움을 맛보게 하는 자에게는 천금을 주리라.' 고 하였다.

이때 남자를 기쁘게 하는 64가지 기술에 통달한 여자가 있어, 이 부름에 응했다. 어느 날, 밤도 이슥하여 그녀는 태자의 궁문에 서서 마치 봄비 마냥 훌쩍훌쩍 슬픈 목소리로 울었다. 태자는 놀라며 시신에게 물어오라 했더니 '박정한 남편의 버림을 받아 의지할 곳 없는 몸이옵니다.' 라고 말했다. 태자는 가엾이 여겨 그녀를 코끼리 우리에 유하도록 했는데, 그래도 울음을 그치지 않았다. 다시 묻게 했더니 '독신으로 쓸쓸함 때문에.' 라고 대답했다. 태자는 마침내 그 잠자리에 여자를 데려오게 했다. 고개를 숙인 채 말도 않고 바람에 날릴 것 같은 아리따운 모습은 남자의 심정을 건드리지 않을 수 없었다. 태자는 황홀하게 여자의 손을 잡았다.

그뒤 태자는 여색(女色)에 탐닉했고, 마침내 온 나라에 영을 내려 모든 신부로 하여금 첫날밤은 태자의 잠자리 시중을 들게 했다. 어느 날, 장자의 딸 수만은 일부러 몸에 실오라기 하나 걸치지 않고 군중 사이를 걸었다. 사람들이 '부끄러움을 모르는 여자' 라고 욕하자 수만은 말했다. '이 나라의 사람들은 모두 여자이다. 여자가 여자들 속을 발가벗고 걸었다고 해서 뭐가 어떤가. 다만 태자만이 남자이므로 나

는 태자 앞에서는 옷을 걸치리라.'

 이 가시돋친 풍자에 부끄러움을 느끼고 사람들은 저마다 무기를 들고 왕성에 몰려가서 태자의 잘못을 말하며, 왕에게 '대왕의 목숨이거나 태자의 목숨이거나 둘 중 하나를 내주시오.' 라고 강요했다. 왕은 이 말을 듣고, '집을 위해서는 한 사람을 버리고, 마을을 위해서는 한 가정을 버리고, 나라를 위해서는 한 마을을 버린다. 참된 나를 위해서는 이 세계를 버린다.' 고 노래하고 태자를 군중에게 내주었다. 그들은 태자의 두 손을 묶고 성밖으로 끌고가 모두 돌이나 기왓장을 들어 태자를 때려죽였다. 태자는 죽음에 즈음하여 왕을 원망하고 민중을 저주하며 '이 원한을 갚으리라.' 고 외쳤다. 또 '참된 사람을 만나 깨달음을 얻으리라.' 고 말했다."

 세존은 이렇듯 이야기하시고 다시 "제자들이여, 이때의 대과왕은 지만의 스승, 태자를 유혹한 여자는 스승의 처, 태자는 지만, 그리고 그때 태자를 죽인 민중은 지금 지만에 의해 살해된 사람들이다. 즉 태자의 죽음에 즈음한 맹세는 여기에 나타나 원한을 갚고 또 깨달음을 얻었던 것이다." 라고 말씀하셨다.

제4절 사회의 기원(起源)

 1. 그 무렵 사바티성의 동원(東園) 녹자모강당에서 와세타와 바라드와자라는 두 사람이 불제자가 되고자 넉 달간의 예비생활을 하고 있었다. 어느 날 세존께서 저녁 무렵 선정에서 일어나시어 강당을 내려와 뒤뜰을 걷고 계시려니까, 와세타는 재빨리 이것을 발견하고 바라드와자를 재촉했다. "벗이여, 빨리 세존한테로 가자. 몸소 하시는 법화(法話)를 들을 수가 있을 테니."

두 사람은 세존에게 나아가 예배를 올린 뒤, 세존의 뒤를 따라 슬슬 걸어갔다.

세존은 돌아보시고 말씀하셨다. "와세타여, 그대들은 바라문의 집안에서 나와 출가한 사람들이다. 바라문이 그대들을 비난하는 일은 없느냐?"

"세존이시여, 그들은 온갖 말로 저희를 비난하고 있습니다."

"어떠한 비난이냐?"

"세존이시여, 그들은 말합니다. '바라문은 훌륭한 계층, 그밖의 사람들은 열등한 자들이다. 바라문은 신의 입에서 태어난 신의 상속자이다. 너희들은 이 훌륭한 계층에서 태어났으면서도 신의 발에서 태어난 열등한 계층인 삭발한 출가자한테로 갔으니, 이것은 좋은 일이 아니다.' 그들은 이와 같이 비난하고 있습니다."

"와세타여, 바라문들은 옛날 일을 알지 못하므로 그와 같이 말하는 것이다. 바라문 계층의 여자도 다른 계층의 여자마냥 경도가 있고 임신을 하며 젖을 먹이고 있지 않는가. 그들 역시 어머니의 뱃속에서 태어나는 것이며, '신의 입에서 태어난 자식, 신의 상속자, 뛰어난 자'라고 하는 것은 부질없이 남을 깔보는 말로서, 그 말은 거짓말이고 부덕을 낳는 것이다.

2. 와세타여, 크사트리야·바라문·바이샤·수드라의 네 계급 중 크사트리야가 살생을 하고 음탕한 짓을 하고, 거짓말과 욕설과 이간질과 꾸며낸 말을 하고, 탐욕과 진에와 사견을 품는 일이 죄이며 보를 받는 것이라고 한다면, 그것은 똑같이 바라문에게 있어서도 바이샤에게 있어서도 수드라에게 있어서도 죄이고 죄의 보를 받는 것이다.

또 크사트리야가 그 같은 죄를 짓지 않는 것이 착한 일이고 착한 결과의 나타남이라고 한다면, 그것은 바라문에 있어서도 바이샤에 있어서도 수드라에 있어서도 마찬가지이다. 게다가 바라문은 바라문 계층의 뛰어남을 자랑한다 하더라도, 그것에는 조금도 근거가 없다. 식자는 인정하지 않는다. 어느 계층의 자일지라도 출가하여 도를 닦고 번뇌를 멸하고 청정한 행을 이루고서 깨달음을 얻으면, 사람들은 그를 제일의 사람이라고 부른다. 법은 이 현세에서도 내세에서도 출생보다 수승한 것이다.

 와세타여, 코살라의 파세나디왕은 내가 그 영내의 샤카족에서 출가한 자라고 알고 있다. 샤카족은 진실로 파세나디왕에게 복종하고 신종(臣從)의 예를 올리고 있는 자이다. 그러나 그 파세나디왕은 부처를 좇고 부처를 섬겨 공경의 예를 베풀고, 고타마는 태어남이 바르되 나는 출생이 나쁘고, 고타마는 힘이 있되 단정하고 나는 힘이 없어 추하다고 말한다. 그는 이처럼 법을 존중하고 법을 섬기고 있다. 법은 진실로 현세에 있어서도 내세에 있어서도 생보다 뛰어난 것이다.

 와세타여, 그대들은 여러 계층에서 출가하였지만, '그대는 누구인가?'라고 질문을 받는다면 '출가한 석자(釋子)의 무리이다.'라고 대답하라. 부처를 믿고 따르며 마음이 확고하여 흔들림이 없는 자는, 유행자이든 바라문이든 신들이든 악마이든 어떠한 자의 사이에 있어서도 '나는 세존의 자식이다. 세존의 입에서 태어나고 법으로써 키워지는 법의 상속자이다.'라고 말할 자격이 있는 것이다. 왜냐하면 부처의 이름은 법의 몸이고, 신의 몸이며, 법 가운데 존재하고 신의 도의 존재이기 때문이다.

 3. 와세타여, 기나긴 시간 동안 이 세계는 생성하고 멸한다. 이 세계가 멸할 때 많은 중생은 광음천(光音天)에 태어나며, 의(意)로 이루어지는 몸을 가지며, 기쁨을 양식으로 하여 저절로 빛나는 것이다. 이 세계의 생성시에 그 많은 중생은 광음천에서 이 세계로 내려온다. 역시 뜻으로 이루어진 몸을 가졌고 기쁨을 양식으로 하여 스스로 빛나면서 하늘을 날고 있다. 그때는 이 세계가 다만 물이고 어둠이다. 달

도 해도 별도 빛나지 않고, 밤도 낮도 없고, 해도 달도 없고, 여자와 남자의 구별도 없다. 그렇건만 시간이 지나면 그 물 표면에 감로지(甘露地)가 떠오른다. 펄펄 끓는 우유의 표피마냥 향기가 높고, 응유(凝乳)나 버터 빛깔로 달콤한 벌꿀의 맛을 가진 것이다.

그 세간의 중생들 가운데 탐욕이 강한 사람이 손가락에 찍어 이 감로지를 맛보아 집착을 일으키고, 다른 중생들도 모두 이에 따라 지미(地味 : 불교에서의 천수)를 맛보고 마침내는 손으로 움켜 환약을 만들어서 먹기 시작한다. 이로부터 중생들의 몸에서 광명이 사라지고 달과 해와 별이 나타나며, 밤과 낮으로 나뉘어져 낮과 달과 해〔年〕가 정해졌다. 이리하여 이 세계가 생겼던 것이다. 그 중생들은 이리하여 오랜 기간 살아왔던 것인데, 지미를 먹음에 따라 몸이 무거워지고 용모에도 변화가 나타났으며, 또 아름다움과 추악함의 구별이 생겼다. 아름다운 자는 추악한 자에게 교만하여, 이 세계에 교만이 나타나자 감로지가 없어졌다. 중생들은 모여 '오오, 감로여, 감로여!' 하며 슬피 울었다.

와세타여, 감로지가 없어지고 마치 뱀껍질과 같은 지피(地皮)가 나타났는데, 지피가 없어져 갈대가 나타나고 갈대가 사라져 멥쌀이 생기고 차츰 욕심이 인간의 마음을 지배하게 되었다. 멥쌀은 저녁에 열매를 수확하면 아침에 다시 여물고, 아침에 수확하면 저녁에 다시 여무는 것이었으나, 이것을 먹고서 점점 인간의 몸이 무거워졌고 미추(美醜)는 두드러져 남녀의 구별이 나타나고 성욕이 생겼다. 처음에 남자와 여자가 접촉하면 부정한 행위로 보고 혐오하였지만, 앞서의 불법은 지금의 여법(如法)이 되고 부부의 관계가 나타나고 집이라는 것이 생겼다.

4. 사람들 중 나태한 자는 아침저녁으로 멥쌀을 수확하는 일을 수고스럽다고 생각했다. 그들은 저녁 양식을 아침에 한꺼번에 수확했

고, 이틀분, 사흘분의 양식을 한꺼번에 수확하게 되었다. 그 때문에 밭은 거칠어져 약간의 멥쌀을 얻게 되었다. 사람들은 이것을 한탄하여 경계를 정하고 쌀을 분배하여 소유를 정하게 되었다.

더구나 나태하고 욕심 많은 사람들은, 이번에는 남의 소유를 침범하여 수확하기 시작했다. 이로써 도둑이 나타나고 비난이 나타나고 거짓말이 나타나고 폭력이 시작됐다. 사람들은 이것을 한탄하여 능력 있는 바른 한 사람을 뽑아 도둑과 거짓말에 대처했고, 바르게 형벌할 권리를 부여했다. 뽑힌 한 사람은 벌주어야 할 것을 벌주고, 꾸짖을 사람을 꾸짖고, 추방할 자를 추방했다. 사람들은 그에게 쌀의 몫을 바쳤다. 사람들에게 뽑히자 기쁨을 주어 대희(大喜)하여 밭을 보호했으므로 크사트리야, 법에 의해 다스렸으므로 왕이라는 이름이 생겼다. 이것이 크사트리야 성(姓)의 시작이다.

와세타여, 사람들 중 어떤 자는 점차 악법이 나타남을 한탄하여 악법을 제거하고자 생각했다. 그들은 숲속에 나뭇잎으로 작은 집을 짓고 불을 물리치고 식량을 저축하지 않고 조용히 명상에 잠겼다. 또 어떤 자는 숲의 나뭇잎으로 지은 오두막집에 들지 않고 고을이나 마을 근처에 살며 글을 지었다. 악법을 제거하는 자, 곧 바라문은 명상자, 낭음자(朗吟者)라는 이름이 생겼다. 이것이 바라문의 기원이다. 또 어떤 자는 남녀가 결합하여 가정을 이루고 갖가지의 장사를 했다. 이것이 바이샤의 기원이다. 또 어떤 자는 사람들이 싫어하는 잔혹하고 비천한 일을 계속해왔다. 이것이 수드라의 기원이다. 네 계급은 이렇듯 사연히 생겨난 것이다.

와세타여, 이 크사트리야에서도, 바라문에서도, 바아샤에서도, 수드라에서도 자기들의 관습을 싫어하고 출가하는 자가 있다. 이는 세간을 버린 출가자라고 일컫는 사람들로서, 이 네 계급에서 출가자가 나타나는 것이다.

5. 와세타여, 크사트리야일지라도, 바라문일지라도, 바이샤일지라도, 수드라일지라도 몸과 입과 뜻으로 악한 짓을 하고 사견을 품으면 죽어 지옥에 떨어지는 것은 마찬가지이다. 어느 계급 출신일지라도 몸과 입과 뜻으로 착한 일을 하고 바른 생각을 품으면 죽어 천계에 태어나는 것은 마찬가지이다. 크사트리야나 바라문이나 바이샤나 수드라나, 몸과 입과 뜻으로 악을 억누르고 깨달음에 이르는 법을 닦아가면 반드시 깨달음에 든다. 그러므로 와세타여, 네 계급에서 출가하여 불제자가 되고 번뇌를 멸하고 청정한 행(行)을 다하여, 죄의 무거운 짐을 내려놓고 깨달음을 얻어 성자가 되면 중생들 가운데 제일이라고 일컬어진다.

이것은 여법(如法)한 것으로 불법이 아니다. 왜냐하면 법은 현세에 있어서나 내세에 있어서나 생보다는 뛰어난 것이기 때문이다."

와세타와 바라드와자는 세존의 가르침을 기뻐했다.

제5절 두 대의 수레

1. 세존은 또 카필라성에 돌아가 성밖의 니그로다 동산에서 설법하셨다.

"제자들이여, 이름이 두드러진 불제자는 세 가지 법에 의해 많은 중생을 이롭게 하지 않고 불행하게 한다. 삼법이란 남으로 하여금 법에 맞지 않는 신업(身業)과 구업(口業)과 의업(意業)을 행하게 하는 일이다. 제자들이여, 이름이 두드러진 불제자는 세 가지의 법에 의해 많은 중생을 이롭게 하고 행복하게 한다. 그것은 곧 사람으로 하여금 법에 맞는 신업과 구업과 의업을 행하게 하는 일이다.

제자들이여, 즉위의 관정(灌頂)을 받은 크사트리야 성(姓)의 왕은 평생 세 곳을 기억해두어야 한다. 그것은 자기가 태어난 곳과, 자기가 관정을 받아 왕이 된 곳과, 싸움의 진두에 서서 싸움의 승리자가 된 곳이다. 그것과 마찬가지로 부처의 제자도 또한 세 곳을 기억해두지 않으면 안 된다. 즉 수염이나 머리를 깎고 황의를 걸치고 집을 나와 출가를 한 곳과, 사성제(四聖諦)의 가르침을 여실하게 알게 된 곳과, 모든 번뇌를 멸하고 번뇌가 없는 해탈의 경지를 이 세계에서 스스로 깨달은 곳이다. 이것이 불제자로서 평생 기억해두지 않으면 안 될 곳이다.

세간에는 세 종류의 사람이 있다. 희망이 없는 사람과 희망이 있는 사람, 희망을 초월한 사람이다. 희망이 없는 사람이란 노예나 사냥꾼·죽세공·윤장(輪匠)·청소부 등 천한 집에 태어나 가난해서 식량도 집도 없이 비참한 생활을 하며, 게다가 생김새가 추악하고 병추기이며 절름발이로 걷지 못하는 사람이다. 이 사람은 아무개가 관정을 받고 왕이 되었다는 말을 듣고도 언젠가 자기 역시 관정을 받고 왕이 되리라고는 생각지 않는다. 이것이 희망이 없는 사람이다. 희망이 있는 사람이란 크사트리야의 장자가 열여섯 살이 되어 관정을 받아야 할 때가 되었을 때, 크사트리야 성의 누군가가 관정을 받고 왕이 되었음을 듣고 '나는 언제 관정을 받게 될까?' 하고 생각한다. 이것이 희망이 있는 사람이다. 또 희망을 초월한 사람이란, 이미 관정을 받은 크사트리야의 왕은 남이 관정을 받았다는 말을 듣더라도 다시 희망을 일으키는 일이 없다. 이것이 희망을 초월한 사람이다.

제자들이여, 이와 마찬가지로 부처의 제자 중에도 희망이 없는 사람과, 희망이 있는 사람과, 희망을 초월한 사람의 세 종류가 있다. 희망이 없는 불제자란 계율을 지키지 않고 성미가 고약하며 청정하지 못하고, 행동은 믿을 수 없고 한 일을 숨기고, 마음이 썩어서 욕심이 넘치는 자이다. 그는 이러이러한 불제자가 번뇌를 멸하고 깨달음을 얻었다고 하는 말을 듣더라도 '나는 언제 번뇌를 멸하여 깨달음을 얻을까?' 라고는 생각지 않는다. 이것이 희망이 없는 불제자이다. 희망이 있는 불제자란 계율을 지키고 착한 성질을 갖는 자로서, 이러이러한 불제자가 번뇌를 멸하여 깨달음을 얻었다는 말을 듣고서 '나는 언제 그와 같이 될까?' 하고 생각한다. 이것이 희망이 있는 제자이다. 희망을 초월한 불제자라 함은 번뇌를 멸하여 깨달음을 얻은 자로서, 이러이러한 자가 깨달음을 얻었다는 말을 듣더라도 '나는 언제 깨달음을 얻을까?' 하고 생각지 않는다. 왜냐하면 그는 이미 그 희망을 달성하고 있기 때문이다. 제자들이여, 이것이 세 종류의 불제자이다.

2. 제자들이여, 법에 의한 올바른 전륜왕도 법에 의하지 않고서는 정사를 행하지 않는다. 법에 의거하는 올바른 전륜왕은 법에 의지하고 법을 공경하며, 법을 존중하고 법을 주인삼아 그 일족·백성·금수의 무리에 이르기까지 법대로 보호와 방위와 지지를 부여하는 것이다. 법에 의해서만 정사를 행하므로 그 정사의 법륜은 어떤 것에 의해서도 뒤집히는 일이 없다.

제자들이여, 그와 마찬가지로 법에 의한 올바른 법의 왕인 부처도 법에 의지하고 법을 공경하고 법을 존중하고 법을 임자로 삼아, '이와 같은 신(身)·구(口)·의(意)의 삼업을 지어서는 안 된다. 또 이와 같은 신·구·의의 삼업을 지어야만 한다.' 고 법에 의한 보호와 방위와 지지를 부여하는 것이다. 법에 의해서만 더할 데 없는 법륜을 굴리기 때문이다. 법륜은 누구에 의해서도 뒤엎어지는 일이 없다.

제자들이여, 먼 옛날 파티에타라는 왕이 있었는데, 어느 날 윤장(輪匠)을 불러 말했다. '윤장이여, 지금부터 여섯 달 후 전쟁을 해야만 하는데, 그때까지 쌍륜차를 만들 수가 있겠는가?'

윤장은 명을 받아 수레바퀴의 제작에 들어갔는데, 6개월에서 엿새를 남겨놓고 겨우 하나의 바퀴를 만들었다. 왕은 윤장을 불러 말했다.

'여섯 달도 이제 엿새가 남았을 뿐인데 수레는 완성되었느냐?'
'한 바퀴만 완성되었습니다.'
'또 하나의 바퀴는 이 엿새 동안에 되겠느냐?'
'물론 됩니다.'
윤장은 엿새 동안에 다른 바퀴도 만들어서 왕에게 가져갔다. 왕은 두개의 바퀴를 비교해보았으나 오랜 날짜를 들여 만들어낸 것과 그뒤 엿새만에 만들어 낸 것을 식별할 수가 없었다. 윤장은 왕에게 그 됨됨이를 보여드리겠다고 하며 먼저 엿새만에 만들어낸 바퀴를 돌렸다. 바퀴는 있는 힘대로 빙빙 돌다가 힘이 떨어지자 땅에 쓰러졌다. 두 번째의 바퀴는 힘이 있는 대로 돌다가 힘이 떨어지자 그곳에 굴대로 꿰어놓기라도 한 것처럼 꼿꼿이 섰다. 윤장이 말했다.
'대왕이시여, 엿새만에 만들어낸 바퀴는 바깥 바퀴도 바퀴살도 굴대도 휘어져 있고, 마디며 비뚤어진 데며 흠이 있습니다. 그러므로 도는 힘이 없어지면 쓰러집니다. 그러나 또 하나의 바퀴는 바깥 바퀴도 바퀴살도 굴대도 휘어지지 않고, 마디며 비뚤어진 데며 흠이 없기 때문에 쓰러지지 않고 서 있는 것입니다.'
제자들이여, 윤장이 재목의 휘어짐, 마디, 비뚤어짐, 흠을 고치는데 익숙하듯이 부처는 신·구·의 삼업의 휘어짐, 마디, 비뚤어짐, 흠을 고치는 데 익숙하다. 신·구·의 삼업의 휘어짐, 비뚤어짐이 있는 자는 엿새만에 만들어낸 바퀴처럼 법과 율(律)에서 쓰러졌고, 그 휘어짐, 비뚤어짐이 없는 자는 다른 바퀴마냥 이 법과 율에 단단히 서 있으리라. 그러므로 그대들은 신·구·의 삼업의 휘어짐의 마디, 비뚤어짐, 흠을 제거하는 데 힘써야 한다.
3. 제자들이여, 만일 이교도가 너희들에게 너희들은 고타마를 좇아 천계에 태어나기 위해 청정한 행을 닦고 있느냐고 묻는다면, 너희들은 이 물음을 싫어하고 못마땅하게 여기겠는가. 제자들이여, 만일 너

희들이 신의 수명, 신의 용모, 신의 행복, 신의 번영을 갖고서도 오히려 싫어하고 못마땅하게 여긴다면, 너희들은 먼저 너희들 스스로의 신·구·의의 세 가지 악법을 혐오하지 않으면 안 된다. 제자들이여, 세 가지의 소질을 가진 장사꾼이 아니라면 부를 이룰 수가 없고, 부를 이루었다 해도 늘릴 수는 없다. 세 가지의 소질이란 아침에도 일에 주력하고 낮에도 일에 주력하며 밤에도 일에 주력하는 것이다. 이와 마찬가지로 불제자 역시 아침에도 전심(專心)하지 않고 낮에도 전심하지 않고 밤에도 전심하지 않는다면 아직 얻지 못한 공덕을 얻을 수가 없고, 이미 얻은 공덕도 증장시킬 수가 없다.

4. 제자들이여, 장사꾼이 꿰뚫는 안식이 있어 일에 열중하고 보호자를 얻을 수가 있다면, 순식간에 큰 재물을 얻게 된다. 투시할 수 있는 눈이란 장사꾼이 물건을 알고, 그 물건의 사고 파는 법을 아는 일이다. 일에 열중한다는 것은 풍부한 고장에서 물건을 사서 부족한 곳에다 파는 데 익숙함을 말한다. 또 보호자를 얻는 일이란 부유한 사람이 '이 장사꾼은 눈이 있다. 일에 열중한다. 처자를 부양할 활동력이 있다. 이자를 지불할 힘이 있다.'고 믿고서 돈을 빌려주는 일이다.

제자들이여, 이것과 마찬가지로 불제자도 보는 눈이 있어 일에 열중하고 보호자를 얻으면 법에 있어 크게 진보하는 것이다. 눈이 있다 함은 '이것은 괴로움의 인이다. 이것은 괴로움의 멸이다. 이것은 괴로움의 멸에 이르는 도이다.'라는 것을 여실하게 아는 것이다. 일에 열중한다는 것은 불선(不善)의 법을 버리고 선법을 낳기 위해 열심히 노력하는 일이다. 보호자를 얻음이란 많이 배워 경전에 자상하고 계율에 밝은 장로에게 물어, 덮인 것을 드러내고 어둠을 밝게 하고 법에 관한 의문을 제거해주도록 청하는 일이다. 이 세 가지의 법을 얻으면 그 불제자는 이윽고 법에 있어 크나큰 진보를 얻는 것이다."

제6절 인간성의 덤불

1. 세존은 다시 라자가하성에 돌아가 죽림정사에서 이 해의 안거에 드셨다. 이때 세존의 연세는 쉰다섯, 성도하신 지 20년째였다. 이 안거하실 때 세존은 제자들을 불러 말씀하셨다.
"제자들이여, 나도 점점 나이를 거듭하여 노경에 이르렀다. 이제부터 늘 옆에 있을 시자를 하나 두고 싶다. 너희들 중에 한 사람을 천거해다오."
세존의 이 말씀에 대해 사리푸타도 목갈라나도 아니룻다도 카타야나도 모두 자청하여 시자가 되어 섬기겠다고 원했으나, 세존은 이것을 물리치셨다. 목갈라나는 세존의 마음이 아난다에게 있음을 알고 제자들에게 말했으며, 아난다에게 자진하여 시자가 되도록 권했지만, 아난다는 소임을 다할 수 없다면서 사양했다. 몇 번인가 목갈라나의 권유를 받아, 아난다는 마지막으로 세 가지 소원을 내놓고 만일 이 소청이 허락된다면 시자로서 섬기겠다고 했다.
세 가지의 원이란 첫째, 세존께 공양된 옷이나 음식을 비록 내리신다 하더라도 사양할 수가 있을 것, 둘째 세존이 속인(俗人)의 집에 가실 때는 반드시 수행하지 않아도 무방할 것, 셋째 언제라도 세존께 배알이 허락될 것 등이었다. 세존이 세 가지의 원을 허락하셨으므로 이로부터 아난다는 세존의 시자로서 마치 그림자가 그 몸을 따르듯 세존을 모셨다.

2. 세존은 이로부터 베살리를 떠나 다시 동으로 유행하여 수많은 제자들과 함께 가가라 호반에 머무르셨다.
어느 날 펫사라는 코끼리 조련사의 아들과 칸다라카라는 유행자는 호반으로 세존을 찾아뵈었는데, 칸다라카는 이상하게도 한마디의 말도 하지 않고 있다가 세존의 주위에서 세존을 모시고 있는 제자들을 보고 말했다.

"세존께서 이 숱한 제자들을 이렇듯 바르게 훈련시키는 일은 놀랄 만한 일입니다. 옛날의 부처도 지금의 세존처럼 그 제자들을 훈련시켰는데, 미래의 부처도 지금의 세존처럼 제자들을 훈련시키게 될까요?"

"칸다라카여, 그대로이니라. 이 제자들 중에는 오래 전에 고뇌를 멸하고 해야 할 일을 다하고, 올바른 지혜에 의해 해탈하여 성자의 깨달음을 얻은 자도 많다. 또 이 중에는 수행중으로서 계행도 아름답고 지혜도 명민하며, 사념주(四念住)에 항상 마음을 간직하고 있는 자도 많다.

사념주란 열심히 마음을 하나로 하여, 첫째로 몸의 부정을 관하고, 둘째로 수념(受念)은 괴로움이라는 것을 꿰뚫어보고, 셋째로 마음의 무상을 관하고, 넷째로 법의 무아함을 꿰뚫어보고서 세간의 탐욕과 실망을 정복하는 일이다."

코끼리 조련사의 아들 펫사는 말씀을 듣고 아뢰었다. "세존이시여, 참으로 뛰어난 가르침이었습니다. 이 사념주는 중생들의 청정을 위해 괴로움과 슬픔과 고뇌를 초월하여 지혜를 열며, 열반의 실현을 위해 도움이 되는 것입니다.

세존이시여, 저는 재가의 신분입니다만, 평소 이 사념주를 닦아 세간의 탐욕과 실망을 정복하게 될 것입니다. 세존께서 이 인간성의 덤불 속에서, 인간의 악함과 속임수 속에서 사람들의 이(利)와 불리함을 아셨음은 참으로 기이하다 하겠습니다. 인간의 일은 덤불마냥 알기가 어렵고, 그 점에 있어서는 짐승의 성질은 알기 쉽사옵니다. 이러한 것을 아뢰는 것은 제가 코끼리를 부리는 법을 생각하기 때문으로서, 조련장에서 성문까지 데려오는 동안에 모든 그 비뚤어진 성질, 구부러진 성질, 거짓된 성질, 교활한 성질을 나타내고 맙니다. 그렇건만 저희들이 부리는 머슴·하인·고용인 등은 그 마음과 입과 행이 모두 달라 참으로 알기 어렵습니다. 이 인간성의 덤불 속에서, 사람의 악함과 속임수 속에서 사람들의 이익과 불리를 아셨음은 참으로 기이한 일이옵니다."

3. "펫사여, 참으로 그러하다. 인간의 성질은 덤불과 같고, 짐승의 성질은 오히려 알기 쉬운 법이다. 이 세상에는 네 종류의 사람이 존재하고 있다. 하나는 스스로 괴로워하는 사람, 둘째는 남을 괴롭히는 사람, 셋째는 자기와 남 양쪽을 모두 괴롭히는 사람, 넷째는 자기와 남을 다같이 괴롭히는 일 없이 이 세상에서 욕심을 여의어 적정하고도 시원스럽게 안락을 누리고 있는 사람이다. 펫사여, 이 네 종류의 사람들 중에서 어느 것이 너의 마음을 기쁘게 해주느냐?"

"세존이시여, 스스로 괴로워하는 사람, 남을 괴롭히는 사람, 자기와 남 양쪽을 괴롭히는 사람은 저의 마음을 기쁘게 해주지 못합니다. 자기와 남을 괴롭히는 일 없이 이 세상에서 욕심을 여의어 적정하고도 시원스럽게 안락을 누리고 있는 사람이 저의 마음을 기쁘게 해주옵니다."

펫사는 세존의 가르침을 기뻐하고 자리에서 일어나 절하고 오른쪽으로 돌아서 돌아갔다.

4. 펫사가 떠나고 나서 세존은 제자들을 돌아보며 말씀하셨다. "제자들이여, 코끼리 조련사의 아들 펫사는 현명한 자이다. 내가 이 네 종류의 사람을 좀더 자상히 설하기까지 잠시 이곳에 앉아 있었더라면 큰 이익을 얻었으리라. 그러나 지금까지의 것만으로도 큰 이익을 얻고서 돌아간 것이다.

제자들이여, 스스로 괴로워하는 사람이란 잘못된 가르침을 받아 몸을 괴롭히며 식사를 끊고 허술한 옷을 걸치고서 고행(苦行)하는 자이다. 남을 괴롭히는 사람이란 양과 돼지·백정·어부·사냥꾼·도둑·옥졸 등 모두 잔혹한 업에 종사하는 사람이다.
　자기와 남을 괴롭히는 사람이란 왕자(王者)들이 그릇된 가르침에 의해 출가자의 흉내를 내되 사슴가죽을 걸치고 버터나 기름을 몸에 바르며 사슴뿔로 몸을 긁고, 왕비나 측근을 데리고서 신궁으로 옮기고, 아무것도 깔지 않은 땅바닥에서 자고, 송아지가 먹을 젖을 빼앗아 스스로 마시고 왕비나 측근에게도 주고, 소·양·염소를 신의 제물로 바치게 하고, 나무나 풀을 베도록 하고, 머슴·하인·고용인 등이 모두 처벌이 두려워 일을 하게 한다. 이것이 곧 자기와 남을 괴롭히는 사람이다.
　제자들이여, 자기와 남을 괴롭히지 않고 이 세상에서 욕심을 여의어 적정하고도 시원스럽게 안락을 누리는 사람이란 부처의 바른 가르침을 듣고 집을 버리고 부처의 제자가 되어, 살생을 하지 않으며 자비를 갖고, 도둑질을 하지 않고, 청정한 행을 닦아 거짓말을 하지 않고, 초목의 생명을 빼앗지 않고, 욕심이 적고도 족함을 알고, 바른 계를 갖추어 스스로 죄없음을 아는 즐거움을 누리는 사람을 말한다. 이 사람은 만물을 보고, 귀로 소리를 듣고, 코로 향기를 맡고, 혀로 맛을 알고, 몸으로 감촉을 느끼더라도 마음에 집착하지 않으며, 또 오관을 억누르고 지켜 상쾌한 즐거움을 누리는 것이다. 이 사람은 가는 것도 머무르는 것도 앉는 것도 눕는 것도 늘 의식을 가지고서 행하며, 욕심을 멀리 여읜 자리를 즐기고 번뇌를 여의고 선정(禪定)에 들어 마음이 청정해져서 스스로 번뇌가 다했음을 알고, 이 생을 초월하여 망집의 생은 없다는 지혜를 낳는다. 이와 같이 하여 조용하고도 시원하게 안락을 누리고 가장 뛰어난 생활을 하는 것이다."

제4장 사제(四諦)

제1절 번뇌를 여의는 일

1. 세존은 그로부터 또다시 사바티성으로 들어가 잠시 기원정사에 머무르셨다. 어느 날 저녁 무렵, 춘다는 선정에서 일어나 세존을 찾아뵙고 말씀드렸다.

"세존이시여, 세간에는 자아에 관해, 세계에 관해 온갖 생각이 행해지고 있습니다만, 불제자는 어떻게 생각해야 이같은 생각을 버릴 수가 있겠습니까?"

"춘다여, 세간에는 자아 또는 세계에 관해 갖가지 의견이 있고 그 누구에게나 작용하려고 하지만 '이것은 나의 것이 아니다.', '이것은 내가 아니다.', '이것은 나의 자아가 아니다.' 라고, 이와 같이 있는 그대로 바르게 관하면 이러한 의견을 버릴 수가 있다. 춘다여, 어떤 자가 모든 선정에 들어, 나는 지금 번뇌를 여읜 상태에 머물고 있다고 생각하는 일이 있을지도 모른다. 그러나 이 가르침에 있어서는, 이것은 번뇌를 여읜 상태라고는 하지 않는다. 그것은 정적의 주거라고 불리는 것이다.

춘다여, 번뇌를 여의려면 이와 같이 해야만 한다 — 다른 사람은 남에게 해로움을 주고 살생을 하고 도둑질을 하고 사음을 범하고 거짓말을 하고 두 혓바닥을 놀려 입도 더럽거니와 헛된 말을 하고, 탐하여 노여운 마음을 품고 사견(邪見)으로 비뚤어진 생각을 갖고, 그밖의 여러 가지의 나쁜 짓을 하고 나쁜 마음을 품을 테지만, 나는 결코 이와 같은 짓은 하지 않을 것이다 — 춘다여, 번뇌를 여의려면 이와 같이 해야 하는 것이다.

춘다여, 착한 마음을 일으키기만 하여도 큰 이익이 있는 법인데, 하물며 이를 몸과 입으로써 행함에 있어서는 말할 것도 없다. 비유하면 높고 낮은 길 옆에 평평한 길이 있고, 울퉁불퉁한 나루터 옆에 평평한 나루터가 있듯이, 남을 해치고 죽이는 사람의 주위에 목숨을 빼앗지 않는 것을 가르치는 도가 있으면, 그 사람에게는 이 좋은 가르침의 도에 들 기회가 주어지는 것이다."

2. 어느 날 늙어서 허리가 굽은 바라문이 세존을 뵙고 아뢰었다. "세존이시여, 저는 나이가 많아서 죽음에 임박하고 있습니다. 더구나 저는 해야 할 일을 하지 못하고, 두려움을 여의지 못하고 있습니다. 부디 오래도록 저의 이익이 될 가르침을 내려주십시오."

"바라문이여, 참으로 그대의 말과도 같다. 늙음과 병과 죽음으로 옮겨가는 세계에서는 신·구·의의 세 가지를 제압하는 것이 죽어가는 자신의 비호가 되고 의지처가 되고 등불이 되고 지탱이 되는 것이니라."

목숨은 짧은데 세월은 흐른다. 늙음으로 옮겨지는 사람에게 비호란 없네. 죽음의 두려움을 앞에 두고 공덕있는 행을 하면 그 사람의 은신처가 되리라.

3. 또 어느 날 한 바라문이 세존을 찾아 뵙고 아뢰었다. "세존이시여, 세존의 가르침은 이 현세에 과보가 있는 것이라고 하옵니다만, 어떤 양으로 현세의 과보가 있는 것이옵니까? 즉각 효험이 있어, 와서 보라고 제시할 수가 있고, 마음에 지닐 가치가 있는 법이란 어떠한 것

이옵니까?"

"바라문이여, 탐욕으로 불타고 있는 마음은 스스로를 해치고 남을 해치고 자타 양쪽을 해치는 것이라 생각하며, 마음속에 괴로움과 번뇌를 느끼는 법이다. 탐욕을 없애면 이같은 고뇌는 없다. 바라문이여, 진에에 의해 미쳐버린 마음도, 우치에 빠져 있는 마음도 마찬가지이다. 그 진에를 버리고 우치를 여의면 이와 같은 해로운 생각은 없어진다. 이것이 현세의 과보이다. 이것이 직접적인 효험이며, 와서 보라고 남에게 제시할 수가 있고 마음에 지닐 가치가 있는 법이다."

4. 어느 날 또 산가라와라는 바라문이 세존을 찾아뵙고 아뢰었다. "존자 고타마여, 저는 바라문이기 때문에 스스로 제물을 바치고 또 남에게도 제물을 바치게 합니다. 스스로 제물을 바치고 남으로 하여금 바치게 하면, 그 제물을 갖춘 인에 의해 그 제물이 된 동물의 몸에서 나온 공덕의 도에 들어갑니다. 참으로 자타가 공히 받는 큰 공덕이옵니다. 이와 반대로 가족을 버리고 출가하는 자는 단지 자기의 몸만을 억제하고 자기의 몸만을 진정시키고 자기의 욕심을 멸할 뿐이기 때문에, 다만 자기 한 몸만이 공덕의 도에 들어가는 것이옵니다."

"그렇다면 바라문이여, 내가 묻는 바를 생각대로 대답하라. 그대는 어떻게 생각하느냐? 이 세상에 부처가 나타나 설법하기를 '오너라, 이것이 도이다. 내가 스스로 깨달은 더없는 열반을 보여주리라. 너희들도 이것을 행하면 그 더없는 열반을 깨달을 수 있으리라.'고 한다. 부처의 가르침에 많은 대중들이 좇고 수백 명, 수천 명, 수십만 명이 이 도를 행한다. 바라문이여, 이것에 의해서도 출가의 공덕이 내 몸 하나에 한한다고 하는가?"

"존자 고타마여, 만일 그러하다면 출가의 공덕이 많은 중생들에게 미치는 것입니다."

그때 그 곁에 있던 아난다가 말했다. "바라문이여, 이 두 가지 중 어느 것이 좋다고 생각하는가? 어느 쪽이 곤란이 적고 큰 보답이 있으며 이익이 있다고 생각하는가?"

바라문은 그 물음에는 대답하지 않고 "존자 고타마여, 존자 아난다 같은 사람은 저의 공양에 응할 만하며 제가 칭찬할 만한 사람입니다."라고 질문을 피했다.

아난다는 "바라문이여, 나는 그대가 누구를 공양하며 칭찬하고 있는가를 듣고 싶은 것이 아니다. 이 두 가지의 길 중 어느 것을 좋게 생각하는가 묻고 싶은 것이다."라고 두 번 세 번 물었지만, 바라문은 같은 대답을 하여 그 물음을 피하려고 했다.

5. 세존은 이 광경을 보시고 바라문을 궁지에서 벗어나도록 할 생각에서 물으셨다.

"바라문이여, 오늘 왕궁에 대중들이 모였을 때 어떠한 이야기가 나왔는가?"

"존자 고타마여, 오늘 왕궁에서는 옛날에는 출가자의 수가 지금보다 적었지만 신변(神變)을 가진 사람이 지금보다 많았다는 이야기가 있었습니다."

"바라문이여, 그대가 말하는 신변은 세 종류로 구별할 수 있다. 신통신변(神通神變)·기심신변(記心神變)·교계신변(敎誡神變)이 그것이다. 신통신변이란, 여기에 어떤 사람이 여러 가지 신통을 보인다. 하나이면서 여럿이 되고 여럿이면서 하나가 되고, 혹은 나타나고 혹은 숨고, 담장을 통하고 벽을 통하고 산을 꿰뚫더라도 장애가 없어 마치 허공을 달리는 것과 같고, 혹은 땅속에 드나들기를 물속에 들어가는 것같이 하고, 물 위를 빠지지 않고 가는 것이 땅 위를 걸어가는 것 같고, 큰 위덕과 큰 힘이 있는 일월(日月)도 손으로 만지고, 신들의 세계까지도 이 육체로써 간다고 하는, 이것이 곧 신통신변이다.

기심신변이란, 여기에 어떤 사람이 어떤 표적에 의하여 '너의 마음은 이러이러하고 너는 이러이러한 것을 생각하고 있으며, 너의 생각은 이와 같은 것.'이라고 제시한다. 또 표적에 의하지 않고 사람이나 신이나 짐승 등의 소리를 듣고서 사람의 마음을 알아맞힌다. 혹은 어떤 힘도 빌리지 않고 알아맞힌다. 이것을 기심신변이라고 일컫는 것이다.

교계신변이란, 어떤 사람이 다른 사람에게 '이와 같이 생각하라. 이와 같이 생각하지 말라. 이것을 버려라. 이것에 마음을 두라.'고 가르친다. 이것이 교계신변이다. 바라문이여, 이 세 가지의 신변 중 어느 것이 뛰어나다고 생각하는가?"

"존자 고타마여, 신통신변과 기심신변은 그것을 조종하는 사람에게만 있는 이치로서 환상과 비슷한 것입니다. 그렇지만 교계신변은 자타가 함께 누리고 자타가 공존하며, 따라서 세 종류의 신변 중에서 가장 뛰어난 것입니다. 고타마여, 참으로 훌륭한 가르침을 들었습니다. 저는 존자가 이 세 종류의 신변을 갖추신 분이라고 생각합니다. 존자 외에도 이것을 갖춘 분이 있습니까?"

"바라문이여, 그것은 물론이다. 이 세 종류의 신변을 갖춘 제자는 100명이나 200명이나 500명뿐이 아니라 더욱 많이 있다."

"존자 고타마여, 그같은 제자분은 지금 어디에 있습니까?"

"바라문이여, 그들은 이 승가 중에 있다."

산가라와 바라문은 이 가르침을 기뻐하여 평생 신자가 될 것을 맹세했다.

제2절 카타야나

1. 그 무렵 카타야나는 와라나 고을의 가트다마 호숫가에 머물러 있

없는데, 어느 날 바라문인 아라마난다가 카타야나에게 나아가 인사하고 물었다. "존자여, 크사트리야가 크사트리야와 서로 다투고, 바라문이 바라문과 서로 다투고, 바이샤가 바아샤와 서로 다투는 것은 무슨 까닭일까요?"

"바라문이여, 그것은 탐욕에 계박되어 그것에 빠지고 자격(刺擊)되어 있기 때문이다."

"존자여, 이 세상에 탐욕으로부터 벗어난 사람이 있습니까?"

"바라문이여, 지금 이곳에서 동쪽의 사바티성에 이 세상의 세존이신 부처님이 머물고 계신데, 그분이 바로 이에서 벗어나신 분이다."

이 말을 듣더니 바라문은 급히 자리에서 일어나 옷을 한쪽 어깨에 걸치고 오른쪽 무릎을 땅에 붙이고서 세존이 계신 쪽을 향해 합장하며 "그 부처님에게 귀의하여 받들겠습니다."라고 삼귀의를 하고 "아아, 세존은 이 탐욕에서 벗어나셨다."고 찬양했으며, 카타야나의 가르침을 기뻐하고 평생 신자가 될 것을 맹세하였다.

2. 또 어느 때 카타야나는 마도라야의 군다라는 숲에 머물고 있었다. 어느 날 간다라야나 바라문이 그를 찾아와서 말했다. "존자여, 저는 카타야나께서 기숙이신 바라문을 배례하지 않고, 자리에서 일어나 맞이하지 않으며, 자리도 내주지 않는다고 들었습니다. 만일 이것이 사실이라면 그것은 옳은 일일까요?"

"바라문이여, 세간의 세존이신 부처님께서 설하신 노인과 젊은이와의 정의가 있다. 그것에 의하면, 가령 나이가 많아 80 혹은 90의 바라문이라 할지라도 애욕에 탐닉하고 애욕에 불타고 애욕을 구한다면 그는 젊은이이다. 또 가령 젊은 바라문일지라도 애욕에 탐닉하지 않고 애욕을 구하는 일이 없다면 그는 현명한 노인이라고 할 것이다."

이 말을 듣더니 간다라야나 바라문은 자리에서 일어나 옷을 한쪽 어깨에 걸치고 곁에 늘어서 있던 젊은 불제자의 발에 자기 머리를 붙이며 말했다. "당신들은 참된 장로이시오. 나는 젊은이에 불과하오." 그는 이후 평생 신자가 될 것을 맹세했다.

3. 세존은 아직도 기원정사에 내내 머물러 계셨는데, 어느 날 사이타와 마하구치라는 사리푸타의 거처에 가서 법에 대하여 얘기했다. 사리푸타가 말했다.

"세간에는 세 종류의 사람이 있다. 즉 스스로 체험하는 신증(身證)의 사람과, 지혜에 의해 도달하는 견지(見地)의 사람과, 신심에 의해 해탈하는 신해(信解)의 사람이다. 이 가운데 어느 자가 뛰어나다고 생각하는가?"

사이타는 말했다. "나는 세 종류의 사람 중에서 신해의 사람이 뛰어나다고 생각합니다. 왜냐하면 이 사람의 신심이 가장 뛰어나기 때문입니다."

마하구치라는 말했다. "나는 신증의 사람이 가장 뛰어나다고 생각합니다. 왜냐하면 이 사람의 선정이 가장 뛰어나기 때문입니다. 그러나 사리푸타여, 당신은 이 세 종류의 사람 중 어느 쪽이 뛰어나다고 생각하십니까?"

사리푸타가 말하었다. "나는 견지의 사람이 가장 뛰어난 자라 생각한다. 왜냐하면 이 사람의 지혜가 가장 우수하므로. 그런데 벗이여, 우리들은 모두 저마다 의견을 말했다. 이제부터 세존께로 가서 이 일을 말씀드리고 세존이 말씀하신 대로 알아두자." 그리고는 함께 세존을 뵙고 이상의 것을 아뢰었다.

"사리푸타여, 이 세 종류의 사람 중 이 사람이 뛰어나다고 분명히 말하기란 어렵다. 왜냐하면 다음과 같은 경우가 있기 때문이다. 신해의 사람이 성자에 도달하고 신증과 견지의 사람이 그곳에 이르지 못하는 일도 있다. 이와 반대로 신증의 사람이 성자가 되고 견지와 신해의 사람이 거기에 이르지 못하는 일도 있다. 때문에 세 종류의 사람을 비교하여 어느 것이 뛰어나다고 잘라 말하기가 어렵다."

 4. 세존은 또 어느 날 제자들에게 이야기하셨다. "제자들이여, 세간의 병자를 세 종류로 나눌 수가 있다. 첫째는 좋은 음식, 효험이 있는 약, 알맞은 간호인 등을 얻든 얻지 못하든 회복될 수 없는 병자이다. 둘째는 좋은 음식, 효험이 있는 약, 알맞은 간호인 등을 얻든 얻지 못하든 회복될 수 있는 병자이다. 셋째는 좋은 음식, 효험이 있는 약, 알맞은 간호인 등을 얻으면 살고, 얻지 못하면 죽는 병자이다. 제자들이여, 이 세번째 병자가 있기 때문에 첫째와 둘째의 병자에게도 병자의 음식, 약, 간호가 베풀어지는 것이다.

 이것과 마찬가지로 법상으로도 세 종류의 사람이 있다. 첫째는 부처를 만나거나 만나지 못하거나, 부처의 가르침을 받거나 받지 못하거나 간에 선법으로 나아갈 수 없는 사람이다. 둘째는 부처를 만나거나 만나지 못하거나, 부처의 가르침을 받거나 받지 못하거나에 상관없이 선법으로 나아갈 수 있는 사람이다. 셋째는 부처를 만나서 부처의 가르침을 받으면 도로 나아가고, 부처를 만나지 못하고 부처의 가르침을 받지 못하면 도로 나아갈 수 없는 사람이다. 제자들이여, 이 세번째의 사람이 있기 때문에 다른 첫째와 둘째의 사람에 대해서도 법을 설하는 것이다.

 5. 제자들이여, 세 종류의 마음을 갖고 있는 사람이 있다. 첫째는 상처와 같은 마음을 가진 사람, 둘째는 번갯불 같은 마음을 가진 사람, 셋째는 금강 같은 마음을 가진 사람이다.

 상처와 같은 마음을 가진 사람이란 성내기 쉽고 자포자기하기 쉬우며 짜증스런 마음을 갖는 것이, 마치 상처가 막대나 토기조각에 스치면 고름이 나는 것과 같은 경우를 이른다. 번갯불 같은 마음을 갖고 있는 사람이란, '이것은 고(苦)이다. 이것은 고의 인(因)이다. 이것은 고의 멸에 이르는 도이다.' 라고 여실히 아는 사람으로, 마치 어둠 속에 번갯불이 번쩍이면 그 빛으로 사물의 모양을 똑똑히 볼 수 있는 것과 같은 경우를 이른다. 금강 같은 마음을 가진 사람이란 번뇌를 멸하여 각을 얻은 사람으로, 마치 금강이 구슬이든 돌이든 간에 무엇이든 끊을 수 있는 것과 같은 경우를 이른다. 세간에는 이 세 종류의 사람이 있다."

6. 어느 때 아난다가 세존께 나아가자 세존께서 말씀하셨다. "아난다여, 나는 몸과 입과 뜻의 세 가지의 악한 행을 해서는 안 된다고 엄하게 말하였다."

"세존이시여, 만일 그 금욕을 범하여 세 가지 악한 행을 한다면 어떠한 보가 있을까요?"

"아난다여, 세 가지의 악한 행을 하면 스스로 몸을 책하고, 마음 있는 사람의 비난을 받고, 나쁜 이름을 얻게 되며, 마음이 어지럽혀져 목숨이 끝나 죽으면 지옥에 들어가리라. 이것이 그 보이다. 아난다여, 나는 몸과 입과 뜻의 착한 행을 하지 않으면 안 된다고 엄하게 말하였다."

"세존이시여, 그 세 가지의 착한 행을 하면 어떠한 보가 있사옵니까?"

"아난다여, 스스로 자기를 책하는 일이 없고, 마음있는 사람으로부터 칭찬받으며, 명예를 얻고, 목숨이 끝날 때 마음이 어지럽지 않고, 죽어 천계에 태어나리라. 이것이 그 착한 보이다."

7. 다시 세존은 제자들에게 말씀하셨다. "제자들이여, 여기에 두 가지의 뛰어난 법이 있다. 그것은 지(止)와 관(觀)이다. 지를 닦으면 마음이 조복되어 욕의 더러움을 여읠 수가 있고, 관을 닦으면 지혜가 증장되어 무명을 여읠 수가 있다. 욕에 더럽혀지면 마음이 조복되지 않고, 무명에 더럽혀지면 지혜가 증장하지 않는다. 욕을 여의기 위해서는 마음을 조복해야 하고, 무명을 벗어나려면 지혜가 증장해야 하는

것이다.

8. 제자들이여, 나는 너희들에게 악인과 선인이 의거해 설 땅을 설하겠다. 악인이 설 땅은 어디인가? 악인에게는 은혜를 알아 감사하는 마음이란 없다. 이 은혜를 알아 감사하는 마음을 갖지 않으니 나쁠 수밖에 없다. 선인이 설 땅은 어디인가? 선인에게는 은혜를 알며 감사하는 마음이 있다. 이 은혜를 알고 감사하는 마음을 갖는 것은 선한 일이다.

제자들이여, 아무리 애쓰더라도 두 사람에게는 그 은혜를 다 갚을 수가 없다. 두 사람이란 아버지와 어머니이다. 비록 백 년을 사는 사람이 백 년 동안 오른쪽 어깨에 어머니를 업고 왼쪽 어깨에 아버지를 업고 걷더라도, 또 향수로써 부모의 몸을 문질러주고 깨끗이 씻어주고 주물러주고 부모의 분뇨를 처리해주더라도 그 은혜를 갚기에는 아직도 모자란다. 부모를 왕자(王者)의 자리에 오르도록 애쓰더라도 그 은혜를 갚기에는 모자란다. 왜냐하면 아버지와 어머니는 그 자식에게 많은 도움을 주고 이를 양육하고, 이 세계를 자식에게 보여준 사람이기 때문이다. 만일 부모의 불신(不信)을 깨우쳐 신앙으로 이끌고, 악한 계를 버리고서 바른 계에 서도록 하고, 탐욕을 여의고서 보시로 이끈다면 부모의 은혜를 갚는 데 족하고, 또한 그보다 위로 나설 수도 있다.

9. 제자들이여, 이 세상에 수승하고 존귀한 두 가지의 노력이 있다. 하나는 재가자가 출가자에게 옷·음식·좌구·약을 공양하는 노력이고, 다른 하나는 출가자 자신이 번뇌를 없애는 노력이다. 너희들은 번뇌를 없애기 위해 노력하지 않으면 안 된다.

10. 제자들이여, 그대들은 '비록 피와 살이 다 마를지라도 가죽과 심줄과 뼈가 남는 한은 남자다운 힘, 남자다운 정진을 다하고, 이르러야 할 곳에 이르기 전에는 결코 노력을 멈추지 않는다.' 는 결심을 가

져야만 한다. 이 결심에 의해 그대들은 머지않아 출가의 목적을 달성하고 청정한 행을 이 세상에서 이룩하게 되리라."

제3절 부모의 은혜

1. 살바가마는 베살리의 사람으로 뜬세상의 생활에 싫증을 내어 아내를 버리고 세존에게 출가했다. 세존으로부터 지관(止觀)을 염하라는 공안(公案)을 받고 조용한 곳으로 물러나 행을 바로하고 마음을 연마하며 지혜를 닦았다. 여기저기 유행의 생활을 거듭하고 얼마 후 고향에 돌아가 자기의 집을 찾았다.

아내는 지난날의 모습을 잃고 마르고 여윈 데다가 고뇌로 인해 지쳐 있었다. 아내가 눈물을 글썽이며 곁에 앉자, 그 광경에 충격을 받아 애련의 정이 절로 솟아나 하마터면 침착한 마음을 잃고 환속할까도 했지만, 준마(駿馬)가 채찍 그림자를 보고 달리기 시작하듯 모든 것을 떨쳐버리고 다시 도의 심오한 곳을 헤치고 들어갔으며, 이것을 기연으로 삼아 힘써 행을 닦아 마침내 깨달음을 얻었다.

장모와 장인은 딸을 아름답게 단장시켜 함께 정사에 이르러 살바가마에게 환속을 권했다. 그러나 살바가마는 그 청을 물리쳤다.

  이 두 개의 발이 있는 몸, 남에게 안겨본들 청정하지 못하고 더러운 냄새뿐일세.
  온갖 더러움은 가득하여 여기저기서 스며나오네.
  사슴은 덫에, 물고기는 낚싯대에, 원숭이는 끈끈이에 사로잡히고, 세간의 중생은 색에 계박되도다.
  좋은 빛과 목소리, 맛과 향기와 감촉의 다섯 가지 욕심은 모두 여자의 모습을 지으리라.

　마음은 물(物)에 계박되고 세간의 상민은 이와 사귀어 무서운 자기의 무덤을 넓히고 망집의 씨앗을 거둬들이네.

　발로써 뱀의 머리를 차듯, 이것들을 물리치는 바른 사람은 생각도 바르게 세간의 독(毒)을 물리치네.

　욕심에서 화(禍)를 보고 출리(出離)에서 안락을 보아, 나는 욕심을 버리고 마음의 더러움을 여의네."

아난다는 길에서 장인과 장모와 여인을 보고서 살바가마의 일을 염려하며, 살바가마와 만났느냐고 물었다.
"만났습니다만, 만나지 않았음과 다름없습니다."
"얘기를 하였습니까?"
"얘기했습니다만 얘기하지 않음과 다름없습니다."
아난다는 다음과 같이 게(偈)를 송하며 정사로 돌아갔다.

　불에서 물을 찾고 물에서 불을 찾고 공(空)에서 유(有)를 구함은 마치 무욕에서 욕을 구함과 같이 어리석도다.

살바가마는 아난다를 보고서 자기의 깨달음을 밝혔다. 아난다는 "능히 청정한 행을 지키고 길을 닦아 망집을 끊음은 부처님의 참된 제자이니라."라고 노래하며 살바가마의 깨달음을 칭찬했다.
　2. 세존은 그로부터 강가를 건너 그 남안으로 나가 강물을 따라 베나레스에 이르러 녹야원에 머무르셨다. 어느 날 세존은 또 제자들에게 말씀하셨다.
　"제자들이여, 세상에는 세 종류의 사람이 있다. 바위에 새긴 글씨 같은 사람과, 모래에 쓴 글씨 같은 사람과, 물에 쓴 글씨 같은 사람이다. 바위에 새긴 글씨 같은 사람이란, 곧잘 화를 내고 그 노여움을 오래 계속하는 사람이다. 이는 마치 바위에 새긴 글씨가 비바람에도 지워지지 않고 오래 남아 있는 것과 같다. 모래에 쓴 글씨 같은 사람이란, 곧잘 화를 내지만 그 노여움이 모래에 쓴 글씨처럼 속히 사라지는 사람이다. 물에 쓴 글씨 같은 사람이란, 물 위에 쓴 글씨는 찰나에 흘러가 자취도 없듯이, 욕심이나 불쾌한 말을 듣더라도 조금도 그 마음에 자취를 남기지 않고 화기(和氣)가 넘쳐 있는 사람이다.

3. 제자들이여, 마카티의 섬유로 만든 천은 새것이나 중간치나 낡은 것이나 보기 흉하고 감촉이 나쁘며 값도 싸다. 그리하여 이것은 조금만 낡아도 항아리를 닦는 데 쓰거나 쓰레기로 버리는 방법밖에 없다. 이와 마찬가지로 불제자로서 신참이든 중간치든 또 상좌이든 간에 계를 지키지 않고 성질이 나쁘다면, 나는 그를 추한 자라고 한다. 그와 사귀고 그와 견해를 같이하는 사람은 영원한 불리·불행을 겪게 될 것이다. 이것은 그 촉감이 나쁜 것이다. 또 그는 신자로부터 옷·음식·좌구·약을 받더라도, 그 신자의 보시는 큰 과보를 받을 수가 없다. 나는 이것을 무가치하다고 말한다. 또 이와 같이 상좌의 제자가 승가에서 남을 비방하든가 이끌 경우, 다른 제자는 '그대가 비방한다고 무슨 소용이 있나. 너야말로 비방을 받아 마땅하다고 생각되지 않느냐.'라고 말하리라. 이 말을 듣고 그는 화를 내며 거친 말을 내뱉고, 마침내 승가로부터 추방을 당하게 된다. 이것이 곧 쓰레기더미에 버려진다고 하는 것이다.

제자들이여, 카시의 비단은 새것이나 중간치나 낡은 것이나 아름답고 보드라우며 값도 비싸다. 헌 비단조각조차 보석을 싸든가 향상자(香箱子) 속에 넣어둔다. 이와 마찬가지로 신참이거나 중간치이거나 상좌이거나 간에 계를 지키고 착한 성품을 갖추고 있으면, 나는 그들을 훌륭한 자라고 한다. 그와 사귀고 그와 견해를 같이하는 사람은 영원한 이익과 행복을 얻게 될 것이다. 이것을 감촉이 좋다고 일컫는다. 또 그가 신자로부터 옷·음식·좌구·약을 얻으면 신자는 시주에 의해 큰 과보를 받는다. 이것을 값이 비싸다고 하는 것이다.

제자들이여, 또 이같은 상좌의 제자가 승가에서 무슨 일이든가 얘기하고자 하면, 제자들은 모두 말한다. '대중들은 조용히 해주십시오. 상좌되는 분이 법과 계율을 말씀하고자 합니다.' 라고. 제자들이여, 그렇기 때문에 '나는 마카티처럼 되지 말고 카시의 비단처럼 되리라.'고 생각하고 배우지 않으면 안 된다.

4. 제자들이여, '이 사람은 자기가 한 업(業)대로 보를 받지 않으면 안 된다.'고 하는 자가 있어, 그것이 또 참된 사실이라면 청정한 행을 닦을 필요도 없고, 고뇌를 말할 기회도 얻을 수 없게 된다.

제자들이여, 작은 죄업을 범하여 지옥에 떨어지는 자도 있으나, 또 같은 죄업을 범하더라도 그 보를 이 세상에서 다 받아 내세에서는 조금도 괴로움을 받지 않는 자도 있다. 따라서 앞서의 예는 어떠한 경우에 생기는가 하면, 여기에 어떤 사람이 몸을 닦지 않고 계를 지키지 않고 마음을 닦지 않고 지혜를 닦지 않고 덕이 적으며 마음이 좁고, 따라서 작은 일에도 괴로워하며 허우적거리고 있다. 이러한 사람은 작은 죄업을 쌓아도 그 때문에 지옥에 떨어지는 것이다. 이와 반대로 몸을 닦고 계를 지키고 마음을 닦고 지혜를 닦고 덕도 풍부하고 마음도 넓고 무량한 선을 갖추고 있는 사람은, 조그마한 죄업을 범해도 그 보를 현세에서 받고 내세에서는 조금도 괴로움을 받지 않게 되는 것이다.

제자들이여, 비유컨대 소금 한 덩어리를 작은 바리때에 담긴 물에 넣으면 그 바리때의 물은 짜나, 강가의 물에 넣으면 짜지 않은 것과 마찬가지인 것이다. 또 어떤 사람은 겨우 한 푼의 돈으로 옥에 들어가야만 하고, 어떤 자는 그것만으로는 옥에 들어가지 않아도 되는 것과 같다. 즉 가난한 사람은 불과 한 푼으로 감옥에 갇히지만, 재물이 풍부한 부자는 그 한 푼 때문에는 감옥에 들어가지 않는 것이다. 또 가난으로 괴로워하는 사나이는 한 마리의 양을 훔쳤다 하여 옥에 갇혀 자유를 빼앗기지만, 부자나 귀족이 훔쳤을 경우에는 오히려 임자 쪽에서 빌어 그 대가를 받아야만 하는 것과 같은 것이다.

　제자들이여, 그러므로 작은 죄업을 범하더라도 어떤 자는 지옥에 들고 어떤 자는 이 세상에서 그 보를 다하여 내세에는 그 고과(苦果)를 받지 않는 것이다.

　5. 제자들이여, 황금은 아름다운 것일지라도 그것을 품고 있는 광석은 흙이나 모래나 조약돌이 섞여 있어 더러운 것이다. 이 더러운 광석을 그릇 속에 담아 몇 번이고 씻는다. 그러고도 더러운 것을 여러 번 씻어내어 깨끗하게 한다. 이리하여 더러움을 점점 제거하면 금사(金砂)만이 남는다.

　이 금사를 금공(金工)이 도가니 속에 넣고 풀무질을 하여 녹인다. 처음에는 잘 녹지 않고 더러움이 제거되지 않아 유연해지지 않고 광택도 없으며, 단단하지 못하여 별로 쓸모가 없지만, 그래도 몇 번이고 풀무질을 하면 드디어 불순물이 제거되고 광채가 나며, 작업할 수 있도록 유연해진다. 이것을 갖고서 세공인은 자기가 마음먹은 대로 길이를 늘리든가 귀고리・팔찌・금사슬 등을 만드는 것이다.

　제자들이여, 마치 이처럼 선정을 닦는 자도 처음에는 신・구・의의 세 가지 악으로 몹시 더럽혀져 있는 법이다. 마음있는 현명한 자는 차례로 그것을 제거하고 멸하여 없앤다. 더구나 아직 욕과 진과 해(害)라는 의식의 더러움이 있으므로 이것도 제거하여 멸하지만, 그런데도 아직 친척이라든가 나라라든가 남이 자기를 얕보지 않을까 하는 등의 생각이 남아, 이 때문에 청정해지지 않으며 마음이 바르게 한곳에 모아지지 않는다. 그 선정은 아직도 무리가 있는 것이다. 제자들이여,

마음이 있는 현명한 자는 차례로 이같은 더러움을 멸하여 바른 선정을 얻고 신변(神變)을 얻으며, 지혜를 얻어 번뇌를 멸하고 깨달음을 얻으며, 자기가 원하는 대로 목적을 달성할 수가 있게 되는 것이다.

　제자들이여, 선정을 닦는 자는 전심(專心) 면려하여 차별의 염을 버리도록 해야 한다. 세공사가 금을 도가니에 넣어서 불로 달구고 물로 적시어 때때로 시험하고 있는 것과 같이 스스로를 단련해야 한다."

제6편

진실한 이치를 깨달을 생각이 있으면 항상 굳세게 수행을 하여야 한다. 생각만 있을 뿐 수행이 없다면 그것은 도에 가까워질 수 없다.

제1장 법을 보는 자

제1절 업(業)

1. 세존은 또 코살라국을 유행하신 뒤 사바티성으로 돌아가신 어느 날 제자들에게 이야기하셨다.

"제자들이여, 중생들은 누구나 나쁜 일이 없어지고 소망하는 일이 많아지기를 원하지만, 실제로는 그 반대가 되는 까닭은 무엇인가?"

"세존이시여, 세존께서는 법의 근본을 깨닫고 계시므로, 아무쪼록 그 까닭을 가르쳐주십시오. 저희들은 가르침을 그대로 믿겠습니다."

"제자들이여, 그렇다면 잘 듣도록 하라. 여기에 성자를 보지 않고, 선한 사람을 보지 않고, 성법(聖法)을 알지 못하고, 선한 법을 모르는 사람이 있다고 하자. 그는 몸에 행해야 할 법과 행해서는 안 될 법을 모르기 때문에, 행해야 할 법을 행하지 않고 행해서는 안 될 법을 행한다. 이 때문에 바람직하지 않은 일이 증장하고, 바라는 일이 이뤄지지 않는 것이다. 그렇건만 내가 가르치는 제자는 성자를 보고 행해야 할 법을 잘 알고 있기 때문에, 나쁜 일이 줄고 바라는 일이 증장하는 것이다.

2. 제자들이여, 여기에 네 가지의 법이 있다. 그것은 현재에 괴로움을 줌과 동시에 미래에도 괴로움을 낳는 법, 현재에는 괴로움을 일으키더라도 미래에는 즐거움을 낳는 법, 현재에는 즐거움을 낳지만 미래는 괴로움을 낳는 법, 현재에도 미래에도 즐거움을 낳는 법이다. 무

명에 덮여 있는 자는 이 현재도 미래도 괴로운 법과, 현재는 즐거우나 미래는 괴로운 법을 있는 그대로 모르는 까닭에 피하고자 하지 않는다. 그 때문에 바람직하지 않은 일이 증장하고 바람직한 일이 줄어든다. 이것은 어리석은 자의 당연한 상태이다. 또 현재는 괴로우나 미래는 즐거운 법과, 현재도 미래도 즐거운 법을 있는 그대로 알지 못하는 까닭에 오히려 이것을 피하여 행하고자 하지 않는다. 그 때문에 바람직하지 않은 일은 증장하고 바람직한 일은 줄어든다. 이것도 어리석은 자의 당연한 상태이다.

제자들이여, 이것과 반대로 지혜있는 자는 이 네 가지를 있는 그대로 보고 있기 때문에, 행해서는 안 되는 일은 행하지 않고 행해야만 할 일을 행한다. 그 때문에 바람직한 일은 증장하고 바람직하지 않은 일은 줄어든다. 이것은 지혜있는 자의 당연한 상태이다.

제자들이여, 현재도 미래도 괴로운 법이란 무엇인가? 여기에 어떤 사람이 살생·투도·사음 등 나쁜 행을 하면 그것이 자기의 고뇌가 된다. 이 행 때문에 현세에서 이미 고뇌를 받고 내세에서도 역시 악도에 태어나게 된다. 이것이 현재도 미래도 괴로운 법이다.

한편 살생·투도·사음 등 나쁜 행을 하고도 그것이 고뇌를 일으키지 않고 즐거움과 기쁨을 일으킬 수 있는 자도 있다. 그러나 비록 현재에 즐거움과 기쁨을 얻더라도 미래에는 반드시 악도에 태어나는 결과를 초래한다. 이것이 현재는 즐겁고 미래는 괴로운 법이다.

현재는 괴롭고 미래는 즐거운 법이란, 앞서 예를 든 악행(惡行)을 금하고 탐욕과 진에를 여의고, 바른 견해를 품고, 도에 어긋나지 않는 생활을 말함인데, 이것은 세간에 있어서는 고뇌를 일으키나 미래에 있어서는 좋은 결과를 초래한다.

현재도 미래도 즐거운 법이란, 이 도의 생활이 이 세간에 있어 이미 즐거움과 기쁨을 주고, 미래에도 좋은 결과를 낳는 것이다.

3. 제자들이여, 이것을 비유해서 말한다면, 여기에 어떤 사람이 독이 섞여있는 호리병박을 내보이며, 목숨을 탐하고 괴로움을 싫어하는 사나이에게 말한다. '여기에 독이 든 호리병박이 있는데, 마시고 싶다면 마셔라. 그러나 맛도 향기도 나쁘고 마시면 죽게 된다.'고 경고한다. 그러나 현재도 미래도 괴로운 법을 행하는 사람은 이것을 마시는 것이다.
  또 여기에 아름답고 맛좋은 요리에 독이 섞여 있다고 하자. 그런데 목숨을 아끼고 괴로움을 싫어하는 사내가 '맛이 좋지만 독이 있다.'고 함에도 불구하고 먹었다고 하자. 이는 곧 현재는 즐겁고 미래는 괴로운 법을 행하는 자이다.
  또 여기에 여러 가지 약을 섞은 더러운 물이 있는데, 황달병자가 권유에 따라 마셨다고 하자. 맛도 향기도 견딜 수 없는 괴로움이긴 하지만, 병은 이것에 의해 참으로 편안해진다. 이것이 현재는 괴롭고 미래는 즐거운 법을 행하는 자이다.
  끝으로 여기에 이질을 앓는 사람이 권유에 의해 버터와 당밀과 설탕을 반죽한 젖을 섞은 약을 복용했다고 하자. 이 약은 맛도 향기도 나무랄 데 없고, 마시면 병이 낫는다. 이것이 현재도 미래도 즐거운 법을 행하는 것이다.
  제자들이여, 맑게 갠 구름 한 점 없는 가을 하늘에 태양이 빛나고 온갖 어둠을 불식하여 남김없이 비추듯이, 이 현재도 미래도 즐거운 법은 범상한 출가자들의 논의를 떨쳐버리고 찬란히 빛나는 것이다."
  4. 또 어느 날 세존은 제자들을 불러 말씀하셨다.
  "제자들이여, 염색공이 더러운 천을 노랑이나 빨강이나 파랑 빛깔로 물들이더라도 아름답게 염색되지는 않는다. 왜냐하면 본바탕이 더럽기 때문이다. 때문에 더러워진 마음의 결과는 나쁠 것이 뻔하다. 제자들이여, 깨끗하게 천을 빨고 그런 뒤 노랑이나 빨강이나 파랑 빛깔로 물들이면 아름답게 염색되는 것이다. 왜냐하면 천이 깨끗하게 세척되어 있기 때문이다. 때문에 깨끗한 마음의 결과는 좋을 것이 명백하다.

　제자들이여, 탐욕·진에·원한과 덮어 감추는 마음, 자부심·질투·아첨·속임수·대담성·복수심·만(慢)·과만(過慢)·교(憍)·방일은 마음의 티끌과 때인 것이다. 이 마음의 티끌과 때를 알고 이것을 씻어 청정하게 하고, 부처와 법과 승가에 움직이지 않는 신심을 심어 이기심을 멸하라. 그러면 마음이 열려 기쁨을 낳고, 몸은 화창함을 느끼고 마음이 한곳으로 모여 진정된다."

　5. 또 어떤 날 제자들에게 이렇게 말씀하시었다. "제자들이여, 다섯 가지 마음의 사마(邪魔)를 제거하지 않고 다섯 가지 마음의 계박을 풀지 않으면, 그는 가르침의 도에 나아갔다고 할 수가 없다.

　다섯 가지 마음의 사마란, 첫째 스승에 대해서 의심을 품고 신심을 갖지 않는 일, 둘째 법에 미혹하여 신심을 갖지 않는 일, 셋째 승가에 대하여 의심을 가지고 신뢰하지 않는 일, 넷째 수도에 미혹하여 신념이 없는 일, 다섯째 동학자에 대하여 마음으로 짜증을 내고 음울해지는 일이다. 이 다섯 가지 마음의 사마를 제거하지 않는다면 열중하는 마음이 일어나지 않고, 인내심이 없고, 노력하려고 하지 않으므로 도에 나아가지 못한다.

　다섯 가지 마음의 계박이란, 첫째 세간의 물욕을 버리지 못하고 목마름과 같은 욕심을 느끼는 일, 둘째 자기의 신체에 관해 탐욕하는 생각을 버리지 못하는 일, 셋째 물질에 관해 탐욕을 버리지 못하는 일, 넷째 위장 가득히 음식을 넣고 누워서 상쾌한 낮잠을 즐기는 일, 다섯째 청정한 행을 닦아 천계에 태어나고 싶다는 생각에 얽매어 있는 일이다. 이 다섯 가지 마음의 계박을 풀지 않으면 열중하는 마음이 일어나지 않고 인내심이 없으며, 노력하려고 하지 않으므로 도에 나아가지 못한다.

제자들이여, 그러므로 이 다섯 가지 마음의 사마를 끊어버리고 다섯 가지 마음의 계박을 푼 다음, 이것에 소원과 정진과 사유와 검찰(檢察)의 여의족(如意足)을 닦고, 마지막으로 노력을 더하여 도에 나아가면 깨달음을 얻어 더할 데 없는 안존에 다다를 수가 있다."

6. 어느 바라문이 기원정사로 세존을 찾아 뵙고 아뢰었다. "세존이시여, 죽어야만 할 자로서 죽음을 겁내지 않는 자는 하나도 없다고 생각하옵니다."

"바라문이여, 죽지 않으면 안 될 자로서 죽음을 겁내는 자도 있거니와, 죽음을 겁내지 않는 자도 있다.

죽음을 겁내는 자란, 오욕에 관해 탐하는 마음을 버리지 않고 집착을 여읠 수 없는 자가 중병에 걸리면, 그 좋아하는 것을 버리고 가야만 한다고 생각하여 괴로워 번민하고 가슴을 치며 울부짖는다. 또 이 육신에 관해 탐하는 마음을 버리지 않고 집착을 여의지 못한 자도 중병에 걸리면, 이 육신을 버리고 가야만 된다고 생각하여 고뇌한다. 또 이 세상에서 착한 일을 하지 않고 피난처를 만들지 않고 나쁜 짓만 한 사람도 죽음을 대하면 고뇌한다. 그리고 정법에 관해 의심을 품고 미혹하는 자도 마찬가지로 죽음을 겁내는 것이다. 그렇지만 바라문이여, 오욕에 관해 탐하는 마음을 버리고, 집착을 여의고, 이 육신에 관해서도 탐하는 마음이 없고 집착이 없으며, 악한 일을 하지 않고 착한 일을 하여 피난처를 마련하고, 이 정법에 대해서 의심하거나 미혹함이 없는 중생들은 중병에 걸리더라도 죽음을 겁내지 않는다."

7. 또 어느 때 한 불제자가 세존께 아뢰었다.

"세존이시여, 이 세계는 무엇에 의해 끌려가며, 어떠한 자의 지배를 받는 것이옵니까?"

"너의 물음은 참으로 훌륭하다. 이 세계는 마음에 이끌리고 마음의 지배를 받는 것이다."

"세존이시여, 현명하고도 큰 지혜자란 어떠한 것이옵니까?"

"그대의 물음은 참으로 훌륭하다. 스스로 해치는 것과 남을 해치는 것과 자기와 남을 함께 해치는 상(相)을 일으키지 않고, 나도 이롭고 남도 이롭게 하며 자타를 함께 이익되게 하는, 모든 세간의 이익을 생각하는 자를 일컫는다."

8. 기원정사에 머물러 계신 동안에 세존은 자주 사바티성의 동원(東園)에 있는 녹자모강당에 가시곤 했는데, 어느 포살(布薩)의 날 제자들에게 둘러싸여 자리를 정하시고 조용히 승가를 둘러보며 말씀하셨다.

"제자들이여, 이 모임에는 소리를 내는 자가 없다. 청정한 선(善)에 입각하고 있다. 이 승가는 세간에서 보기 드문 더할 나위 없는 복전(福田)이다. 몇 십리의 먼 길이라도 양식을 지고 가서 참여해야 할 집회이다. 이 승가에는 신들의 지위에 이른 자도 있거니와 범천(梵天)의 지위에 이른 자도 있고, 부동의 지위에 든 자가 있는가 하면 성자의 지위에 이른 자도 있다. 신들의 지위에 이른 자란, 악불선(惡不善)의 법을 떠나 초선(初禪)에서 2선, 3선, 4선에 들어가 있는 자이다. 범천의 지위에 이른 자란 자비희사의 사무량심을 닦고 있는 자이다. 부동의 지위에 든 자란 공무변처(空無邊處) · 식무변처(識無邊處) · 무처유처(無處有處) · 비상비비상처(非想非非想處)의 사무색정(四無色定)에 든 자이다. 성자의 지위에 든 자란 '이는 고이다. 이는 고의 인이다. 이는 고의 멸이다. 이는 고의 멸에 이르는 도이다.'라고 여실히 알게 된 자를 말함이다."

9. 어느 때 아난다는 세존의 허락을 받아 혼자서 콜리족을 방문하고 그 사람들에게 다음의 가르침을 폈다.

"콜리의 대중들이여, 사람의 몸을 청정히 하고, 슬픔을 없애고, 괴로움을 여의고, 각을 얻기 위해, 네 종류의 청정한 의무가 부처에 의해 설해지고 있다.

계(戒)의 의무란 계를 잘 지니는 것, 심(心)의 의무란 욕심을 여의고 불선을 여의고 모든 선정에 들어가는 것, 견(見)의 의무란 '이는 고이다. 이는 고의 인이다. 이는 고의 멸이다. 이는 고의 멸에 이르는 도이다.'라고 여실히 아는 것, 해탈의 의무란 이 계와 심과 견의 청정한 의무를 갖추고 더러움에서 마음을 해탈시키는 것이다. 이 네 종류의 청정한 의무가 중생의 몸을 청정히 해주고 슬픔을 없애고 괴로움을 여의어 각을 얻게 하는데, 부처에 의해 설해진 것이다."

10. 어느 날 말리 왕비는 세존을 기원정사로 찾아뵙고서 아뢰었다.

"세존이시여, 어떤 여자는 추하고 가난하며, 어떤 여자는 추하지만 부유하고, 어떤 여자는 아름답지만 가난하고, 어떤 여자는 아름다우면서도 부를 누리고 있습니다. 이것은 어떠한 까닭에 의한 것이옵니까?"

"왕비여, 어떤 여자는 잘 노하고 잘 낙담하고 화를 잘 내며, 토라져 증오의 빛을 나타내며, 출가자에게 공양하기를 좋아하지 않고, 남이 이양(利養)과 명예를 얻는 것을 보면 질투한다. 이 여자는 후세에 추하고 가난한 자로 태어나는 것이다. 또 어떤 여자는 역시 이같은 악덕을 갖추고 있지만, 출가자에게 공양하기를 좋아하고 남이 이양이나 명예를 얻는 것을 보고서도 질투하는 일이 없다. 이 여자는 내세에 추하기는 하지만 부유하고 자유를 누리도록 태어나는 것이다. 또 어떤 여자는 마음이 넓고 커 무슨 일에도 화를 내지 않고 토라지지 않고 여유있는 태도를 보이지만, 출가자에게 공양하기를 좋아하지 않고 남의 명예나 이양에 대해서는 질투하는 마음이 있다. 이 여자는 내세에 용모는 아름답지만 가난한 집에 태어나 괴로워하지 않으면 안 된다. 또 어떤 여자는 역시 이같은 아름다운 덕을 갖춘데다가 또한 출가자에게 공양하기를 좋아하고, 남이 이양이나 명예를 얻는 것을 보더라도 질투하는 일이 없다. 이 여자는 내세에 얼굴도 아름답고 부유하여 큰 세력있는 자로 태어나는 것이다. 왕비여, 이것이 이 세간에 갖가지 종류의 여자가 있는 까닭이다."

"세존이시여, 저는 전생에 잘 노하고 비뚤어진 좁은 마음을 가진 여자였습니다. 그러므로 지금은 추한 자로 태어났습니다. 그러나 다행히 출가자에게 공양하기를 좋아하고 남이 가진 물건에 대해서 질투심을 일으키는 일이 없었기 때문에 부유하고 자유를 누리는 자가 되었습니다. 저는 지금 왕궁에서 수많은 시녀들을 부리고 있습니다만, 오늘부터는 부드럽게 무슨 일에도 화를 내지 않고 삼가겠습니다. 또 출가자에게 공양하고, 남을 시기하지 않도록 하겠습니다."

이리하여 왕비는 세존의 가르침을 기뻐하고 궁으로 돌아갔다.

제2절 녹두범사(鹿頭梵士)

1. 세존은 다시금 편력하시어 라자가하성에 돌아가 죽림정사로 들어가셨다. 그 무렵 코살라국에 녹두(鹿頭)라는 해골 주술에 달통한 바라문이 있었는데, 주문을 외우며 해골을 두들겨서 이 사람은 어디서 태어났다는 것을 알아맞혔으며, 죽은 지 3년쯤 지난 자라도 그 출생지를 맞힐 수가 있었다. 그는 가정 갖기를 싫어하여 유행자의 무리에 들어갔고, 그 주술에 의해 사람들의 귀의(歸仰)을 얻고서 각국을 편력하고 있었는데, 어느 때 세존이 라자가하성의 영취산에 계셨을 때 찾아뵙고 세존과 재주를 겨루기를 원했다. 이리하여 세존은 녹두를 데리고 산을 내려와 무덤이 있는 곳에 가서 하나의 백골을 집어들고 말씀하셨다.

"그대는 해골의 주술에 달통했다고 하는데, 이 백골의 임자는 남자냐 여자냐?"

녹두는 주문을 외우고 백골을 집어들고서 두들기며 말했다. "세존이시여, 이것은 남자입니다."

"어떠한 병으로 죽었느냐?"

"여러 가지의 병이 겹쳐 죽었습니다만, 하리타키의 열매에 꿀을 섞어 마셨더라면 살았을 것입니다."

"지금 이 사내는 어디에 태어나 있느냐?"

"삼악도(三惡道)에 빠져 있습니다."

세존은 다른 백골을 주워 물으셨다. "이것은 남자냐 여자냐?"

"여자입니다."

"무슨 병으로 죽었느냐?"

"난산으로 죽었습니다."

"지금은 어디에 태어나 있느냐?"

"축생도(畜生道)에 태어나 있습니다."

녹두에게는 몇 개의 해골이 더 주어졌다. 그는 계속 남녀의 구별과 사망 원인, 그리고 출생지를 말했다. 세존은 다시 다른 하나의 해골을 집어 제시하셨다. 그것은 열반에 든 부처님 제자의 것이었다. 녹두는 마음을 다하여 주문을 외우고 손가락으로 두들기고 힘을 다하여 백골의 임자를 알아맞히고자 했지만 알 수가 없었으므로, 마침내 세존의 가르침을 청했다. 세존께서 말씀하셨다. "이것은 열반에 든 불제자의 것이다."

녹두는 그것을 세존의 묘술이라 생각하고 그 기술을 배우기를 원했다. 세존은 부처의 제자가 된다면 가르쳐주겠다 하셨고, 이로써 녹두는 이윽고 황의의 제자가 되어 가르침대로 부지런히 힘써 마침내 깨달음을 얻을 수가 있었다. 이제야말로 녹두로서는 해골의 임자를 아는 일이 필요없게 되었다.

2. 이것도 세존이 영취산에 머물러 계셨을 무렵의 일이다. 유명한 수많은 유행자들이 사피아의 호숫가에 있는 유행자의 동산에 모여 있었는데, 하루는 세존께서 그곳에 가셨다. 그때 유행자들 사이에서는 '이승의 진실이란 무엇인가.' 하는 것이 논의 대상이 되었는데, 세존께 이것을 말씀드렸더니 세존은 다음과 같이 말씀하셨다.

"유행자들이여, 나는 이 세상에서 네 가지의 진실을 스스로 깨닫고 설하고 있다. 그것은 첫째로 모름지기 생명이 있는 것은 무명에서 태어난다는 점, 또 둘째로 모든 오욕의 대상이 되는 것은 무상하고 고뇌이며 변화하는 것이라는 점, 또 셋째로 모든 존재는 무상하고 고뇌인 것이며 변화하는 것이라는 점, 넷째로는 '아'도 '아소'도 아니라는 것이다. 이 네 가지는 어느 것이나 진실이며 거짓이 아니다. 나는 이 네 가지 바라문의 진실을 스스로 깨닫고 설하고 있다."

3. 어느 날 또 세존은 제자들에게 말씀하셨다.

"제자들이여, 이 세계에는 많은 중생들의 이익과 행복을 위해 나타나는 두 사람이 있다. 즉 부처와 전륜왕이다. 이 두 사람은 또 인간의 스승으로서 강림하시고, 이 두 사람의 죽음은 많은 사람들의 애통해 하는 바가 된다. 이 두 사람은 탑을 세우기에 알맞은 분이다.

4. 제자들이여, 그런데 이 부처를 비방하는 두 사람이 있다. 하나는 내심에 악한 계책을 가진 사람, 하나는 그릇된 신심을 품은 사람이다. 또 두 사람이 있다. 하나는 부처가 설하지 않은 일을 설했다고 하는 사람, 하나는 부처가 설한 일을 설하지 않았다고 하는 사람이다.

5. 제자들이여, 세간에서 벼락을 겁내지 않는 두 사람이 있다. 번뇌를 멸한 불제자와 짐승의 왕인 사자이다. 또 이 세상에서 얻기 어려운 두 사람이 있다. 먼저 은혜를 베푸는 사람과, 은혜를 알고 은혜에 보답하는 사람이다.

6. 제자들이여, 또 이 세간에서 얻기 어려운 두 사람이 있다. 스스로 기뻐하는 사람과, 스스로 기뻐함과 동시에 남을 기쁘게 하는 사람이다."

7. 세존은 또 유행의 길을 나서 발타야의 자차숲에 이르셨다. 멘다카의 손자 웃가하는 세존을 자기 집에 초대하여 공양한 뒤, "세존이시여, 저의 딸들이 모두 출가를 하고자 합니다만, 무엇인가 가르침을 내려주셨으면 하옵니다."라고 원했다.

세존은 말씀하셨다.

"처녀들이여, 이와 같이 명심해야 한다. '시부모는 자식들의 이익이 되도록 해주시는 분임을 잊지 말며, 자애를 베푸시는 분이므로 감사를 해야 하고 일찍 일어나 늦게 자며, 언제나 시중을 들도록 하고 부드러운 말로 위로해 드려라. 남편이 받들고 공경하는 시부모나 출가자를 나도 받들고 공경하며 공양하여야 한다. 남편의 일에 이해를 갖고 자기도 그것을 능숙하게 익혀 부지런히 잘 도와드려라. 또 하인 및 집안일을 도와주는 사람들의 성질이나 힘이 있고 없음, 음식의 기호까지라도 잘 알아서 뒷바라지를 해주어야 한다. 남편의 수입을 귀중히 다루어 낭비가 없도록 해야 한다.' 처녀들이여, 이 다섯 가지의 일을 명심하지 않으면 안 된다."

8. 세존은 그후 베살리로 유행하시어 그곳의 대림(大林)인 중각강당에 숙박하셨다. 베살리성의 사자 장군이 세존을 찾아뵙고서 말씀드렸다.

"세존이시여, 보시는 선한 일이라고 합니다만, 보시에 대한 현세의 과보를 말씀해주십시오."

"장군이여, 보시하는 자는 많은 중생들로부터 사랑을 받는다. 이것이 그 현세의 과보 중의 하나이다. 또 보시하는 사람에게는 바른 선인이 있어 따르고 섬긴다. 이것이 그 현세의 두번째 과보이다. 또 보시하는 사람의 명예는 높이 칭송된다. 이것이 그 현세의 세번째 과보이다. 또 보시하는 사람은 왕족의 모임이거나 학자의 모임이거나, 또는 부자의 모임이거나 출가의 모임이거나 간에 어디에 가더라도 두려움 없이 마음 든든히 들어갈 수가 있다. 이것이 현세의 네번째 과보이다. 또 보시하는 사람은 그 공덕에 의해 죽은 뒤에 천계에 태어날 수가 있다. 이것은 그 내세의 과보이다."

"세존이시여, 세존께서 설하신 다섯 가지 과보 중에서 앞의 네 가지는 저도 알고 있습니다만, 마지막인 내세의 과보에 관해서는 제가 모르는 바입니다. 그러나 저는 오직 세존의 말씀을 믿습니다."

9. 우카 장자는 베살리 사람이었는데, 어느 날 세존께서 초대를 받고 그의 집에 가셨을 때 그는 이렇게 말했다.

"세존이시여, 저는 세존께서 친히 선한 일을 하는 자는 선한 것을 얻는다고 들었습니다만, 이 단자(團子)는 맛이 좋은 것이옵니다. 부디 세존의 자비로 받아주소서."

세존은 고개를 끄덕이며 받으셨다. 그는 다시 대추를 가미한 돼지고기와 국과 찬이 많은 정미한 흰밥을 권하자 세존이 받으시는 것을 보고서 "세존이시여, 긴 술이 달린 직물을 깔든가, 양피 포단에 덮개를 씌우고 양쪽에 빨간빛의 베개를 마련한 의자는 좋은 것임에는 틀림없습니다만, 세존 같은 어른에게는 걸맞지 않는다고 생각됩니다. 그래서 이 전단목 걸상을 올리고자 합니다. 부디 저를 어여삐 여기시고 받아주시옵소서."

세존은 고개를 끄덕이며 이것을 받으시고 이어서 감사의 게를 송하셨다.

올바름을 행하는 사람에게는 사랑이 있어 선을 베푸니 선을 얻으리라.

옷·음식·좌구·약 등 각자(覺者)를 공덕의 밭으로 알고 베풀기 어려운 것을 베풀면 그는 선보(善報)를 얻으리라.

이윽고 우카 장자는 병 때문에 이 세상을 떠나 천계에 태어났는데, 어느 날 밤 기원림을 비추면서 세존을 찾아뵙고 그 곁에 앉았다. 세존은 말씀하셨다.
"우카여, 소원대로 되었느냐?"
"세존이시여, 고맙습니다."
"선을 베풀어 선을 얻고, 뛰어난 보시에서 뛰어남을 얻고, 선과 뛰어난 보시로 생명은 길고 명예는 높도다."

제3절 탐욕·진에·우치를 버려라

1. 아난다는 세존을 모시고 코삼비로 내려가 그 구사다원에 머무르셨다. 어느 날 나형외도(裸形外道)의 제자인 한 거사가 아난다를 찾아와 말했다.
"존자여, 누가 저희들에게 법을 가장 잘 가르쳐주는 사람일까요? 또 세간에서 가장 잘 살고 행복한 사람은 누구일까요?"
아난다가 대답하였다. "거사여, 탐욕·진에·우치를 버리라고 설하는 사람이 가장 법을 잘 가르치는 사람으로서, 그 탐욕과 진에와 우치를 잘 버릴 수 있는 사람이 가장 잘 살고 행복을 누리는 사람이다."
"존자이시여, 참으로 뛰어난 말씀이옵니다. 저는 오늘부터 목숨이 끝나는 날까지 세존과 법과 승가에 귀의하여 그 신자가 될 것을 맹세하겠습니다."

2. 세존은 제자들에게 이같이 가르치셨다. "제자들이여, 수행하는

제자에게 다섯 가지 힘이 있다. 신(信)과 참(慚)과 괴(愧)와 정진과 지혜의 힘이다. 그대들은 이 다섯 가지 힘을 갖추도록 애쓰지 않으면 안 된다.

제자들이여, 또 다섯 가지의 법을 갖추면 이 세간에서 괴로워하고 내세에는 악도에 들게 된다. 다섯 가지의 법은 불신(不信)과 무참(無慚)과 불괴(不愧)와 태타(怠惰)와 무지(無知)이다.

제자들이여, 승의를 버리고 환속하면 다섯 가지의 비방을 받는다. 즉 선법(善法)에 대한 신심이 없었으며, 안으로 참(慚)하는 마음이 없었으며, 밖으로 괴(愧)하는 마음이 없었으며, 정진이 없었으며, 지혜가 없었다고 하는 비방이다.

제자들이여, 비록 고뇌하고 눈물에 젖어 있더라도 청정하고 원만한 행을 하고 있으면 다섯 가지의 칭찬을 받는다. 즉 선법에 대한 신심이 있었으며, 안으로 괴하는 마음이 있었으며, 밖으로 참하는 마음이 있었으며, 정진이 있었으며, 지혜가 있었다고 하는 칭찬이다.

제자들이여, 나는 여태껏 일찍이 깨닫지 못했던 사성제(四聖諦)의 법을 깨닫고 부처가 되었음을 말하겠다. 신과 참과 괴와 정진과 지혜는 그 부처의 다섯 가지 힘으로서, 이것을 갖추고 부처는 중생 가운데 우왕(牛王)이 되어 사자후(獅子吼)를 하고 법을 설하는 것이다.

제자들이여, 이 신과 참과 괴와 정진과 지혜의 다섯 가지 힘 중 지혜의 힘이 그 주가 된다. 이 힘에는 다른 네 가지의 힘이 모여 있다. 마치 첨탑(尖塔)이 중각(重閣)의 주요한 부분으로서, 그 첨탑에 모든 것이 모여 결부되어 있는 것과 마찬가지이다.

제자들이여, 또 다른 다섯 가지의 힘이 있다. 믿음과 정진과 정법과 선정(禪定)과 지혜이다. 이 다섯 가지의 힘 중 지혜의 힘이 그 주된 것이다. 이 힘에 다른 네 가지의 힘이 모여 있다.

제자들이여, 스스로 계를 지키고 남에게도 계를 지키게 하며, 스스로 선정에 머물고 남도 선정에 들게 하며, 스스로 지혜를 갖추고 남에게도 지혜를 갖추게 하며, 스스로 해탈하고 남도 해탈하게 하며, 스스로 해탈의 지견(知見)을 갖추고 남에게도 해탈의 지견을 갖추게 하는 자는 자기와 남의 이익을 아울러 갖춘 자이다."

3. 그후 세존은 카필라성으로 나가 성밖 니그로다의 숲에 머무르셨는데, 가벼운 병에 걸렸으나 얼마 후 나으셨다.

어느 날 샤카족의 마하나마는 세존을 뵙고 배례한 뒤 옆에 앉아 말씀드렸다. "세존이시여, 저는 마음이 고요한 자에게는 지혜가 있고, 고요하지 못한 자에게는 지혜가 없다고 세존께서 전에 말씀하신 것을 기억하고 있습니다. 그렇다면 세존이시여, 선정이 나중이옵니까?"

옆에서 이 말을 듣고 있던 아난다는 '세존께서는 병환이 겨우 나은 참이시다. 그럼에도 불구하고 마하나마는 너무나 깊은 것을 물어 세존께 번거로움을 끼치고 있다. 나는 그를 다른 곳으로 데려가 설해주리라.' 하고 생각했다. 아난다는 마하나마의 손을 끌고 다른 곳에 가서 말했다.

"마하나마여, 세존은 계와 정과 혜에 관해 아직도 수행중인 자와 이미 깨달은 자와의 일을 설하셨다. 그 수행중인 자의 계란, 계를 지켜 그 한 몸을 억제하고, 착한 행을 하여 오관을 억제하고, 작은 죄도 두렵게 보고 굳게 지켜 열심히 배우는 일이다.

또 그 정이란 선정에 들어가 주(住)하는 일, 혜란 사성제의 이치를 진실로 아는 일이다. 다음으로 이미 깨달은 자의 계정혜(戒定慧)란 이미 깨달은 사람이 닦을 경우의 일을 말하는 것이다. 마하나마여, 세존은 이와 같이 설법하셨다."

세존은 병환이 나은 뒤, 베살리의 대림 중각강당에 머무르셨다. 아난다가 수행을 하다가 어느 날 세존께 여쭈었다.

"세존이시여, 유(有 : 존재)라는 것은 어떠한 범위로 말할 수 있사옵니까?"

"아난다여, 만일 미세(迷世)의 과(果)를 받을 업이 없다면 미세라는 존재가 나타날까?"

"나타나지 않습니다."

"아난다여, 그렇기 때문에 업은 인이고 식(識)은 종자이며, 갈애는 물이다. 무명에 덮이고 갈애에 계박되어 중생들의 식은 하계(下界)에 멎는다. 이렇듯 미래의 재생과 전생(轉生)이 있는 것이다."

어느 날 또 세존은 아난다에게 말씀하셨다. "아난다여, 모든 믿음은 통틀어 좋은 보가 있을까?"

"세존이시여, 그것은 일률적으로 말하기 어렵습니다. 그것을 행하여 악이 증장하고 선이 멸하는 것이라면 선보가 있을 까닭이 없습니다. 이것을 행하여 악이 줄고 선이 증장하는 것이라면 선보가 있는 것입니다."

세존은 이 아난다의 설을 듣고 칭찬하셨다. 그리고는 아난다가 떠난 뒤 제자들에게 말씀하셨다.

"아난다는 수행 도중에 있는 자이지만 지혜에 있어 그와 비등한 자를 얻기란 쉽지 않다."

제4절 정진의 동기

1. 세존은 이윽고 라자가하성으로 들어가 성밖 죽림정사에 머무르시며 제자들을 교화하셨다.

"제자들이여, 숲속에 머무르는 제자는 다음의 다섯 가지 두려운 생각이 일어나는 경우가 있으리라. '나는 지금 혼자서 숲속에 머물고 있다. 혼자이기 때문에 뱀이나 전갈에게 물려죽는 일이 있을지도 모른다. 또 식중독을 일으킨다든가, 감기나 폐 따위를 앓는다든가 하여 쓰러질지도 모른다. 혹은 사자나 범이나 표범이나 곰 등에 의해 목숨을 잃을지도 모른다. 또 이렇듯 혼자서 숲속에 있을 때 젊은이들이 찾아와 내가 한 일, 하지 않은 일의 어느 것인가로 화내고 죽일는지도 모른다. 혹은 숲속에 사는 야차나 귀신 때문에 목숨을 빼앗기는 일이 없다고도 할 수 없다. 이 다섯 가지는 어느 것이나 내 앞에 가로놓여 있는 장애이다.' 라고.

　제자들이여, 숲속에 머무르는 제자가 만일 이 다섯 가지 두려운 생각이 일어날 때는 '나는 이들 장애가 오기 전에 아직 이르지 못한 것에 이르고, 아직 깨닫지 못한 것을 깨닫지 않으면 안 된다.'고 생각하여 면려해야만 한다.

　2. 제자들이여, 앞서의 경우와 마찬가지로 다음 다섯 가지의 두려운 생각이 일어날 때도 아직 이르지 못한 곳에 이르고, 아직 깨닫지 못한 것을 깨닫기 위해 열심히 힘쓰지 않으면 안 된다. '나는 지금 혈기왕성한 때이다. 그러나 이 몸은 마침내 늙음의 엄습을 받아 부처의 가르침만을 생각하든가, 쓸쓸한 숲속에서 수행하든가, 혹은 법의 맛을 즐길 수도 없게 되리라. 나는 그 늙음의 엄습을 받기 전에 아직 이르지 못한 곳에 이르고, 아직 깨닫지 못한 것을 깨닫도록 힘써야 한다. 법을 깨달으면 늙더라도 마음 편안히 나날을 보낼 수가 있기 때문이다.

　또 나는 지금 병 같은 것은 없고 극히 건강하지만 이윽고 병에 걸려 부처의 가르침을 생각하지 못하고, 쓸쓸한 숲속에서 수행하더라도 혹은 법의 맛을 즐길 수도 없게 되리라. 나는 병에 걸리기 전에 아직 이르지 못한 곳에 이르고, 아직 깨닫지 못한 것을 깨닫도록 힘써야겠다. 법을 갖추고 있으면 병석에 눕더라도 마음 편히 있을 수가 있기 때문이다.

또 지금은 곡식도 잘 여물고 탁발해도 먹을 것을 얻기 쉽고 이삭을 주워 몸을 기르기도 쉽지만, 흉년이 들어 양식을 얻기 어려운 때도 오리라. 그렇게 되면 사람들은 모두 양식을 구하기 쉬운 곳에 옮겨 살고, 우리들은 그곳에 떼지어 모여서 나날을 살아야 된다. 그러나 복잡한 곳에서는 부처의 가르침을 생각하든가 조용히 독거(獨居)하기도 어렵고, 법의 맛을 즐길 수도 없게 된다. 나는 지금 그것을 앞질러서 아직 이르지 못한 곳에 이르고, 아직 깨닫지 못한 것을 깨닫기 위해 힘써야겠다. 법을 깨달으면 흉년이 들더라도 마음 편히 나날을 보낼 수가 있기 때문이다.

또 지금 대중들과 의좋게 서로 사랑하며 살고 있지만, 숲속의 도둑에게 습격당하거나 지진이 있거나 하여 사람들이 모두 안전한 곳으로 도망치는 일도 있으리라. 그렇게 되면 우리들도 그곳에 떼지어 모여 나날을 보내야만 되니, 복잡한 곳에서는 부처의 가르침을 생각하든가 고요히 혼자 있기도 어렵고, 법미(法味)를 즐길 수도 없게 되리라. 나는 지금 그것에 앞질러 아직 이르지 못한 곳에 이르고 아직 깨닫지 못한 것을 깨닫기 위해 힘써야겠다. 법을 깨달으면 두려움이 일어났을 때라도 마음 편히 나날을 보낼 수가 있기 때문이다.

또 지금 내가 속하고 있는 교단은 평화롭게 화합하고, 한 가르침으로 편안히 살고 있지만, 이 교단이 불화하여 갈라지는 때도 있으리라. 불화한 교단에 있고 보면 부처의 가르침을 생각하든가 조용히 독거하는 일도 어렵고, 또 법을 즐길 수도 없으리라. 나는 지금 그것에 앞질러 아직 이르지 못한 곳에 이르고 아직 깨닫지 못한 것을 깨닫기 위해 힘쓰자. 법을 깨달으면 화합이 깨어진 교단일지라도 마음 편히 나날을 보낼 수가 있을 테니까.' 제자들이여, 이 다섯 가지 경우가 떠올랐을 때 이와 같이 마음을 가지고 아직 이르지 못한 곳에 이르고, 아직 깨닫지 못한 것을 깨닫도록 힘써야 한다."

3. 어느 날 한 불제자가 자기의 스승한테 가서 말했다. "대덕이시여, 저의 몸은 오늘 술에 곯아떨어진 것처럼 쇠약하고 마음도 흐려서 사물을 분별할 수 없게 되었습니다. 법도 보이지 않고 마음도 울적하여 청정한 행을 닦기가 싫고, 법에 대해서도 의심이 생겼습니다."

스승은 그를 데리고 세존께 나아가서 이 사실을 아뢰었다. 세존은 말씀하시기를 "당연하다. 오관(五官)의 문을 지키지 않고 먹는 일에 양을 모르며, 잠을 탐하고 좋은 법을 구하지 않으며, 주야로 부처의 도에 드는 행을 부지런히 닦지 않으면 반드시 그대와 같이 되는 법이다. 그러므로 '나는 오관의 문을 지키자. 잠을 제한하고 좋은 법을 구하여 주야로 부처의 도에 드는 수행에 힘쓰자.'는 마음을 갖지 않으면 안 된다."라고 하셨다.

그 제자는 세존의 가르침을 받아 혼자 숲속에 들어가 열심히 수행하여 얼마 있다가 깨달음을 얻었으며, 그 스승에게 돌아와 말했다.

"대덕이시여, 오늘 저의 몸은 취기에서 완전히 깬 것과 같습니다. 마음도 뚜렷해져 법도 잘 나타나며, 게으름에 마음을 빼앗기는 일도 없고, 청정한 수행도 싫지 않고, 법에 대한 의심도 없어졌습니다."

스승은 또다시 그를 데리고 세존께 가서 이 일을 아뢰었다. 세존은 말씀하셨다. "그대로이다. 먼저 설한 나의 가르침을 잘 좇으면 반드시 선보가 나타나는 법이다. 그러므로 쉴새없이 그렇듯이 생각해야 한다."

4. 세존은 또 제자들을 모아 가르치셨다. "제자들이여, 남자이든 여자이든, 집에서 머무르는 자이든 뜬세상을 버린 자이든 항상 살펴야 할 다섯 가지의 일이 있다. '나는 늙어가는 몸으로서 늙음을 초월할 수가 없다. 나는 병든 몸으로서 병을 초월할 수가 없다. 나는 죽어가는 몸으로서 죽음을 초월할 수가 없다. 내가 사랑하는 것도 좋아하는 것도 모두 전변(轉變)되고 덧없는 것이다. 나는 나의 업의 상속을 받

아야 한다.'

　제자들이여, 사람은 누구나 젊을 때는 청춘의 교만이 있어, 이 교만에 빠져 신·구·의로 악을 짓는 것이다. 그러나 늙음을 초월할 수가 없는 것이라고 살필 때 비로소 이 교만을 멸하거나 또는 적게 할 수가 있는 것이다. 또한 누구라도 건강할 때는 건강의 교만이 있어, 이 교만에 빠져 신·구·의로 악을 짓는 것이다. 그러나 병을 초월할 수가 없는 것이라고 살필 때 비로소 이 교만을 멸하거나 또는 적게 할 수가 있는 것이다. 또한 누구라도 살았을 때는 언제까지나 죽지 않는 것으로 생각하고서 생존의 교만을 갖고 이 교만에 빠져 신·구·의로 악을 짓는 것이다. 이것에 대해서 만일 죽어가는 몸이라고 살필 때 비로소 이 교만을 멸하거나 또는 적게 할 수가 있는 것이다. 또한 누구를 막론하고 사랑하는 자, 좋아하는 자에게는 탐욕이 일어나고 탐욕에 빠져 신·구·의로 악을 짓는 것이다. 그러나 모든 것은 덧없고 변전을 면할 수 없는 것이라고 살필 때 비로소 이 탐욕을 멸하거나 또는 적게 할 수가 있는 것이다. 또 누구라도 신·구·의의 세 가지 악이 있는 것이지만, 자기가 그 악업의 상속자라는 것을 돌아볼 때 비로소 그 악업을 없애든가 또는 적게 할 수가 있는 것이다.

　제자들이여, 중생들의 사생(死生)이 있는 한, 모든 중생은 늙음과 병과 죽음을 초월할 수가 없고, 모든 중생이 좋아하는 것의 변전을 면할 수가 없다. 또한 모든 중생은 그 업의 상속자이다. 이 이치를 자주 살피고 생각한다면 그것에 의해 도가 나타나고, 도를 닦아 익히고 되풀이하여 행하면 계박을 풀고 번뇌를 없앨 수가 있는 것이다."

　5. 또한 그 무렵 세존이 성밖 영취산에 계실 때의 일이다. 불제자인 바칼리는 도공(陶工)의 집에서 중병으로 괴로워하고 있었는데, 어느 날 간병하는 벗을 불러 말했다. "벗이여, 부디 세존께 나아가 내 이름으로 세존의 족하에 배례하고 말씀을 올려주시오. '세존이시여, 바칼

리는 지금 중병으로 괴로워하고 있습니다만, 세존의 족하에 배례하고 서 청하옵니다. 세존이시여, 부디 가엾게 생각하시고 바칼리를 문병 해주십시오.'라고."

간병하는 벗은 승낙하고 세존께 나아가 세존을 배례하고 옆에 앉으며, 저 바칼리의 소원을 말씀드렸다. 세존은 고개를 끄덕이며 이를 허락하시고 옷을 걸치고 바리때를 손에 들고 바칼리에게로 가셨다. 그는 세존이 오셨음을 보고 자리에서 일어났다.

세존은 이것을 보시고 "바칼리여, 자리에서 일어날 것은 없다. 여기에 좌석이 마련되어 있으므로 나는 이곳에 앉는다."고 말씀하시며 자리에 앉아 곧 말씀하셨다. "병은 어떠냐, 견딜 만하냐? 음식을 잘 먹고 있느냐, 급양은 부족함이 없느냐? 괴로움이 덜어지는 것처럼 생각되지 않느냐, 병이 점차 나아가고 있다고 생각되지 않느냐?"

"아니옵니다, 세존이시여. 음식도 잘 먹지 못합니다. 괴로움도 더할 뿐이며 병도 깊어질 뿐입니다."

"바칼리여, 그대에게 무엇인가 후회되는 일, 아쉬운 일은 없느냐?"

"세존이시여, 저에게는 확실히 적지 않은 뉘우침과 미련이 남아 있습니다."

"계에 대해서도 스스로를 책하고 있느냐?"

"세존이시여, 그렇지는 않습니다."

"그렇다면 무엇을 뉘우치고, 무엇에 미련을 두고 생각하고 있느냐?"

"세존이시여, 저는 세존을 뵙기 위해 세존께 나아가고자 오랫동안 생각하고 있었습니다. 그러나 저의 몸에는 그만한 힘이 없었으므로 세존께서 계신 곳에 갈 수가 없었습니다."

"바칼리여, 이 썩은 몸을 보아서 무엇하겠느냐. 법을 보는 자야말로 나를 보는 자이다. 나를 보는 자는 곧 법을 보는 자이다. 왜냐하면 법을 봄으로써 나를 보고, 또 나를 봄으로써 법을 보기 때문이다. 바칼리여, 그대는 몸이 상주(常住)하는 것으로 생각하느냐, 무상(無常)한 것으로 생각하느냐?"

"세존이시여, 몸은 무상한 것이옵니다."

"바칼리여, 마음은 상주하는 것이라고 생각하느냐, 무상한 것이라고 생각하느냐?"

"세존이시여, 무상한 것이옵니다."

"바칼리여, 무상한 것은 고뇌이다. 고뇌란 것은 무아(無我)이다. 무상한 것은 곧 나의 것, 이것은 나라고 할 수는 없다. 이렇듯 여실히 알지 않으면 안 된다. 바칼리여, 이렇듯 보아오는 이 가르침의 제자는 몸과 마음을 염오하고 염오한 끝에 욕심을 여의어 괴로움에서 벗어나 해탈되었다는 지혜, 즉 '생은 끝났다. 수행은 이루어졌다. 해야 할 일은 다 했다. 이로부터 다른 생은 없다.' 는 것을 아는 것이다."

6. 세존은 이렇게 바칼리를 깨우치고 자리에서 일어나 영취산으로 돌아가셨다.

바칼리는 세존이 떠나시자 간병하는 벗에게 말했다. "벗이여, 나를 침상에 얹어 산으로 데려다주게. 나 같은 자가 어찌 집안에서 죽겠다고 생각할 수 있으랴."

간병하던 벗은 승낙하고 말한 대로 그를 산으로 데려다주었다.

세존은 그날 오후와 그날 밤을 영취산에서 지내셨다. 그날 밤 세존은 바칼리의 일을 생각하시고 그가 잘 해탈되리라고 생각하셨지만, 이튿날 아침 제자들을 불러 말씀하셨다.

"제자들이여, 바칼리에게 가서 일러주라. 바칼리여, 세존은 어젯밤 그대의 일을 염려하시고 그대가 능히 해탈되리라 생각하시고서, '바칼리여, 두려워 말라. 그대의 죽음은 나쁘지가 않다. 그대의 죽음은 불행일 수는 없다.' 는 분부를 했다고 해라."

제자들은 분부를 받자 즉시 바칼리에게 가서 "벗이여, 바칼리여, 세존의 말씀을 들으라."고 했다.
  바칼리는 이 말을 듣고서 간병하는 벗에게 말하였다. "벗이여, 나를 침상에서 내려주게. 어찌 나 같은 자가 높은 곳에 앉아 세존의 가르침을 듣겠다고 생각하랴."
  간병하는 벗이 그의 말대로 해주자 제자들은 세존의 분부를 그에게 전했다.
  바칼리는 말했다. "벗이여, 나의 말로써 세존의 발에 정례(頂禮)한 다음 말씀해주시오. 세존이시여, 바칼리는 중병으로 고뇌하고 있습니다. 세존의 발에 정례하고 이같이 아뢰옵니다. '세존이시여, 저는 몸도 마음도 무상한 것임을 의심치 않습니다. 무상한 것은 고뇌라는 데 미혹됨이 없습니다.' 라고."
  제자들은 이것을 양해하고 세존께 돌아갔다. 그는 제자들이 떠나자 곧 칼을 집어들어 스스로 죽었다.
  7. 그때 세존은 말씀하셨다. "제자들이여, 가자! 지금 바칼리는 칼을 집어들었다."
  이리하여 세존은 제자들을 데리고서 그곳에 갔는데, 그 도중 멀리서 바칼리가 널 위에서 몸과 어깨를 움직여 뒹구는 것을 보시고 제자들을 돌아보시며 말씀하셨다.
  "제자들이여, 바칼리의 식신(識神)이 어디로 갈 것인가 하고 의심해서는 안 된다. 그는 지금 분명히 열반에 들었다."

제5절 법구(法句)

  1. 모든 물(物)은 마음을 앞세우고 마음을 장(長)으로 하며, 마음에

서 이루어진다. 더러운 마음으로 말을 하고 또 행하면, 그에게 괴로움이 따르는 것은 이끄는 소의 발에 바퀴가 따르는 것과 같다.
 물(物)은 마음을 앞세우고 뜻을 장(長)으로 하며, 마음에서 이루어진다. 선한 마음으로써 말하고 행하면, 즐거움은 그를 따름이 마치 형체에 그림자가 따르는 것과 같다.
 '그가 나를 욕하고 때리고 패퇴시키고 내 것을 빼앗았다.' 는 염을 품는 사람에게는 원한이 진정되는 일이 없다.
 '그가 나를 욕하고 때리고 패퇴시키고 내 것을 빼앗았다.' 는 염을 품지 않는 사람에게 있어서는 원한은 마침내 진압되리라.
 실로 이 세상은 어떠한 경우라도 원수를 원수로써는 가라앉힐 수 없다. 원수가 없는 경우라야 세상은 진정 평안해진다. 이는 예로부터의 법이다.
 그들 어리석은 중생들은 '우리들도 끝내는 끝장이 있으리.' 라는 것을 모르는데, 이것을 알아야만 다툼이 그치리라.
 이 몸은 청정하다고 관하되, 오관을 지키지 않고, 먹는 데 양을 헤아리지 않고 게을러 정진이 약하면, 악마가 이 사람들을 항복하게 하기란 바람이 연약한 나무를 쓰러뜨림과 같다.
 이 몸은 부정하다고 관하여 오관을 지키고, 먹는 데 양을 헤아리되 신심이 있고 힘써 열중하면, 악마도 이 사람을 항복시키지 못하리라. 마치 바위산에 부딪치듯이.
 더러움을 버리지 않고 조어(調御)의 법을 갖추지 않으면, 몸에 가사를 걸치더라도 그 사람은 가사에 걸맞지 않으리라.
 더러움을 토해내고 계를 지켜 마음이 가라앉고 조어의 법을 갖춘 사람이야말로 가사를 걸치는 데 걸맞으리라.
 참이 아님을 참이라 생각하고, 참을 비진(非眞)이라고 보는 사람은 참에 이르는 일이 없고 비뚤어진 생각만 가득 찬다. 참을 참, 참 아님을 참 아니라고 아는 사람은 참에 이르며, 바른 생각을 낳는다.

서투르게 이은 집이 비가 새듯, 닦지 않는 마음에 탐욕이 깃들인다.

잘 이은 집이 비가 새지 않듯이, 닦는 마음에는 탐욕이 깃들이지 못한다.

이승을 슬퍼하고 내세를 슬퍼하며 악을 행하는 사람은 이세(二世)를 슬퍼한다. 자신의 행의 더러움을 보고서 슬퍼하고 근심한다.

이승을 즐기고 내세를 즐기고 공덕을 쌓은 사람은 2세를 즐긴다. 자기 행의 청정함을 보고서 즐거워하고 기뻐한다.

이승을 괴로워하고 내세를 괴로워하고 악을 행하는 사람은 2세를 괴로워한다. '나는 악을 저질렀다.'고 괴로워하고 악취(惡趣)로 들면 더욱더 괴로워한다.

이승을 기뻐하고 저승을 기뻐하고 공덕을 쌓은 사람은 2세를 기뻐한다. '내 공덕을 이루었다.'고 기뻐하고, 선취(善趣)로 들어가 더욱 더 기뻐한다.

많은 성스런 가르침을 외울지라도 그것을 행하지 않고 게으르면, 목동이 남의 소를 헤아리듯 출가자로서의 자격이 없다.

다소의 성스런 가르침을 외울지라도 법에 걸맞게 몸을 행하고 탐욕·진에·우치를 버리면, 바른 지혜를 얻어 마음은 능히 해탈되고 현세와 내세에 집착이 없어져 출가자로서의 자격이 갖추어진다.

2. 게으르지 않음은 죽음이 없는 도, 게으르면 죽음의 도이다. 게으르지 않은 사람은 죽는 일이 없으나 게으른 사람은 죽음과 같다.

이 일을 분명하게 아는 어진 사람은 게으르지 않고 성자의 행을 즐기리.

선정을 닦는 용자(勇者)는 굳게 참고 항상 정진하며 안온한 열반에 든다.

분기(奮起)하여 정념(正念)에 머물고, 행이 청정하여 깊이 삼가고,

자제하여 법을 생명으로 삼고 게으르지 않은 사람의 영예는 더욱더 높아진다.

지혜없는 어리석은 사람은 게으름에 빠지지만, 어진 사람은 게으르지 않음을 가장 뛰어난 보물로 지킨다.

게으름에 빠지지 말라. 욕의 즐거움을 가까이 말라. 게으르지 않고 선정을 닦는 사람은 모든 평안을 얻기 때문이다.

지혜로운 사람은 근면으로써 게으름을 제거하여 지혜의 단에 오르며, 마치 수심없이 산에 오른 사람이 평지에 선 사람을 바라보듯 근심하는 어리석은 사람을 본다.

3. 궁사가 화살을 곧게 하듯 현인은 전율하며 움직여, 지키기 어렵고 제어하기 곤란한 마음을 바로잡는다.

어부가 끌어올려 뭍에 던진 물고기마냥 이 마음은 악마의 세계를 벗어나고자 한다.

제어하기 어렵고 경박하며, 멋대로 달리는 이 마음을 조복함은 선한 일이다. 조복된 마음이야말로 평안을 가져다준다.

꿰뚫어보기 어렵고 미세하여 멋대로 날뛰는 이 마음을 현자는 지키리라. 지켜진 마음이야말로 안온하리라.

선과 악을 여읠 수 있는 눈뜬 사람에게는 무서움이 없다.

이 몸을 병(瓶)처럼 알고, 이 마음을 성곽처럼 세우고 지혜의 무기로 악마와 싸워라. 패한 악마는 번뇌의 둥지를 떠나리라.

이 몸은 오래지 않아 땅속에 묻히리라. 그때 혼백이 떠난 이 몸은 쓸모없는 누추한 통나무와 같으리라.

적을 증오하는거나 원수를 저주하는 것보다도 비뚤어진 마음은 더한층 무거운 악을 범하는 것이니라.

4. 누가 이 야마계(夜魔界)와 인천계(人天界)의 모든 세계를 정복할 것인가. 솜씨 있는 화만사(華鬘師)가 꽃을 모으듯, 미묘하게 설해진

이 법구(法句)를 모으는 자는 과연 얼마나 있을까.

수도하는 사람이야말로 야마계와 인천계의 모든 세계를 정복한다. 수도하는 사람이야말로 화만사가 꽃을 모으듯 미묘한 설의 이 법구를 모으는 사람이다.

이 몸은 물거품과 같음을 알고 환상이라고 깨달아야만, 악마의 화사한 화살을 절단하고 마왕이 보이지 않는 곳에 이르리라.

애욕의 꽃을 모으며 애욕에 빠진 사람이야말로, 잠자는 마을에 홍수가 지나가듯 죽음에 사로잡혀 가리라.

남이야 나쁜 짓을 하거나 하지 않거나 간에 그것을 보지 말고 자기가 한 일과 해야 할 일을 보는 것이 마땅하다.

아름다운 꽃잎이되 향기없는 꽃처럼, 몸으로 행하지 않는 사람은 좋은 열매를 맺지 못하리라.

아름다운 빛깔과 향기를 갖춘 꽃처럼 몸으로 행하는 사람이라야 좋은 열매를 맺는다.

꽃떨기로 많은 꽃장식을 만들듯, 사람은 태어나 좋은 일을 많이 해야만 한다.

꽃이나 전단(栴檀)이나 다가라의 향기는 바람에 거슬러서는 가지 않으나, 착한 사람의 좋은 향기는 바람에 거슬러 흐른다.

전단·다가라·청련화(靑蓮華)·우시화(雨時華) 등의 향기 속에 계(戒)의 향기는 더욱 수승하다.

계를 갖추고 게으르지 않고 바른 지혜에 의해서 해탈된 사람의 도는 악마에게 발견되지 않는다.

큰길에 버려진 쓰레기더미에서 향기롭고 상쾌한 연꽃이 피어나듯이, 어둠에서 헤매는 중생 가운데서 부처님의 제자는 지혜로 빛난다.

5. 잠들지 못하는 사람에게는 밤은 길고 지친 자에게는 길은 멀듯이, 정법을 알지 못하는 어리석은 자에게는 윤회는 길다.

길가는 데 능한 자, 대등한 자를 동반하지 못하면 혼자서 가라. 어리석은 자를 벗한들 덕은 없으니.

'나에게는 자식도 있고 재물도 있다.' 고 어리석은 자는 자랑한다. 그러나 나조차 내 것이 아닌데 어찌 자식과 재물이 있으랴.

어리석은 자일지라도 어리석음을 알면 오히려 어질다. 어질다 생각하는 자야말로 참으로 어리석은 자라고 하리라.

비록 평생 어진 사람을 좇더라도 어리석은 자는 수저가 맛을 모르듯 법을 모른다. 비록 잠깐 어진 사람을 좇더라도 지혜로운 자는 혀가 맛을 알듯 속히 법을 깨닫는다.

어리석은 사람은 악의 보가 나타나기 전에는 꿀과 같이 생각하지만, 악의 보가 나타나서야 괴로움을 받는다.

어리석은 사람은 달마다 풀잎 끝에 묻을 만큼의 끼니를 취하며, 고행을 할지라도 바른 법을 배우는 자의 덕에 비하여 16분의 1만도 못하다.

새 젖이 엉기지 않듯 악업은 신속히 보복을 초래하지는 않지만, 재에 덮인 불처럼 보이지 않아도 불타면서 어리석은 자를 뒤따른다.

어리석은 사람은 헛된 명예를 구하여, 출가자 사이에서는 상석을, 승방에서는 장(長)을, 남의 집에 가서는 공양을 요구한다.

'내가 할 일을 출가자나 재가자에게 알려라. 해야 할 일, 해서는 안 될 일, 무슨 일이든 내 뜻대로다.' 라고 하는 어리석은 사람은 욕심과 자만을 증장시킨다.

'이것은 세속의 이익의 바탕이 되는 것, 이것은 열반으로 이끄는 것.' 이라고 부처의 제자는 분명히 알고서 명예를 일삼도록 하라.

6. 잘못을 밝혀주고 악함을 책하고 꾸짖는 사람을 만나거든 보물이 있는 곳을 향하듯 이 성자를 섬겨라. 이러한 사람을 섬기면 행은 있으되 화는 없다.

'남을 타이르고 가르쳐라. 좋지 않은 일을 피하라.' 이와 같은 사람은 악인에게는 사랑받지 못해도 선인에게는 사랑받으리라.

나쁜 친구와 사귀지 말라. 열등한 사람을 벗으로 삼지 말라. 좋은 벗과 사귀고 뛰어난 사람을 벗삼으라.

단단한 바위는 바람에 흔들리지 않는 것처럼, 현자는 헐뜯음과 훼예에 동요되는 일이 없다.

깊어 흐리지 않은 맑은 연못과 같이 어진 자는 법을 들어 마음이 맑아진다.

착한 사람은 모든 일에 있어 탐욕을 여의어 욕을 위하여 수다를 떨지 않는다. 즐거움에 있어서나 괴로움에 있어서나 어진 사람은 얼굴빛이 달라지는 일이 없다.

자기를 위해서나 남을 위해서나 굳이 자손을 생각하지 않고, 재산과 영토를 원하지 않고, 스스로의 영달을 원하지 않는 사람은 지혜로운 바른 사람이다.

중생들 중에서 피안에 이르는 자는 적다. 대부분은 미망의 차안(此岸)에서 헤맨다. 바르게 설한 법을 지키고 행하는 중생들은 뛰어넘기 어려운 사마(死魔)의 세계를 지나 저 깨달음의 언덕에 이르리라.

7. 나그넷길을 끝내고 슬픔을 여의고 모든 일을 해탈하여, 일체의 계박에서 벗어난 사람에게는 고뇌는 없다.

정념이 있는 자는 부지런히 힘써 집에 주하는 것을 즐기지 않는다. 백조가 연못을 버리듯 저마다 그 집을 떠난다.

재산을 쌓지 않고, 양을 알고서 음식을 들며, 공(空)과 무상을 관하여 해탈한 사람의 행적은 하늘을 나는 새의 자취마냥 쫓기 어렵다. 그 번뇌는 다하여 식물(食物)에 집착하지 않고, 공과 무상을 관하여 해탈한 사람의 행적은 하늘을 나는 새의 자취처럼 쫓기 어렵다.

계를 잘 지키고자 하는 사람은 대지처럼, 문기둥처럼 번거로움을 받는 일이 없고, 또는 진흙 없는 호수와 같으니, 이같은 사람에게 윤회란 없다. 바른 지혜로 해탈하여 안온에 들어간 사람이니, 마음도 말도 행도 또한 고요하지 않으랴.

그릇된 믿음을 버리고, 무위(無爲)를 알고, 생사의 업을 타파하고, 선악의 여지를 멸하여 욕심을 여읜 그 사람은 참으로 아름다운 사람이어라.

마을에 있든 숲속에 있든 골짜기에 있든 언덕에 있든 성자가 머무르는 곳은 어디나 즐겁다.

8. 뜻없는 수백의 말로 이루어진 이야기보다 들어서 마음을 고요하게 할 뜻있는 한마디가 수승하도다.

쓸모없는 수백의 구(句)를 갖기보다 들어서 마음을 고요하게 할 뜻있는 일 구가 수승하도다. 뜻없는 백의 게(偈)를 읊는 것보다 들어서 마음을 고요하게 할 하나의 법구가 수승하도다.

싸움터에서 수백의 적을 이기기보다 자기 한 사람을 이기는 사람이야말로 더없는 승리자이다. 자기를 이김은 남을 이김보다도 뛰어나다. 자기를 조복하고 제어하여 행하는 사람은 신도, 건달바(乾闥婆)도, 마도, 범(梵)도 뒤엎지 못한다.

달마다 천금을 내던져 백 년의 제물을 바치느니보다는 일순일지라도 자기를 닦아 공양함이 뛰어나리라. 백 년이나 숲속에 살며 화신(火神)을 섬기느니보다 일순이라도 자신을 닦아 공양함이 뛰어나리라.

공덕을 바라며 매일 어떠한 제물을 공양하고 제사를 올리기보다 바른 행자에게 배례함이 나으리라. 이에 4분의 1도 미치지 못하리라.

항상 예절을 지키고 장자를 공경하면 목숨과 아름다움과 즐거움과 힘의 네 가지가 증장한다. 행이 나쁘고 마음이 어수선한 채 백 년을 사느니보다 계를 지키고 선정을 행하며 하루를 사는 것이 보다 뛰어나다.

지혜도 없고 마음이 어수선한 채 백 년을 사느니보다 지혜를 닦고 선정을 행하며 하루를 사는 것이 보다 뛰어나다. 게을러 힘쓰지 않고 백 년을 사느니보다 면려하며 하루를 사는 것이 보다 뛰어나다.

사물의 흥망을 모르고서 백 년을 사느니보다 생멸을 알고서 하루를 사는 것이 뛰어나다. 불사의 도를 모르고서 백 년을 사느니보다 불사의 도를 알고서 하루를 사는 것이 뛰어나다. 뛰어난 법을 모르고서 백 년을 사느니보다 뛰어난 법을 보고 하루를 사는 것이 보다 뛰어나다.

9. 선을 서둘러라. 마음을 악에서 지켜라. 공덕을 쌓음에 있어 게으른 것은 마음으로 악을 기뻐하는 것이니라.

어떤 사람이 만일 악으로 대하더라도 그대로 이를 갚지 말라. 또 악을 행하고자 마음먹지 말라. 악을 쌓으면 괴로움이 있다.

어떤 사람이 만일 공덕을 쌓는다면 자주 이를 되풀이하라. 또 공덕을 쌓고자 바랄지어다. 공덕을 쌓으면 즐거움이 있다.

악인은 악의 과보가 무르익기 전에는 행복을 누리지만, 악의 과보가 무르익을 때 화를 입는다. 선인도 좋은 과보가 무르익기 전에는 화를 보지만, 좋은 과보가 무르익을 때 복을 누린다.

악이 나에게는 오지 않으리라고 악을 가벼이 보지 말라. 방울방울 떨어지는 물이 독을 채우듯, 급기야는 악이 넘치는 것이다.

선이 나에게는 오지 않으리라고 선을 가벼이 보지 말라. 방울방울 떨어지는 물이 독을 채우듯, 급기야는 공덕이 차는 것이다.

어떤 자는 사람으로 태어나고, 악을 이룬 자는 지옥에 떨어지고, 선인은 천계에 태어나고, 번뇌없는 사람은 열반에 든다. 허공에도 바다에도 또는 산의 동굴에 들어가도 악업에서 벗어날 수 있는 곳은 없다. 허공에도 바다에도 또는 산의 동굴에 들어가도 죽음이 따르지 않는 곳은 없다.

10. 모든 중생은 칼이나 몽둥이를 겁내고, 죽음을 두려워한다. 자기

의 몸에 겨누어 죽이지 말라. 해치지 말라.

모든 중생은 칼이나 몽둥이를 겁내고, 모든 중생은 생을 아낀다. 자기의 몸에 겨누어 죽이지 말라. 해치지 말라.

산 것은 모름지기 즐거움을 찾는다. 자기의 즐거움을 찾아 칼이나 몽둥이로 남을 해치면 죽어서 즐거움을 얻지 못하리라.

거친 말을 쓰지 말라. 말을 들은 사람은 그대에게 말갚음을 하리라. 성내는 말이야말로 괴롭다. 보복이 그대에게 닿으리라.

깨진 종과 같이 그대가 만일 말이 많지 않다면, 그대는 열반에 이르리라. 그대에게 노여움이 없이 하라.

목동이 채찍으로써 소를 목장으로 몰듯 늙음과 죽음은 사람의 목숨을 재촉한다.

악업을 지으면서도 어리석은 중생은 깨닫지 못한다. 불로 태우듯 그 업에 의해 몸이 태워진다.

죄도 없고 해칠 마음이 없는 사람을 만일 어떤 사람이 채찍으로써 해친다면, 다음 열 가지 가운데 어느 것인가의 보를 재빨리 받으리라.

심한 고통과, 몸의 손상과 그 파멸, 위중한 병과 마음의 광란, 국가의 위난, 격렬한 비난, 친족의 멸망이나 재물의 소모, 또 뇌화(雷火)로 그 집을 태우는 십과(十果)이다. 이를 모르는 사람은 죽어 지옥에 떨어지리라.

나체의 행을 닦고, 불을 섬기고, 몸에 진흙을 발라 수행하고, 음식을 끊고서 또는 땅에 눕고 혹은 티끌에 범벅이 되고 또는 웅크리고 수행한들, 미혹을 여의지 못한 사람은 청정하고자 해도 청정해지지 않는다. 비록 그 몸은 장엄할지라도 바르게 행하고 적정(寂靜)에 머물고 몸을 조복하고 마음을 제어하고 청정한 행을 닦으면서 온갖 생에 대하여 채찍을 가하지 않는 사람이야말로 바라문이라 하고, 출가자라 하고, 또는 불제자라고 하리라.

좋은 말일수록 채찍이 필요없듯, 비난을 받는 일 없이 참괴의 마음을 수호하는 사람을 어찌 이 세상에서 흔히 볼 수 있으랴. 채찍질이 필요없는 좋은 말처럼 열심히 분발하여 도를 닦으라.

신심과 계와 정진과 선정과 법의 판단에 의해 지(知)와 행이 갖추어지면 이 큰 고뇌를 떠나리.

도랑을 파는 자는 물을 끌어들이고, 화살을 만드는 자는 화살을 정비하고, 목수는 나무를 바로잡고, 어진 사람은 스스로를 조복한다.

11. 이 몸은 늙으면 썩어가는 것, 이를테면 병의 소굴이다. 무너져 가는 물건, 냄새나고 더러운 몸은 파괴되어 생은 마침내 죽음으로 끝난다.

가을에 버려진 호리병박의 빛마냥, 회백색의 뼈를 보면 어찌 즐거움인들 있을 것이랴.

아름답게 꾸민 왕의 수레도 마침내 썩어버리듯, 이 몸도 늙는다. 하지만 선법(善法)은 늙음이 없다.

배운 것이 적은 사람은 소처럼 늙는다. 살은 찌지만 지혜는 증장하는 일이 없다.

젊었을 때 청정한 행을 닦지 않고 부를 누린다면, 물고기 없는 연못 속에 늙은 해오라기가 멸해버림과 같다. 젊었을 때 청정한 행을 닦지 않고 보물을 얻는다면 옛날을 탓하며 활을 떠난 화살처럼 썩어 넘어진다.

12. 사람이 만일 자애(自愛)하는 생각이 있다면 자기를 잘 수호하라. 삼시〔三時 : 청(靑)·장(壯)·노년(老年)〕에 있어 현자는 한번은 잠을 깨는 것인즉.

먼저 스스로 바르게 살도록 하라. 그리하여 남을 깨우쳐라. 그러면 어진 자여, 번거로움이 없고 피로하지 않으리라.

남에게 가르치듯이 곧 스스로 행하라. 자기를 조복한 뒤 남을 조복할 수 있다. 조복하기 어려운 것은 자기이다. 실로 자기는 자기의 주인이다. 남은 자기의 주인일 수 없으므로, 자기를 조복한 뒤에야 얻기 어려운 좋은 주인을 얻을 수 있으리라.

심성이 부덕한 사람은 덩굴풀에 덮인 사라수마냥 적이 바라는 대로 자기를 움직여주는 자이다.

좋지 않은 일로써 자기를 불리하게 하는 일은 하기 쉽고, 자기에게 이익이 되는 좋은 일은 참으로 하기 어려운 것이다.

스스로 비뚤어지면 스스로를 더럽히고, 스스로 비뚤어짐이 없으면 스스로 청정하다. 청정함도 부정함도 자기에게 달렸다. 남이 나를 청정하게 할 수는 없다.

어떤 일일지라도 남의 이익을 위해 하고 자기의 이익을 잊으라.

13. 비열한 법을 일삼지 말라. 게으름에 탐닉하여 사견(邪見)을 품지 말라. 세간의 일을 증장하지 말라.

분발하여 게으르지 말라. 바른 법을 행하라. 법과 같이 행하면 금세와 내세에 즐겁게 잠자리라.

바른 법을 행하라. 악한 법을 닦지 말라. 법과 같이 행하면 금세와 내세에 즐겁게 잠자리라.

이 세상을 물거품처럼, 아지랑이처럼 보아야 한다. 그렇게 보는 사람은 염왕을 보는 일이 없다.

이 아름다운 왕의 수레마냥 장엄된 세간을 보라. 어리석은 자는 그 곳에서 괴로워하지만 지혜로운 자는 집착함이 없다.

이 세계는 어두워 볼 수 있는 사람(깨달은 사람)이 적다. 그물을 벗어난 새마냥 천계에 들어감은 적도다.

백조는 해의 길로 가고 신통한 자는 하늘로 난다. 현자는 마와 그 군세를 파하고 그 세계를 벗어난다.

간탐하면 천계에 가지 못하고, 우자(愚者)는 보시를 기뻐하지 않는다. 현자는 보시를 기뻐하며 저 세계에서야말로 안온을 누리리라.

일법(一法)을 범하고 거짓말을 하고 후세를 마음에 두지 않는 사람은 악을 행하지 않음이 없다.

14. 저 부처님의 승리를 뛰어넘을 자 없고, 저 승리에 이를 수 있는 자 이 세상에는 없다. 부처님의 지견(知見)은 끝이 없다. 그런데도 이 탐욕과 진에와 우치로써 이렇다는 자취조차도 없는 부처님을 무슨 도로써 끌어들이고자 하는가. 덫과 독으로 비유되는 탐애(貪愛)의 어디에서도 찾을 수 없는 부처님의 지견은 끝이 없다. 이 탐욕과 진에와 우치의 아무런 자취도 없는 부처님을 무슨 도로써 끌어들이고자 하는가.

고요한 생각으로 염하고 출리의 걱정을 즐기는 현자, 정념이 있는 정각자를 신들도 부러워하네.

사람으로 태어나기 어렵고, 사람의 수명을 다 누리기는 더욱 어렵다. 정법을 듣는 일 또한 어렵고, 부처의 출세간 또한 어렵도다.

모든 악을 짓지 말라. 모든 선을 행하라. 스스로의 마음을 청정히 하는 것이야말로, 이것이 곧 모든 부처의 가르침이니라.

참는 것은 어려운 고행의 으뜸이다. 열반을 가장 수승한 것이라고 모든 부처는 말씀하셨다. 출가자는 남을 괴롭히지 않고 남을 해치지 않는 자이므로.

헐뜯지 않고 해치지 않고 계율에 의해 몸을 지키고, 먹는 데 양을 알고 조용한 곳에 좌와(坐臥)하며 선정을 닦는 일이야말로 모든 부처의 가르침이니라.

재보가 하늘에서 쏟아져도 욕심에는 싫증이란 없다. 욕심에는 즐거움이 적고 괴로움뿐이라고 아는 자야말로 어진 사람이라고 하리라. 천계의 욕심에도 즐거움을 보지 않고, 번뇌가 다함을 기뻐함이 참된 불제자이다.

많은 중생들은 두려움 때문에 위협을 받고 산이나 숲이나 동산이나 나무나 무덤의 신에게 귀의한다. 그렇지만 이들은 모두 안온을 얻을 수 없으며 또한 무상의 것도 아니니, 이 귀의로써는 무수한 괴로움을 벗어날 수 없으리라.

부처와 법과 승가에 귀의하는 자만이 바른 지혜를 지녀 사성제를 보리라. 사성제란 고제(苦諦)와, 고의 집제(集諦)와, 고의 멸제(滅諦)와, 고의 멸에 이르는 팔정도의 도제(道諦)이다. 이 귀의하는 일이야 말로 안온하기 이를 데 없는 것이다. 이 귀의로써 모든 고를 벗어날 수 있으리라.

중생 가운데 뛰어난 자는 얻기 어렵다. 아무 곳에나 태어나지 않는다. 저 어진 사람이 태어난 가문은 평안하고 번영하리라.

부처님이 출현하심은 즐겁도다. 바른 법을 들음은 즐겁도다. 승가가 화합함은 즐겁도다. 화합한 대중들의 수행은 즐겁도다.

거짓을 여의고 근심과 슬픔을 뛰어넘어 공양에 응할 부처님과 불제자를 공양하는 것, 안온하여 두려움을 여의고 중생들을 공양하는 공덕은 헤아릴 수 없으리.

15. 오오, 우리들은 원망 속에 있되 원한없이 안온히 살리라. 원망하는 중생들 속에 원한없이 살리라.

오오, 우리들은 근심 속에 있되 근심없이 평안히 살리라. 탐욕하는 중생들 속에 탐욕없이 살리라.

오오, 우리들은 탐욕 속에 있되 근심없이 평안히 살리라. 근심하는 중생들 속에 탐욕없이 살리라.

오오, 우리들은 일물(一物)도 소유하지 않고 기쁨을 양식으로 삼는 광음천(光音天)과 같이 평안히 살리라.

승리는 원한을 낳는다. 패한 자는 괴로워하며 눕게 되므로, 승패를 잊고 적정(寂靜)에 평안히 누울지어다.

탐욕에 견줄 불은 없고 진에에 비등한 손해는 없으므로, 이 몸에 비교할 괴로움은 없고 고요함에 비교할 즐거움은 없다.
굶주림은 더없는 병이요, 몸은 최상의 괴로움이다. 이것을 있는 그대로 알면 더없이 즐거운 열반을 얻으리.
병이 없음은 제일의 이(利)요, 족함을 앎은 제일의 부이다. 신뢰는 제일의 친척, 열반은 제일의 낙이니라. 이 원리의 맛과 적정을 맛보고 법열을 맛보면 두려움이 없고 악한 일도 없다.
성자를 봄은 좋은 일이다. 성자와의 삶은 즐겁기 이를 데 없고, 어리석은 자를 보지 않으면 항상 즐거울지니. 어리석은 자와 함께 걸으면 원로(遠路)는 슬프도다. 어리석은 자와 함께 사는 것은 적과 사는 것과도 같다. 어진 사람과 함께 사는 것은 친족을 만난듯 즐겁도다. 이 때문에 현자나 지자, 박학한 사람이나 인욕의 사람, 계행이 깨끗한 사람, 이와 같은 지자와 선인에게 달이 별의 길을 가듯이 동반하고 섬겨라.

16. 어울리지 않는 일을 하고, 어울리는 일에 따르지 않고, 참된 이익을 외면하고, 자기 멋에 집착하는 자는 어울리는 일을 하는 사람을 부러워하게 되리라.
좋아하고 좋아하지 않는 것을 마음에 집착해서는 안 된다. 좋아하는 것을 보지 않으면 괴로워하고, 좋아하지 않는 것을 보는 것 역시 고이기 때문이다.
이 때문에 마음속에 호애(好愛)를 일으키지 말라. 좋아하는 것과 헤어짐은 화, 애증이 없다면 계박은 없으리. 좋아하는 데서 슬픔이 일어나고, 좋아하는 데서 두려움이 생한다. 좋아하는 것을 여읜 사람에게 슬픔은 없다. 어찌 두려움이 있으리.
쾌락에서 슬픔이 일어나고 두려움이 생한다. 쾌락을 여읜 사람에게 슬픔은 없다. 어찌 두려움이 있으랴.

욕에서 슬픔이 생하고 두려움이 생한다. 욕을 여읜 사람에게 슬픔은 없다. 어찌 두려움이 있으랴.

사랑에서 슬픔이 생하고 두려움이 생한다. 사랑을 여읜 사람에게 슬픔은 없다. 어찌 두려움이 있으리요.

청정한 계행과 바른 견해를 갖추고 법에 입각하여 참을 발하고 자기가 해야 할 일을 하는 사람은 많은 사람들에게 사랑을 받는다.

오랫동안 집을 떠나 있다가 건강하게 돌아오는 사람을 친척과 벗은 기뻐하며 맞이한다. 그와 같이 공덕을 쌓고 저세상으로 떠나는 사람이야말로 그 공덕으로 하여 환대받으리라.

17. 노여움을 버려라. 자만을 버려라. 또 모든 계박에서 벗어나라. 이 몸에 집착하지 않는 무일물(無一物)의 사람에게는 고는 따르지 않으리.

일어나는 노여움을 굴러가는 수레마냥 제어한다면, 그 사람을 참된 어자라고 부르리라. 그밖에는 단지 고삐를 잡은 이름뿐인 어자이니라. 노여움 없이 노여움을 이기고, 선으로써 악을 이기고, 보시로써 간탐을 이기고, 참으로써 거짓을 이겨라.

진실을 얘기하라. 노여워하지 말라. 구걸받았을 때 가진 것이 적더라도 주어라. 이 세 가지를 이루면 천계에 태어나리라.

남의 생명을 해치는 일없이 항상 몸을 제어하는 성자는 불사의 곳으로 가며 슬픔이 없다.

밤낮으로 항상 깨치고 배워서 열반에 전념하는 사람은 번뇌를 멸하리라. 이는 예부터 일컫는 일로서, 지금 처음 있는 일은 아니다. 침묵을 지키더라도 비난을 받고, 말이 많아도 비난을 받고, 적당히 말을 해도 비난을 받는다. 세간에 비난이 없는 일은 없다.

그러니 오직 비난만을 받는 사람이나, 오직 칭찬만을 받는 사람이란 있을 수 없다. 과거에도 현재에도 미래에도 그러한 사람은 없다.

하지만 식자가 날마다 살펴 '행에 결함이 없고, 어질고 지혜가 있으며, 계행을 갖추고 마음이 고요한 사람'이라고 칭찬하고 추천하는 사람이 있다면, 그는 염부단금(閻浮檀金)과 같으니 누가 비난할 수 있으랴. 신들도 범천도 그 사람을 찬양한다.

몸의 노여움을 지켜라. 몸을 제어하라. 몸의 악을 버리고 몸의 선을 행하라.

말의 노여움을 지켜라. 말을 제어하라. 말의 악을 버리고 말의 선을 행하라.

마음의 노여움을 지켜라. 마음을 제어하라. 마음의 악을 버리고 마음의 선을 행하라.

몸을 억제하고 말을 삼가고 마음을 조복하면 현자는 참으로 잘 지키는 사람이니라.

18. 그대, 이제 누렇게 된 잎사귀마냥 죽음의 사자는 그대 곁에 있으리라. 죽음의 나그넷길을 출발함에 즈음하여 여정의 양식이 없는 것은 아닌가.

너 자신이 섬(島)을 만들라. 급히 힘써 현자가 되라. 때(垢)를 제거하고 더러움을 버리면 천계에 사는 사람이 되리라.

그대, 이제 목숨이 다하여 죽음에 가까웠도다. 도중에 묵을 곳도 없고 노중의 양식인들 없는 것이 아니냐.

너 자신의 섬을 만들라. 급히 힘써 현자가 되라. 때를 제거하고 더러움을 버리면 또다시 태어나지 않으며 늙음을 받지 않으리라.

현자는 대장간의 은처럼 차차 조금씩, 찰나에 자기 마음의 때를 없애리라. 쇠의 녹이 쇠로부터 나와 쇠를 먹어치우듯, 파계한 사람의 행은 그 사람을 악취(惡趣)로 이끈다.

독송(讀誦)하지 않음은 경(經)의 때, 고치지 않음은 집(家)의 때, 게으름은 몸의 때, 게으름은 수위(守衛)의 때이니라.

부정(不貞)은 여자의 때, 간탐은 시주의 때, 악법은 참으로 이 현세와 내세의 때이다. 하지만 이러한 때보다도 심한 때는 무명(無明)이다. 제자들이여, 이 때를 버리고 때 없는 자가 될지어다.

부끄러워하는 일이 없고 까마귀처럼 뻔뻔스럽고 남을 중상하고 강포부적(强暴不敵)으로 더럽혀진 자의 생활은 용이하다. 그러나 부끄러워하는 마음이 있고, 항상 청정함을 찾아 집착하지 않고, 잔잔하면서도 청하고 지혜로운 자의 생활은 어렵다.

살생을 하고 거짓말을 하고 도둑질을 하고 남의 아내를 범하고 음주에 탐닉하는 자는, 이 세간에서 자신의 뿌리를 파서 던지는 자이다.

사람이여, 이와 같이 알라! 절제가 없음은 악법으로 통하며 불법을 이루고, 그대를 오래도록 괴로움에 빠지게 하리라.

사람은 참으로 신심과 환희에 의해서 보시를 한다. 그러므로 남이 주는 음식에 화를 내는 자는 언제나 고요한 삼매에 드는 일이 없다. 그러한 마음을 끊고 뿌리째 버릴 수 있는 사람이야말로, 실로 밤낮으로 고요한 삼매에 들게 되리라.

탐욕에 대등할 불(火)은 없고, 진에에 대등할 악어는 없고, 우치에 대등할 그물은 없고, 갈애에 대등할 강은 없다.

남의 허물을 보기는 쉽고 사기의 허물은 보기 어렵다. 남의 허물은 왕겨마냥 불어 흩어버릴 수 있지만, 속임수 많은 노름꾼이 주사위를 감추듯이 자기의 허물을 숨긴다.

19. 일을 조급하게 서두르기 때문에 '법에 선 사람'으로는 불릴 수 없다. 조급하지 않고 법에 의해 평등하게 중생을 이끌고, 법을 호지하는 지혜있는 중생이야말로 '법에 선 사람'이라고 불린다.

말을 많이 한다고 해서 어진 사람이라 할 수는 없다. 오직 마음 편히 원한없고 두려움이 없는 자야말로 어진 자라고 불린다. 많이 말하는 자가 '법을 지닌 사람'은 아니다. 들은 바가 적을지라도 몸으로써 법을 보고 법에 게으르지 않은 사람이야말로 '법을 지닌 사람' 이라고 불린다.

머리가 세었다고 장로는 아니다. 나이가 많으면 늙은이라고 불린다. 진실하고 정의롭고, 물(物)의 생명을 해치지 않고, 절제와 조절이 있고, 마음의 때를 제거할 수 있는 사람이야말로 장로라고 불린다.

질투하고 간탐하고 교만한 사람의 그 교언(巧言)과 영색(令色) 때문에 바른 사람이라 칭하지 않는다. 이것을 끊고 뿌리를 뽑아 마음속의 노여움을 제거할 수 있는 사람이야말로 단정한 사람이라고 할 수 있으리라.

머리를 깎았다고 출가자는 아니다. 계행이 없고 거짓말을 하고 탐욕이 있고 없고에 의하여 출가자는 정해진다. 작든 크든 모든 악을 제어하는 사람을 출가자라고 부른다. 출가자란 악을 제어한다는 뜻이므로.

남으로부터 음식물을 얻는다 하여 출가자가 아니다. 부정한 법을 지닌 동안은 출가자가 아니다. 악도 공덕도 모두 배제하여 청정한 행을 지키고 지혜로써 세상을 살아가야만 출가자라고 부른다.

생물을 괴롭히는 것은 성자가 아니다. 모름지기 살려고 하고, 살아 있는 것을 해치지 않아야만 성자라고 말하느니라.

계를 지니고 많이 배우고 선정을 닦고 사람과 떨어져 사는 것만으로 성자는 아니다. 보통 사람이 맛볼 수 없는 뜬세상 밖의 즐거움에 나는 이르렀다. 제자들이여, 번뇌가 다하기 전에는 '이젠 됐다.' 는 믿음을 품지 말라.

20. 도 가운데는 팔정도, 진리 가운데는 사성제, 법 가운데는 욕을 여의는 것, 사람 가운데는 부처님이 위없는 존재이니라.

지견(知見)을 청정히 하기 위해서는 이 외길뿐 달리 길이 없으므로, 너희들은 이 도를 행하라. 이는 악마를 미혹하게 하는 길이다. 너희들이 이 도를 행하면 괴로움의 끝을 맞이하리. 이는 내가 지혜로써 독화살을 제거했을 때 설한 도이니라.

너희들은 스스로 힘쓸지어다. 부처는 단지 설할 뿐, 도에 들어가 선정을 닦는 사람은 악마의 계박을 벗어나리라.

'세상만사는 무상하다.'고 지혜로써 볼 때, 괴로움을 염오하는 마음이 일어난다. 이는 청정에 이르는 길이다. 모든 것은 괴로움이라고 지혜로써 볼 때, 고를 싫어하는 마음이 일어난다. 이는 청정에 이르는 길이다.

모든 법에 '아(我)'가 있는 것이 아님을 지혜로써 볼 때, 고를 염오하는 마음이 일어난다. 이는 청정에 이르는 길이다.

분기해야 할 때 일어서지 않고, 젊어서 힘있을 때 게으르고, 의지가 약하고 태만한 자는 지혜로서의 도를 모른다.

말을 삼가고 마음을 제어하고 몸으로 악을 행하지 말라. 이들 세 업도를 청정히 하여 선인이 설한 길로 들어가라.

번뇌의 숲을 베어라. 그것은 나무가 아니다. 숲에서 두려움이 일어난다. 숲과 숲의 아래 풀을 베어내면, 제자들이여, 번뇌에서 벗어나리라.

아무리 미세할지라도 여자에 대한 남자의 애욕을 끊지 않는다면, 젖을 먹는 송아지가 어미소에 얽매이는 것처럼, 그 사람의 마음은 계박을 벗어나지 못하리라.

손으로 가을의 연(蓮)을 꺾듯, 자기의 애욕을 끊고 적정의 도만을 닦아라. 열반은 부처가 설하신 것.

어리석은 자는 우기도 가을도 여름도 지나리라고, 이렇듯 생각하여 죽음의 난이 옴을 모른다.

자식들이나 가축에 탐닉하고 욕심에 마음을 뺏긴 사람은, 잠든 마을을 홍수가 쓸어가듯 죽음의 신이 빼앗아간다. 죽음에 붙들린 사람에게는 아들도 딸도 의지가 안 된다. 아버지도 어머니도 의지가 안 되고, 친족이라도 또한 은신처가 되지 않는다. 이 이치를 알아 어질고 바른 계행을 닦는 사람은 속히 열반의 도를 청정히 하리라.

21. 작은 즐거움을 버린다면 큰 즐거움을 보리라. 지혜가 있는 사람은 큰 즐거움을 보고 작은 즐거움을 버린다.

남에게 괴로움을 주고 스스로 즐거움을 얻기를 원하는 사람은 원한 속에 들어가 원한에서 벗어나지 못하리라.

해야 할 일을 등한시하고, 해서는 안 될 일을 하는 교만하고 게으른 사람에게는 번뇌만 증장하고 왕성하리라.

항상 몸의 더러움을 관하고, 해서는 안 될 일을 행하지 말고, 해야 할 일을 항상 행하고, 정념으로써 자각한 사람은 번뇌가 멸하리라.

탐욕의 아비와 교만의 어미를 죽이고 유무(有無) 이견(二見)의 이왕(二王)을 죽이고, 탐욕의 백성과 나라를 멸해야만 참된 바라문에게 고뇌가 없다.

탐욕이란 아비와 교만이란 어미를 죽이고 유무 이견의 이왕을 죽이고 혐의 있는 도둑을 죽여야 바라문에게 고뇌가 없다.

부처님의 제자는 항상 자각하여 밤낮없이 부처님을 염한다. 부처님의 제자는 항상 자각하여 밤낮없이 법을 염한다. 부처님의 제자는 항상 자각하여 밤낮없이 승가를 염한다. 부처님의 제자는 항상 자각하여 밤낮없이 신(身)을 염한다. 부처님의 제자는 항상 자각하여 밤낮없이 무해함을 마음으로 즐거워한다. 부처님의 제자는 항상 자각하여 밤낮없이 수행하며 마음으로 즐거워한다.

출가는 어렵고 출가의 행을 즐기는 것도 어렵고, 승방의 삶도 어렵고 집의 삶도 괴롭다. 귀천이 함께 사는 것도 어렵고, 멀리 길을 떠나도 윤회는 따른다. 그러니 멀리 길떠나지 말라. 고가 따르는 일이 없으리라.

22. 거짓말을 하는 자는 지옥에 간다. 악한 짓을 하고서 안했다고 하는 자, 이 두 사람은 어김없이 내세에 비천한 사람이 되리라.

가사를 어깨에 걸치더라도 악한 생각이 많고 몸을 제어할 줄 모르는 악인은 그 악 때문에 지옥에 들리라.

게으르고 유부녀를 범하는 자는 네 가지의 죄를 받는다. 부덕하면 잠을 자도 유쾌하지 못하며, 세간의 비난과 지옥에 떨어지느니라.

몸은 죄를 받아 지옥에 들어간다. 두려움이 있는 자〔姦夫〕와 두려움이 있는 자〔姦婦〕와의 즐거움은 짧다. 왕은 엄하게 형벌을 가한다. 그러므로 남의 아내를 범하지 말라.

풀잎도 서투르게 자르면 손을 베듯, 출가의 행도 잘못하면 지옥에 끌려 들어간다.

나태하고 부정한 행을 하며, 의심하고 주저하면 청정한 행을 할지라도 큰 이익이 없다.

해야 할 일은 굳게 노력하고 이를 행하라. 게으른 출가자는 오히려 먼지를 뿌리는 자이니라.

악한 일은 하지 않아야 한다. 저지른 다음에 후회한다. 선한 일은 행할수록 좋으리라. 저지른 뒤에 뉘우치는 일은 없다.

안과 밖을 다 잘 지키는 성채미낭 내 몸을 지켜라. 찰나도 헛뇌이 보내지 말라. 찰나라도 등한히 하면 지옥에 떨어져 괴로워해야 하는 까닭에.

부끄러워하지 않아도 됨을 부끄러워하고, 부끄러워해야 함을 부끄러워하지 않고 사견을 품은 사람은 지옥에 든다. 두려워하지 않아도 됨을 두려워하고, 두려워해야 함을 두려워하지 않고 사견을 품은 사람은 지옥에 든다.

허물이 없음을 허물이 있다 생각하고, 허물이 있음을 허물이 없다 생각하는 사견을 품은 사람은 지옥에 든다. 허물이 있음을 허물이 있다고 알고, 허물이 없음을 허물이 없다고 아는 정견을 품은 사람은 좋은 곳에 태어난다.

23. 싸움터에서 맞은 화살을 코끼리가 참듯 남의 비방을 참으리라. 많은 중생들은 부덕한 까닭에 사람들은 길들인 코끼리를 싸움터에 몰고 가고, 왕 또한 길들인 코끼리를 탄다. 스스로를 조복하고 비방을 참는 중생이야말로 중생들 가운데 뛰어난 자이다.

노새도 길들이면 착하고, 인더스말(馬)도 착하고, 큰 어금니 있는 코끼리도 착하다. 그러나 스스로를 조복한 사람은 그보다 더 뛰어나다. 그는 이와 같은 수레에 의해 아직 발길이 미치지 못한 곳에 이르기 어렵지만, 스스로를 조복하는 자야말로 스스로의 제어에 의해 그곳에 이를 수 있기 때문이다.

호보(護寶)라고 이름하는 코끼리는 발정했을 때 제어하기 어렵고, 매어놓더라도 먹이를 취하지 않는다. 코끼리는 그 살던 숲을 그리워한다.

잠을 즐기고 대식(大食)을 하며 늘 꾸벅꾸벅 자리에서 보내고, 욕심껏 먹은 돼지처럼 어리석은 사람은 몇 번이고 미혹한 생을 거듭한다.

이 나의 마음, 전에는 욕심 그대로 즐거움 그대로 즐기는 곳에 방황도 했지만 지금이야 말로 바르게 나의 이 마음을 제어해야 하리라. 갈고랑이를 잡은 코끼리 조련사가 미친 코끼리를 다스리듯.

근면한 마음가짐을 즐겨라. 자기의 마음을 지켜라. 진흙에 빠진 코끼리처럼 악취로부터 자기를 건져라.

사람이 만일 어질고 바르게 살고 원려(遠慮)하는 사람을 벗으로 삼을 수가 있다면 모든 위험을 이겨 기쁘리라.

만일 어질고 바르게 살고 원려하는 사람을 벗으로 삼을 수가 없다면, 평정했던 나라를 버리는 왕마냥, 또는 숲속의 코끼리 왕마냥 혼자서 가라.

악인은 벗이 될 자격이 없으므로 혼자 가는 것이 좋다. 숲속의 코끼리 왕마냥 혼자 가되 악한 짓을 말지어다.

일이 생겼을 때 벗은 즐겁다. 어떠한 것에도 족함을 아는 것은 즐겁다. 생명이 끝날 때 공덕은 즐겁다. 모든 고뇌를 버림은 즐겁다.

세상에 어머니라는 존재는 즐겁고, 아버지라는 존재도 즐겁다. 세상에 출가함도 즐겁고 바라문이라 함도 즐겁다. 늙을 때까지 계를 지킴이 즐겁고, 신심의 확립도 즐겁다. 지혜를 얻음도 즐겁고, 악을 행하지 않음도 즐겁다.

24. 게으른 사람은 애욕이 덩굴마냥 우거지고, 과일을 찾는 원숭이 마냥 생(生)에서 생으로 헤매리라.

세상에 만일 이 비루한 독이 있는 애욕에 사람이 항복한다면, 그 사람의 수심의 번성하기가 비라나 풀과 같으리라. 세상에 만일 이 비루하고 끊기 어려운 애욕을 물리칠 사람이 있다면, 근심은 그 사람을 버리기가 새싹에 있는 물방울과 같으리라.

그러므로 내 너희들에게 이 좋은 말을 해주리라. 여기에 모인 모든 사람들이여, 우시라를 찾는 사람이 비라나 풀을 캐듯 애욕의 뿌리를 캐라. 이리하여 강물이 갈대를 꺾고 흘러가버리듯, 몇 번이고 악마로 하여금 이기게 하지 말라. 이를테면 나무를 꺾어도 그 뿌리가 상하지 않고 단단하다면 다시 성장하듯, 애욕의 번뇌를 제거하지 않으면 괴로움은 다시 일어나리라.

욕류(慾流)는 도처에 흐르고 욕심의 덩굴은 항상 싹튼다. 그 덩굴이 싹틈을 보면 곧 지혜로써 그 뿌리를 끊어라.

사람의 기쁨은 항상 흘러 무엇인가에 닿는다. 기쁨에 닿아 즐거움을 구하는 사람들은 생과 사를 받는다.

탐욕에 마음을 빼앗긴 사람은 덫에 걸린 토끼처럼 뛰어다닌다. 번뇌의 계박에 사로잡혀 길이 몇 번이고 괴로움을 받는다.

탐애에 마음을 빼앗긴 사람은 덫에 걸린 토끼처럼 뛰어다닌다. 그러므로 자기의 탐욕을 여의는 길을 찾고 갈애를 제거하라.

탐욕에 빠진 자는 거미가 자기의 그물을 타듯 스스로 만든 흐름에 따라 흘러간다. 어진 자는 이 탐욕을 끊고 연모하는 자가 없는 몸이 되어 모든 괴로움을 버리고 출가한다.

과거를 버려라. 미래를 버려라. 현재를 버려라. 이것이야말로 생사의 피안에 이르는 것, 마음으로 일체처(一切處)를 해탈하면 다시 태어남과 늙음을 얻지 않는다.

나는 모든 것을 이기며 모든 것을 안다. 모든 법에 더럽혀지지 않고 모든 것을 버려 갈애를 다했으며, 스스로의 지혜로써 해탈했으니 누구를 스승이라고 부르겠는가.

법시(法施)는 모든 보시에 수승하고, 법미(法味)는 모든 즐거움에 수승하고, 법락(法樂)은 모든 즐거움에 수승하고, 애욕이 다함은 모든 고를 이긴다.

25. 눈을 제어함이 좋을지어다. 귀를 제어함이 좋을지어다. 코를 제어함이 좋을지어다. 혀를 제어함이 좋을지어다. 몸을 제어하고 말을 제어하고 마음을 제어하고 모든 곳을 제어함이 좋을지어다. 모든 곳을 제어하면 부처님의 제자는 온갖 고로부터 벗어난다.

손을 억제하고 발을 억제하고 입을 억제하고 억제를 가장 잘하면 안으로 기뻐한다. 마음을 고요히 하여 혼자 있되 흡족하면 이 사람을 불제자라고 한다.

입을 억제하여 알맞게 말하고 마음이 들뜨지 않는다면, 그 제자는 의(義)와 법을 나타내어 그 말은 감미롭다.

법에 머물고 법을 즐기고 법을 생각하고 법을 염하는 제자는 정법에서 퇴전하지 않는다.

스스로 얻음을 깔보지 말고 타인이 얻음을 질투하지 말라.

모든 것에 내 것이라는 생각을 일으키지 않고, 없어졌다고 슬퍼하지 않으면 그 사람이야말로 제자라고 할지니.
 자비의 마음에 머물고 부처의 가르침을 기뻐하는 제자는 일체의 것이 모두 진압되어 고요히 안락한 곳에 이르리라.
 제자여, 배 안의 물을 퍼내라. 물을 퍼내면 거뜬히 갈 수가 있으리라. 탐욕과 진에를 끊고 열반으로 가라.
 다섯 가지의 번뇌를 끊고 다섯 가지의 혹(惑)을 여의고, 다섯 가지의 덕을 닦으라. 다섯 가지의 번뇌를 여읜 제자는 '강을 건넌 사람'이라고 부른다.
 제자여, 고요히 생각하라. 게으르지 말라. 마음을 오욕에 향하게 하지 말라. 게을러 가열된 처란을 삼키지 말라. 지옥의 불에 태워져 괴롭다고 울지 말라.
 참된 지혜가 없으면 마음을 진정할 수가 없고, 마음이 진정되지 않으면 참된 지혜가 생기지 않는다. 마음이 진정되어 지혜있는 사람은 각에 가까운 자이니라.
 사람 없는 곳에 들어가 마음을 진정시킨 자는, 바르게 법을 관하게 되어 이 세간에 없는 즐거움을 누린다.
 몸과 마음의 생멸을 바르게 알아 기쁨과 즐거움을 얻으리라.
 이는 세간의 출가자가 먼저 해야 할 일이다. 오관을 제어하여 족함을 알고, 계로써 조복하고 생활이 청정하고 염오의 마음이 없는 착한 벗과 사귀고 우정을 두터이하고 선을 짓는 데 익숙해진다면, 즐거움이 많고 고의 멸에 이르리라.
 몸을 진정하고 말을 가라앉히고 마음을 가라앉혀 세간의 낙을 여읜 제자를 적정한 사람이라고 한다. 스스로 나를 책하고 스스로 나를 시험하라. 그리하면 그 제자는 안락하게 살리라.
 자신은 자신의 주인이고, 자신은 자신의 의지처이다. 그러므로 자기 말을 억제하여 자기를 제어하라.

　기쁨이 많고 부처의 가르침을 믿는 제자는 세간의 근심스런 일을 멈추고서 적정한 안락에 이르리라.

　실로 부처의 제자는 나이가 젊더라도 부처의 가르침을 일삼아 구름을 벗어난 달처럼 이 세상을 비춰주리라.

　용감히 번뇌의 흐름을 끊어라. 모든 욕을 제거하라. 바라문이여, 사물의 모든 고요함을 만나면 그대 열반을 알게 되리라.

　바라문이여, 자제와 묵사(默思)의 두 가지를 알면 그대의 계박은 모두 끊어지리라.

　피안도 차안도 없고, 두려움 없이 계박을 벗어난 사람을 나는 바라문이라고 한다.

　정사(靜思)하고 두려움이 없고 단정히 앉아 해야 할 일을 다 마치고 번뇌를 여의고 더할 데 없는 소망을 달성한 사람을 나는 바라문이라고 한다.

　해는 낮에 비치고 달은 밤에 빛난다. 무인은 무장하여 빛이 나고, 바라문은 정사(靜思)로 빛난다. 부처는 거룩한 빛으로 모든 낮과 밤에 빛난다.

　악업을 버리고 행이 바른 까닭에 바라문이라고 이름한다. 스스로의 때를 버리기 때문에 출가라고 한다.

　바라문을 때리지 말라. 맞아도 바라문은 성을 내지 말라. 바라문을 때리는 자는 저주받는다. 맞고 성을 내는 자는 더욱 저주받는다.

　좋아하는 일에 아부하지 않음은 바라문에게 있어 좋은 일, 해치는 마음을 멈출 때 괴로움도 역시 그친다.

　몸과 말과 뜻에 악이 없고 이 세 가지를 제어하는 사람을 나는 바라문이라고 한다.

　머리를 틀어 얹었다고 바라문이 아니다. 가문과 출신으로써 바라문이 아니다. 참과 법이 있으면 그는 즐거움이 있는 참된 바라문이다.
 어리석은 자여, 머리를 틀어 얹고 짐승가죽을 입었다고 무슨 소용이 있으랴. 안에 번뇌의 때가 있고 밖으로 청정을 꾸밀 뿐이다.
 분소의(糞掃衣)를 걸치고 파리하고 혈관이 드러나더라도 혼자 숲에 정좌하는 사람을 나는 바라문이라고 한다.
 출신 때문에, 어머니 때문에 나는 그 사람을 바라문이라 하지는 않는다. 교만하고 소유욕이 있으니 바라문이 아닌 것이다. 가진 것도 없고 집착이 없는 자를 나는 바라문이라고 한다. 모든 계박을 끊고 두려워하는 바가 없고 집착을 버리고 속박을 여읜 사람을 나는 바라문이라고 한다.
 바라문의 소유물인 끈과 띠와 그것에 부속되는 것들을 끊어버리고 계박의 빗장을 뽑고 잠에서 깬 사람을 나는 바라문이라고 한다.
 죄없이 받는 헐뜯음과 채찍질과 족쇄를 참으며, 인욕의 힘이 강하고 큰 사람을 나는 바라문이라고 한다. 노여움이 없고 행이 바르고 계를 지키고 욕심이 없고 스스로를 제어하고 망집의 생을 여읜 사람을 나는 바라문이라고 한다.
 연꽃 잎사귀의 물처럼, 바늘 끝의 양귀비처럼 욕에 물들지 않는 사람을 나는 바라문이라고 한다.
 이 세상에서 자기의 괴로움이 없는 것을 알고서 무거운 짐을 내리고 계박을 여읜 사람을 나는 바라문이라고 한다.
 지혜가 깊고 어질고 도와 비도(非道)를 잘 분별하고, 더할 데 없는 목적을 달성한 사람을 나는 바라문이라고 한다.
 재가자도 출가자도 사귀지 않고 집 없이 유행하며 욕심이 없는 사람을 나는 바라문이라고 한다. 살려고 하는, 살아 있는 것을 해치고자 하지 않고, 해치지 않는 사람을 나는 바라문이라고 한다.
 적의있는 중생들 가운데 있더라도 다투지 않고, 덤벼드는 사람에 대해서도 마음이 진정되어, 집착있는 가운데 있되 집착이 없는 사람을 나는 바라문이라고 한다.

양귀비 열매가 바늘 끝에서 떨어지듯 탐욕과 진에와 아만과 위선을 여읜 사람을 나는 바라문이라고 한다. 거친 말을 하지 않고 가르침이 있는 진실한 말을 하고, 그 누구도 노엽게 하지 않는 사람을 나는 바라문이라고 한다.

이 세간에서 많든 적든 청정하든 청정하지 않든 어떠한 것이라도 주는 사람을 나는 바라문이라고 한다. 현세와 내세에 욕심을 품지 않고 계박에서 벗어난 사람을 나는 바라문이라고 한다.

애착이 없고 지혜로써 의심을 여의고 불사의 심오한 곳에 이른 사람을 나는 바라문이라고 한다.

이 세간에서 공덕과 악의 두 가지 집착을 버리고 수심이 없으며 더러움이 없고 청정한 사람을 나는 바라문이라고 한다. 흐림이 없고 달이 맑아 청정하듯 살고자 원하는, 욕심을 여읜 사람을 나는 바라문이라고 한다.

이 진흙길과 악도와 윤회와 우치를 뛰어넘어 피안을 건너가서, 마음 고요히 생각하되 욕심이 없고 의심이 없고 집착이 없는 안온한 사람을 나는 바라문이라고 한다.

이 세간에서 욕심을 여의고 집을 버리고서 유행을 하며 애욕을 버린 사람을 나는 바라문이라고 한다. 이 세간에서 갈애를 여의고 집을 버리고 유행을 하며 갈애를 버린 사람을 나는 바라문이라고 한다.

인계와 천계의 계박을 벗어나 모든 굴레를 끊어버린 사람을 나는 바라문이라고 한다. 쾌함과 그렇지 못함을 버리고 청량하며 의지처 없이 모든 세계에 뛰어난 용자를 나는 바라문이라고 한다.

중생의 생(生)과 사(死)를 알고 집착이 없는 행복한 사람, 각자(覺者)를 나는 바라문이라고 한다. 그 사람이 가는 길을 신들도 능히 알지 못하는, 번뇌가 다하여 깨달은 사람을 나는 바라문이라고 한다.

과거에도 현재에도 미래에도 나로서 가진 바 없고 일물(一物)조차 없는 집착없는 사람을 나는 바라문이라고 한다.

씩씩한 사람, 숭고한 사람, 영웅, 대성(大聖), 승리자, 욕심없는 사람, 배움을 끝낸 사람을 나는 바라문이라고 한다.

전세의 일과 천계와 지옥을 알고, 나면서부터 지혜가 완비된 성자, 모든 것이 완전에 이른 사람을 나는 바라문이라고 한다.

제2장 여래의 본원(本願)과 구제(救濟)

제1절 법장보살(法藏菩薩)

1. 세존께서는 계속해서 영취산에 머무르셨다. 어느 날 많은 제자들이 세존을 둘러싸고 앉았는데, 아난다가 자리에서 일어나 상의를 한쪽 어깨에 걸치고 오른쪽 무릎을 땅에 대고 합장하며 말씀드렸다.

"세존이시여, 오늘 세존의 자태는 청정하고 옥안은 마치 투명한 거울처럼 맑기 이를 데 없습니다. 저는 이렇듯 찬란히 빛나는 위용을 일찍이 우러러본 일이 없습니다. 세존이시여, 생각건대 오늘 세존의 마음은 부처가 머무르시는 곳에 머물고, 도사(導師)의 행에 머물고, 3세의 부처들과 생각이 같으실 것으로 아옵니다."

세존은 아난다에게 말씀하셨다.

"그 말이 착하도다. 아난다여, 신들이 그대에게 가르쳤느냐, 또는 그대 스스로의 생각으로 이 물음을 일으켰느냐?"

아난다가 말하였다. "세존이시여, 신들이 가르친 것은 아닙니다. 제 스스로의 생각으로 이 뜻을 물었던 것입니다."

세존은 말씀하셨다. "착하도다, 아난다여. 그 물음이 아주 훌륭하다. 그대는 중생을 가엾이 여기고 그들의 이익과 행복을 위해서 이 뜻을 물었다. 아난다여, 부처가 가이없는 큰 자비를 갖고서 모든 중생들을 가엾이 여기고 이 세간에 나타난 이유는, 가르침을 펴 모든 중생들에게 참된 이익을 주기 위해서이다. 참으로 헤아릴 수 없는 시간에 부처의 세상을 만나는 것은 우담화를 보는 것보다 어렵다. 그대가 지금 질문한 바는 모든 중생들에게 이익이 되는 일이 많으리라. 아난다여, 부처가 깨달은 지혜는 헤아리기 어렵다. 장애가 없는 지혜이므로 한계로서 백천억겁의 목숨을 지탱할 수도 있다. 그리하여 그 자태도 찬란히 빛나며 변하는 일이 없다. 왜냐하면 부처는 가이없는 지혜를 갖고 온갖 법에 관해 자재한 힘을 갖기 때문이다. 아난다여, 부처가 이 세계에 나타난 이유를 질문한 일은, 그대로 부처의 힘이다. 마음을 가다듬어 자세히 들으라. 지금부터 그대를 위해 설하리라.

2. 먼 옛날 정광불(錠光佛)이 이 세상에 나와 헤아릴 수 없이 많은 중생들을 가르치고 이끌어 깨달음에 이르게 하셨다. 이어서 53불(佛)이 나오셨고 끝으로 세자재왕불(世自在王佛)이 나오셨다. 그때 국왕이 부처의 설법을 듣고서 매우 기뻐하고, 진심으로 도를 구하는 마음을 일으켜 나라를 버리고서 출가했는데 법장비구(法藏比丘)라고 하셨다. 재주와 지혜가 수승하고 그 면려하는 힘은 세상에서 따를 자가 없었다. 그는 세자재왕불을 찾아가 송으로써 부처의 덕을 찬양했다.

(1) 옥안도 지묘(至妙)한데 거룩하신 빛은 가이없고, 이같은 큰 빛은 모든 세상에 비할 데 없네.
　해나 달이나 마니(摩尼)의 주옥빛도 모두 가리워져 먹과 같구나.

그 커다란 음성은 울려퍼져 사방에 흐르네.

계와 듣는 일과 선정과 지혜와 정진의 덕은 수승하여 견줄 자가 없네.

깊은 지혜는 부처의 법해(法海)를 염하여 그 깊이를 다 알고 그 밑바닥을 궁구하시네.

(2) 무명과 탐욕과 진에는 길이 세존께는 있을 수 없다. 인세의 위대한 부처님의 존귀한 덕이야말로 가이없도다.

공덕은 넓고 크며, 지혜는 깊고 오묘하고, 빛나는 위덕은 세계를 모두 진동시키도다.

나 부처가 될 때 성스러운 법왕과 한가지로 늙음과 죽음의 고뇌에 모든 중생을 벗어나게 하리라.

보시와 또 마음을 조복함과 지계(持戒)와 인욕과 정진과 선정과 지혜의 행을 닦아, 두려움을 품은 중생을 위하여 구원의 주인이 되리라.

(3) 백천의 부처님, 그 수는 강가의 모래와 같다. 이들 모든 부처님을 공양하는 그것보다는 실로 도를 찾아 물러나지 않는 일이야말로 선이다.

또 강가의 모래와 같이 수없는 부처의 국토를 내 빛으로써 비추리라. 그러한 정진과 위광(威光)에 한이 없으리라.

내가 부처가 되었기 때문에 그 나라는 제1이 되고, 머무르는 중생들을 가르치는 신묘한 도량은 세간을 초월하리라. 나라는 열반의 즐거움으로써 세간에 비할 곳 없으리라. 나는 항상 애련으로써 모든 중생을 구하리라.

(4) 시방에서 오는 중생들, 만일 내 나라(불토)에 이른다면 마음이 청정하고 기쁨이 넘쳐 온갖 쾌락을 다하리라.

원컨대 부처님은 저에게 참을 가르쳐주사이다. 저는 원하는 바에 따라 반드시 면려하리다. 시방에 계신 부처님은 구애됨이 없는 지혜를 가지셨다. 항상 이 부처님들로 하여금 내 마음을 알려드리리다. 비록 몸은 어떤 괴로움 가운데 있을지라도 면려하여 내 소원을 이루리라.

3. 법장비구는 이렇듯 세자재왕불의 덕을 찬양하고 말하였다. '세존이시여, 저는 참된 깨달음을 얻기를 원하옵니다. 부디 저를 위하여 그 법을 설해주십시오. 저는 가르침대로 도를 닦아 청정한 부처의 나라를 세워 생사의 구렁텅이에서 괴로워하는 중생들을 구하고자 하옵니다.'
세자재왕불께서 말씀하셨다. '그 나라의 부처를 세우는 일은 그대 스스로가 알 수 있으리라.'
법장보살이 말하였다. '세존이시여, 이 일은 넓고 깊어 제가 아는 경계는 아닙니다. 부디 저를 위해 불국토의 행을 설해주십시오.'
여기에 세자재왕불은 그의 원이 깊고 넓고 높고 밝음을 아시고 '법장이여, 비유컨대 어떤 사람이 바닷물을 퍼내고자 하는 데 있어 헤아릴 수 없이 많은 해에 걸쳐 싫증을 내는 일이 없다면, 마침내 그 밑바닥이 드러나 보물을 건질 수가 있으리라. 사람도 만일 이와 같이 전심으로 도를 찾아 마지않는다면 반드시 그 원을 달성하리라.'고 말씀하셨고, 그를 위하여 이백십억의 불국토의 상(相)을 나타내어 자상하게 그 차이를 설하셨다. 법장보살은 이 청정한 국토를 보고서 세간을 초월하는 큰 원을 세워 오겁(五劫)에 걸쳐 이들 모든 부처의 국토와 그 국토를 세우는 행에 관해 생각을 모으고, 남김없이 그같은 것들의 온갖 공덕과 장엄(莊嚴)을 섭취하고서 다시 세자재왕불을 뵙고 말씀드렸다.

4. '세존이시여, 제가 지금 말씀드리는 것은 저의 특별한 소원이옵

니다. 제가 깨달음을 얻었을 때 저의 나라는 이렇듯 생각하기 어려운 공덕과 장엄을 갖게 될 것입니다.'

(1) 만일 내가 부처가 될 때, 그 나라에 지옥·아귀·축생의 삼악도가 있다면 각을 얻지 않으리라.

(2) 만일 내가 부처가 될 때, 그 나라의 중생들이 이 삼악도에 다시 떨어진다면 각을 얻지 않으리라.

(3) 만일 내가 부처가 될 때, 나의 국토에 태어난 중생들이 '아'와 '아소'의 생각을 일으킨다면 각을 얻지 않으리라.

(4) 만일 내가 부처가 될 때, 그 나라의 중생들이 정취(定聚)의 위(位)에 들어 반드시 멸도에 이르지 않는다면 각을 얻지 않으리라.

(5) 만일 내가 부처가 될 때, 그 빛에 한정이 있어 백천억 나유타의 국토들을 비추지 못한다면 각을 얻지 않으리라.

(6) 만일 내가 부처가 될 때, 그 목숨에 한정이 있어 적어도 백천억 나유타의 겁(劫)의 수로써 헤아린다면 각을 얻지 않으리라.

(7) 만일 내가 부처가 될 때, 시방세계의 헤아릴 수 없는 부처님들이 모두 나의 이름을 찬탄하지 않는다면 각을 얻지 않으리라.

(8) 만일 내가 부처가 될 때, 시방의 중생들이 지성으로 의심없이 믿고서 나의 국토에 태어나고자 원하여, 그러고도 열 번 염하였건만 태어날 수가 없었다면 나는 각을 얻지 않으리라. 단 오역죄(五逆罪)를 지은 자와 정법을 헐뜯는 자는 제외한다.

(9) 만일 내가 부처가 될 때, 시방의 중생들이 도를 구하는 마음을 일으키고 모든 공덕을 닦아 전심으로 원을 발하여 나의 국토에 태어나고자 한다면, 그 중생의 목숨이 끝날 때 대중에 둘러싸여 그 앞에 나타나고 싶다. 그것을 할 수 없다면 각을 얻지 않으리라.

(10) 만일 내가 부처가 될 때, 시방의 중생들이 나의 이름을 듣고

서 나의 국토에 생각을 두고 모든 덕의 근본을 심고 마음을 한결같이 하여 그것을 바치고서 나의 국토에 태어나고자 하건만, 만일 이루지 못한다면 나는 각을 얻지 않으리라.

(11) 만일 내가 부처가 될 때, 다른 불국토의 보살들이 나의 나라에 태어난다면 반드시 부처의 지위에 이르게 되리라. 또한 자재로 중생들을 교도하고자 하는 자는 서약의 갑옷을 입고서 모든 국토에 유행하여, 강가의 모래수만큼이나 많은 중생들을 이끌어 깨달음의 길에 이르게 하며, 대비(大悲)의 덕을 닦게 하리라. 만일 이를 수행할 수 없다면 나는 각을 얻지 않으리라.

(12) 만일 내가 부처가 될 때, 그 나라는 청정하여 맑은 거울처럼 시방의 수없는 부처의 국토를 비추지 못한다면 나는 각을 얻지 않으리라.

(13) 만일 내가 부처가 될 때, 그 나라는 대지로부터 허공에 이르기까지 궁전·누각·연못·운하·꽃밭 등 온갖 것이 헤아릴 수 없는 보물, 헤아릴 수 없는 향기로써 장엄되지 않는다면 나는 각을 얻지 않으리라.

(14) 만일 내가 부처가 될 때, 시방의 수없는 국토의 중생들이 내 빛을 받아 몸도 마음도 부드러워지고 인간 천상의 낙보다 뛰어난 즐거움을 얻지 못한다면 나는 각을 얻지 않으리라.

(15) 만일 내가 부처가 될 때, 그 나라의 중생들이 받는 낙이 번뇌를 멸한 성자와 같지 않다면 나는 각을 얻지 않으리라.

5. 이와 같은 원을 세우고서 법장보살은 다시 게를 설하였다.

(1) 나는 세상을 초월한 원을 세우고 반드시 깨달음에 이르리라. 이 원이 채워지지 않는다면 맹세코 각을 얻지 않으리라.

헤아릴 수 없는 시간에 걸쳐 나는 보시하는 주인이 되어 가난하고 괴로워하는 중생들을 모름지기 구하지 못한다면 맹세코 각을 얻지 않으리라.

내가 부처의 도를 얻을 때는 내 이름이 시방에 알려지리라. 들리지 않는 곳이 만일 있다면 맹세코 각을 얻지 않으리라.

(2) 욕을 여의고 깊고 바른 염에 들고 청정한 지혜로써 행을 닦아 깨달음의 도를 구하여 모든 중생의 스승이 되리라.

가이없는 빛의 주인이 되어 나는 모든 국토를 비추며 탐·진·치의 어둠을 제거하여 어두운 세계의 고난을 구제하리라.

지혜의 눈을 빛내고 혼맹(昏盲)의 어둠을 멸하여 온갖 고난의 길을 막고 천계의 중생을 인도하리라.

공(功)은 원만하고 거룩한 빛은 시방에 펼쳐져 일월도 그 빛을 거두고, 신의 영광도 나타나지 않으리라.

(3) 중생을 위하여 법장을 열리라. 널리 공덕을 베풀고 항상 회중에서 법을 설하여 사자후하리라. 모든 부처를 공양하고 온갖 덕의 근본을 심어 원의 지혜를 원만하게 하여 세간에서 뛰어난 자가 되리라.

부처의 거룩한 지혜는 장애가 없고 모든 것에 이른다. 내 공덕도 지혜도 힘도 원컨대 이것과 같으리라.

이 원이 만일 이루어지면 대천세계(大千世界)여, 진동하라! 하늘에 계신 신도 가상히 여기사 미묘한 꽃을 뿌리시리라.

6. 아난다여, 법장보살이 이 게를 읊었을 때 대지는 여섯 종류로 진동하고 하늘에서는 미묘한 꽃이 내리고 천악(天樂)은 절로 연주되어 찬양하기를 '반드시 깨달음을 얻으리라.'고 하였다. 그래서 법장보살은 온갖 모임이란 모임에서 그 맹세한 원을 말하고, 길이 쇠하지 않는

부처의 국토를 세우는 일에 정진하였다. 그는 헤아릴 수 없는 시간을 거듭하여 헤아릴 수 없는 덕을 쌓았고, 탐하는 마음, 성내는 마음, 남을 해치는 마음을 일으키지 않고 모든 경계에 집착하지 않으며, 욕심을 적게 하여 족함을 알고, 항상 선정에 들어 지혜에 장애됨이 없고, 참는 힘을 갖추어 거짓과 아부의 마음이 없고, 얼굴을 부드럽게 하여 다정히 이야기하고, 면려하되 싫증을 모르고, 이리하여 청정한 법을 찾아 모든 중생에게 공덕을 충만하게 했던 것이다.

그리하여 제법의 '공(空)'과 '무상(無相)'과 '무원(無願)'에 주(住)하며, 거친 말과 스스로를 해치고 남을 해치는 말을 멀리하고 좋은 말을 익히게 하였다. 어떤 때는 국왕으로 태어나 그 나라의 왕위를 버리고 재물과 색을 끊은 육도(六度)의 행을 닦았으며, 또는 사람에게 가르쳐 행하도록 하였다.

아난다여, 법장보살은 이렇게 공을 쌓듯 덕을 쌓아 수없는 중생을 깨달음에 이르게 하였으니, 그 공덕은 다 설할 수가 없다."

제2절 무량수불(無量壽佛)

1. 아난다가 세존께 말씀드렸다. "법장보살은 이미 부처가 되어 돌아가셨는지요, 아니면 아직도 성불하지 못하고 현재 계신지요?"

세존께서 말씀하셨다. "저 법장보살은 이미 십겁(十劫)의 옛날에 무량수불(無量壽佛)이 되어 현재 이곳에서 서방으로 십만억 국토를 지나 안락세계에서 법을 설하고 계신다. 그 땅은 저절로 금·은·유리 등 보물로 장엄되어 광대하여 끝이 없고, 빛으로 번쩍이고 있다. 그곳에는 산이며 바다며 골짜기며 도랑 따위는 없지만, 보고 싶다고 생각하면 언제라도 부처의 힘에 의해 나타난다. 또 삼악도가 없고 봄과 가을 등의 사철도 없고, 언제나 온화하고 알맞게 따뜻하다.
 또 아난다여, 저 부처의 광명은 가장 존귀하여 다른 부처의 미칠 바가 못된다. 그러므로 무량수불은 또한 무량광불·무변광불·무애광불·무대광불·염왕광불·청정광불·환희광불·지혜광불·부단광불·난사광불·무칭광불·초일월광불이라고도 불린다. 만일 사람이 이 빛을 만난다면 탐·진·치의 때는 사라지고, 몸도 마음도 부드럽게 기쁨으로 약동하여 착한 마음이 일어나리라. 만일 지옥·아귀·축생 등의 악도에서 괴로워하는 자도 이 빛을 만나면 모두 그 괴로움을 면하여 안식할 수가 있으며, 그곳의 목숨이 다하면 모두 해탈의 경(境)에 이르는 것이다.
 무량수불의 거룩한 빛은 이렇듯 밝게 시방의 국토를 비추기 때문에 어디에서나 들리지 않은 곳이란 없다. 그러므로 내가 저 거룩한 빛을 찬양할 뿐 아니라 모든 부처님과 보살들도 마찬가지로 찬양하는 바이니라.
 2. 또 저 극락세계에는 여러 가지의 향기가 넘치고, 여러 가지의 향나무가 있고, 여러 가지의 묘한 새가 노래하고 있다. 산들바람이 불어오면 나무의 지엽은 서로 맞닿아 미묘한 법의 소리를 내고 널리 모든 국토에 흘리 피져, 듣는 자는 신심을 일으켜 악도에 떨어지지 않는 위(位)에 들게 된다. 참으로 보수(寶樹)에서 울리는 하나의 소리는 신계의 음악보다 천억 배나 수승하다.
 아난다여, 거기에는 또 강당·정사·궁전·누각이 갖가지 보옥으로 장엄되어 늘어서 있고, 여기저기에는 깨끗한 물이 넘실대는 큰 연못이 있다. 황금의 모래, 옥돌의 언덕, 산호의 모래, 유리의 언덕, 각 연못은 모두 다 보옥과 보사(寶沙)로 만들어져 있고, 그리하여 청·적·백의 갖가지 연꽃이 아름답게 향기를 내뿜는다. 만일 사람이 그 연못에 들어간다면 물은 뜻한 대로의 수심이 되고, 뜻한 대로 몸을 씻는다. 또한 온난은 저절로 조절되어 몸을 유쾌하게 만들어주고 마음을 열어주어, 그 때를 제거해줄 것이다. 그리하여 맑고 맑아서 형체를 멈추지 않고 보사에 비치고 잔잔한 물결이 되어 흐르며 저절로 오묘한 소리를 내어, 그것이 부처의 소리, 법의 소리, 승가의 소리로 울리고, 또는 '공'·'무아'의 소리, '대자비'의 소리로 들린다.

이렇듯 그 국토는 청정하고 안온하며, 그 낙은 고뇌를 여읜 깨달음의 낙이다. 국토의 중생은 지혜롭고 신통이 있으며, 그 용색(容色)은 오묘한데 실로 허무한 몸, 다함이 없는 몸을 얻고 있다. 그리하여 의복·음식·향기·꽃·영락(瓔珞)도, 또한 궁전도 누각도 그들의 뜻대로 나타난다. 또 진주를 아로새기고 보물방울이 드리워진 발은 높은 누각의 사방에 장식되고, 상쾌한 바람은 서서히 불어와 그 발을 어루만지며, 혹은 보림(寶林)에 다가가면 이를 데 없는 오묘한 법음(法音)이 절로 갖가지 향기와 더불어 사방에 흐른다. 그리하여 듣는 자는 번뇌의 때가 제거되고, 닿는 자는 마치 번뇌를 버린 성자와 같은 낙을 얻는다.

3. 또 그 바람은 꽃을 날리어 두루 대지에 깔되, 빛깔로 구분되어 섞이는 일이 없다. 그 꽃은 아름다운 빛깔을 띤 채 부드럽게 풍기고 있다. 그 위를 밟으면 네 치나 움푹 들어가고, 발을 들면 다시 본래대로 돌아간다. 그리하여 필요가 없어지면 저절로 자취없이 사라진다. 이렇듯 밤낮으로 여섯 번이나 바람은 불어 꽃을 흩날리는 것이다.

또 갖가지 연꽃이 그 국토의 어디에나 만발하고, 하나의 꽃에 백천억의 꽃잎이 있고, 그꽃의 나타낼 수 없는 빛은 그 빛깔과 광채로 파란색에는 파랗게, 흰색에는 하얗게 흐른다. 검정·노랑·주홍·자주의 색과 광(光)도 그와 같으며, 그 빛은 해나 달빛에도 뒤지지 않는다. 또 하나하나의 꽃은 삼십육백천억의 빛을 내뿜고, 하나하나의 빛은 다시 삼십육백천억의 부처를 나타낸다. 그 자금(紫金)을 찬란하게 빛내는 귀한 상호의 하나하나의 부처는 또 백천억의 빛을 발하여 널리 시방에 걸쳐 오묘한 법을 설하고, 헤아릴 수 없는 중생을 부처의 도로써 안온케 하는 것이다."

제3절 믿음을 획득하는 사람

세존은 다시 아난다에게 고하셨다.
"그 나라에 태어나는 중생은 모두 정정취(正定聚)에 들어간다. 왜냐하면 사정(邪定)과 부정(不定)의 중생은 부처가 저 극락을 세우신 까닭을 알 수가 없기 때문이다. 시방의 모든 부처님은 모두 함께 무량수불의 불가사의한 위신(威神)과 공덕을 찬양한다. 모든 중생은 그 부처의 이름을 듣고서 믿고 기뻐하는 일념의 지극한 마음으로 회향(廻向)을 한다. 그 나라에 태어나고자 한다면 곧 왕생할 수가 있다. 그리하여 결코 악도에 떨어지는 일이 없는 위(位)에 든다. 다만 오역죄를 지은 자와 정법을 헐뜯는 자는 제외된다. 아난다여, 세계의 모든 중생 가운데서 진심으로 그 나라에 태어나기를 원하는 경우, 세 종류의 사람이 있다.
그 첫째는, 집을 버리고 욕을 버리고 출가하여 깨달음을 구하는 마음을 일으켜, 오로지 무량수불을 염하며 모든 공덕을 닦고 저 거룩한 국토에 태어나고자 하는 중생이다. 이 사람들은 목숨이 끝날 때 모든 대중과 더불어 무량수불이 그들 앞에 나타나리라. 즉 부처님을 따라 그 국토의 칠보(七寶)로 된 꽃 속에서 절로 태어나 지혜도 용맹하게 신통자재한 자가 된다. 그러므로 아난다여, 만일 어떤 사람이 이승에서 무량수불을 뵙고자 생각한다면 먼저 도를 구하는 마음을 일으키고 공덕을 닦아 그 국토에 태어나기를 원해야 한다.

둘째로는, 비록 출가자가 되어 큰 공덕을 닦을 수가 없다 하더라도 깨달음을 구하는 마음을 일으켜 오로지 무량수불을 염하며, 얼마간의 선을 닦고 계를 지키고 사탑(寺塔)을 세워 출가자에게 공양하고, 탱화를 걸고서 등불을 켜고, 꽃을 뿌리고 향을 피워 공양함으로써 그 국토에 태어나고자 하는 중생이다. 그 사람은 목숨이 끝날 때 무량수불의 화신을 맞아 왕생하여 공덕도 지혜도 제1이 되리라.

셋째로는, 공덕을 닦고 깨달음을 구하는 마음을 일으킬 수는 없지만, 뜻을 한결같이 하여 적어도 열 번 무량수불을 염하여 그 국토에 태어나고자 원하며, 심오한 법을 들어 믿고 기뻐하되 의심하는 일이 없고, 적어도 한 번 그 부처님을 염하여 지성으로써 그 거룩한 국토에 태어나고자 하는 중생이다. 이 중생은 목숨이 끝날 때 꿈에 저 부처님을 뵙고 그 국토에 태어나 공덕도 지혜도 큰 중생이 되리라."

제4절 현실의 인생과 교계(敎誡)

1. 세존은 미륵보살에게 고하셨다.

"저 무량수국에 주하는 중생의 공덕과 지혜는 이루 다 찬양할 수가 없다. 또한 그 국토의 오묘함과 즐겁고 청정한 일도 이미 설한 대로이다. 무엇 때문에 이 세계의 중생들은 애써 선을 행하고 자연의 대도(大道)를 염하되, 상하에 걸쳐 다함이 없는 바의 경지에 이르지 못하는 것인가. 저마다 면려하고 몸소 구하도록 하라. 그리하면 반드시 안양(安養)의 국토에 태어나고, 부처의 거룩한 힘에 의해 모든 악도를 뛰어넘어 각에 오르리라. 그 나라의 문은 언제나 열려 들어가는 데 방해가 없고, 저절로 중생을 끌어들여 참으로 가기 쉽되, 가는 중생은 드물도다. 만일 세간의 일을 버리고 면려하여 도를 구한다면 영원한 생명을 얻고 다함이 없는 낙을 받게 되리라.

2. 그렇지만 세간의 중생은 천박하여 눈앞의 시시한 일을 다투며 이 격렬한 악과 괴로움에 바빠 한낱 세월을 보낸다. 귀한 사람도 천한 사람도, 가난한 사람도 부유한 사람도, 늙은이도 젊은이도, 남자도 여자도 단지 재산에 대해서 근심하고 있다. 있는 자도 없는 자도 그 수심에는 변함이 없다. 수심에 잠기고 괴로움에 잠기고 생각을 거듭하여 염려하고, 마음 때문에 혹사당하여 평안한 때가 없다. 밭이 있으면 밭을 걱정하고, 집이 있으면 집을 걱정하고, 소·말·가축·종·재산·옷·음식·집기에 관해서도 걱정을 거듭하고 있다.

또한 때 아닌 물불·도둑·원수·빚쟁이 때문에 떠돌게 되고 불타고 빼앗겨, 그같은 소유물을 없애고 나면 근심은 독을 마신 것처럼 마음에 얽혀 풀릴 때가 없다. 분함은 가슴속에 맺혀 고뇌가 되고, 마음은 굳어 뜻대로 되지 않는다. 혹은 화를 만나 목숨이 끝나면 홀로 가니 아무도 따르는 자가 없다. 귀한 사람도 부유한 사람도 이 환난에는 변함이 없다. 근심과 두려움이 끝없이 겹치고 괴로움이 그칠 사이가 없다. 때로는 오한을 느끼고 열을 느껴 아픔 속에 잠긴다.

3. 가난하고 천한 자는 또 언제나 부족한 것에 괴로워하고 있다. 밭이 없으면 밭을, 집이 없으면 집을, 우마 또는 의식, 집기 등에 관해서도 없으면 역시 없는 만큼 자꾸만 갖고 싶다고 생각한다. 우연히 하나를 얻으면 다른 하나가 모자라고, 그것이 있으면 이것이 없다. 어떻게든지 모두 갖추고 싶다고 생각하는 사이에 이윽고 흩어져버린다. 걱정하고 괴로워하며 또다시 구할지라도 쉽게 얻을 수가 없고, 애닯게 여기더라도 효과가 없고, 몸도 마음도 고달프고, 기거도 편하지 않고, 수심은 그림자처럼 따르고, 오한과 열을 느끼고 아픔에 잠긴다. 어떤 때는 이로써 요사(夭死)하는 일조차 있다. 이렇듯 선을 행한 일도 없고 도를 행하고 덕을 쌓한 일도 없으므로, 목숨이 끝나면 단 혼자 먼

곳에 가지 않으면 안 된다. 더구나 선악의 보를 받는 길을 아는 자는 없다.

세간의 중생들이여, 아버지도 아들도 형제도 부부도 친족도 서로 공경하여 사랑하되, 미워하거나 시기해서는 안 된다. 있는 자는 없는 자에게 나누어주고, 탐하고 아껴서는 안 된다. 늘 말이나 안색을 부드럽게 하여 거슬러서는 안 된다. 만일 다투는 마음이 생겨 노여움을 품는다면 이승에서는 미미한 증질(憎嫉)일지라도 내세에는 점차 심해져 큰 원이 된다. 왜냐하면 세간의 일은 서로 해치더라도 그 즉시는 터지지 않지만, 독을 품고 노여움을 축적하면 분함이 마음에 맺히고 절로 마음에 새겨져 떠나지 않고, 생을 바꾸어서도 서로 원수를 갚는다.

사람은 애욕이 넘친 세상에 혼자 태어나 혼자 죽고, 혼자 가거나 혼자 오거나 하여, 괴로운 곳에 또는 즐거운 곳에 가되, 몸소 그것을 겪지만 대신해주는 자는 없다. 선과 악은 저마다 그 보를 달리하나니, 선은 복을, 악은 재앙을 가져온다. 엄숙한 인과의 이치에 의해 미리 기다리고 있다. 그리하여 하나씩 먼 곳으로 옮겨지되, 누구도 볼 수가 없다. 저마다 쌓은 선악의 업에 의해 어둡고 아득한 곳에 따로따로 떨어져 태어나며, 그 가는 길이 다르므로 만나는 때란 없다.

4. 그러므로 중생들이여, 세간의 일을 버리고 모두가 건강한 때 선을 닦고 면려하여 망집의 세계를 여의고 영원한 생을 얻길 원해야 한다. 도를 구하는 일을 제외하고서 무엇을 믿으며, 무엇을 즐거움으로 삼으려는가. 그렇건만 세간의 중생은 선을 행하면 선을 얻고, 도를 구하면 도를 얻는 것을 믿지 않고, 또한 죽음은 태어나는 것이며, 베풀면 복을 얻는다는 것도 믿지 않는다. 즉 그들은 선악의 인과의 업을 모두 믿는 일이 없다. 그리하여 그 견해를 뿌리로 하여 선인(先人)도 마찬가지로 잘못된 가르침을 받아 전한다. 즉 앞사람은 물론 선을 행하지 않고 도를 모르고 어리석고 어두운데다, 마음은 폐색되어 사생

(死生)의 행방도 선악의 도도 보지를 못한다. 그러므로 화와 복이 다투어 일어나더라도, 한 사람도 그것이 무엇에서 일어났는지에 대해 의심하는 자가 없다. 그러므로 영원한 생의 길은 언제까지나 보이지 않는다.

또한 어떤 때는 아버지가 자식 때문에 울고, 자식은 어버이 때문에 울고, 형제와 부부도 서로 슬퍼한다. 무상이 그 원인임을 아무도 깨닫지 못한다. 사물은 모두 지나가는 것이며, 머무르는 것은 없다. 가르쳐 이끌더라도 믿는 자가 적으므로 생사의 흐름은 그칠 때가 없다. 이와 같은 중생은 어리석고 성품이 사나워서 가르침을 믿는 일이 없고, 깊은 사려가 없으므로 단지 눈앞의 낙에 빠지고, 애욕에 마음이 흐려져 도에 이르지 못하고, 노여움에 빠져들어 이리와 같이 재물이나 색을 탐한다. 이 때문에 악도의 괴로움에 빠져 망집의 길이 그치는 일이 없으니, 참으로 가엾은 일이다.

5. 어떤 때는 가족·부자·형제·부부 중에서 한 사람은 죽되 한 사람은 태어나 서로 은애로 이어져서 근심에 계박되고, 애처로운 생각이 맺혀 날이 가고 해가 지나도 풀리는 일이 없다. 도를 가르쳐도 마음은 열리지 않고, 친함에 얽매여 정욕에 빠지고, 어두운 생각에 가리어 깊이 사물을 생각할 수기 없고, 바르게 도를 닦아 세간의 일을 결정할 수가 없고, 안절부절못하는 사이에 생명의 종말은 가까워져 나이를 다하여도 도를 얻지 못한다.

세간이 모두 애욕을 탐하고 있기 때문에 도에 혹(惑)하는 자는 많으나 도를 깨닫는 자는 적다. 세간의 일은 황망하게 지나가 의지할 만한 것은 하나도 없다. 귀한 자도 천한 자도 가난한 자도 부유한 자도 모두가 저마다의 생업에 괴로워하여, 남을 해칠 생각을 품는다. 악한 기운은 연기처럼 서리어 망령되이 일을 일으키고, 자연의 도를 거스르고 자연의 인정에 위배되므로 죄악의 행이 절로 일어나 그것을 부추기고 가는 데까지 가게 내버려둔다. 때문에 그 천명도 다하기 전에 악도에 빠지고, 생을 거듭하여 괴로움에서 괴로움으로 옮기고, 천만 겁을 지나도 헤어날 수가 없으니 가엾고 애처롭기 이를 데 없다."

6. 세존은 다시 미륵보살에게 고하셨다.

"나는 지금 그대들에게 세간의 일을 말했다. 중생들은 이 때문에 번거로워 도를 얻지 못한다. 생각을 잘 가다듬고 모든 악을 멀리하여 선을 택하여 힘써 행하는 것이 좋으리라. 애욕도 영화도 오래 보유할 수는 없다. 이윽고 서로 헤어지게 되리라. 즐거워해야 할 일이란 하나도 없다. 만일 부처의 세상을 만나게 되면 힘써 무량수불의 수승한 국토에 태어나기를 원하라. 그러면 밝은 지혜와 수승한 공덕을 얻으리라. 욕심대로 내맡겨 가르침을 어기고 남들에게 뒤져서는 안 된다."

제3장 여래의 의의

제1절 경건한 생활

1. 세존은 다시금 강가를 건너 베살리로 들어가셨고, 큰 숲속에 머물러 제자들에게 가르치셨다.

"제자들이여, 내가 각을 얻은 지 얼마 되지 않았을 때의 일이다. 나는 우루벨라숲의 네란자라의 기슭에 머물고 있었다. 그때 고요한 나의 마음에 이런 생각이 떠올랐다. '공경이 없고 섬기는 바가 없는 생활은 고민스럽다. 나는 어떠한 사람을 존숭하고 공경하면 좋을까?' 다음으로 이렇게 생각하였다. '만일 나에게 불만스러운 계가 있다면 그것을 만족시키기 위해 다른 사람을 공경하며 날을 보내자. 또 만일 만족하지 못한 선정이나 지혜나 해탈이 있다면 그것을 충족시키기 위해 다른 사람을 공경하며 날을 보내자. 그러나 이 세계에서는 선정에 있어서, 지혜에 있어서, 해탈에 있어서 나보다 더 뛰어난 사람은 없다. 그러므로 나는 한층 내가 스스로 깨친 법을 존숭하고 공양하며 날을 보내리라.' 제자들이여, 내가 이렇게 생각하고 있는 곳에 범천이 현현(顯現)하여 한쪽 어깨에 옷을 걸치고 합장하며 나에게 말했다.

'세존이시여, 정말 좋은 일이옵니다. 과거의 제불(諸佛)도 법을 공경하고 미래의 제불도 또한 그와 같이 하실 것입니다. 지금의 부처님이신 세존께서도 부디 법을 공경하는 날을 보내십시오.'

범천은 이렇게 말하고 다시 노래했다.

지나간 세상의 부처님, 내세의 각자, 지금 세간의 부처님,
모든 중생들이여, 근심을 털어버리려는 사람은 모두가 바르고 거룩한 법을 섬기고 공경함으로써 주(住)하도다.
이는 불법의 요체이니라. 그러므로 나를 위해 생각하고 크게 될 것을 바란다면, 부처의 가르침을 중히 여김으로써 바른 법을 배례할 수 있으리라.

제자들이여, 범천은 이렇게 말하고 그 모습을 감추었다. 나는 범천의 마음을 알고 자신에게 알맞는 스스로가 깨달은 이 법을 공경하며 날을 보냈다. 제자들이여, 더욱 뛰어나고 훌륭한 자가 되지 않으면 안된다. 나의 승가에 대해서도 나는 강한 존경을 바치는 자이다.

2. 제자들이여, 여래는 이 세계를 깨달아 이 세계의 계박을 벗어나고, 이 세계의 원인을 깨달아 이 세계의 원인을 버리고, 이 세계의 멸을 깨달아 이 세계의 멸을 나타내고, 이 세계의 멸에 이르는 도를 깨

달아 이 세계의 멸에 이르는 도를 닦았다. 제자들이여, 이 세계에 있어 견문각지(見聞覺知)해야 할 모든 것은 전부 여래에 의해 깨우쳐지고 있다. 그러므로 여래라고 일컫는다. 여래는 정각의 새벽부터 멸도(滅度)의 저녁까지 그 이야기하는 바에 거짓이 없다. 그러므로 여래라고 일컫는 것이다.

제자들이여, 여래는 말과 같이 행하고, 행과 같이 말한다. 그러므로 여래라고 일컫는다. 제자들이여, 여래는 이 온 세계에 있어 승리자로서 그 무엇에도 패하는 일이 없고, 바르게 사물을 보는 자이며 다스리는 자이다. 그러므로 여래라고 일컫는 것이다."

3. 세존은 여행을 계속하여 다시 사바티성 밖의 기원정사로 들어가셨다. 어느 날 아난다는 바기사를 따라 탁발을 위해 성내로 들어갔다. 어느 거리에서 뜻밖에 아름다운 부인을 보자 바기사의 마음은 흐트러져 제어할 수가 없었다. 그는 아난다에게 도움을 청했다.

"욕념에 불타, 내 마음도 불타네. 가엾게 여기시어 불을 끄는 법을 가르쳐주소서."

아난다는 노래로써 이에 답했다.

    전도된 마음은 그대의 마음을 불태우고 탐욕을 일으킨다. 사물은 모두가 무상이라 보고, 고라고 보고, 무아라고 관하라. 몇 번이고 불타지 않도록 큰 탐욕을 소멸시켜라. 마음을 하나로 모으고 고요히 부정의 상(想)을 닦아라. 마음이 바르게 몸을 염하고 무상(無相)을 닦아 오만한 번뇌를 멸하라. 만심을 제어할 수 있어야 마음 고요히 행할 수 있으리라.

4. 바기사는 바야흐로 청량한 물로 심화(心火)를 누를 수가 있었다. 부인은 마음이 있는 듯 미소를 지었으나, 바기사의 마음을 움직이게

하지는 못했다. 바기사는 부정을 관하고 위기를 벗어났다. 그는 마침내 욕의 근원을 찾아, 생각이 근본인 것을 알았다.
'욕이여, 네 근원은 생각이니라. 생각이 없다면 네가 아니리.'
바기사는 세존께로 돌아가 오늘의 경험을 아뢰고 다음의 노래를 불렀다.

색은 물방울과 같고, 수(受)는 떠오른 거품과 같고, 상(想)은 아지랑이와 같고, 행(行)은 화초의 잎과 같고, 식(識)은 환상과 같네. 이 부처님의 가르침으로써 모든 사물을 관하면 모든 것이 공적(空寂)하여 실상은 없네. 아름답게 보이는 것도 더럽고, 단단하게 보이는 것도 약하고, 내 몸도 부서져 참된 것이 없노라.

세존은 바기사가 말하는 바를 칭찬하시고, 더욱더 이 몸이 견고하지 못해 무너지기 쉬운 것임을 관하도록 가르치셨다.

제2절 제석천(帝釋天)

1. 어느 날 세존은 동원의 녹자모강당에 거처하고 계셨는데, 제석천이 세존을 찾아뵙고 말하였다. "세존이시여, 제자들은 어떻게 하여 갈애를 멸하고, 해탈하여 안온에 이르고, 청정한 행을 닦아 이 세간에서 가장 수승한 자가 되는 것이옵니까. 간단히 들려주십시오."
"제석이여, 제자는 모든 법에 집착할 것이 없음을 알고 있다. 이에 의해 완전히 제법을 안다. 따라서 어떤 감각을 받더라도 모든 것을 무상이라 보고, 어떤 세계에도 집착하지 않는다. 그러므로 고뇌하는 일이 없고 스스로 열반의 적정에 들어가 '생은 다했다. 청정한 행은 이루어졌다. 이루어야 할 일은 모두 끝냈다. 이밖에 다른 생은 없다.'는 것을 알게 된다. 제석이여, 간단히 말하면 제자는 이와 같이 해서 갈애를 멸하여 해탈하고 완전해지며, 이 세간에서 가장 수승한 자가 되는 것이다."

제석천은 세존의 가르침을 기뻐하며 세존께 예배하고 우로 돌아서 천계로 돌아갔다.

2. 그때 목갈라나는 세존의 가까이에 앉아 있었는데, 이 이야기를 듣고서 '제석은 과연 세존의 가르침을 깨달을 수가 있어 기뻐한 것일까? 한번 시험해보자.'고 생각했다. 그리고 곧 정사의 뜰에 그림자를 감추고 천계에 나타났다. 제석은 그때 500명의 악사에게 둘러싸여 연꽃이 피어 있는 정원에 앉아 목갈라나가 오는 것을 보고 자리에서 일어나 맞이했다. "존자여, 잘 오셨습니다. 부디 마련된 자리에 앉으십시오."

목갈라나가 높은 자리에 앉자 제석천은 낮은 자리에 앉았다. 목갈라나가 말했다. "제석이여, 그대가 세존으로부터 들은, 저 갈애를 멸하여 해탈하는 가르침을 나도 들을 수가 있다면 고맙겠소."

"존자여, 저희들은 일이 많아 바쁜 몸으로 자기를 위하고 천계를 위해서 해야 할 일이 많습니다. 그러나 세존이 간략하게 설하신 가르침을 잘 듣고 잘 깨치고 잘 기억하고 있으므로 그리 빨리는 잊지 않습니다. 존자여, 이전에 신들과 아수라들 사이에 전쟁이 있었습니다. 그때는 신들이 이기고 아수라가 패했습니다. 저는 그 전쟁에서 개선하자 그 기념으로 승리전이라는 궁전을 지었습니다. 이 궁전에는 1만 동의 집채가 있는데, 하나하나의 집채에는 각각 100개의 7층 누각이 있고, 하나하나의 누각에는 49명의 천녀(天女)가 있고, 그 각의 천녀에게는 또 각각 49명의 시녀가 딸려 있습니다. 존자는 그 승리전을 보실 의향이 없으십니까?"

목갈라나는 고개를 끄덕이고 제석의 뜻을 따랐다. 여기에 제석은 비사문천을 거느리고 목갈라나를 인도하여 그 궁전으로 향했다. 궁전의 천녀와 시녀들은 사가기욕(捨家棄欲)의 존귀한 목갈라나의 모습을 보자 신부마냥 부끄러워하며 각자의 방으로 달아나 숨었다.

3. 제석은 비사문천과 함께 목갈라나에게 궁전의 곳곳을 가리키며 말하기를 "존자여, 보십시오. 이 장엄함은 모두가 저의 전세에 쌓은 공덕에 의하여 빛나고 있는 것이옵니다. 그러므로 인계(人界)에서는 언제나 훌륭한 것을 보면 '오오, 얼마나 훌륭한가! 마치 도리천(忉利天)과 같다.'고들 합니다. 이는 모두 저의 전세의 덕에 의한 것이옵니다."

목갈라나는 '생각한 대로 이 신은 자기의 영광에 눈이 멀어 방일에 흐르고 있으니 한번 놀려주자.' 고 생각하여 발가락을 궁전의 한 끝에 놓자 궁전이 진동하며 금방이라도 무너질 것처럼 되었다. 제석을 비롯한 신들은 모두 놀라고 두려워하며 '얼마나 무서운 신력(神力)인가. 겨우 발가락이 닿았을 뿐인데 이처럼 큰 진동이 일어나게 하다니, 무섭다.' 고 생각해 혀를 내둘렀다.

목잘라나는 머리털을 곤두세우고서 떨고 있는 제석을 돌아보며 조용히 앞서의 물음을 되풀이했다.

"제석이여, 그대가 세존에게 들은 저 갈애를 멸하여 해탈하는 가르침을 나도 들을 수가 있다면 고맙겠소."

이에 제석은 부득이 자기의 물음과 세존의 대답을 이야기했다. 목갈라나는 그 말을 듣고 기뻐하며 자리에서 일어나 인계로 돌아왔다. 천녀들은 제석의 주위를 둘러싸고 놀라워 떠들어댔다. "나리와 함께 이곳에 계셨던 분이 세존이십니까?"

"아니, 스승이 아니다. 그는 일찍이 나의 동학자였던 목갈라나라고 불리는 분이다."

"나리는 그와 같은 큰 신력을 갖춘 분을 동학자로 가져서 행복하겠습니다. 제자로서 그와 같은 힘을 갖는다고 하면 스승이신 세존은 얼마만한 힘을 갖고 계시겠습니까."

목갈라나는 녹자모강당으로 돌아와 이 이야기를 하며 세존의 가르침을 기뻐했다.

제3절 사냥꾼의 미끼

세존은 제자들에게 가르치셨다.

"제자들이여, 사냥꾼이 미끼를 던지는 것은 사슴으로 하여금 오래 살게 하거나 번성하게 하기 위해서가 아니다. 미끼에 미혹되어 자기의 뜻대로 만들기 위해서이다. 이 미끼에 대해 반응하는 사슴들은 크게 네 종류로 나눌 수 있다.

첫째의 사슴은 곧 미끼에 미혹되어 방일해지고 사냥꾼의 꾐에 빠진다. 둘째의 사슴은 첫째의 사슴을 보고서 무서운 미끼를 버리고 숲속 깊이 숨지만, 이윽고 더운 여름이 되어 먹을 것이 없어지고 기력이 약해지면 그 미끼에 이끌려 돌아와 방일해져, 마침내 사냥꾼에게 잡힌다. 세번째의 사슴은 앞서의 사슴의 꼴을 보고 조심하며 미끼에 돌아오더라도 그 곁에 은신처를 마련해두고서 미끼를 먹되, 방일하지 않고 사냥꾼의 술책에 빠지지 않는다. 그러나 사냥꾼이 미끼 주위에 덫을 마련해두면, 마침내 그 덫에 걸려 사냥꾼의 손아귀에 들어간다. 네번째의 사슴은 앞서의 사슴의 꼴을 보고서 사냥꾼의 손이 미치지 않는 곳에 은신처를 만들고 무슨 일이든 간에 조금도 방일하지 않고 덫에도 걸리지 않으며 미끼를 먹은 후 은신처로 돌아간다. 사냥꾼도 손쓸 도리가 없어, 이 사슴의 자유에 맡긴다. 즉 사냥꾼의 힘이 미치지 않는 사슴인 것이다.

　제자들이여, 미끼란 오욕(五欲), 사냥꾼이란 악마, 사슴이란 수도자를 말한다. 오욕에 탐닉하는 수도자는 악마의 포로가 되는 법이다. 숲속 깊이 숨는다고 함은 인가로부터 떨어진 곳에 숨어 살며 조식(粗食)으로 몸을 지탱하지만, 여름에 식물이 적고 기력이 약해지면 도를 버리고 오욕에 빠져 악마의 손아귀에 드는 것이다. 미끼 주위에 은신처를 만든다고 함은, 오욕에 빠지지 않고 주의깊게 방일에 떨어지지 않는 것이지만, 그럼에도 불구하고 세간은 상주(常住)라든가 아니라든가, 끝이 있다든가 없다든가 하는 희론(戱論)의 덫에 걸려 악마의 손에 들어가는 것이다. 사냥꾼의 손이 미치지 않는 곳에다 은신처를 만든다고 함은, 욕을 여의고 불선(不善)을 여의고 모든 선정에 들어 마음을 닦아 굳혀가는 것을 말한다. 이것이 악마를 봉사로 만들고, 그 눈동자를 못쓰게 만들어 악마의 지배에서 벗어나는 것이라 일컫는 것이다.

　제자들이여, 계를 갖추고 몸을 삼가며 주(住)하라. 착한 행을 지키고 작은 죄도 두렵게 보며, 수학하는 데 게으르지 말라. 만일 그대들이 동학자보다 경애를 더 받고 싶다고 생각한다면, 원만하게 계를 지키고 선정을 닦고 고요한 곳에 주하라. 만일 그대들이 스스로 의식주와 약을 얻고 그 공양에 큰 이익이 있다고 생각한다면, 원만하게 계를 지키고 선정을 닦아 고요한 곳에 주하라. 또 만일 그대들의 친척 중에 이미 죽은 사람을 사랑한다면, 원만하게 계를 갖추고 선정을 닦아 고요한 곳에 주하라. 또 만일 그대들이 스스로 만족하지 않는 생각을 평정하고 만족하지 않는 생각이나 공포 때문에 좇을 수 없는 일을 이룩하려면, 원만하게 계를 갖추고 선정을 닦아 고요한 곳에 주하라. 또 만일 그대들이 그대들 마음속의 번뇌·탐욕·진에·우치를 점차 적게 하여 마침내는 '번뇌가 모두 멸했다. 이루어야 할 일은 모두 이루었다.'고 하는 각자가 되고자 한다면, 원만하게 계를 갖추고 선정을 닦아 고요한 곳에 주하라."

제4절 스리말라 부인

1. 파세나디왕과 말리 부인은 세존의 거룩한 가르침을 점차 기뻐함에 따라 딸 스리말라 부인의 일을 생각하며 서로 이야기했다.
 "딸은 지혜롭고 천성이 이해가 빠르므로, 만일 부처님을 뵙게 된다면 반드시 법을 깨칠 것이오. 그러니 곧 사자를 보내어 도를 구하는 마음을 일으키도록 합시다."
 이와 같은 경위로 부처님의 공덕을 찬양한 짤막한 글월이 궁인(宮人)에 의해 아요다국의 스리말라 부인에게 전해졌다.
 부인은 글월을 받자 기뻐하며 받들어 읽고 나서 기쁜 마음을 일으켰으며, 사자에게 말했다. "저도 이미 부처님의 말씀은 세간에 비할 데 없다고 알고 있었는데, 만일 이 글월에 씌어 있는 대로라면 나도 섬기고 싶소."
 그리고는 다시 멀리 사바티성의 하늘을 우러러보며 청했다. "생각건대 세존은 모든 중생을 위해 이 세상에 오셨던 것입니다. 부디 자비를 베푸시어 거룩한 모습을 보여주십시오."
 세존은 이윽고 제자들을 거느리고 아요다국에 오셨다. 부인은 세존을 맞이하여 노래로써 찬양하였다.

 부처님의 숭고한 모습과 지혜는 세간에서 비할 데가 없네. 모든 법에 달통하시고, 언제나 변함이 없는 곳에 주하시도다. 때문에 나도 귀의하외다. 온갖 마음의 허물과 몸의 생·노·병·사를 항복받으시고 부처의 위(位)에 드셨네. 이 때문에 법왕이신 세존을 예배하도다.

일체지(一切智)를 깨치시고 지혜의 활동이 자재하시네. 이리하여 일체를 다스리시네. 때문에 저는 가이없고 비할 데도 없으며 생각조차 못할 거룩한 덕을 공경하며 예배하옵나니, 가엾게 여기시어 저를 두호해주소서. 신심을 더욱 증장하여, 원컨대 현세와 내세에서 계속 다스려주소서, 부처님이시여.

세존께서 말씀하셨다.

"나는 오랜 그 옛날 그대를 평안하게 했노라. 전세에 이미 눈을 뜨게 하고, 지금 또 그대를 다스리되 내세에도 또한 그러하리라."

부인은 다시 아뢰었다.

"그렇다면 전세에 저는 이미 공덕을 이루었다니, 금세에도 또 내세에도 선을 쌓겠습니다. 원컨대 저를 다스려주시옵소서."

세존께서 말씀하셨다. "그대는 지금 부처의 참된 공덕을 찬양한 그 공덕에 의해 내세에 자재한 몸이 되어, 언제 어떤 곳에 있더라도 항상 나를 볼 수 있을 것이며, 또 스스로 부처가 되리. 그 나라는 온갖 악의 이름도 없으며, 늙고 병들고 쇠약하고 뜻에 맞지 않는 괴로움도 없고, 몸도 목숨도 즐거움에 넘치게 되리라. 그리하여 도에 눈떠 선을 닦는 중생이 모여들게 되리라."

2. 스리말라 부인은 이 정각의 날의 예고를 듣고서 공손히 자리에서 일어나 열 가지의 맹세를 했다.

"세존이시여, 저는 지금부터 각에 이르기까지,

(1) 받은 계는 범하지 않으리라.

(2) 존장들을 업신여기지 않으리라.

(3) 모든 중생에게 성내지 않으리라.

(4) 사람의 상호나 소유물에 질투하지 않으리라.

(5) 마음으로나 물질상으로나 인색한 생각을 일으키지 않으리라.

(6) 자신을 위해 재물을 여축하지 않고, 받은 것은 모두 가난한 중생들에게 주어 행복하게 해주리라.

(7) 보시나 친절한 말이나 남에게 이익을 주는 행이나 남과 처지를 같이하는 일을 하더라도 그것은 자기를 위해 하지 않고, 염오(染汚)가 없고 싫증이 없으며 장애가 없는 마음으로 모든 중생을 거두리라.

(8) 만일 고독한 자, 옥에 갇혀 있는 자, 또는 병으로 시달리는 자 등 온갖 괴로움 속에 있는 중생들을 본다면 곧 그들이 평안해지도록 도리를 설해주고 그 괴로움을 구해주리라.

(9) 만일 생류(生類)를 잡고 또는 기르고 혹은 온갖 계를 범하는 자를 보면, 저의 힘이 닿는 한 응징해야 할 자는 응징하고 타일러야 할 자는 타일러 그같은 나쁜 행을 그치게 하리라. 이 응징과 타이름으로써 법은 영구히 존재하는 것입니다. 그것은 즐거움이 넘치고 괴로움은 줄어, 부처님의 거룩한 가르침이 평온하게 펼쳐질 것입니다.

(10) 정법(正法)을 얻는 것을 잊지 않으리라. 정법을 잊는 자는 모든 것에 걸쳐 참된 가르침에서 벗어나 깨달음의 언덕에 이를 수가 없습니다. 이러한 중생은 정법을 얻지 못하고, 뜻에 맡겨져 길이 범부(凡夫)의 경계를 뛰어넘을 수가 없습니다. 저는 이와 같은 큰 허물을 보고, 그리하여 이 세간에서 정법을 얻고자 하는 중생들의 한없는 복리(福利)를 보므로 이 맹세를 하는 것이옵니다.

법왕이신 세존이시여, 아무쪼록 증험을 내려주시옵소서.

세존이 눈앞에서 그것을 증험해주시더라도, 중생은 선근(善根)이 얇기 때문에 이 열 가지 맹세를 지킬 수가 없고, 혹은 의심을 일으켜 사도(邪道)를 즐기고 참된 안락을 얻지 못할지도 모릅니다. 지금 저는 이와 같은 중생들을 평안하게 하기 위해 이같은 맹세를 하고, 그것을 행하고자 생각하는 것입니다. 만일 이 맹세에 거짓이 없다면 신들은 반드시 하늘에서 꽃을 비오듯 뿌려주고 오묘한 음악을 연주해주시겠지요."

이때 하늘에서는 비처럼 꽃이 내리고 오묘한 소리가 있어 가로되 "그대가 말하는 바는 모두 진실하다."고 하였다.

이것을 보고 이것을 들은 모든 중생들은 의심하는 마음이 없어지고 한없는 기쁨으로 마음이 뛰어 서로들 말하기를 "저희들은 언제나 스리말라 부인과 함께 행을 같이하오리다."라고 하였다. 세존은 또 모든 대중의 원도 그와 같다고 증명하셨다.

제5절 삼대원(三大願)

부인은 다시 세존 앞에서 세 가지의 큰 원을 일으켰다.

"첫째, 저는 이 참된 원으로써 모든 중생을 안온하게 하오리다. 그리하여 이 선근에 의해 어떠한 생을 받더라도 거기에서 정법의 지혜를 얻으리라.

둘째, 정법의 지혜를 얻은 뒤에는 싫증을 내는 일 없이 중생들에게 설하여 들려주오리다.

셋째, 얻은 정법은 목숨과 재산을 내던지더라도 반드시 지키리다."

그때 세존은 부인의 세 가지 큰 원을 증명하셨다. "모든 물(物)이 허공에 거두어지듯이 보살의 한없는 원도 또한 모두 이 세 가지 큰 원 가운데 거두어진다. 이 원은 이렇듯 진실한 것이며 큰 것이다."

부인은 거듭하여 세존께 말씀드렸다. "저는 지금 세존의 거룩한 힘을 입어 도에 맞는 큰 원의 참을 설하고 싶습니다. 보살의 모든 원은 모두 하나의 큰 원 가운데 들어갑니다. 그것은 정법을 몸에 얻는 원입

니다."
 세존은 부인을 찬양하며 말씀하셨다. "훌륭하도다, 부인이여. 그대의 깊은 지혜와 방편은 모든 것에 수승하다. 그대는 이때까지 온갖 선근을 쌓았다. 내세의 중생들로서 그대처럼 오래 선을 닦은 자는 모두 그대와 같이 이야기하리라. 그대가 지금 설한 바 '정법을 체득하는' 일은 삼세의 부처가 다같이 설한 것으로서, 나도 각을 얻고서 항상 그 법을 설하고 있다. 이렇듯 정법을 체득한 공덕과 이익에 한이 없고, 그리하여 그 체득자인 부처의 지혜에도 변재(辯才)에도 또한 한이 없다."

제4장 구도(求道)의 마음가짐

제1절 목갈라나와 푸르나

 1. 그 무렵 목갈라나는 혼자서 바라나시국의 슨스말라기리에 가까운 공포림(恐怖林)의 녹야원(鹿野苑)에 머물러 있었다. 어느 날 악마가 노지(露地)를 조용히 걷고 있는 목갈라나의 뱃속으로 들어가 모습을 감추었는데, 목갈라나는 뱃속에 콩과 같은 무거운 덩어리를 느끼고서 걸음을 멈추고 방에 들어와 생각에 생각을 거듭하여 악마라는 것을 알고 말했다.
 "악마야, 나오너라. 부처와 불제자를 번거롭게 해서는 안 된다. 너에게 영겁으로 불이익이 될 것이다."
 악마는 생각하였다. '이 출가자는 나를 발견하지 못하고 나오라 하고 있다. 이 출가자의 스승도 그렇듯 빨리 나를 발견하지 못하는데, 제자로서 어떻게 나를 발견할 수 있을까?'

목갈라나는 말하였다. "악마야, 나는 너를 발견하고 있으며, 네가 생각하는 것도 알고 있다."

악마는 놀라 목갈라나의 입에서 나와 문밖 복도에 섰다.

"악마야, 너는 내가 너를 모른다고 생각해서는 안 된다. 너는 지금 복도에 서 있다. 먼 옛날 나도 두시라고 불리는 악마였지만, 너는 나의 누이동생인 칼리의 자식이었다. 때는 각참타불(覺參陀佛)의 대(代)였는데, 부처님에게는 비두라와 참시바라는 훌륭한 두 제자가 있었다. 비두라는 지혜가 뛰어나고 설법이 교묘했으며, 참시바는 선정에 능하여 상(想)이나 감각을 멸하는 선정에 들어가 있을 때 마을 사람들이 죽은 줄로 알고 장례식을 올리려고 했다. 존자는 새벽에 선정에서 나와 쌓아올린 섶의 불을 끄고 바리때를 갖고서 탁발에 나섰으므로 비로소 그가 살아 있음을 알았을 정도였다.

악마 두시는 어느 날 이렇게 생각하였다. '나는 이 계행(戒行) 바른 제자들의 오는 곳도 가는 곳도 모른다. 마을 사람들의 마음속에 들어가 이 제자들을 헐뜯고 괴롭히면 제자들의 마음이 산란해질 것이므로 그 기회를 노려보자.' 고. 마을 사람들은 제자들을 욕했다. 그러니 '머리털 없는 더러운 출가자, 사치스럽고 건방진 검은 건달, 부엉이가 나뭇가지에 앉아 밑의 쥐를 내려다보고 노리듯 언제나 아래를 향하여 무언가를 찾고 있는 건달.' 이라는 등의 욕을 한 자는 모두 죽은 뒤 지옥에 떨어졌다.

부처는 제자들에게 가르치셨다. '이같은 비방은 모두 악마 두시가 한 짓이다. 제자들이여, 자심(慈心)·비심(悲心)·희심(喜心)·평등심을 길러라.'

제자들은 이 가르침을 받아 비방을 듣더라도 마음을 움직이지 않고 숲속에 들어가 그 사무량심(四無量心)을 닦았다.

2. 악마 두시는 이와 같이 비방의 수를 쓰는데도 기회를 얻을 수가 없었으므로, 새삼스러이 마을 사람들에게 존경과 공양을 올리도록 했다. 공양과 존경을 올린 중생들은 죽은 뒤 대부분 천계에 태어났다. 부처는 제자들에게 가르치셨다. '이와같은 공양과 존경도 악마 두시가 하는 소행이다. 마음을 움직여 기회를 주어서는 안 된다. 너희들은 몸의 부정함을 관(觀)하고, 생을 고라고 보고, 무상을 생각하며 주(住)하라.'

제자들은 공양과 존경에 마음을 움직이지 않고 고공무상무아(苦空無常無我)의 가르침을 관하여 도를 닦았다.

악마 두시는 두 가지의 유혹이 아무 효험도 없었으므로, 어느 날 부처가 비두라를 데리고 탁발하고자 마을로 가시는 도중 어떤 어린이 속에 들어가 사금파리를 주워 비두라의 머리에 던졌다. 비두라는 머리에서 피가 흐르는데도 돌아보지도 않고 그대로 부처를 따르고 있었으나, 부처는 머리를 돌리시고 '악마 두시는 분수를 모른다.' 고 말씀하셨다. 두시는 땅속에 빠져 지옥에 떨어졌다. 두시는 그로부터 한없는 기간 지옥의 괴로움을 거듭했던 것이다.

악마야, 부처의 제자를 괴롭혀서는 안 된다. 그것은 영겁으로 너에게 불리함이 되리라. 나의 악은 나를 해치지 않는다고 생각하는 것은 잘못이다. 너는 참으로 기나긴 밤 동안 악을 쌓았다. 악마야, 부처에게 가까이해서는 안 된다. 불제자를 번거롭게 해서는 안 된다."

악마는 목갈라나에게 발견되어 상심한 자와 같이 모습을 감추어버렸다.

3. 어느 날 저녁때 푸르나는 선정에서 나와 세존께 다가가서 말씀드렸다. "세존이시여, 짤막하게 가르침을 받고 싶습니다. 그걸 받들어 홀로 조용히 살며 열심히 방일을 버리고 면려하고 싶습니다."

"푸르나여, 그렇다면 잘 들어라. 눈으로 보는 형체, 귀로 듣는 소리, 코로 맡는 냄새, 혀로 맛보는 맛, 몸에 닿는 감촉은 모두 기분이 좋고 뜻에 맞으며 욕을 불러일으킨다. 만일 그것을 기뻐하고 좋아하고 집착한다면 즐거움이 일어날 것이다. 푸르나여, 기쁜 원인은 괴로운 원인이라고 나는 말한다. 또 만일 그것을 기뻐하지 않고 좋아하지 않고 집착하지 않는다면 즐거움은 일어나지 않으리라. 푸르나여, 즐거움이 일어나지 않음은 괴로움이 일어나지 않는 일이라고 나는 말한다. 푸르나여, 그대는 이 짤막한 나의 가르침을 받아 어느 나라에 살겠다는 것이냐?"

"세존이시여, 저는 가르침을 받아 스나파란타에 살고 싶습니다."

"푸르나여, 스나파란타의 사람들은 사납고 거칠다. 만일 그들이 그대를 욕하고 모욕한다면 그때는 어떻게 하겠느냐?"

"세존이시여, 저는 그때 스나파란타의 사람들은 선량하므로 손으로써 저를 때리는 일은 없으리라고 생각할 것입니다."

"푸르나여, 만일 사람들이 손으로써 때린다면 그때는 어떻게 하겠느냐?"

"세존이시여, 저는 그때 스나파란타의 사람들은 선량하므로 흙덩이를 던지고 몽둥이로써 치는 일은 없으리라고 생각합니다."

"푸르나여, 만일 사람들이 흙덩이를 던지고 몽둥이로써 친다면 그때는 어떻게 하겠느냐?"

"세존이시여, 저는 그때 스나파란타의 사람들은 선량하므로 검으로써 저를 치지는 않으리라고 생각할 것입니다."

"푸르나여, 만일 그 사람들이 검으로써 친다면 그때는 어떻게 하겠느냐?"

"세존이시여, 저는 그때 스나파란타의 사람들은 선량하므로 저의 목숨을 빼앗는 일은 없으리라고 생각할 것입니다."

"푸르나여, 그들이 그대의 목숨을 빼앗고자 한다면 그때는 어떻게 하겠느냐?"

"세존이시여, 저는 그때 이와 같이 생각할 것입니다. '세존의 제자는 이 더럽혀진 몸과 생명을 싫어하여 스스로 죽고자 하는데, 나도 이 이루기 어려운 죽음을 얻을 수가 있었다.'고 생각할 것입니다."

"착하도다, 착하도다, 푸르나여. 그대는 이 자제(自制)와 적정(寂靜)을 갖추고 스나파란타에서 살 수가 있는 자이다. 푸르나여, 그렇다면 뜻대로 가거라."

푸르나는 세존의 거룩한 가르침을 기뻐하며 좌구(座具)를 치우고 의발(衣鉢)을 들고서 스나파란타국으로 떠났다. 이윽고 그 고장에 이르러 가르침을 펴고 그 해에 각각 500명의 남녀 신도를 만들었으며, 자기도 그 해에 깨달음을 얻을 수가 있었다. 얼마 후 푸르나는 열반의 구름 속에 숨었다.

어느 때 많은 제자들이 세존을 찾아뵙고 푸르나의 죽음을 아뢰었다. 세존께서 말씀하셨다. "제자들이여, 푸르나는 현자였다. 법을 지키고 법 때문에 나를 번거롭게 하는 일이 없었다. 푸르나는 진정 열반에 든 것이다."

제2절 포다리야

1. 세존은 사바티성을 나와서 다시 유행의 길에 오르셨고, 카필라성 밖의 니그로다숲에 들어가셨다. 카필라성의 대중들은 새로 공회당을 짓고 그 낙경(落慶)의 공양으로 세존을 초대했다. 세존은 그 청을 받아들여 공회당에 가셔서 발을 씻고 당에 올라가 한가운데에 기둥을 뒤로, 동으로 면하여 자리를 잡으시고, 제자들은 서쪽 벽 가까이에 동

으로 면하여 앉고, 카필라성의 대중들은 동쪽 벽 가까이에 서로 마주 보고 자리를 정했다. 등잔불이 빛나고 밤이 이슥하도록 세존은 설법 하시다가 아난다를 돌아보고 말씀하셨다. "아난다여, 이 샤카족에게 수도자의 도를 가르쳐라. 나는 허리가 아프므로 잠시 누울까 한다." 세존은 옷을 네 겹으로 접어서 깔고 누워 잠시 쉬셨다. 아난다가 법을 설하기 시작했다.

2. "마하나마여, 불제자는 계를 갖추고 오관을 수호하며, 음식에 양을 알고 밤에 자지 않도록 노력하고, 일곱 가지 정법을 갖추고 선정이라는 현세의 즐거움에 자유롭게 들어가 주(住)하는 것이다.

계를 갖춘다고 함은, 부처님이 정하신 계를 지니고 계율을 지키고 행을 바르게 하여 작은 죄도 두렵게 보고 진면목을 배워나가는 것이다. 오관을 수호한다고 함은, 눈으로써 사물을 보고, 귀로써 소리를 듣고, 코로써 냄새를 맡고, 혀로써 음식을 맛보고, 몸으로써 물체에 닿고, 뜻으로써 물(物)을 생각하는 데 있어 집착하지 않고 마음을 유도하여 오관을 제어하는 것이다. 음식에 양을 안다고 함은, 정사(正思)로써 음식을 취하되 허영이나 장식이나 맛을 위해서가 아니고, 다만 이 도를 닦는 몸을 기르고 괴로운 느낌이 일어나지 않도록 하기 위해서 취하는 것이다. 밤에 잠자지 않도록 노력한다 함은, 낮에는 혹은 앉고 혹은 걷되 금계의 법으로 마음을 청정하게 하고, 초저녁에도 혹은 앉고 혹은 걷되 금계의 법으로 마음을 청정하게 하고, 한밤중에는 발 위에 발을 포개고 우협으로 자며, 마음을 바르게 생각을 부드럽게 하고 일어나야 할 때를 생각하면서 잠자고, 후야에 가서는 일어나서 혹은 앉고 혹은 걸어 금계된 법으로 마음을 청정히 하는 것이다.

일곱 가지의 정법을 갖춘다고 함은, 신(信)과 참(慚)과 괴(愧)를 갖추되 많이 배우고 면려하며 정념을 지녀 물의 흥폐를 명백히 아는 지혜를 갖추는 것이다. 선정이라는 현세의 즐거움에 자유롭게 입주(入

住)한다고 함은, 욕을 여의고 불선을 여의어 모든 선정에 자유로이 들어가는 것이라.

마하나마여, 불제자는 이같이 함으로써 달걀을 품은 암탉이 병아리가 되어 깨어나오기를 기다리듯 번뇌를 없이하여 각에 이르고, 더할데 없는 안온의 경지에 다다를 수가 있는 것이다. 마하나마여, 이같은 제자는 지혜도 행도 구족(具足)한 자라고 하나니, 마음의 해탈을 이 세간에서 나타낼 수가 있는 것이다."

세존은 그때 일어나셔서 아난다의 설법을 가납하셨다. 카필라성의 샤카족들도 기뻐하며 떠났다.

3. 세존은 강을 건너서 안굿타라파로 들어가시어 그 아파나라는 고을 근처에 머무르셨는데, 하루는 읍을 찾아 탁발을 하신 후에 숲속으로 들어가 한낮을 보내셨다. 그때 거사인 포다리야도 또한 일산을 들고 신을 신고서 숲속을 조용히 거닐다 세존이 계신 곳에 다가가서 인사를 올리고 곁에 섰다.

세존이 포다리야를 돌아보시고 "거사여, 자리가 있으니 앉으라."고 말씀하시자, 포다리야는 거사라고 불린 일에 화를 내고 잠자코 있었다.

세존이 거듭 두 번 세 번 권하자 그는 말했다. "고타마여, 저를 거사라고 부르는 건 합당하지 않습니다."

"거사여, 그렇지만 그대는 거사의 몸차림을 하고 있지 않은가."

"고타마여, 저는 일을 팽개치고 속세를 떠나온 것입니다."

"거사여, 그대는 어떻게 일을 팽개치고 속세를 떠났느냐?"

"고타마여, 저는 저의 재산 전부를 자식에게 물려주고 그것에 관해 참견하는 일을 그만두고, 단지 의식을 가볍게 아는 은거자가 되었습니다. 저는 이와 같이 일을 그만두고 속세를 떠나온 것입니다."

"그대의 말처럼 단지 속세를 떠났다 하는 것과, 가르침에 의해 속세를 여읜다고 하는 것은 다르다."

"고타마여, 부디 그 가르침에 의해 속세를 여읜다는 것을 설해주십시오."

"거사여, 이 가르침에 의해 속세를 여읜다 함은 여덟 가지의 법에 의함이니, 그 첫째는 살생하지 말 것, 둘째는 도둑질하지 말 것, 셋째는 거짓말하지 말 것, 넷째로 불화를 일으키는 말은 피할 것, 다섯째로 탐욕을 없앨 것, 여섯째로 진에를 없앨 것, 일곱째로 질투를 없앨 것, 여덟째로 자만을 여읠 것 등이다. 이 여덟 가지의 법에 의해 속세를 여의는 것이다. 그렇지만 이것만으로는 완전히 속세를 여읠 수가 없나니, 달리 완전히 속세를 여의는 법이 있다."

"세존이시여, 그것을 부디 설해주십시오."

4. "거사여, 비유컨대 굶주린 개에게 살점이 조금도 붙어 있지 않은 피로 범벅이 된 뼈를 던져준다면, 개는 그 뼈로 굶주림을 채울 수가 있을까? 개는 단지 그 뼈에 의해 피로와 고뇌를 얻을 뿐이리라. 거사여, 지혜로운 제자는 이 뼈의 비유마냥 욕심을 즐기는 일을 관하고, 욕심을 즐기는 일은 고(苦)가 많고 화(禍)가 심함을 있는 그대로 바른 지혜에 의해 알며, 오욕에 집착하는 마음을 버린다.

또 독수리나 매나 그밖의 새가 한 점의 살을 취하여 날고자 하는 곳에 다른 사나운 새가 날아와서 빼앗으려고 하면, 그 살점을 버리지 않는 한 새는 죽거나 죽을 정도의 상처를 입으리라. 또 불타는 풀의 횃불을 들고서 바람을 향하여 간다고 하면, 그 횃불을 버리지 않는 한 손이나 발을 태우고 혹은 죽음에 이르리라. 또 키만큼 깊은 구덩이에 불타는 숯불을 넣고 힘이 센 두 사나이가 한 사나이를 던져 넣고자 한다면, 그 사나이는 연신 몸부림치고 뒷걸음질칠 테지만, 마침내는 떨어져 죽음에 이르리라. 또 무서운 독사를 만나면 누구나가 손을 내밀어 물리려 드는 자는 없으리라.

또 남의 돈을 빌려서 사용하면 마침내는 닥치는 대로 채권자가 가져가버리고 말리라. 또 과일이 익어 있는 것을 보고서 한 사나이가 올라가 먹고 있는데 다른 사람이 와서 도끼로써 밑동을 베어 쓰러뜨린다면, 나무 위의 사람은 속히 아래로 내려오지 않는 한 팔다리가 부러지거나 혹은 죽음에 이르리라.

거사여, 이건 모두 욕을 즐기는 것의 비유이다. 지혜로운 제자는 비유처럼 욕을 즐기는 것을 관(觀)하여, 오욕은 괴로움이 많고 번뇌가 많으며 화가 더욱더 심하다는 것을 알아 있는 그대로 바른 지혜에 의해 세욕에 집착하는 마음을 버린다. 거사여, 이 가르침에 의해 속세를 여의는 제자는 이렇듯 사념의 청정함에 의해 더할 데 없는 높은 지혜를 얻고, 이 세간에서 마음의 해탈을 얻는 것이다. 이것이 가르침에 의해 완전히 속세를 여의는 일이다. 거사여, 그대도 이같은 상태로 속세를 여의고 싶은가?"

"세존이시여, 어떻게 그와 같은 행을 할 수가 있겠습니까? 저는 전에 이교(異敎)에 미혹되어 모르는 일을 안다고 하고, 아는 것을 모르는 것이라 하였습니다. 그런데 지금이야말로 모르는 일을 모른다고, 아는 일을 안다고 할 수 있게 되었습니다. 세존께서는 실로 저에게 출가에 대한 사랑과 신심과 존경을 가르쳐주셨습니다. 저는 오늘부터 숨을 쉬는 한, 세존께서 가르치시는 신자가 되기를 맹세합니다."

제3절 구도(求道)의 마음가짐

1. 세존은 다시 라자가하성으로 돌아가 그 성밖의 죽림정사에 머무르셨는데, 어느 날 제자들을 불러 말씀하셨다.

"제자들이여, 친족과 집을 나와 마음을 알고 그 근본에 다다르며 도를 깨치는 자를 출가자라고 일컫는다. 출가자는 세간의 재보를 버리고 걸식함으로써 족함을 알고, 하루에 한 번 먹고, 나무 아래에서 자고, 죄를 삼가 다시 범하지 않는 자이다. 제자들이여, 사람을 어리석게 하는 것은 사랑과 욕심이다.

제자들이여, 어떤 사람이 나를 헐뜯더라도 나는 자애로써 그를 두호하고, 그가 만일 거듭 나를 범하더라도 나는 더욱 선으로써 대하리라 생각하라. 복덕(福德)의 기(氣)는 언제나 여기에 있고, 해로움의 기와 재앙은 거기에 있는 것이다.

악인이 현자를 해치고자 함은 마치 하늘을 우러러보며 침을 뱉는 것과 같다. 그는 결코 하늘을 더럽히지 못하고 도리어 그 몸을 더럽히리라. 그것은 마치 바람을 거슬러 티끌을 뿌려 남을 더럽히고자 하나 티끌은 남을 더럽히지 못하고 오히려 자신의 몸을 더럽히는 것과 같다. 현자는 헐뜯지를 못한다. 화는 반드시 자기를 멸한다.

도를 위해 널리 베풀더라도 그것이 반드시 큰 보시가 되지는 못한다. 오직 뜻을 지키고 도를 받들어야만 그 복이 큰 것이다.

2. 남이 베푸는 것을 보고서 이를 돕고 기뻐한다면 복의 보를 얻으리라. 비유컨대 하나의 횃불에서 수백 수천 명의 대중들이 불을 붙이더라도 그 횃불은 전과 마찬가지인 것처럼, 베푸는 복도 이처럼 멸하는 것이 아니다.

세간에는 스무 가지 어려운 일이 있다. 가난하여 보시하기가 어렵고, 존귀하여 도를 배우기가 어렵고, 목숨을 버리고서 도를 구하는 일은 어렵다. 부처의 가르침을 보기가 어렵고, 부처의 세상을 만나는 일은 더욱 어렵다. 색을 참고 욕을 여의는 일은 어렵고, 좋은 것을 보고서 구하지 않는 일도 어렵다. 권세로써 사람에게 임하지 않는 일은 어렵고, 모욕을 당하고 성내지 않는 일은 어렵고, 일에 관해 무심한 것 역시 어렵다. 널리 배우고 두루 탐구하는 일은 어렵고, 초학자를 업신여기지 않는 일도 어렵고, 또 아만을 제거하는 일도 어렵다. 선지식과 만나는 일은 어렵고, 심성을 보고 도를 배우는 일도 어렵고, 상대를 대하고 움직이지 않는 일 역시 어렵다. 근기에 따라 중생을 제도하는 일은 어렵고, 마음을 평안히 갖는 것도 어렵고, 시비를 말하지 않는 일도 어렵고, 방편을 잘 깨치는 일은 더욱 어렵다."

3. 도를 행하는 자는, 비유컨대 횃불을 갖고 어두운 방에 들어가는 것과 같아서, 어둠은 바로 사라지고 밝음으로 가득하리라. 도를 배워 자세히 살피면 어리석은 어둠은 멸하고 밝은 지혜를 얻으리라.

너희는 내가 어떤 생각을 갖고 도를 염하고, 어떤 행으로써 도를 행하고, 어떠한 말로써 도를 말하리라고 생각하는가? 나는 다만 사성제의 도를 염하여 잠시도 잊는 일이 없을 뿐이다.

천지를 관하여 무상을 염하고, 산천을 보고 무상을 염하고, 만물의 왕성한 형체를 보고 무상을 염한다. 이렇듯 마음을 갖는다면 도를 빨리 깨닫게 되리라.

하루 행하고서는 항상 도를 염하고, 도를 행하고 나아가서는 신근(信根)을 심으면 그 복은 한이 없다.

4. 중생은 욕화(欲火) 그대로 화려한 이름을 구한다. 비유컨대 향을 사르는 데 있어 사람은 다만 그 냄새를 맡지만, 향은 냄새를 풍기면서 스스로를 태운다. 어리석은 중생은 헛된 명예를 탐하고 도의 참됨을 지키지 않기 때문에 화려한 명성을 얻어 몸을 위태롭게 한다. 후에 뉘우침이 일어 그 마음을 씹게 되리라.

재물과 색을 탐하는 것은 마치 어린애가 칼날에 묻은 꿀을 핥는 것과 같다. 한번 핥을 것도 못되는 달콤한 맛 때문에 혀를 잘리는 한을 남기게 되리라.

처자나 집에 얽매이는 환(患)은 뇌옥에 갇혀 수갑이나 족쇄를 찬 것보다도 심하다. 뇌옥에서는 사면될 때가 있지만, 처자에게 주는 정은 계박에서 벗어날 때가 없다.

애욕을 탐하는 중생은 횃불을 갖고 바람을 거슬러 가는 것과 같다. 손과 몸을 태울 근심이 있는 탐욕·진에·우치의 독은 몸 속에 있다. 빨리 도로써 이 독을 제거하지 않으면 화는 반드시 그 사람에게 오리라. '온갖 더러움을 담은 가죽자루여, 뜬세상의 중생을 속일지는 모르지만 깨달음에 들어간 사람을 움직이지는 못하리라. 그대에게 나는 쓸모가 없다.' 이것은 옥녀(玉女)를 바쳐 나를 시험하려고 했던 자에게 준 나의 대답이었다.

 꿈에라도 너의 마음을 믿지 말라. 너의 뜻은 끝내 믿을 만한 것이 못된다. 꿈에라도 색을 가까이해서는 안 된다. 색을 가까이하면 화가 생한다.

 5. 도에 이르고자 생각하는 자는 욕화를 버리지 않으면 안 된다. 마른 풀을 진 자가 산불이 다가오는 것을 보고 피하듯, 도를 닦는 사람은 욕화를 보면 반드시 이를 멀리해야 한다.

 어떤 사람이 음심이 그치지 않는 것을 우려하여, 칼날로 남근(男根)을 끊고자 했다. 나는 그에게 고했다. '남근을 끊는 것보다는 마음을 끊는 것이 좋다. 마음은 주인이다. 주인이 병들면 종자(從者)는 모두 병이 들리라. 사심이 그치지 않는다면 남근을 끊은들 무슨 효험이 있는가.'라고.

 도에 이르는 일도 괴롭지만 도에 이르지 않으면 더욱 괴롭다. 세상에 태어나 늙고 병들어 죽음에 이른다. 그 괴로움에는 한이 없다. 마음이 괴로워 죄를 거듭하면 생사는 마침내 끝날 때가 없다. 그 괴로움을 어찌 여기에 다 설할 수가 있으랴.

 도에 이르자면 애욕의 뿌리를 뽑지 않으면 안 된다. 비유컨대 주렴(珠簾) 한 가닥 한 가닥을 뽑아내면 마침내 끝날 때가 있듯이, 악이 다하면 도을 얻기에 이르리라.

 도를 행하는 일은 소가 무거운 짐을 지고서 깊은 진흙 속을 갈 때,

지치더라도 좌우를 돌아보지 않고 나아가서 진흙 속을 벗어나, 그런 연후에 숨을 돌리는 것과 같이 해야 한다. 정욕의 진흙은 그보다도 깊고 심하지만, 마음을 곧게 하고서 도를 염하면 온갖 괴로움을 면할 수가 있다."

제4절 화살의 비유

1. 세존은 그로부터 다시 북쪽으로 강을 건너 여행을 계속하여 기원정사로 돌아오셨다.

어느 날 제자인 마룬카푸타는 조용한 곳에 물러나 생각했다. '세계는 상주(常住)하는 것인가, 아닌가? 세계는 끝이 있는가, 없는가? 영혼은 신체와 다른가, 하나인가? 사람이 죽으면 내생이 있는가, 없는가? 이러한 문제는 세존께서 설하시지 않으셨다. 나는 이것을 참지 못하겠다. 세존께 가서 이 문제를 물어보자. 만일 세존이 설해주신다면, 나는 세존께 머물러 수행을 계속할 것이고, 만일 아무런 설명도 하시지 않는다면 수행을 그만두리라.'

이윽고 그는 세존께 가서 그 문제를 묻고 "세존이시여, 세존이 알고 계시는 것을 설명해주십시오. 만일 설명해주시지 않는다면 저는 세존께 하직하고 집으로 돌아갈 것입니다."라고 말씀드렸다.

세존은 말씀하셨다. "마룬카푸타여, 내가 그대에게 '세계가 상주냐 아니냐, 끝이 있느냐 없느냐, 영혼과 신체는 하나이냐 다르냐, 사람이 죽은 후에 내세가 있느냐 없느냐.'를 설명하겠다고 약속을 한 일이 있었느냐?"

"세존이시여, 그와 같이 말씀하신 일은 없습니다."

"그대는 또 나에게, 자신은 세존이 이같은 문제를 설명해주신다면 세존의 밑에서 수행을 하겠다고 약속을 했던 적이 있느냐?"

"세존이시여, 그렇지 않습니다."

"마룬카푸타여, 그렇다면 나도 약속을 하지 않고 그대도 약속을 하지 않은 것이다. 그대는 무슨 약속을 물리치겠다고 말하는 것이냐.

마룬카푸타여, 만일 그와 같이 내가 그 문제를 설명하지 않는 동안은 수행을 하지 않을 거라고 말하는 자가 있다고 한다면, 그 사람은 그러는 사이 죽어버리고 말 것이다. 비유하면 어떤 사람이 무서운 독화살에 맞았다고 하자. 친척이나 벗들이 모여 의사에게 독화살을 뽑아달라고 하건만, 그 사나이가 말하기를 '나는 화살을 쏜 자가 남자인지 여자인지, 어떤 신분의 자인지, 얼굴 생김새나 모습이 어떠한 자인지, 어디에 사는 자인지 알기 전에는 이 화살을 뽑지 않겠다. 또 그 활이 대궁(大弓)인지 소궁(小弓)인지 모르고, 활시위가 등나무덩굴인지 심인지 심줄인지 알지 못하고, 화살이 등나무인지 갈대인지 깃털인지 독수리인지 해오라기인지 매인지 공작인지 알지 못하고, 그 화살이 소의 심줄인지 물소의 심줄인지 사슴의 심줄인지 혹은 풀인지, 무엇으로 감겨 있는지 알지 못하고, 활촉이 말굽쇠 모양인지 창 모양인지 송아지의 이빨인지 새의 깃털인지를 알기 전에는 이 화살을 뽑지 않겠다.'고 했다면, 마룬카푸타여, 만일 이와 같이 말한다면, 그 사나이는 그러는 사이에 죽을 따름이다.

2. 마룬카푸타여, '세계는 상주이다.'라는 견해가 있더라도 그것으로써 청정한 수행을 할 수 있는 것은 아니다. 세계가 상주가 아니라는 견해가 있더라도 역시 청정한 수행이 되는 것은 아니다. '세계는 상주이다, 상주가 아니다.'라는 견해가 있더라도 태어남과 늙음과 죽음과 근심과 슬픔과 괴로움과 고뇌가 닥쳐오는 것이다. 나는 그것을 이 현세에서 제거하기 위해 법을 설한다.

'세계는 끝이 있다 없다, 사람이 죽은 후에 내세가 있다 없다.'하는 어느 쪽의 견해가 있더라도 그것으로써 청정한 수행을 할 수 있는 것은 아니다. 여전히 태어남과 늙음과 죽음과 수심과 슬픔과 괴로움과 고뇌는 마찬가지로 닥쳐오는 것이다. 나는 그것을 이 현세에서 제거하기 위해 법을 설한다.

마룬카푸타여, 그러므로 나는 설해야 할 것을 설하고, 설해서는 안될 것을 설하지 않는다. 이를 알아두는 게 좋다. 설해서는 안 되는 것이란 이런 문제의 설명이다. 왜냐하면 이같은 문제의 설명은 참된 의의를 가져다주지 못하고 청정한 수행에 도움도 되지 못할 뿐 아니라, 오히려 번뇌를 없애고 수승한 지혜를 얻어 각을 이루고 열반에 들어가는 데 해가 되기 때문이다. 설해야만 할 것은 사성제이다. 왜냐하면 이것은 참된 의의와 청정한 수행을 가져와 번뇌를 없애고 수승한 지혜를 얻어 각을 이루고 열반에 들도록 하는 것이기 때문이다."

마룬카푸타는 세존의 거룩한 가르침을 진심으로 기뻐했다.

제5절 왕사(王寺)

1. 사바티성에는 파세나디왕이 여승들을 위하여 특별히 세운 왕사라는 절이 있었다. 여승은 성밖에 거주함이 당연하지만, 여승에게는 여러 가지 위험이 따르므로 왕이 부처의 허락을 얻어 세운 것이었다. 여기에는 수많은 여승이 항상 체재하고, 낮에는 대부분 성밖의 암림(闇林)에 가서 생각을 한곳에 집중하곤 하였는데, 악마는 자주 이 여승들을 습격하여 유혹하려고 하였고, 여승들은 꿋꿋이 싸워 이것을 모두 물리쳤다.

아랍비왕의 공주 세라는 아랍비 비구니라고 불리고 있었는데, 어느 날 혼자 암림에 들어가 조용히 생각을 집중하고 있었다. 그때 악마는 위협하리라 마음먹고 모습을 나타내며 노래했다.

　　뜬세상에 각이 없으면 세상을 등지더라도 소용없다.
　　오욕의 즐거움에 잠겨라. 뉘우침 없는 세상을 끝마치는 것이야말로 현명한 것이니.

　　여승은 악마의 저의를 알고서 노래로 대꾸했다.

　　뜬세상이니 오히려 각이 있네. 나는 지혜로써 그러한 몸이 되었도다. 악마여, 한가로운 무리들이여, 너는 그 도를 알지 못한다.
　　오욕은 검과 같이, 두창과 같이 오체를 끊어놓으리라. 너는 낙이라고 부르지만 나는 그렇지 않다고 말하노라.

2. 소마 비구니도 사바티성에서 탁발한 뒤 암림에 가서 명상의 자리를 정했다. 악마가 노래했다.

　　성자만이 다다를 위(位)에는 들어가기 어려운 것이니, 봉침(縫針)이나 가질 여자로서 감히 다다를 수 있겠느냐.

　　소마 비구니는 노래로써 대답하였다.

　　마음이 능히 고요하고 지혜가 밝으며 바르게 법을 보는 자일진대 여자라고 구별할 것이냐.
　　남녀의 상(相)을 갖고 차별을 보는 자야말로, 악마인 너와 얘기함이 알맞으리라.

3. 길사고타미도 거기에 사는 한 여승이었다. 그 여자는 사바티성의 가난한 집 딸로서 바짝 말랐기 때문에 사람들이 길사고타미(여윈 고타미)라고 불렀지만, 전세의 선근에 의하여 복덕이 많은 여자였다. 그래서 그 무렵 우연한 기회에 사바티성에 사는 유명한 부자로서 인색하기로 이름난 어떤 장자의 눈에 띄어 그 장남의 아내로 맞이하게 되었다.

그것은 그 장자가 어느 날 소중히 간직해두었던 황금덩어리를 조사해보았더니, 어느 틈엔가 한낱 숯으로 바뀌어 있으므로 크게 놀라서 '이것은 오로지 나에게 복운이 없는 표적이리라. 만일 이 숯을 복운이 많은 사람에게 보여주면 혹시 원래의 황금으로 돌아갈지도 모른다.' 라고 생각하여 체념하면서도 집착하는 생각으로, 그 숯을 광주리에 담아 근처 저자에 버려두었다. 그러자 어느 날 길사고타미가 그 앞을 지나갔는데, 보잘것없는 광주리에 황금이 가득 담긴 채 가게 앞에 버려져 있는 데 놀라서 자기도 모르게 "어머, 이게 웬 황금일까." 하고 중얼거렸다. 이것을 숨어서 듣고 있던 장자는 기쁜 나머지 춤추며 나와 들여다보았더니 과연 숯이 원래의 황금으로 되돌아가 번쩍번쩍 빛나고 있었다. 장자는 한편 놀라고 한편 그 여자의 복운을 동경하며, 마침내는 억지로 청해 그 장남의 아내로 삼기에 이르렀던 것이다.

이러한 기연으로 말미암아 하룻밤 사이에 부자의 아내가 된 그 여자는 남편으로부터도 사랑을 받아 참으로 평화롭고 즐거운 가정을 이룩하게 되었다. 그러는 사이 자식도 생겨 가정은 더욱더 그 즐거움을 더하게 되었다.

그런데 이러한 운 좋은 복운의 가정에도 언제나 행운의 바람만이 불어오지는 않았다. 귀여운 외아들이 겨우 기대고 서게 될 무렵, 우연한 병으로 인해 마침내 돌아오지 못할 저승길로 떠나고 말았다. 그 여자의 비탄은 말할 것도 없었다. 차가운 시체를 안고서 울부짖고 마침내는 집사람들의 틈을 노려 집밖으로 뛰쳐나가 집집을 찾아드는가 하면, 길가는 사람을 붙잡고 귀여운 갓난애를 소생시킬 방도를 묻는 것이었다. 그 여자는 이미 제정신이 아니었다. 사람들은 가엾다고 생각은 했지만, 이미 숨이 끊어진 자를 소생케 할 방법이 없었으므로 다만 동정의 눈물을 보내는 수밖에 없었다. 그리고 언제부터인지 가엾게도 미쳐버린 그 여자는 거리에서 거리로 헤매게 되어 더욱 사람들의 눈물을 자아내게 했다.

　어느 날의 일이다. 열성스런 부처의 한 신자가 마침내 보다못하여 그 여자를 불러 세우고 가르쳐주었다. "누이여, 그 아이의 병은 무겁다. 세간의 의사 손으로는 어림도 없는 노릇이다. 다만 한 사람, 여기에 그 병을 고치실 분이 계시다. 그는 지금 다행히도 기원정사에 체재하고 계신 부처님이시다."

　그 여자는 이 말을 듣고서 벌써 구원을 받은 것처럼 껑충 뛰어오르며 즉시 기원정사로 달려가 세존을 찾아뵙고 오직 사랑하는 자식의 병을 구해줄 것을 청하였다. 세존은 조용히 그 여자의 말하는 바를 들으시고 이윽고 부드럽게 말씀하셨다.

　"여인이여, 이 아이의 병은 고치기 쉽다. 그러나 그러자면 겨자씨를 대여섯 알 먹이지 않으면 안 된다. 급히 거리로 나가 겨자씨를 얻어오너라."

　그 여자는 너무나도 쉬운 분부에 급히 일어나 거리로 달려가려고 했다. 세존은 그것을 제지하고 "그러나 여인이여, 그 겨자씨는 아직 한 번도 장례식을 올린 일이 없는 집, 사람이 죽은 일이 없는 집에 가서 구해오지 않으면 안 된다."고 분부하셨다. 그 여자로서는 그 까닭을 잘 이해하지 못했지만, 지금 사랑하는 자식이 위급한 경우에 그것을 깊이 생각해볼 만큼의 여유는 없었다.

　분부를 받아 급히 거리로 나가 집집마다 겨자씨를 구걸하였다. 그렇지만 이상한 일은, 청을 받자 겨자씨를 주지 않는 집은 단 한 집도 없었지만, 죽은 사람이 있었느냐고 물어보면 한 번도 죽은 사람이 없었다고 대답하는 집은 온 성안의 구석구석을 헤매도 끝내 찾아내지 못했다. 그 여자는 처음에는 이상하게 생각했지만, 그러나 점차 그 까닭을 알게 되었다. '사람으로 태어나서 죽지 않는 자는 없다. 사별의 슬픔이 찾아오지 않는 집은 없다. 사랑스런 아내, 귀여운 내 자식, 소중한 부모, 의지가 되고 집안의 중심인 남편, 어느 곳이라도 인간 세상의 비애는 끊이질 않는다. 그리하여 마지막은 그 무상을 내 몸에 받지 않으면 안 된다.'

그 여자는 몸에 좁쌀이 돋는 듯한 전율을 느꼈다. 이미 겨자씨를 구걸하는 어리석음을 계속할 용기도 사라졌다. 부처님의 거룩한 말씀을 더 기다릴 것도 없이, 벌써 그 여자의 마음에는 법안이 열렸다. 그리하여 그때까지 며칠을 품고 있던 사랑하는 자식의 시체를 묻고 정사로 급히 돌아와 세존의 곁에 무릎을 꿇었다.

세존은 조용히 이 광경을 바라보시고 "자식은 어찌했느냐? 겨자씨는 구했느냐?"고 물으시자, 그 여자는 방편을 얻어 꿈에서 깨어날 수가 있었던 기쁨을 말씀드리고, 모쪼록 오늘부터 제자의 한 사람으로 있게 해주십사 하고 청하였다.

이리하여 뜻하지 않게 제자의 열에 든 그 여자는 거듭 행을 닦아 점차 각의 날이 가까워왔는데, 어느 날 악마는 그여자를 유혹하고자 그 여자 앞에 나타나 노래하였다.

사랑하는 자식과 헤어진 그대여, 울면서 외로이 그러고 있느냐,
숲을 헤쳐 들어가면 좋은 짝을 구할 수 있을 것인데도.

여승은 노래하였다.

사랑스런 자식과 헤어졌으니 '어머니의 날'은 옛일이다. 이제 좋은 짝이 어찌 있으랴. 슬퍼하지 않으리라. 울지도 않으리라. 너를 겁내는 일도 없으리라. 무릇 세간의 덧없는 즐거움은 사라지는 것, 어둠을 깨고 악마와의 싸움에 이겨 고뇌없이 나 이제는 조용히 앉았노라.

제6절 수중(手中)의 잎

1. 세존은 또 남으로 내려가 코삼비의 신사파숲에 들어가시어 나뭇잎을 손에 들고서 말씀하셨다. "제자들이여, 이 숲의 잎과 이 손아귀의 잎 중 어느 것이 많다고 생각하느냐?"

"세존이시여, 그것은 말할 나위도 없습니다. 숲속의 잎이 몇억 배나 많습니다."

"제자들이여, 그와 마찬가지로 내가 알되 설하지 않는 일은 숲속의 잎처럼 많고 설한 바는 손아귀의 잎처럼 적다. 왜 설하지 않느냐 하면, 이익이 되지 못하고 청정한 수행에 도움이 되지 못하고, 번뇌를 없애고 수승한 지혜를 쌓아 각을 얻어 열반에 들어가는 데 도움이 되지 않기 때문이다. 설한 바의 법은 고집멸도의 사성제로서, 이익이 되고 청정한 수행에 도움이 되고 번뇌를 없애고 수승한 지혜를 쌓아 각을 얻어 열반에 들도록 하는 것이기 때문이다. 그러므로 제자들이여, 이 사성제에 의해 부지런히 힘쓰지 않으면 안 된다.

2. 제자들이여, 향락은 즐겁게 보이되 실은 몸을 멸하는 것이다. 비유컨대 덩굴풀의 열매가 가을에 여물어 사라수(沙羅樹)의 뿌리에 떨어진다. 사라수에 사는 나무의 신은 놀라고 두려워서 몸서리를 친다. 그곳에 그 목신의 친구들이 모여서 위로한다. '벗이여, 두려울 것은

없다. 그 덩굴풀의 씨는 새나 양에게 먹히든가 산불에 타든가, 나무꾼이 베거나 개미가 물고 가버려 씨가 싹트는 일이 없으리라.'

그러나 그 씨는 새에게도 먹히지 않고 양에게도 먹히지 않고 들불에도 타지 않고 나무꾼도 가져가지 않고 개미도 물어가지 않고서 봄이 되면 싹이 튼다. 우기가 되면 단숨에 무성하여 어리고 부드러운 덩굴손으로써 사라수를 감는다. 사라수의 신은 그 말랑말랑한 감촉에 기분이 좋아 '앞서 나의 친구들은 덩굴풀을 두렵게 생각하는 나를 위로해주었다. 그러나 보라. 이 말랑말랑한 덩굴손의 부드러운 감촉을. 오지 않을 두려움에 미리 몸서리치는 것은 어리석은 짓이다.' 라고 기뻐했다.

그러나 그 덩굴풀은 점차 사라수에 감기고 또 감겨, 굵어지고 그 꼭대기까지 덮어 가지를 치고 덩굴이 뻗어 깊은 그늘을 만들어 사라수 가지를 말라죽게 했다. 사라수의 신은 비로소 심한 고통에 잠이 깨어 친구들의 위로하는 마음을 상기하게 되었다.

제자들이여, 요욕(樂欲)은 즐겁고 기분이 좋으나, 그 몸을 멸하는 것이다."

3. 세존은 다시 북으로 올라가 사바티성으로 돌아와 기원정사에 들어가셨다.

어느 날 파세나디왕은 정사(政事) 때문에 수레를 갖추고 성밖에 있었다. 왕의 할머니는 120세의 노령으로 아직 살아 계셨는데, 왕은 효심이 깊어 늙으신 할머니를 섬기는 일을 즐거움으로 삼고 있었다. 그렇건만 이날 불행히도 태후는 가까이 모시는 사람들이 간호한 보람도 없이 고목이 쓰러지듯 별안간 돌아가셨다.

나라의 대신인 불사밀은 생각하기를 '대왕께서 그렇듯 위하고 계시던 태후의 갑작스런 서거를 들으신다면 얼마나 슬퍼하실까. 어떤 방편을 써서라도 대왕께서 받으실 슬픔을 덜어드리도록 해야겠다.' 이렇게 생각하고 수많은 코끼리와 말과 수레를 준비하고, 헤아릴 수 없는 보물과 기녀(技女)를 싣고, 또 당번(幢幡)을 세우고 음악을 연주하며 관을 둘러싸게 한 뒤 성밖으로 나와, 왕의 일행이 귀성하는 도중에서 만나도록 주선했다. 왕은 이것을 보고 때마침 옆에 나타난 불사밀에게 물었다. "이것을 누구의 공양이냐?"

"대왕이시여, 성안의 장자인 아무개의 어머니가 죽은 때문입니다."

"이들 코끼리나 말이나 수레는 무엇 때문이냐?"

"코끼리도 말도 수레도 각각 500을 셀 수 있습니다만, 이것을 염라대왕에게 바쳐 어머니의 목숨을 구하겠다는 것입니다."

"어리석은 일이다. 목숨은 머물게 할 수도 없거니와 사들일 수도 없다. 악어의 입에 떨어지면 반드시 목숨이 없듯이, 염라대왕의 손에 들어가면 벗어날 수가 없다."

"기녀도 500명이 있습니다만, 이것과 교환하여 목숨을 구하고 싶다고 말합니다."

"기녀도 보물도 아무런 쓸모가 없다."

"그렇다면 범사(梵士)의 주술에 의해, 또는 덕이 수승한 출가자의 힘에 의해 구하고 싶다고 합니다."

이 말을 듣자 파세나디왕은 웃으며 말했다. "이것은 모두 어리석은 자의 생각이다. 일단 악어의 입에 들어가면 나올 수가 없다. 생이 있는 자에게 죽음이 있음은 정해진 일로서, 부처가 설하신 바에 조금도 잘못이 없지 않은가."

이때 불사밀은 왕 앞에 무릎을 꿇고 말했다. "대왕이시여, 말씀하신 대로 살려고 하고, 살고 있는 자 모두 죽는 것이옵니다. 모쪼록 심히 한탄하시지 마시도록 부탁드리겠습니다. 대왕이시여, 태후께서 오늘 승하하셨습니다."

파세나디왕은 이 말을 듣고서 비탄에 잠겨 한숨을 쉬었으나 "착하도다, 불사밀아. 그대는 교묘한 수단으로써 마음의 파탄을 막았다. 그대는 참으로 방편을 아는 자이다."라고 말하고서 성으로 돌아가 향이며 꽃이며 등명(燈明)을 바쳐 태후께 공양하고, 한낮이었으나 즉시 세존의 정사로 찾아가 뵈었다.

4. 세존께서 말씀하셨다. "대왕이여, 이 한낮에 무슨 일로 오셨소?"

"세존이시여, 제 할머니가 오늘 돌아가셨습니다. 나이가 많아 쇠약하기는 했습니다만, 120세였습니다. 저는 이 할머니를 따르고 좋아하였으므로, 만일 왕실을 물려주어 할머니의 죽음을 모면할 수 있다면 기꺼이 왕실을 내주고, 준마나 보물이나 성곽 또는 카시국을 주어서라도 할머니의 목숨을 건질 수 있다면, 저는 기꺼이 그것을 내놓았을 것입니다. 그렇지만 참으로 세존께서 언제나 말씀하신 것처럼, 온갖 살려고 하는 또 살아 있는 것은 죽을 것이고, 반드시 멸망에 이르는 것이옵니다. 어쩔 도리가 없는 것입니다."

"대왕이여, 말한 대로 온갖 살아 있는 것은 모두 죽고 반드시 멸망한다. 마치 도기에 있어 질그릇이든 유약을 발라 구운 것이든 반드시 한 번은 망가지는 것처럼."

세존은 이렇게 분부하시고 다시 다음과 같이 게를 송하셨다.

무릇 살아 있는 것은 모두 죽어가니라. 그것은 모두 죽음을 마지막으로 하기 때문이다.

그러나 그 업에 따라 공덕의 과(果)와 죄의 보를 받느니라. 악한 짓을 한 자는 지옥으로, 덕을 쌓은 자는 천계로. 그러므로 선한 일을 행하여 후세를 대비할지어다.

실로 공덕은 중생들을 후세에 건네주는 배(船)이니라.

제7편

항상 자비를 생각하고 마음속에 남을 이겨 지배하고자 하는 뜻이 없어 중생을 해치지 않는다면, 이같은 자비로운 행동에 대하여 나쁜 감정으로 대할 자가 없다.

제1장 묘법(妙法)의 개현(開顯)

제1절 일승(一乘)의 법

1. 세존은 그로부터 남으로 내려가 베살리를 지나 라자가하성으로 돌아가 영취산에 머무르셨다. 어느 날 많은 제자와 보살들이 모였을 때, 세존이 '대의(大義)'라 이름한 법문을 설하고 '무량의처(無量義處)'라고 이름하는 선정에 들어가시자 신들은 꽃을 뿌렸고 대지는 육종(六種)으로 진동했다. 대중은 이 전례없는 기서(奇瑞)를 기뻐하며 합장을 했고, 마음을 하나로 하여 세존을 우러러 보았다.

그때 세존의 미간 백호상(白毫相)에서 한 줄기 빛이 흘러나와 동쪽으로 1만 8000 국토를 비추고, 아래로는 무간지옥에서부터 위로는 유정천(有頂天)에 이르기까지 온갖 유정(有情), 법을 설하시는 부처님, 도를 닦는 사람들, 멸도에 드신 부처님, 그 유품을 간직한 보탑 등을 너무나 밝게 비추었다.

2. 그때 문수사리는 미륵을 비롯한 모든 보살에게 말하기를 "그대들이여, 세존께서는 지금 대법을 설하고 커다란 법의(法義)를 펴시어 대법의 뜻을 말씀하실 것으로 생각된다. 전세의 부처님들도 이렇듯 빛을 발하여 거룩한 법을 설하셨다. 그러므로 세존께서도 중생들에게 세간에서 믿기 어려운 거룩한 법을 들려주시고자 이 기서(奇瑞)를 나타내셨으리라.

그대들이여, 헤아릴 수 없는 먼 옛날 일월등명(日月燈明)이라고 이름하는 부처님이 계시어 바른 법을 설하셨는데, 그 뜻은 깊고 말씀은 미묘하게 저마다의 근기에 응하여 도를 깨닫게 하셨다. 다음은 이름이 똑같은 2만의 부처가 잇따라 나오셨는데, 그 마지막 부처님이 아직 출가하시기 전에 8명의 왕자가 있어 다같이 위덕이 높아 각각 4천하를 다스리고 있었다. 그러나 이 왕자들은 부왕(父王)이 각을 얻었다는 말을 듣고 모두 왕위를 버리고 출가하여 가이없는 부처님을 섬기며 선본(善本)을 심었다.

이때 이 마지막 일월등명불께서는 지금의 세존과 마찬가지로 '대의'라고 이름하는 법문을 설하셨고 '무량의처삼매(無量義處三昧)'에 들어가 미간에서 빛을 발하시며, 지금 보는 국토를 비추셨다. 일회(一會)에 모인 20억 보살들은 그 빛의 인연을 알고 싶다고 원했으나, 부처는 선정에서 일어나 그 회중의 한 사람인 묘광보살(妙光菩薩)을 예로 들어 묘법연화라 이름지은 법문을 설하셨고, 한없이 긴 시간을 자리에서 일어나지 않았으며, 듣는 중생들도 그 동안 몸도 마음도 움직이지 않고 마치 일식경(一食頃)처럼 생각하고 조금도 피로해하지 않았다. 이 부처는 덕장보살(德藏菩薩)에게 부처가 될 것을 증험하고 멸도에 드셨고, 또 묘광보살은 묘법연화경을 간직하고 길이 중생을 위해 설하였다.

저 일월등명불의 여덟 왕자는 모두 이 보살을 스승으로 삼아 도를 체득했는데, 마지막으로 부처가 되신 이가 연등불이다. 그 제자의 한 사람인 구명(救名)은 이익을 탐하고, 경을 읽되 이해를 못하고 말씀을 많이 잊었다. 그러나 모든 선근을 심었기 때문에 한량없는 부처님을 만나 공양하고 존숭하였다. 미륵이여, 그때의 묘광보살은 나였고, 구명보살은 그대이다. 지금 이 기서를 보건대 본(本)과 다를 바가 없다. 그러므로 세존은 지금 묘법연화의 법문을 설하시리라."

3. 이윽고 세존은 평안하니 선정에서 일어나시어 사리푸타에게 고

하셨다. "부처님의 지혜는 한량없이 깊어 그 법문을 알기 어렵고 들어가기 어렵다. 한낱 스승의 가르침만을 지키는 중생들, 또는 혼자 깨닫고 남을 깨닫게 할 줄을 모르는 중생으로서는 알 수가 없다. 왜냐하면 부처님은 일찍이 수없는 부처들과 가까이하여 모두 그의 가르침을 행하고 씩씩하게 면려하여 이름이 널리 알려지고 세간에 예가 없는 오묘한 법을 이루었으며, 그리하여 선을 좇아 설하는 것이니 그 의취(意趣)는 알기 어려운 것이다.

사리푸타여, 나는 부처가 되고서부터 갖가지의 인연, 갖가지의 비유로써 가르침을 설했고, 온갖 방편으로써 중생들을 이끌었으며, 그리하여 집착을 여의게 했다. 그는 부처의 방편과 증(證)에 이르는 지혜를 갖추고 있기 때문이다. 사리푸타여, 부처의 지혜는 넓고 깊어 장애되는 바도 없고 두려워하는 바도 없다. 깊고 한이 없는 경지에 들어 온갖 유가 없는 법을 성취하였다. 그렇지만 사리푸타여, 그 법은 알기 어렵고 설할 수가 없다. 다만 부처만이 제법의 실상을 깊이 알고 있다. 즉 법의 상(相), 법의 성(性), 법의 체(體), 법의 힘[力], 법의 작(作), 법의 인(因), 법의 연(緣), 법의 과(果), 법의 보(報), 법의 본말(本末)의 구경(究竟)은 똑같다."

자리에 있던 많은 제자와 신자들은 이 말을 듣고 '우리들은 세존이 설하신 해탈의 법을 얻어 깨달음의 언덕에 이르렀다. 그렇건만 지금 세존이 설하시는 의취(意趣)는 알 수가 없다.'라고 생각하였다.

사리푸타는 회중을 대표하여 "원컨대 세존이시여, 이 미묘한 법을 설해주십시오."라고 말씀드렸다.

세존께서 말씀하셨다. "그만두라, 그만두라. 지금 만일 이 법을 설한다면 모든 중생들은 놀라 의심하리라."

사리푸타는 거듭 청하였다. "세존이시여, 여기에는 밝은 지혜로써 세존이 설하신 법을 능히 공경하고 믿는 많은 대중들이 있습니다. 모쪼록 그 법을 설해주십시오."

세존께서 말씀하셨다. "그만두라, 사리푸타여. 이 법은 미묘하여 알아듣기가 어렵다. 마음이 교만한 중생은 공경하고 믿는 일이 없으리라."

그러나 사리푸타가 세번째로 청하므로 세존은 "그렇다면 그대를 위해 지금부터 그 법을 설하리라." 하시고는 설하기 시작하셨다.

4. 이때 5000명의 제자와 신자들은 자리에서 일어나 세존께 예배드리고 물러났다. 그들은 죄가 깊어 교만한 마음을 품어 아직 얻지 못한 것을 얻었다 생각하고, 아직 깨닫지 못한 것을 깨달았다고 생각하는 것이다. 그러므로 이 자리에 있을 수가 없는 것이다. 세존은 제지하시지 않고 묵묵히 사리푸타에게 고하시기를 "지금 이 대중들은 지엽은 없고 모두가 진실한 사람들뿐이다. 사리푸타여, 오만한 중생들이 가버린 것은 오히려 좋은 일이다. 나는 지금부터 그대를 위해 설하리라.

사리푸타여, 이렇듯 오묘한 법은 부처도 드물게 설하시는 바로서, 마치 우담화가 드물게 피는 것과 같다. 사리푸타여, 그대들은 부처가 설하는 말을 믿어야 한다. 부처의 적의한 방편을 좇아 설하는 법의 의취는 알기 어렵다. 왜냐하면 나는 한없는 방편, 한없는 인연, 또한 갖은 비유로써 법을 설한 바이지만, 그것은 사량할 수가 없는 것으로 단지 부처만이 능히 알 수 있는 것이기 때문이다. 그리하여 부처가 이 세간에 출현함은 단지 큰 목적을 달성하기 위해서이다. 사리푸타여, 그 큰 목적을 달성한다고 함은, 모든 중생으로 하여금 부처의 지견을 개시(開示)하게 하고 부처의 지견을 깨달아 들어가게 하는 일이다.

사리푸타여, 부처가 하는 바는 항상 하나이다. 그것은 오직 중생들에게 부처의 지견을 보이고 그것을 깨치도록 하기 위해서이다. 즉 부처는 부처가 되는 오직 하나의 가르침인 일불승(一佛乘)을 설할 뿐이며, 제2·제3의 가르침이란 없다. 사라푸타여, 시방의 모든 부처의 거룩한 법도 이와 같다.

사리푸타여, 실로 부처는 오탁(五濁)의 세간에 나타난다. 그것은 겁탁(劫濁)·번뇌탁(煩惱濁)·중생탁(衆生濁)·견탁(見濁)·명탁(命濁)이다. 사리푸타여, 겁, 즉 시대가 흐르고 어지러워지면 중생의 때는 무거워지고 인색·탐욕·질투가 깊어 온갖 불선의 뿌리를 갖춘다. 그래서 부처는 일승(一乘)을 삼승으로 나누어 설하는 것이다. 그렇기 때문에 사리푸타여, 만일 내 제자로서 스스로 증득했다고 생각하고 더할 데 없는 바른 각을 원하고 구하는 마음이 없다면 그것은 참으로 증상만(增上慢)이 있는 사람이다. 그러므로 사리푸타여, 그대들은 마음을 하나로 하여 이 법을 믿어 깨치고 받아 간직하라. 부처의 말에 허망함이란 없다. 오직 일불승 이외에는 결코 다른 가르침이 없다는 것을 믿어라.

5. (1) 내 지금 너희들에게 방편으로 부처의 지혜에 들게 하리라. 지금까지 설하지 않은 것은 때가 이르지 않았기 때문이니라. 바야흐로 많은 불자들이 무량불의 어전에서 깊고 오묘한 도를 닦아 마음을 청정히 하여 어질기 때문에, 내 지금 수승한 법을 설하리라. 나의 모든 제자들이여, 설사 일구(一句)의 법인들 들어서 의심하지 않을진대 모두 부처가 되리라.

(2) 시방의 불토에는 오직 일불승만 있고, 이승(二乘)도 없으며 삼승도 없다. 그러한 것은 부처의 방편일 뿐, 가명(假名)으로서 중생을 이끌고 지혜를 설하고자 이 세간에 나오심이라. 오직 이 하나만이 참이며 다른 두 가지는 참이 아니다. 비루한 법으로써 부처는 중생을 제도하지 않는다.

무상의 도야말로 수승하다. 일승으로써 나는 실로 평등한 법을 깨달았도다. 설사 한 사람이라도 비루한 법으로써 이끌면 인색한 무리

로 떨어지리라,

　나에게는 인색한 마음이란 없다. 모든 악을 끊어, 나는 시방에 두려움이 없다. 중생이 만일 부처를 믿으면 부처는 그를 속이지 않으리라.

　(3) 내 이제 극히 장엄하게 상호(相好)를 갖추어 세간을 비추고 무량한 중생에게 존숭되며, 실상인(實相印)을 설하리라.

　모든 것은 나와 똑같이 되리라고 서로가 다투어 원한다면 원은 충만하여지고 모두를 도에 들게 하리라.

　내 만일 중생들과 만나면 간곡히 도를 가르쳐주리라. 하지만 어리석은 자는 모두 마음이 미혹하여 받지 못하리라.

　이런 사람은 선본을 쌓지 않고 몽매한 애욕 때문에 고뇌하면서 사견의 숲에 빠져 방황하리라.

　허망한 법에 집착하여 아만이 높고 마음이 비뚤어져, 참이란 없고 천만 겁을 지나더라도 부처의 거룩한 이름이나 정법을 듣는 일이 없어, 방편으로나마 구하기가 어렵다.

　(4) 사리푸타여, 나는 방편으로 고멸의 도를 설하고 열반의 과(果)를 보여주리라. 그러나 열반은 멸이 아니다. 원래 온갖 법은 모두가 항상 저절로 적멸하리라.

　불자가 도를 행하면 내세에 부처가 되리라. 삼승(三乘)을 시현하는 것은 내 방편의 힘이니라. 모든 부처님은 모름지기 일승의 도를 설하신다.

　(5) 모여든 대중이여, 의심을 없애라. 부처님에게 있어 틀린 말이란 없느니라. 단지 일승의 가르침으로써 이승을 시현할 뿐.

　숙세(宿世)의 무량한 부처님은 온갖 방편을 베푸시어 다만 일승의 법을 설하여 모든 중생을 도에 들게 하시느니라.

　혹은 법을 들어 보시하고, 계를 지켜 정혜(定慧)를 닦고, 혹은 금은 보옥의 탑을 세워 부처의 사리를 공양하고, 또는 흙으로 불당을 짓고,

동자는 모래를 갖고 놀되 탑을 만들어 공양한다. 또 불화(佛畵)와 불상을 만드는 자도 있고, 또 기쁜 마음으로 갖가지 음악을 연주하며 거룩한 덕을 찬양하는 자도 있으며, 혹은 산란한 마음으로 불탑에 들어가 나무불(南無佛)을 부른다. 이 모든 중생들은 모두가 이같은 인연에 의해 이미 도를 깨달았느니라.

(6) 모든 부처는 한없는 방편을 가지고 중생들을 부처의 지혜에 들게 하시므로, 법을 듣는 자는 모두 부처가 되느니라.

부처님이 원을 세우심은 내가 행한 도로써 널리 모든 중생에게 얻도록 하기 위해서이다.

내세에 오실 수 없는 부처님들도 한없는 법을 설하시지만, 이는 모두 오직 일승의 법이니라. 모든 부처는 다같이, 법은 영원히 무성(無性)한 것으로서, 부처의 종자는 연에 의해 일어난다는 것을 알지어다. 때문에 일승의 법을 설한다.

'이 법, 법의 위(位)에 있고, 세간의 상(相)은 상주' 라는 도를 깨친 도사들, 방편을 이루어 설하리라. 나 또한 지혜의 힘으로써 모든 중생의 성(性)과 욕(欲)을 알고 방편을 베풀어 법을 설하고 모두 기쁨을 얻게 했노라.

(7) 부처의 눈으로 보면, 중생은 육도(六道)에서 방황하며 복과 지혜가 빈곤하여 욕심에 집착하기를 이우(犛牛)의 꼬리를 사랑하듯 탐애에 가리어 부처와 법을 구하지 않고 고(苦)에서 고로 들고나리라. 이와 같은 중생들을 위해 내 큰 자비심을 일으키노라. 내가 깨달음을 얻고서 '만일 오직 불승(佛乘)만을 찬양한다면, 중생이 이 법을 믿지 않기 때문에 법을 파괴하고 악도에 들어가리라. 그렇다면 법을 설하지 않고 차라리 멸도에 들어가야지.' 하고 생각했노라.

이어서 숙세의 부처님의 방편의 힘을 염하건대, 지금 내가 얻은 도 역시 삼승(三乘)으로 나누어서 설함이 좋을 것이다.

(8) 자애에서 나는 법을 실하노라. 이제야 도를 구하는 자가 더욱더 많아지므로 지금이야말로 때는 왔도다. 날카롭고 영악한 중생들과 오만한 중생에게 이 법신(法信)은 지극히 어렵도다.

이제 나에게는 두려움이 없다. 이 모든 보살들에게 방편을 버리고 정직하게 더없는 도를 설하리라.

한없는 시간이 지나더라도 이 법을 듣기란 극히 어렵다. 법을 들어 기뻐하고 찬양하라. 비록 한마디의 말로도 온갖 부처님을 공양하는 것이니라.

이러한 중생은 심히 드물어 우담화가 피는 것보다도 수승하니라. 너희들은 의심하지 말라. 나는 이 법의 왕이니라.

(9) 널리 대중에게 나는 고하노라. 단지 일승의 도로 나아가려는 자를 가르쳐주리라. 작은 깨달음을 서두르는 자, 그와 같음은 나의 제자가 아니로다.

사리푸타를 비롯한 대중들이여, 이 묘법은 부처님의 비요(秘要)로서, 욕을 즐기는 중생들은 끝내 불도를 모른다. 후세에 나올 악인도 마음이 미혹하여 이 법을 믿지 않으므로 법을 파괴하고 악도에 떨어지리라. 청정하게 참괴를 품고 불도를 구하고자 하는 자에게 나는 일승의 도를 찬양하리. 이 세간의 스승인 부처님의 선을 좇는 방편을 그대들은 이미 알았으리라. 의심을 여의고 기뻐하며 스스로 부처가 됨을 알라."

제2절 화택(火宅)의 비유

1. 그때 사리푸타는 기뻐 날뛰며 합장하고 세존을 우러러보면서 아뢰었다. "세존이시여, 저는 지금 이같은 설법을 듣고 마음은 비할 데

없는 기쁨으로 용솟음치고 있습니다. 왜냐하면 저는 일찍이 이 법을 듣고 또 많은 보살들이 부처가 될 날을 고지(告知)하는 일도 보았습니다만, 저는 그것에 참여하지를 못하고 스스로 부처의 지견을 잃고 있다는 것을 애처롭게 생각하고 있었습니다.

세존이시여, 언제나 저는 혼자서 산이며 숲이며 나무 밑에 있되, 혹은 앉고 또는 걷고 있을 때 이와 같이 생각했습니다. '법계(法界)에 들어가는 것은 똑같건만 세존은 어째서 열법(劣法)으로써 제도하시는 걸까.' 하고. 그러나 이것은 저희들의 잘못이며, 세존의 잘못은 아닙니다. 왜냐하면 만일 저희들이 부처가 될 인을 이룩하고 무상의 각을 설하심을 기다린다면, 반드시 수승한 법으로써 구원되었겠지요. 그렇건만 저희들은 마땅히 좇는 방편의 가르침인 줄은 몰랐습니다. 이제야 비로소 법을 듣고 바로 믿어 깨달음을 얻었습니다.

세존이시여, 저는 실로 오늘날까지 낮이나 밤이나 스스로를 책했습니다만, 지금 세존으로부터 유례가 없는 법을 듣고서 온갖 의심을 끊고 몸도 마음도 안온해졌습니다. 이야말로 참된 불자로서 부처님의 입에서 나오고 법으로부터 화생(化生)되고 법의 나눔을 얻은 것임을 지금 비로소 알았습니다."

2. 그때 세존께서 사리푸타에게 고하시었다. "사리푸타여, 나는 머나먼 옛날부터 불도를 깨닫게 하기 위해 그대를 가르치고 이끌었다. 그대도 또 오랫동안 나를 따르며 도를 배웠다. 나의 방편에 의해 그대는 지금 나의 법 속에 태어날 수가 있었다. 그렇건만 그대는 그것을 다 잊고 스스로 멸도를 얻었다고 생각한다. 나는 지금 그대의 본원과 그 행한 도를 상기시키기 위하여 이 오묘한 법을 설했다.

사리푸타여, 그대는 후세에 무량한 겁을 지나 무량한 부처님을 공양하고 정법을 지녀 보살의 도를 갖추고 화광여래(華光如來)라는 부처가 되리라. 그 국토는 청정하고 안온하며, 땅은 평평하고 백성은 번영하리라, 그리하여 오래 덕본(德本)을 심은 보살이 구름처럼 모여 도를 닦게 되리라."

모인 중생들은 사리푸타가 부처가 될 날을 설하신 것을 듣고서 기뻐하며 노래했다.

제3절 신심(信心)

1. 이때 수부티, 마하카샤파, 목갈라나는 세존께서 사리푸타에게 부처가 될 날을 알려주시는 것을 듣고 기뻐 날뛰며 자리에서 일어나 세존께 배례하고 아뢰었다. "세존이시여, 저희들은 오랫동안 교단의 수좌(首座)의 열에 있으면서 나이도 많고 스스로 이미 열반을 얻었다고 생각하여 다시 나아가 부처의 깨달음을 구하려고는 생각지 않고, 또 부처의 국토를 세워 중생들의 마음을 성취하게 하는 일을 조금도 기뻐한 적이 없습니다. 그렇건만 이제 이 예가 없는 법을 듣고 나서 큰 이득을 얻었습니다. 이는 마치 구하지도 않았는데 한량없는 보물을 절로 얻은 것과 같습니다. 세존이시여, 저희들은 지금 비유로써 이 뜻을 밝히겠습니다.

2. 비유하면 어떤 사람이 어릴 적에 아버지를 버리고 딴 나라에 살았는데, 나이 50에 이르러 더욱더 가난해져 괴로워한 끝에 사방으로 돌아다니며 의식을 구해오다가 우연히 고향을 향해 여행을 계속하게 되었습니다. 그런데 한편 그 사람의 아버지는 자기 자식을 찾다가 어느 고을에 살게 되었는데, 그 집은 참으로 부자가 되어 황금 · 은 · 유리 · 산호 등 헤아릴 수 없이 많은 보물이 곳간에 가득하고, 또 노비와 코끼리 · 말 · 소 · 양 등의 가축도 수없이 많고, 다른 나라들과도 거래하여 장사꾼과 매입자도 많이 모여 있었습니다. 전기한 가난한 아들

은 여기저기를 돌아다니다가 마침내 아버지가 사는 고을에 왔던 것인데, 아버지는 자식과 헤어져 50년 동안 언제나 자식을 생각했지만, 그렇다고 남에게 노골적으로 이야기할 수도 없었습니다. 혼자서만 은근히 가슴을 앓으면서 '나에게는 많은 재물이 있지만 나이가 많아 뒤를 이을 만한 자식이 없다. 나의 목숨이 끝나면 이 재물들은 모두 흩어져 없어지고 말리라. 만일 이 재산을 물려줄 자식이 있다면 아무런 근심도 없겠거니와 얼마나 즐거운 일일까.' 하며 언제나 자식을 생각하고 있었던 것입니다.

그런데 그의 아들이 이곳 저곳에서 품팔이를 하고 있는 사이, 어느 날 때마침 아버지의 집에 가서 문 옆에서 서성거리며 멀리 안을 엿보았더니, 아버지는 사자좌(獅子座)에 앉아 값도 알 수 없는 진주목걸이를 걸고 하인은 각각 흰 불자(拂子)를 쥐고 좌우에 시립하고 있었습니다. 또한 천장은 보물 휘장으로 덮여 있고 벽은 화번(華幡)으로 장식되어 있었습니다. 이것을 본 가난한 아들은 너무나도 어마어마한 광경에 적잖은 두려움을 품었고, 새삼스레 이곳에 온 것을 후회했습니다. '이는 왕이거나 또는 왕과 비슷한 분이리라. 나와 같은 자가 감히 품팔이할 곳이 아니다. 오히려 가난한 마을에서 의식을 얻는 게 편하다. 이런 곳에 오래 있다가는 어떤 봉변을 당할지도 모른다.' 고 생각하고 허둥지둥 달아났습니다.

아버지인 존자는 멀리서 이것을 보고 그가 자기 자식임을 알자 기쁨에 가슴을 설레며 '한시도 잊을 수가 없었던 그리운 내 자식이 돌아온 것이다. 나의 소원은 이루어졌다. 늙은 몸으로 오래 살아온 보람이 있었다.' 고 하고 우선 곁의 사람을 보내어 아들을 데려오게 했는데, 자식은 놀라고 두려워하며 '저는 조금도 당신네들을 범접하지 않았습니다. 무슨 까닭으로 저를 붙잡는 것입니까?' 라고 말했습니다. 심부름꾼은 더욱더 세게 그를 붙잡고 끌면서 돌아왔습니다. 가엾은 자식은 '죄도 없이 이렇듯 잡혔으니 틀림없이 죽게 될 것이다.'고 겁을 먹은 나머지 기절하여 땅에 쓰러졌습니다. 아버지는 멀리서 이것을 보고 심부름꾼에게 말하기를 '그와 같이 거칠게 잡아와서는 안 된다. 냉수를 얼굴에 끼얹어 깨어나도록 하라. 이제 그 이상 어떤 것도 말해서는 안 된다.'고 하였습니다. 아버지는 그 아들의 마음에 아버지의 존귀함을 보고는 주눅이 들어 저러는 것임을 알고, 일부러 방편으로 자기 자식임을 말하지 않았습니다. 자식은 심부름하는 사람의 용서를 얻어 꿈인 양 좋아 날뛰면서 땅에서 일어나 의식을 구하기 위해 빈촌으로 갔습니다.

3. 그때 아버지인 장자는 그 아들을 끌어들이기 위해 일부러 초라한 모습을 한 두 하인을 보내어 자식에게 말하도록 했습니다. '여기에 일거리가 있다. 그것은 먼지를 터는 일이다. 품삯은 갑절을 준다. 우리들과 함께 일하지 않겠는가?' 이 말을 듣고서 그 아들을 크게 기뻐하고 품삯을 받으며 함께 먼지를 털었습니다. 아버지는 가엾이 여기고 어느 날 창문으로 멀리서 보니, 자식은 여위고 지친 몸으로 먼지투성이가 되어 일하고 있었습니다.

장자는 일부러 낡은 옷을 걸치고 티끌로 몸을 더럽히고서 오른손에 쓰레받기를 들고 멀리서부터 고용인들에게 말을 걸었습니다. '모두들 부지런히 일해라. 게을러서는 안 된다.' 이와 같은 방편으로 아들에게 다가가서 '오오, 그대는 언제나 이곳에서 일하도록 해라. 딴 곳에 가서는 안 된다. 내가 좀더 품삯을 올려주마. 또 그릇이나 쌀, 소금 등도 필요하다면 주리라. 나이 많은 하인도 필요하면 부려라. 마음을 편히 갖고서 나를 아버지처럼 생각하고 조금도 어려워할 것은 없다. 나는 이미 나이가 들어 늙었지만 그대는 지금이 한창이다. 그대의 일에는 다른 고용인들과 같은 속임수가 없는 것처럼 보인다. 앞으로는 그대를 내가 낳은 자식처럼 생각하리라.'고 말했습니다.

4. 그때부터 장자는 그를 아들이라고 불렀지만, 그는 이 행운을 기뻐하면서도 역시 자기는 지나가던 천한 자라고 마음먹고 20년 동안 언제나 먼지를 털었습니다. 그뒤는 스스럼없이 출입을 계속하게 되었지만 주거는 전과 다름없는 띳집이었습니다. 장자는 병이 들어 명이 얼마 남지 않았다는 걸 생각하고 자식에게 이야기하였습니다. '나의 곳간에는 금은이나 보물이 가득 차 있다. 그것의 재고(在庫)와 골라야 할 물건을 남김없이 알아두는 것이 좋겠다. 이렇게 생각하고 내 마음을 명심해다오. 그것은 나와 그대와 다를 것이 없기 때문이다. 잘 조심하여 잃지 않도록 해다오.'

아들은 이런 말을 듣고 곳간마다 차 있는 온갖 재물을 알았지만, 조금도 그것을 갖겠다고 생각하는 마음이 없이 역시 본래의 띳집에 살며 가난한 마음을 버리지 못했습니다. 또 조금 지나서 장자는 아들의 마음이 점점 태연해져 스스로 전일의 마음을 부끄럽게 여김을 알고, 그 임종이 다가왔을 때 아들에게 명하여 여러 친족·국왕·대신을 모아놓고 그들에게 말했습니다. '모이신 분들이여, 그는 저의 참된 아들이옵니다. 아무 고장에 그를 버린 뒤 50년 동안 고독으로 근심과 괴로움을 거듭했습니다. 그 이름은 아무개, 내 이름은 아무개입니다. 옛날의 고장에서 찾기도 했으나 여기서야 만날 수가 있었습니다. 이는 저의 아들, 저는 그의 아버지입니다. 그러므로 지금 저의 모든 재물은 이 아들의 것입니다. 그리하여 그 출납은 이 아들이 아는 바이옵니다.'

5. 세존이시여, 이때 아들은 아버지의 말을 듣고서 크게 기뻐하며 '나는 조금도 구하고 있지 않았는데 바야흐로 이 보물 곳간이 절로 나의 것이 되었다.'고 기뻐했습니다.

세존이시여, 이 장자란 세존, 가난한 자식이란 저희들, 저희들은 생사 가운데에 있으면서 모든 괴로움을 받고 마음이 미혹하여 비열한 법을 가까이했고 비열한 신해(信解)를 갖고 있었습니다. 저희들은 세존의 방편에 의해 제법을 사유하고 희론(戱論)의 티끌을 없애는 중이옵니다. 저희들은 그 속에서 면려하여 열반에 이르는 하루의 품삯을 얻어 스스로 그곳에 안주(安住)하며 기쁨을 찾아내자 수승한 법을 구하고자 하지 않았습니다. 그런데 지금 세존은 저 장자가 아들의 뜻이 열등함을 알고서 여러 가지 방편으로 그 마음을 태연하게 하고 그뒤에 온갖 보물을 주었던 것처럼, 세존께서도 또한 열등한 법을 즐기고 있는 저희들의 마음을 아시고 방편으로 저희들의 마음을 정돈하게 하고 큰 지혜를 가르쳐주셨습니다. 저희들이 오늘 앞서 기대하지 않았던 것을 얻은 것은, 저 가난한 아들이 한량없는 보물을 얻은 것과 똑같습니다.

세존이시여, 저희들은 오랫동안 부처님의 계를 지키고 지금 비로소 더없는 깨달음을 얻어 참된 불제자가 되었습니다. 참으로 세간의 모든 중생의 공양을 받을 자격을 갖춘 자가 되었습니다. 이는 모두 세존께서 세간의 희유한 정기(旌旗)로써 저희들을 가엾이 여기시고 교도해주셨기 때문이옵니다. 그러므로 한량없는 시간을 거듭하더라도 누가 이 큰 은혜를 갚을 수가 있겠습니까."

6. 이때 세존은 마하카샤파와 모든 제자들에게 고하시었다. "착하도다, 카샤파여. 그대는 부처의 참된 공덕을 잘 설했다. 부처에게는 한량없는 공덕이 있다. 한량없는 겁을 거듭하더라도 다 설할 수는 없다. 카샤파여, 부처는 제법의 왕이다. 그 설하는 말에는 거짓이 없다. 지혜의 방편으로써 일체의 법을 설하고, 그리하여 그 법은 모두 일체지(一切智)의 경지에 깊이 이르는 것이다. 또한 부처는 일체법의 향하는 바를 알고, 모든 중생의 깊은 마음의 활동을 장애받는 일 없이 알고 있으며, 제법을 모두 궁구하여 모든 중생에게 이 지혜를 나타내는 것이다. 카샤파여, 이를테면 이 세간의 모든 산과 강, 산골짜기에 생

장하는 갖가지의 풀·관목·약초, 나무 위에 큰비가 일시에 내리면 그 풀이나 나무뿌리, 줄기나 지엽이 각각 그 종류의 특성에 따라 자라고 저마다 다른 꽃이나 열매를 맺는 것과 같다. 한 대지에서 싹트고 같은 비로 적셔지는 바이지만, 그 초목에는 저마다의 차별이 있다.

카샤파여, 부처도 이와 똑같다. 부처가 세간에 나타나는 것은 저 큰 구름이 이 세상의 일체를 덮는 것과 같다. 위대한 음성은 세계의 구석까지 '나는 세상을 구제하는 부처이다. 깨닫지 못한 자를 깨닫게 하고 편안치 못한 자를 편안하게 하고, 열반에 이르지 못한 자를 열반에 이르게 한다. 나는 일체지자의 도를 알고 도를 깨닫고 도를 설하는 자이다. 그대들은 법을 듣기 위해 부처한테 오라.' 고 선언한다. 이때 수많은 사람들은 부처한테 이르러 법을 들었는데, 부처는 이 중생들의 이근(利根)과 둔근(鈍根), 그 다른 성질을 관하여 각각 그릇에 알맞는 법을 설하여 모두 기쁨과 이익을 얻게 했다.

그들은 현세에는 편안하며, 내세에는 좋은 곳에 태어나고, 도를 깨달아 낙을 얻고 법을 들어 모든 장애를 여의며, 제법 속에서 힘의 극점에 다다라 겨우 도에 들었다. 이는 저 모든 초목이 비에 젖어 그 종류에 의하여 자라는 것과 같다. 부처의 설법은 일상(一相), 일미이다. 그는 곧 해탈의 상, 번뇌를 여의는 상, 멸에 이르는 상으로서, 일체지를 궁구한 것이다. 만일 어떤 사람이 부처의 법을 듣고 수행을 하더라도 그 얻는 바 공덕은 스스로 알 수가 없으리라. 마치 저 초목이나 약초가 스스로 상·중·하의 성(性)을 모르는 것과 같다. 다만 부처만이 중생의 종별(種別)·상(相)·체(體)를 알고, 어떤 법을 사랑하고 어떤 법을 닦고 어떤 법을 얻는가 하는 것을 알고 있다. 즉 갖가지 처소에 주하는 중생들을 부처는 분명히 아는 것이다.

부처는 참으로 일상, 일미로서 항상 고요한 공(空)으로 돌아가는 법을 알고, 중생의 신해(信解)를 두호하고, 일체종지(一切種智) 그 자체를 설하지 않는다. 카샤파들이여, 그대들이 마땅히 좇아 설하는 부처의 법을 훌륭히 믿고 받아 계승하는 것은 매우 희유한 일이다."

　　부처가 설하는 법은 일미의 비로 꽃을 적셔 각각 여물게 하는 것과 같다.
　　모든 인연이나 비유로써 도를 깨치게 함은 나의 방편, 지금 그대들에게 참을 밝혔도다.
　　내 소리를 들었다고 모두가 열반에 이르는 것은 아니다.
　　그대들이 행하는 바, 이는 곧 보살의 도인만큼 도를 배우다 보면 마침내 모두가 성불하리라.

제4절 사유(思惟)

1. 그로부터 세존은 다시 사바티성으로 들어가 기원정사에 머무르셨다.
　정사에서 어느 날 사리푸타가 제자들에게 말하였다. "벗이여, 그대들을 헐뜯고 비웃는 사람이 있을 때, 이같이 생각하라. '내가 지금 비방을 듣고 괴롭게 느끼는 것은 귀의 감촉에 의한 것이다. 청각에 상이 없다면 거기서 일어나는 괴로움이나 즐거움의 감정도 상이 없다. 상념도 상이 없다면, 의념(意念)도 상이 없는 것인다. 이 마음과 몸을 만든 것은 모두 상이 없음이다.' 이렇게 생각하면 마음이 가라앉고 부드러워져 견고해진다.
　또 그대들을 학대하여 주먹으로써 치고 흙덩이를 던지고 몽둥이나 검으로써 치는 사람이 있을 경우, 이와 같이 생각하는 것이 좋다. '이 신체는 그와 같이 생긴 것이다. 세존은 톱의 비유로 설하여, 비록 도둑이 쌍날 톱으로써 그대의 몸을 자르더라도 어두운 마음이 되는 자는 내 가르침을 지키지 않는 자이다고 가르치셨다. 나는 흔들리지 않고 노력하여 정념을 깨지 않고, 신체는 느긋하니 마음을 한곳에 모으고 있자! 이 신체를 주먹으로 난타하든 몽둥이나 검으로 난타하든 마음 내키는 대로 하려면 해봐라.'

이는 부처의 거룩한 가르침을 충만시키기 위해서이니만큼, 만일 이 경우 부처와 법과 승가를 억념(憶念)하더라도 평등한 마음이 나타나지 않는다면, 시아버지를 본 신부의 마음이 어지러워지듯이 그 마음이 어지러워지리라. 만일 부처와 법과 승가를 억념하여 평등한 마음이 나타난다면, 그는 이것에 의해 기뻐하고 얻은 바가 많으리라.

벗이여, 재목과 덩굴풀과 흙으로 둘러싼 것을 집이라고 부르듯이, 뼈와 심줄과 살과 가죽으로 둘러싼 것을 몸뚱이라고 부른다. 그리하여 이 신체에 근(根 : 오관(五官))과 경(境)과 식(識)의 세 가지가 화합하여 비로소 보고 듣는 것과 같은 활동이 생기는 것이다. 벗이여, 세존은 '연기(緣起)를 보는 자는 법을 보고, 법을 보는 자는 연기를 본다.'고 말씀하셨다. 이 몸과 마음은 실로 인연에 의해 이루어진 것이다. 이 몸과 마음에 대해서 일으키는 욕망과 욕구는 괴로움의 인이다. 이 욕망과 욕구를 제어하지 못하는 것이 고의 멸이다. 벗이여, 이 정도로 할 수 있는 자는 많은 것을 이룩하는 자이다."

2. 또 어느 날 사리푸타가 세존을 모시고서 가르침을 듣고 기뻐하며 돌아가는 도중, 보루저카라는 이교의 유행자를 만났다. 보루저카가 물었다. "당신은 어디에서 오셨습니까?"

"지금 세존의 가르침을 듣고 돌아가는 길이오."

"당신은 아직도 젖을 먹고 있는가? 난 오래 전에 스승을 떠나 혼자서 도를 닦고 있는데, 당신은 아직도 스승의 가르침을 듣는가?"

"나는 아직 젖을 떼지 않은 채 스승의 가르침을 듣고서 기뻐하고 있다. 생각건대 당신의 스승은 참된 각자가 아니고, 그 가르침은 참된 법이 아니므로, 마치 어미소의 젖이 나쁘거나 적거나 하여 송아지가 일찌감치 젖을 떼듯이 스승을 떠났으리라. 나의 스승은 참된 각자이고, 그 가르침은 참된 가르침이기 때문에, 마치 어미소의 젖이 좋고 풍부하여 송아지가 언제까지라도 젖을 떼지 않듯이, 나는 젖을 떼지 않고 스승의 가르침을 기뻐하고 있는 것이다."

3. 세존은 계속해서 사바티성에서 제자들을 가르치셨다.

"제자들이여, 나는 아직 깨달음을 얻기 전 보살로 있을 때, 나의 사유를 양분하고자 생각하여 탐욕과 진에와 해치려는 생각을 한편으로, 욕심을 여의는 생각과 성내지 않는 생각과 해치지 않는 생각을 한편으로 하여 나누어보았다.

그래서 나에게 만일 탐하는 생각이 일어날 때는 이와 같이 생각했다. '나에게 탐하는 생각이 일어났다. 이것은 스스로를 해치고 남을 해치고 자타를 함께 해치는 것이다. 또 지혜를 멸하여 파멸에 이끄는 것이다.' 이렇게 생각하자 탐하는 생각이 사라졌다. 노여운 생각, 해치는 생각이 일어날 경우도 그와 같이 했다. 나는 이리하여 이 세 가지의 나쁜 생각이 일어나면 즉시 파쇄(破碎)해버렸던 것이다.

제자들이여, 인간의 마음이라는 것은 자주 생각하는 쪽으로 기울어지는 법이다. 탐을 생각하면 탐이 더욱더 성하고, 노여움을 생각하면 노여움이 더욱더 심해지고, 해치려는 생각을 일으키면 마음은 해치는 쪽으로 더욱더 기울어지는 법이다. 우기가 끝나고 추수할 무렵이 되면 소몰이가 소를 몰아 외양간에 가둔다. 소를 묶거나 죽이는 것은 소가 곡식을 해치기 때문인 것이다. 제자들이여, 나도 그같이 좋지 않은 화를 보고서 마음을 다스려 나쁜 생각을 파쇄해버렸던 것이다.

제자들이여, 마음은 자주 생각하는 쪽으로 기울어지는 것이므로, 욕의 출리(出離)와 성내지 않는 일과 해치지 않는 일을 생각한다면,

마음은 이 생각하는 쪽으로 기울어져 탐과 진과 해치는 생각은 사라진다. 여름의 마지막 달에 전답의 곡식이 싹트기 시작하면, 소몰이는 소떼의 행방을 지켜보며 나무 아래 있는가 광장에 있는가 주의하여, 어디에 소가 있다는 것을 알고 있는 법이다. 나도 그와 같이 내 마음의 행방을 지켜보고서 생각이 움직이고 있음을 알고 있었다. 제자들이여, 나는 또한 용감하게 힘썼다. 두려움을 갖지 않았다. 항상 정념하였다. 신체는 느긋하니 마음은 조용히 한곳에 모여 있었다.

제자들이여, 이리하여 나는 모든 선정에 진입하여 고요하고도 청정하며, 티없이 욕을 여의고 더러움을 없애고 순종하며, 언제라도 살아갈 준비가 되어 있고, 견고하여 남에 의해 움직여지지 않는 마음으로써 도에 나아갔다. 그리하여 마침내 무명(無明)을 깨고 빛을 발하기에 이르렀던 것이다.

4. 제자들이여, 숲의 고지에 이어 크고 낮은 늪이 있고 사슴떼가 살고 있다고 하자. 사슴의 불리를 꾀하는 자는 사슴이 그 평안과 유쾌함을 누릴 수 있는 고지의 길을 막고, 늪으로 내려보내는 길을 열리라. 사슴은 질척한 습지에 머물러 재액과 불행을 만나 그 무리의 수효가 매우 줄게 되리라. 이와 반대로 사슴의 평안을 생각하는 사람은 저지의 길을 막고 고지에의 길을 열어 사슴떼로 하여금 그 수가 늘도록 도모하리라.

제자들이여, 나는 사물의 도리를 알려주기 위해 이 비유를 설했다. 크고 낮은 늪이라고 함은 오욕, 사슴떼라 함은 중생들, 불리를 꾀하는 자라 함은 악마, 저지를 향한 길이란 여덟 가지의 사도(邪道), 습지라고 함은 낙을 찾아 헤매는 일, 늪이나 못이라 함은 무명, 평안을 생각하는 사람이라 함은 부처, 평안과 유쾌에로의 길이라 함은 팔정도(八正道)를 말하는 것이다. 제자들이여, 이와 같이 나에 의해 평안과 유쾌로 향한 길이 열리고, 낮고 질척한 늪과 못으로 향한 길은 닫혔던 것이다.
　제자들이여, 나는 동정과 애련으로써 그대들을 위해 해야 할 일을 이루었다. 여기 나무 밑에 그늘이 있고 빈집이 있다. 고요히 생각하라. 방일하지 말라. 나중에 뉘우침을 남겨서는 안 된다. 이것이 나의 가르침이다."
　5. 또 어느 날 세존께서 말씀하셨다. "제자들이여, 선정을 닦는 자는 항상 다섯 가지의 일을 두지 않으면 안 된다. 어떤 상(相)을 생각하여 마음에 탐욕과 진에와 우치가 생겼을 때는 곧 그 상에서 마음을 돌리고 착한 생각을 수반하는 다른 상으로 향하지 않으면 안 된다. 다른 상으로 마음을 돌린다면 그 때문에 탐욕과 진에와 우치는 사라지리라. 이리하여 마음이 안으로 거두어져 고요해지고 한곳에 모인다. 이것은 마치 교묘한 목수가 굵은 못을 뽑아내기 위해 가느다란 못을 치는 것과 같다.
　제자들이여, 마음을 딴 방향으로 바꾸고 탐욕·진에·우치가 수반되는 나쁜 생각이 없어지지 않으면 '이 생각은 불선이다. 죄의 때가 있다. 괴로움의 결과를 낳는 것이다.' 라고 그 생각의 화를 조절하지 않으면 안 된다. 이와 같이 조절해 가면 그 나쁜 생각은 사라지고 마음은 안으로 거두어져 고요해지고 한곳으로 모이는 법이다. 이것은 마치 젊고 아름다운 남자나 여자가 머리에 뱀이나 짐승의 썩은 고기가 감겨져 몸서리치고 있는 것과 같은 것이다.
　제자들이여, 만일 이와 같이 시행해도 그 생각이 그치지 않는다면, 이번에는 그 생각을 생각하지 않도록 해야만 한다. 그것으로써 그 생각은 멎고 마음은 안으로 거두어져 고요해지고 한곳으로 모이게 되리라. 마치 이것은 눈이 있는 사람이 눈앞의 것을 보지 않기 위해 눈을 감고, 또는 다른 방향을 바라보는 것과 같다.
　제자들이여, 그런데도 그 생각이 계속된다면 이번에는 그 생각의 원인과 근본을 조사한다. 그것으로써 그 생각은 멎고 마음은 안으로 거두어져 고요해지고 한곳으로 모이게 되리라. 이것은 마치 달리고 있는 사람이 '어째서 나는 이렇듯 서두르고 있는 것일까? 조용히 걸으면 어떻다는 것일까?' 하고 생각하여 조용히 걷게 되고, '나는 어째서 걷고 있는 것일까? 멈춘다면 어떻다는 것일까?' 하고 생각하여 멈추고, '나는 어째서 서 있는 것일까? 앉으면 어떻다는 걸까?' 하고 생각하여 앉는 것과 같은 일이다.

　제자들이여, 만일 이같이 그 생각의 원인과 근본을 조사해보아도 나쁜 생각이 멎지 않는다면, 이와 이를 마주 다물고 혀를 윗턱에 끌어 붙이고 견고한 마음으로써 제어하고, 억눌러 진정하지 않으면 안 된다. 이것은 마치 힘있는 사람이 힘없는 사람의 목을 붙잡아 누르는 것과 같다. 이것으로써 그 생각은 멎고 마음은 안으로 거두어져 고요해지고 한곳으로 모이게 되리라.

　제자들이여, 이 다섯 가지의 방식으로써 나쁜 생각을 멸하는 자는 생각의 방식과 방법을 잘 아는 자라고 일컫는다. 왜냐하면 그는 내키는 대로 생각하여 나쁜 생각을 여읠 수가 있고, 갈애를 멸하고 번뇌의 계박을 끊고서 괴로움을 완전히 멸할 수가 있기 때문이다."

제2장　라자가하성의 비극

제1절 데바〔提婆〕의 독립

1. 세존은 다시 유행을 나서 라자가하성으로 돌아가셔 성밖의 죽림

정사에 체재하셨는데, 이즈음부터 오랫동안 비가 내리지 않아 벼가 말라죽어 제자들은 양식을 구하는 데 곤란을 겪었다.

뛰어난 제자들은 별도로 하더라도 데바는 특히 그 뜻대로 되지 않음을 구실삼아 그것이 마치 자기에게 신통이 없기 때문이라고 믿고, 어느 날 세존 앞에 나아가 신통을 얻는 도를 내려주십사고 청했다.

세존은 "데바여, 신통을 얻는 일을 구하기보다는 무상·공·무아의 이치를 생각하는 것이 좋다."고 분부하시며 그 원을 물리치셨다. 데바는 이 가르침을 기뻐하지 않고 마음속 깊이 불만을 품고 있었다.

그 여름, 세존은 제자들을 데리고 코삼비로 가시어 그곳에서 안거를 하셨는데, 사리푸타, 목갈라나, 아니룻다, 아난다 등의 제자들은 서로 화목하게 도를 얘기하는 것을 일과로 삼고 있었다. 그 광경이 데바에게 있어서는 어딘지 자기 하나만을 소원하게 하는 처사라 생각되어 혼자 교단을 버리고 라자가하성으로 가기에 이르렀다.

라자가하성에 이른 데바는 빔비사라왕의 애자(愛子)로서 16세가 되는 아자타사투 태자의 귀의를 얻으려고 노력하였다. 어느 날 그는 태자에게 찾아가 수단을 다하여 그의 마음을 사로잡아 마침내 그 귀의를 얻게 되었으며, 라자가하성 근처에 승방을 세우고 날마다 많은 수레를 깆고서 옷이나 식량의 공양을 받게 되었다.

2. 이렇듯 젊은 외호자(外護者)를 얻은 데바의 세력은 날로 왕성해져갔고, 나아가서는 세존의 제자 중에도 그에게로 가는 자가 생겼다.

세존은 그가 이양(利養)을 위해 태자의 공양을 받고 있다는 소식을 들으시고 제자들에게 고하시었다. "어리석은 자는 이양의 염을 근본으로 삼아 악을 증장하여 간다. 그러나 그것은 예리한 칼이 별안간 그 수족을 잘못 베듯이 청정한 공덕의 목숨을 끊어버리는 것이다. 청정한 행을 닦는 일을 잊고서 부질없이 대중들을 불러들여 스스로 그 대중들 위에 서서 법의 주인이 되고자 바라더라도, 이양의 생각이 장애가 되어 열반을 구하고자 하는 마음조차 탐하는 마음과 다름없는 것이 되는 법이다. 그리하여 스스로를 손상시키고 남도 상하게 하여 길이 악도의 과(果)를 맺고야 마는 것이다. 그대들은 결코 데바를 부러워할 것이 없다.

열매를 맺고서 파초는 시들고, 꽃피는 갈대도 또한 시든다. 노새는 새끼를 잉태함으로써 죽고 사람은 탐욕 때문에 멸한다."

3. 어느 날 세존이 라자가하성에서 탁발하시는데 데바 또한 그 거리에서 행걸(行乞)하고 있었다. 세존께서 멀리 그를 보고서 그곳을 떠나려고 하시자 아난다가 삼가 물었다. "무엇 때문에 이곳을 떠나시는 것입니까?"

세존께서 말씀하셨다. "데바가 이 거리에 있어 피하고자 한다."

"데바를 두려워하시는 겁니까?"

"아니, 그를 두려워하는 것이 아니다. 악인을 만나서는 안 되기 때문이다."

"그렇다면 데바를 떠나도록 하시는 것이 좋지 않습니까?"

"가게 할 것도 없다. 그의 생각대로 행동하게 하는 것이 좋다. 아난다여, 어리석은 사람과 만나서는 안 된다. 어리석은 사람과 일을 같이 해서는 안 된다. 필요없는 논의를 나누어서는 안 된다. 어리석은 자는 스스로 악을 행하여 바른 계율을 배반하고 날로 더 사악한 견해를 키워나갈 것이다. 데바는 지금 이양(利養)을 얻어 마음이 교만해져 있다. 마치 사나운 개를 채찍질하는 것과 같이, 그는 매질하면 매질할수록 흉악해져 갈 뿐이다."

이렇게 말씀하시고 아난다를 데리고서 다른 마을에서 탁발하셨다.

한편 데바는 한 걸음 나아가 세존을 대신하여 교단을 통솔하려고 꾀했다. 이때 목갈라나는 데바에게 역심이 있다는 말을 듣고 놀라 이것을 세존께 아뢰었다.

세존은 "이미 예전에 알고 있었다."고 말씀하셨다. 데바는 그런 줄도 모르고서 심복 제자를 거느리고 죽림정사로 달려왔다.

세존은 그들이 오는 것을 보시고 "어리석은 그들은 나를 향하여 자신을 칭찬하면서 그 기도함을 말하리라."고 말씀하셨다.

데바의 일행은 세존의 앞에 나아가 예를 올리고 아뢰기를 "세존은 이미 연로하시고 힘도 쇠약하시어 제자들을 가르치시는 일도 애처롭다고 생각됩니다. 지금부터는 제가 세존을 대신하여 제자들을 위해 법을 설하겠습니다. 세존께서는 다만 선정을 즐기십시오."

세존께서 고하시었다. "데바여, 나는 사리푸타와 목갈라나 같은 지혜가 밝고 행이 원만하고 훌륭한 성자에게도 아직 이 대중의 교양을 맡기고 있지 않다. 어찌 그대와 같이 이양을 위해 남의 침을 먹는 듯한 자에게 이 대중을 맡길 수가 있으랴."

이 엄숙한 세존의 말씀에 데바는 한마디도 더 아뢸 수가 없어 초연히 세존의 앞을 물러났다. 그리고 마음에 깊은 원한을 품었다. '세존은 대중 앞에서 사리푸타와 목갈라나를 칭찬하고 나를 모욕했다. 이 원한을 언젠가 갚지 않으면 안 된다.'

4. 그는 어느 날 교단의 규율이 느슨해진 것을 구실삼아 다섯 가지의 새로운 규칙을 마련하고 싶다면서 세존에게 청했다.

(1) 숲에 거처할 것이며, 도시 근처에 살아서는 안 된다.
(2) 집집마다 걸식을 하고 초대의 공양을 받아서는 안 된다.
(3) 평생 분소의를 입지 않으면 안 된다.
(4) 나무 아래 주하며 옥사에서 잠자서는 안 된다.
(5) 고기를 먹어서는 안 된다.

그러나 함부로 엄한 규율을 마련하여 행동을 속박하는 일보다도 마음의 때를 제거하는 것을 주로 삼으시는 세존은 데바의 이 제의를 허락하지 않으셨다.

그리하여 즉시 사리푸타를 불러 말씀하시었다. "지금부터 데바의 도중(徒衆)에게 가서 저 다섯 가지의 규율을 받아들인다면 참된 가르침에 어긋나는 것이라고 전하라."

사리푸타는 아뢰었다. "세존이시여, 저는 앞서 데바를 칭찬한 일이 있습니다. 지금 또 헐뜯기가 난처합니다."

세존께서 말씀하셨다. "칭찬하는 것이 참이라면 헐뜯는 것도 참이다. 그릇된 것은 바로잡아야 한다."

사리푸타는 도리있는 말씀을 삼가 받들고 데바의 도중이 있는 곳에 가서 그것을 말했다. 데바의 도중들은 모두 서로 이야기했다. "아아, 세존의 제자들도 데바 존자가 후한 공양을 받는 것을 보고 질투를 일으키고 있다."

사리푸타는 또 라자가하성으로 들어가 신자들에게도 이 일을 고했다. 그러나 데바는 그 새로운 규율로써 정진하겠다고 마음을 정하고 그의 제자 중에서 가장 영리한 자와 꾀하여, 포살(布薩)의 날에 그 새로운 규율을 제창하여 대중들의 찬동을 구했다. 마침 그 모임에는 새로 출가한 500명의 베살리인 대중이 있었는데, 그들은 아직 교단의 규율을 모르고 있었기 때문에 이 새로운 규율에 동의를 했다.

그때 사리푸타, 목갈라나와 같은 훌륭한 제자는 없었지만 아난다는 상의를 입고 자리에서 일어나 "이 새로운 규율은 세존께서 정하신 율이 아니다. 여러 장로들이여, 만일 나의 말을 인정한다면 상의를 입고 일어서 주십시오."라고 말했다. 60명의 장로들은 아난다의 말을 따랐다. 그러나 데바는 500명의 새로운 제자를 얻어 여러 장로들에게 교단을 떠남을 선포한 다음, 제자들을 거느리고 라자가하성에서 서남쪽으로 10여 리 지점에 있는 가야산으로 갔으며, 그곳에서 제자들을 가르치고자 꾀했다. 500명의 새로운 제자들이 데바에게 끌려간 일은 교단 대중들의 마음을 적잖이 움직이게 했다. 이때 사리푸타, 목갈라나는 세존의 허락을 받아 빼앗긴 제자들을 구해내고자 가야산으로 갔다. 개중에는 "아아, 저 두 장로들도 데바의 제자가 되는 것이 아닐까?" 하고 울음을 터뜨리는 자도 있었다. 세존은 염려하는 제자들에게 "그대들은 근심할 것이 없다. 두 사람은 반드시 그곳에서 법의 위덕을 나타내 보이리라."고 말씀하셨다.

5. 사리푸타와 목갈라나 두 사람이 가야산에 이르렀을 때는 마침 데바의 설법의 한창이었는데, 그는 멀리서 두 사람이 오는 것을 보고 기꺼이 맞이하여 "그대들은 앞서 나의 새로운 규율을 인정하지 않았지만, 지금은 잘도 나의 뜻을 알고 와주었다."고 말했다. 이윽고 사리푸타에게 고하기를 "나는 지금 피로를 느끼므로 그대가 나를 대신하여 법을 설하는 것이 좋겠다."고 언제나 세존이 하시는 식의 태도로 나와, 스스로 대의(大衣)를 네 겹으로 접어 우협을 아래로 하고 누웠다. 그때 목갈라나는 먼저 신통을 나타내고 사리푸타는 이어서 법을 설했다. 500명의 제자들은 꿈에서 깬 것처럼 앞서의 잘못을 뉘우치고 즉시 두 사람을 따라 가야산을 뒤로하고 떠났다. 데바의 제자들은 데바를 불러 깨우고, 사리푸타와 목갈라나가 500명의 제자를 데려가 버렸다고 외쳤다. 데바는 놀라 깨어 "너희 악인이여, 내 제자를 빼앗아갔다."고 욕하며 땅을 차고 미친듯이 날뛰었고, 코로부터 뜨거운 피를 토했다.

사리푸타와 목갈라나가 500명의 제자를 데리고 돌아온 일은 너무나도 큰 놀라움을 교단에 주었으므로, 세존은 그 때문에 하나의 본생담(本生譚)을 설하셨다.

"제자들이여, 옛날 구화리라는 궁술의 스승이 있었다. 그의 제자인 산아는 활을 쥐는 법과 화살을 먹이는 법을 6년 동안이나 배웠지만 한 번도 쏜 일은 없었다. 어느 때 시험삼아 큰 나무를 쏘았더니 화살은 어김없이 나무를 꿰뚫고 깊이 땅속으로 들어갔다. 스승은 기뻐하며 '그대는 궁술의 오의(奧義)를 얻었다. 지금부터 가서 오가는 사람들을 괴롭히는 큰 도둑을 정벌하라.' 며 한 개의 활에 500개의 금화살을 곁들이고, 다시 한 명의 아름다운 여자와 일량(一輛)의 수레를 주었다. 그는 스승의 명령을 삼가 받들고, 미녀와 함께 수레를 타고 도둑이 있는 곳으로 향했다.

500명의 부하를 거느린 도둑의 우두머리는 왕래하는 사람들을 기다리고 있었다. 그곳에 산야의 수레가 이르렀다. 도둑의 우두머리는 부하를 제지하여 대항하는 것을 중지시켰다.

이윽고 수레에서 내린 미녀는 손에 금바리때를 들고서 도둑에게 먹을 것을 빌었는데, 그들은 미녀와 금바리때를 보고서 욕심을 제어할 수가 없었다. 그러나 도둑의 우두머리는 아직도 설치는 부하를 제지하고 많은 미미(美味)를 금바리때에 담아주었다. 그녀는 거듭하여 그들의 재물을 나누어달라고 했다.

부하들은 참다못하여 수레 위의 산야를 향해 돌진했다. 그는 수레를 우좌(右左)로 달리며 한 개의 화살로 한 사람을 쓰러뜨리고 499명을 쓰러뜨려 마지막으로 화살 한 개를 남겼다. 그러나 도둑의 우두머리의 모습이 보이지 않으므로 산야는 미녀를 알몸으로 만들어 나무 아래를 거닐게 했다. 그러자 과연 도둑의 우두머리는 마음이 움직여 모습을 나타내, 마침내 산야에게 사살되기에 이르렀다. 제자들이여, 그때의 산야는 사리푸타, 미녀는 목갈라나, 500명의 도둑은 500명의 새로운 제자, 도둑의 우두머리는 데바이며, 활의 스승은 나였다."

6. 데바가 교단에서 떠나고 얼마 지나지 않아 세존은 제자들에게 말씀하셨다. "제자들이여, 나는 전에 나무의 심(芯)으로써 비유를 설한 일이 있지만, 이 우리들이 고뇌하는 생(生)·노(老)·사(死)·우(憂)·비(悲)·고(苦)·뇌(惱)를 없애기 위해 출가한 뒤에도 공양과 존경과 명예를 얻어 마음이 교만해지고 만족하여 스스로를 찬양하고 남

을 헐뜯는 것은, 청정한 행의 지엽을 취하고서 나무의 심을 얻었다고 생각하는 어리석음인 것이며, 방일에 흘러 고뇌에 빠진 것이다. 또 청정한 계행(戒行)에 취하여 마음이 교만해지고 우쭐하여 스스로를 찬양하고 남을 헐뜯는 것은, 청정한 행의 외피를 움켜쥐고서 나무의 심을 얻었다고 생각하는 어리석음인 것이며, 방일에 흘러 고뇌에 빠진 것이다. 또 딱딱한 선정을 닦아 마음은 교만하고 우쭐하여 스스로를 칭찬하고 남을 헐뜯는 것은, 청정한 행의 내피를 취하고서 나무의 심을 얻었다고 생각하는 어리석음인 것이며, 마찬가지로 방일에 흘러 고뇌에 빠진 것이다. 또 밝은 지견을 얻자 이것에 눈이 멀어 마음이 교만하여 스스로를 찬양하고 남을 헐뜯는 것은, 청정한 행의 수육(樹肉)을 잘라내어 나무의 심을 얻었다고 생각하는 것이며, 마찬가지로 방일에 흘러 고뇌에 빠진 것이다.

 공양과 존경과 명예에도 마음이 흔들리지 않고, 청정한 계행에 취하지 않고, 견고한 선정으로 미혹되지 않고, 밝은 지견에도 교만하거나 방일하지 않고, 더욱더 도에 나아가 동요되지 않는 마음의 해탈을 얻는 것이 나무의 심을 구하여 나무의 심을 얻는 것이다. 이 해탈에서 퇴타(退墮)하는 일은 없다. 제자들이여, 공양과 존경과 명예는 청정한 행의 목표가 아니다. 아름다운 계행이 청정한 행의 목표가 아니다. 견고한 선정도 청정한 행의 목표는 아니다. 밝은 지견도 청정한 행의 목표는 아니다. 동요되지 않는 마음의 해탈이야말로 청정한 행의 목표인 것이다. 이것이 요제이고, 이것이 종(終)이다."

제2절 아자타사투의 찬탈

 1. 데바의 교단은 500명의 제자를 도로 빼앗겨 다시 재기할 수 없

을 만큼 타격을 받았다. 이제 의지할 것은 아자타사투 태자뿐이었다. 그는 어느날 태자를 찾아가 말하였다. "태자여, 부왕은 언제까지라도 왕위에 앉아 있을 것처럼 보인다. 부왕이 살아 계시는 동안 당신은 왕위에 오를 수가 없다. 부왕이 죽고 나서 비록 왕위에 오르더라도 그 즐거움은 심히 짧다. 그러므로 하루라도 빨리 왕위를 잇는 게 좋다. 나도 또한 고타마를 해치고 법의 왕이 되리라. 이리하여 신왕과 새 부처가 나란히 마가다국을 다스리는 것이 즐겁지 않겠는가."

태자가 대답하였다. "부모의 은혜가 무거운 것은 해나 달보다 수승하다. 그 오랫동안 길러준 은혜는 보답하기 어렵다. 그런데 스승은 어찌하여 이와 같이 도리에 어긋나는 일을 권하시는 건가?"

그러나 데바는 교묘한 말로 태자의 마음을 사로잡아 마침내 그 권유를 따르게 하였다.

일찍이 빔비사라왕의 왕후 바이데히는 왕이 중년을 지났을 때 임신했는데, 산전에 왕의 어깨 피를 마시고 싶다는 이상한 병에 걸려 날로 여위고 쇠약해졌다. 왕은 그 이유를 듣고 스스로 어깨 피를 짜서 부인에게 먹였다. 점쟁이는 이것을 점쳐 "태어나는 아이는 부왕을 적으로 삼으리라."고 말했으므로, 부인은 몇 번인가 낙태를 시키고자 했지만 왕이 말리므로 마침내 낳았다. 그가 아자타사투였다. 태어나기 전에 아버지의 원수가 되겠다고 하는 점쟁이의 말에 의해 아자타사투, 즉 미생원(未生怨)이라고 이름하였다. 데바는 이것을 이야기하여 그의 마음을 미혹하게 했던 것이다.

어느 날 태자는 예리한 검을 차고 은밀히 왕궁의 문으로 나아갔지만, 그러나 속에 품은 악역(惡逆)의 마음은 그 오체(五體)를 전율케 하여 그만 땅에 쓰러졌다. 문지기들은 태자의 이성을 잃은 예사롭지 않은 광경을 보고서 까닭을 물었더니 "데바의 권유에 의하여 부왕을 죽이고자 생각했던 것이다."라고 말했다.

군신은 놀라 일을 대왕에게 알리고 그의 명령을 기다렸다. 왕은 차마 태자를 죽일 수가 없어, 아들의 뜻에 맡기어 왕위를 물려주기에 이르렀다. 하지만 태자는 다시 데바의 권유를 좇아 부왕을 붙들어 궁전에 감금하고 그의 식사를 끊기에 이르렀다.

2. 모후 바이데히 부인은 목욕하여 몸을 깨끗이하고 꿀을 보릿가루에 섞어 몸에 바르고 뇌옥에 들어가 대왕을 보았더니, 얼굴은 여위고 살은 빠져 슬퍼할 수도 없으리만큼 쇠약해져 있었다. 부인은 눈물을 흘리며 "참으로 세존이 설하신 것처럼 영화도 덧없고 죄의 보가 닥쳐왔습니다."라고 말했다. 대왕은 "식사를 끊고 나서부터 지금까지 오랫동안 계속 몇 백의 벌레가 뱃속을 쥐어뜯듯 괴로웠소. 피도 살도 빠져 목숨이 다하려 하오."라고 말하고 들릴듯 말듯이 흐느껴 울었다.

부인이 몸에 바른 꿀 보릿가루를 모아 권하자, 왕은 허겁지겁 먹고 나서 눈물과 함께 멀리 세존이 계신 곳을 향하여 머리를 조아리고 아뢰었다. "세존이 말씀하신 것처럼 세간의 영화는 오래 누리기 어려워 마치 몽환과 같습니다."

그리고는 다시 부인을 향하여 말했다. "내가 위(位)에 있었을 때는, 나라는 넓어 의식은 뜻대로 족하고 무엇 하나 모자라는 것이 없었지만, 지금은 옥에 갇혀 굶주림으로 죽게 되었소. 내 아들은 사악한 스승에게 미혹당해 세존의 가르침을 어기고 있소. 나는 죽음을 두려워하는 일은 없지만, 다만 직접 세존의 가르침을 받지 못하고, 또 사리푸타, 목갈라나, 대카샤파 등 제자들과 도의 이야기를 주고받을 수 없는 것이 아쉽기만 하오. 참으로 세존께서 설하시듯 인간의 은애는 뭇 새가 하룻밤을 나뭇가지에 깃들이고 새벽에는 저마다 흩어져 날아가 정해진 화복을 받는 것과 같소. 목갈라나 존자는 마음의 때를 없애고 신통자재의 깨달음을 얻고 있으면서도 어느 바라문에게 질투를 받아 얻어맞은 일도 있는데, 하물며 마음의 때가 있는 내가 이 재난을 만나는 것은 당연한 것이오. 재앙이 사람을 뒤쫓는 것은 그림자가 몸을 쫓고 울림이 목소리에 대답하는 것과 같은 것이오. 부처님을 만나뵙기란 어렵고, 그 가르침을 듣는 일도 어렵소. 또 고마우신 가르침에 의해 인을 펴고 백성을 다스리는 일도 어렵소. 나는 이제 목숨이 끝나 아득한 곳으로 가게 되리라. 그러나 왕비여, 진실로 마음있는 자로서 세존의 가르침을 받들지 않는 자는 없소. 그대도 삼가 가르침을 지키고 닥쳐올 화를 막는 게 좋을 것이오." 왕비는 도리어 왕의 가르침을 받아, 넋을 잃고 울었다.

3. 왕은 다시 합장하고 공손히 영취산을 향해 멀리 세존께 예배하고 아뢰었다. "세존이시여, 목갈라나 존자는 저의 친한 벗이옵니다. 부디 자비로써 저에게 신자로서 해야 할 도를 가르쳐주십시오."

그때 목갈라나는 매가 날듯이 왕의 처소에 나아가 매일 신자의 도를 설했으며, 세존은 또 푸르나를 보내어 왕을 위해 법을 설하게 하셨고, 이와 같이 하여 21일 동안 왕은 꿀 보릿가루를 먹고 법을 들을 수가 있어 얼굴빛도 안온하게 기쁨의 빛이 넘쳐 있었다.

제3절 바이데히 왕비

1. 아자타사투왕은 부왕의 문지기에게 물었다. "부왕은 아직 살아계시는가?"

"태후께서 몸에 꿀 보릿가루를 바르고 영락(瓔珞)에 장(漿)을 담아 대왕에게 바치고, 목갈라나, 푸르나 등 부처의 제자들은 하늘에서부터 와 대왕을 위해 법을 설하고 있으므로 어찌할 수가 없습니다."

아자타사투왕은 이 말을 듣자 어머니의 행동에 노하여 "어머니라도 국법에 저촉된 죄인과 한곳에 있다면 국적이다. 또 나쁜 출가자들은 주술로 능히 이 악한 왕을 오랫동안 살려두었구나."라고 말하며 검을 뽑아 바이데히 부인을 죽이려고 했다.

그때 대신(大臣) 월광은 명의인 기바와 함께 왕을 배례하고 말하였다. "저희들이 알기로는 천지개벽 이래 악한 왕이 위(位)를 탐했기 때문에 그 아비를 죽인 자는 1만 8000명이나 된다고 합니다만, 그러나 무도하게도 어머니를 해친 자는 한 사람도 없었습니다. 왕이 이 도리에 어긋나는 일을 하신다면 왕족을 더럽히는 자라고 하지 않을 수 없습니다. 저는 차마 들을 수가 없습니다. 그같은 짓을 하는 자는 악마입니다. 이곳에 있을 분이 못됩니다."

두 사람은 검에 손을 대고 뒷걸음질치며 단언했다. 아자타사투왕은 놀라 두려워하며 기바에게 말하였다. "그대는 나를 위해 힘을 다하지 않았던가."

기바는 말했다. "모후를 해치시면 아니 됩니다."

악명 높은 왕도 그 잘못을 뉘우쳐 도움을 청했고, 검을 버리고 내관에게 명하여 모후를 후궁에 가두게 했다.

2. 이에 바이데히 부인은 아들 때문에 감금되어 여위고 쇠약해졌으며, 저 멀리 영취산에 계신 세존께 예배하고 아뢰었다. "일찍이 세존은 목갈라나 존자와 아난다 존자를 보내시어 저를 위로하여 주셨습니다. 지금 저는 수심에 잠겨 있습니다. 위광이 높으신 세존을 감히 뵐 도리도 없습니다. 아무쪼록 목갈라나, 아난다 두 존자를 만나게 해주십시오."

부인이 눈물을 비오듯 흘리며 멀리 세존께 예배하자, 아직 고개도 들기 전에 세존은 부인의 마음을 아시고 하늘을 밟고 왕궁으로 내려오셨다.

부인이 머리를 들어 우러러보니 세존의 몸은 황금빛으로 빛나는 가운데 목갈라나는 왼쪽에서, 아난다는 오른쪽에서 모시고 있었고, 신들은 공중에서 꽃을 비처럼 내리게 했다. 부인은 스스로 영락을 끊고 대지에 몸을 던져 울면서 세존께 아뢰었다.

"세존이시여, 저는 어떠한 죄갚음으로 이같은 나쁜 아들을 낳고, 또한 세존은 어떠한 인연으로 저 데바(난다의 아우이며 세존의 사촌)와 친척이 되는지요? 세존이시여, 부디 저를 위하여 근심을 끊는 도를 가르쳐주십시오. 저는 이 한심하고도 악한 세상이 싫어졌습니다. 이 세계는 지옥·아귀·축생들로 넘치는 좋지 못한 집단입니다. 저는 앞으로는 나쁜 말을 듣든가 나쁜 사람을 보고 싶지 않습니다. 저는 지금 세존을 향하여 이와 같이 몸을 대지에 내던지고 불쌍히 여기심을 바라고 뉘우침으로 흐느끼고 있습니다. 세간의 빛이신 세존이시여, 부디 저에게 청정한 국토를 보여주십시오."

3. 이때 세존은 미간에서 빛을 발하셨는데, 그 빛은 금빛으로 빛나 널리 시방의 한량없는 국토를 비추고, 다시 정수리로 돌아와 금대(金臺)를 빛냈고, 모든 부처의 청정한 국토는 그 가운데 드러났다. 부인은 이것을 보고 나서 아뢰었다.

"세존이시여, 이들 국토는 어느 것이나 청정한 빛으로 넘쳐 있습니다만, 저는 극락세계의 아미타불의 처소에 태어나기를 원합니다. 저에게 사유하는 것을 가르쳐주십시오. 저에게 바르게 수지하는 길을 가르쳐주십시오."

그때 세존이 미소를 짓자 오색의 빛이 발하며 빔비사라왕의 이마를 비추었고, 왕은 갇혀 있으면서도 심안이 절로 열려 멀리 세존을 우러러보고 공손히 예를 올렸던 바, 미혹의 굴레는 저절로 풀리고 깨달음에 이르는 몸이 되었다.

세존이 바이데히 부인에게 고하시었다. "그대는 모르는가? 아미타불은 이곳에서 멀지 않다. 그대는 살펴 청정한 업으로 이루어진 아미타불의 극락세계를 염하는 것이 좋다. 그 국토에 태어나고 싶다 생각한다면 세 가지의 복업을 닦으라. 첫째로는 부모에게 효도를 하고 스승을 섬기고 자비를 베풀어 살생·투도·사음·망어·양설·악구·기어·탐욕·진에·사견의 열 가지 불선을 하지 않을 것, 둘째로는 부처와 법과 승가에 귀의하여 모든 계를 지키고 위의를 바르게 할 것, 셋째로는 도를 구하는 마음을 일으키고 깊이 인과의 이치를 믿고 경을 읽어 중생에게 도를 권할 것이다. 부인이여, 이 세 가지는 청정한 국토에 태어나는 청정한 업이다. 과거·현재·미래의 부처도 모두 이 세 가지를 바른 인으로 하여 깨달음을 얻으셨던 것이다."

4. 세존은 다시 아난다와 부인에게 고하셨다. "그대들은 자세히 듣고 잘 생각하는 것이 좋다. 나는 현세와 내세의 모든 번뇌의 적(賊)에게 해를 입는 중생들을 위해 청정한 행을 설하리라. 참으로 부인은 이 일에 관해 잘 물었다. 아난다여, 그대는 부처의 말을 지니고 널리 중생들을 위해 밝힘이 좋다. 나는 지금 부인을 비롯하여 후세의 모든 중생들에게 시방 극락세계를 관하게 하여, 부처의 힘에 의해 그 청정한 국토를 마치 맑은 거울로 그 모습을 보듯이 보여주리라. 그리하여 그 국토의 오묘한 즐거움을 볼 때 마음은 기쁨에 넘치고, 모든 것에는 생사가 없다는 설법에 신심을 일으킬 수가 있게 되리라."

세존은 다시 바이데히 부인에게 고하셨다. "그대는 마음이 약하고 또한 뒤떨어진다. 천안을 아직 얻지 못해 멀리 관할 수가 없다. 그러나 부처에게 기이한 방편이 있으므로, 지금 그대로 하여금 볼 수 있게 하는 것이다."

부인이 아뢰었다. "세존이시여, 저는 지금 부처의 거룩한 힘에 의해 저 안락정토(安樂淨土)를 뵈었습니다만, 부처의 후세에 빛을 잃어 악으로 흐르고 늙음으로 고뇌하고 병으로 괴로워하고 죽음을 두려워하고 헤어짐을 슬퍼하는 중생들은 어떻게 그 국토를 우러러볼 수가 있겠습니까?"

세존께서 말씀하셨다. "그대들은 자세히 듣고 능히 마음으로 생각하라. 나는 지금 그대들을 위해 고를 없애는 법을 설하리라. 그대들은 이것을 지니고 모든 중생에게 설하여 펴도록 하라." 이와 함께 아미타불이 공중에 나타나고 관음보살과 대세지보살이 좌우에서 모시는데, 그 빛의 치열함은 자금(紫金)의 빛도 비할 바가 아니었다.

부인이 말하였다. "세존이시여, 저는 지금 부처의 힘에 의해 아미타불과 두 보살을 삼가 우러러보았습니다. 내세의 중생들은 어떻게 하여야 관할 수 있사옵니까?"

5. 세존께서 고하셨다. "먼저 아미타불의 신상(身相)을 마음으로 염하여라. 천만의 금색으로 빛나시고, 몸의 높이는 해면의 모래수만큼이나 높고, 눈은 큰 바다의 물과도 비교가 되지 않고, 몸에는 8만 4000의 상호(相好)가 있는데, 하나하나의 상호에 8만 4000의 빛이 있고, 하나하나의 빛은 두루 시방의 세계를 비추어 염불하는 중생을 모시고 섭수(攝受)하여 버리지를 않으신다.

이 부처의 몸을 봄으로써 부처의 마음도 보는 것이다. 부처의 마음이란 큰 자비 그것이다. 모든 연(緣)이란 연에 의해 중생들을 섭수하시는 까닭이므로 부처를 염하라. 부처의 몸은 법계에 충만하므로 모든 중생의 마음속에도 들어갈 수 있다. 그러므로 그대들은 마음으로 부처를 염할 때 그 마음은 참으로 원만한 상호(相好)를 갖춘 부처이다. 그 마음은 부처가 되고, 그 마음은 그대로 부처인 것이다. 모든 중생에게 골고루 미치는 바른 지혜의 바다는 마음에서 일어난다. 때문에 그대들은 마음을 하나로 하여 저 아미타불을 분명히 염하는 것이 좋다.

또한 아미타불에게는 한량없는 화신(化身)이 있어 항상 관음, 세지의 두 보살과 함께 염불하는 중생 곁을 찾으신다. 충만하기 한이 없고 범부의 마음으로는 생각이 미치지도 않지만, 그 본원의 힘에 의해 삼가 생각하는 자는 반드시 볼 수가 있다. 또한 가정(假定)의 상호를 염하는 자는 헤아릴 수 없는 복을 얻는다. 하물며 상(相)을 갖춘 참된 부처를 관함에 있어서는 더 말할 나위도 없다. 그리하여 저 부처의 신통을 마음대로 나타내시며, 어느 때는 큰 몸이 허공에 충만하고, 어느 때는 작은 몸이 1장 6척의 모습으로 나타나시고 시방의 국토에서 한량없는 자연의 힘을 나타내시는 것이다."

제4 절 아자타사투의 번민

1. 한편 데바는 아자타사투왕에게 청하여 64명의 군사를 뽑아 처음에 2명을 보내어 세존을 죽이고 다른 길로 돌아오라 이르고, 다시 4명을 보내어 그 2명이 돌아오는 길을 지키다가 죽이고, 다음에 8명을 보내어 앞서의 4명을 죽이고 차례로 그 수를 갑절로 하여 64명으로 하여 앞서의 32명을 죽이고, 이와 같이 하여 어떤 자가 세존을 원망하여 죽였는지 세상에 알려지지 않도록 꾀하고자 했다.

이때 세존은 영취산의 동굴에서 나오시어 거닐고 있었다. 2명의 군사는 갑옷을 걸치고 칼을 잡고 세존께 접근하려 했지만, 위엄에 짓눌려 나아가지 못하고 놀라서 존안을 우러러보았더니, 고요한 품위는 길들인 큰 코끼리와 같고 뜻은 맑은 물과 같으셨다. 두 사람은 그만 수희(隨喜)의 염에 감동되어 칼을 버리고 세존의 앞에 나아갔으며, 갖가지로 가르침을 받아 법안이 열리고 도리어 삼보에 귀의하는 몸이 되었다. 이윽고 다른 길로 데바에게 나아가 세존의 위신력을 고하고 감히 해할 수 없다고 말했다. 이리하여 데바의 기도는 완전히 물거품이 되었다.

그는 성을 내며 스스로 영취산에 올라가 큰 돌을 들어 멀리 산 위에서 동굴가를 걸으시는 세존을 향해 던졌는데, 그 깨진 조각이 세존의 다리에 맞아 살과 가죽이 찢어지고 피가 땅에 흘렀다. 그러나 세존은 천천히 동굴로 들어가시어 대의(大衣)를 네 겹으로 접어 그 위에 우협을 옆으로 하고 누우시어 일심으로 고통을 참으셨다.

그리고는 다시 놀라 떠드는 많은 제자들을 위해 동굴 밖으로 나오시어, "너희들은 어부처럼 고함을 질러서는 안 된다. 저마다 자기의 처소에 돌아가 일의전심(一意專心)으로 도를 닦아야 한다. 모든 부처는 온갖 원한을 극복하고 있다. 저 전륜왕이 어떠한 적에게도 해를 입는 일이 없는 것처럼, 어떠한 원수라도 부처에 대하여 그 악함을 가할 수는 없다."고 말씀하셨다. 그뒤 세존의 상처는 쉽게 낫지 않으므로, 데바는 상처를 째고 나쁜 피를 뽑아내어 고쳐드렸다.

2. 데바는 다시 아자타사투왕에게 청하여 큰 코끼리를 풀어놓아 세존을 해치고자 꾀했다. 그리하여 코끼리 사육사에게 말하였다. "내일 고타마가 오는 길에 코끼리를 술에 취하게 하여 풀어놓아라. 그는 만심을 갖고 있으므로 피하는 일이 없으리라. 그러면 밟혀 죽을 것이 틀림없다."

이튿날 아침, 세존은 의복을 입고 바리때를 들고 성으로 들어가 탁발을 하고 계셨는데, 코끼리 사육사는 멀리서 이것을 보고 취한 코끼리를 풀어놓았다. 사람들은 세존께 다른 길로 가시라고 권했지만, 세존은 천천히 그 길로 가셨다. 취한 코끼리는 멀리서 세존을 보자 귀를 세우고 코를 울리며 달려왔다. 그러하건만 세존은 자비의 마음에 젖어 노래하셨다.

그대 대룡(大龍)을 해치지 말라. 대룡이 세상에 출현함이란 어렵다. 만일 대룡을 해치면 내세에 악도에 떨어지리라.

큰 자비의 힘에 감동되어 코끼리는 무릎을 꿇고 세존의 발을 안았으며, 물러서서 돌아갔다. 그러자 보던 이마다 찬탄하지 않는 자가 없었다.

3. 빔비사라왕은 부인이 감금되고 나서부터 식사를 끊고 겨우 창문을 통하여 푸른 영취산을 우러러보며 그것을 마음의 위안으로 삼고 있었는데, 아자타사투는 이 말을 듣고서 그 창문을 막아버리고 발바닥을 깎아 서 있을 수 없게 만들었다. 그 무렵 아자타사투의 아들이 손가락 끝에 종기를 앓아 괴로워하고 있었으므로, 왕은 품에 안고서 그 고름을 빨아주었다.

때마침 곁에 있던 바이데히 부인은 이를 보고서 추억에 못 이겨 말했다. "왕이여, 당신이 어렸을 때 이와 똑같은 종기를 앓아 아버지인 대왕이 지금의 당신처럼 그 고름을 빨아준 일이 있었습니다."

아자타사투는 이를 듣고서 부왕에 대한 노여움이 별안간 애모의 느낌으로 바뀌어 신하들에게 고했다. "만일 부왕이 살아 계신다는 것을 알리는 자가 있다면 이 나라의 반을 주리라."

사람들은 다투어 부왕한테로 달려갔는데, 왕은 멀리서 소란스런 발소리를 듣고 '그들은 나에게 무거운 형을 가하리라.'고 놀라 두려워하고 고민하여 쓰러져, 그대로 숨이 끊어졌다.

4. 세간의 즐거움에 마음이 현혹되어 죄도 없는 부왕을 죽음에 이르게 한 아자타사투는, 이제 뉘우침으로 마음이 아프고 몸은 열이 나고 온몸에 종기가 나 고름이 흘러, 악취로 가까이하기조차 어렵게 되었다.

스스로 생각하되 '나는 지금 이 세상에서 지옥의 보를 받고 있다. 이윽고 진짜 지옥의 보가 찾아오리라.'고 했다. 어머니인 바이데히는 슬퍼하며 온갖 약을 발라주었지만 조금도 낫지를 않았다.

왕은 어머니에게 말했다. "이 종기는 마음에서 나온 것이며, 몸에서 나온 것이 아닙니다. 인간의 힘으로써는 고칠 수가 없습니다."

아자타사투가 병이 났다는 소문을 듣고서 대신들이 번갈아가며 왕의 병석을 찾았다. 원로 대신이 말했다. "대왕은 무엇 때문에 안색이 수척하고 근심에 싸여 있습니까? 몸의 아픔이신지 혹은 마음의 아픔이신지?"

왕이 대답하였다. "애처롭게도 죄없는 부왕을 해친 나의 몸이나 마음이 어찌 아프지 않을 수가 있으랴. 전에 지혜있는 사람에게 들은 일이 있다. 세상에 부모를 죽이는 등 다섯 가지의 역죄를 범한 자는 지옥을 모면할 수가 없다고. 나는 지금 한없는 죄를 짓고 있다. 세상에 나의 몸과 마음을 고쳐줄 그런 의사는 없다."

대신이 말했다. "'근심하고 괴로워하면 수심은 더욱 증장하리라. 잠이 많은 것과, 색을 탐하고 술을 즐김도 마찬가지이니라.' 하는 노래가 있습니다. 대왕이시여, 오역죄를 범하면 지옥에 떨어진다고 하지만, 누가 지옥을 보고서 그와 같이 말했겠습니까. 무릇 지옥이란 이 세상을 말합니다. 왕은 세상에 좋은 의사가 없다고 하십니다만, 카샤파라는 사람이 있는데 그 사람은 뛰어난 지혜와 선정을 가졌으며 청정한 행을 닦아 수없는 사람들에게 깨달음의 도를 설하고 있습니다. 즉 '세상에 악업도 없거니와 악업의 보도 없다. 선업도 없거니와 선업의 보도 없다. 상업(上業)도 하업(下業)도 없다.'고 설하고 계십니다. 대왕이시여, 이 스승은 지금 라자가하성에 계십니다. 부디 이 스승을 불러 몸과 마음의 아픔을 고치도록 하십시오."

왕은 "만일 그와 같이 나의 죄를 고쳐준다면 나는 그 사람에게 귀의하리라."고 대답했다.

5. 다시 다른 대신이 왕을 찾아와서 아뢰었다. "대왕이시여, 어찌된 까닭으로 볼은 핼쑥하고 입술은 메마르고 목소리도 쉬어 마치 세상을 두려워하는 사람과 같이, 아니 원수에게 피습된 사람처럼 보기 흉한

안색을 하고 계십니까?"

　왕이 말했다. "내 어찌 지금 몸도 마음도 아프지 않을 수가 있으랴. 나는 어리석게도 마음이 어두워 악인 데바의 말에 속아 바른 왕을 해치고 말았다. 나는 일찍이 들은 일이 있다. '아버지와 어머니와, 부처님과 제자들에게 좋지 못한 마음으로써 악한 업을 행하면 무간(無間) 지옥을 면치 못할지니.' 나의 마음은 지옥의 두려움에 떨고 있다."

　대신이 말하였다. "대왕이시여, 두려워하실 것 없습니다. 세상에는 출가의 법과 왕의 법, 두 가지가 있습니다. 왕의 법으로 말하면 아버지를 해치고 나라의 왕이 되더라도 죄는 되지 않습니다. 어린아이는 어머니의 배를 찢고 태어났지만, 그것은 법칙이므로, 어머니의 배를 찢더라고 죄라고는 할 수 없습니다. 나라를 다스리는 법도 이와 마찬가지로, 설사 아버지나 형을 죽이더라도 죄라고는 할 수 없습니다. 그러나 출가의 법으로써 말하면 모기나 개미를 죽이더라도 죄가 됩니다. 그러므로 대왕은 근심하실 것 없습니다. 여기에 마스카리 고살라 프트라(외도의 하나)라는 스승이 있어 일체지를 갖추고 중생들을 내 자식처럼 가엾이 여기고, 중생들의 심뇌(心惱)를 잘 뽑아버립니다. 이 스승의 가르침에 의하면 '사람의 몸은 지(地)·수(水)·화(火)·풍(風)·고(苦)·낙(樂)·명(命)의 일곱 가지로 나뉘어지고, 이 일곱 가지는 변천되는 것도 아니고 만들어진 것도 아니다. 이사가초(伊師迦草)처럼 훼손할 수도 없고, 수미산처럼 움직이는 일도 없다. 유락(乳酪)처럼 버려지지 않고, 또 일곱 가지는 각각 다투는 일도 없다. 괴로움도 즐거움도 선도 악도 또는 칼날의 힘도 상처를 내지 못한다. 왜냐하면 이 일곱 가지는 허공처럼 장애되는 일이 없기 때문이다. 목숨도 또한 해를 받는 일이 없다. 왜냐하면 해치는 자도 해를 받는 자도, 만드는 자도 받는 자도, 설하는 자도 듣는 자도, 염하는 자도 가르침을 지니는 자도 없기 때문이다.'라고 했습니다. 대왕이시여, 그 스승은 언제나 이와 같이 법을 설하여 중생들의 갖가지 무거운 죄를 제거해줍니다. 대왕이 만일 이 스승한테 가신다면 모든 죄는 절로 사라져버릴 것입니다."

6. 다시 다른 대신이 아뢰었다. "대왕이시여, 무엇 때문에 영락을 벗어 머리를 어지럽게 흐트러뜨리고 바람에 흔들리는 꽃나무 마냥 두려움과 불안에 떨고 계십니까?"

왕은 또 전과 같이 대답했다.

대신이 말했다. "대왕이시여, 만일 부왕이 출가하셨다면 해치면 죄가 되겠습니다만, 나라를 다스리기 위해 해친 것이므로 죄가 되지 않습니다. 대왕이시여, 부디 유의하여 들어주십시오. 모든 중생은 여업(餘業)에 의해서 생사를 받는 바, 즉 선왕은 스스로의 여업에 의해 살해된 것으로서 대왕에게는 아무런 죄도 없습니다. 지금 산자이 바이라티푼트라라는 스승이 바다와 같은 지혜로써 중생들의 의문을 끊고 계십니다. 그 스승이 설하는 바에 의하면 '온갖 생류(生類) 중에서 국왕은 뜻대로 무슨 일을 하더라도 상관없다. 어떠한 악을 행하여도 죄가 되지 않는다. 마치 불이 깨끗한 것도 더러운 것도 가리지 않고 태우듯이, 또 대지가 깨끗한 것에도 더러운 것에도 기쁨도 노여움도 갖지 않듯이, 국왕의 소행은 오로지 이와 같다. 또 가을에 베어낸 나무가 다시 봄이 오면 싹이 터, 이 베어낸 것이 죄가 성립될 리가 없듯이, 사람의 목숨도 이와 같이 이곳에 태어나고 저곳에 태어난다. 다시 태어나는 것에 무슨 죄가 있겠는가. 사람의 화복은 이 세상의 업에 의한 것이 아니고 다만 과거의 업을 현세에 받을 뿐이다. 현세에는 인(凶)이 없고 또 미래에는 보(報)가 없다.'고 합니다. 대왕이시여, 원컨대 이 스승에게 나아가 몸과 마음의 병을 고치도록 하십시오."

7. 다시 또 다른 대신이 아뢰었다. "대왕이시여, 무엇 때문에 그렇듯 한심스런 모습이 되셨습니까? 몸이 아프십니까, 또는 마음이 아프

십니까?"

　왕이 또 전처럼 대답하자, 대신은 말했다. "대왕이시여, 수심을 버리십시오. 옛날 라마왕은 아버지를 해치고서 왕위를 이었고, 또 발제왕, 비루진왕 등도 모두 그 아버지를 죽이고 위를 이었지만, 한 사람도 지옥에 빠진 자는 없습니다. 또 지금의 비루다카왕, 우다야왕 등도 그 아버지를 해치고 즉위했지만 한 사람도 괴로워한 자는 없습니다. 무릇 지옥이다, 천계다 하지만 보고 온 자는 아무도 없습니다. 다만 있는 것은 인간과 축생의 이도(二道)입니다. 더구나 이 두 가지도 인연에 의해 태어나는 것이 아닐진대, 인연이 없는데 어찌 선악이라는 것이 있을 수 있겠습니까. 지금 아지타케사캄발라라고 하는 스승이 있는데, 최상지(最上智)를 얻어 금(金)과 토(土)를 다 같이 보고 칼로 오른쪽 팔꿈치를 베는 사람에게도, 전단을 왼쪽에 바르는 사람에게도 똑같이 친근한 마음을 베풉니다. 이 스승이야말로 세상의 양의입니다. 일어나고 앉고 눕는 데도 선정에 들어 있으며, 제자들에게 말하기를, '스스로 짓고 남에게 짓게 함도 아무런 죄가 안 된다. 강가의 남쪽에서 큰 보시를 하고, 강가의 북쪽에서 중생들의 목숨을 빼앗더라고 복도 오지 않거니와 죄를 초래하는 일도 없다.'고 합니다. 이 스승은 지금 라자가하성에 계십니다. 부디 이 스승에게 나아가셔서 가르침을 받도록 하십시오."

　8. 또 다른 대신이 아뢰었다. "대왕이시여, 어째서 얼굴에 윤택이 없고 나라를 잃은 임금같이 하고 계십니까? 바야흐로 나라의 사경(四境)에는 적침의 근심이 없는데 무엇 때문에 수심에 잠겨 있습니까? 많은 왕자들은 언제 왕위에 올라 자재한 힘을 휘두를 수 있을까 생각하고 있건만, 대왕은 지금 그 원이 이루어져 이 큰 마가다국을 다스리고, 게다가 선왕이 남기신 보물은 곳집에 가득가득 차 있습니다. 다만 마음껏 즐거움에 잠겨 계시면 됩니다. 도대체 무엇 때문에 괴롭게 생

각하십니까?"

그러나 왕의 대답을 듣고 말하였다. "누군가 지옥에 관한 말을 하여 대왕을 속였겠지요. 지옥이란 약삭빠른 사람이 만든 말입니다."

9. 다시 다른 대신이 아뢰었다. "대왕이시여, 세상에 어떤 어리석은 자가 있어 하루에 백 번 기뻐하고 백 번 근심하고, 백 번 잠자고 백 번 깨고, 백 번 놀라고 백 번 웁니다. 현명한 사람에게는 이와 같은 일은 없습니다. 대왕은 무엇 때문에 벗을 잃은 나그네처럼, 안내자가 없는 길을 잃은 사람처럼 고뇌하고 계십니까? 대왕이시여, 부디 수심의 독(毒)을 낳지 마십시오. 애당초 왕자로서 나라를 위해, 백성을 위해 사람의 목숨을 빼앗았다 하더라도 결코 죄는 되지 않습니다. 선왕은 출가자를 공경하지만 바라문을 섬기는 일이 없었으며, 그 마음은 평등이 아니었습니다. 마음의 평등을 잃은 자는 남자라고 할 수 없으므로, 지금 대왕이 모든 바라문을 공양하기 위해 선왕을 죽였다 하더라도 무슨 죄가 되겠습니까.

또 대왕이시여, 세상에 죽인다고 하는 일은 없습니다. 원래 죽인다고 함은 목숨을 해치는 일입니다만, 목숨은 풍기(風氣)로서, 풍기의 성(性)은 해치지를 못합니다. 그러므로 목숨은 죽일 수가 없사온대 어찌 죄가 될 수 있겠습니까. 지금 라자가하성에 니르그란타지나티푸트라라는 스승이 있어 중생들의 기근(機根)을 잘 알고, 온갖 방편에 도달해 세간의 성쇠에 번거로움을 당하는 일도 없습니다. 청정한 행을 닦아 제자들에게 설하기를 '세상에 보시도 없고 선도 없고 현세도 없고 내세도 없고 부모도 없고 성자도 없고 도도 없고 닦는다는 일도 없다. 다른 사람은 8만 겁을 지나면 생사가 절로 그치고 죄있는 자도 죄없는 자도 절로 한결같이 해탈을 얻게 되는 것이다. 마치 네 개의 큰 강이 흐르고 흘러 절로 큰 바다에 들어가 한 조수가 되듯, 중생들 역시 해탈의 경(境)에 들면 갖가지 차별이 없어지는 것이다.' 라고 합니다. 대왕이시여, 원컨대 이 스승의 가르침을 받으십시오."

10. 그때 지바라는 대의(大醫)가 있었다. 이 사람도 역시 왕의 병석에 찾아와 말하였다. "대왕이시여, 편안히 잠잘 수가 있습니까?"

왕이 말했다. "지바여, 나는 지금 중병에 걸려 있다. 정법을 지키신 부왕에게 사악한 역죄를 범했다. 그리하여 생긴 중병으로, 이 병은 어떠한 대의나 주법(呪法)으로도, 또 신묘한 간호로도 낫게 할 수가 없다. 왜냐하면 선왕은 법과 같이 나라를 잘 다스리고 조금도 죄가 없었건만, 나는 사악한 역죄를 범했다. 마치 물 속의 물고기를 뭍으로 끌어올린 것과 같은 짓이다. 나는 일찍이 지자로부터 신구의(身口意)의 3업이 청정하지 못한 자는 반드시 지옥에 떨어진다는 말을 들은 일이 있다. 나는 지금 바로 그것이다. 어찌 편안히 잠잘 수가 있으랴. 나에게는 지금 법의 약을 설하여 이 병으로 인한 고통을 그치게 해줄 영험한 의사가 없다."

지바는 이에 대답하여 아뢰었다. "좋습니다, 좋습니다. 대왕은 죄를 지으셨지만 지금 무겁게 뉘우쳐 큰 참괴의 마음을 품고 계십니다. 대왕이시여, 모든 부처는 항상 말씀하셨습니다. '두 개의 좋은 법이 있어 중생들을 제도한다. 첫째는 참(慙)이요, 둘째는 괴(愧)이다. 참이란 스스로 다시 죄를 짓지 않도록 하는 마음이요, 괴란 남으로 하여금 다시 죄를 짓지 않게 하는 마음이다. 또 참은 스스로 내심(內心)을 살펴보고 부끄러워하는 마음이요, 괴는 그 마음이 밖으로 나타나 남에 대해서 부끄러워하는 마음이다. 또 참이란 남 앞에서 부끄러워하고, 괴란 신에게 부끄러워하는 마음이다. 이것이 참괴이다. 참괴의 마음이 없는 자는 사람이 아닌 축생이다. 참괴의 마음이 있음으로써 부모, 스승을 공경하는 마음도 생기고, 형제 자매의 질서가 서는 것이다.' 대왕께서 지금 이 참괴를 일으키신 것을 참으로 기쁘게 생각합니다. 대왕이시여, 지금 나의 중병을 고쳐줄 의사가 없다고 말씀하신 것은 그와 같습니다. 그러나 대왕이시여, 잘 생각해주십시오. 대성이신 세존이야말로 세상에서 가장 존중하여야 할 분입니다. 장애를 능히 파괴하는 금강과 같은 지혜를 가지셨고, 중생들의 모든 죄과를 멸해주십니다. 이 부처님이야말로 대왕의 중병을 고쳐주시지 않을 리가 없습니다."

11. 그때 공중에서 어떤 소리가 났다. "대왕이여, 한 가지 역죄를 지으면 그에 상응한 죄를 받는다. 세 가지 역죄를 지으면 3곱이 되고, 다섯 가지 역죄를 지으면 5곱이 된다. 대왕의 지금까지의 죄는 지옥에 떨어지는 걸 면치 못한다. 그러므로 한시라도 빨리 세존을 찾아뵈어라. 세존을 제외하고서는 그대를 구해주실 분이 결코 없다."

아자타사투는 그 공중의 소리를 듣고 크게 두려워하며 마치 파초의 잎사귀처럼 몸을 떨었다. 그리고는 하늘을 우러러보며 말했다. "당신은 누구십니까?"

공중에서는 여전히 모습을 드러내지 않고 소리만 들렸다. "나는 너의 아버지 빔비사라이다. 지바의 권유를 따라 빨리 세존을 찾아뵈어라. 꿈일지라도 사견을 갖는 6대신의 말에 미혹되어선 안 된다."

이 말을 듣자 아자타사투는 까무라쳐 땅에 쓰러졌다. 그러자 온몸의 종기가 일시에 더하여 그 고약한 냄새가 전보다 배나 나고, 냉약(冷藥)을 발라 치료를 하여도 종기는 꽃이 핀 것처럼 갈라져 더욱더 독한 열을 뿜고 조금도 가벼워지는 일이 없었다.

12. 세존은 멀리서 이 광경을 보시고 곁에 있던 카샤파 동자에게 고하셨다. "선남자여, 나는 아자타사투왕을 위해 목숨을 연장하여 멸도(滅道)에 들지 않으리라. 카샤파여, 그대는 이 깊은 뜻을 아직 모를 것이다. 왜냐하면 내가 '위해서'라고 하는 것은 일체 범부(凡夫)를 위해서라는 것으로서, 아자타사투왕을 오역죄를 지은 모든 중생의 대표자로 내세웠을 뿐이다. 나는 증득한 중생들을 위해 이 세간에서 살고 있

는 것은 아니다. 또한 '위해서' 라고 함은 아직껏 불성을 보지 못한 중생들을 위해서이다. 불성을 본 자를 위해 내가 이 세간에 살고 있는 것은 아니다. 왜냐하면 불성을 본 자는 이미 방황하는 사람이 아니기 때문이다. 아자타사투란 아직도 위없는 보리심을 일으키지 않은 모든 중생을 멀리 가리키는 것이다. 또한 '위해서' 라고 함은 불성을 말한다. 아자타사투는 미생원(未生怨)이라는 의미로서, 불성의 싹이 트기 전부터 하루 종일 갖가지 번뇌의 원한을 낳는 것을 말한다. 번뇌의 원한이 생기는 까닭에 불성을 볼 수가 없다. 만일 번뇌를 일으키지 않게 되면 본유(本有)한 불성을 볼 수가 있고, 따라서 대반열반의 깨달음에 주할 수 있게 된다. 이를 미생이라고 한다. 그래서 아자타사투라고 이름하는 것이다.

선남자여, 또 '아자타' 란 미생이라는 것, 미생이란 태어나지 않고 멸하지 않는 열반을 말한다. 또 '사투' 란 세간의 8법〔이(利)·쇠(衰)·훼(毁)·예(譽)·칭(稱)·낙(樂)·기(譏)·고(苦)〕 등을 말한다. 또한 '위해서' 란 더럽혀지지 않는다는 것이다. 칭찬하거나 헐뜯거나 하는 세간의 8법에 더럽혀지지 않고 한없는 영겁간에 멸도에 들지 않는다. 이 때문에 나는 아자타사투를 위해 한없는 시간을 세간에 주하겠다는 것이다. 선남자여, 부처의 밀어는 생각으로는 알 수가 없다. 불법승의 삼보 역시 생각하고 헤아리기 어려운 것이다."

13. 이리하여 세존은 아자타사투를 위해 월애삼매(月愛三昧)에 들어가 대광명을 발하시자, 이 광명은 청량하여 멀리서 아자타사투의 몸을 비추게 되어 온몸의 종기는 일시에 자취도 없이 나았다.

아자타사투왕이 말했다. "지바여, 저 세존은 신 중에서도 가장 뛰어난 신이다. 어떠한 이유로 이 광명을 발하시는 것일까?"

지바가 대답했다. "대왕이시여, 지금 이 광명의 서상(瑞相)은 왕을 위해 발하시는 것이겠지요. 왕이 앞서 '나의 병을 고칠 의사는 없다.'

고 말씀하셨기 때문에 세존께서 먼저 이 광명을 발하여 왕의 신병을 고쳐주시고, 다음으로 마음의 병을 고치시겠지요."

"지바여, 세존께서도 나를 보고 싶다고 생각하실까?"

지바는 대답했다. "비유하면 일곱 명의 자식은 모두 다름없이 귀엽지만, 그 중의 하나가 앓으면 어버이의 마음은 특히 앓는 자식에게 이끌리는 것입니다. 부처 또한 일체의 중생들을 외아들처럼 평등하게 사랑하시지만, 그 중에서도 죄가 무거운 자에게 관심을 두십니다. 부처는 방일한 자에 대해서 자비롭고, 도리어 도에 면려하는 자에게는 마음을 늦추십니다. 면려하는 자란 높은 위(位)의 보살을 가리킵니다. 대왕이시여, 모든 부처는 중생들의 문벌이나 관향이나, 가난한 자와 부유한 자의 차별이나, 그 태어난 일월성수 또는 그들의 교묘한 재주 등을 보시지 않고, 다만 신심이 있는 자에게 애련의 염을 베푸시는 것입니다. 대왕이시여, 이와 같은 서상은 세존이 월애삼매에 들어가서 발하시는 것입니다."

왕이 물었다. "월애삼매란 무엇을 말하는가?"

지바가 대답했다. "비유하면 달빛에는 모든 청련화(靑蓮華)를 선명하게 피게 하는 활동이 있듯이, 이 삼매에는 중생들에게 선심을 일으키게 하는 활동이 있으므로 월애삼매라고 이름하는 것입니다. 또 비유해서 말하면, 달빛은 모든 길가는 사람에게 기쁨을 주듯이, 이 삼매도 열반의 도를 닦는 자에게 기쁨을 줍니다. 그래서 월애삼매라고 이름하는 것입니다. 또 이 월애삼매는 온갖 선(善) 중의 으뜸으로서 감로의 맛이 있고 모든 중생들이 기뻐하며 원하는 것이기 때문에 월애삼매라고 이름하는 것입니다."

14. 그때 세존은 회좌의 대중에게 고하시었다. "일체 중생이 깨달음을 얻는 데 가장 가까운 인연이 되는 것은 좋은 벗이다. 왜냐하면 아자타사투왕이 지바의 권유를 따르지 않았다면 왕은 영구히 구제되

지 못했을 것이기 때문이다. 그러므로 깨달음을 얻는 가까운 인연은 좋은 벗이다."

아자타사투는 또 세존께 나아가는 도중 지바로부터, 구가리 비구가 산 채로 대지가 갈라져 무간지옥에 떨어진 일과, 수나카다는 갖가지 악사(惡事)를 쌓았지만 세존한테로 달려가서 모든 죄가 사라졌다는 말을 듣고서 지바에게 말했다. "나는 지금 이 두 가지의 사항을 들었지만, 아직도 망설이고 있다. 지바여, 그대와 함께 같은 코끼리에 타고 싶다. 그러면 비록 내가 무간지옥에 떨어지려 해도 그대가 붙잡아 떨어지지 않게 하리라. 왜냐하면 나는 일찍이 도를 얻은 성자는 결코 지옥에 떨어지지 않는다고 듣고 있기 때문이다."

때는 십오야 달 밝은 밤, 수백 채의 코끼리 수레는 횃불을 선두로 하여 조용조용히 숲으로 향하고 있었다. 이윽고 숲에 들어가자 아자타사투왕은 별안간 공포를 느껴 전율하면서 지바에게 말했다. "지바여, 그대는 혹시 나를 배신하여 적에게 넘겨주려는 것은 아닌가? 얼마나 으스스한 기분 나쁜 정적인가. 천수백 명의 제자들이 있다고 하는데, 재채기 소리도 없거니와 기침소리 하나도 안 들리지 않는가? 무엇인가 꾸미고 있는 것처럼 생각된다."

지바가 말했다. "대왕이시여, 두려워하지 마시고 나아가십시오. 저 숲 정자에 불이 켜져 있는데, 저곳에 세존이 계십니다."

왕은 지바의 말에 격려되어 코끼리에서 내려 숲속으로 들어가, 세존께 다가가서 예를 올리고 가르침을 청했다.

제5절 세존의 설법

1. 세존은 아자타사투에게 여러 가지로 가르침을 수시(垂示)하여 말

씀하셨다. "대왕이시여, 참회하는 마음이 있는 사람에게 있어 죄는 이미 죄가 아니다. 그러나 참회하는 마음이 없는 사람에게 있어 죄는 영구히 그 사람을 책하는 것이다. 그대는 이미 참회한 사람이다. 죄는 이미 청정해졌으니 두려워할 것은 조금도 없다."

2. 가르침을 받고서 아자타사투는 세존께 아뢰었다. "세존이시여, 저는 세간을 두루 보건대 이란(伊蘭)이라는 독나무의 열매에서 이란의 나무가 나되, 이란의 열매에서 전단나무가 나는 것은 본 일이 없습니다. 그런데 지금 저는 처음으로 이란의 열매에서 전단나무가 난 것을 보았습니다. 이란의 열매란 저를 가리키며, 전단나무라고 함은 저의 마음에 난 뿌리 없는 신심입니다.

뿌리 없는 신심이란, 저는 지금까지 공손히 부처를 섬긴 일이 없고, 법도 승가도 믿은 일이 없었사온데, 지금 별안간 신심이 일어나므로 뿌리 없는 신심이라고 아뢰었던 것입니다. 세존이시여, 만일 저로서 부처님을 만나뵐 수가 없었다면, 저는 한량없는 겁을 지옥에 떨어진 채 한없는 괴로움을 받아야만 했을 것입니다. 저는 현재 부처님을 뵙고 있습니다만, 원컨대 이 모든 공덕으로써 미래의 중생들의 번뇌를 깨뜨리고자 생각하옵니다."

세존께서 말씀하셨다. "대왕이여, 착하도다. 그대의 그 공덕으로써 중생들의 번뇌를 깨고 악심을 없앨 수 있음은 지금 내가 내다보고 있는 바이다."

아자타사투는 아뢰었다. "세존이시여, 만일 제가 중생들의 악심을 깨뜨릴 수가 있다면, 저는 무간지옥에 있되 한량없는 겁을 중생들을 위해 큰 괴로움을 받더라도 괴롭다고 생각지 않을 것입니다."

이 아자타사투의 말을 듣고서 마가다국의 수많은 대중들은 일시에 큰 보리심을 일켰다. 그리하여 아자타사투는 이 때문에 무거운 죄를 덜 수가 있었다.

3. 그때 아자타사투는 지바에게 말하였다 "나는 가까운 장래에 죽어야 할 몸이면서도 죽음을 모면하여 왕의 신분을 얻고, 짧은 목숨을 버리고서 긴 목숨을 얻었다. 게다가 나의 일이 인연이 되어 많은 중생으로 하여금 더없는 보리심을 일으키게 하였다. 즉 이것이 신의 몸, 긴 수명, 영원한 몸이다. 이리하여 모든 부처의 제자일 수 있다."

그런 다음 여러 가지 보당(寶幢)으로써 세존에게 공양하고, 다시 다음의 게로써 세존을 찬탄했다.

모든 중생을 위해 부처님은 항상 자(慈)의 아버지, 비(悲)의 어머니가 되신다. 그래서 중생은 모두 부처의 자식이니라.
이제야 나는 삼보에 공양하며, 얻게 된 선과 공덕으로써 항상 이 세간에 삼보가 떠나지 않기를 원하리라.
다시 얻은 이 공덕으로써 중생들을 위해 온갖 마를 파하리라.

4. 이때 세존이 아자타사투를 찬탄하며 말씀하셨다. "만일 한 사람이라도 보리심을 일으키는 자가 있다면, 이 사람은 모든 부처의 회좌에 모이는 대중을 장엄하는 자이다. 대왕이여, 이제부터는 항상 이 보리심을 잃지 않도록 애쓰지 않으면 안 된다. 왜냐하면 이 보리심에 의해 측량할 수 없을 만큼 많은 죄악을 멸할 수 있기 때문이다." 이 설법을 듣고서 아자타사투왕과 마가다국의 백성들은 저마다 그 자리에서 일어나 세 번 세존을 돌아 공손히 예배하고서 이 회좌로부터 물러갔다.

5. 이리하여 아자타사투왕은 신하들에게 고하였다. "나는 이제부터 세존과 그 제자들에게 귀의하기로 했다. 그대들은 이제부터 세존과 그 제자들을 궁전에 맞이하고, 데바와 그 도중은 문 안에 들어서게 해서는 안 된다."

이런 줄도 모르고 데바가 어느 날 궁문에 이르자, 문지기는 왕의 분부를 말하고 그를 가로막았다. 그가 노여운 마음을 품고 문밖에 서 있으려니 문안에서 비구니가 탁발을 마치고 나왔다. 데바는 그 여승을 보자 한때 노여움을 일으켜 "그대는 나에게 무슨 원한이 있어 나로 하여금 이 문안에 들어가지 못하도록 했는가?" 하고 욕하면서 주먹을 쥐고 여승의 머리를 쳤다.

여승은 고통을 참고 그 까닭 없음을 말했지만, 데바는 끝내 그 여승의 머리를 깨어놓았다. 여승은 아픔을 참고서 그의 정사로 돌아가 놀라고 슬퍼하는 여승들에게 "제자들이여, 사람의 목숨은 헤아릴 수가 없다. 제법은 모두가 덧없다. 번뇌가 없는 조용한 곳이야말로 열반이다. 그대들은 면려하여 선도를 닦으시라."는 말을 마치고 나서 멸도에 들었다.

6. 데바는 마침내 열 손가락의 손톱에 독을 칠하고 기원정사에 계신 세존께 접근을 꾀했다. 제자들은 이런 데바의 모습을 보고 세존의 몸을 염려하여 큰 두려움을 품었다. 그러나 세존은 "그대들은 두려워할 것이 없다. 데바는 오늘 나를 볼 수가 없으리라."고 말씀하셨다. 그러는 중에 데바는 정사에 다가와 제자들이 발을 씻는 연못가에 이르러, 잠시 나무그늘에서 쉬었다. 세존은 아직도 앞의 말씀을 되풀이하며 두려워하는 제자들을 제지하셨다. 이때 데바가 앉아 있던 대지가 저절로 가라앉아 불길이 타올라 갑자기 무릎을 파묻고 어깨에 이르고 배꼽에 이르렀다. 그는 불에 타면서 자기의 역죄를 뉘우치고 나무불〔南無佛〕이라고 외치면서 가라앉았다. 이때 두 개의 쇠지렛대는 집게가 되어 그를 집어 그대로 불타는 대지로 잡아넣어 무간지옥에 끌어들였다.

제3장 순도(殉道)

제1절 도에 헌신하는 자

1. 세존은 또 이곳 저곳을 돌아다니시다가 사바티성으로 돌아와 기원정사에 들어가셨다. 사바티성의 아난타핀다다 장자는 세상에 이름 높은 부호였다. 금은 재보는 헤아릴 수 없을 만큼 곳간마다 가득하고, 부리는 남녀 하인의 수도 많았다. 그 무렵 만부성에 만재라는 장자가 있었는데, 그 부는 산과 같으며, 아난타핀다다 장자와는 어렸을 적부터 친구 사이로 잠시도 잊을 수 없는 관계였다. 아난타핀다다 장자는 그 상품을 만부성에서 팔고, 만재 장자는 사바티성에서 장사를 하는 것이 습관이었으므로 항상 왕래하고 있었다.

언젠가 만재 장자는 볼일이 있어 사바티성으로 가 아난타핀다다 장자의 집에서 묵었다. 아난타핀다다 장자의 딸 수마가디는 그 아름답기가 복숭아꽃과 같아서 세상에 드문 아름다움을 갖추고 있었다. 그녀는 손님이 왔다는 말을 듣고 조용히 방에 이르러 부모를 배례하고 빈객인 만재 장자에게 인사하고서 다시 자기 방으로 돌아갔다. 만재 장자는 주인의 딸임을 알고서 말하기를 "나에게 아들이 있지만 아직 정한 곳도 없으므로 맞이하여 며느리로 삼고 싶다."고 하였다.

"그것은 거절하겠습니다."

"어째서입니까? 문벌과 신분이 다르기 때문입니까, 또는 재산이 비교가 안 된다는 것입니까?"

"문벌이나 신분이나 재산은 나무랄 데가 없습니다. 무엇보다 중시해야 할 종교가 다릅니다. 저의 딸은 석가모니 세존의 제자이지만, 당신은 이교(異敎)를 믿고 계시기 때문에 거절하는 것입니다."

"그것은 아무렇지도 않은 일, 종교가 다르더라도 아무것도 강요하지는 않겠습니다. 저마다 따로따로 존중하고 있으면 되는 것이니 꼭 따님을 주십시오."

아난타핀다다 장자는 이러한 말을 듣고 거절할 말이 없어 금전으로써 거절하리라 생각하고 준비금으로 매우 큰 액수를 요구했다. 그런데 만재 장자가 곧 승낙하므로 어쩔 도리가 없게 되어, 이 일은 일단 석가모니 세존께 여쭙고 나서 결정하겠다고 말하며 시간을 달라고 청한 다음, 즉시 세존의 앞에 나아가 이 일을 말씀드렸다.

세존께서 말씀하셨다. "장자여, 만일 그대의 딸 수마가디가 만부성에 출가한다면 중생들을 구하는 일은 더할 데 없으리라."

이 말씀을 듣고서 아난타핀다다 장자도 마음을 작정하고 집에 돌아와 다시 잔치를 새로이 하여 만재 장자를 대접했고, 그 요구에 응한다는 뜻을 말하여 이에 약혼하게 되었다.

2. 좋은 일은 서두르라고 즉시 혼례 준비를 했다. 정해진 날, 만재 장자는 보물인 깃털 수레에 아들을 태우고 며느리를 마중하게 했다. 아난타핀다다 장자 역시 오늘이야말로 경사스러운 날이라 생각하여, 딸을 아름답게 꾸미게 하여 칠보로 아로새긴 수레에 태우고 중도에서 맞이하는 사람들을 만나게 꾀했다. 이들은 무사히 도중에서 만나 만부성에 들어가 성대한 혼례식을 올렸다.

그 무렵 만부성에는 하나의 법이 있어 타국 사람과 결혼하는 것을 금하고, 만일 이 금령을 범하면 수천 명의 바라문 행자(行者)를 맞이하여 성대한 피로연을 열지 않으면 안 된다는 법칙이 마련돼 있었다. 그러나 한량없는 부를 누리는 만재 장자로서는 물론 이만한 것쯤은 아무런 문제가 아니었기 때문에 곧 많은 행자를 초대하여 잔치를 열게 되었다.

그날이 오자 행자들은 잇따라 장자의 집으로 모였다. 그들은 모두 나체였다. 장자는 그들을 맞이하여 자리를 권했고, 향응을 베푼 뒤 수마가디를 불러 말했다. "그대는 몸의 화장을 끝내고서 이 방에 와 우리들의 스승에게 예배를 드려라."

수마가디는 이를 물리치며 말하였다. "저는 발가숭이에게 배례할 수 없습니다. 부끄러움을 모르는 사람들을 스승으로서 배례할 수는 없습니다."

장자는 말했다. "뭐, 이 사람들이 부끄러움을 몰라서 나체로 있는 게 아니다. 법복을 몸에 걸치고 있을 뿐이다."

"나체로 있는 자를 법복을 입은 사람이라고 할 수는 없습니다. 저 세존은 두 가지의 일이 세간에서 가장 존귀한 것이라고 가르치고 계십니다. 그것은 참과 괴로서, 이 두 가지가 없다면 부모·형제·자매·친족의 구별도 없고, 닭이나 개와 다를 바가 없다고 하셨습니다. 지금 이들은 그 참과 괴가 없고 발가숭이이므로 닭이나 개와 다를 바가 없는 사람들입니다. 제가 어찌 그곳에 가서 배례할 수가 있겠습니까?"

남편도 계속 인사를 나누도록 권하기도 하고 부탁도 했으나, 수마가디는 비록 갈기갈기 찢기는 한이 있더라도 이 사견에 떨어지는 일은 하지 않겠다며 수긍하지 않았다.

이것을 어렴풋이 안 수많은 행자들은 크게 화를 내고 소리높여 말했다. "장자여, 그만둬라. 이 천한 여자에게 부질없이 욕설을 내뱉도록 함은 무슨 까닭인가? 우리들은 이미 초대되어 온 것이므로 먼저 공양할 음식을 내놓는 것이 좋지 않은가?"

여기에 이르러 장자도 부득이 수마가디의 일을 중지하고 선미(善

美)를 다한 음식을 내어 행자들을 공양했다. 그들은 마음껏 그 공양을 받고 그 집을 물러갔다.

3. 장자는 마음이 즐겁지 않아 혼자 높은 다락에 올라가 '아아, 엉뚱한 며느리를 맞이했구나. 이렇다면 집을 다스리는 것이 아니라 집을 파괴하는 것이나 같다. 이번처럼 우리 일문이 모욕된 일은 없다.'고 탄식하고 있었다. 그 무렵 만부성에 수발이라는 행자가 있었다. 그는 다섯 가지의 신통(神通)을 갖추고 모든 선정을 얻은 사람으로 오랜 만에 장자를 만나고자 찾아왔으나, 장자가 혼자 높은 다락에 올라가 무슨 일인가 깊이 걱정하고 있는 모양이라는 말을 듣고 급히 장자의 처소에 이르러 그 걱정하는 까닭을 물었다. "무엇을 그렇게 걱정하고 계십니까? 무엇인가 관헌으로부터 무리한 요구라도 들었습니까? 또는 도둑이나 수화(水火)의 피해라도 받았습니까? 혹은 가정에 재미없는 일이라도 생겼습니까? 그 까닭을 말해봄이 좋을 것입니다."

"친절은 참으로 고맙지만 관헌이나 도둑의 해를 본 것도 아니고, 수화의 재난이 있었던 것도 아닙니다. 단지 가정에 조금 재미없는 일이 생겼던 것뿐입니다. 즉 다름 아니라 얼마 전 며느리를 맞았는데, 그 때문에 나라의 법을 어겼다 하여 바라문의 스승들을 초대하여 향응을 베풀자, 며느리가 저의 명령을 좇지 않고 막무가내로 스승들에게 예배를 하지 않는 것입니다."

"그는 누구의 딸입니까?"

"사바티성의 아난타핀다다 장자의 딸입니다."

이 말을 듣자 수발은 뛰어오를 듯이 놀라 양손으로 귀를 가리고 말하기를 "며느님은 그 분부를 듣고서 높은 다락에서 몸을 던져 죽으려고 하지 않았단 말씀입니까? 며느님의 스승은 참으로 수승하고 청정한 행을 지키는 사람, 거룩한 위신력(威神力)을 나타내는 분입니다."

"당신이 또 가르침을 달리하고 있는 고타마를 그와 같이 찬탄한다는 것은 우스운 일이 아닙니까?"

"천만에요. 고타마의 위신력은 우리들이 상상도 못합니다. 내가 본 것만을 말씀드리지요. 조금 전의 일인데, 내가 설산(雪山) 북쪽에 들어가 탁발한 뒤 못가에 이르렀더니, 그곳의 신들이 나타나 나에게 도검(刀劍)을 들이대고 '수발이여, 이 못가에 머물러 못의 물을 더럽혀서는 안 된다. 만일 명령에 순종하지 않으면 딱하기는 하지만 목숨을 뺏앗지 않을 수 없다.'고 말하였습니다. 나는 이 말에 겁이 나서 못 곁을 떠나 식사하면서 보고 있으니까, 석가모니의 가장 어린 제자가 더러운 쓰레기더미에서 주워온 옷을 들고 나타났습니다. 그러자 앞서 나를 위협한 신들이 공손히 맞이하여 정중한 대접을 했습니다. 못 속에 황금의 대(臺)가 있었는데, 그는 먼저 그 더러운 옷을 물에 담가놓고 식사를 하고서 바리때를 씻은 뒤, 그 대 위에서 선정에 들어갔습니다. 이윽고 선정에서 나와 옷을 빨려 하자 신들 중의 어떤 자는 함께 옷을 빨고 어떤 자는 물을 쏟아주고, 이리하여 빨고 나자 그 옷을 갖고 하늘을 날아 처소로 돌아갔던 것입니다. 나는 이것을 보고 있으면서도 아무리 해도 다가갈 수가 없었습니다.

장자여, 며느님의 스승의 가장 어린 제자조차 이렇듯 신기한 힘이 있는 터인데, 깨달음을 얻으신 석가모니불의 신력은 상상도 할 수가 없을 것입니다. 그 며느님에게 오늘 가르침을 달리하는 출가자들에게 배례하라고 강요한 것이므로, 며느님이 몸을 던져 죽지 않은 것만 하더라도 크게 기뻐해야 할 일입니다."

"저희들도 그, 저의 며느리의 스승이라는 분을 배례할 수가 있을까요?"

"그것은 나보다도 며느님에게 묻는 편이 좋으리라고 생각합니다."

4. 이리하여 장자는 수마가디를 불러, "그대의 스승을 배례하고 싶은데 이곳에 초대할 수가 있을까?" 하고 물었다. 수마가디는 크게 기

뼈하고 장자가 청하는 대로 향로를 손에 들고 높은 다락 위에서 합장한 후 아뢰었다. "세존께서는 무슨 일일지라도 알고 계십니다. 지금 저는 이곳에서 곤욕을 겪고 있사오니 부디 가엾이 여기시어 수적(垂迹)을 시현하여 주십시오." 그러자 이상하게도 향기가 구름처럼 달려 기원정사의 숲에 자욱하고, 신들은 기뻐하며 꽃을 비오듯이 내려주어 수마가디의 원을 찬양하였고, 부처는 이 광경을 보시고서 미소를 지으셨다.

5. 이튿날 세존의 명을 받아 목갈라나, 대카샤파, 카타야나, 리바타, 쿠다판다카, 수부티, 우루벨라 카샤파, 나후라, 쿤다 등 신족(神足)의 성자(聖者)들은 신통에 의해 만부성으로 향했다. 절머슴인 건도라는 자도 스스로 큰 솥을 지고 맨 먼저 성으로 갔다. 장자를 비롯한 많은 사람들은 높은 다락에서 멀리 세존이 다가오시는 것을 배례하고 있었는데, 건도를 보고서 수마가디에게 물었다. "저 흰옷을 걸치고 머리를 자르고 큰 솥을 지고 질풍처럼 오고 있는 자가 너의 스승이냐?"

"그렇지 않습니다. 저 사람은 건도라는 절머슴인데, 깨달음을 얻었습니다."

쿤다는 또 갖가지 빛깔로 만든 500그루의 꽃나무에 둘러싸여 나타났다.

"얼마나 많은 꽃들인가. 하늘에 가득히 넘치고 있다. 저이가 너의 스승이냐?"

"그렇지 않습니다. 수발 선인이 말씀하신 쿤다라는 사람으로서, 사리푸타 존자의 제자입니다."

쿠다판다카는 털빛이 파란 500마리의 소를 거느리고 스스로 소 등에서 좌선하며 왔다.

"저 털빛이 파란 수많은 소를 몰고 좌선한 채 오시는 분이 너의 스승이냐?"

"그렇지 않습니다. 저이는 쿠다판다카라는 분입니다."

나후라는 500마리의 공작을 거느리고, 마하카샤파는 500마리의 금시조(金翅鳥)를, 우루벨라 카샤파는 500마리의 대룡(大龍)을, 마하카타야나는 500마리의 백조를, 리바타는 500마리의 호랑이를, 카타야나는 500마리의 사자를, 대카샤파는 500마리의 말을, 목갈라나는 500마리의 흰 코끼리를 거느리고 나타났다. 흰 코끼리에는 여섯 개의 어금니가 있고 금으로써 장식되고 아로새겨져 빛도 눈부신데, 하늘에는 기악(伎樂), 땅에는 꽃떨기, 참으로 아름답다고 할 수밖에 없었다. 장자의 물음에 대답하여 수마가디는 한 사람 한 사람의 이름과 공덕을 말해주었다.

6. 잠시 후 세존은 오른쪽에 콘단야, 왼쪽에 사리푸타, 뒤에 불자(拂子)를 가진 아난다를 거느리고 모든 신들의 수호를 받으며 공중에서 날아오셨다. 오계동자(五髻童子)는 유리금(瑠璃琴)을 퉁기며 부처를 찬탄했고, 신비스런 꽃은 비처럼 내려 부처의 위에 흩날렸다. 사바티성의 파세나디왕과 아난타핀다 장자, 그밖의 대중들은 기쁘기 이를 데 없었고, 저마다 묘향을 살라 공양을 올렸다.

만재 장자는 마치 수미산이 찬란히 빛나며 움직여 오는 듯한 큰 광경에 감동되어, 다만 황홀할 뿐이었다.

"저것이 일광인가! 태어나서 아직 본 일도 없는 수많은 빛이 반짝여 쳐다볼 수조차 없다."

"일광이 아닙니다. 그렇다고 해를 제외하고서 무엇이라고 비유하겠습니까. 저 수많은 빛은 모두 중생을 위한 것입니다. 저이야말로 저의 스승, 부처님이십니다. 들리는 것이란 부처님의 공덕을 찬탄하는 소리입니다. 자아, 부디 정성스러운 공양을 드리시고 큰 과보를 얻어주세요."

7. 만재 장자는 오른쪽 무릎을 대지에 대고 합장하며 세존께 귀의했다.

세간에서 가장 높으신 부처님께 장자도 수마가디도 심신을 다 바쳐 귀의했으므로, 이제는 외도의 출가자들도 어찌할 도리가 없어 온 나라 백성의 신뢰를 잃어 성을 떠나기를, 마치 백수의 왕인 사자가 골짜기를 나와 사방을 돌아보면서 세 번 부르짖자 모든 조수(鳥獸)와 힘이 센 코끼리까지 달아나 모습을 감추는 것과 다를 바가 없었다. 이에 세존은 하늘에서 내려와 여느 때와 다름없이 만부성에 들어가 성문의 문지방을 밟으시자 천지가 진동하고 아름다운 꽃이 비처럼 떨어져 땅을 덮었다. 대중들은 세존의 해맑고 숭고한 상호를 보고서 소리를 하나로 하여 노래했다.

부처님, 존귀하시네. 이교의 스승이 어찌 상대가 되랴.
내 눈이 어두워 섬길 곳을 그르쳤었구나.

8. 세존이 장자의 집에 들어가시자 대중들은 앞을 다투어가며 세존을 우러러보고자 밀고 밀쳐 견고한 집이 무너질 지경이었다. 세존은 대중들의 마음속을 헤아리시고 갑자기 장자의 집을 바꾸어 파려전(玻瓈殿)으로 만드시고, 투명하여 구석구석을 들여다볼 수 있게 하셨다. 수마가디는 이젠 기쁨과 슬픔을 견디지 못하여, 세존 앞에서 노래하였다.

일체의 지혜를 구비하시어 미혹을 여의고 고뇌를 버리신 부처님에게, 저 이제 귀의하나이다.
슬프다, 이내몸, 정법의 집을 떠나고 이교의 집에 출가하여 사견을 가진 대중들과 사귀었네. 원하는 건 부처님의 은혜, 무슨 인연에서 가르침이 다른 집에 출가하여 그물에 걸린 새처럼 되었나. 원하는 것은 다만 부처님의 자비로소이다.

세존도 역시 노래로써 위로하셨다.

　마음을 풀고 기분을 가볍게 하라. 죄의 보를 받아 이 집에 출가한 것이 아니로다.
　모든 것은 본원을 가득 채우기 위해서이다. 그대, 이 사람들과 옛날에 인연을 맺어 지금 그 열매를 얻기 위해서이다.

수마가디는 이 노래를 듣자 뛰어오를 듯이 기뻐했다. 이윽고 장자는 가족과 노복을 거느리고 세존과 제자들에게 공양을 올리고, 식사가 끝난 뒤 세존의 앞에 낮게 앉았다. 세존은 고맙게 여겨 법화(法話)와 보시의 공덕을 설하고 세욕의 더러움을 설하셨으며, 점차 듣는 대중들의 마음을 조복하여 마지막으로 사성제의 오묘한 이치를 설하셨다. 만재 장자와 수마가디를 비롯하여 수많은 청중은 모두 마음의 때를 여의고서 법안을 얻었으며, 의심을 끊고 삼보에 귀의하는 사람들이 되었다.

제2절　여러 가지의 비유

1. 세존은 라자가하성에 머무르시는 동안 때때로 제자들에게 말씀하셨다.
"제자들이여, 먼 옛날 노인을 버리는 나라가 있었다. 그 나라의 백성들은 노인만 보면 먼 곳으로 끌고 가서 버려야만 했다. 특히 한 대신이 국법에 의하여 그의 늙은 아버지를 버리지 않으면 안 되었는데, 어버이를 생각하는 마음이 깊어 차마 버리지를 못하였다. 그리하여 깊이 땅을 파 집을 짓고 그곳에 숨겨 효양을 다했다.

그때 신이 궁전에 나타나 두 마리의 뱀을 가져와 전상에 놓고 왕에게 명하기를 '만일 이 뱀의 자웅을 가리지 못하면, 7일 후 왕을 비롯하여 이 나라를 모두 멸망시키고 말겠다.' 하였다. 왕은 근심하고 괴로워하며 여러 신하를 모아 그 일을 의논했지만, 아무도 대답하지를 못하였다. 그리하여 나라 안에 퍼뜨리기를, 능히 그것을 식별하는 자에게는 후한 상을 주겠다고 했다.

그 대신이 집에 돌아와 이 일을 아버지에게 물었더니, 아버지가 말하기를 '그것은 쉬운 일이다. 부드러운 물건 위에 그 뱀을 놓아보고 소란스런 것은 수놈, 움직이지 않는 것은 암놈이다.' 라고 하였다. 말대로 하자 과연 식별이 되었다.

신이 또 물었다. '잠자는 자에 대해서는 깨었다고 일컫고, 깬 자에 대해서는 잠잔다고 일컬어지는 자는 누구인가?' 여러 신하는 또 알지를 못하였다. 대신의 아버지가 아들에게 말했다. '그것은 도를 닦고 있는 사람을 가리킨다. 범인과 비교하면 깨어 있지만, 깨달음을 얻은 성자와 비교하면 잠을 자고 있기 때문이다.'

신이 또 물었다. '큰 코끼리의 무게는 몇 근이나 되는가?'

대신의 아버지가 말했다. '그 코끼리를 배에 싣고서 물 닿는 데에 금을 긋고, 다음에 돌을 싣고서 그 금에 이르렀을 때 돌의 무게를 계량하라.'

신이 또 물었다. '한 움큼의 물이 큰 바다보다도 많다고 함은 무엇을 말하는가?'

대신의 아버지가 말했다. '그것은 청정한 신심을 갖고 한 움큼의 물을 삼보나 부모나 병자에게 베풀면, 그 공덕은 영원히 사라지지 않는

복을 받는다. 바닷물이 아무리 많다 하더라도 일겁(一劫)을 초월하지는 못한다.'

그때 신은 뼈가 드러난 굶주린 사람이 되어 물었다. '세상에 나보다도 굶주림으로 괴로워하는 자가 있을까?'

대신의 아버지는 말했다. '사람이 만일 간탐하고 질투하며 삼보를 받지 않고 부모나 스승에게 공양하지 않는다면, 내세에 아귀도에 떨어져 백천만 겁 동안 물이나 음식의 이름조차 듣지 못하고, 몸은 산처럼, 배는 골짜기처럼, 목은 바늘보다도 가늘고 머리도 바늘처럼 다리까지 미쳐 몸에 얽히고, 몸을 움직이면 마디마디가 불길마냥 타리라. 이 사람의 괴로움은 지금 굶주린 사람보다 몇만 배나 된다.'

신은 또 족쇄에 묶이고 목도 배도 쇠사슬에 묶이어 몸 속에서 불을 뿜는, 그슬리고 문드러진 자로 변하여 말했다. '세상에 나보다도 괴로워하는 사람이 있을까?'

대신의 아버지는 말하였다. '어떤 사람이 만일 부모에게 효도하지 않고 스승이나 윗사람을 해치며, 왕을 모반하고 삼보를 비방한다면, 내세에 지옥에 떨어져 칼산·칼나무·불수레, 또는 염로(焰爐)나 끓는 똥물, 강 등의 한없는 괴로움을 받음이 현세 사람보다도 몇만 배가 되리라.'

신은 또한 세상에 비할 데 없는 미녀가 되어 말했다.

'세상에 나보다도 아름다운 사람이 있을까?'

대신의 아버지는 말하였다. '어떤 사람이 만일 부모에게 효도하고 삼보를 믿고 공경하며, 보시를 좋아하고 계를 지니고 잘 참고 면려한다면, 내세에 천계에 태어나 지금 이 사람보다 몇만 배나 더한 아름다움을 갖게 되리라.'

신은 또 네모진 전단(栴檀)의 나무를 꺼내어 '어디가 끝이고 어디가 뿌리 쪽인가?' 하고 물었다.

대신의 아버지는 말하였다. '그것을 물속에 넣어라. 그러면 뿌리 쪽은 가라앉으리.'

신은 마지막으로 모양이 같은 두 마리의 백마를 만들어 어느 것이 어미이고 새끼인가를 물었다.

대신의 아버지가 또 그 아들에게 가르쳤다. '그 말에게 먹이를 주어라. 어미는 반드시 풀을 밀어 새끼에게 주리라.'

이렇듯 대신의 아버지의 가르침이 그같은 질문을 모두 만족케 했으므로, 신은 크게 기뻐하고 왕에게 많은 보물을 주면서 '나는 지금부터 이 나라를 수호하고 모든 외적이 침입하지 못하게 하리라.' 고 약속했다. 왕은 기쁨에 춤을 추며 대신의 재지(才智)를 찬양했다. 대신이 말하였다. '왕이시여, 이것은 저의 지혜가 아닙니다. 만일 대왕의 허락을 얻는다면 자세히 말씀드리겠습니다.'

왕이 말하였다. '죽음을 모면하기 어려운 죄가 있더라도 불문에 부치겠다.'

대신이 말하였다. '국법에 의하면 늙은 아비를 봉양할 수가 없습니다만, 저는 제 아비를 차마 버릴 수가 없어 몰래 국법을 어기고 움 속에 모셔두었습니다. 지금까지의 대답은 모두 이 늙은 아비의 지혜이옵니다. 부디 대왕이시여, 오늘부터는 나라에서 노인을 봉양하는 것을 허락해주십시오.'

왕은 진심으로 기뻐하고 그 아버지를 존숭하여 국사(國師)로서 받들고, 널리 나라 안에 알려 노인을 버리는 것을 금지시켜 효양을 다하게 했으며, 만일 부모를 가벼이 여기고 스승을 공경하지 않는 자가 있을 때는 무거운 벌을 가하리라고 고지했다.

2. 또 먼 옛날의 일인데, 바라나시국에 자동이라는 장자의 아들이 있었다. 그 아버지는 일찍 세상을 떠나 재물도 다 없어졌으므로 자동은 날마다 나무를 팔아 2전을 벌어서 어머니를 봉양하고, 점차 소득

을 늘려 마침내 매일 4전, 8전, 16전을 벌게 되어, 더욱더 후하게 어머니를 봉양했다. 사람들은 그의 지혜가 밝고 복분(福分)을 갖추고 있음을 보고 '그대의 아버지는 언제나 바다에 들어가 보물을 채취했다. 그대는 왜 아버지의 업을 계승하지 않는가?'라고 권했다. 자동은 이 말을 듣고 집에 돌아가 어머니에게 바다에 들어갈 허락을 청했다. 어머니는 그 아들이 효순하여 바다에 들어가는 일은 하지 못하리라 생각하고 농담삼아 '들어가도 좋다.'고 허락했다.

그는 어머니의 허락을 얻었으므로 동료를 모으고 갖가지 준비를 하여, 새삼스레이 어머니에게 작별을 고했다. 어머니는 그제서야 놀라고 슬퍼하며 말했다. '어찌 외아들인 너를 놓아줄 수가 있으랴. 부디 내가 죽을 때까지 기다려다오.' '어머님은 앞서 저의 소원을 허락하셨습니다. 이제 와서 결심을 깰 수는 없습니다.'

어머니는 아들의 뜻을 움직이기 어렵다는 것을 알고서 그의 다리를 끌어안고 '생각을 돌려라.' 하고 울며 애원했으나, 자동은 뜻을 정하자 어머니를 밀어젖히고서 바다에 들어갔다.

그때 그는 어머니의 머리털 수십 올을 잘랐다. 이윽고 보물의 바다에 이르러 많은 보물을 얻어 육로(陸路)로 돌아가기를 서둘렀다. 그때 그 나라의 법에 의하면 도둑에게 습격을 당했을 경우 물건 주인이 도둑에게 붙잡히지 않는다면 약탈한 재물을 주인에게 돌려주어야 했고, 만일 주인이 붙잡혔을 때는 재물은 남김없이 도둑의 소유가 되도록 정해져 있었다. 때문에 그는 밤마다 보물을 보관하고 있는 동료와 떨어져 따로 숙소를 정하고, 새벽에 일찍 동료의 마중을 받아 여행을 계속했던 것이다.

하룻밤은 큰바람이 불어와 동료는 마침내 일어나서 그를 마중하는 것을 잊었다. 그는 동료와 떨어져 나아갈 길도 모르고 정처없이 걸어가며 어느 산꼭대기까지 올라갔는데, 그곳에 감유리(紺瑠璃)의 성이 보였다. 굶주림과 목마름에 지친 그가 그곳으로 들어가자, 아름다운 네 여자가 각각 여의주를 갖고 반갑게 맞이하여 기악의 쾌락 속에서 4만 년을 보냈다.

그러나 그러한 쾌락도 어느덧 싫어지고 한번은 그들과 작별을 고했지만, 다시 이유도 없이 만류되어 또 4만 년을 보내어 겨우 그곳을 떠나 파리성(頗梨城)에 들어가 여덟 명의 미녀와 더불어 8만 년의 즐거움을 같이하였다.

다시 그곳을 떠나 은성(銀城)에 가서 16명의 미녀와 더불어 16만 년의 즐거움을 같이하였고, 또 황금성에 가서 32명의 미녀와 더불어 32만 년의 즐거움을 같이하고서, 이윽고 그곳마저도 싫어져 떠나려고 하자 여자들은 '그대는 지금까지 좋은 곳에서 지낼 수가 있었지만 앞으로는 좋은 곳이란 없다. 언제까지라도 이곳에 있는 것이 좋다.'고 말렸다. 그렇지만 '이 여자들은 나를 연모하여 이와 같이 말함이라.' 생각하고서 다시 갈 길을 서둘렀다.

멀리 저편에 어마어마한 철성(鐵城)이 솟아 있었다. 그 안으로 들어가자 성문 곁에 한 사나이가 머리에 화륜(火輪)을 쓰고 있었는데, 자동을 보더니 그 화륜을 그의 머리에 옮겨놓고 가버렸다. 자동은 놀라 두려워하며 옥졸에게 '언제 이 무서운 화륜을 벗을 수가 있소?'라고 물었다. '그대와 같은 행을 닦은 자가 그대와 같은 경로를 거쳐 이곳에 오기까지이다.'라고 했다. 다시 그 이유를 물었더니 '그대는 세상에 있을 때 하루에 2전으로써 어머니에게 공양했으므로 유리성에서 4개의 여의주와 4명의 미녀와 4만 년의 즐거움을 누렸다. 하루에 4전은 파리성의 8만 년, 8전은 은성의 16만 년, 16전은 황금성의 32만 년의 즐거움을 얻었던 것이나, 지금은 그 과보가 다 끝나고 어머니의 머리털을 잘랐기 때문에 이 무쇠의 화륜을 머리에 쓰지 않으면 안 된다.'는 대답을 들었다. 다시 '나 이외에 이와 똑같은 괴로움을 받고 있는 자가 있느냐?'고 묻자 '한량이 없을 만큼 많다.'고 알려주었다. 이에 이르자 자동은 깊이 생각하기를 '이제 나는 벗어날 수가 없다. 좋아, 그렇다면 모든 중생의 괴로움을 나 혼자 맡도록 하자.'고 뜻을 정하자 이상하게도 화륜은 쿵 하고 땅에 떨어졌다. '떨어지지 않는다고 말한 화륜이 어째서 떨어졌을까?' 하고 말하자, 옥졸은 성을 내며 쇠지레를 휘둘러 단번에 자동을 죽였지만, 자동은 바로 천계에 태어났다.

제자들이여, 그때의 자동은 지금의 나이니라. 부모를 섬기는 죄와 복은 이와 같은 것이다."

3. 사바티성의 어떤 장자의 집에 태어난 한 여아는 태어나자 곧 "좋지 못한 소행, 부끄러움을 모르는 소행, 은혜를 배반하는 짓"이라고 말했다. 이러한 복덕이 있었으므로 현(賢)이라고 이름하였다. 이 아이가 자라 가사를 몹시 공경했으며, 이것이 동기가 되어 세상을 버리고 여승이 되어 면려하여 깨달음을 얻었다. 그리하여 오랫동안 세존한테 가지 못하였음을 생각하여 즉시 가서 "부디 저의 참회를 받아주십시오."라고 말씀드리자, 세존은 "그대의 참회는 벌써 예전에 받고 있다."고 하시면서 다음의 이야기를 하셨다.

"옛날 여섯 개의 어금니가 있는 흰 코끼리가 현(賢)과 선현(善賢)이라는 두 아내들과 함께 많은 코끼리떼를 거느리고 숲속을 걷고 있던 중 우연히 한 그루의 연꽃을 얻어 이를 현에게 주고자 생각하고 있으려니까, 선현이 이를 빼앗았다. 현은 꽃을 빼앗기자 투기하는 마음을 일으켜, 남편이 선현만을 사랑하며 자기를 사랑하지 않는 것으로 믿고서 언제나 꽃을 바치고 있는 산중의 불탑에 참배하고 원을 말하기를, '나는 사람으로 태어나 저 흰 코끼리의 어금니를 뽑으리라.'고 맹세하고 스스로 산꼭대기에서 떨어져 죽어 비제혜왕(毗提醯王)의 딸로 태어났는데, 장성하여 범마달왕(梵摩達王)의 왕비가 되었다. 어느 때 전생의 일을 생각하여 왕에게 아뢰었다. '대왕이시여, 부디 저를 위해 상아의 침상을 만들어주세요. 만일 그렇게 해주지 않으면 살아 있는 보람이 없습니다.'

왕은 비의 간절한 소원을 받아들이고 사냥꾼을 모집하여 많은 상아를 가져오는 자에게는 백금을 주리라고 했다. 전부터 여섯 개의 어금니가 있는 흰 코끼리를 아는 사냥꾼은 거짓으로 가사를 걸치고 독화살을 갖고서 저 흰 코끼리가 사는 숲으로 향했다. 아내인 선현이 사냥꾼이 다가왔다고 말했으나 그 코끼리는 '가사를 걸치고 있다.' 는 말을 듣고, '그렇다면 나쁜 짓을 할 리가 없으리라.' 고 생각하고 마음을 놓고 있었다. 그리하여 사냥꾼이 쉽게 접근하여 독화살을 쏘아 깊이 맞혔다. '가사를 걸치고 있으면 나쁜 일이 생기지 않는다고 했는데, 이것이 어찌된 일입니까?' 하고 선현이 눈물을 흘리자 이를 위로하며 '그것은 가사의 허물이 아니다. 마음의 번뇌라는 허물이다.' 라고 대답하고서 선현이 사냥꾼을 죽이고자 하는 것을 막았다. 그리고는 다시 500마리의 코끼리떼가 성내어 사냥꾼을 죽일 것을 두려워하여 다리 사이에 사냥꾼을 숨기고 코끼리떼를 물러가게 한 뒤 '무엇 때문에 나를 쏘았냐?' 고 물었다. '대왕이 어금니를 구하기 때문' 이라는 이유를 듣고서 '빨리 이 어금니를 뽑아가라.' 고 말하며 이를 허락했다. 그렇지만 이름있는 사냥꾼도 이 코끼리의 자애에 감동되어 손을 대지 못하는 것을 보고서, 그 코끼리는 커다란 나무에 대고 스스로 어금니를 뽑아 사냥꾼에게 주면서 '나는 내세에 모든 중생의 삼독(三毒)인 이 어금니를 뽑으리라.' 고 맹세를 했다.

한편 상아를 얻은 비는 그제서야 뉘우쳐 '제가 어찌 지금 수승한 계를 지닌 자의 어금니를 가질 수가 있으랴.' 하고, 그후부터 큰 공덕을 닦고 '내세에 그의 밑에서 도를 배워 깨달음을 얻으리라.' 고 맹세를 세웠다.

현이여, 그때의 흰 코끼리는 나, 사냥꾼은 데바, 현은 지금의 그대, 그리고 선현은 야쇼다라이다.

4. 제자들이여, 지나간 세상, 설산의 기슭에 있는 널찍한 죽림에 많은 새와 짐승이 떼지어 놀고 있었다. 그 중에 한 마리의 앵무새가 있었는데, 언젠가 큰바람이 별안간 불며 대나무와 대나무가 서로 스치고, 그 때문에 불이 일어나 대숲을 태웠다. 새와 짐승은 놀라 두려워하며 도망칠 곳을 잃고 맹화(猛火) 속을 허둥거렸다. 저 앵무새는 깊은 자애심이 동하여 그들의 괴로움을 가엾이 여기고 물에 두 날개를 적셔 하늘로 날아올라가 그 물방울을 맹렬한 불길 위에 뿌려주었으며, 한없는 자애의 마음으로 쉬지 않고 이를 계속했다. 그 힘은 제석신의 궁전을 진동케 했으므로, 신은 놀라 하늘에서 내려와 앵무에게 말하기를 '이 죽림의 큰불은 수천 리에 뻗쳐 맹렬히 불타고 있다. 어찌 네 날개의 물방울로써 이를 끌 수가 있으랴.' 하였다. 앵무가 말하였다. '나는 넓은 마음을 갖고 있다. 면려하여 게을리하지 않는다면 이 큰불을 반드시 끌 수 있을 것이다. 만일 현세에서 할 수 없다면 내세에라도 이 일을 하고야 말리라.'

제석신은 그 뜻에 감동되어 큰비를 내려 그 불을 꺼주었다.

제자들이여, 그때의 앵무는 나이다. 지금 내가 모든 중생의 삼독의 불을 끄고자 하듯이, 지나간 세상에도 똑같은 뜻을 세워 중생들을 가엾이 여겼던 것이다.

5. 옛날 두 형제가 있었는데, 함께 부처의 가르침을 즐기고 출가하여 도를 닦았다. 형은 면려하여 선을 행하고 숲속에서 생각을 모아 깨달음을 얻었지만, 동생은 천성이 총명하여 깨달음을 얻는 대신 널리 모든 경을 외우고 대신의 부탁을 받아 정사를 지었다. 이윽고 승방·강당·탑 등이 어마어마하게 늘어섰다. 그 의장(意匠)의 교묘함은 대신으로 하여금 더욱더 깊은 공경심을 갖게 했다.

동생은 대신에게 형의 일을 말하고 새로이 세워진 정사에 형을 맞고 싶다고 청했다. 대신은 쾌히 승낙하고 사람을 보내어 간곡한 말로 형인 성자를 맞이하여 후히 공양했다. 어느 때 대신은 천금의 값이 나가는 양탄자를 형인 성자에게 바쳤지만, 형은 부득이 이것을 받아 동생이 온갖 일을 영위하므로 재물도 필요하리라 생각하고 이내 동생에게 보내주었다. 그런데 대신은 동생에게는 값싼 양탄자를 주었으므로, 동생은 마음 깊이 노여움을 품었다. 그뒤 대신이 다시 값비싼 양탄자를 형인 성자에게 선사하자, 형은 또 이것을 동생에게 주었다. 동생은 시기심을 참다 못하여 그 양탄자를 갖고서 전부터 결혼을 약속한 대신의 딸을 찾아가 말했다. '그대의 아버지는 앞서는 나에게 후했지만, 형이 오고 나서부터는 오로지 마음을 속여 형에게만 후하게 하고 나에게는 극히 박하오. 그대는 이 양탄자로 옷을 만들어 저 형이 그대에게 선사한 거라고 아버지에게 말하시오.'

딸은 그 아버지가 믿고 공경하는 사람을 나쁘게 말할 수 없다고 했으나, 동생은 '만일 내가 말하는 대로 하지 않는다면 길이 그대하고 의를 끊으리라.'고 위협하므로, 딸은 그가 말하는 대로 행했다.

아버지인 대신은 딸이 말하는 바를 듣고 '귀한 선물로 부녀자를 속이다니, 얼마나 나쁜 출가자인가.' 하고 성내어 그로부터 형이 방문하더라도 여느 때처럼 일어나서 맞이하지 않고 성낸 빛을 띠고 있으므로, 그는 재빨리 누군가가 자기를 비방한 것이리라 생각하고 즉시 하늘로 올라가 갖가지 신통을 나타냈다. 이리하여 대신은 깊이 회개하였고, 즉시 동생인 출가자와 딸을 나라 밖으로 추방했다.

제자들이여, 그때의 동생은 나이고, 남을 비방한 보에 의해 영원히 한없는 괴로움을 받고 있으며, 지금 또 순다리로 하여 비방되었던 것이다."

6. 제자들이 세존께 아뢰었다. "세존이시여, 데바는 세존의 종제이

건만 무슨 까닭으로 원한을 품고 세존을 해치고자 했던 것이옵니까?"

세존이 말씀하셨다. "옛날 설산에 공명(共命)이라고 부르는 새가 살고 있었다. 몸은 하나이면서 머리가 두 개였는데, 머리 하나는 언제나 아름다운 열매를 먹고 몸을 평안히 하려고 했으나, 다른 하나는 샘을 일으켜 '나는 한 번도 저와 같은 맛있는 열매를 먹은 일이 없다.' 하면서 독열매를 먹었으므로 두 개의 머리는 함께 목숨을 잃었다. 제자들이여, 그때 맛있는 열매를 먹은 것은 나, 독열매를 먹은 것은 데바이다. 그는 옛날 나와 몸을 함께했으며, 지금 또 나와 피를 같이하고서도 이와 같이 나를 해치려고 했다."

7. 라자가하성에 한 장자가 있었는데, 매일 세존께 나아가 가르침을 들었다. 아내는 딴 곳에 정부를 숨겨둔 것이리라 의심하고 남편에게 그 까닭을 물었더니 "매일 세존께 간다."고 말했다. "그렇다면 세존은 얼마나 훌륭하신가?"라고 물었다. 남편은 갖가지로 세존의 덕을 설하여 들려주었으므로 아내도 마음으로 기뻐하고 곧 수레를 함께 타고서 세존 앞에 나아갔는데, 국왕이나 대신 등 많은 사람들이 세존의 앞에 모여 자리가 비좁고 가까이 나아갈 수가 없었기 때문에, 다만 세존께 예배하고 집에 돌아왔다. 그후 아내는 이 세상을 떠나 신의 세상에 태어났으며, 지난날의 은혜를 돌이켜 생각하고 하늘에서 내려와 세존 앞에 나아가 법을 들어 깨달음을 얻었다.

8. 쿠시나라에 재상의 소임을 맡은 바라문이 있었는데, 천성이 포학하고 걸핏하면 무도한 짓을 하였다. 그 아내도 또한 마음이 비뚤어진 여자로서 남편과 같은 행동을 했다. 어느 때 남편은 아내에게 "지금 고타마가 이 나라에 왔다. 만일 이 집에 오거든 문을 닫아라. 들여보내서는 안 된다."고 명했다. 그런데 어느 날 세존은 갑자기 그 집을 방문하셨다.

바라문의 아내는 인사도 않고 잠자코 있었다. 세존은 "그대들은 어리석어 사견을 갖고 삼보를 믿지 않는다."고 하셨다. 그 여자는 이 말을 듣고 성내며 스스로 영락을 끊어버리더니 때묻은 옷을 입고서 땅에 앉았다.

남편은 밖에서 돌아와 이 꼴을 보고 까닭을 물으니, 아내는 고타마에게 욕을 먹었다고 말했다.

이튿날 문을 열자 세존이 또 그 집으로 들어왔다. 이를 본 바라문은 전부터 준비한 검으로 베려고 했지만, 세존은 홀연 허공에 계셨다. 그는 이 신통을 보고서 크게 뉘우치고 몸을 땅에 던지며 외쳤다. "세존이시여, 부디 땅에 내려오시어 저의 뉘우침을 받아주십시오."

세존은 그 청을 받아들여 부부에게 법을 설하고 도에 들게 하셨다.

제자들이 어째서 세존은 그와 같은 악인들을 받아들였을까 하고 이상히 여기므로, 세존은 옛날의 인연을 말씀하셨다.

"옛날 카시국에 악수라는 왕이 있어 온갖 비도를 행하여 백성들을 괴롭히고, 사방에서 모이는 상인에 대해서는 그들이 갖고 있는 진기한 물건들을 세금으로 압수했다. 그 때문에 나라 안의 보물은 모두 왕의 손에 들어갔다. 왕의 악명(惡名)은 모든 백성의 입에서 입으로 전해졌다.

그때 한 마리의 앵무새가 있었는데, 숲속에서 길가는 사람들이 왕의 악함을 이야기하는 것을 듣고 왕을 간하리라 생각하고서 하늘 높이 날아 왕의 동산에 내렸다. 그리하여 어느 나뭇가지에 앉아 왕비가 동산으로 들어옴을 보고 날개를 퍼덕이며 말하였다. '왕은 지금 무도한 짓을 하여 백성을 학대하고 그 해독이 금수에까지 미치고 있다. 분격과 한탄의 소리가 나라에 넘치고 있다. 왕비도 또한 왕과 마찬가지로 가혹하다. 이를 어찌 백성의 어버이라고 할 수 있겠는가.'

왕비는 이 말을 듣고서 크게 노하여 사람을 보내어 붙잡게 하였으나, 앵무새는 두려움도 없이 붙잡혀 즉시 왕의 앞에 끌려갔다. 왕은 무엇 때문에 나를 욕하느냐고 묻자, 앵무새는 왕의 일곱 가지 죄상을 말하였다.

'여색을 탐닉하고, 술을 즐기고, 도박을 일삼고, 살생을 좋아하고, 악언(惡言)을 멋대로 지껄이고, 가혹한 세금을 거둬들이고, 백성의 재물을 무도하게 뺏는다. 이 일곱 가지 죄가 왕의 몸을 위태롭게 한다. 또 나라를 기울게 하는 세 가지 것이 있다. 아첨하는 악인을 가까이하고, 현자의 간언을 받아들이지 않고, 즐겨 다른 나라를 쳐서 백성을 기르는 일을 잊고 있다. 이 세 가지의 악한 일을 제거하지 않는다면 머지않아 나라가 멸망하리라. 본디 왕은 온 국민이 우러러보아야 하는 것으로서 만민을 건네주는 다리이며, 친한 자에게도 소원한 자에게도 저울처럼 공평하지 않으면 안 된다. 옛날의 성도(聖道)를 밟아 어김이 없고, 해처럼 널리 세간을 비추고, 달처럼 시원함을 주고, 부모처럼 은혜를 내리고, 하늘이 모든 것을 덮어주듯이, 땅이 만물을 싣고 있듯이, 또는 불이 악을 태우고 물이 물(物)을 적시듯이 하지 않으면 안 된다. 지나간 세상의 성왕은 모두 이와 같이 십선(十善)의 도로써 중생들을 가르치고 이끌었던 것이다.'

왕은 이 말을 듣고서 스스로의 소행을 깊이 부끄러워하고 앵무새의 가르침을 받아 바른 정사를 행하여, 가르침은 나라 안에 퍼졌고 충량한 사람들이 좌우에 모였으니 백성들은 기뻐했다.

제자들이여, 그때의 앵무는 나, 왕은 지금의 재상인 바라문, 왕비는 그의 아내이다."

9. 세존께서 기원정사에 계셨을 때 사바티성에 여원이란 사나이가 있어, 남의 물건을 훔치고 사람을 죽이고 사음을 일삼다 마침내 관가에 붙잡혀 형장으로 끌려갔다. 이 사나이가 죽음에 임하여 세존을 만나뵙고 자세히 자기의 죄를 아뢰었다. "세존이시여, 저의 죽음은 임박하고 있습니다. 부디 큰 자비를 내리시어 대왕께 청하시어 저를 제

자로 삼아주십시오. 그렇다면 곧 죽더라도 원망할 것이 없습니다."

세존은 그 원을 받아들이고 아난다를 보내어 파세나디왕에게 사유를 말하고 이 죄인을 제자들 중에 넣어주시기를 청하였다. 이윽고 왕의 허락을 얻어 그는 세존의 제자가 되고 면려하여 깨달음을 얻었다.

10. 라자가하성의 부해라는 상인이 많은 사람들을 동반하고 바다에 들어가 보물을 구했다. 그 아내는 젊고 아름다웠는데, 밤낮으로 바다에 있는 남편을 생각하고 마침내는 신의 사당에 참배하고 소원을 빌었다. "신이여, 만일 저의 원을 받아들여 남편을 무사히 돌아오게 해주신다면 금은의 영락을 바치겠으며, 만일 이 원을 들어주시지 않는다면 오물로 이 사당을 더럽히겠습니다."

얼마 후 남편이 무사히 집에 돌아와 아내는 기뻐하며 금은의 영락을 갖고 하녀를 데리고서 집을 나섰는데, 사당에 이르기 전에 마침 많은 제자를 거느리고 라자가하성으로 들어오시는 세존을 만났다. 그 숭고한 모습은 하늘의 해도 부끄러워할 정도였다. 여자는 위신(威神)을 우러러보고 기뻐하며 자기도 모르게 손에 든 영락을 세존께 던졌는데, 영락은 보개(寶蓋)로 변하여 하늘에 걸려 세존의 걸음을 따라 함께 움직였다. 그녀는 이 신기한 광경을 보고 깊은 신심을 일으켜 몸을 땅에 대고 "모쪼록 이 인연에 의해 저도 세존과 같은 몸으로 만들어주십시오." 하고 서원을 세웠다. 세존은 이를 보시고 미소를 짓고 마음속으로 이 여자의 소원을 허락하셨다.

11. 어느 때 세존은 모든 제자들을 데리고 마가다국을 유행하시다가 강가에 이르러 강변에 배를 댄 사공에게 말씀하시기를 "부디 우리들을 저쪽 기슭에 건네주시오." 하였다.

사공은 "뱃삯만 주신다면."이라고 대답했다.

"사공이여, 나 또한 사공이로다. 세간의 미계(迷界)를 넘어서 사람을 건네주는 것은 좋은 일이 아닌가. 나는 지만과 같은 많은 사람을 해친 자와, 마나답타처럼 부질없이 오만하여 사람들을 깔보는 자를 모두 뱃삯을 받지 않고 건네주었다. 그러므로 그대도 뱃삯을 받지 않고 우리들을 저쪽에 건네주기 바란다."

그러나 사공은 대답하지 않았다. 강 하류에 있던 다른 사공이 세존의 말씀을 듣고 기꺼이 배를 대어 세존 일행을 맞이했다. 이때 제자들 중에는 신통을 나타내어 저쪽 기슭에 건너간 자, 강의 중류를 걸어가는 자도 있었다. 앞서의 사공은 이 신통을 보고서는 크게 뉘우쳐 몸을 땅에 대고 세존과 제자들에게 귀의했다. 그리고는 허락을 받고 집에 세존의 일행을 초대하여 맛있는 음식을 바치고 가르침을 받았으며, 법의 기쁨을 얻기에 이르렀다.

12. 라자가하성의 한 장자의 종으로서 천성이 온순하고 불법을 믿는 여자가 있었다. 그녀는 때때로 주인의 분부로 전단향(栴檀香)을 갈곤 했는데, 언젠가 또 향을 간 뒤 문 밖에 나가서 성에 들어와 탁발하는 세존의 모습을 보게 되었다. 그녀는 기쁨에 마음이 설레어 집에 들어가 약간의 전단향을 꺼내어 세존의 다리에 발랐다. 세존은 그녀의 마음을 어여삐 여기시고 신통으로 이향을 향운(香雲)으로 만드셨는데, 그것이 나부끼며 라자가하성을 덮었다.

그녀는 이 기서(奇瑞)를 보자 더욱더 신심이 깊어져 "세존과 같은 깨달음의 몸이 되고 싶다."고 맹세했다. 세존은 쾌히 이 소원을 허락하셨다.

제3절 개밋둑

1. 세존은 다시 사바티성으로 돌아가 기원정사로 들어가셨다. 그때 쿠마라 카샤파는 암림(闇林 : 서역 지명)에 머물러 있었는데, 어느 날

밤 한 신이 그의 광채로써 숲 전체를 비추고 그 곁에 와서 이와 같이 말했다.

"카샤파여, 어떤 사람이 어느 바라문에게 '이 개밋둑은 밤이면 아련해지고 낮이면 불탄다.'고 말한 일이 있다. 그때 그 바라문은 '그렇다면 검을 가지고 깊이 파라.'고 명하여, 그 명령대로 깊이 팠더니 빗장이 나왔다. 바라문은 다시 '빗장을 제거하고 깊이 파라.'고 명했다. 이번에는 물거품이 보였다. '물거품을 제거하고 좀더 깊이 파라.' 이번에는 쌍창이 보였다. '쌍창을 제거하고 다시 깊이 파라.' 이번에는 상자가 보였다. '상자를 제거하고 다시 파라.' 이번에는 거북이 보였다. '거북을 제거하고 더 깊이 파라.' 이번에는 소백정의 칼이 보였다. '그것을 제거하고 좀더 파라.' 이번에는 한 점의 고기가 보였다. '그 고기를 제거하고 다시 파라.' 이번에는 용이 보였다. 그때 저 바라문이 '어진 자여, 용은 그대로 놔두라. 용을 방해 말라. 용에게 귀의하라.'고 말한 일이 있다. 그대는 세존께 나아가 이 문답에 대해서 묻되, 세존께서 설명하시는 대로 기억해둠이 좋다. 모든 사람들 가운데 세존과 세존의 제자 및 세존의 가르침을 들은 자를 제외하고서 이 수수께끼를 설명할 수 있는 자는 없다."

이렇게 말하고서 그 신은 모습을 감추었다.

2. 쿠마라 카샤파는 그날 밤을 지내고 세존 앞에 나아가 그 일을 아뢰고, 하나하나의 설명을 청했다.

세존은 이에 대답하시었다. "카샤파여, 개밋둑이란 이 몸뚱이를 말하는 것이다. 낮에 한 일을 밤이 되어 여러 가지로 생각하는 것을 야연(夜燃)이라 하며, 밤에 여러 가지로 생각한 일을 낮이 되어 몸과 입으로 행하는 것을 주연(晝燃)이라고 하는 것이다. 바라문이라고 함은 부처를 말하며, 어떤 사람이란 수도자를 말하고, 검이란 성스러운 지혜, 깊이 판다고 함은 정진을 말하고, 빗장이란 무명(無明), 빗장을 제거한다고 함은 무명을 여의는 일이다. 카샤파여, 검으로 깊이 파라고 함은 성스러운 지혜로써 크게 정진하여 무명을 제거하라는 뜻이다.

다음으로 물거품이란 노여움과 괴로움을 말하며, 쌍창이란 호의(狐疑)와 불안을 이르며, 상자라고 함은 탐욕과 진에와 나면(懶眠)과 마음의 도회(掉悔)와 의혹의 다섯 가지 마음의 부개(覆蓋)이고, 거북이란 몸과 마음이며, 소백정의 칼이란 오욕(五欲)이며, 한 점의 고기란 즐거움을 탐내는 마음을 말하고, 이 분(忿)과 뇌(惱)의 다섯 가지 마음의 부개, 몸과 마음, 오욕 및 즐거움을 탐내는 마음을 버리라고 하는 것이다.

카샤파여, 용이라고 함은 번뇌가 다한 것을 말한다. '용을 그대로 놔둬라. 용을 방해 말고 용에게 귀의하라.'고 함은 '번뇌가 없어졌다면 그대로 놔둬라. 번뇌가 없는 사람에게 귀의하라.'는 뜻이다."

이 설명을 듣고서 쿠마라 카샤파는 크게 기뻐했다.

제4장 법탑(法塔)

제1절 니간타의 죽음

1. 파세나디왕이 그 만년의 어느 날 기원정사에 계신 세존을 방문하여 가르침을 받고 있으려니까, 뜻하지 않게도 말리 부인의 죽음이 전해졌다. 왕은 지나간 날을 생각하고 이 슬픈 이별에 낙담하여 어깨를 움츠리고 목을 드리우고 말도 없이 앉아 있었다. 세존은 매우 슬퍼하는 왕을 간곡히 위로하였다.

"왕이여, 어떤 세계에 있어서도 피하기 어려운 다섯 가지 일이 있소. 그것은 늙음과 병듦과 죽음과 다하는 것과 멸하는 일이오. 이 다섯 가지는 어떻게 하더라도 피할 수가 없는 것이오.

왕이여, 지혜가 부족한 범속한 사람은 그 늙어야 할 것이 늙고, 병들어야 할 것이 병들고, 죽어야 할 것이 죽고, 다해야 할 것이 다하고, 멸해야 할 것이 멸했을 때 부질없이 울며 슬퍼하고 미란(迷亂)에 빠지지만, 지혜가 풍부한 불제자는 이 경우 다음과 같이 생각하오. '이들 늙음이나 병듦이나 죽음 등은 나에게만 찾아오는 것이 아니다. 만일 내가 이것에 관해 울며 슬퍼하고 미란에 빠진다면 식욕을 잃어 신체는 쇠약하고, 일을 할 수가 없어 원수인 악마는 기뻐하고 내 편은 슬퍼하리라.'고. 그리하여 울며 슬퍼하지 않소. 범인은 독화살에 맞아 스스로 괴로워하고, 불제자는 독화살을 피하여 근심이 없고 스스로 번뇌가 없는 적정의 경에 드는 것이오."

2. 세존은 그로부터 샤카족의 나라에 들어가 에단나의 숲 강당에 체재하셨다.

이때 쿤다는 파바에 안거하고 있으면서 니간타의 죽음에 의해 그 무리가 양파로 나뉘어져 서로 싸우는 것을 역력히 보았다. 쿤다는 안거를 마치고 사마 고을에 체재하는 아난다에게 나아가 이 일을 얘기하자, 아난다는 즉시 쿤다를 데리고서 세존의 뒤를 쫓아 세존을 뵙고 아뢰었다.

"세존이시여, 쿤다는 이번 안거를 파바에서 보냈습니다만, 이와 같이 말합니다. '니간타가 얼마 전 파바에서 죽었습니다. 그뒤 니간타의 무리는 두 파로 나뉘어져, 너는 가르침도 계도 모른다, 너의 설법은 사견이다, 너는 이미 파계하였다고 서로 공격하고, 이 때문에 출가한 제자도 재가자의 제자도 가르침을 싫어하여 몹시 세력이 쇠퇴해졌습니다.' 라고."

세존께서 분부하셨다. "쿤다여, 열반과 적정에 이끌리지 않고 바르게 각을 얻지 못한 자에게 설한 가르침의 최후는 그와 같은 것이다. 쿤다여, 스승이 바른 각자가 아니고, 따라서 그 가르침이 잘못되어 있을 경우, 제자가 그 가르침대로 도를 닦지 않고 가르침을 버리려고 하는 것은 좋은 일이다. 스승과 법은 비난받아야 할 것이고, 그 제자는 칭찬받아야 할 것이다. 도리어 그 제자에게 '머물러 스승의 가르침을 지키라.'고 권하는 사람과, 그 권유에 의해 스승의 가르침을 지키는 사람은 부덕(不德)을 낳는 자이다.

쿤다여, 스승이 바른 각자가 아니고, 따라서 그 가르침이 잘못되어 있을 경우, 제자가 그 가르침대로 도를 닦고 그 법을 굳게 지킨다면, 되도록 그 제자로 하여금 가르침을 버리도록 해야 한다. 그 가르침에 머무르는 것을 상찬한다면 상찬하는 사람도, 상찬을 받은 사람도 함께 부덕을 낳는 것이다. 쿤다여, 스승이 바른 각자이고, 따라서 그 법이 진실하다고 한다면, 제자에게 그 가르침에 머무르고 가르침대로 도를 닦도록 권하지 않으면 안 된다.

쿤다여, 여기에 바로 깨친 스승이 나타나 법을 설했다 하자. 그런데 아직껏 제자가 그 법을 깨치지 못하고 널리 인간에게 베풀기 전에 스승이 죽는다면, 그것은 참으로 제자의 슬픔이다. 제자가 그 법을 잘 깨치고 그 법대로 행하고 널리 인간에게 베푼 뒤 스승이 죽는다면, 그것은 제자의 슬픔이 아니다.

쿤다여, 만일 가르침이, 그것을 설하는 스승은 출가하여 오래도록 교계(敎界)의 가르침의 기숙(耆宿)이 되어 그의 제자는 출가자도 재가자도 현명하며, 마음을 단련하고 두려움이 없어 안온의 경지에 이르고, 법을 바르게 설하고 동문(同門) 사이에 생긴 쟁론을 진정시키는 능력이 있으며, 그 가르침은 널리 퍼져 능히 세상에 알려지고 이득도 명예도 그지없는 것에 이르렀다면, 결함이 없고 원만하다고 일컫지 않으면 안 된다. 그 중에 하나가 결여되더라도 그 가르침은 원만한 것이 아니다.

3. 쿤다여, 나는 깨달음을 얻은 사람으로 세간의 스승이 되어 나타나, 열반의 적정으로 이끄는 법을 설했다. 나의 제자는 정법(正法)을 잘 이해하고 청정한 행을 원만히 닦고 있다. 나는 또 세상을 버린 지 오래된 교계(敎界)의 장로인 것이다. 나의 제자는 재가자도 출가자도 현명하여 마음을 단련하고 두려움 없이 안온한 경지에 이르고, 법을 바르게 설하고, 동문 사이에 생기는 쟁론을 진정시키는 능력이 있고, 나의 가르침은 널리 퍼져 세상에 잘 알려져 있다. 또 이 세간에 있는 여러 스승 중에서 나만큼, 승가 중에서 나의 제자의 승가만큼 그지없는 공양과 그지없는 명예를 믿고 있는 자는 없다. 누구라도 이지러진 데가 없이 원만한 가르침이 있다고 바르게 말하는 자가 있다면, 그것은 나의 이 가르침을 말하는 것이어야만 한다.

쿤다여, 나마의 아들 울다가는 능히 보되 보지 않는다는 말을 썼는데, 이것은 날카로운 면도칼의 등을 보고서 날을 보지 않는다는 의미로 쓴 것이다. 하잘것없는 것이기는 하지만, 그러나 이 말을 바르게 쓰면 이지러짐이 없는 원만한 가르침을 듣고 '그것을 좀더 명백히 하자, 좀더 원만히 하리라.'고 생각해보아도, 이보다 더 보족(補足)한 장소를 어디에서도 발견할 수 없다고 하는 데에 사용되는 것이다.

그러니만큼 쿤다여, 그대들은 모여서 나의 설법을 서로 읽되 다투어서는 안 된다. 세간의 이익과 행복이 되기 위해 영구히 이 법을 전하도록 글과 뜻을 분명히 하지 않으면 안 된다.

쿤다여, 그대들이 서로 모였을 때, 만일 한 사람이 법을 설하는 데 있어, 그대들은 이것이 글도 틀리고 뜻도 사특한 것이라 생각하더라도 곧 그것을 '좋다, 나쁘다.'고 말해서는 안 된다. 조용히 그 제자에게 '그 뜻에는 이 문구와 그 문구의 어느 쪽이 적당하겠는가? 이 문구에 관해서는 이 뜻과 그 뜻의 어느 쪽이 적당하겠는가?' 하고 묻지 않으면 안 된다. 그 제자가 이 문구와 이 뜻이 적당하다고 말하더라도 즉시 물리치고 비난하지 말고 다시 간곡하게 그 글과 뜻에 관해 알려 주지 않으면 안 된다.

문구는 바르고 뜻이 잘못되어 있다는 것을 말하는 제자나, 뜻은 바르고 문구가 틀렸다는 것을 말하는 제자에 대해서도 마찬가지이다. 만일 글도 뜻도 바르게 말하는 제자가 있다면 '선재(善哉)'라 하고 따르지 않으면 안 된다.

4. 쿤다여, 나는 이 현재의 번뇌를 멸하기 위해서만 법을 설하는 것이 아니다. 또 미래의 번뇌를 멸하기 위해서만 법을 설하는 것도 아니다. 미래와 현재의 번뇌를 멸하기 위해서 법을 설하는 것이다. 쿤다여, 그렇기 때문에 내가 허락한 그대들의 옷은 단지 추위와 더위를 막고, 모기나 등에를 막고, 참괴를 위하여 몸을 가리는 것으로서 족한 것이다. 그대들의 식사는 이 법의 그릇을 지탱하고 청정한 행을 닦는 데 도움이 되는 것만으로 족한 것이다. 주거도 또한 추위와 더위를 막고, 모기나 등에를 막고, 기후의 위험을 막고, 한거의 즐거움을 이루는 것만으로 족한 것이다. 약도 또한 병고를 제거하고 건강을 얻는 것만으로 족한 것이다. 쿤다여, 이교도들은 샤카의 무리는 즐거움에 탐닉해 있다고 할는지도 모른다. 이 경우, 그대들은 이교도들에게 되묻는 것이 좋다. '즐거움에 탐닉한다고 함은 어떠한 종류를 가리켜 말하는 것인가? 그것에는 여러 종류가 있으므로.'라고.

쿤다여, 네 종류의 천한 즐거움에 탐닉하는 일이 있다. 하나는 어떤 어리석은 사람이 생물의 생명을 빼앗아 즐거움으로 삼는 일, 둘째는 남의 소유물을 빼앗아 즐거움으로 삼는 일, 셋째는 거짓말을 하고서 즐거움으로 삼는 일, 넷째는 오욕에 탐닉하여 즐거움으로 삼는 일이다. 이 네 가지는 그대들이 피하고 있는 바로서, 만일 이 하나를 가지고서 비난하는 자가 있으면 그것은 신심이 없고 성실성이 없는 비난이다.

쿤다여, 이밖에 또 적정과 열반으로 이끄는 낙이 있다. 그것은 욕을 여의고, 악을 여의고 들어가는 선정이다. 이 즐거움에 탐닉하는 자는 성도(聖道)의 깨달음을 얻는 이익이 있는 것이다."

제2절 파세나디왕의 만년

1. 하루는 세존이 녹자모강당에서 그 한낮의 더위를 보내시다가, 해질녘에 선정에서 나와 목욕한 뒤 등을 말리기 위해 앉아 계셨다. 아난다가 손으로 세존의 몸을 주무르며 말씀드렸다. "세존이시여, 세존의 그 아름다우신 살갗이 거칠어지고, 매끄러운 몸에 주름살이 나타나고, 허리는 앞으로 굽고, 눈도 귀도 어두워졌습니다."

"아난다여, 그대의 말대로이다. 젊음에 늙음이 있고, 건강에 병이 있고, 생에는 죽음이 따르는 것이다. 나도 나이 80이 되어 살갗은 거칠어지고 주름살은 나타나고 눈과 귀는 어두워져가고 있다."

늙음에 저주 있으라. 늙음은 아름다움을 해치고, 보기 좋은 모양을 짓밟는다. 100년의 수명을 거듭하더라도 죽음은 모면하지 못하리. 그 무엇도 제외되는 일 없이 모조리 짓밟는다.

2. 이 가르침을 수시(垂示)하고 있을 때 파세나디왕이 아름다운 수레를 갖추어 정사로 세존을 방문하여, 수레에서 내려 세존 곁으로 나아가서 아뢰었다. "세존이시여, 생물 중에서 늙음과 죽음을 모면하는 것이 있을까요?"

"대왕이여, 늙음과 죽음이 없는 생물이란 없소. 대왕이여, 집이 부유하고 번창하며 무슨 일이든 뜻대로 되는 바라문이라도, 또 크사트리야라도 늙음과 죽음을 떠나서는 살 수가 없소. 번뇌를 모두 멸하고, 해야 할 일을 다 마치고, 죄의 무거운 짐을 내려놓고, 청정한 목적을 달성한 성자의 신체일지라도 이 파멸을 모면할 수는 없고 드디어 버려지는 것이오."

세존은 왕이 타고 온 아름다운 수레에 눈길을 보내고 다음과 같이 노래하셨다.

아름다운 왕의 수레도 망가지고 이 몸도 늙어가누나.
오직 정법만이 멸하지 않으니, 이는 세세(世世)의 부처가 밝히신 바이거늘.

파세나디왕은 세존의 말씀을 기뻐하며 예를 올리고 돌아갔다.
세존은 제자들을 불러 가르쳐 말씀하셨다. "제자들이여, 세간의 중생들은 네 가지의 일을 기뻐하고, 네 가지의 일을 미워하고 있다. 그들이 기뻐하는 네 가지의 일이란 젊음과 건강과 삶 및 사랑하는 사람들과 함께 사는 일이다. 미워하고 있는 네 가지의 일이란, 젊음이 늙음으로 바뀌고, 건강은 병으로 바뀌고, 삶은 죽음으로 바뀌고, 사랑하는 사람들과 헤어지는 일이다. 제자들이여, 여기에 또 네 가지의 일이 있으니, 이를 깨달으면 위의 네 가지를 여읠 수 있고, 깨닫지 못하면 영구히 위의 네 가지를 여읠 수가 없다. 그것은 무엇인가. 계와 선정과 지혜와 해탈이다. 제자들이여, 생로병사를 여읜 열반의 경지에 이르기를 구하고, 사랑하는 자와 헤어지는 일에서 세상의 무상을 생각해야 한다."

3. 이보다 앞서 파세나디왕 밑에는 반도라는 장군이 있었다. 그

는 강직하여 백성의 귀의를 받고 있었으나, 왕은 노년에 이르러 단 한 사람의 위안자이며 의논상대였던 말리 부인을 잃었기 때문에, 이 장군을 대우하는 법을 그르쳐 참언을 믿고서 그와 그의 어린애들을 속임수로 죽이고 말았다. 나중에 왕은 크게 뉘우치고 앙앙불락(怏怏不樂)했으며, 그의 생질인 테가 가라야나를 발탁해 장군으로 삼아 그나마의 위안으로 삼고 있었다.

세존이 샤카족의 메다르바라는 고을에 계셨을 때의 일이다. 파세나디왕은 볼일이 있어 나가라가에 와 있었는데, 가라야나를 불러 "수레를 준비해라. 동산에 가서 아름다운 경치를 보고 싶다."고 명하고, 정숙하게 거리를 지나 동산으로 들어갔다.

왕은 동산의 숲속을 소요하면서 조용하고도 인기척이 없는, 혼자 살기에 알맞은 아름다운 나무 밑을 보고 세존을 떠올리며, 이러한 곳에서 세존의 시중이라도 들었으면 하고 생각했다.

"가라야나여, 나는 이와 같이 조용하고 미려한 나무 밑에서 세존의 시중을 들었으면 한다. 세존은 지금 어디에 계실까?"

"대왕이시여, 세존께서는 지금 메다르바라는 샤카족의 도시에 계십니다."

"이 고을에서 메다르바까지 거리가 어느 정도 되는가?"

"대왕이시여, 별로 멀지는 않습니다. 30리 정도인데, 해질 무렵까지 갈 수가 있습니다."

"그렇다면 수레를 준비하여라. 세존을 만나뵈러 가리라."

이리하여 왕은 아름다운 수레로 고을을 떠나 해질 무렵에 메다르바에 이르러 정사로 갔으며, 정사 앞에서 내려 걸어서 들어갔다. 그때 수많은 불제자들이 빈터에서 소요하고 있었기에, 왕은 그들에게 다가가서 세존을 만나뵙고 싶은데 지금 어디에 계시느냐고 물었다.

"대왕이시여, 세존은 저 문이 닫혀 있는 방에 계시오니, 조용히 다가가시어 툇마루에 올라 헛기침을 하고서 문을 두드리신다면 세존께서 문을 여실 것입니다."

왕은 검과 왕관과 왕의 표적인 다섯 가지의 것을 모두 벗어서 가라야나에게 건네주고서 가르쳐준 대로 혼자 나아가 세존의 방문을 두드렸다. 세존은 문을 여셨다.

4. 왕은 방으로 들어가 세존의 발을 받들고서 입을 맞추고 어루만지며 이름을 아뢰었다.

"세존이시여, 저는 코살라의 왕 파세나디입니다."

"대왕이시여, 당신은 무슨 이유로 이와 같이 새삼스러운 인사를 하며 마음의 공양을 하는 것이오?"

"세존이시여, 세존께 대해서 바른 신심을 가집니다. 왜냐하면 세존은 정각자이고 법은 세존에 의해 잘 설해졌으며, 승가는 선행을 하는 사람들이기 때문입니다. 세존이시여, 저는 이 세간에서 10년, 20년, 30년, 40년, 스스로 청정한 행을 닦으면서 목욕하고 난 뒤 기름을 바르고, 머리와 수염을 손질하고, 오욕에 탐닉하며 즐기는 출가자나 바라문을 보았습니다. 그런데 여기서는 생명이 있는 한 원만하고 청정한 행을 닦고 있는 불제자를 보았습니다. 세존이시여, 저는 이 교단을 제외하고는 이렇듯 청정하고 원만한 수행을 하는 교단을 보지 못하였습니다. 세존이시여, 이것도 제가 세존과 법과 승가에 대해서 바른 신심을 가지는 하나의 이유입니다.

세존이시여, 왕은 왕과 다투고, 크사트리야는 크사트리야와 다투고, 바라문은 바라문과 다투고, 거사는 거사와 다투고, 어머니는 아들과 다투고, 아들은 아버지와 다투고, 형제 자매가 서로 다투고, 붕우가 서로 다투는 이승에서, 이 교단만은 제자들이 서로 화합하여 마치 물과 젖처럼 다투는 일·없이 자애의 눈으로써 서로 바라보고 있는 것을 보았습니다. 저는 이 교단을 제외하고는 이와 같이 화목한 단체를 보지 못하였습니다. 그래서 이것도 제가 세존에 대하여 바른 신심을 가지는 하나의 이유입니다.

세존이시여, 저는 또 원림을 순례하던 중, 어떤 출가자는 야위고 쇠약해 얼굴이 창백하고, 핏줄이 굵게 드러나 사람을 보는 데도 눈동자가 흐려져 있음을 보았습니다. 그때 저는 생각하였습니다. '이 사람들은 틀림없이 청정한 행을 즐기지 않음이리라. 혹은 또 무엇인가 나쁜 일을 하고서 그것을 숨기고 있기 때문에 이와 같이 수척하고 사람을 보는 데도 눈동자가 흐려지는 것이다.'라고. 그래서 저는 그 사람들한테 가서 그 까닭을 물었더니, 그들은 병이라고 대답했습니다.

세존이시여, 저는 여기에서 모든 사람이 즐거운듯이 수행을 하며, 겸손하고 공손하게 사슴과 같이 착한 마음에 주(住)하는 것을 보았습니다. 그래서 저는 참으로 이 대덕(大德)들이 세존의 가르침에 있어 수승한 점을 본보기로 하기 때문에 이와 같은 일을 할 수 있으리라 생각했습니다. 이것도 제가 세존께 바른 신심을 가지는 하나의 이유입니다.

5. 세존이시여, 저는 또 관정(灌頂)을 한 크사트리야의 성을 가진 왕이기 때문에 죽이고 싶다 생각하면 죽이고, 살리고 싶다 생각하면 살리고, 추방하고 싶다 생각하면 추방할 수도 있습니다. 그렇건만 저는 회의를 할 때, 제가 이야기하는 중에 입을 열어 참견하는 자를 막을 수가 없습니다. 저의 이야기가 끝나고 난 뒤 말하라고 해도 제가 이야기하는 도중에 지껄이는 자가 있습니다. 그런데 지금 여기에서는 세존이 수백 명의 회중에게 법을 설하고 계시더라도 제자들 중에 재채기나 기침하는 자조차 없습니다.

일찍이 세존께서 수백 명의 회중에게 설법하셨을 때입니다. 어떤 제자가 기침을 하자 동학자가 무릎으로 밀어붙이면서 '존자, 조용히 하십시오. 소리를 내어서는 안 됩니다. 스승이 법을 설하고 계십니다.'라고 했습니다.

저는 이와 같이 생각했습니다. '실로 수승한 일이다. 검이나 몽둥이를 쓰지 않음에도 불구하고 이 회중이 이렇듯 잘 조복하고 있다.'고. 세존이시여, 저는 이 교단을 제외하고는 이와 같이 잘 조복된 회중을 본 일이 없습니다. 이것도 제가 세존께 바른 신심을 가지는 하나의 이유입니다.

세존이시여, 저는 또 이와 같은 일을 보았습니다. 혹 밝고 영리하여 털끝이라도 쪼개듯이 교묘한 논의에 익숙한 크사트리야의 성을 가진 자들이 남의 의론을 멋지게 격파하면서 편력하는데, 그들은 세존이 어디어디에 도착하셨다는 말을 듣고서 문제를 준비했습니다. '고타마의 처소에 가서 이 질문을 하자. 이렇게 질문을 받고서 이렇게 대답한다면 이와 같이 논의를 걸어보자.'고. 그러나 그들이 세존의 처소에 가까이 가면, 세존은 법을 설하여 그들을 격려하고 기쁘게 해주셨습니다. 그들은 그 법화(法話)에 의해 질문도 못하고 논의도 못하며, 반드시 세존의 제자가 될 것을 원하옵니다. 세존이시여, 이것도 제가 세존께 대하여 바른 신심을 가지는 하나의 이유입니다.

6. 세존이시여, 또 마찬가지로 다른 어떠한 어진 사람들도 세존 앞에 나아가 가르침을 받으면 격려되고 기쁨을 얻어, 세존의 허락하에 제자가 되어 뜬세상을 버리고 열심히 수행하여 이윽고 깨달음을 얻고서 이와 같이 말합니다. '우리들은 어느 것이나 조금도 잃지 않는다. 왜냐하면 성자이기 때문이다.'라고. 세존이시여, 이것도 제가 세존께 대하여 바른 신심을 가지는 하나의 이유입니다.

세존이시여, 또 이시다타와 푸라나라는 두 사람의 영좌(領座)는 저의 녹을 먹고, 저로부터 생계의 수단을 얻고 명예를 얻고 있는 자들입니다. 그런데 그들은 저에 대해서 세존께 하는 것과 같은 존경을 보이지 않습니다. 일찍이 제가 흰 모래를 운반해 올리고 있을 때였습니다만, 이시다타와 푸라나를 알아보았더니, 그들 두 사람은 어떤 번잡한 집에 숙박하며 밤이 깊도록 법화를 나누고, 그러고 나서 세존이 계신 곳을 묻고는 세존 쪽으로 머리를 향하고 저의 쪽에 발을 두고서 잤습니다. 그래서 저는 이와 같이 생각했습니라. '참으로 기묘한 일이다. 이 두 사람은 나의 녹을 먹으면서도 나를 존경하기를 세존께 하는 것처럼 하지는 않는다. 이들은 세존의 가르침에 특별히 수승한 점이 있음을 보고 있는 것이다.' 라고. 세존이시여, 이것도 제가 세존께 대하여 바른 신심을 가지는 하나의 이유입니다.

세존이시여, 세존도 크사트리야, 저도 크사트리야, 세존도 코살라인, 저도 코살라인, 세존의 나이도 80, 저의 나이도 80입니다. 세존이시여, 이로 보아 저는 세존께 더할 데 없는 공경을 드리고 마음의 공양을 하는 데 알맞은 자입니다.

세존이시여, 그렇다면 저는 이만 작별을 하겠습니다."

그리고는 왕은 오른쪽으로 돌아 그곳을 떠났다.

세존은 왕이 떠나자 곧이어 제자들을 부르셨다. "제자들이여, 코살라의 왕 파세나디는 법의 탑을 세우고 돌아갔다. 제자들이여, 이 법의 탑을 받아서 지녀라. 이것을 되풀이하여 배우고 이것을 전하여 지니도록 하라. 제자들이여, 법의 탑에는 이익이 있고, 실로 수행의 시작이다.

왕이 세존께 바른 신심을 아뢰고 있는 동안에 테가 가라야나는 다섯 개의 왕장(王章)을 갖고서 사바티성으로 달려가 비루다카 태자를 세워 왕으로 삼았다. 세존의 앞을 물러나온 왕은 이것을 알고는 이미 사바티성에 들어갈 수 없게 되었음을 깨닫고, 약간의 시종의 수호를 받으면서 남으로 내려가 사위인 아자타사투왕에게 의지하려 했다. 그러나 노쇠한 왕은 뜻을 이루지 못한 채 도중에서 병을 얻어 세상을 떠났다.

제3절 카필라성의 멸망

1. 이보다 앞서 세존이 사바티성에 유화(遊化)하시고 얼마 되지 않을 무렵, 파세나디왕은 제자들과 친교가 적으므로 세존의 근친에서 왕비를 맞이한다면 제자들에게 신뢰를 얻을 수가 있으리라 생각하고, 사신을 보내어 카필라성에서 규수를 구하게 하였다. 왕의 마음속에는, 한편 이렇게 해두면 당신의 이름 높은 가문과 인연을 맺을 수 있다는 생각도 있었다.

왕의 사신은 카필라성에 그 취지를 전했다. 이로써 샤카족들은 모여서 이 일을 의논했는데, 설사 큰 나라의 왕이라고는 하나 계도가 바르지 못한 파세나디왕에게 샤카족의 공주를 출가시킬 수는 없는 일이라고 말했다. 그렇다고 청을 받아들이지 않는다면, 왕은 군사의 힘을 믿고 쳐들어올 것이 명백했다. 그래서 일족의 장자인 마하나마가 시녀에게서 낳은 딸을 혈통이 바른 여자로 속여 파세나디왕에게 출가시키기로 했다. 사신은 왕의 명령에 의하여 그 규수가 아버지인 마하나마와 함께 식사하는 것을 확인하고서 마음을 놓고 돌아갔다.

이윽고 이 왕비에게서 왕자가 태어나 비루다카 태자라고 명명되었다. 왕은 왕자를 애지중지 길러 왕자가 여덟 살이 되었을 때 궁술을 배우게 하기 위해 카필라성으로 보냈다. 왕자는 조부인 마하나마의 집에 이르러 궁술을 익히고 있었다. 그때 샤카족의 공회당이 새로 완성되어 당번을 세우고 나망(羅網)을 치는 등 화려하게 꾸미고서 세존의 낙경(落慶) 공양을 기다려 사용하기로 정해져 있었다. 왕자는 동배인 어린이들과 공회당에 들어가 놀았는데, 샤카족들은 크게 화를 내어 팔을 잡아 끌어냈으며, 거룩한 이 공회당에 시녀의 자식인 주제에 어째서 들어갔느냐고 꾸짖었다. 왕자는 이 뜻하지 않은 모욕에 어린 몸이 타버릴 만큼 화를 내며 '내 만일 왕위에 오르는 날이 온다면 반드시 카필라성을 쳐서 백성들을 모조리 죽이고 말리라.'고 굳게 다짐하기에 이르렀다. 왕자는 사바티성으로 돌아가 한 바라문에게 이 원한을 하루에 세 번 노래하도록 하여, 그 노여움을 새로이 하면서 때가 이르기를 기다리고 있었다. 그리하여 이것을 알게 된 장군 테가 가라야나 또한 보복의 날이 오기를 기다리고 있었다.

2. 비루다카왕은 이미 왕위를 빼앗고서 이제야말로 때가 이르렀다고 하여 신하들을 모으고서 "지금 백성들의 주인은 누구인가?" 하고 물었다.

"물론 대왕이십니다."

"그렇다면 사부(四部)의 군사들을 모으라. 지금부터 카필라성을 공략하려고 한다."

왕의 명령대로 사부의 군사가 모였고, 왕은 이들을 거느리고 카필라성을 향해 나아갔다.

이 말을 들은 제자들은 놀라서 세존에게 말씀드렸다. 세존은 자리에서 일어나 카필라성에 이르는 길가에서 가지도 잎사귀도 없는 한 그루의 메말라 죽은 나무 아래 앉아 비루다카왕을 기다렸다. 왕은 진군하는 도중 세존을 뵙고 수레에서 내려 세존의 앞으로 다가가서 세존께 아뢰었다. "세존이시여, 니그로다의 나무 등 지엽이 무성한 나무가 주위에 많이 있는데, 왜 이와 같이 메마른 나무 아래 앉아 계시옵니까?"

"왕이여, 친척의 그늘은 시원한 것이다."

비루다카왕은 세존의 마음속을 헤아리고 회군하여 성으로 돌아갔다. 그렇지만 그때도 역시 그 전에 노래를 부르도록 명을 받은 바라문은, 왕의 노여움을 새로이 일으키는 노래를 잊지 않고서 하루에 세 번씩 노래하여 왕의 결심을 환기시켰다. 왕은 다시 군사를 동원하여 카필라성으로 향했다. 세존은 다시금 그 고목 아래 나타나셨다. 그렇기 때문에 왕은 수레를 돌려 성으로 돌아갔다. 이 일이 세 번 되풀이되었다. 왕이 네번째로 진군을 명했을 때는 세존도 숙연(宿緣)은 막지 못할 것을 아시고 조용히 법을 관하시며 정사에 머물러 계셨다. 왕은 진군하여 카필라성에 육박했다.

3. 카필라성의 주민은 궁술에 뛰어났으므로, 비루다카왕의 군을 맞이하여 화살을 쏘아댔다. 그 화살은 혹은 귀에 상처를 내고 혹은 상투에 맞고 활에 맞고 활시위에 맞아 적의 전력을 둔하게 했지만, 한 사람의 생명도 해치는 일이 없었다. 어지간히 나이가 젊고 기백이 왕성한 왕도 성안 사람들의 교묘한 궁술에 두려움을 품고 한 번은 물러서려고 했다. 그러나 다시금 바라문의 노래가 노여움을 일으켰고, 또 한 바라문이 "샤카족들은 지금 계행을 지키고 벌레도 죽이지 않으므로 나아가기만 한다면 반드시 이길 것입니다. 이 기회를 잃는다면 샤카족을 멸할 때가 없습니다."라고 권하는 것을 듣고는 전진을 명했다. 샤카족들은 성내로 물러나 굳게 문을 닫고 지켰다. 왕은 성밖에 있으면서 크게 부르짖으며 "문을 열어라. 만일 열지 않는다면 일족을 모두 죽이리라."고 위협했다.

샤카족에 사마라고 불리는 동자가 있었는데, 비루다카왕이 성문 곁에 있다는 말을 듣고서 값옷을 걸치고 검을 잡고 혼자 성밖으로 나가 왕에게 싸움을 걸었으며, 사납게 날뛰는 마왕처럼 병사를 베고 왕에게 육박했다. 왕도 동자의 기세에 눌려 대적하지를 못하고 달아났는데, 샤카족의 장로는 사마의 활동을 듣고 불러들여 꾸짖어 말하기를 "그대는 연소한 몸으로 어찌하여 가문을 욕되게 하는 것인가? 샤카족들은 누구나 선을 행하고 벌레의 목숨도 뺏지 않는다. 우리가 물론 비루다카왕의 군사를 패배시키는 것은 쉽지만 많은 사람들을 죽이게 됨을 두려워하는 것이다. 우리의 부처님은 죽이지 말라고 가르치셨고, 살생의 고과(苦果)는 지옥에 떨어지든가, 인간으로 태어나더라도 수명이 극히 짧다는 것을 가르쳐주시지 않았던가. 그대는 이 가문의 법을 깨뜨린 자이다. 성을 나가 어디론지 떠나는 것이 좋으리라."

사마 동자는 하는 수 없이 쫓겨나 다른 곳으로 갔다.

4. 비루다카왕은 다시 성문에 와서 문을 열라고 재촉했다. "굳이 싸움을 즐기는 자도 아니니 순순히 성문을 열라. 만일 입성을 허락하지 않는다면 무력으로써 문을 부수고 일족을 전멸시키겠다." 샤카족들은 물론 문을 열 뜻이 없었으나 악마가 한 샤카족으로 둔갑하여 연신 개문(開門)을 주장했기 때문에, 마침내 비루다카왕의 입성을 허락하게 되었다. 왕은 성내에 들어가 먼저 샤카족을 잡도록 하고, 많은 사람을 베는 것도 번거롭다고 하여 구덩이를 파서 생매장했으며, 큰 코끼리로 하여금 그 위를 지나가게 했다. 그리고는 500명의 아름다운 여자를 붙잡아 포로로 삼고, 그밖에는 남녀노소 구별할 것 없이 모두 생명을 빼앗으려고 했다.

왕의 외조부인 마하나마는 세존께 귀의한 신자였다. 그는 왕의 처소에 이르러 말하였다. "부디, 단 한 가지만 저의 원을 받아들여 주십시오."

"어떠한 원입니까?"

"제가 물에 들어가 떠오르는 짧은 시간 동안만, 이 성내의 백성이 자유롭게 성을 빠져나가는 것을 용서하시기 바랍니다. 수면에 나오거든 또 죽이더라도 하는 수가 없습니다."

왕은 그 정도의 일이라면 좋다고 이를 허락했다. 마하나마는 기뻐하며 물속에 들어가 머리를 풀어 나무뿌리에 묶고 그곳에서 거룩한 죽음을 맞이했다. 이 동안에 샤카족은 사방의 성문을 빠져나와 달아났지만, 이미 각오를 한 그들은 달아나는 척하고서는 다시 성내에 돌아왔다. 북으로 나간 자는 남으로 들어오고, 동으로 나간 자는 서로 돌아왔다.

마하나마가 물속에 있는 시간이 너무 길자 왕은 탐지케 하여 외조부의 죽음을 알았고, 뉘우쳐 성내 백성의 생명을 살리고, 500명의 샤카족 부녀자들만 데리고 왕성으로 돌아가려고 했다. 어버이와 헤어지고 남편과 헤어진 샤카족의 부녀자들은 포학한 왕의 손으로부터 몸을 지키리라 작정하고 한 사람도 왕의 명을 따르는 자가 없었다. 왕은 노여워하며 이 여자들을 구덩이에 던져넣고 홀로 회군하여 왕성으로 들어갔다.

성이 가까워졌을 때 왕은 오묘한 음악소리를 들었다. 왕의 형 제타 왕자는 앞서 아버지와 헤어지고 지금 또 동생이 카필라성을 쳤다는 말을 듣고서는 시름에 잠겨 음악소리로 겨우 마음을 위안하며 궁전 깊이 틀어박혀 있었다. 왕은 방에 들어갔다.

"무엇 때문에 형님께서는 우리들의 원정을 돕지 않고 기녀와 희롱하고 있습니까?"

"나는 중생의 생명을 해치는 일이 싫어서이다."

왕은 노여움이 치밀어 형님을 베었다. 사람들은 착한 제타 왕자의 덕을 찬양하고 그 죽음을 애도했다.

5. 500명의 샤카족 부녀자들은 손발이 묶여서 구덩이에 던져진 채 한마음으로 부처님을 염하였다. "세존은 저희들의 종족에서 나시어 널리 법우(法雨)를 천하에 내리십니다. 저희들은 지금 이 고난을 당하고 있습니다. 부디 자비를 베푸시어 저희들을 구해주십시오." 세존은 제자들을 데리고 이 비참한 싸움터에 나타나셨다. 500명의 부녀자들은 세존을 우러러보며 기쁨과 함께 그 알몸을 부끄러워했다. 세존을 모신 제석신은 옷을 주고, 비사문신(毘沙門神)은 음식을 베풀어 굶주린 배를 채워주었다. 세존은 조용히 '성(盛)한 자는 반드시 쇠잔하고, 산 자는 반드시 죽는다.'는 이치를 설하고, 이 몸이 있으므로 오욕이 있고, 오욕이 있으므로 집착이 일어나는 것이니, 이것을 알고서 생로

병사의 두려움을 초월하지 않으면 안 된다는 것을 가르쳤다. 부녀자들은 이 가르침으로 진구(塵垢)를 여의고 청정한 법안을 얻었으며, 기꺼이 죽음에 임하여 모두 신의 세계에 태어났다.

세존은 제자들을 불러 성의 동문으로 향하며 성중에 뭉게뭉게 불타고 있는 큰불을 보고서 말씀하셨다.

"모든 것은 상(常)이 없다. 나타났다가 사라지는 게 정한 이치, 생사를 여의면 항상 즐거움이 있으리라."

세존은 또 일찍이 세존과 세존의 교단이 주처(住處)하던 니그로다의 숲에 들어가 어제와 다른 오늘의 광경을 바라보시며 제자들에게 가르치시고 사바티성으로 돌아가셨다.

그때 누구라고 할 것 없이 왕과 왕의 병사는 7일 안에 죽어 지옥에 떨어지리라는 소문이 났다. 왕은 두려워하며 바라문과 의논하고 6일 동안은 몸을 삼가서 무사할 수가 있었으나, 7일째 되는 날 밤중에 소나기와 폭풍이 일어나서 병사와 함께 왕의 목숨을 뺏앗고 말았다. 궁전도 또한 벼락 때문에 불타고 말았다.

6. 세존은 이 일에 관해 다시 제자들에게 가르치셨다.

"신구의(身口意)로 악을 지어 목숨이 짧고, 이승에서 괴로워하고 내세에서 괴로워한다. 집에 있으면 불에 타고 물에 있으면 물에 빠져, 목숨이 끝나고 지옥의 불에 태워진다."

또 세존은 다음의 이야기를 하셨다. "제자들이여, 옛날 라자가하성에 기근이 들어 백성들은 모두 성밖의 큰 호수에서 물고기를 잡아 겨우 연명했다. 그 호수의 물고기 중에 구소(拘璅)와 양설(兩舌)이라는 두 마리의 물고기가 있어 생각하기를 '우리들은 아무런 죄도 없고 또 성내의 사람들을 침범도 한 바가 전혀 없건만 우리는 사람들에게 잡아먹히고 있다. 둘이서 마음을 합하여 원한을 풀지 않겠는가?'라고 하였다.

그때 그 마을에 8세 가량 된 한 어린이가 있어 스스로 물고기의 생명을 빼앗지는 않지만, 사람들이 물고기를 잡아 땅에 던지면 뛰다가 죽어가는 것이 재미있어 기뻐하며 바라보고 있었다.

제자들이여, 인과의 이치는 가공할 정도의 확실한 보가 온다. 비루다카왕은 양설인 바라문에게 선동되어 카필라성의 백성들에게 그 원한을 풀었다. 이리하여 원한은 원한을 거듭하고 윤회의 바퀴자국을 깊이 파고 있는 것이다. 나는 지금 두통을 느끼고 무거운 돌에 짓눌려 있는 것 같은데, 이것도 씻을 수 없는 하나의 업보이다."

제8편

내 마음의 욕심을 억제하고 깊이 생각하여 그 말이 도리에 맞는다면, 그 말로 하여 자신에게 뒷근심이 있을 리 없고 또 남을 이롭게 할지언정 남을 해치거나 범하는 일은 없다.

제1장 열반의 예언

제1절 일곱 가지의 쇠퇴하지 않는 법

1. 세존은 드디어 84세를 맞이하시어, 라자가하성에 돌아가 영취산에 머무르셨다.

마가다국의 아자타사투왕은 밧지국을 정벌하려고 결심하여 바사카라 대신에게 명하였다. "바사카라여, 세존은 이곳에서 멀지 않은 곳에 계시다. 급히 그곳에 가 세존을 뵙고 나를 위하여 가르침을 청하되, 충분히 말씀을 기억하고 돌아오도록 하라. 부처님의 말씀에 허위는 없다."

대신은 명을 받들어 수레를 갖추어 산에 올라가 세존을 뵙고 말씀드렸다. "마가다의 왕 아자타사투는 족하에 예하고 문안드리옵니다. 세존이시여, 법체 평안하시며 일상생활이 여전하시옵니까?"

세존께서 말씀하셨다. "착하도다, 바사카라여. 그대의 임금과 백성 모두 편안하며 물가도 변동이 없느냐?"

"다행히 불은(佛恩)에 의하여 모두가 절로 화목하오며, 바람도 비도 때에 알맞고 나라 안이 풍요하게 번영하고 있사옵니다."

이와 같이 인사말을 드리고 다시 말하기를 "세존이시여, 아자타사투왕은 항상 밧지국을 치려고 벼르고 있습니다. 그러나 법의(法義)는 어떠한 것이온지 모쪼록 하교해주시옵소서."

"바사카라여, 나는 일찍이 밧지에 머무른 바 있었다. 당시 자화라의 사당에 있었을 때 그 나라의 노인들이 찾아와서 마가다의 왕이 지금 저희 나라를 범하려 하고 있다고 말하므로, 나는 그들에게 '근심할 것까지는 없다. 너희들이 만약 일곱 가지의 법을 지키고 나라를 다스린다면 결코 아자타사투로 인해 멸망되는 일은 없을 것이다.' 라고 말하며, 그 방법을 설명해준 것을 기억하고 있다. 만약 지금도 아직 그들이 이것을 지키고 있다면 도저히 격파할 수는 없을 것이다."

"세존이시여, 원컨대 그 일곱 가지의 법이라는 것을 풀이해주시옵소서."

2. 그때 아난다는 세존 뒤에 서서 부채로 바람을 보내고 있었는데, 세존이 뒤돌아보며 그에게 물으시었다. "아난다여, 너는 밧지국의 백성들이 때때로 서로 모여서 정사를 의논하고 방비하며 스스로 지키고 있다(1)고 들었는가?"

"그렇게 들었습니다."

"그렇다면 또 그 나라의 백성들은 상하가 항상 화목하고 서로 함께 국사를 의논하며(2), 예부터의 풍습을 존중하여 함부로 고치지 않고 계를 중히 여겨 경(敬)을 지키며(3), 남녀간은 저절로 유별하고 장유간에 능히 도가 있으며(4), 부모를 능히 섬기고 스승에게 양순하며(5), 조상의 종묘를 숭상하고 의전을 폐하지 않으며(6), 도를 존중하고 덕을 공경하여, 만약 수계한 사람이 멀리서 왔을 경우에는 의복·음식·좌구·약탕 등 모든 생계의 물건들을 갖추어 이를 대접하며(7), 이러한 것을 잘 지켜 조금도 게을리하지 않는다는 말을 들었는가?"

"말씀대로 그와 같이 들었습니다."

"그렇다면 밧지국은 결코 쇠퇴하는 일은 없으리라. 만약 나라를 가진 자가 모두 이 일곱 가지의 법을 지킨다면, 설령 천하의 군사가 모두 공격한다 하더라도 멸할 수는 없을 것이다."

이 말을 듣게 된 대신은 "밧지인이 이 법의 하나를 행하더라도 도모할 수가 없는데, 하물며 일곱 가지를 갖추고 있다면 더 말할 나위가 있겠습니까?"라고 말씀드리고 세존께 절한 뒤 떠났다. 그는 아자타사투왕에게 이 취지를 전하고 싸움을 그만두게 하기로 했다.

3. 대신이 떠난 뒤 세존은 아난다에게 분부하여 이 산 근처에 있는 제자들을 전부 강당에 집합하게 한 뒤, 그들을 앞에 두고 얘기하셨다.

"제자들이여, 나는 지금 너희들을 위하여 일곱 가지 법을 설하리라. 너희들은 명심해서 듣고 능히 이것을 마음에 새김이 좋다. 제자들이여, 수시로 모여서 법을 얘기하라. 그러면 도는 길이 머물게 될 것이다. 상하가 서로 화목하고 서로 공경하여 등지는 일이 없고, 법을 숭상하고 계를 두려워하고 함부로 이것을 바꿔서는 안 된다. 연장자와 연소자, 또 선배 및 후배와 사귐에 있어 예로써 하고, 마음을 지켜 곧음과 공경을 지의(旨意)로 하고, 한적한 곳에 있으면서 행을 맑게 하고, 남을 먼저 하고 나를 뒤로하여 도를 준수하고, 남을 사랑하고, 오는 자에게는 두터이 베풀고, 병든 자에게는 지극히 간호한다면 도는 길이 머무를 것이다.

제자들이여, 또 일곱 가지의 법이 있어서 도를 번영케 한다. 곧 청정을 지켜 다사함을 좋아하지 않고, 무욕을 지켜 탐하지 않고, 인욕(忍辱)을 지켜 다투지 않고 정묵(靜默)을 지켜 해롱거리지 않고, 법을 지켜 교만하지 않고, 일심을 지켜 다른 행에 따르지 않고, 검소를 지켜 의식에 검소하다 보면 도는 길이 머물게 될 것이다.

4. 제자들이여, 뭇 생물에 자애를 가하라. 사람이 죽었을 때는 이를 불쌍히 여겨라. 죽어가는 사람은 길을 알지 못하고, 비탄하는 사람 또한 그 가는 곳을 모른다. 도를 얻은 자만이 알 뿐이다. 부처는 이를 위하여 가르침을 밝혔다. 가르침은 배우고 도는 행하지 않으면 안 된다. 천하에 도는 많다. 그 중에서도 왕법(王法)은 큰 것이다. 그러나 불도

는 더욱 높은 것이다.

제자들이여, 불법을 닦는 자는 남이 득도한 것을 보더라도 내가 아직 얻고 있지 못한 것을 슬퍼해서는 안 된다. 예를 들면 수많은 사람이 함께 궁술을 배우는데 먼저 맞히는 자도 있고 뒤에 맞히는 자도 있어서 그때는 성적이 같지 않지만, 쏘기를 그치지 않는다면 언젠가는 결국 이기게 되는 것과 같은 것이며, 또 작은 골짜기를 흐르는 물도 마침내는 흐르고 흘러서 커다란 계곡에 들어가고, 계속 흘러서 큰 강에 들어가고 마지막에 가서는 바다에 들어가는 것과 같이, 닦고 그치는 일이 없으면 뒤에는 반드시 득도를 하게 되는 것과 같은 것이다."

제자들은 듣기를 다하자 가르침을 크게 기뻐했다.

제2절 법의 거울

1. 이제야 세존은 입멸의 때가 다가온 것을 깨달으시고 아난다를 불러 "이제부터 파타리푸트라로 가자."고 말씀하셨다. 아난다는 승복을 깃추고 바리때를 들고서 여러 제자들과 함께 세존을 따라 라자가하성을 나서 북녘의 파타리푸트라로 향했다.

도중 알파라치의 마을을 지나게 되었는데, 세존은 그 죽원(竹園)에서 쉬시며 제자들에게 고하셨다.

"제자들이여, 도에 뜻하는 자는 사성제를 알지 않으면 안 된다. 그런데 이것을 알지 못하기 때문에 오랜 망집에 길을 헤매어 그치는 일이 없다. 제자들이여, 사성제는 고·집·멸·도인 것이다. 고라는 것은 생로병사의 괴로움, 사랑하는 자를 여의는 괴로움, 원수를 만나는 괴로움, 구해서 얻지 못하는 괴로움인 것이다. 이 괴로움을 야기하면 번뇌의 집, 그 인과를 멸한 것이 멸, 그리고 그 멸에 이르는 길이 도인 것이다. 너희들은 이 괴로움을 알고 그 집을 끊는다면 바로 마음의 눈을 얻은 자이다. 그 사람에게는 망집이 없고, 괴로움은 길이 끊어지리라.

　때문에 제자들이여, 마음을 한결같이 하여 부처의 말을 좇음이 좋다. 욕심을 멀리하고, 세상과 다투지 말고, 죽이지 말고, 훔치지 말고, 남의 여자를 범하지 말라. 속여 비난하고, 아첨하여 꾸미고, 마음을 검게 지녀 의심해서는 안 된다. 몸이란 무상한 것이며 부정스러운 것임을 염하고, 드디어는 티끌로 돌아가지 않으면 안 된다는 것을 염함이 좋다. 옛날의 모든 부처들은 모두 이 성제(聖諦)를 보고, 이 성제를 가르치셨다. 후세의 부처도 모두 이 성제를 보고, 이 성제를 가르치실 것이다.

　제자들이여, 집에 있을 것을 탐하고, 은애를 그리워하고, 세상의 영명을 좋아한다면 끝내 각의 도를 얻을 수는 없기 때문이다. 도는 마음에서 생긴다. 마음이 청정하다면 도는 저절로 얻어지리라. 지금 부처는 세상을 위하여 망집을 벗어나 바른 도를 열었다. 모름지기 악도를 끊으려고 생각한다면 마음을 하나로 하여 법과 계를 가짐이 좋다. 계를 닦게 되면 선정을 얻게 되고 선정을 닦으면 지혜를 얻게 되고, 지혜를 닦으면 마음이 맑아지리라. 제자들이여, 분명히 이것을 항상 명심해야 한다."

　2. 세존이 이 마을에 묵으셨을 때, 사리푸타는 세존의 슬하에 나아가 공손히 세존을 배례한 뒤 말했다.

　"세존이시여, 저는 세상에 세존보다 뛰어난 사람, 또는 세존과 동등한 법을 깨달은 사람이 과거에도 현재에도 또 미래에도 한 사람도 없다고 생각합니다."

　세존이 말씀하셨다. "너는 어떻게 그것을 알았는가?"

　"세존이시여, 저는 자세히는 3세를 알 수 없습니다만, 세존에 의하여 법을 알 수는 있었습니다. 세존은 헤아릴 수 없는 지혜를 갖추어 현재와 과거와 미래를 알고 계십니다. 그러니 세존은 무상의 어른이 시며, 모든 번뇌를 벗어나고 모든 덕을 갖추고 계시는 것입니다."

이리하여 세존이 알파라치 마을에서 나란다의 고장으로 들어가시자, 고장 사람들은 기뻐하며 영접했다. 세존은 그들에게 도를 밝혔으며, 잠시 여기에 머무르셨다.

3. 세존은 아난다를 따르게 하여 나란다를 떠나 뭇 제자들과 함께 파타리푸트라에 이르러 성 어귀의 나무 밑에 앉으셨다. 이 도시는 강을 사이에 두고 인국을 잇는 마가다의 국경에 있었다.

성안 사람들은 세존이 오셨다는 소식을 전해듣고 다투어 성문을 나서서 그 나무 밑으로 향하여, 멀리 세존의 엄숙한 위용을 바라보고 기뻐하며 달려 좌하에 이르러 발밑에 절하고 곁에 앉았다.

세존이 그들을 위해 도를 설하시자 사람들은 끝까지 들은 다음 "저희들은 삼가 부처와 법과 승가에 귀의하옵니다. 모쪼록 불쌍히 여기시어 저희들이 신자가 됨을 허락해주십시오. 저희들은 금후로 살생·투도·간음·망언 및 음주를 하지 않을 것입니다."라고 말하고 나섰으므로 세존은 이것을 허락하셨다.

사람들은 세존과 제자들을 위하여 공양을 바치기를 원하여 허락을 얻었으므로, 시의 공회당을 치워 물을 뿌리고 향을 뿌려 자리를 만든 다음 세존을 맞이하였다.

세존은 제자들과 함께 이르러 발과 손을 씻고 방으로 들어가, 중앙의 기둥을 뒤로하여 동을 향해 앉으시었다. 제자들은 그뒤에 시좌하고, 시민은 그 앞에 줄지어 앉았다.

세존께서 설하시었다. "세상에 탐을 좋아하고 마음을 자행하면 다섯 가지의 상실이 있다. 첫째는 재물이 날로 감소하고, 둘째는 도를 잃어 몸이 위태롭고, 셋째는 남에게 공경받지 못하며 죽음에 임하여 후회하고, 넷째는 악성(惡聲)이 세상에 퍼지고, 다섯째는 죽은 후에 역시 괴로움의 세상에 들어가는 것이다. 만약 능히 마음을 굴종시켜 스스로 제멋대로 하지 않는다면 다섯 가지의 얻는 바가 있다. 첫째로는 재물이 날로 늘고, 둘째는 도에 다가가고, 셋째는 도처에서 공경을 받으며 죽음에 임하여 후회가 없고, 넷째는 호명(好名)이 멀리 퍼지고, 다섯째는 죽은 후 복덕의 땅에 태어나는 것이니라."

이리하여 이미 어두워졌으므로 세존께서는 회중을 향해 말씀하셨다. "밤이 깊었다. 너희들은 각기 좋을 대로 함이 좋다." 그리고는 전송하는 사람들을 뒤로하고 숲으로 돌아가셨다.

세존이 아난다에게 물으시었다. "이 파타리푸트라의 성을 지은 자는 누구인가?"

"이건 밧지국의 습격을 막기 위해 마가다국의 대신 바사카라가 아자타사투왕의 명을 받아 지은 것이옵니다."

세존께서 말씀하셨다. "대신은 참으로 현명하다. 이 성은 뒤에 반드시 번영하여 현자와 상인이 모여들고, 다른 나라에 격파되는 일은 없을 것이다. 그렇지만 오랜 후에 대홍수와 화재와 성 안팎에서의 모반의 재난 때문에 파괴될 때가 올 것이다."

4. 바사카라 대신은 세존이 제자들을 이끌고 이곳에 오셨음을 듣고, 많은 종자를 거느리고 세존의 좌하에 이르러 공손하게 예배하고 옆에 앉았다.

세존이 그를 위해 가르침을 내리시자 바사카라 대신은 기뻐하며 말하였다. "세존이시여, 저는 내일 음식대접을 하고자 하옵니다. 모쪼록 제자들과 함께 저의 집에 오시기를 바라옵니다."

세존은 고개를 끄덕이며 응하셨다. 대신은 집에 돌아오자 밤새 방을 청결하게 하고 음식을 갖추고 아침을 기다리다가 다시 뵙고 때를 알려드렸으므로, 세존은 제자들과 함께 그 집에 들어가셨다. 세존은 대신이 바치는 음식을 대접받은 뒤 말씀하셨다.

"공경할 것을 공경하고, 섬겨야 할 것을 섬기고, 널리 시혜하며 자애를 일삼고, 항상 법을 듣기를 원해야 한다. 대신이여, 관에 있으면서 탐하고 노여워하고 학대하는 등 제멋대로 행동해서는 안 된다. 만약 이 다섯 가지 일을 없앤다면 후에 회한이 없고, 죽어서 괴로움을 여의게 될 것이다. 대신이여, 이것을 힘써야 한다."

대신은 삼가 그 가르침에 따랐다.

세존은 대신의 집을 떠나 제자들을 이끌고 성의 동문을 나와 강가로 향했는데, 물은 때마침 넘치고 있었다. 나그네들은 앞을 다투어 배를 타려 하고 있었다. 세존은 제자들과 함께 구부린 팔꿈치를 펴는 것보다도 짧은 새에 이 강을 건너고 말씀하셨다.

"부처는 뱃사공이다. 정법에 의해서 고해를 건너 뭇사람을 인도하여 각의 피안에 이르게 한다."

대신은 세존을 전송해드리고 그 나가신 문을 '고타마의 문'이라고 명명했다.

5. 세존은 전진하여 콜리 마을에 닿아, 어떤 숲에 들어가 제자들에게 고하셨다. "제자들이여, 성스러운 계와 선정과 지혜를 갖고 해탈을 얻어야 한다. 이 법은 미묘하되 쉽다. 그러나 깨치기는 어렵다. 이것을 깨닫지 못하기 때문에 사람들은 오래도록 망집에 부딪혀 궁구하지 못하고 괴로워하는 것이다. 너희들은 힘써 스스로 청정한 행을 닦아 마음을 알고 그 성(性)을 청정하게 함이 좋다. 세간과 다투지 말고, 스스로 일신을 불쌍히 여기고, 조용히 속으로 염함이 좋다. 그렇게 하면 마음은 밝아지고 탐·진·치의 세 가지 때를 세거하여 스스로 도를 얻고, 마음은 달리는 일이 없고 계박되는 일도 없을 것이다. 제자들이여, 왕이 백성의 주인인 것처럼, 마음은 온갖 것의 주인이므로 이것을 잘 생각함이 좋다."

제3절 암바팔리

1. 세존은 그로부터 베살리를 향하여 길을 재촉하여 성 어귀의 수원에 머무르셨다. 수원은 성의 창녀 암바팔리의 소유였는데, 그 여인은 세존이 그 동산에 오셨음을 듣고 깨끗하게 차려입고 500명의 창녀를 거느리고 수레를 달려 성을 나와 세존의 좌하로 향했다.

세존은 멀리 이것을 어람하시고 제자들에게 말씀하시었다. "제자들이여, 너희들은 지금 그 마음을 단정하게 함이 좋다. 오히려 맹호의 밥이 되고, 광인의 칼날 아래 서고, 혹은 불에 달군 쇠창으로 두 눈을 도려낼지라도 욕심에 흔들려서는 안 된다. 건전하게 제어하라. 이미 생겼던 악을 끊고, 아직 생기지 않은 악은 일어나지 않게 하고, 이미 생겨난 선은 기르고, 아직껏 생기지 않은 선은 일으키도록 함이 좋다. 이리하여 능히 그 마음을 수습하라.

만약 처음 동안에 그치지 않는다면 뒤에 가서는 억제하기 어렵게 된다. 때문에 다만 마음을 억누르는 것이 좋다. 그리하여 정전의 활과 지혜의 창을 들고 정념의 갑옷을 입고서 오욕과 결전을 함이 좋다. 나는 도를 구한 이래 마음과 투쟁하여 헤아릴 수 없는 시간을 거듭했다. 그 동안 간사한 마음에 따르지 않고 정려하여 끝내 정각을 얻었던 것이다.

제자들이여, 그 마음을 바르게 하라. 너희들의 마음은 오랫동안 구예(垢穢) 속에 있었다. 이제야 스스로 그 속에서 빠져나와 모든 괴로움을 벗어나지 않으면 안 된다. 태어나서 죽을 것으로 정해진 것은 밖을 봐도 괴롭고, 안을 봐도 괴로움에 차 있다."

2. 이윽고 암바팔리는 멀리서 세존께 절하고 기뻐하며 수레에서 내려 세존의 어전에 나아가 예배하고 옆에 앉았다. 세존께서 물으시었다. "무엇 때문에 이곳에 온 것이냐?"

암바팔리가 답하였다. "저는 이따금 세존이 여러 신들보다도 뛰어나시다는 말을 들었습니다. 때문에 가르침을 받고서 밤낮으로 스스로 힘써 어떻게든 사도에 떨어지지 않겠다고 결심했습니다."

세존께서 말씀하셨다. "너는 여자로 태어난 것을 기뻐하는가?"

"신이 저를 계집으로 만들었을 뿐입니다. 저는 하등 기뻐하고 있지 않습니다."

"너의 말대로 기뻐하지 않는다고 한다면, 누가 너에게 500명의 창녀를 기르게 했던 것인가?"

"저의 어리석은 소행입니다."

"착하다, 암바팔리여. 행을 함부로 하는 자에게는 다섯 가지 장애가 있다. 즉 이름이 더럽혀지고, 사람들에게 미움을 받고, 두려움과 의심을 품는 일이 많고, 죽어서 지옥에 들어가고, 이어서 축생의 상(相)을 받을 것이다. 이것은 모두 욕심 때문에 생긴다. 또 행이 맑은 자에게는 다섯 가지 복이 있다. 즉 이름이 찬양되고, 관을 두려워하지 않고, 몸은 편안하고, 죽어서 천계에 태어나고, 이어서 청결한 각의 도에 서게 되리라. 그러니 스스로 불쌍히 여겨 교계(敎戒)를 행하라. 그러면 청정한 도를 얻게 될 것이다."

세존이 여러 법을 설하시자 암바팔리의 마음은 환희에 넘쳤다.

세존이 말씀하셨다. "너의 마음은 이미 청정하다. 사내가 법으로 나아가는 것은 그다지 어려운 일은 아니나, 여자가 법을 즐기게 된다는 것은 참으로 어렵다. 하물며 젊고 집도 풍족하고 용색이 갖추어진 자로서는 더한층 그러하다. 암바팔리여, 재물과 색은 영겁의 보물은 아니다. 다만 도만이 존귀한 것이다. 굳세더라도 병에는 어찌할 수가 없고, 젊음은 늙음으로 옮겨지고, 생명은 죽음 앞에 괴로워하고, 사랑하는 자와는 헤어지고, 원수와는 이웃하게 되고, 구하는 바는 대개는 뜻대로 되지 않는다. 그러나 오직 도만은 마음대로인 것이다."

암바팔리는 감사의 말을 올린 다음 자리를 피하여 무릎꿇고 말하였다. "내일 아침 사소한 공양을 바치고자 하옵니다. 모쪼록 여러 성중(聖衆)과 함께 저의 집에 광림을 바라옵니다."
　세존의 허락을 얻자 그녀는 크게 기뻐하며 절한 다음 곧 떠나갔다.
　3. 한편 성에 사는 리차비인들은 세존을 배례하리라 생각하고 일족 500명이 수레로 줄지어 성을 나섰다. 때마침 도중에서 그 창녀들과 함께 세존의 좌하를 물러나 귀가를 서두르는 암바팔리 일행과 부딪쳤다. 리차비인들은 "웬일로 길을 꽉 메우고 가느냐? 어서 길을 비키거라. 너희들은 예의도 모르느냐?" 하고 나무랐다.
　암바팔리는 대답하기를 "내일 아침 세존과 그 성중(聖衆)을 제 집에 초대하도록 허락을 얻었으므로 정신없이 길을 서둘다가 예를 잃었습니다." 하고 사과했다.
　리차비인들은 놀라며 말하였다. "그대는 벌써 세존의 허락을 얻었단 말인가. 암바팔리여, 잠시 그대의 초대를 우리들에게 양보해주오. 우리들은 그대신 1000냥의 돈을 그대에게 주리라."
　"저의 초대는 이미 정해졌습니다. 공자들의 요구를 들어드릴 수는 없습니다."
　"그렇다면 1000냥의 16배가 되는 돈을 줄 터이니 모쪼록 우리들에게 차례를 양보해주오."
　그러나 그녀는 끝내 양보하지 않았다. 리차비인들은 손을 내저으며 "이 여자 때문에 우리들은 시초의 복을 놓쳤다."고 한탄하면서, 재차 행렬을 갖추고 그 길로 동산으로 세존을 찾아뵈었다.
　4. 세존은 이것을 바라보고 제자들에게 고하시기를 "너희들이 신들의 영광을 알려고 한다면 이 리차비인들을 보는 게 좋다. 그 위의는 이와 비슷하다. 제자들이여, 스스로 마음을 다스려 모든 위의를 갖추라. 신(身)과 수(受)와 마음과 법을 관(觀)하며 게으리하지 않고, 가야

할 곳에 가고 머무를 곳에 머무르며, 승복과 바리때를 갖는 데에도 탕약을 사용하는 데에도 모름지기 격식을 잃지 않고, 앉는 데에도 눕는 데에도 얘기하는 데에도 침묵하는 데에도 언제나 마음을 가라앉혀 어지럽혀서는 안 된다."

그때 리차비인들은 수레에서 내려 세존의 좌하에 절하고, 앞사람은 무릎을 꿇고 중간 사람은 머리를 숙이고 뒷사람은 합장하며 일동은 자리를 잡았다.

세존께서 물으셨다. "그대들은 왜 이곳에 왔는가?"

그들은 대답했다. "세존께서 여기에 계시다는 것을 알고 배례하기 위해 왔사옵니다."

이윽고 세존께서 말씀하셨다. "선남자여, 방일하면 이(利)와 명(名)을 얻지 못하고 보시함을 좋아하지 않으며, 도닦는 자를 봄을 좋아하지 않는다. 또한 세사(世事)와 말을 좋아하고, 수면과 희론을 좋아하고, 악우에게 다가가서 나태를 좋아하고, 남에게 업신여김을 받고, 들은 일을 잊고, 변지(邊地)에 사는 것을 좋아하고, 마음을 단정히 할 줄을 모르고, 음식에 족함을 모르고, 한적함을 좋아하지 않고, 따라서 그 보는 바도 바르지 않다.

선남자들이여, 세간의 법도 세간을 초월한 불법도 방일하지 않은 곳에서 생긴다. 만약 도를 얻고 싶다고 생각한다면 힘써 방일하지 않는 법을 닦아라. 방일한 자는 그 몸은 부처와 제자에게 다가간다 하더라도 각에서 아득히 먼 자이다."

리차비인들은 말하였다. "저희들은 자신들의 방일함을 알고 있사옵니다. 만약 그렇지 않았다면 세존은 저희들의 처소에 나셨을 것으로 생각합니다."

5. 그때 그 중에는 빈기야라는 사람이 있어, 리차비인들에게 얘기하였다. "그대들의 말은 옳다. 빔비사라왕은 커다란 이익을 얻었다.

세존이 그 나라에 나신 것은 마치 못에 신묘한 연꽃이 피어난 것과 같은 것이다. 그렇지만 그대들을 방일한 사람이라고 부르는 것은, 오욕에 빠져서 부처께 다가가는 것을 모르기 때문인 것이다. 세존이 마가다에 광림하신 탓으로 돌려서는 안 된다. 그것은 부처란 해나 달과 같은 존재로, 한 사람이나 두 사람을 위해서 세상에 나오신 것이 아니기 때문이다." 그러고는 일어나 세존 앞에 나아가서 물끄러미 성안을 우러러보았다.

세존께서 말씀하셨다. "너는 무엇을 보고 있느냐?"

빈기야가 말하였다. "세존의 대덕은 큰 산이 솟은 것 같고, 천상천하에 그 유가 없습니다. 저는 지금 세존을 우러러보고 청정한 가르침을 순봉하여, 고뇌는 조금도 없습니다."

세존께서 밝히셨다. "나를 잘 보는 것이 좋다. 저절로 복을 얻으리라."

"세존이시여, 원하건대 저의 염(念)이 열릴 것을 허락해주시옵소서."

세존께서 이를 허락하시자 빈기야가 게를 읊었다.

    앙가의 임금은 보주(寶珠)의 갑옷을 입었네. 마가다의 임금은 크게 부하도다. 부처님이 이곳에 나셔서 그 위덕은 천하마저 움직이신다.

    불명(佛名)의 나타나심은 설산과 같으며, 향기의 훌륭함은 연꽃과 같도다.

    그 빛을 배례하건대, 해가 동산에 뜨는 것과 같고 달이 창공에 노니는 것과 닮았도다.

    세존이시여, 이 빛으로써 이 세상을 비추고, 중생에게 밝은 눈을 베푸시고, 모든 의문을 불식하셨도다.

불지(佛智)는 높고 신묘하며, 그리고 밝아서 먼지도 없네. 칠흑 속에서 뜰의 모닥불을 보는 것만 같다. 원컨대 저는 청신계(淸信戒)를 받들어 스스로 삼보에 귀의하여 받들리라.

500명의 리차비인들은 이 게송을 듣고 마음이 동하여 말하였다.
"빈기야여, 너의 덕은 크다. 모쪼록 거듭하여 그 게송을 부탁드리는 바이다."
빈기야가 세 번 이것을 게송하자, 사람들은 그 화려한 의복을 벗어 그에게 보냈다. 그는 또 모조리 이것을 세존께 바쳤다.

6. 세존은 그 뜻을 헤아려 거두시고, 사람들에게 고하셨다.
"리차비인들이여, 교만을 제거하고 법광(法光)을 더하라. 재물도 빛도 향기도 꽃도 계의 장엄에는 미치지 못한다. 일신을 영화롭게 하고 백성을 편안하게 할 수 있는 것은 그저 마음을 고르게 하는 데에 있다. 만약 여기에 도를 즐기는 생각을 더한다면 덕은 더욱 높아질 것이다. 즐겨 현자를 모아서 날로 그 덕을 새롭게 하고 바르게 반성을 기르며 사람들을 인도한다면, 금후 덕은 길이 흘러 궁하는 바가 없을 것이다.

보옥은 땅에서 나고 계는 많은 선에 연유하는 바이다. 지혜있는 자는 청정한 계를 닦아 망집의 광야를 나아가야 한다. 아의 견식을 여의라. 교만은 참괴를 멸하고 모든 선을 멸하고, 모든 공덕을 잃게 한다. 용색도 벌족(閥族)도 모두가 무상하다. 움직여 잠시도 머물지 않고 언젠가 끝내는 멸해갈 것이다. 어떻게 자랑할 수가 있겠는가.

또 욕은 큰 환이다. 그것은 원수처럼 사위(詐僞)로 접근해와 아무도 모르게 해치는 것이다. 참으로 안에서 일어난 그 세의 무서움은 세간의 불(火)보다도 무섭다. 불은 세차게 타오르더라도 물은 이것을 끈다. 그러나 탐의 불은 쉽게 끄기가 어렵다. 맹렬한 불이 들을 태우더라도 초근(草根)은 이윽고 또 재빨리 나게 되지만, 탐화가 마음을 태우면 정법이 생기기란 어렵다. 탐은 세상의 즐거움을 구하고, 세상의 즐거움은 오독을 증가시키고, 오독은 자신을 악도에 떨어뜨린다. 참으로 원기(怨氣) 중에는 탐을 넘어서는 것이 없다. 또 탐은 사랑을 낳고, 사랑은 욕을 익히게 하고, 욕은 모든 괴로움을 초래한다. 악은 탐을 웃도는 것이 없다.

리차비인들이여, 또 진에를 함께해서는 안 된다. 노여움은 바른 얼굴빛을 일그러뜨리고, 밝은 눈을 가려 친함을 끊고, 세간의 업신여김을 당한다. 그러니 노여움을 버려라. 만약 스스로 금할 수가 없으면 회한과 근심의 불을 수반하여 일어나고, 첫째는 스스로를 불태우고 이어서 남까지도 태우게 될 것이다. 마음에 드는 자를 보면 탐을 일으키고, 마음에 들지 않는 자를 보고는 노여움을 일으킨다. 마음에 들고 안 들고를 모두 잊어버린다면 탐과 노여움을 모두 제거할 수가 있을 것이다.

리차비인들이여, 부처가 세상에 나오는 것은 심히 희귀한 일이다. 능히 부처의 정법을 밝게 아는 자도 심히 희귀하며, 듣고 믿는 자도 심히 희귀한 것이다. 능히 부처의 정법을 성취하는 자도 심히 희귀하며, 그리고 부처의 정법의 은혜에 보답하는 것을 아는 자도 또한 희귀한 것이다. 리차비인들이여, 스승에 순종토록 하라. 그 앞에서는 공경하고, 보지 않는 곳에서는 칭찬하고, 그 몸이 떠난 뒤는 항상 이를 염함이 좋다."

세존의 말씀하신 바를 다 듣고 리차비인들은 자리에서 일어나 예를 드리고 말하였다. "세존이시여, 저희들은 세존과 성중(聖衆)에게 공양을 드리고 싶습니다. 모쪼록 청허해주십시오." 세존께서 말씀하셨다. "나는 먼저 암바팔리에게 공양을 허락했다." 리차비인들은 손을 휘두르면서 말했다.

"그녀가 우리들의 선수를 쳤다."

그러나 세존의 성의가 일률적으로 미침을 알고 진심으로 감사하며 각자 발에 예하고 세 번 세존을 돌아서 집으로 돌아갔다.

7. 암바팔리는 밤을 새워 음식을 갖추고 방을 꾸미고 자리를 준비하고, 새벽에 이르러 세존의 좌하에 나아가 때를 알려드렸다. 세존은 바리때를 들고 뭇 제자들에게 둘러싸여 성으로 들어가셨다. 성내의 많은 사람들은 나와서 세존 일행을 배례했는데, 세존께서 명월과 같고 제자들은 명성과 같다고들 얘기했다. 이윽고 세존은 암바팔리의 집에 들어가 착석하시자, 그녀는 손수 바리때를 받쳐들고 국물을 권했으며, 식사가 끝나고 바리때를 치우자 황금의 항아리를 들어내어 어수(御手)에 부으면서 말하였다. "이 성의 많은 동산 중에서도 제 것이 가장 훌륭합니다. 저는 지금 이것을 세존께 바치고자 생각합니다. 모쪼록 저를 불쌍히 여기시어 받아주십시오."

세존은 이것을 허락하시면서 "암바팔리여, 탑을 일으키고 정사를 세워 청량원(淸凉園)을 갖추고 다리와 배로써 사람을 건너게 하고, 또는 광야에 물로써 풀에 시혜하고, 집을 지어 숙소를 제공함이 좋다. 암바팔리여, 베푸는 자에게는 원한도 없고 무서울 것도 없다. 그 이름은 사람들의 찬양을 얻고, 그 몸은 편안한 것이다. 청정한 계는 세상의 숭상하는 바로 가는 곳마다 경애하지 않는 자가 없다. 욕은 근심인 것이며 부정이다. 서둘러 이곳에서 나가도록 힘씀이 좋다."

세존은 암바팔리의 마음이 드디어 아늑해지면서 쉽게 가르침을 받게끔 된 것을 보고 그녀를 위하여 사성제의 요점을 설하셨다. 그녀는 신심이 아름다워 마치 백모(白毛)의 천이 물감을 받기 쉬운 것처럼 당장 법을 보고 법을 터득하여 무외(無畏)의 지위에 들어갔다.

이때 암바팔리는 세존께 말씀드리기를 "세존이시여, 저는 지금 부처에 귀의하고 승법에 귀의하고 승가에 귀의하여 받드옵니다. 모쪼록 저를 신자 속에 넣어주십시오. 저는 금후 살생·투도·음란·망언·음주함을 그만둘 것이옵니다."

세존은 이것을 허락하셨다. 암바팔리는 이때까지의 습관을 버리고 부정(不淨)에서 헤어나 청정해졌다.

세존은 성의(聖意)대로 베살리에 머무르신 후 아난다에게 의복을 갖추게 하고 제자들을 거느리고 그곳을 떠나셨다.

제4절 사리푸타와 목갈라나의 입멸

1. 어느 날 사리푸타는 선정에서 나와 생각하기를 '과거 세상의 부처에게는 각자 상족(上足)의 제자가 있었으나 그들은 모두 그 스승에 앞서 멸도에 드는 것을 예사로 했다. 나도 이 이레 동안에 세존을 앞서 가게 될 것이다. 그러나 나의 어머니는 아직 불법에 귀의하고 있지 않으므로 나는 지금부터 찾아가서 어머니를 인도하여 도에 들게 하고, 그리고 내가 태어난 방에서 멸도에 들기로 하자. 첫째 세존의 허락을 앙청하지 않으면 안 되겠다.' 곧 그 방을 치우고 일어나자 엄숙하게 돌아보면서 말했다. "아아, 이것이 이 방을 보는 최후의 시간인 것이다. 어제 또다시 이 방에 들어오는 일은 없으리라."

이윽고 세존의 좌하에 절하며 말씀드렸다.

"세존이시여, 저는 이제부터 멸도에 들려고 하옵니다. 모쪼록 이를 허락해주십시오."

세존은 침묵한 채 답하지 않으셨다. 사리푸타가 이를 청하기 세 번에 이르자 세존은 말씀하셨다.

"너는 어찌하여 여기에 머물지 않는가?"

사리푸타가 말하였다. "세존이시여, 신들이 저에게 석가모니불은 오랫동안 재세하셨지만 이제는 80세를 향하셨으므로 드디어는 멀지 않아 멸도에 들게 될 것이라고 알려주었습니다. 세존이시여, 저는 세존의 멸도를 차마 볼 수가 없습니다. 그리고 언젠가 세존께서 말씀하신 것처럼 부처가 멸도에 드실 때는 그 상족의 제자가 이에 앞선 것처럼 저도 세존을 앞서 멸도에 들려고 생각하옵니다."

세존이 말씀하셨다. "너는 어느 곳에서 멸도하려고 생각하는가?"

"저는 제가 태어난 나란다 고장의 집에서 멸도에 들려고 생각하옵니다."

"너는 능히 때를 알고 있다. 사리푸타여, 나의 제자 중에 너와 같은 사람을 얻기란 참으로 어렵다. 이제 한번 제자들을 위하여 법을 밝혀 달라."

사리푸타는 분부를 받고 공손히 세존께 절하고 사람들의 앞에 앉아 법을 설했다.

이리하여 다시 세존께 말씀드렸다. "세존이시여, 저는 먼 옛날부터 성심을 다하여 모든 부처를 뵈려고 소원했습니다만, 그 소원이 용납되어 지금 이 세상에 있어서 세존을 뵐 수가 있었습니다. 세존이시여, 저의 세상의 마지막이 다가왔습니다. 저는 7일 새에 무거운 짐을 내린 사람처럼 이 세상을 떠날 것입니다. 이것이 겨우 이승에 있어서 세존께 바치는 최후의 계수(稽首)이옵니다." 하며 합장하고 공손히 무릎 꿇은 뒤 좌하를 물러났다.

2. 모든 제자들은 꽃과 향을 들고 사리푸타를 따랐다. 사리푸타가 말했다. "그대들은 어디로 가려는 것인가."

제자들은 말했다. "존자를 공양해드리기 위함입니다."

사리푸타가 말했다. "그만두라. 그대들은 벌써 나의 공양을 끝냈다. 나에게 한 견습 제자가 있어서 그가 나를 섬기게 될 것이니 이제 걱정할 것이 없다. 너희들은 돌아가서 각자의 갈 길을 생각함이 좋다.

부처의 출세를 만나기는 어렵고, 또 사람으로서 신심을 얻어 집을 나와 법을 배우는 일도 참으로 어렵다. 제자들이여, 모든 것은 무상이며 괴로움이며 무아인 것이다. 열반만이 길이 적정한 것이다. 그대들은 능히 이것을 염함이 좋다." 제자들은 모두 오열했다.

사리푸타가 나란다의 동리 어귀에 닿은 것은 저녁녘이었다. 그가 길가에 있는 용수(榕樹) 그늘에서 쉬려고 하는데, 한 청년이 와서 그에게 절을 했다. 그의 조카였다. 사리푸타가 물었다. "네 조모님은 지금 집에 계시냐?"

조카가 답했다. "그러하옵니다."

사리푸타가 말했다. "그렇다면 너의 조모님께 내가 잠시 후에 집으로 가겠다더라고 전해달라." 조카는 달려가서 조모인 사리에게 그 취지를 전했다. 그녀는 속으로 '내 아들은 어릴 때 출가했는데 나이가 많아지자 출가승을 버리려고 하는 것이리라.'고 생각했다. 서둘러 방을 치우고 아들이 오기를 기다렸다.

저녁에 사리푸타는 그 집에 닿았다. 안으로 들어서자 갑자기 병이 무거워져 많은 피를 토했다. 어머니는 놀라며 그 방에서 물러났다. 신들은 하강하여 공손히 사리푸타의 병을 간호했다.

어머니는 괴이하게 생각하여 사리푸타의 시자인 주나에게 "어찌된 일이냐?" 하고 물었다.

주나가 답하기를 "존자의 덕이 높으시기 때문입니다."

어머니는 놀라며 말했다. "내 아들조차 그와 같이 존귀하다면 세존은 얼마나 존귀하실까." 그리고 청정한 기쁨이 가슴속에 넘쳤다.

3. 사리푸타는 도를 얘기할 때가 이르렀음을 생각하고 어머니를 향하여 말했다. "어머니시여, 저의 스승이 나셨을 때, 그 정각을 얻으셨을 때, 또 정법을 말씀하실 때는 대지가 여섯 가지로 진동했습니다. 세상에 덕과 지혜에 있어서 저의 스승을 넘어서는 자는 하나도 없습

니다."

 이리하여 사리푸타가 자진하여 법을 설하자 어머니는 기뻐하며 말했다. "내 아들아, 그대는 왜 더 빨리 이러한 법을 나에게 전해주지 않았던 것인가."

 사리푸타가 말했다. "어머니시여, 저는 이제 비로소 어머니의 은혜에 보답할 수가 있었습니다. 어머니시여, 모쪼록 물러가십시오. 저를 홀로 이곳에 남겨주십시오."

 그리고 주나를 불러 시간을 묻자 "새벽이 가까웠습니다."고 대답했다. 사리푸타는 드디어 몸을 일으켜 그 앞에 모인 제자들에게 말했다. "44년간 그대들은 나와 함께 있었다. 그간에 내가 그대들을 해친 일이 있었다면, 모쪼록 나를 용서해주길 바란다."

 제자들이 말했다. "스승이시여, 그림자가 모양을 따르듯이 우리들은 오랫동안 스승을 섬겼습니다만 조금도 스승을 향하여 불쾌했던 일은 없었습니다. 저희들이야말로 스승의 관대한 용서를 청할 수밖에 없습니다."

 사리푸타는 게송으로 설하셨다.

 부지런히 힘써 각을 열어라. 이것이야말로 나의 가르침이니. 그럼 나는 멸도에 들어가리라. 나는 모든 것에 해탈되었으니.

 4. 보름달이 휘영청 밝은 저녁, 사리푸타는 어머니 앞에 절하고 그 산실에 들어가 누웠다. 밤새 세찬 괴로움이 덮쳤으나 그는 새벽녘이 다 가오자 침구를 깔게 하여 우협으로 드러누워 조용히 멸도에 들어갔다.

 어머니 사리는 그 옆에 엎드려 뒹굴며 울부짖었다. "아아, 내 아들아, 이제 그대의 입술은 한마디도 열리지 않는 것인가. 그대가 지닌 덕을 내가 알게 됨이 너무나 늦었구나. 만약 그것을 아는 것이 빨랐더라면 나도 수많은 성중(聖衆)을 우리 집에 초대하여 그 한 사람 한 사람에게 세 벌씩의 옷을 바쳤을 것임에도."
 밤은 밝았다. 사리는 그 문갑을 열고 재물을 꺼내어 장의를 갖추었다. 모든 사람들은 찾아와 힘을 합쳤고, 사리푸타의 유모는 세 개의 황금 꽃을 바쳤으나 군중의 혼잡 속에 넘어져 이 세상을 떠났으며, 그 덕에 의하여 천계에 태어났다.
 7일 동안 갖가지의 공양이 바쳐졌고, 이어 다비가 행해져 아니룻다는 향수로 불을 끄고 주나는 공손히 유골을 모아 사리푸타의 옷과 바리때와 함께 세존의 좌하로 가지고 돌아갔다.
 5. 주나는 먼저 아난다에게로 가서 사리푸타가 멸도한 일을 얘기하고 그 유골과 의발을 보였으므로 아난다는 흐느끼며, 이날 사방이 어두워졌다고 한탄했다. 그는 세존의 좌하에 이르러 찾아온 용건을 말씀드리기를 "저희들은 사리푸타의 멸도에 부딪쳐 마음이 산란해졌사옵니다."라고 했다.
 세존이 말씀하셨다. "아난다여, 마음 아파할 것은 없다. 길이 존재하지 못할 것을 길이 존재토록 바란다는 것은 무리한 것이다. 아난다여, 과거의 제불 역시 떠나셨던 것이 아닌가. 모든 것은 무상하며 생명 있는 것은 반드시 죽어간다. 조금도 슬퍼할 것은 없다. 다만 나지도 않고 멸하지도 않는다는 열반의 주처, 그 멸이야말로 가장 존귀한 것이다. 아난다여, 사리푸타의 유골을 나에게 건네달라."
 이에 아난다는 유골을 세존께 바쳤다.
 세존은 이것을 오른손으로 받아 모든 제자들을 불러 말씀하시기를 "제자들이여, 이것은 이 4, 5일 전까지 너희들에게 여러 가르침을 설했던 사람의 유골이다. 그는 오랫동안 덕을 닦아 자신을 완성했다. 그는 여러 부처처럼 법을 설했다. 모든 사람은 그로부터 가르침을 들었다. 그의 지혜는 크고 기쁨을 내포했고, 그 마음은 민첩했고 투철했다. 그는 욕심이 적었으며 정적을 즐겼고 악을 물리치고 다툼을 피하고 희론을 좋아하지 않았고, 그리고 도를 펴기 위해서는 대지와 같이 두터운 뜻을 갖고 있었다. 제자들이여, 능히 이 현명한 법아(法兒)의 유신(遺身)을 보는 것이 좋다.”

이리하여 세존은 사리푸타를 위하여 하나의 탑을 베살리 입구 근처에 세우시고 아난다를 불러 여러 제자들과 함께 다시 라자가하성으로 향하셨다.

6. 세존은 라자가하성으로 들어가 죽림정사에 머무르셨다. 그동안 이 오랜 기간은 아니었지만 목갈라나 역시 이 동안에 멸도에 들어갔다. 그 죽음의 인연은 다음과 같다. 라자가하성 근처에 살고 있던 나형외도(裸形外道)의 한 무리는 전부터 깊이 세존을 질시하고 생각하기를 ‘부처나 그 제자들이 세간에서 공경받는 이유 중의 하나는 목갈라나의 덕이 높기 때문이다.’고. 그 때문에 목갈라나는 이사기리산의 동굴에 살고 있었을 때 두 번이나 그들로부터 습격을 받았으나 다행히 두 번 다 난을 면할 수가 있었다. 그런데 어느 날 성에 들어가 밥을 받으려는 순간 나형외도가 역시 덮쳐와 그를 에워싸고 끝내 그를 잡아 기와와 돌로써 그를 치고 노변의 풀속에 던져버리고 떠나갔다. 목갈라나는 뼈가 부러지고 살은 문드러져 아픔을 참기 어려워 끝내 멸도에 들어갔던 것이다. 이 사실이 알려지자 아자타사투왕은 즉시 나형외도를 묶어 책형(磔形)에 처했다.

이리하여 세존은 목갈라나를 위하여 또 죽원(竹園)의 입구에 탑을 세우도록 명하셨다. 그리고 모든 제자들을 보시고 말씀하셨다. “제자들이여, 사리푸타나 목갈라나는 이 세상에 있었을 때, 그들 발길이 간 곳의 사람들은 모두 행복을 누렸다. 그것은 그들이 능히 외도이교(外道異敎)를 항복시키는데 견딜 힘이 있었기 때문이다. 그런데 이제는 너희들 속에 그들은 있지 않다. 참으로 이 교단은 큰 손실을 보았던 것이다."

제5절 입멸의 계(誡)

1. 세존께서는 아난다를 데리고 베살리를 향해 여행길에 나섰는데, 강변에서 다시 사리푸타와 목갈라나의 죽음을 애석해하셨다. 강을 건너 베살리에 닿은 이튿날 아침, 읍에서 탁발하고 그 귀로에 잠시 쉬면서 말씀하셨다. "아난다여, 베살리도 즐겁고 16개국의 여러 고장은 그 어느 곳이나 모두 즐거웠다."
세존은 세 번이나 같은 말을 간곡하게 되풀이하셨다. 그러나 아난다는 그때 마음이 어두워져 있었기에 그 말뜻을 짐작할 수가 없어서 아무런 대답도 하지 않았다. 세존은 "물러가서 조용히 생각하라." 하며 아난다를 물러가게 하고, 일어나시어 시냇가의 나무 그늘에 이르러 앉으셨다.

2. 그때 악마가 세존의 좌하에 다가와 말했다. "세존이시여, 속히 멸도에 들어야 합니다. 세존의 교화는 이미 끝났습니다. 지금이 바로 이 세상을 떠나실 때이옵니다."
세존께서 말씀하셨다. "사라져라, 악마여. 나는 능히 그 시간을 알고 있는 것이다. 아직 멸도에 들 때는 아니다. 나는 나의 제자들과 모든 사람들이 모름지기 이 도를 받을 수 있을 때까지는 멸도에 들지 않겠다."
악마가 말했다. "세존이시여, 일찍이 네란자라의 강변에 계시면서 각을 얻으셨을 때, 나는 세존의 좌하에 나아가 즉각 멸도에 들어가시도록 권했습니다. 그때 세존은 '사라져라, 악마여. 나는 스스로 때를 알고 있다. 아직 멸도에 들 수는 없다. 나는 나의 제자들이 모두 모여

들어 천계도 인계도 빠짐없이 부처의 신변(神變)을 보게 되기까지는 멸도에 들지 않겠다.'고 말씀하셨습니다. 세존이시여, 이제 제자들은 모두 모였고, 천계도 인계도 다함께 신변을 배견하지 않으셨습니까. 지금이야말로 참으로 좋은 때인 것입니다. 왜 신속히 멸도에 드시지 않는 것이옵니까?"

세존께서 말씀하셨다. "사라져라, 악마여. 부처는 스스로 때를 알고 있다. 차후 3개월을 지나 내가 나의 전세와 연유가 있는 쿠시나라의 사라쌍수 사이에서 멸도에 들 것이다."

악마는 이 말씀을 듣고 '부처의 말씀에 거짓은 없다. 멸도에 들어가심도 멀지는 않았다.'고 알고는 기뻐하며 홀연히 그 모습을 감추어버렸다.

3. 세존은 자리를 단정히 하고 다시 사유(思惟)에 들어가 조용히 멸도에 관해 관(觀)하셨다. 그리고 혼잣말을 하셨다. "세 가지 망집을 벗어나는 것은 새가 알에서 깨어나는 것과 같이 쉬운 일인 것이다. 지금 내 마음은 편안하다. 마치 적을 격파하고 전장에서 돌아오는 장군과도 흡사한 심정인 것이다."

그때 대지는 크게 진동했다.

아난다는 놀라 깨어 세존의 좌하에 나아가 물었다. "세존이시여, 지금 대지가 움직인 것은 무엇 때문이옵니까? 저는 숲에 있으면서 살자란 큰 나무가 갑자기 폭우 때문에 흔적도 없이 넘어진 꿈을 꾸었습니다. 혹시 세존께서 멸도에 드시는 것은 아니옵니까?"

세존께서 말씀하셨다. "아난다여, 나는 3개월이 지나야 멸도에 들 것이다."

아난다는 놀라서 슬퍼하며 말했다. "그저 원컨대 세존이시여, 우리들을 불쌍히 여기시어 이제 1겁(劫)만, 혹은 그 반이라도 수(壽)를 머무르시어 길이 천상과 인계에 시혜하시옵소서."

이와 같이 세 번 원했으나 세존은 아난다에게 고하시기를 "지금은 청할 때가 아니다. 나는 이미 차후 3개월이 지나면 곧바로 멸도에 들게 될 것이라고 악마에게 고했다. 아난다여, 너는 나를 섬기고부터 내가 말을 이중으로 사용한 것을 들은 일이 있는가?" 하셨다.

"아직껏 없었습니다. 그러나 저는 전에 자재력이 있는 사람은 생각하는 대로 수명을 머물게 할 수가 있다고 듣고 있습니다."

"나는 앞서 이것을 너에게 말했다. 그러나 그때 너는 응하지도 않고 또 청하지도 않았다. 부처의 말인데, 한번 입에서 나온 이상 어찌 달리할 수 있으랴. 어리석은 자는 스스로 이것을 달리하지만, 나는 이것을 할 수 없는 것이다."

아난다는 몹시 괴로워서 몸을 뒤틀며 울면서 말하였다. "부처의 멸도에 드심이 어찌 이다지도 빠르리요. 세상의 눈이 사라지는 것이 어찌 이다지도 빠른 것이랴!"

세존은 이를 불쌍히 여겨 말씀하셨다. "아난다여, 슬퍼해서는 안 된다. 만들어진 것은 모름지기 이와 같은 것이다. 회자(會者)란 한 사람도 이별하지 않는 일이 없다."

"그렇지만 세존이시여, 중생은 머잖아 자부(慈父)를 잃게 되오니, 마치 태어난 송아지가 어미소에게 버림받는 것과 같습니다."

"아난다여, 근심해서는 안 된다. 설령 내가 1겁간을 이곳에 살아본들 만난 자와는 언제인가는 이별하지 않으면 안 된다. 설사 이 육신은 멸해갈지라도 설하여 남겨진 묘법의 몸은 언제까지나 남을 것이 아니냐. 아난다여, 나의 좌구를 가져오너라. 이젠 집[舍]으로 돌아가고 싶다."

아난다는 좌구를 들고 세손을 따라 사라의 숲인 집으로 들어갔다.

4. 저녁이 되어 세존은 아난다에게 명하시었다. "아난다여, 가서 이 숲 근처에 온 여러 제자들을 강당에 모이도록 해다오."

아난다는 명을 여러 제자들에게 전하여 제자들이 모두 강당에 모였다.

세존이 방을 나와 강당에 들어가시자 제자들은 일어나 예배했다. 세존은 자리에 앉으시자 제자들에게 설하셨다. "제자들이여, 내가 지금까지 너희들에게 설한 갖가지의 가르침은, 언제나 이것을 생각하고 이것을 읽고 또 이것을 익혀 폐해서는 안 된다.

천하 사람이 모두 스스로 마음을 바르게 한다면 신들은 이를 기뻐하고, 인간은 여기에 복을 받으리라. 너희들은 바야흐로 욕심을 억제하여 극기하지 않으면 안 된다. 몸을 단정히 하고, 마음을 바르게 하고, 말을 공손히 하라. 노여움을 버리고, 악을 피하고, 탐을 버리고, 항상 죽음에 마음을 쓰고, 만약 마음이 사(邪)를 바란다 해도 결코 좇아서는 안 된다.

마음이 음(淫)을 바랐을 때도 마음을 맡겨서는 안 된다. 호귀(豪貴)를 바라더라도 역시 허락해서는 안 된다. 마음이 사람에게 따르는 것이어야지, 사람이 마음을 따라서는 안 된다. 마음은 신이 되고 사람이 되고 축생이 되어 육도의 세계를 만들지만, 또 득도를 열어 아름다운 부처로도 만들 수가 있는 것이다.

5. 그러니 너희들은 진정 마음을 바르게 하여 도를 행하지 않으면 안 된다. 오직 도를 행하는 자만이 능히 세상에 있어서 안식을 얻을 수 있다. 이리하여 나의 청정한 도가 길이 세상에 존속하여 세간을 구하고 신들을 이끌며, 모든 사람을 휴식시킬 수가 있는 것이다.

제자들이여, 몸은 부정한 것이라고 생각하고 탐욕을 일으켜서는 안 된다. 즐거움을 받더라도 끝내는 괴로움을 낳는 것을 생각하여 빠져들어서는 안 된다. 마음은 무상이요 변천하는 것임을 생각하여 집착해서는 안 된다. 또한 모든 법은 반드시 주인 없는 무아(無我)의 것임을 알고 집착을 일으켜서는 안 된다. 이것이 곧 사념처(四念處)인 것이다.

　제자들이여, 악이 일어나려는 것을 방지하라. 그리고 이미 일어난 것은 끊어야 한다. 선한 일이 이미 생겼다면 그것을 힘써 기르고, 아직 생기지 않은 것은 힘써 일으키도록 해야 한다. 이것이 곧 사정근(四正勤)인 것이다. 제자들이여, 항상 선을 바라며 이에 향하고, 항상 마음을 하나로 하여 법에 마음을 쓰고, 정진하되 해이해서는 안 되며, 항상 사유하며 마음을 어지럽히지 않게 함이 좋다. 이것이 곧 사신족(四神足)인 것이다.

　제자들이여, 도를 믿는 길로 나아가고, 도에 마음을 쓰고, 마음을 도에 정착시키고, 밝게 사성제의 지혜를 닦아, 이리하여 선근을 기르는 것이 좋다. 이것이 곧 오근(五根)인 것이다. 굳게 도를 믿어 의문과 괴로움을 차단하고 힘써 도로 나아가 게으름을 제거하고 한결같이 도에 마음을 써서 그릇된 생각을 타파하고, 바르게 마음을 정하여 어지러운 생각을 물리치고, 밝게 사성제를 궁구하여 능히 망령된 생각을 버려라. 이리하여 선의 힘을 얻음이 좋다. 이것이 곧 오력(五力)인 것이다.

　제자들이여, 정법에 마음을 쓰되 오매불망해야 한다. 모든 법을 보고 그 참과 거짓임을 가리고 항상 나아가며 항상 기뻐하고, 거짓을 제거하여 마음을 안존케 하고, 마음을 선정에 살게 하여 망령된 생각을 일으키지 않게 하고, 부실(不實)의 경계를 버리고 부침하는 양단을 피하지 않으면 안 된다. 이는 참으로 성스러운 지혜에 들어가는 길인 것이다. 이것이 곧 칠각분(七覺分)이다.

　제자들이여, 바르게 보고, 바르게 생각하고, 바르게 얘기하고, 바르게 행하고, 바르게 살고, 바르게 나아가고, 바르게 도를 생각하고, 바르게 마음을 정함이 좋다. 이것이 곧 팔정도(八正道)인 것이다.

　6. 제자들이여, 이러한 가르침은 바로 세상을 구하는 청정한 도인

것이다. 너희들은 뭇사람의 복을 위해, 또 세상의 융창을 위해 이를 닦고 전함이 좋다. 제자들이여, 37의 도품(道品)은 모든 선의 근원인 것이다. 이로써 마음을 닦고, 탐하지 않고, 다투지 않고, 속이지 않고, 희롱하지 않고, 질시하지 않고, 덤비지 않고, 지혜와 자애와 공순한 눈으로써 나의 육체보다도 존귀한 정법의 진신(眞身)을 보는 게 좋다. 분명히 나의 정법의 진신을 보는 자야말로 내가 현세에 있으며, 항상 그의 곁에서 떠나지 않는다는 것을 깨달을 것이다.

나는 지금 너희들을 위하여 말세에 이르기까지 고독(苦毒)의 나무를 바꾸어 감로의 과일이 열리게 하고자 소원한다. 너희들은 이 법 속에서 서로 화목하고 서로 공경하여 쟁송을 일으켜서는 안 된다. 너희들은 동일의 스승으로 이어져 있는 것이다.

물과 젖처럼 화목하라. 물과 기름같이 다투지를 말고, 의좋게 나의 법을 지켜 함께 배우고 번영과 즐거움을 같이해라. 마음을 불요한 곳에 써서 생명을 헛되게 소모함이 없이 각의 꽃의 정(精)을 먹고 도의 과일을 익게 하여, 이어서 세상으로 하여금 모름지기 이 과일로 배부르게 하도록 노력해주었으면 한다.

제자들이여, 나는 스스로 이 법을 깨달아 남을 위해 설했다. 이 법은 능히 너희들로 하여금 해탈에 이르게 할 것이다. 너희들은 잘 분간하여 매사를 선하게 행하도록 하라. 나는 이 3개월을 넘기고 멸도에 들게 될 것이다."

7. 모든 제자들은 이 말을 듣고 놀라 슬퍼하여 오체를 땅에 던져 울부짖었다.

"부처님은 어찌하여 이렇게도 일찍 멸도에 드시는 것입니까! 세상의 눈이 어찌하여 이렇게도 빨리 멸하시는 것입니까! 세존이시여, 원컨대 이 세상에 머무르시어 멸도에는 드시지 마옵소서. 뭇사람은 모두 무명의 어둠 속에서 헤매고 있습니다. 원컨대 언제까지나 이승에 계시어 명등(明燈)이 되어 비추어주시옵소서. 모든 사람은 모름지기 망집의 거센 바다에 떠돌고 있습니다. 원컨대 이 세상을 제도하시는 뗏목이 되어 언제까지나 머물러주시옵소서. 만약 그렇지 않다면 모든 사람은 언제까지나 가야 할 길을 헤매고 말 것입니다."

세존은 제자들을 훈계하여 말씀하셨다. "너희들은 잠시 조용히 하라. 근심과 슬픔을 품어서는 안 된다. 세상은 무상이다. 강하고 견고한들 영원히 변하지 않는 것이라고는 하나도 없다. 육신은 연약하여 마치 번갯불 같은 것이다. 하늘이라는 심공(深空)의 신들까지도 죽어가며, 천하의 왕자도 죽음은 피할 수 없다. 빈함과 부함과 귀함과 천함과의 차이점은 있어도, 나고서 죽지 않는 것은 하나도 없다. 바뀌는 것을 못 바뀌게 한다는 것은 무모하다. 너희들은 청정해달라. 항상 해탈을 구하여 방일하게 되지를 말라. 이제야 나의 생애는 완전히 끝났다. 나의 마지막은 다가왔다. 너희들은 이 세상에 남아라. 나는 지금 생각했던 대로 귀의처에 이르게 되었다. 너희들은 삼가 경계하여 스스로 그 마음을 수호하지 않으면 안 된다.

내가 설한 모든 법은 그야말로 너희들의 스승이니, 능히 이것을 봉지(奉持)함을 나를 섬김과 같이함이 좋다. 만약 넘어지는 일이 없이 이 길을 나아간다면 곧 이것이 정법을 지키는 일인 것이다. 그러하니 내가 세상에 있음과 같이 지켜 받들어 조금도 어겨서는 안 된다. 그리해야만 스스로 해탈에 이르러 틀림없이 모든 사람을 시혜할 수가 있을 것이다."

이미 날은 완전히 어두워졌다. 세존은 아난다를 데리고 거처로 돌아가셨다.

제2장 여래장(如來藏)

제1절 고별

1. 이튿날 아침, 세존은 아난다를 데리고 성으로 들어가 탁발한 후 제자들과 함께 베살리를 떠나실 때 몸을 돌려 성을 돌아보시고 웃으셨다. "이것이 이 성을 보는 마지막 기회, 이 몸으로는 또다시 이 성에 들어가는 일은 없을 것이다."
 그때 하늘에는 구름 한 점 없는데도 비가 부슬부슬 내렸다.
 제자들은 이 말씀을 듣고 또 다시 슬퍼하여 땅에 엎드린 채 몸부림쳤다.
 이 사실이 모든 리차비인들 사이에 퍼졌다. 사람들은 놀라서 가슴을 치며 부르짖었다. "슬픈 일이로다. 우리들은 이제부터 누구의 가르침에 의지해야 좋단 말인가. 가서 세존을 만나뵙고 세간에 머무르실 것을 말씀드리자."
 그리고는 곧 수레를 달려 성을 나와 멀리서 세존의 일행을 바라보고, 아난다 및 여러 제자들의 괴로워함을 보자 더욱더 슬픔이 짙어져 나아가 족하에 절하고 말씀드렸다. "세존이시여, 지금 만약 세존께서 입멸하신다면 세인들은 그 눈을 잃은 듯이 또다시 무명(無明)의 어두운 길을 헤맬 것입니다. 그렇게 되면 어찌 가르침의 길을 판별할 수 있겠나이까. 그저 원하옵건대 1겁일지라도 수명을 더 이승에 머물러 주시옵소서."

2. 세존이 밝히셨다. "지어진 법은 모든 것이 다 무상하다. 설령 지금 1겁의 수명을 연장했다 한들 역시 한 번은 죽지 않으면 안 된다. 리차비인들이여, 수미산이 높을지라도 끝내는 무너지고, 대해원이 깊을지라도 이 역시 반드시 고갈될 때가 있다. 해와 달은 밝게 비추고 있으나 머지 않아 서쪽으로 지며, 대지는 견고하여 모든 것을 싣고 있으나 겁이 다하여 업화가 불타기 시작하면 역시 멸해가지 않으면 안 된다. 회자는 정리(定離)라, 과거의 여러 부처의 몸도 역시 장소를 바꾸었다. 그러니 나만 어찌 만들어진 정한 이치를 거슬러 죽음을 맞이하지 않고 견디랴. 너희들은 그저 나의 일에 대하여 그와 같이 근심하고 괴로워하지 말라. 나는 지금 너희들에게 마지막 가르침을 시현하리라."

모든 리차비인들은 슬픔을 억누르면서 말하였다. "모쪼록 설해주시옵소서, 저희들은 반드시 가르침대로 행할 것입니다."

세존이 밝히셨다. "리차비인들이여, 너희들은 서로를 기뻐하고 화목하되 거슬러서는 안 된다. 서로가 설유하여 좋은 일을 생각하고, 계를 지키고 예를 행하며, 부모와 장자를 공경하고 친척과 의좋게 지내고 서로가 따르지 않으면 안 된다. 나라 안에 있는 조상이나 성현의 탑묘에 제사를 드려라. 불법을 믿는 제자들을 공경하고, 청정한 신앙을 갖는 사람들을 사랑하고 두호해야 한다.

사람들이여, 바른 법에 의하여 나라를 다스리고 사곡으로 백성을 학대해서는 안 된다. 인과의 이치를 배우고 다만 한 가지 참된 도를 믿어, 설사 육신은 멸할지라도 법 속에 살아남는 부처의 멸하지 않는 진리를 알아야만 한다. 이 사람이야말로 참으로 참괴의 의복을 입은 사람인 것이다. 부처는 항상이 사람을 두호할 것이다. 이 사람은 오래지 않아 도를 이룰 것임에 틀림없다. 이리하여 나라는 번영하고 백성은 풍족하게 되리라. 너희들은 죽음에 이르기까지 이것을 받아 지님이 좋다."

리차비인들은 말했다. "세존이시여, 우리들은 생명이 있는 한 반드시 이 가르침을 지키게 될 것입니다."

3. 이어서 세존은 제자들에게 고하셨다. "제자들이여, 너희들 역시 기뻐해주고 화동하여 물과 젖같이 서로가 화합하되 사이가 어그러져서는 안 된다. 항상 같이 모여 도를 익히고, 또 계를 지켜 이를 범하려고 하는 생각을 일으켜서는 안 된다. 스승과 상좌를 공경하고, 조용한 곳에서 도에 힘쓰는 동학자(同學者)들을 사랑해야 한다. 또 남을 권하여 도장(道場)에 법의(法儀)를 영위하고 힘써 불법을 수호하라.

제자들이여, 너희들은 재가 사람들과 같이 자생(資生)의 업을 영위해서는 안 된다. 희론하는 말을 해서는 안 된다. 잠을 좋아하며 게을러서는 안 된다. 효과가 없는 일에 이러니저러니 해서는 안 된다. 악우를 멀리하고 착한 벗을 가까이하며, 사악한 생각을 일으키지 않도록 하라. 법에서 얻은 바가 있다면 더 나아가서 향상하는 마음가짐이 필요하다."

4. 세존께서는 다시 건도 마을에 이르러 성 북쪽 숲속에 들어가시어 나무 밑에서 쉬시었다.

그때 여러 제자들에게 고하시었다. "제자들이여, 너희들은 계를 지키고 선정을 닦고 지혜를 구하여 해탈을 얻지 않으면 안 된다. 계를 지키는 자는 악에 따르지 않으며, 선정을 닦는 자는 마음이 흐트러지지 않으며, 지혜를 구하는 자는 욕을 여의고 자유로운 행을 할 수 있다. 이리하여 덕이 높고 영예는 넘치며 마침내는 청정한 길에 들어갈 것이다. 나도 오랫동안 이것을 듣지 못했던 탓으로 각을 얻을 수가 없었던 것이다. 너희들도 힘써 여행하여 이것을 닦음이 좋다."

세존은 나아가 암바라 마을에 들어가시어, 숲속에 앉아서 제자들에게 고하셨다. "계와 선정과 지혜를 닦은 자는 미해(迷海)를 건널 수가 있을 것이다. 이미 계를 갖는다면 선정이 되고, 선정이 되면 지혜가 밝게 된다. 예컨대 천이 깨끗하면 아름답게 물들여지는 것과 같이, 이 세 가지가 있으면 도는 쉽게 얻어질 것이다. 너희들은 힘써 이 세 가지를 닦는 게 좋다. 예컨대 골짜기 물이 깨끗하면 밑바닥도 모두 보이는 것과 같이, 도를 얻은 자는 단지 마음이 청정한 것만으로도 밝게 일체의 법을 볼 수가 있는 것이다. 그렇기 때문에 도를 구하는 자는 반드시 그 마음을 청정히 하지 않으면 안 된다. 마음을 청정하게 하면 도는 저절로 얻어진다."

세존은 암바라 마을에서 염부 마을로 옮기고, 또 그 근처 마을을 순회하셨다. 그 동안에 설하신 바가 많았는데, 요지는 다음과 같은 것이었다.

'마음에 세 가지 때가 있으니, 욕과 노여움과 어리석음이 그것이다. 계는 욕의 때를 물리치고, 선정은 노여움의 때를 제거하고, 지혜는 치(癡)의 때를 벗기는 것이며, 이야말로 세상을 구하는 도인 것이다. 너희들은 이에 의하여 슬픔과 근심의 근본을 끊음이 좋다.'

5. 세존은 아난다를 불러 밝히셨다. "너희들은 모두 의발을 정리하라, 나는 이제부터 부가에 가련다." 아난다는 제자들과 함께 세존의 앞뒤를 둘러싸고서 부가시(市)에 들어가 성의 북쪽에 있는 숲에서 쉬었다.

때는 황혼이 물들고 있었는데, 아난다는 나무 밑에 앉아 조용히 대지가 흔들리는 인연을 생각하고 있었다.

잠시 후에 세존의 좌하에 이르러 말하였다. "세존이시여, 땅이 움직이는 것은 무엇이옵니까?"

세존이 밝히셨다. "아난다여, 땅은 물 위에 있으면서 유지되고, 물은 바람 위에 있으면서 유지되고 있다. 때문에 바람이 동하면 물을 움직이며, 물이 움직이면 땅을 움직이게 되는 것이다. 이것이 땅의 움직이는 한 원인인 것이다. 다음은 도를 얻은 자가 감응을 나타내려고 땅을 움직이는 수가 있는데, 이것이 그 둘째 원인인 것이다. 또 부처가 그 힘을 갖고 땅을 움직이는 수가 있다. 이것이 그 셋째인 것이다. 아난다여, 부처의 위신(威神)은 단지 땅을 움직이는 것만이 아니고 또 하늘까지도 움직이는 것이다. 이것이 정심(正心)의 힘이다.

아난다여, 나는 영겁의 옛날부터 공을 쌓아 덕을 거듭하고 이 어려운 자연의 법을 얻었다. 나는 모든 것을 보고 모든 것을 알며, 감화를 미치게 하지 않는 것이라고는 없다. 생각건대 나는 옛날 자비에서 널리 여러 나라를 찾았으며, 왕을 만나고 백성을 찾아 몇 번이고 왕래하며 가르침을 내렸다. 그리고 이들을 편안케 했으며, 이들을 위로하고 굳게 그 뜻을 세우게 한 다음 그곳을 떠났다. 그러나 그들은 끝내 내가 누구임을 알지 못했다. 이리하여 또 천계에 올라 여러 신들을 향하여 청정을 즐기는 자에게는 그 때문에 청정을 설하고, 도의 취지에 이르고 있는 자에게는 힘써 가르침을 펴게 하고 갖가지로 유도한 뒤 또 그곳을 떠났다. 그러나 그들도 역시 끝내 내가 누구임을 알지 못했다. 아난다여, 나의 힘은 넓고 또한 크며, 안 되는 일이라고는 없다. 아난다여, 또 나는 보지 않는 곳도 없다. 그러나 그 중에서 단지 열반만을 가장 즐거운 것으로 한다.

6. 너희들도 틀림없이 이 도를 궁구하고 또 힘써 남을 위해 설함이 좋다. 부처가 세상에 나옴은 우담화가 피듯 매우 만나기 어려운 일인 것이다. 따라서 그 법 또한 듣기 어렵다. 그러기에 한번 들었으면 이것을 지키고 시현하되, 장 속에 감추어서는 안 된다.

제자들이여, 내가 떠난 후에도 만약 어떤 사람이 '나는 친히 부처님으로부터, 또는 상좌인 제자로부터 이와 같은 법을 들었다.' 고 말하며 이것을 설하는 자가 있다면, 너희들은 이것을 듣고 틀림없이 경과 율과 법에 의해 그것이 거짓인가 아닌가를 생각하여 그 본말(本末)을 궁구해야 한다. 만약 그 밝히는 바가 경에 의한 것도 아니고 율에 의한 것도 아니며, 또는 법에 의한 것도 아니라면, 그것은 마의 가르침인 것이다. 너희들은 틀림없이 부처의 말로써 이것을 밝히고 그로 하여금 경에 들어 율에 의해 받아들이도록 함이 좋다. 그가 만약 가르침에 따르지 않는다면 너희들은 적당히 물리치지 않으면 안 된다. 악초(惡草)가 없어지지 않으면 좋은 모종이 피해를 당하기 때문이다.

만약 세상의 가르침에 밝은 사람이 있다면 장로이거나 신참이거나 틀림없이 찾아가서 이를 묻는 것이야말로 중요한 일이다. 신자도 역시 찾아가서 옷·밥·좌구·탕약 등을 공양함이 좋다.

너희들은 길을 같이하고 있다. 어찌 화목하지 않고 견딜 것인가. 그 악도에 떨어지는 것은 모두가 화목하지 않기 때문이다. 너희들은 서로간에 '나야말로 많은 도를 알고 있다, 너희는 가르침을 많이 알지는 못한다.'고 말해서는 안 된다. 아는 일이 많거나 적거나 간에 스스로 실행하지 않으면 아무런 소용이 없다. 말이 가르침에 합당하다면 사용함이 좋다. 그렇지 않은 것은 버려라.

제자들이여, 다만 반드시 법에 의하지 않으면 안 된다. 이야말로 참으로 존승(尊勝)의 곳인 것이다. 만약 법을 잊은 것이라면 마음은 어지러워질 것이다. 검을 잡음에 있어 그 길을 따르지 않으면 도리어 그 손을 상하게 한다는 것을 잊어서는 안 된다."

세존은 이곳에 계시면서 또 사성제를 설하셨다. 그리고 많은 제자들은 각을 열었다.

7. 세존은 부가시에서 구바 마을로 들어가셨다. 세존께서 오셨다는 말을 듣고 많은 바라문과 부호들이 함께 달려와 좌하에 절하고 "세존이시여, 어찌하여 이 마을에 오셨습니까?" 하고 물었다.

"나는 3개월 후에 멸도에 들 것이다. 그래서 베살리를 나와 여러 도시를 빠짐없이 찾다가 잇따라 이곳에 온 것이다."

세존의 이런 대답에 그들은 엎드려 가슴을 치며 울부짖었다.
 세존께서 밝히셨다. "마음 아파할 것은 없다. 만들어진 법의 성상(性相)은 이와 같은 것이다. 너희들은 근심을 버리고 내가 너희들을 위하여 마지막으로 얘기하는 바를 조용히 듣는 게 좋다. 너희들은 부모를 공경하고 효도를 다하지 않으면 안 된다. 항상 착한 길로 처자를 이끌고, 노복을 불쌍히 여기고, 그 바라는 것이 무엇인가에 신경을 쓰고, 착한 사람을 가까이하되 악한 사람과는 떨어지는 게 좋다. 그렇게 하면 너희들은 이승에 있어서는 남들로부터 공경받고, 후세에는 항상 좋은 곳에 태어날 수가 있을 것이다.
 바라문들이 집에 있되 타의 도움에 의지하지 않고, 창피한 일을 알지 못하는 것도 하나의 즐거움인 것이다. 자신도 쓰지 않고 남에게 주지도 않고 크게 돈을 모으는 것도 하나의 즐거움인 것이다. 큰 부자가 되어 자신을 위해서도 쓰고 또 부모와 권속에게도 주고, 성자나 학자에게 바치는 것도 하나의 즐거움인 것이다. 신구의에 곡(曲)을 하지 않으며 지혜로워 많은 것을 듣는 것도 하나의 즐거움인 것이다. 그러나 네 가지 중에서 앞의 두 가지는 즐거움 중의 하(下)이며, 다음의 하나는 즐거움 중의 중(中), 뒤의 하나는 즐거움 중의 상(上)인 것이다. 너희들은 이제부터 장유(長幼)를 서로 가르쳐 모두 이끌어 선의 중과 상을 행함이 좋다."
 8. 사람들이 세존께 말씀드렸다. "세존이시여, 저희들은 이제부터 가르침에 의해 이끌어나가겠습니다."
 그리고는 다함께 자진하여 귀의의 지성을 나타내어 다섯 가지 계를 받았다. 그리고 "세존이시여, 원컨대 제자들과 함께 매일 저희들의 변변치 못한 공양을 받아주십시오."라고 앙청하여 세존의 허락을 받았다.
 이튿날 식사 자리에서 한 제자가 바르게 위의를 갖추지 못했으므로 사람들은 이것을 보고 기뻐하지 않는 빛이 있었다.

세존은 이를 살피시고 말씀하셨다. "부처의 정법은 길고 넓으며 바다와 같은 것이다. 바다에 갖가지의 생물이 살고 있듯이 부처의 법해도 또한 그대로인 것이다. 여기에 이미 도를 얻은 사람이 있는가 하면 아직 얻지 못한 사람도 있다. 너희들은 이것 때문에 정법에 대하여 장애의 마음을 일으켜서는 안 된다. 예의를 알고 모르고와는 상관없이 부처를 공양함은 끝내 복덕에 돌아가는 것이며, 마치 여러 흐름이 모두 바다에 돌아감과 같은 것이다."

이어서 사람들을 위하여 더욱 널리 법을 설하시어 그들은 모두 도에 들었다. 세존은 나아가 파바로 향하시자, 사람들은 눈물로 전송하면서 섭섭해하며 발길을 돌리지 못했다.

9. 세존은 파바의 성에 이르러 성밖 수원(樹園)에 머무르셨다. 바로 이것이 2월 14일의 일이다. 수원은 성안의 대장장이의 아들로서 일찍이 세존의 가르침을 받은 춘다의 소유인데, 참으로 한적한 곳이었다.

성내 사람들은 모두 나와서 세존을 배알했다. 세존께서 말씀하셨다. "현명한 사람은 집에 있을 때는 공검하여 비용을 절약하고, 그 첫째로는 부모와 처자에게, 둘째로는 빈객과 노복에게, 셋째로는 친척과 붕우에게, 넷째로는 국왕과 출가승에게 주며, 이로써 기쁨을 얻어야 한다. 이리하여 몸도 온전히 하고 집도 편안하게 하며 빛과 부와 명예를 얻고, 죽어서는 복을 얻게 되리라."

사람들은 이것을 듣고 모두 기뻐하며 돌아갔다.

춘다도 또한 세존이 여러 제자들과 함께 그 동산에 오셨다는 말을 듣고 기쁨을 이기지 못하여 의복을 갖추고 세존의 좌하를 찾아 족하에 절하고 물었다. "세존이시여, 어떠한 이유로 이곳에 오셨나이까? 어떤 뜻이 있는 것은 아니옵니까?"

세존께서 밝히셨다. "춘다여, 나는 머잖아 멸도에 들 것이다. 그래서 이곳에 와서 마지막으로 너희들을 보려고 생각한 것이다."

춘다는 놀라 괴로워하며 땅에 쓰러져 부르짖는다. "세존이시여, 이제 중생을 어여삐 여기시지 않는 것이옵니까. 어째서 멸도에 드시겠다고 생각하신 것이옵니까. 다만 원컨대 1겁일지라도 이승에 수를 머물러주십시오. 세간의 눈이 멸하시면 우리들은 어떻게 망집에서 벗어날 수 있겠습니까?"

세존께서 설유하셨다. "춘다여, 슬퍼함을 그쳐라. 일체의 법은 변천한다. 회자는 정리이니라."

춘다가 말했다. "세존이시여, 저도 그것에 대해서는 알고 있습니다. 그렇지만 이제 무상의 지존이 서거하신다는데 어찌 괴로워하지 않겠습니까. 세존이시여, 이 세상에 사람으로 태어나기도 어렵거니와 부처의 가르침을 받드는 일 또한 어려워 마치 겨자씨에 낚시를 던지는 것과 같으며, 눈먼 거북이 대해(大海)에서 부목(浮木)을 만나는 것과 같은 것이옵니다. 원컨대 세존이시여, 저희들을 불쌍히 여기시어 멸도에 드시지 않도록 해주십시오."

세존께서 말씀하셨다. "너는 지금 그러한 말을 해서는 안 된다. 세상은 모든 것이 무상하다. 항상 근심이 있고, 이 몸은 괴로움이 모이는 곳이나. 나는 이제 이곳을 떠나 진실을 깨닫고 이미 모든 괴로움에서 헤어날 수가 있었다. 나에게는 노(老)도 병(病)도 사(死)도 없다. 수명이 다하는 일도 없다. 춘다여, 나는 이제 멸도에 들고자 하는 것이다. 그것은, 모든 불법은 언제나 그대로이기 때문인 것이다. 춘다여, 사라사의 새는 봄이 되면 모두 아욕달(阿辱達)의 못에 모여들듯이, 모든 부처 역시 모름지기 멸도에 이르는 것이다."

춘다는 다 듣고 나자 기뻐하며 자리에서 일어나 세존께 매일 자기의 공양을 받아주십사고 앙청했다. 세존은 이를 허락하셨으므로, 곧 물러나 좌하를 떠나 밤새도록 진심을 다하여 식사를 갖추었다.

제2절 춘다의 공양

1. 밤이 새자 세존은 여러 제자들을 데리고 춘다의 집에 이르러 그 공양을 받으셨다. 춘다는 몸소 식사를 세존과 제자들에게 올리고, 별도로 전단(栴檀)의 버섯을 장만하여 세존께 바쳤다. 그런데 한 제자가 자기 그릇으로 물을 마시고 잘못하여 이것을 깨뜨리고 말았다.

식사를 끝마치고 춘다는 작은 괴상을 들고 세존 앞에 나아가 물었다. "세존이시여, 세상에 어느 만큼의 출가승이 있사옵니까?"

세존께서 말씀하셨다. "능히 도를 행하여 근심과 두려움의 바다를 건너 높이 인간과 천계의 길을 넘어서 열반에 이르는 자가 그 첫째이다. 능히 제1의 의를 설하여 더럽히는 일이 없이 자애가 있으며, 밝게 모든 의문을 정하는 자가 그 둘째이다. 멀리 무구의 땅을 바라보고 남을 뒤돌아보지 않고 힘써 싫증내지 않고 수법하여 스스로 기르는 자가 그 셋째이다. 밖은 청정하지만 안은 탁하고 성의가 없으며 더러움을 행하는 자가 그 넷째이다.

춘다여, 한 사람을 갖고 많은 사람을 책해서는 안 된다. 세상에는 좋은 일과 좋지 못한 일이 있으며, 청정한 것과 더러운 것이 섞여 있으므로 하나로 간주해서는 안 된다. 그래서 모양에 의해 조급하게 상친(相親)해서는 안 되는 것이다. 그리고 모양이 좋은 자가 꼭 착한 자는 아니다. 마음이 정갈한 자야말로 착한 자이다."

춘다는 말했다. "일찍이 세존께서는 갖고 있는 것을 모두에게 시혜하는 것은 찬양할 만한 일이라고 말씀하셨습니다만, 이 마음은 어떠한 것이옵니까?"

세존이 밝히셨다. "단지 하나만을 제거함이 좋다."

"그것은 무엇이옵니까?"

"계를 깨뜨리는 사람이다. 계를 깨뜨린다고 하는 것은, 선근을 단절한 사람을 말하는 것이다."

"그것은 어떠한 사람이옵니까?"

"엉성한 말로 정법을 비방하고도 끝내 그것을 고치지 않고 참괴할 줄 모르는 자인 것이다. 만약 네 가지 무거운 금계를 범하고 다섯 가지의 역죄를 만들어 마음에 포외도 참괴도 없고, 길이 정법을 지키는 마음이 없이 도리어 이것을 천시하고 비방·훼손하여 말에 과실이 많은, 것은 이 또한 선근을 끊는 자이다. 또 만약 부처도 법도 승가도 없다는 것을 설하는 자가 있다면, 이 역시 선근을 끊는 자이다. 이것을 제외한 시혜하는 자는 모름지기 칭찬해야만 할 자이다."

2. "이러한 계를 깨뜨리는 사람일지라도 구제될 수 있는 것이옵니까?"

"인연만 갖추어지면 구제될 것이다. 만약 후회하고 참괴하고 두려워하여 법에 입각, 스스로 '어쩌다가 이 중죄를 범했던 것일까? 정법 밖에는 나를 구할 자는 없다. 정법에 입각하여 반드시 이것을 지키지 않으면 안 된다.'고 자신을 책하게 되면 오역죄라고는 일컫지 않는다.

춘다여, 한 여인이 있어 임신하여 산일이 다가왔다. 때마침 나라가 어지러워졌으므로 외국으로 도망쳐서 어떤 묘(廟)에 머물면서 그 아들을 낳았다. 이미 고향이 평정해졌다는 소식을 듣고 그 아이를 데리고 귀로에 올랐는데, 중도에 강물이 범람하여 아이를 업고 건널 수가 없었다. 이에 생각하기를 '오히려 아이와 함께 죽자, 아이를 버리고 혼자서 건널 수는 없는 것이다.'라고 마음을 정하고 함께 빠져죽었다. 이 여자의 생각은 나빴지만 자식을 사랑한 일로써 죽은 뒤에 천계에 태어났다. 춘다여, 정법을 지키는 마음 또한 이와 같은 것이어서, 전에 좋지 않은 업이 있을지라도 정법을 지키는 일에 의하여 그는 세간의 이 위없는 복전으로 삼을 수 있는 것이다.

춘다여, 도를 믿는 자는 남을 부러워해서는 안 된다. 남의 말에 혼란을 일으켜서는 안 된다. 또 다른 사람이 일하는가 하지 않는가를 보고 있어서도 안 된다. 단지 자신의 선과 악에 마음을 씀이 중요한 것이다. 그렇게 하면 도를 얻는 바가 빠를 것이다. 너는 스스로 마음을 닦아 어떤한 일에도 방일해서는 안 된다."

춘다는 다 듣고 나자 환희에 넘쳤다.

3. 세존은 춘다의 집을 나와 여러 제자들에게 둘러싸여서 쿠시나라로 향하셨다. 춘다도 가족과 함께 그 뒤를 따랐다.

노정의 중간에서 세존께서는 또다시 병이 났다. 그리하여 조용히 길가의 나무 밑에서 쉬면서 아난다에게 말씀하셨다. "나는 지금 등에 통증을 느낀다. 여기에 자리를 깔아주었으면 한다."

아난다는 즉시 말씀대로 자리를 깔아드렸다.

세존은 그 위에 쉬시면서 아난다에게 말씀하셨다. "목이 타서 안 되겠다. 강에 가서 정갈한 물을 떠다달라."

그러나 아난다는 말씀드렸다. "세존이시여, 조금 전에 상인의 수레 500대가 줄지어 강의 상류를 지나갔으므로 물이 더럽습니다. 아마 마실 수는 없을 것입니다. 세존이시여, 이곳에서 그다지 멀지 않은 곳에 청정한 물이 있습니다. 그곳에 가시어 갈증을 풀고, 또 발을 식히는 것이 좋을까 하옵니다."

그렇지만 세존은 같은 말을 세 번이나 되풀이했으므로 아난다는 하는 수 없이 세존의 바리때를 들고 하안에 이르러보니 어느새 물은 맑아져 있었다. 아난다는 놀라고 두려워하며 탄성을 질렀다.

"불력은 어쩌면 이렇게도 영험하단 말인가."

그리고는 곧 물을 떠서 세존께 바쳤다.

그때 아라라 칼라마의 제자로서 말라족(末羅足)의 불가사라는 젊은이가 쿠시나라에서 파바라는 도시에 가기 위해 이곳을 지나가고 있었다. 때마침 나무 밑에 계시는 세존의 귀한 성자(聖姿)를 뵙자 앞으로 나아가 예를 드리고 여쭈었다. "고타마여, 성도에 있어서는 선정이 제1인가 하옵니다. 이것은 저희들의 정을 고르고 마음을 다스리며 놀람과 두려움을 끊습니다. 저의 스승인 칼라마는 일찍이 어느 노변의 나무 밑에서 쉬실 때, 50대의 수레가 그 앞을 지나갔지만 스승은 적묵(寂默)을 지켜 몸을 움직이는 일조차 없었습니다. 저는 그리하여 선정의 존귀한 것을 깨달았습니다."

세존께서 말씀하셨다. "불가사여, 나는 일찍이 어느 마을의 어느 나무 밑에 앉아서 도를 염하고 있을 때 500대의 수레가 내 옆을 지나갔다. 또 일찍이 또 다른 마을의 초려에 있으면서 인간 세상의 생사를 관하고 있을 때 뇌성이 울려퍼졌는데, 마을 안의 두 형제와 네 마리의 소가 그 때문에 놀라 죽은 일이 있다. 그때 나는 자고 있었던 것은 아니다. 그것은 보지도 않고 또 들리지도 않았으므로 사람들은 용하다고 찬양했다."

불가사는 이 말씀을 듣고 감탄했다. "세존이시여, 부처의 선정은 헤아릴 수가 없습니다. 저의 스승은 멀리 미치지 못했습니다."

그밖에도 불가사는 여러 가지의 가르침을 받고는 감격하여 눈물에 목이 메었다.

세존께서 말씀하셨다. "법을 사랑하는 자는 누워 있을 때도 안온하여 기쁨을 얻고 뜻도 청정하다. 현인은 참된 사람이 설한 법을 즐겨 행하여 만물이 비에 젖듯이 덕에 의지하는 것이다."

4. 말을 끝마치자 불가사는 종자를 돌아보고 말하였다. "금란 가사 두 벌을 가져다달라. 나는 세존께 바치고자 한다."

이리하여 그 옷을 바치고 무릎꿇고 말하였다. "세존이시여, 모쪼록 저를 불쌍히 여기시어 이것을 받아주십시오."

세존께서는 불가사에게 말씀하셨다. "나는 지금 너를 위하여 그 한 벌만을 받으리라. 다른 한 벌은 아난다에게 주었으면 좋겠다. 아난다는 낮이나 밤이나 친히 나의 시중을 들고, 또 오늘도 나의 간호를 해주고 있다. 병든 자와 그것을 간호하는 자에게 베푸는 것은 커다란 보시를 다하는 자이다."

불가사는 기뻐하며 그 옷 한 벌을 세존의 좌하에 권했고, 한 벌은 아난다에게 바쳤다.

아난다는 "불가사여, 아름다운 일이로다. 그대는 훌륭하게 인간 세상의 스승의 분부에 따랐다. 나도 기쁘게 받으리라."고 말하며 이것을 받았다.

불가사는 옷을 바치고 나서 한쪽에 앉았다. 세존은 또 그를 위하여 도를 가르쳤다. 그는 다 듣고서 말했다. "세존이시여, 저는 지금 부처와 법과 승가에 귀의하여 받들겠나이다. 원하건대 저에게 정법의 신자가 되는 것을 허락해주시옵소서. 저는 이제부터 수명이 다하도록 도둑질·간음·망언과 음주함을 금하겠습니다."

세존은 이것을 허락하셨다. 불가사가 말했다. "세존이시여, 저는 바쁜 몸이옵니다. 이만 물러가겠습니다. 세존께서는 다른 날에 파바를 지나치실 때는 모쪼록 저의 마을에 수레를 세워 교화해주십시오. 저는 마침 집에 갖고 있는 식량과 옷과 약을 세존께 바치려고 생각하옵니다." 이렇게 하여 절을 올린 뒤 기뻐하며 떠났다.

5. 불가사가 떠나고 나서 얼마 후 아난다는 그 금빛 옷을 세존께 바쳤다. 세존은 그 뜻을 가상히 여겨 이것을 받으시어 성체에 입으셨다. 그때 성용(聖容)은 한층 엄숙해졌으며, 위광은 불꽃처럼 타올랐다.

아난다는 이상하게 생각하며 "세존이시여, 제가 세존을 모신 지 25년이나 되옵니다만, 아직껏 지금과 같이 엄숙한 위광은 뵌 일이 없었습니다. 참으로 이상한 일이옵니다. 부디 그 내력을 들려주시옵소서." 하고 말했다.

세존께서 말씀하셨다. "아난다여, 나의 위광이 평소와 다른 것은 두 번이었다. 한 번은 도를 깨달았을 때이며, 또 한 번은 멸도에 들려는 때이다. 너는 이제야말로 알아야 한다. 나는 오늘 밤중에 반드시 멸도에 들 것이다."

사람들은 이 말을 듣고 모두 울었다. 세존은 강으로 나아가 성체를 씻고는, 나와서 걸음을 강 언덕 위의 나무그늘로 옮기셨다. 위광은 황금과 같이 또 강의 양안을 비췄다.

그때 아난다는 세존이 목욕하실 때 입으셨던 옷을 말리기 위해 뒤쪽에 있었으므로, 세존은 춘다에게 명하여 자리를 펴게 하고 그 위에서 쉬셨다.

제3절 세 종류의 난치병자

1. 카샤파가 물었다. "뭇사람에게 네 개의 독시(毒矢)가 있어 병자가 되고 있습니다. 그것은 탐욕과 진에와 우치와 교만인 것입니다. 이 인이 있기 때문에 여러 병이 있습니다. 그렇지만 세존께서는 이 인이 없는데도 오늘은 등이 아프다고 말씀하시옵니까?"

세존께서 말씀하셨다.

"카샤파여, 나에게는 지금 진실로 일체의 병이 없다. 부처는 먼 옛날부터 일체의 병을 여의고 있다. 카샤파여, 부처는 사람 중의 사자(獅子)라고 하지만, 부처는 실은 사자가 아니다. 사자라 함은 부처의 비밀교인 것이다. 내가 지금 병중의 몸이라는 것은 이와 마찬가지로 부처의 비밀교 이외의 다른 것이 아니다.

카샤파여, 세상에 세 종류의 낫기 어려운 병인이 있다. 첫째는 대승(大乘)을 비방하는 자, 둘째는 다섯 가지의 역죄(逆罪)가 있는 자, 셋째는 선근을 끊은 자인 것이다. 이 셋은 세간의 극히 무거운 병인 것이다. 부처를 두고 다른 자의 힘으로는 결코 낫게 할 수 없는 것이다.

　카샤파여, 보살은 뜬세상을 버리면 금계를 받아 위의를 소홀히 하는 일 없이 나아가는 데도 머무르는 데도 안상(安祥)케 하고, 작은 죄에도 두려움을 품고 계를 지키는 마음을 금강과 같이 공고히 하지 않으면 안 된다.

　카샤파여, 어떤 사람이 한 개의 부낭을 메고 대해를 건너려고 했는데, 바닷속에 도깨비가 있어 그 부낭을 달라고 했다. 그는 이것을 주는 날이면 자신은 빠져죽을 것이라 생각하고 '설사 내가 살해될지라도 이것을 줄 수는 없다.'고 답했다. 도깨비는 '네가 만약 그 전부를 주지 못한다면 하다못해 그 반이라도 달라.'고 말했다. 그러나 그는 그래도 승낙하려고 하지 않으므로 도깨비는 다시 말했다. '네가 만약 그 반을 줄 수 없다면 제발 3분의 1을 나눠달라. 그것도 싫다면 하다못해 손바닥만큼이라도 좋다. 아니 티끌만큼이라도 좋다.' 그렇지만 그는 아무리 해도 듣지 않고 말했다. '네가 지금 구하는 바는 참으로 근소한 것이다. 그러나 나는 지금 이 바다를 건너는 데 전도가 먼 것인지 가까운 것인지 아직 분간조차 못하고 있다. 만약 너에게 조금이라도 이것을 주게 된다면 공기가 새어나간다는 것은 뻔하다. 그래서는 이 대해를 건널 수 없다. 꼼짝없이 죽는 도리밖에 없지 않은가.'

　카샤파여, 도를 구하는 사람의 금계를 지키는 것도 이와 같지 않으면 안 된다. 도를 구하는 사람이 금계를 지킬 때는 모든 번뇌의 도깨비가 '너는 나를 믿는 게 좋다. 나는 조금도 너를 속이지 않는다. 너는 살생·투도·사음·망어의 네 가지 중요한 금계를 깨뜨린다면 편안하게 열반에 이를 수가 있을 것이다.'라고 한다. 도를 구하는 사람은 그때 바로 이와 같이 말하지 않으면 안 된다. '나는 설사 이 금계를 유지하기 위해 무간지옥(無間地獄)에 떨어질지라도 이를 범하여 천계에 태어나고 싶다고는 생각지 않는다.' 도를 구하는 사람은 이와 같이 굳게 이러한 금계를 지키고 마음을 금강과 같이 굳히고, 크고 작고를 불문하고 중히 하여 차별이 없도록 해야만 한다. 이와 같이 하면 곧 근본의 청정한 계를 완수할 수가 있는 것이다. 이것을 성스러운 가르침이라고 하는데, 이와 같이 하고서야 비로소 신심과 금계와 참괴와 다문(多聞)과 지혜와 번뇌를 여의는 바의 일곱 가지 성스러운 계를 갖고 성인이 될 수 있는 것이다.

2. 또 다음은 카샤파여, 도를 구하는 사람은 참으로 사성제를 알지 않으면 안 된다. 그 제1은 고제(苦諦)인데, 인세의 모든 괴로움이 닥치는 모양인 것이다. 생로병사는 어떤 사람도 면할 수 없는 것이다. 카샤파여, 여기에 한 사람의 미련한 여자가 있어서 의복을 꾸며 입고 어떤 집을 찾아갔더니 그 집 주인이 물었다. '너는 누구인가?'

'나는 공덕천(功德天)이라는 행운의 신이다.'

'무엇을 하는 건가?'

'나는 가는 곳마다 보물을 주는 것이다.'

이것을 듣자 주인은 기뻐하며 그 여자를 안으로 맞이하여 향을 피우고 꽃을 뿌리며 접대했다.

그런데 잠시 후 또 한 여자가 문앞에 섰다. 참으로 천한 형상으로 살갗은 터지고 옷은 때로 더럽혀져 있었다. 주인은 말했다. '너는 누구인가?'

'나는 흑암천(黑闇天)이라고 하는 화신(禍神)이다.'

'어떻게 된 거냐?'

'나는 찾아간 집마다 그곳의 보물을 없애는 자이다.'

이것을 듣고 주인은 칼에 손을 대면서 '나가라, 나가지 않으면 죽이겠다.'고 말했다. 그러자 여자는 말했다. '아아, 너는 어리석은 자이다. 지금 너의 집에 들어간 것은 나의 언니이다. 나는 언제나 언니와 떨어져 있는 게 아니므로, 나를 쫓아내면 언니까지 함께 쫓아내게 될 것이다.' 주인은 안으로 달려가서 이 일을 공덕천에게 물었다. 공덕천은 '과연 그러하다. 나를 사랑한다면 여동생도 돌봐주시오.' 라고 말했다. 이런 말을 듣자 주인은 끝내 두 사람을 쫓아내버렸다. 두 여인은 다음은 어떤 가난한 집으로 갔다. 그곳에서는 기쁘게 둘을 불러들였다. 카샤파여, 생이 있으면 늙음이 있고, 또 병이 있으면 죽은 일도 있다. 어리석은 자는 이에 애착을 갖지만, 도를 구하는 자는 이에 애착을 갖지 않는 법이다.

3. 카샤파여, 만약 금강의 비가 내렸다면 나무도 풀도 모두 상하고 말 것이다. 그렇지만 금강만은 상하지 않는 것이다. 죽음의 비는 모든 사람을 상하게 하지만 열반의 경지에 있는 보살만은 상하게 할 수가 없다. 카샤파여, 죽는 자는 무서운 곳으로 간다. 게다가 먹을 것도 얻지 못하며, 길은 멀고 또 동반자도 없다. 밤낮을 언제나 걷고 또 걸어서 그 행선지는 끝이 없다. 또 희미한 어둠인데다가 등불조차 없다. 참으로 죽음은 커다란 괴로움이라고 말하지 않을 수 없다.

카샤파여, 제2는 집제(集諦)인데, 그것은 사랑의 갈증이다. 원래 사람에게는 선한 것과 악한 것이 있는데, 선한 사랑은 부처가 구하는 것이며, 악한 사랑은 범부가 구하는 것이다. 그 범부의 사랑은 집(集)이라 이름붙이며, 보살의 그것은 집이라는 이름을 붙이지 않는다. 예를 들면 왕이 외출할 때는 신하들이 모두 이에 따르듯이, 사랑의 갈증이 있는 곳에는 항상 여러 번뇌가 따르는 것이다. 습지에서는 싹이 쉽게 나듯이, 사랑의 목마른 습지에서는 번뇌의 싹이 난다. 또 사랑의 갈증은 귀녀(鬼女)와 같은 것이다.

귀녀는 자식을 낳으면 모조리 이것을 먹어치우고 끝내는 그 남편까지도 잡아먹는다고 하는데, 사랑의 갈증은 꽃의 줄기에 숨어 있는 뱀과 비슷하다. 사람이 꽃을 사랑하여 그 줄기에 독사가 있는 것도 깨닫지 못하고 이것을 꺾어, 끝내는 그 독이 옮겨져 죽어간다. 사람들은 오욕(五欲)의 꽃을 탐내어 끝내는 사랑의 갈증이라는 독에 찔려 악도에 떨어지는 것이다. 때문에 보살은 번뇌의 불을 끄고 적멸의 청한(淸閑)에 드는 것이다. 번뇌가 없어지면 즐거움이 있으며 망집된 세상의 고뇌를 받는 일도 없다. 그것이 제3의 멸제인 것이다.

마지막으로 도제(道諦)라 함은 팔정도(八正道)를 말하는 것이다. 카샤파여, 등불이 있어야 비로소 물건을 볼 수가 있듯이, 보살은 대승에 살며 여덟 가지 정도에 의하여 모든 법을 볼 수가 있는 것이다."

제4절 네 종류의 무량심

1. 세존은 다시 설하셨다.

"카샤파여, 법을 알고 의(義)를 알고 때를 알고 족함을 알며, 자신과 남, 존귀함과 비루함을 알고, 또 자·비·희·사(捨)의 네 가지 무량심을 닦아야한다.

카샤파여, 나는 무량의 방편을 갖고 미친 사람들을 조복시키고, 사람들이 만약 재보를 탐한다면 그 사람을 위하여 몸을 성왕(聖王)으로 바꾸어 길이 그 요구에 따라 가지가지로 내려주고, 그뒤에 그에게 이 위없는 각의 도를 가르쳐 안존하게 해주리라. 사람들이 만약 오욕에 빠진다면 신비로운 오욕으로써 그 소원을 채워주고, 그러한 뒤에야 그를 이 위없는 각의 길로 권하여 들이고 안존하게 해주리라.

사람들이 만약 영화로워 스스로 잘난 체한다면 그 사람 때문에 길이 복사(僕使)가 되기 위해 서둘러 달려가 섬기되, 첫째 그 마음을 얻은 뒤 그를 이 위없는 각의 길에 안존하게 해주리라. 사람들이 고집스러워서 자신을 착하다고만 굳게 믿고 있는 것이라면 길이 책하고 가르쳐 그 마음을 조절하고, 그러한 뒤에 가르쳐서 이 위없는 각의 도에 안존케 하리라. 카샤파여, 이러한 방편은 조금도 허망하게는 되지 않는 것이다. 부처는 연꽃을 닮고 있으므로, 설사 무리의 악 속에 있더라도 더럽혀지는 일이 없다.

카샤파여, 자애심을 닦으면 능히 탐욕의 마음을 끊고, 비(悲)를 닦으면 능히 진에의 마음을 끊고, 기쁨을 닦으면 능히 탐욕이나 진에나 사람들을 차별하는 마음을 끊을 수 있다.

2. 카샤파여, 보살은 뭇사람을 대하되 평등한 마음을 갖고 조금도 차별을 하지 못한다. 이것이 곧 은애의 성취인 것이다. 그러나 큰 은애는 아니다. 큰 은애는 실로 이루기 어렵기 때문이다. 예컨대 깍지가 말랐을 때의 콩은 송곳으로 찌를 수도 없는 것처럼, 번뇌의 딱딱함이란 대단한 것이다. 1일 1야를 마음을 집중하며 어지럽지 않게 함으로써 이를 조복하기란 어려운 일이다. 또 진에의 버리기 어려움은 집을 지키고 있는 개와 같으며, 은애의 잃기 쉬움은 숲을 달리는 사슴과 같은 것이다. 또 그것은 돌에 그리는 것과 같은 것이며, 물에 그리는 것과 같은 것이다. 또 그것은 불의 취(聚)와 같은 것이며, 이것은 번갯불과 같은 것이다.

카샤파여, 만약 보살이 심한 악인에 대해서도 차별을 하지 않고 과실을 보지 않으며, 또 진(瞋)을 일으키는 일이 없을 것 같으면 이것이 곧 큰 자애라고 일컫는 것이다.

카샤파여, 뭇사람을 위하여 이락(利樂)이 되지 않음을 없애는 것, 이것이 큰 자애인 것이다. 뭇사람을 위하여 헤아릴 수 없는 이락을 주는 것이 큰 슬픔인 것이다. 뭇사람에 대하여 마음에 환희를 낳는 것이 기쁨인 것이다. 일체의 법을 보는 데 있어서도 평등하며, 거리를 두지 않고 자신의 낙을 버리고 이것을 남에게 주는 것이 큰 사(捨)인 것이다. 이 네 가지의 무량심은 모든 선의 근본인 것이다.

3. 카샤파여, 보살이 지혜를 행함은 외포(畏怖)가 있어서가 아니다.

명예나 이익을 위함도 아니다. 남을 속이기 위함도 아니다. 그러므로 이 때문에 교만심을 일으킨다든지, 또 갚음을 바란다든지 해서는 안 된다. 이것을 행할 때는 자신을 돌보지 않고, 또 그것을 받을 사람을 택해서는 안 된다. 뭇사람에게 대하여 자심(慈心)을 평등하게 하여 외동아들을 생각하듯이 하지 않으면 안 된다. 그 괴로워함을 볼 때는 부모가 병든 아이를 보듯이 불쌍히 여기고, 그 즐거워함을 보고는 부모가 병든 아이의 쾌유를 보는 것과 같이 기뻐하고, 이미 베푼 뒤에는 특히 부모가 아이가 장성한 뒤에 훌륭히 자기 생각에 따라 생활을 영위함을 보는 것과 같이 하되 관여할 것까지는 없다.

4. 카샤파여, 보살은 자심을 닦으면 능히 무량선(無量善)을 낳는다. 그러니 자심은 진실인 것이며, 허망한 것이 아니다. 만약 어떤 사람이 무엇이 선의 근본인가를 묻는다면 자심이라고 답함이 좋다. 카샤파여, 능히 선을 이루는 것은 바른 사유에서이며, 바른 사유는 그대로 자심인 것이다. 또 카샤파여, 자심은 곧 부처인 것이며 보리의 길이므로, 자심은 참으로 모든 사람들을 키우는 부모라 해야 하느니라. 부모는 또 부처인 것이다.

또 카샤파여, 자심은 사람들의 불성인 것이다. 오랜 동안을 번뇌에 뒤덮여 있으므로 사람은 이것을 보지 않지만, 사람에게 이것이 있어서 자심으로 된 이상 불성은 그대로 부처인 것이다. 때문에 자심은 또 상주(常住)·상락(常樂)·상아(常我)·상정(常淨)인 것이며, 이 성은 곧 교법, 교법은 승가를 떠나서 있지 않다. 따라서 승가는 교법, 교법은 부처, 부처는 자심인 것이다.

카샤파여, 만약 자심이 상주·상락·상아·상정이 아닐진대, 그 자심은 자기만을 이롭게 하는 작은 것이다. 카샤파여, 이와 같이 자심은 범정(凡情)으로는 짐작하기 어려운 것이므로 법도 부처도 법성도 역시 모두가 생각이 미치지 못하는 것이지만, 보살은 자타가 함께 잠기는 대승의 열반에 거처하며 이 자심을 닦는 것이므로 잠에 빠지는 일이 없고, 잠에 빠지는 일이 없으므로 잠을 깬다는 것 역시 없다. 항상 정진일로가 있을 뿐이다. 또 좋지 못한 일을 행하는 일이 없으므로 잠 속에 있을 때도 무서운 꿈에 놀라게 되는 일이 없다. 그리고 생명이 끝나고 신의 세계에 태어나는 일이 있더라도, 그 때문에 신의 세계의 즐거움에 묶이는 일은 없다. 카샤파여, 자심을 닦는 일에는 이같이 무량 공덕이 차 있는 것이다."

제3장 멸도(滅度)

제1절 바라밀(波羅蜜)

1. 회중 가운데 덕왕(德王)이라 불리는 사람이 있었는데, 공손히 세존 앞에 나아가 말씀드렸다. "세존이시여, 번뇌를 끊고 열반을 얻는다고 하면, 아직껏 끊지 못한 자는 얻지 못하는 것이 되옵니다. 그렇다면 열반의 성(性)은 먼저 없었던 것이 이제 생겨났다는 것이 되고 따라서 무상한 것으로 생각되는데, 어찌해서 그것이 상주하는 것이라고 하는 것입니까?"

세존께서 밝히셨다. "열반의 성이란 앞서 없었던 것이 이제 있는 게 아니다. 부처가 있든지 없든지 그 성과 상은 상주하는 것이다. 모든 중생은 번뇌에 뒤덮여 이것을 보지 못하므로 없다고 말하는 것이다. 그러므로 부처가 나와서 지혜의 등불로서 이를 본보기로 하는 것이다. 원래 없던 것이 지금 있는 것이 아니라, 예컨대 맹인을 의사가 치료하여 해와 달을 보게 하는 것과 같은 것이다.

덕왕(德王)이여, 보살이 걸식하는 자를 보면 주는 것은 베푸는 것이다. 그렇지만 그것은 무상의 보시는 아니다. 걸식하는 자가 없는데도 마음을 열어 스스로 베푼다면 이것을 무상의 보시라고 이름하는 것이다. 또 때때로 보시하는 것은 이 위없는 보시라고는 말할 수 없다. 일상의 보시를 닦는 것이 이 위없는 보시인 것이다. 또 남에게 보시한 뒤에 뉘우침을 낳는 것도 이 위없는 보시는 아니다. 보시를 하되 뉘우침이 없는 것이 이 위없는 보시인 것이다.

왕이 적을 두려워하고 혹은 물이나 불의 재난을 겁내어 베푸는 것은 보시이지만 이 위없는 보시는 아니다. 기쁘게 베푸는 것이 이 위없는 보시인 것이다. 보답을 바라는 것은 이 위없는 보시가 아니다. 보답을 바라지 않는 것이 이 위없는 보시인 것이다. 만약 명리나 가법(家法)이나 교만을 위하여 베풀었다면 역시 이 위없는 보시라고는 할 수 없다. 보살은 베푸는 자와 받는 자와 베푸는 재물에 마음이 사로잡히지 않고 시절(時節)을 보지 않고, 복전이냐 아니냐에 구별을 두지 않고, 인(因)을 보지 않고 연(緣)을 보지 않으며, 정(淨)과 예(穢)를 보지 않는다. 또한 자타를 생각하지 않으며, 또 자신과 받는 사람과 재물을 가벼이 하지 않고 오직 얼빈을 위하여 보시를 닦아, 모든 중생에게 베푸는 것이 참으로 위없는 보시인 것이다. 다른 다섯 가지의 위없는 도도 이와 같다.

2. 덕왕이여, 어떻게 하면 번뇌를 여읠 수가 있는가. 만약 능히 이 가르침을 닦고 이 뜻을 생각한다면 이를 여읠 수가 있을 것이다. 이 사람은 참된 나의 제자이며 훌륭히 나의 가르침을 받은 자로, 이는 내가 돌보는 바이며 걱정하는 바이다. 그는 분명히 내가 멸하지 않음을 알게 될 것이다. 그가 주하는 곳이 어디가 되건 나도 또 그 가운데 머무르며 언제나 옮기지 않으리라.

만약 기뻐하고 믿는 사람이 있어 나를 돌보고 공경하고 도를 닦겠다고 생각한다면, 이 가르침을 가지고 이 뜻을 생각하는 자에게 가서 이를 공경하고 섬기고 부족한 곳이 없도록 해야 한다. 그가 만약 멀리서 올 때는 응당 10리까지 나가서 맞이해야 할 것이다. 그것은 이 가르침을 만나기가 어려운 것이 마치 우담화를 만나기보다 더 어렵기 때문이다. 나는 먼 옛날에 이 가르침 때문에 날마다 몸을 베어 돈으로 바꾸어서 부처께 바치고 법을 들어 마침내 가이없는 공덕을 성취하게 되었던 것이다. 그러니 능히 이 가르침을 받은 자는 반드시 모든 번뇌를 끊을 것임에 틀림이 없다.

덕왕이여, 보살은 그 몸을 돌봄을 병처럼, 원수처럼, 독전(毒箭)처럼 하지 않으면 안 된다. 몸은 괴로움이 모이는 곳, 모든 악의 근본인 것이다. 그렇지만 보살은 오히려 마음을 다하여 그 몸을 기르지 않으면 안 된다. 그것은 몸을 탐하기 때문이 아니고 법을 위한 것이다. 생사를 위한 것이 아니고 열반을 위한 것이다.

덕왕이여, 보살은 항상 능히 몸을 수호하지 않으면 안 된다. 그것은 몸을 수호하지 않으면 목숨을 온전히 할 수가 없으며, 목숨을 온전히 할 수 없으면 그 가르침을 받아 지녀 널리 이 뜻을 전할 수 없기 때문이다.

덕왕이여, 강을 건너려고 생각하는 자는 능히 뗏목을 지키고, 길에 임하는 사람은 능히 말(馬)을 두호한다. 보살도 또한 그와 같아서, 그 몸이 청정하지 않음을 보더라도 이 도를 수지하기 위해서는 능히 이것을 지켜 부족함이 없도록 해야 한다.

보살은 사나운 코끼리는 두려워하지 않을지언정 나쁜 벗을 두려워해야 한다. 코끼리는 다만 몸을 훼손할 뿐이지만, 나쁜 벗은 마음까지도 훼손할 것이다. 또 코끼리는 육신을 훼손하는 데 그치지만 나쁜 벗은 법신까지도 훼손시키고, 코끼리에게 죽더라도 악도에는 떨어지지 않지만, 나쁜 벗에게 해침을 당할 때는 반드시 악도에 떨어질 것이다.

덕왕이여, 또 보살은 의복을 입되 몸을 위함이 아니요, 다만 법을 구하기 위하여 입는 것이다. 교만을 증장해서는 안 되며 마음은 항상 겸손해야 한다. 이는 허영을 위함이 아니고 수치를 감추기 위한 것이며, 추위와 더위, 풍우, 독있는 벌레의 해를 막음으로 족한 것이다. 음식을 취함에 있어서도 몸을 위하여 마음으로 탐함이 없이 항상 정법을 위해서 취해야 한다. 교만을 위한 것이 아니며, 몸의 힘을 지탱하기 위해서 취해야 한다.

또 방사(房舍)의 보시를 받는 경우에도 탐과 만(慢)을 위한 것이 아니고, 보리의 마음으로 번뇌의 악적(惡賊)이나 풍우를 막기 위해서 주의해야 한다. 또 의약을 구하는 데에도 마음에 탐과 교만을 없애고 다만 정법을 위해서 해야 한다. 신명을 위하여 하지 말고 세세(世世)의 생명을 위해서 해야 한다. 모름지기 보살이 이 네 가지의 공양을 얻는 것은 도를 위한 것이지 생명을 위한 것이 아니다. 왜냐하면 참지 못한다면 선근을 닦을 수가 없기 때문이다.

3. 덕왕이여, 예컨데 어떤 왕이 한 상자에 네 마리의 독사를 넣고 한 사람에게 이를 기르게 하여, 만약 한 마리라도 노엽게 한다면 그 사람을 살육하겠다고 말했다. 그 사람은 상자를 버리고 도망하였으므로 왕은 5명의 노예에게 그 뒤를 쫓게 했다. 5명은 비밀리에 상의를 했는데, 한 사람이 그를 속여 가까이하여 데리고 돌아오도록 했으나, 그는 좀체로 믿지 않고서 어떤 마을에 들어가 은신처를 찾았다. 그때 공중에서 '이 마을은 사람이 살지 않는 마을이다. 오늘 밤 6명의 적이 올 것이다. 네가 만약 이들과 만난다면 반드시 목숨을 잃을 것이다.' 하는 소리가 났다.

그래서 또 그곳을 피해 달아났는데, 앞길에 큰 강이 가로놓여 있었다. 이 강은 물살이 세고, 건너려 해도 배가 없었다. 그래서 갖가지의 초목을 모아 뗏목을 만들고 스스로 생각하기를 '내가 만약 이곳에 머물고 있다가는 독사와 노예와 나를 속여 가까이하려는 자와 6명의 적 때문에 반드시 죽임을 당할 것이다. 또 나아가 강을 건너는 날이면 물에 빠지고 말 것이다. 그러나 설령 빠진다 할지라도 저 뱀과 적들 때문에 해를 당하고 싶지는 않다.' 라고 하였다. 그리하여 뗏목을 물 위에 띄우고 물을 가로질러 드디어 피안에 이르러 겨우 안존함을 얻을 수 있었다고 한다.

덕왕이여, 몸은 이 상자를 닮았고, 사대(四大)는 독사와 같은 것이다. 보살은 이것을 두려워하여 성도를 좇지만, 그러나 아직도 오음(五陰)의 노예는 모든 번뇌로 자신을 꾸미고 찾아들어 해치려고 한다. 그렇지만 보살의 몸은 금강과 같이 단단하고 마음은 허공과 같이 넓으므로, 그 때문에 무너지지는 않는다. 하나의 탐애가 거짓으로 친한 척하며 다가오지만, 이것에도 속지 않는다. 육입(六入)의 취락이 참으로 좋지 못한 주거처라는 것을 보고는 육진(六塵)의 적에게도 위협되지 않는다.

이리하여 도를 닦아 정진하여 되돌아서지 않는다. 다시 도중에 번뇌의 폭류(暴流)를 만나 그 깊이는 측량할 수가 없으며, 그 가(邊)를 바라볼 수가 없을지라도, 갖가지의 무서운 물고기가 이 속에 잠겨서 중생들을 해치고 있을지라도, 보살은 이곳에서도 도품(道品)의 뗏목을 만들어 마침내 상락(常樂)의 피안에 이르는 것이다.

보살이 열반의 도를 닦을 때는 몸과 마음에 괴로움이 있다. 그렇지만 만약 자신이 이것을 참지 않는다면 중생들로 하여금 번뇌의 강을 건너게 할 수가 없다고 생각하여, 그는 잠자코 일체의 괴로움을 참아 내는 것이다. 참기 때문에 번뇌가 일어나지 않는다. 보살도 번뇌가 없는데 부처가 어찌 번뇌가 있을 것인가."

제2절 대열반

1. 덕왕이 물었다. "어떠한 것이 위대한 열반이옵니까?"

세존께서 말씀하셨다. "대자비로써 일체를 어여삐 여기고, 모든 중생을 오직 부모와 같이 여겨 능히 중생에게 생사의 강을 건너게 하고 널리 일실(一實)의 도를 시현해준다. 그것이 곧 대열반인 것이다. 또 대아(大我)가 있으므로 대열반이라 이름한다. 대아라 함은, 열반은 아가 없고 자재한 것으로, 구하는 것이 없으므로 일체의 법을 얻을 수가 있으며, 허공처럼 일체처에 충만하므로 실제로는 볼 수가 없지만, 그러나 모든 중생에게 생각하는 대로 보일 수가 있기 때문이다. 또 대락(大樂)한 것이므로 대열반이라 이름하는 것이다. 대락이라 함은 괴로움도 없고 즐거움도 없고, 멀리 일체의 궤뇨(潰鬧)를 떠나 지혜가 원만하고, 몸은 항상 오래도록 적정하기 때문이다. 또 순정(純淨)이라 함은 능히 모든 미계(迷界)의 부정을 끊고 입도 몸도 마음도 청정하기 때문이다.

덕왕이여, 보살은 모든 중생에게는 모름지기 불성이 있음을 알고 있다. 불성이 있으므로 선의 싹을 끊어 시들게 한 중생일지라도 오히려 그 마음을 버리면 반드시 모두 위없는 각의 도를 얻을 수가 있는 것이다. 이는 참으로 부처가 아니고서는 알기 어려운 일이다.

2. 덕왕이여, 대열반에 가까이하는 원인에는 네 가지가 있다. 첫째는 착한 벗을 가까이하고, 둘째는 마음을 전일하게 하여 법을 듣고, 셋째는 염을 모아 법을 생각하고, 넷째는 법과 같이 닦는 일이다.

덕왕이여, 사람이 병이 들었을 경우 능히 의사의 가르침을 받고 가르침대로 약을 복용하면 병은 낫고 몸은 편안하게 되리라. 착한 벗은 곧 훌륭한 의사인 것이다. 보살이 능히 그 가르침에 따른다면 번뇌의 병을 제거하고 열반의 평안을 얻을 것이다.

3. 덕왕이여, 번뇌가 일어나지 않음을 열반이라 한다. 모든 지혜는 어떠한 자를 대할지라도 장애가 없는 것이 부처인 것이다. 부처는 범부가 아니다. 그 몸과 마음과 지혜는 널리 가이없는 국토에 충만하여 장애됨이 없고, 또 상주하는 것이어서 변천하는 일이 없다.

덕왕이여, 보살은 하나의 사(事)를 지키고 하나의 실(實)에 따른다. 하나의 사란 보리심인 것이다. 보살이 이것을 두호함은 마치 세간에서 외아들을 두호함과 같고, 애꾸눈이 한 눈을 보호함과 같다. 이것으로 도를 얻어 대열반에 이르는 것이다. 어떻게 하여 하나의 실에 따를 것인가. 보살은 모든 중생이 모두 하나의 도에 귀의할 것임을 알고 있다. 하나의 도라 함은 대승인 것이다.

대왕이여, 보살은 이 가르침을 닦아서 신심과 진심을 얻어, 중생들의 허물을 보고도 이것을 말하지 않는다. 그것은 번뇌를 낳아 악취(惡趣)에 떨어지지나 않을까 걱정하기 때문이다. 또 만약 중생들에게서 조금이라도 착한 일을 보면 이것을 칭찬한다. 착한 일은 불성이며 불성을 칭찬하는 것이므로, 중생들로 하여금 비길 수 없는 각의 도에 마음을 발하게 하는 것이다.

덕왕이여, 세상에 희유하기가 우담화와 같은 사람이 둘 있다. 한 사람은 악을 행하지 않는 사람이며, 한 사람은 죄가 있으면 능히 뉘우치는 사람이다. 또 두 사람이 있으니, 한 사람은 은혜를 베푸는 사람이며, 한 사람은 은혜를 생각하는 사람이다. 또 두 사람이 있으니, 새로운 법을 듣기를 즐기는 사람과, 법을 설하는 것을 즐기는 사람이다. 또 두 사람이 있으니, 훌륭하게 묻는 사람과 훌륭하게 답하는 사람이다. 훌륭하게 묻는 사람은 그대이며, 훌륭하게 답하는 사람은 나이다. 나는 훌륭한 물음에 의하여 비할 데 없는 법륜을 굴리는 것이다.

4. 덕왕이여, 선근을 끊은 무리는 여러 부처를 만나거나 만나지 않거나 간에 선근을 끊는 마음을 여읠 수가 없는 것이다. 그렇지만 만약

능히 보리심을 발한다면 역시 비할 데 없는 각의 도를 얻게 될 것이다. 덕왕이여, 어떤 왕이 공후의 소리를 듣고 그 맑고 묘한 감흥을 잊을 수가 없었기에 의문을 일으켜 시신(侍臣)에게 물었다. '이러한 소리는 어디에서 나오는가?'

시신이 대답하였다. '공후에서 나옵니다.'

그러자 왕은 '그렇다면 그 소리를 가져오라.'고 했다.

시신은 공후를 들고 와서 '왕이시여, 이것이옵니다.' 하고 말했다.

왕은 공후를 보면서 '소리를 내라.'고 말하였다. 그러나 소리는 나지 않았다. 그리하여 줄을 끊었으나 그래도 나지 않았다. 마침내 그것을 부수고서 소리를 구했지만 얻지 못하자, 왕은 노하여 시신에게 '너는 어찌하여 나를 속였느냐.' 하고 말했다.

시신은 왕에게 '왕이시여, 소리를 얻는 데는 그러한 방법으로는 되지 않습니다. 바로 온갖 연(緣)의 방편에 의하지 않으면 안 됩니다.'라고 말했다는 것이다.

덕왕이여, 중생들의 불성도 또 이와 같은 것이다. 그것은 주처가 없으면서도 다만 갖가지 연에 의해 들을 수가 있는 것이다. 선근을 끊은 무리는 불성을 보지 못한다. 그런데 어떻게 악도의 죄를 막을 수 있으랴. 만약 그들이 이 불성이 있는 것을 믿는다면 악도에는 떨어지지 않을 것이며, 다시는 선근을 끊을 사람이라고는 말할 수 없는 것이다.

보살은 항상 중생의 선을 칭찬하되 그의 결심을 꾸짖지 않는다. 또 스스로 곧게 하여 악을 범하지 않는다. 만약 그릇됨이 있으면 즉시 뉘우치고 고치되, 스승과 동학자 앞에 숨기지 않고 고백하여 스스로 책함으로써 다시는 범하지 않는다. 가벼운 죄라도 극히 침중하게 생각하여 사람이 힐문하면 솔직히 범했다고 대답하여 '이 죄는 누가 지은 것이냐? 누가 한 짓이냐?'고 묻는다면 '남이 아니라 제가 지은 일'이라고 하고, 마음을 곧게 하여 불성이 있음을 믿는 것이다. 따라서 그는 선근이 끊어진 사람이 아니라 부처의 제자인 것이다.

  5. 보살은 대열반을 위해 모든 일을 갖추어 짓기 어려운 일을 능히 짓고, 참기 어려운 일을 능히 참고, 베풀기 어려운 일을 능히 베푸는 것이다. 만약 늘 한 알의 삼(麻)씨를 먹으면 도를 얻을 것이라 하는 자가 있다면 보살은 길이 한 알의 삼씨를 먹으며, 만약 불에 들면 도를 얻으리라 하는 자가 있다면 보살은 길이 옥화(獄禍) 속에 있게 될 것이다. 만약 또 머리나 눈을 보시하면 도를 얻으리라는 자가 있다면 보살은 모두 이것을 보시하게 될 것이다.

  그리고 부모는 좋은 옷을 그 자식에게 주며, 자식이 게으르고 방자하더라도 사랑하기 때문에 노여워하거나 원망하지 않으며, 또 자기가 자식에게 옷을 주었다는 생각조차 일으키지 않듯이, 보살도 또한 '이것은 내가 한 일이다. 나는 베풀기 어려운 것을 능히 베풀었다.'고는 생각지 않는다. 그의 중생을 보는 것은 마치 부모가 외아들을 대함과도 같다. 만약 아들이 병에 걸린다면 부모도 또한 앓게 되듯이, 보살도 또한 중생들의 번뇌의 병을 불쌍히 여겨 법을 설함으로써 그 괴로움을 끊어준다. 그러나 끝내는 '내가 중생들을 위해 그 번뇌를 끊어주었다.'고는 생각지 않는 것이다. 만약 이 생각을 일으킨다면 도를 얻을 수가 없는 것이다.

  덕왕이여, 나는 모든 중생의 선우(善友)이다. 만약 무거운 번뇌에 계박된 자라도 나를 만날 수 있다면, 나는 힘써 그 사람을 위하여 이것을 끊어줄 것이다."

제3절 세존의 병

  1. 그때 춘다는 세존을 옆에서 모시고 있었는데, 세존이 자기가 드

린 음식을 받으셨기 때문에 병드셨다고 생각하고 자기의 마음을 책하였다. 그러는 사이에 아난다가 왔으므로 옆에서 물러났다.

세존은 춘다가 걱정하고 있는 것을 아시고 아난다를 돌아보고 물으셨다.

"춘다에게 무엇인가 뉘우침이 있지 않느냐?"

"세존이시여, 춘다는 세존께 음식을 드린 것을 뉘우치고 있는 것 같습니다."

"아난다여, 너희들은 그렇게 말해서는 안 된다. 내가 옛날 깨달음을 얻을 때 스자타라는 여자가 있었는데, 나에게 공양을 했다. 지금 멸도에 임해서는 춘다가 있어 마찬가지로 나에게 공양해주었다. 이 공덕은 바로 같은 것이지만, 그러나 이번은 더욱 크다. 너는 가서 춘다에게 '네가 행한 덕은 크다. 길이 복을 얻으리라. 세존은 이렇게 말씀하셨다.'고 위로해줌이 좋다."

아난다는 말씀대로 춘다에게 전했다.

춘다는 기쁨을 이기지 못하고 앞으로 나아가 세존께 아뢰었다. "세존이시여, 제가 그렇게까지 복을 쌓았다고 생각하니 고마움을 견디기 어렵습니다."

그때 세존은 게송으로 설하셨다.

주는 자에게 덕이 있고, 어여삐 하는 자는 죄의 원한을 막고 덕이 충만하여, 탐과 노여움과 어리석음을 끊고 마침내는 열반에 들게 되리라.

"춘다여, 너는 반드시 이것을 널리 펴서 듣는 자에게 장야(長夜)의 평안을 얻게 함이 좋다."

2. 이리하여 세존은 아난다에게 고하시었다. "아난다여, 나는 다시

등에 심한 통증을 느낀다. 나는 지금 눕고 싶다. 자리를 깔아달라."
아난다는 곧 말씀대로 따랐다.
세존은 누워서 고요히 사유(思惟)에 드시었고, 잠시 후 아난다를 불러 "아난다여, 나에게 칠각분(七覺分)을 설해달라."고 말씀하셨다. 아난다는 말씀대로 이것을 설하였다.
세존께서 말씀하셨다. "정진을 설했는가?"
"설했나이다."
"아난다여, 오로지 정진하여 빨리 도를 얻어야 한다." 이와 같이 말씀을 마치자 또 사유에 들어가셨다.
한 제자가 매우 감동하여 말했다. "세존께서는 정법의 왕이면서도 병을 참고 도를 들으신다. 이것만 보아도 여타의 사람들은 더욱 마음을 전일하게 하여 가르침을 듣지 않으면 안 된다."
3. 그때 카핀나가 아난다가 있는 곳에 와서 말하기를 "저는 세존께 여쭈어볼 말씀이 있사옵니다." 하였다.
아난다가 말하였다. "세존이 법체가 편안하지 않으신데 마음을 어지럽혀드릴 것 같아 걱정이 된다."
이 말을 들으신 세존은 "아난다여, 카핀나를 불러라. 얘기하고 싶은 일이 있다." 하고 명하셨다. 허락을 받은 카핀나는 들어와서 세존께 절을 올렸다.
세존께서 말씀하셨다. "묻고 싶은 일이 있다면 무엇이든지 물어도 좋다."
카핀나가 말하였다. "세존이시여, 부처는 천상천하의 지존이십니다. 어찌하여 신들에게 약을 가져오게 하여 병을 고치지 않으십니까?"
"카핀나여, 집도 오래되면 모두 무너지는 것이다. 그렇지만 대지는 언제나 편안하다. 나의 몸은 오래된 건물과 같은 것, 마음은 대지와 같은 것이다. 몸은 비록 병 때문에 위태롭지만 마음은 항상 편안한 것이다."

"제비새끼는 부모에 의해 길러지고 또 오래 생존하옵니다. 지금 만약 세존께서 입멸하신다면 우리들은 누구를 의지해야만 하겠습니까?"

"나는 태어나서 죽지 않는 자는 없다는 것을 기회가 있을 때마다 설하여 왔다. 카핀나여, 반드시 부처를 생각하고 또 계를 중히 여김이 좋다."

이 말을 들은 카핀나는 예를 드리고 물러났.

세존은 일찍이 이 근처에서 쿠시나라의 연소한 사람들이 도로를 보수하고 있는 곳에 이르렀는데, 그 사람들의 힘으로는 옮길 수 없는 큰 돌을 옮긴 일이 있었다. 그리하여 사람들은 깊이 세존의 위신(威神)에 진심으로 감탄했다.

4. 그때 세존은 아난다를 불러 "아난다여, 나는 이제부터 쿠시나라성 밖의 희련하(熙連河) 근처에 있는 사라쌍수(娑羅雙樹)의 사이로 가려고 생각한다."고 말씀하셨다. 이리하여 세존은 설산(雪山)과 같이 조용하게 가굴차의 하반을 떠나 희련하를 건너서 사라의 숲에 이르셨다.

그때 춘다는 앞으로 나아가 아뢰었다. "세존이시여, 저는 멸도하려고 생각하옵니다. 사랑도 없고 미움도 없는 곳, 저 무량한 공덕의 바다에 이를 것이옵니다."

세존께서 말씀하셨다. "때는 되었다. 네가 해야 할 일은 이미 끝났다." 그러자 춘다는 세존의 앞에서 등불이 꺼지듯이 명을 마쳤다.

그때 한 바라문이 있었는데, 쿠시나라에서 파바에 가려고 이 길을 지나다가 때마침 세존을 보고 갈망하는 생각을 금치 못하여 앞으로 나아가 아뢰었다. "저희 마을은 여기에서 그다지 멀지 않습니다. 원컨대 오셔서 주무시고, 내일 아침식사를 마치신 후에 쿠시나라에 가시옵소서."

　세존께서 말씀하셨다. "그만두라, 바라문이여. 너는 지금 나에게 공양한 것과 다를 것이 없다."

　바라문은 세 번 청했지만 세존은 역시 허락하지 않으셨다. 그리고 "뒤에 아난다가 있으니 그쪽으로 가서 그 뜻을 말함이 좋다."고 말씀하셨다.

　바라문은 아난다에게 그 뜻을 호소했다. 그러나 아난다는 말했다. "그만두오, 바라문이여. 그대는 지금 이미 세존을 공양해드린 것이 아니오. 날은 덥고 마을은 멀다오. 세존은 또 지쳐 있으니, 번거롭게 해드릴 수는 없소."

　5. 사라의 숲은 쿠시나라의 성밖 희련하의 언덕 모퉁이에 있으며, 물은 그 삼면(三面)을 돌아 흐르고 있었다. 세존은 이것을 바라보시다가 아난다를 보며 밝히셨다. "아난다여, 너는 저 숲 끝에 쌍수(雙樹)가 늘어서 있는 게 보일 것이다. 그곳에 가서 자리를 깔고 나를 북쪽으로 머리를 두게 하여 뉘어달라. 나는 너무나 지쳤다. 오늘 야반에 그곳에서 바로 멸도에 들 것이다."

　모든 제자는 이 말을 듣고 또다시 슬퍼했다. 파바와 이 숲과의 거리는 단지 몇 리에 지나지 않았지만, 세존께서는 이 사이에서 15회나 쉬시고 겨우 이제 이 숲에 들어섰던 것이다.

　아난다는 눈물을 뿌리며 나무 밑에 이르자 깨끗이 쓸고 물을 뿌리고 법식대로 자리를 만든 다음, 돌아와서 세존께 말씀드렸다. "세존이시여, 말씀대로 준비해두었습니다."

　세존은 제자들과 함께 그 숲에 들어가 그 자리에 이르렀다. 그리고는 머리를 북으로 두고 서쪽을 향하여 우협(右脇)을 침상에 대고 발을 포개어 조용히 누우셨다. 그때 신들의 음악이 울려퍼지고 또 노랫소리가 크게 들려왔다. 사라나무는 또 때가 아닌데도 꽃이 피었는데, 그 빛은 흰 학과도 같았으며, 꽃잎은 비와 같이 세존 위에 뿌려졌다.

세존께서 아난다에게 물으셨다. "너는 신들이 나를 공양하는 것이 보이는가?"

아난다가 말하였다. "말씀대로입니다."

"그러나 이와 같이 함은 참으로 나를 공경하고 나에게 보답하는 길이 아니다."

"세존이시여, 어떻게 해야만 참으로 부처를 공경하고 부처께 보답하는 길이옵니까?"

"나의 모든 제자는 그가 남자든지 여자든지 간에 법에 주하고, 법보(法步)에나 무슨 일이거나 법에 의해 행하는 일이야말로 참으로 나를 받들고 나를 공경하는 것이다. 그러하니 아난다여, 나를 따라 나에게 보답하려고 생각하는 자는 반드시 향이나 꽃이나 기악으로써 하지 않아도 좋다. 능히 이 일을 마음에 두고 힘써야 한다. 이것이 곧 비길 수 없는 공양인 것이다."

제4절 보물산의 비유

1. 그때 세존은 대중에게 고하시었다. "너희들에게 만약 의문이 있을 것 같으면 마음에 있는 대로 물어도 좋다. 나는 능히 이 의문을 풀어주리라."

회중에 사자후(獅子吼)라는 한 보살이 있었는데, 자리에서 일어서자 세존을 예배하고 아뢰었다. "세존이시여, 불성에 관해서 조금만 더 설해주시옵소서."

세존께서 말씀하셨다. "사자후여, 모든 중생은 말세에 바로 비길 수 없는 각을 얻게 되리라. 사자후여, 비유컨대 집에 유락(乳酪)이 있는

데 어떤 사람이 연유(煉乳)냐고 묻는다면, 유락은 연유는 아니지만 그러하다고 대답하는 것과 같은 것이다. 왜냐하면 유락은 연유는 아니지만 반드시 연유를 얻을 수가 있기 때문이다. 중생들도 또한 그와 같아서 모두가 마음을 가지고 있으며, 모름지기 마음이 있는 자는 반드시 비길 수 없는 각을 성취할 수가 있다. 때문에 나는 모든 중생에게 모두 불성이 있다고 항상 말하는 것이다. 이는 참으로 중생들이 얻는 바의 일승(一乘)으로, 모든 부처의 어머니인 것이다.

비유컨대 신월(新月)은 보이지는 않되 없다고는 할 수 없는 것처럼, 모든 범부에게는 불성이 보이지 않지만 없다고는 할 수 없다. 비유컨대 설산에 인욕(忍辱)이라는 풀이 있는데, 소가 이것을 먹으면 제호(醍醐)를 만들어내지만, 다른 풀을 먹으면 제호를 만들어내지 못한다. 그때 설령 제호가 없다고 해서 설산에 인욕의 풀이 없다고는 할 수 없는 것처럼, 지금까지의 가르침에 없었다고 해서 불성이 없었다고는 할 수 없는 것이다. 또 비유컨대 무쇠도 불에 넣으면 빨갛게 되고 꺼내면 식어서 다시 검게 되는 것처럼, 모든 중생은 번뇌의 불이 꺼지면 곧 불성을 볼 수 있는 것이다."

2. "세존이시여, 만약 중생들에게 불성이 있다면 어째서 마음의 퇴전이 있사옵니까?"

"사자후여, 참(實)에는 마음의 퇴전이란 없다. 만약 마음에 물러서는 일이 있다면 끝내 도를 얻을 수 없을 것이다. 다만 늦게 얻기 때문에 이것을 물러선다고 말할 뿐이다. 그것은 모든 인연이 화합하지 않기 때문이다. 그러므로 나는 바른 인과 연(緣)의 인, 두 인을 설한다. 바른 인은 불성이며, 연의 인이란 보리심을 발하는 일이다. 이 두 가지에 의해 마치 돌에서 금을 뽑아내듯이 비길 수 없는 각을 얻는 것이다.

또 다음은 사자후여, 마음의 퇴전이 있다고 해서 모든 중생에게 불성이 없다고 말해서는 안 된다. 비유컨대 두 사람이 있다고 하자. 어느 곳에 칠보의 산이 있는데, 산에 샘이 있어 맑고 그 맛은 달다. 능히 이곳에만 간다면 가난도 없어지고, 그 물을 먹으면 수명이 연장되지만, 단지 길이 멀고 험하므로 갈 수 없다는 말을 듣고 있었다.

어떤 두 사람은 함께 가자고 하여 한 사람은 여장을 갖추고 한 사람은 아무것도 갖지 않고 나섰는데, 길에서 많은 보물을 가진 사람과 마주쳤다. 두 사람은 물었다. "이 사람아, 저곳에 참된 칠보산이 있는가?" 그 사람이 말했다. "나는 이미 그 보물을 취하였고, 또 그 샘물도 마시고 오는 길이다. 그러나 길은 험하고 도둑이 많아, 천만 명이 가더라도 이르는 자는 참으로 적다."

이 말을 듣고 한 사람은 후회하며 말했다. "내가 어떻게 그곳에 갈 수 있으랴. 나에게는 재산도 조금은 있다. 만약 도중에 죽임을 당한다면 장수는 문제도 안 된다는 얘기가 아니냐." 그런데 다른 한 사람은 "이미 다녀온 사람이 있을진대 나 역시 가지 못할 것은 없다. 만약 갈 수 있다면 소원대로 재물과 샘물을 얻을 수가 있을 것이고, 갈 수 없다면 다만 죽는 길뿐이다. 나아가 그곳에 이르러 그 소원을 이루고 돌아오면 부모를 섬길 수도 있고 종친들도 돌볼 수가 있다."고 말하며 여정을 계속했다고 한다.

사자후여, 칠보의 산이란 대열반을 말하는 것이며, 감천(甘泉)이란 불성을 말하는 것이다. 곧장 가는 자는 물러서지 않는 보살, 돌아가는 자는 물러선 보살이다. 사자후여, 중생들의 불성은 그 길과 같이 상주하며 변하지 않는다. 뉘우치고 돌아온 자가 있다고 해서 그것을 상주가 아니라고는 하지 못한다.

사자후여, 보리의 도에는 결코 물러서는 자가 없는 것이다. 그러하기에 모든 중생은 반드시 도를 얻을 수가 있는 것이다. 때문에 설사 다섯 가지의 역죄를 짓는다든가 네 가지의 무거운 금계를 범한다든가 하는 선근을 끊은 중생들일지라도 그들에게는 모두 불성이 있다고 설하는 것이다.

　사자후여, 비유컨대 등불이 켜지면 어둠이 사라지고, 등불이 꺼지면 어둠이 생기듯이, 또 납(蠟)의 도장을 진흙탕에 찍으면 인(印)은 없어지고 그 흔적으로 무늬만을 이루듯이, 중생들의 업의 과(果)도 그와 같은 것이다. 이 마음과 몸이 없어지고 다른 몸과 마음이 이어서 이루어진다고 하지만, 모든 중생은 마찬가지로 모두 불성을 갖고 있는 것이다.

　비유컨대 독을 젖 속에 넣으면 젖이 제호가 되더라도 모두 독이 된다. 그리고 젖을 낙(酪)이라고는 하지 않고, 낙 또한 젖이라고는 하지 않으며, 제호에 이르기까지 모두 이와 같이 이름은 각각 바뀌지만 독성은 없어지지 않은 채 모두 오미(五味) 속에 가해지고 있는 것이다. 실제로 독을 제호 속에 넣은 것은 아니지만, 만약 이 제호를 마신다면 그 사람은 죽고 말 것이다. 불성도 그와 같아서, 다섯 가지 도에 주하면서 다른 몸을 받고 있지만 불성은 항상 하나로서 바뀌는 것이 아니다.

　3. 사자후여, 열반에는 상(相)이 없다. 상이라는 것은 색(色)·성(聲)·미(味)·향(香)·촉(觸)의 상, 생멸의 상, 남녀의 상인데, 열반에는 이러한 상이 없다. 사자후여, 그러니 상에 집착하는 자는 우치를 낳고, 우치가 있으면 갈애가 생하고, 갈애가 생하면 계박이 되어 생을 받고, 생을 받으므로 죽지 않으면 안 된다. 만약 제자들이 선정과 지혜와 사심(捨心)을 닦는다면 능히 이의 상을 끊을 것이다. 나무를 뽑는 데는 먼저 흔들어서 뽑으면 쉽듯이, 또 옷을 세탁하는 데도 먼저 잿물로 빨고 뒤에 맑은 물로 헹구면 깨끗해지듯이, 또 장수는 먼저 갑옷으로 스스로를 무장하고 그후에 능히 적을 쳐부수듯이 보살은 먼저 이 세 가지를 닦는 것이다.

　사자후여, 혹은 즐거움을 받은 일로 혹은 법을 설한 일로, 혹은 보시를 받은 일로 교만이 일어났을 때는 마땅히 선정을 닦는 게 좋다.

지혜를 닦아서는 안 된다. 그러나 노력을 다해도 각을 얻을 수 없다고 생각이 될 때, 기력이 둔하여 자신을 마음대로 조복할 수가 없다든가, 번뇌가 성하기 때문에 스스로 계를 훼손한다고 하는 것과 같은 걱정이 있을 때는 마땅히 지혜를 닦는 것이 좋다.

선정을 닦아서는 안 된다. 만약 이 두 법이 고루 취해져 있다면 사심(捨心)을 닦는 게 좋다. 만약 선정과 지혜를 닦아도 번뇌를 일으켰다면, 이때는 사심을 닦아서는 안 된다. 마땅히 경을 읽고 또 부처를 염함이 좋다.

4. 사자후여, 부처의 법신에는 주처가 없다. 불성도 또 모름지기 주처가 없다. 따라서 모든 중생에게도 반드시 얻어지고 또 반드시 볼 수 있는 것이기 때문에 중생에게는 모두 불성이 있다고 말하는 것이다. 비유컨대 어떤 왕이 한 대신에게 한 마리의 코끼리를 몰게 하여 맹인에게 보였더니, 여러 맹인들은 각자 손으로 이것을 만져보았다. 왕은 그들을 불러서 물어보았다. '너희들은 코끼리가 무엇을 닮았다고 생각하는가?'

그러자 그 어금니를 만진 자는 코끼리는 무뿌리와 같다고 했고, 귀에 손을 댄 자는 키(箕)와 같다고 했고, 얼굴을 만진 자는 돌과 같다고 했고, 코를 만진 자는 절굿공이와 같다고 했고, 다리를 만진 자는 절구통과 같다고 했고, 등을 만진 자는 침상과 같다고 했고, 배를 만진 자는 항아리와 같다고 했고, 꼬리를 만진 자는 새끼와 같다고 답했다고 한다.

사자후여, 저 여러 맹인의 코끼리에 대한 설명은 완전하지는 않다. 그렇다고 전혀 풀이를 하지 못한 건 아니다. 그와 같이 중생들은 혹은 몸과 마음을 불성이라고 말하고, 혹은 몸과 마음이 떨어져 있는 '아'를 불성이라고 말하고 있다. 그렇지만 불성은 이러한 것이 아니다. 그러나 이러한 것으로부터 떨어져 있는 것도 아니다. 사자후여, 부처는 상주해 있다. 그 법신은 가이없고 장애가 없고, 생하지도 않으며 멸하지도 않는다. 이것을 '아'라고 하는 것이다. 중생에게는 참으로 이와 같은 아는 없다. 그러나 이것은 얻어질 것이 틀림없으므로 불성이 있다고 이름하는 것이다.

5. 사자후여, 대자대비를 이름하여 불성이라 한다. 왜냐하면 대자대비는 항상 그림자가 형체를 따르는 것과 같은 것이어서 모든 중생은 반드시 이것을 얻을 수 있기 때문이다. 그러므로 일체 중생은 모두 불성이 있다고 말하는 것이다. 대자대비는 불성인 것이며, 불성은 곧 부처인 것이다. 또 대희대사(大喜大捨)를 이름하여 불성이라 한다. 왜냐하면 보살이 모든 미지의 세계를 버리지 않는다면 무류의 각을 얻을 수가 없기 때문이다. 모든 중생은 이것을 얻을 것이 틀림없으므로 일체 중생에게는 모두 불성이 있다고 말하는 것이다. 대희대사는 불성이며, 불성은 곧 부처인 것이다.

또 대신심(大信心)을 이름하여 불성이라 한다. 그것은 신심에 의하여 능히 보살도를 다하기 때문인 것이다. 모든 사람은 이것을 얻을 것이 틀림없으므로 일체 중생은 모두 불성이 있다고 설하는 것이다. 대신심은 불성인 것이며, 불성은 곧 부처인 것이다. 또 불성을 이름하여 일자지(一子地)라 한다. 그것은 일자지에 의하여 보살은 일체의 중생에 대해, 그리고 모든 중생은 이것을 얻을 것이 틀림없으므로 일체 중생은 모두 불성이 있다고 설하는 것이다. 일자지는 불성이며, 불성은 곧 부처인 것이다.

6. 사자후여, 이 가르침은 바다와 같은 것이며, 그 밑바닥을 궁구하려고 해도 궁구하지 못한다. 게다가 일미(一味)로서 변함이 없다. 일체 중생은 마찬가지로 불성을 갖고 있으므로 해탈로 향하는 교섭도 모두 하나인 것이며, 그 해탈도 하나인 것이며, 인(因)도 하나, 과(果)도 하나, 그 경계의 공덕도 역시 하나인 것이다. 모든 것은 반드시 상

주 · 묘악(妙樂) · 자재(自在) · 청정으로 될 수 있는 것이다. 또 이 가르침을 지니는 자는 조수(潮水)가 차더라도 일정한 한도에 넘치지 않도록, 설령 몸을 잃는 한이 있더라도 금계를 범하지 않는다. 또 이곳에는 무량한 보물이 있고 무량한 불덕(佛德)이 있으므로, 역악(逆惡)의 사시(死屍)도 이곳에는 깃들이지 못한다. 일체 중생은 평등한 것이며 동일한 법성으로, 이 경(經)에는 항상 느는 일도 주는 일도 없는 것이다."

7. 이때 우바마나라는 제자가 있었다. 일찍이 아난다가 세존의 시자가 아닐 때 항상 옆에서 모시고 일을 돌봐드리고 있었는데, 지금 세존께서 병으로 누워 계시다는 말을 듣고 깊이 근심하여 세존께 가까이 가서 그 앞에 섰다. 그러자 세존이 우바마나에게 "너는 지금 내 앞에 서서는 안 된다."고 말씀하므로, 그는 옆으로 물러났다.

아난다는 이상하게 생각하고 아뢰었다. "세존이시여, 저는 오랫동안 부처님을 좌우에서 섬기고 있사옵니다만, 지금까지 이와 같은 말씀은 들은 적이 없습니다. 또 지금 멸도에 드시고자 하시면서 어찌하여 우바마나를 앞에서 물러나게 하는 것이옵니까?"

세존께서 말씀하셨다. "아난다여, 나는 그를 기피함이 아니다. 신들이 지금 나를 보려고 다투어 오고 있는데, 우바마나가 내 앞에 있으므로 그들은 그 위덕에 막혀서 나에게 다가오지 못하기 때문이다."

"세존이시여, 우바마나는 어떠한 인(因)을 닦아서 지금과 같은 위덕을 얻었습니까?"

세존은 이에 대해 "옛날 비파신불이 이 세상에 계셨을 때 그는 기쁘게 손에 풀의 횃불을 들고 부처의 발밑을 비춘 일이 있었는데, 이 인연에 의하여 지금 그 위덕이 신들에 미쳐 신들의 빛조차 가린다."고 말씀하셨다.

제5절 사처(四處)를 염하라

1. 아난다는 또 물었다. "세존께서 세간에 나오신다면 이 세간의 덕이 청정한 사람이나 행이 돈독한 사람이 와서 세존을 배알하게 될 것입니다. 그리고 저는 그 때문에 법을 듣고 복을 얻게 될 것입니다만, 지금 세존께서 입멸하시면 그 사람들이 올 리도 없습니다. 그때 저희들은 어떻게 하면 좋겠습니까?"

세존은 답하셨다. "아난다여, 걱정할 것은 없다. 내가 태어난 카필라성의 룸비니 동산을 염함이 좋다. 또 내가 도를 이룬 네란자라 근처의 보리수 밑을 생각함이 좋다. 또 내가 처음으로 법륜을 굴린 바라나시의 녹야원을 염함이 좋다. 그리고 내가 멸도에 들어가는 이 쿠시나라성 밖의 사라수 동산을 염함이 좋다. 그렇게 하면 너희들은 모두 복을 받게 될 것이다.

아난다여, 만약 신심이 있어 부처의 공덕을 염하고 한 송이 꽃이라도 공양하는 일이 있다면, 그것으로써 능히 열반에 이를 수가 있으리라. 아난다여, 만약 마음만이라도 부처를 염하고, 단 한 번이라도 공경하는 마음을 일으켰다면 역시 반드시 열반을 얻게 될 것이니라. 아난다여, 또 만약 부처의 이름을 듣는 자는 열반에 들 것이다. 아난다여, 부처는 여러 복전 중에서 제1이다. 나는 무릇 귀취(歸趣)가 없는 자를 위하여 귀취가 되어주고, 무릇 집이 없는 자를 위하여 집이 되어주고, 어둠 속에 있는 자를 위하여 등불이 되어주고, 눈먼 자를 위하여 눈이 되어주는 것이다."

2. 아난다는 또 물었다. "천나라는 제자가 있습니다만, 성질이 조급하고 욕하기를 즐기며 자주 많은 제자들과 다툽니다. 세존께서 입멸하신 후에는 이를 어떻게 하면 좋겠습니까?"

"너희들은 그와 말하지 않도록 함이 좋다. 그는 반드시 스스로 부끄러워하여 고칠 것이다."

"만약 많은 여자들이 와서 제자들을 만나려고 할 때는 우리들은 차후 어떻게 해야 하옵니까?"

"만나게 해서는 안 된다."

"만약 어떻게 해서라도 만나려고 할 때는 어떻게 하면 되옵니까?"

"말을 하지 않도록 함이 좋다."

"만약 도를 듣고 싶다고 청했을 때는 어떻게 하오리까?"

"말할 것도 없이 그를 위하여 법을 설하여야 한다. 다만 늙은 사람은 어머니로 생각하고, 연장자는 누이로 생각하고, 그리고 연소자는 누이동생으로 생각하여 능히 너의 몸과 말과 뜻에 신경을 써야 할 것이다."

"재세시와 멸하신 뒤에 세존을 공양해 받드는 데 있어 그 공덕에 차이가 있습니까?"

"차이는 없다. 왜냐하면 부처의 법신은 길이 존재하기 때문이다. 아난다여, 부처를 보는 것은 곧 불법을 보는 것이다. 불법을 보는 것은 곧 승가를 보는 것이다. 승가를 보는 것은 곧 열반을 보는 것이다. 그러므로 삼보는 상주해 있으며 변하는 일이 없고, 능히 중생들의 귀처(歸處)가 되는 것임을 알지 않으면 안 된다."

3. "세존께서 멸도에 드신 후에는 어떠한 법으로 장례를 행해야 옳습니까?"

"너는 이 일을 위하여 신경쓸 것은 없다. 오직 도만을 지켜라. 자신을 위해 애쓰고, 너의 선근을 위해 너의 전신을 바침이 좋다. 또 나에게 들은 바를 즐겨 남을 위하여 설함이 좋다. 나의 몸은 반드시 모든 사람이 와서 장사를 지내줄 것이다."

"그들은 어떠한 법으로써 장사지내는 것이옵니까?"

"여러 왕의 중 왕을 장사하는 법으로 나를 장사지낼 것이다."

"그 법은 무엇입니까?"

"더운물로 씻고 솜으로 덮어 이를 금관에 넣어 향유를 뿌리고 좋은 향으로 싼 다음, 그리고 이를 태우고 사리를 거두어서 탑을 세우는 것이다. 길가는 사람은 이에 예배하며 꽃을 바치고, 향을 바치며 덕으로 나아갈 것이다. 이것이 여러 왕 중 왕을 장사하는 법이다."

이 말을 들은 아난다는 괴로움을 견디지 못하고 뒷방으로 숨어 문에 기댄 채 홀로 탄식했다. '나는 아직도 학지(學地 : 배우는 사람의 자리)에 있으면서 여태껏 같은 도를 얻지 못하였다. 그런데도 부처는 지금 나를 버리고 멸도에 드신다. 나는 언제 해탈의 도를 얻을 수 있을 것인가. 차후 나는 누구를 위하여 아침에는 물을 바치고 저녁에는 침구를 펴며, 또 얼굴을 씻고 발을 씻어드릴 것인가.' 이렇게 생각하고 손으로 문 밖의 나뭇가지를 붙들고 가슴을 치며 울었다.

4. 여러 제자들은 세존을 옆에서 모시고 있었는데 아난다만 보이지 않으므로 세존께서 물으셨다. "아난다는 어디에 있는가?"

"저쪽 나무 밑에서 울고 있사옵니다."

"아난다를 불러오도록 하라."

전달을 받은 아난다는 돌아와서 세존께 예하고 옆에 섰다.

세존은 이를 보고 밝히시었다. "아난다여, 나는 앞서 이미 너를 위하여 말하지 않았느냐. 일체 제행(諸行)은 모두가 다 무상한 것이다. 만난 자는 반드시 헤어지지 않으면 안 된다. 너는 지금 무엇을 슬퍼하고 있는 것인가. 아난다여, 너는 이전부터 나를 섬겨, 나를 위하여 무슨 일이든 해주었다. 또 너의 몸도 입도 뜻도 모두가 언제나 청정했으며, 티도 더러움도 없었다. 면려하라. 네가 얻을 수 있는 복은 헤아릴 수조차 없는 것이다.

여러 제자들이여, 아난다에게 그와 같이 슬퍼해서는 안 된다고 하는 까닭은, 그는 멀지 않아 해탈을 얻을 것이기 때문이다. 제자들이여, 옛날 모든 부처에게는 모두 아난다와 같은 시자가 있었으며, 또 뒤의 모든 부처에게도 있을 것이다. 제자들이여, 아난다는 신심이 견고하고 마음은 곧고 몸은 병이 없고 항상 부지런하고 교만하지 않다. 그 지혜는 깊고 미묘하여 내가 설한 법을 모두 기억하며 잊지 않는다. 또 제자들이여, 아난다는 능히 때를 알고 있다. 어떤 사람이 찾아와서 나를 만나려고 할 때는, 아난다는 먼저 나를 위하여 그 시간이 좋은가 어떤가를 생각하고서 정한다. 내가 언제 제자들과 만날 것인가, 혹은 언제 재가의 신자를 만날 것인가, 또 언제 외도들과 만날 것인가를 생각하는 것이다. 그 때문에 그들이 와서 나를 만나고, 또 나로부터 법을 듣고 모두 많은 공덕을 얻었던 것이다. 이는 모두 아난다가 시의(時宜)를 도모하여 나에게 그들을 인도했기 때문이다.

　제자들이여, 법왕을 만나면 누구나 모두 그 얘기하는 것을 듣고 혹은 침묵하는 것을 보고 기뻐하며, 또 헤어질 때는 그리움을 견디지 못하여 마치 굶주린 사람이 배부름을 모르는 것과 같은 심정이 되는 것이다. 대중들이 아난다를 대하는 경우도 역시 이와 같은 것이다. 온아(溫雅)한 덕은 그에게 충만해 있다.

　제자들이 오면 그 건강을 묻고, 이중(尼衆)이 오면 훈계하기를, '자매여, 불계(佛戒)를 받들라.'고 말하였다. 세다가 재가자들이 왔을 때는 '삼보에 귀의하라. 불계를 지켜라. 너의 부모를 공경하라. 성자를 공양하라.'고 격려하였다. 이 말을 들은 자는 모두 기뻐하고 즐거워하는 것이다. 만약 그가 잠자코 있는 것을 보면 어찌된 일이냐고 묻는 것이 예사였다. 그리고 그가 떠날 때는 덕을 그리워하고 의(誼)를 염하는 것이다. 제자들이여, 아난다에게는 이러한 뛰어난 덕이 있다.

　그러니 아난다여, 너는 스스로 괴로워하여 스승이 멸도에 들고 나면 역시 해탈할 때도 없을 것이라고 슬퍼할 것은 없다. 내가 도를 이룬 이래 설해온 일체의 법과 계야말로 곧 너의 스승인 것이다. 너를 두호하는 것이다. 너의 의지할 곳이다. 나는 세간의 아버지이며 세간의 친구이다. 그리고 아버지로서 친구로서 이루지 않으면 안 될 일을 모두 마쳤다. 이렇게 되었으니, 너는 내가 멸한 후에 이것을 염하고 이것을 행하되 게을리하지 않도록 하고, 마하카샤파와 함께 세간을 이끌어 크게 불사를 닦아달라. 아난다여, 헛되이 심로(心勞)해서는 안 된다. 너는 반드시 해탈을 할 것이다. 그리고 나의 정법은 널리 흘러 중생들에게 보시하게 되리라."

5. 이 말을 듣고 아난다의 근심은 약간 제거되어서 세존께 앙청하였다. "세존이시여, 저의 마음은 열렸습니다. 그러나 아직도 물어볼 것이 한 가지 있습니다. 모쪼록 가르쳐주십시오."

세존께서 말씀하셨다. "무엇이냐?"

아난다가 말하였다. "세존이시여, 이곳에서 그다지 멀지 않은 곳에 베살리가 있고 라자가하성이 있고 사바티성이 있고 바라나시가 있어, 그 나라가 모두 풍부하고 백성은 번성하며 불법 또한 성행하고 있습니다. 세존이시여, 그럼에도 불구하고 어찌하여 이러한 성으로는 가시지 않고 이 벽촌인 쿠시나라에 오셔서 멸도에 들고자 하옵니까?"

"아난다여, 그렇게 말해서는 안 된다. 천한 자의 집이라도 만약 왕이 찾아갔다면 세상에서는 귀하게 생각할 것이다. 값싼 약이라도 이것으로 병이 낫고, 썩은 시체라도 배가 갑자기 파손되었을 때 이것을 부표(浮漂)로 하여 언덕에 오를 수 있었다면 사람들은 반드시 기뻐하리라.

아난다여, 미묘한 공덕이 이 성에 의하여 크게 장엄되었다. 그것은 이곳이 모든 부처나 보살이 수행한 곳이기 때문이다. 전세에 내가 이곳의 왕이 된 일도 있다. 그때 성은 번영하고 전당은 아름답고 위광은 치성하고 백성은 모두 잘 따랐다. 그렇지만 나는 이렇게 생각하였다. '세간의 영화도 오래도록 보유할 수는 없으며, 몸은 썩어야 할 그릇이다. 다만 도만이 참된 것이다. 이것을 밝게 보는 자만이 족함을 아는 것이다.' 그리하여 지위를 버리고 오로지 도를 닦았다. 생각하건대 이러한 일이 일곱 번 있었다. 때문에 나는 이미 일곱 번까지도 뼈를 이곳에 남겼던 것이다. 이곳은 이처럼 나와 숙연(宿緣)이 있다. 지금 이곳에 와서 열반에 드는 것은, 이곳에서 왕석(往昔)의 은혜에 보답하려고 하기 때문이다."

아난다는 이 말을 듣고 말했다. "뜻깊은 일이옵니다. 이 땅이 그러한 숙연이 있는 곳이옵니까? 저는 다시는 이 땅을 더럽다고는 생각하지 않을 것입니다."

6. 그때 세존은 아난다에게 말씀하시었다. "너는 성안으로 가서 백성들에게 오늘 야반에 내가 멸도에 들 것을 알리고 '만약 의문이 있다면 급히 찾아와서 묻는 게 좋다. 때를 놓치고 뉘우침이 없도록 하라.'고 고하라."

아난다는 명을 받고 한 제자를 데리고 성안으로 향했다.

그때 성중에 일이 있어서 여러 말라족의 대중들이 모여 상의하고 있었는데, 아난다는 그곳에 가서 널리 세존의 명을 전했다. 대중들은 놀라 슬퍼하면서 탄식하는 소리가 항간에 가득 찼다. 그 소리가 왕궁에도 들렸으므로 왕은 괴이하게 여겼는데 좌우 시신들로부터 그 이유를 듣고 놀라며, 왕자에게 바로 세존의 좌하에 나아가 이 궁전에 들어오셔서 멸도하시도록 앙청하고 오도록 명했다. 왕자는 달려가 아난다를 통하여 그 소원을 세존께 아뢰었다.

세존이 "이곳으로 부르라."고 말씀하시므로, 왕자는 나아가 예를 드리고 아뢰었다. "중생들은 망집의 웅덩이에 빠져 있습니다. 다만 부처님만이 이를 제도해주십니다. 그러하온데 지금 열반하신다는 것은 참으로 너무 빠르다고 생각하옵니다. 세존이시여, 모쪼록 제 부왕의 궁전에서 멸도에 드시옵소서. 숲속에서 입멸하시지 마시옵소서.

이것이 부왕의 소원이옵니다."

　세존께서 말씀하셨다. "왕자여, 세간은 참이 아니므로 즐길 만한 것은 없다. 현명한 자는 반드시 부처를 만나 법을 들으려고 원하며, 신심과 계행과 보시에 입각하여 많이 듣고 널리 배우는 것이다. 그러니 때〔垢〕를 여의고 세세로 부를 누리고 영예는 멀리까지 알려져, 드디어는 열반을 얻게 될 것이다. 왕자여, 돌아가서 나를 대신하여 너의 부왕께 전하도록 하라. '이 땅은 나에게 숙연이 있으니, 내가 최후로 몸을 이곳에서 묻히려고 한다.'고."

　왕자는 즉시 환궁하여 이 사유를 부왕에게 전했다. 왕은 울면서 영을 내려 백성들을 이끌고 곧장 사라의 숲으로 갔다. 때는 2월 15일로 해가 막 기울어갈 무렵이었다.

　7. 아난다는 '이들에게 일일이 세존을 뵙게 하려면 밤을 새워도 다하지 못할 것이다. 함께 뵙게 함이 좋겠다.'고 생각해 사람들을 모아 놓고 세존께 아뢰었다. "세존이시여, 쿠시나라의 여러 말라족 사람들은 여기에 다함께 세존의 좌하에 찾아와 있사옵니다."

　세존은 간곡히 이들을 위로하셨다.

　왕은 앞으로 나아가 엎드려 아뢰었다.

　"세존이시여, 원컨대 가르침을 내리시옵소서. 저희들은 근행(勤行)하겠나이다."

　세존께서 말씀하셨다. "사람도 신도 모두 죽음으로 향한다. 너희들은 슬퍼해서는 안 된다. 나는 오늘부터 다함이 없는 청정한 곳에 이르리라. 그곳은 항상 적정하며 영원히 근심이 없다. 너희들은 나 때문에 조금도 슬퍼할 것은 없다. 너희들은 반드시 선을 염하고 악을 멀리하여 범한 과실을 고쳐 다가올 선을 닦고 덕을 쌓아 어진 이와 가까이하며, 일이 생겼을 때는 생각을 거듭해서 결코 졸포(卒暴)한 짓을 해서는 안 된다.

인명(人命)은 얻기 어렵다. 마땅히 만민을 어여삐 여기고, 밝은 자는 높이고, 어리석은 자는 용서하고, 가난한 자에게는 베풀어주고, 부족한 자에게는 보시하고, 백성을 자식과 같이 보고, 정사를 바르게 하여 남에게 베풀고, 이익을 같이하여 아랫사람과 함께 즐기도록 해야 한다. 이야말로 영겁으로 복이 되는 길인 것이다.

세상에는 여러 가지 사(邪)가 있다. 너희들은 반드시 자애(自愛)해야 한다. 이와 같이 하면 다만 나를 볼 수 있을 뿐만 아니라 모든 괴로움의 나망(羅網)을 벗어날 수가 있을 것이다. 도를 행하는 것은 마음에 달렸다. 꼭 나를 볼 필요는 없다. 이는 마치 병자가 의사를 만나지 않더라도 처방에 따라 약을 쓰면 병이 낫는 것과 같다. 만약 내 가르침대로 행하지 않는다면 나를 만난들 보람이 없는 것이다. 설령 나와 함께 앉아 있더라도 나를 멀리 떠나 있는 것이다. 만약 도를 행한다면 설령 몸은 나와 떨어져 있을지라도 이야말로 나와 가까이 있다고 말하지 않으면 안 된다.

너희들은 마음을 닦아야만 한다. 방일에 흘러서는 안 된다. 세간에는 여러 가지 악이 있으며 괴로움이 닥치고 있다. 만사가 어지럽게 움직여 스스로 안존하는 일이 없다. 마치 바람 앞에 등불과도 같다. 제발 너희들로 하여금 장수하고 병과 고통에서 벗어나도록 해주고 싶구나."

8. 그때 나후라는 '나에게 무슨 기쁨이 있을 것이라고 세존의 입멸하시는 것을 보고 있을 것인가.' 라고 생각하여 숲을 나와 동북방으로 떠났는데, 아버지를 생각하고 눈물을 흘렸다. 그러나 생각을 돌이켜 '밤이 새면 나는 다시는 보름달이 여러 별에 의해 둘러싸이듯이 여러 제자들에게 둘러싸여 법을 설하시는 나의 아버지인 세존을 뵐 수가 없는 것이다.' 라고 생각하고 다시 되돌아와서 세존의 옆에 앉았다.

세존은 나후라에게 고하시었다. "나후라여, 슬퍼할 것은 없다. 너는 아버지에 대하여 할 일을 다했다. 나도 너에게 할 일을 다했다. 나후라여, 마음을 번거롭게 해서는 안 된다. 나는 너희들과 함께 모든 중생들을 위하여 두려워하는 일 없이 또 애써 원한을 짓지 않았고, 해를 끼치지 않았다. 나후라여, 나는 지금 멸도에 들면 다시는 남의 아버지가 되지 않는다. 너도 또한 반드시 멸도에 들어 다시는 남의 자식이 되지 않을 것이다. 나후라여, 불법은 상주하는 것이다. 너에게 부탁하건대, 무상한 모든 법을 버리고 다만 해탈을 구하지 않으면 안 된다. 이것이 곧 나의 가르침이다."

나후라를 비롯하여 대중들은 모두 함께 기뻐했다. 그리고 부처님의 대법(大法)의 심오함을 찬탄했다.

9. 그때 쿠시나라의 성에 한 늙은 이교도가 있었는데 이름을 수바드라라고 했으며, 그 나이 120에 이르렀고, 박학하여 사람들에게 추종되고 있었다. 이날 밤, 잠에서 깨었을 즈음 빛이 성에 가득 차 있는데 집에는 아무도 없었다. 그는 세존이 멸도에 드신다는 말을 듣고 '나의 교의 제전(諸典)에는 부처의 출세간은 우담화처럼 극히 희소하다고 씌어 있다. 그런데 나의 마음에는 지금 의문이 있다. 고타마가 아니고서는 이것을 밝혀주실 분은 없다. 가서 가르침을 청하자. 때를 지체해서는 안 되겠다.'라고 생각하고 곧장 세존의 좌하로 바삐 향하였다.

때마침 숲 어귀에서 아난다를 만나 "나는 고타마가 멸도에 드신다는 말을 들었습니다. 모쪼록 나를 인도하여 가르침을 받을 수 있도록 해주십시오." 하고 청했다.

아난다가 말하였다. "수바드라여, 그만둠이 좋을 것이오. 세존은 임종에 가까웠소. 번거롭게 해드릴 수는 없소."

"그러나 아난다여, 부처의 출세간은 우담화가 피는 것처럼 희유한 일이라고 말하고 있습니다. 모쪼록 저에게 한 번만 고타마를 뵈올 것을 허락해주십시오."

이와 같이 세 번 청했는데, 아난다는 허락하지 않았다. 그때 세존은 두 사람이 얘기하는 것을 들으시고 아난다를 불러 "아난다여, 나의 마지막 제자를 막아서는 안 된다. 수바드라를 허락하여 내게로 보내달라. 나는 그와 만나야겠다. 그는 마음이 곧고 지혜는 밝아서 자진하여 의문을 풀려고 하는 것이다. 논의를 벌이려고 온 것은 아니다."라고 말씀하시므로 아난다는 수바드라를 세존의 좌하에 안내했다.

수바드라는 기쁨을 이기지 못한 채 예를 올리고 아뢰었다. "고타마여, 물어볼 것이 있습니다. 모쪼록 허락해주십시오."

"어떤 것이냐?"

"고타마여, 세간에는 여러 학자가 있는데, 모두 자기 입으로 스승이라고 말하고 있습니다. 이들은 모두 그 설하는 바를 바른 견해라고 말하고 다른 것은 사견(邪見)이라고 말하고 있으며, 자신의 행을 해탈의 인(囚)이라고 이름하고 다른 행을 망집의 인이라고 해서 물리치고 서로 다투고 있습니다. 고타마여, 어느 것이 바로 망집의 인이며 해탈의 인이옵니까? 그들은 일체의 법을 알고 있는 것이옵니까? 그밖에 모르는 법이 아직도 있습니까? 모쪼록 이것을 가르쳐주십시오."

10. 세존은 설하셨다. "그렇게 번거롭게 물을 것은 없다. 그것은 보람없는 일이다. 그러나 자세히 들으라. 나는 너를 위해 설하리라. 수바드라여, 여덟 가지의 성도가 곧 해탈의 인이며, 이 도를 지니지 못하는 것이 망집의 인이다.

수바드라여, 그들은 사견을 갖고 있다. 금세와 후세에 스스로 지은 바의 과보는 반드시 받아야만 한다는 것을 믿지 않고, 즐겨 귀신을 받든다든지 점복을 행하여 복을 구하려 하는 것이다. 그들은 사악한 생각을 갖고 있다. 그 생각은 욕과 노여움에 있기 때문이다. 그들은 사어(邪語)를 범하고 있다. 속이고, 꾸며 말하고, 비방하고, 아첨하는 것이다. 그들은 사악한 업을 범하고 있다. 함부로 죽이고 함부로 취하고, 또 음일(淫佚)하기 때문이다.

그들은 또 사곡된 생활을 하고 있다. 도에 의하지 않고 옷이나 음식을 탐하기 때문이다. 그들은 사곡된 정진을 하고 있다. 애써 악을 끊지 않고 선을 행하지 않기 때문이다. 그들은 사악한 생각을 갖고 있다. 항상 즐거움을 탐하여 현자를 미워하기 때문이다. 그들의 선정은 사악한 것이다. 오로지 욕에만 정신을 팔고 해탈의 존귀함을 보지 않기 때문이다. 그러니 그들은 어느 것이나 바른 견해가 없으며, 해탈의 인은 아니다.

수바드라여, 내가 왕궁에 있을 때 세간은 무릇 그들 때문에 혼란스러웠다. 내가 집을 나와 도를 닦고 35세 때 보리수 밑에서 팔성도를 궁구하고, 그후 여기에 45년간 정도를 보고 정도를 생각하며, 바르게 말하고 바르게 행하며, 바르게 처세하고 바르게 도모하며 바르게 염(念)하고 바르게 마음을 수습하는 도를 밝혀왔다.

수바드라여, 업이 다하면 고가 다할 것을 생각하고 있다. 그렇지만 실은 그렇지 않다. 번뇌가 다하여 업고(業苦)가 다하는 것이다. 수바드라여, 만약 업의 인연을 끊고 해탈을 얻을 수 있다면 일체의 성자도 해탈을 얻지 못하리라. 그것은 과거의 본업에는 시작도 끝도 없기 때문이다. 그렇지만 이 도는 능히 시작과 끝이 없는 무서운 업까지도 막을 수 있는 것이다. 만약 고행을 닦아서 도가 얻어지는 것이라면 일체의 축생도 또한 모두 도를 얻게 되리라. 그러면 먼저 그 마음을 조복함이 좋다. 몸을 조복해서는 안 된다. 여기에 참된 해탈의 인이 있다는 걸 알지 않으면 안 된다.

수바드라여, 나는 지금 삼계(三界) 속에서 혼자 말하고 혼자 걸었다. 부처는 실로 이 일체의 종지(種智)이다. 의문이 있으면 물어보도록 하라. 나는 조금도 싫어하지 않으리라."

이 말을 들은 수바드라는, "세존이시여, 저는 이제야 잘 알았습니다. 저는 이제 천한 도를 버리고 청정한 행을 닦으려고 하옵니다. 모쪼록 불쌍히 여기시고 저를 제자로 삼아주십시오." 하고 청하므로 세존은 이를 허락하셨다.

　11. 이리하여 수바드라는 바로 머리를 깎고 가사를 입고 마음을 다하여 가르침을 염했다. 그리하여 마음이 청정하기가 명월과 같이 되었다. 세존은 그를 위하여 또 사성제(四聖諦)의 도를 설하셨다. 수바드라는 이에 각을 얻었다.

　그때 세존은 아난다에게 말씀하셨다. "나는 옛날 먼저 안냐타 콘단야를 제도했는데, 오늘은 마지막으로 수바드라를 제도했다. 제도해야 할 자는 이미 모두 제도했다. 이제부터 너희들이 서로 전하되 서로가 가르쳐주도록 하라. 아난다여, 수바드라는 이교도였다. 그렇지만 나는 그 선근이 익은 것을 알고 청허하여 도에 들게 하였다. 내가 멸한 후에 여러 이교도가 와서 도에 들어갈 것을 구하는 자가 있다면 너희들은 4개월간 이를 시험하여 그 뜻을 살피고, 그 행을 보고 나서 그후에 이것을 허락함이 좋다."

　수바드라는 아뢰었다. "세존이시여, 설령 저에게 40년간 법을 가르쳐 그런 후에 입도를 허락할지라도, 저는 능히 이에 순종할 것입니다. 하물며 단지 4개월간이 무슨 문제가 되오리까."

　세존은 말씀하셨다. "수바드라여, 바로 네 말대로이다. 나는 너의 뜻이 도타움도 알고 있다. 너의 말에 거짓은 없다."

　그때 수바드라는 "세존이시여, 저는 세존께서 멸도하시는 것을 차마 볼 수가 없습니다. 모쪼록 제가 먼저 입멸함을 허락해주시옵소서." 하고 청하여 세존의 허락을 얻어 세존에 앞서 그 자리에서 입멸했다.

제6절 최후의 교계(教誡)

1. 그때 밤은 점차로 깊어갔다. 달은 밝고 별은 맑으며, 바람은 잠잠하고 시냇물도 고요한데, 숲속은 적적하여 아무런 소리도 없었다. 세존은 널리 여러 제자들을 위하여 또 간략히 법의 요체(要諦)를 설하셨다.

"제자들이여, 너희들은 내가 멸도에 드는 것을 보고, 정법은 여기서 영원히 끊어졌다고 생각해서는 안 된다. 나는 이때까지도 너희들을 위하여 계를 정(定)하고 법을 설해왔다. 너희들은 내가 멸한 후에는 반드시 이를 공경하며, 어둠에서 등불을 만나고 가난한 사람이 보물을 얻은 것같이 존숭하지 않으면 안 된다. 이것이야말로 너희들이 대사(大師)됨을 알고 나의 재세시와 마찬가지로 지켜야만 한다.

제자들이여, 축양(蓄養)·간착(墾鑿)·점복(占卜)·산계(算計), 이는 모두 너희들이 해서는 안 되는 일이다. 몸을 절제하고 정시(定時)에 먹고 청정하게 자활하는 게 좋다. 뜬세상의 일에 섞이고, 주술을 행하고, 선악을 농하고, 호사(好事)를 귀인과 맺어 친압(親狎)해서는 안 된다. 반드시 스스로 마음을 바르게 하여 해탈을 구해야 한다.

잘못을 숨기는 괴이한 짓을 행하여 사람들을 현혹케 해서는 안 된다. 의복·음식·좌구·탕약에 능히 양을 알아 족함을 알고 헛되이 축적해서는 안 된다. 이것은 간략히 계를 지니는데 대한 요(要)를 설한 것이다. 계란 바로 해탈에 따른 근본인 것이다. 선정과 지혜는 여기에서 생한다. 그러하니 너희들은 바르게 계를 지니되, 모자람이 있어서는 안 된다. 능히 계를 지니면 곧 선인 것이다. 계가 없으면 모든 선도 공덕도 생할 수가 없다. 계는 비길 데 없는 안온한 공덕의 주처임을 알아야만 한다.

2. 너희들이 이미 훌륭하게 계에 주(住)한다면 마땅히 오근(五根)을

제어하고 오욕에 빠지지 않도록 해야 한다. 소치는 사람은 채찍을 취하여 소를 몰되, 소로 하여금 사람의 모종〔苗〕을 침범하지 않도록 해야 한다. 만약 오근을 멋대로 하면 고삐를 잡아 제압하지 않은 사나운 말이 사람을 치어 함정에 떨어뜨리듯이, 단지 오욕뿐만 아니라 앞으로 끝없이 억제할 수 없게 될 것이다. 시세(時世)의 화를 입는 것과 같은 일은 그 괴로움이 당세만으로 끝나지만, 오근의 화는 세(世)를 거듭하여 핍박하며 대단히 무겁다. 그러므로 지혜있는 자는 억제하여 이에 따르지 않는다. 이에 대해서는 원수와 같아서 함부로 하게 두지 않는다. 설령 이것을 제멋대로 두더라도, 모두 얼마 후에는 멸하는 것이 지혜있는 자이다.

이 오근은 마음을 주로 한다. 그러니 너희들은 반드시 능히 마음을 제압하지 않으면 안 된다. 마음으로 두려워함은 독사·맹수·원수보다도 심하다. 큰불의 치성함도 비유가 되지 않는다. 예를 들면 사람이 손에 꿀을 담은 그릇을 들고 달리다가 넘어져, 그저 꿀만을 보고 깊은 구멍이 있는 것은 보지 못함과 같은 것이다. 또 예를 들면 미친 코끼리에게는 갈고랑이가 없고, 원숭이가 나무 위로 뛰어다니는 것을 억제하지 못함과 같은 것이다.

너희들은 마음이 꺾여 방일하게 되지 않도록 주의해야 한다. 마음을 함부로 하면 선이 없어진다. 이것을 일처 (一處)로 억제하면 무슨 일이나 분별하지 못하는 일이없다. 그러니 너희들은 반드시 나아가서 마음을 질복(折伏)함이 좋다.

3. 너희들은 갖가지의 음식물을 받는 것을 마치 약을 복용함과 같이 하라. 좋아하는 자에게나 미워하는 자에게나 공덕에 증감의 염을 두어서는 안 된다. 겨우 몸을 지탱하고 기갈을 면하면 족하다. 벌이 꽃을 찾았을 때는 다만 그 맛만을 취하고 그 빛과 향기를 훼손하지 않듯이, 너희들도 또한 남의 공양을 받았으면 애써 자신의 고뇌를 제거

함이 좋다. 많이 구하여 착한 마음의 파괴를 가져와서는 안 된다. 현인이 소의 힘을 헤아려 이를 부리되, 정도를 지나쳐 그 힘이 고갈되도록 하지 않는 것과 같이 해야만 한다.

너희들은 낮에는 선을 닦는 데 힘쓰되 때를 잃지 않도록 하라. 초저녁에나 후야(後夜)에나 이 마음가짐을 버려서는 안 된다. 밤중에는 경을 읽은 뒤에 쉬는 게 좋다. 수면 때문에 일생을 헛되이 보내서는 안 된다. 무상의 불은 모든 세간을 태우고 있다. 너희들은 이것을 생각하여 하루 빨리 스스로를 제도할 것을 구해야 한다. 잠을 깨도록 하라. 모든 번뇌의 적은 항상 틈을 엿보아 사람을 해치려 하고 있다. 어찌하여 잠을 탐하여 스스로 경계하지 않을 수 있을 것인가.

번뇌의 독사가 너희들 마음속에 잠자고 있다는 것은, 마치 흑사(黑蛇)가 너의 방에서 잠자고 있는 것과 같은 것이다. 반드시 지계(持戒)의 갈고랑이로써 빨리 이것을 제거함이 좋다. 뱀이 이미 나가버렸다면 안심하고 그곳에서 잠잘 수 있을 것이다. 아직껏 나가지 않았는데 잠잔다는 것은 부끄러움을 모르는 사람이다. 참괴의 의복은 모든 장엄 중에서 가장 수승한 것이다. 참괴는 강철의 갈고랑이처럼 능히 중생의 법에 어긋나는 행위를 억제한다. 때문에 참괴하여 잠시도 마음을 바꾸지 않도록 함이 지당하다. 만약 참괴를 버린다면 곧 모든 공덕을 잃는 것이다. 참괴를 아는 자에게는 선이 있고, 참괴를 모르는 자는 금수와 다를 바 없는 것이다.

4. 어떤 사람이 와서 토막토막 난도질을 하는 일이 있을지라도 너희들은 스스로 마음을 닦아 노여워하고 원망해서는 안 된다. 또 반드시 입을 수호하여 악언을 토해서는 안 된다. 악념과 악언은 남을 상하는 것이 아니라 도리어 자신을 상하게 한다. 만약 노여움을 함부로 발하면 곧 스스로 도를 방해하고 공덕의 이(利)를 잃게 될 것이다. 인(因)의 덕에는 지계도 고행도 미치지 못한다. 능히 인을 행하는 것을

일러 힘이 센 대인(大人)이라고 한다. 만약 악매(惡罵)의 독까지도 기꺼이 참을 수가 없다면 이 사람을 도에 든 사람, 지혜있는 사람이라고 이름할 수는 없다.

노여움은 덕의 원수이며, 그 해는 능히 모든 선을 파괴하고 좋은 이름을 해치며, 중생들은 그와 만나는 것을 기뻐하지 않을 것이다. 참으로 진에는 맹화보다도 무섭다. 그러하니 덕을 소중히 하고 원망하는 마음을 품지 않으며, 항상 방호(防護)하여 노여움이 침입할 틈을 만들지 않아야 한다. 공덕을 빼앗아가는 적 가운데 진에보다 심한 것이 없다. 도를 행하는 사람으로 진에를 품는 것은 좋지 않다. 마치 청량한 구름 속에 벽력의 불이 일어나는 것처럼 용서될 수 없는 것이다.

너희들은 반드시 스스로의 머리를 쓰다듬어보는 게 좋다. 이미 꾸밈을 버리고 괴색의〔壞色衣: 가사(袈裟)〕를 몸에 걸치고, 바리때를 들고 음식을 받아 자활하고 있음을 알 수 있으리라. 만약 또 교만이 일어났다면 재빨리 이것을 멸하지 않으면 안 된다. 교만을 증장시킨다는 것은 재가자라도 좋지 않다. 하물며 세간을 버리고 도에 들어 해탈을 위하여 스스로 그 마음을 비하하고 음식을 받는 신분으로서는 더할 나위가 없다.

5. 제자들이여, 아첨하는 마음은 도에 어긋난다. 너희들은 마땅히 그 마음을 바르게 함이 좋다. 참으로 아첨은 기만이며, 도에 든 사람으로서는 조금이라도 가져서는 안 된다. 그러니 너희들은 반드시 마음을 바르게 하고 곧음을 바탕으로 하여 한결같이 법을 염하되, 속이는 일이 있어서는 안 된다.

제자들이여, 욕심이 많은 사람은 바라는 일이 많으므로 고뇌 또한 많다. 욕심이 적은 사람은 구하는 것이 없으므로 근심도 없다. 욕심이 적은 사람은 아첨하는 마음으로 남의 뜻에 영합하는 일도 없다. 또 눈과 귀의 욕망 때문에 끌리지 않는다. 마음은 평탄하고 근심이 없으며,

일에 손을 대더라도 여유가 있어 항상 불만스러운 일이 없다. 곧 여기에 열반이 있다.

　너희들은 모든 괴로움을 벗어나려고 한다면 반드시 족함을 알아야 한다. 족함을 아는 법은, 곧 이것이 번영과 안온한 곳이다. 족함을 아는 사람은 땅 위에 누워 있어도 또한 안락한 것이며, 족함을 모르는 자는 천당에 살더라도 뜻에 맞지 않는다. 족한 것을 아는 사람은 가난하더라도 부한 것이며, 족함을 알지 못하는 자는 부할지라도 가난하며 항상 오욕에 이끌린다.

　너희들이 적정의 안락을 구하고자 한다면 반드시 시끄러운 곳을 떠나 고요한 곳에 처함이 바람직하다. 고요한 곳에 있는 사람은 신들도 다함께 공경하는 바이다. 때문에 자신과 남과 동료들을 떠나서 홀로 고요한 곳에 주하며 고의 근본을 멸하려고 생각해야 한다. 그렇지 않고 많은 사람과 같이 있기를 원하는 사람은 곧 모든 고뇌를 받게 되리라. 예컨대 많은 새가 모이면 큰 나무라도 시들 우려가 있는 것과 같은 것이다. 세간의 계박은 너희들을 모든 괴로움 속에 빠지게 하리니, 마치 늙은 코끼리가 진흙 속에서 빠져나오지 못함과 같은 함정에 떨어질 것이다.

　6. 너희들이 만약 힘써 행한다면 어떤 일이든 어려울 것은 없다. 이는 마치 소량의 물도 계속 흐르면 능히 돌을 뚫는 것과 같은 것이다. 그러므로 너희들은 항상 면려해야 하는 것이다. 만약 행자의 마음이 자주 게으름에 빠진다면 마치 부시를 쳐서 미처 불이 붙지 않은 사이에 꺼져 끝내 불을 얻지 못함과 마찬가지이다.

　너희들은 정념을 구하지 않으면 안 된다. 이것은 너희들의 좋은 벗이자 착한 수호자이다. 항상 정념하고 있으면 모든 번뇌의 적도 침입할 수가 없다. 그러니 너희들은 반드시 정념으로 수습해야 하는 것이다. 정념을 잃으면 모든 공덕을 잃는다. 만약 염력이 강하면 갑옷을 입고 진중에 들어가듯, 오욕의 적 속에 들어가더라도 두려워하는 일이 없고 해를 받는 일도 없다.

제자들이여, 마음을 다스리면 마음은 선정 가운데 있다. 마음이 선정에 있으면 능히 세간의 생멸상을 알게 되리라. 그러므로 너희들은 항상 힘써 선정을 익히는 것이 좋다. 선정을 얻으면 마음은 흐트러지지 않는다. 예컨대 물을 아끼는 자가 제방을 쌓는 것과 같이, 너희들도 또한 지혜의 물을 위해서는 훌륭하게 선정을 닦아 새지 않도록 해야 할 것이다.

제자들이여, 지혜가 있으면 탐착은 없다. 너희들은 항상 스스로 살펴 이를 잃어서는 안 된다. 이와 같이 하면 나의 법에 의하여 해탈을 얻을 것이다. 만약 그렇지 않다면 도인도 아니고 재가자도 아니며, 이름을 붙일 도리가 없는 것이다. 참된 지혜는 생로병사의 대해를 건너는 큰 배이다. 무명의 암흑에 빛나는 큰 등불이며, 일체 병고의 양약이며, 번뇌를 베는 도끼이다. 때문에 너희들은 반드시 듣고 생각하고 닦는 지혜로써 자신을 시혜함이 좋다. 지혜가 밝다 함은 육안까지도 밝게 꿰뚫어보는 사람을 말하는 것이다.

제자들이여, 갖가지의 희론(戱論)을 하면 마음이 어지러워진다. 그리하여 출가를 하더라도 해탈은 얻지 못하는 것이다. 그러니 너희들은 속히 희론을 버리고 번뇌가 멸한 적정의 즐거움을 얻어야만 하는 것이다.

7. 너희들은 항상 일심으로 모든 방일을 버리고 원적을 멀리하도록 해야 한다. 나는 방일하지 않음으로써 정각에 들었다. 무량한 선은 방일하지 않는 데서 생한다. 너희들은 다만 면려하여 이를 행하도록 하라. 산간에 있을지라도, 늪에 있을지라도, 나무 아래 있을지라도, 또 조용한 방에 있을지라도 항상 받은 법을 마음에 새겨두고 잊어서는 안 된다. 항상 부지런히 이를 닦아야만 한다. 헛되이 죽으면 후회할

수밖에 없다.

　내가 설하는 바는 의사가 병을 알아내어 약을 주는 것과 같아서, 이것을 알고 복용하지 않음은 의사의 죄가 아니다. 또 친절한 안내자가 사람을 좋은 길로 인도하는 것과 같은 것이어서, 이 말을 듣고 행하지 않음은 인도자의 잘못이 아니다. 너희들이 만약 고집멸도의 사성제에 대해서 의심이 있으면 서둘러 묻도록 하라. 의문을 품고 결단을 구하지 않아서는 안 된다."

　8. 세존은 이와 같이 세 번 말씀하셨지만 회중에서 한 사람도 질문하는 사람이 없었다. 아니룻다는 대중들의 마음을 헤아려 세존께 말씀드렸다. "세존이시여, 달을 뜨겁게 하고 해를 차갑게 할 수는 있어도, 부처님의 도를 고칠 수는 없습니다. 부처님이 설하시는 괴로움은 참으로 고(苦)이고 즐거움일 수 없으며, 고집(苦集)이야말로 인(因)이며 다시 다른 인은 없습니다.

　고(苦)가 만약 멸하면 곧 이는 인의 멸이며, 인이 멸하므로 과(果)도 멸합니다. 고를 멸하는 길이야말로 바로 진실한 도이며, 다시 다른 길은 없습니다. 세존이시여, 이 모든 중생들은 사성제에 대하여 전혀 의문은 없습니다. 다만 이 중에 아직껏 깨달음을 얻지 못한 자는 세존의 멸도를 보고 슬퍼할 것입니다. 처음으로 도에 들어온 자는, 밤에 번갯불을 보고 길을 아는 것과 같이 세존의 가르침을 듣고 모두가 구제될 것으로 생각하옵니다. 만약 이미 깨닫고 괴로움의 과(果)를 건너간 자라면, 다만 이 염을 하게 될 것입니다. '세존의 멸도는 어찌하여 이렇게도 빠른 것이옵니까.' 라고."

　아니룻다는 이와 같이 말씀드렸는데, 세존은 여러 제자를 불쌍히 여겨 더욱 굳게 도에 나아가도록 염려하는 대비(大悲)의 마음으로 또 대중들을 위해 설하셨다.

　"너희들은 슬픔과 고뇌를 품어서는 안 된다. 설령 내가 이 세상에 머무르는 것이 1겁(劫)이라 하더라도, 만난 자는 반드시 헤어지지 않으면 안 된다. 만나고 헤어지지 않는 이치란 없다.

스스로를 이롭게 하고 남을 이롭게 하는 법은 모두 갖추어져 있다. 설령 내가 오래 머물더라도 이 이상 다른 일은 없으리라. 구제해야만 할 것은 천상(天上)이나 인간이나 다 이미 구제했다. 그리고 아직 구제하지 않은 자도 후세에 구제될 만큼의 인연을 지었다.

앞으로 모든 제자들이 서로 전하여 이를 행한다면, 이는 곧 부처의 법신이 항상 존재하며 멸하지 않는 것이다. 반드시 알아야 할 것은 세간의 무상이다. 만나면 반드시 헤어져야 하는 것이다. 우비와 고뇌를 품을 필요는 없는 것이다. 세간의 상(相)은 모두 이와 같은 것이다. 항상 힘써 해탈을 구하고, 지혜의 빛으로써 모든 치암(癡暗)을 멸하고, 속히 별리가 없는 집에 이르러야 한다.

세간은 참으로 위태롭고 취약하다. 단단한 것이라고는 없다. 내가 지금 멸도에 드는 것은 나쁜 병을 제거하는 것과 같다. 이것은 응당 버려야 할 죄악과 같다. 임시로 이름하여 몸이라고는 하지만, 뜬세상의 생로병사의 대해에 떠 있는 것이다. 지혜있는 자는 이것을 제거하여 원적을 죽이려고 하는 것을 어찌 기뻐하지 않을 것인가.

너희들은 일심으로 년려하여 속히 망집의 불구덩이를 떠나야 한다. 일체 세간의 법은 모두 무너지는 것이다.

너희들은 잠시 조용히 하라. 말을 해서는 안 된다. 때는 왔다. 나는 멸도에 들 것이다. 이것이 나의 마지막 계(誡)이다."

9. 이와 같이 밝히시고 조용히 적정에 들어가셨다. 법체는 조금도 움직이지 않으셨다.

아난다는 아니룻다에게 물었다. "세존께서는 이미 열반에 드셨습니까?"

"아니, 아직 드시지 않았다."

이미 세존은 모든 선정을 겪으시고 조용히 천상에서 내려오신 모후 마야 부인에게 배례하고 끝내 멸도에 드시었다.

그때 아니룻다는 "세존은 바야흐로 멸도에 드시었다."고 했으므로 아난다는 널리 이것을 대중에게 전했다.

그때 대지는 흔들리고 공중에서는 북이 울리고 사라수꽃이 비처럼 쏟아졌다.

제7절 다비(茶毘)의 연기

1. 여러 제자들은 슬픔을 견디지 못하여 가슴을 치며 오열하는 자도 있었고, 땅에 쓰러져 괴로워하는 자도 있었다. 모두 "세간의 눈이 어찌하여 이렇게도 빨리 멸하시는 것일까. 누가 오늘부터 이 대중들을 이끌어주실 것인가. 대중들은 오늘부터 누구를 의지해야 할 것인가. 삼악도는 항상 우리들 앞에 열려 있는데도 해탈의 문은 오로지 우리들에게는 닫혀 있다."고 말하면서 한탄했다.

아니룻다는 "이와 같이 근심하고 슬퍼해서는 안 된다. 부처님은 앞서 우리들을 위하여 제행(諸行)의 성(性)도 상(相)도 모두 이와 같이 무상함을 설하시지 않았던가." 하며 위로했다.

2. 대중들은 모두 슬퍼하고 또 애통해하며 아난다에게 청하였다. "존자여, 원컨대 우리들에게 친히 부처님을 배례할 수 있도록 허락해 주십시오. 다시 부처님 세계를 만나기란 어려운 일이 아닙니까."

아난다는 생각하였다. '세존께서 재세할 동안은, 여자로서 그 좌하에 뵈온 사람은 근소했다. 그러니 지금이야말로 그들에게 법체를 배례하도록 해주어야겠다.'

이리하여 많은 비구니를 비롯하여 청신녀(淸信女)들로 하여금 앞으로 나아가 절하는 것을 허락해주었다. 여자들은 모두 울면서 예를 올리고 갖가지의 향과 꽃을 바쳤다.

그 중에 한 노고(老姑)가 있었는데, 나이는 백 살에 가까웠고 집은 가난하여 바칠 것이라고는 하나도 없음을 슬퍼하여 '모쪼록 미래에는 어디에 있을지라도 항상 부처님을 배례할 수 있도록 해주시옵소서.' 하고 염하면서 발 위에 대고 울었다. 그리고 자기도 모르게 눈물이 떨어져 발을 적시었다. 이윽고 모든 여자들이 물러나므로, 이어서 아난다는 다른 대중들에게 세존을 배례케 했다. 대중들은 예를 드리고 각각 공양을 바치고 비탄에 잠긴 채 물러갔다.

아니룻다와 모든 제자들은 다함께 법체를 좌우에서 모시고 도를 얘기하면서 밤을 새웠다.

3. 그때 아니룻다는 아난다에게 말하였다. "아난다여, 쿠시나라의 거리에 가서 세존께서 입멸하신 것을 말라인들에게 고하고 와주었으면 좋겠다."

아난다는 성으로 가서 이 말을 전했다. 사람들은 슬퍼하며 바로 달려와서 사라의 숲에 모여 먼저 보여(寶輿)를 만들고 법체를 그 위에 안치한 다음 향을 피우고 꽃을 바치고 악기를 타며 덕을 찬양했다.

하루가 끝나자 모든 말라인들은 아난다에게 청했다. "부처는 이제 멸도에 드셨습니다. 마지막 공양은 참으로 만나기 어려운 일입니다. 모쪼록 7일 7야 동안 부처의 법체를 머무르게 하시어 우리들로 하여금 마음껏 공양을 드리도록 해주십시오. 그리고 모든 중생으로 하여금 긴 밤에 편안함을 얻게 해주십시오."

아난다는 이것을 아니룻다에게 말하자, 아니룻다는 "그들의 뜻에 맡김이 좋다."고 말하므로, 아난다는 이것을 말라인들에게 권했다. 사람들은 기뻐하며 7일 동안 후하게 공양을 올렸다.

7일이 지나자 말라의 젊은 사람들은 세존께서 아난다에게 얘기한 바에 따라 새롭고 깨끗한 솜으로 법체를 싸고, 이를 황금의 관에 옮겨 갖가지의 아름다운 꽃과 향료를 뿌리고 보여에 편안히 모신 다음 또 악기를 타며 노래하였다.

　모든 말라인들은 "이레간의 기한이 이미 오고야 말았다. 이제는 법체의 다비를 봉행하지 않으면 안 된다."고 서로 얘기하며 거리를 깨끗이 청소하고, 길에는 정수를 뿌리고 모두가 관(棺)을 메고 성으로 들어갔다. 제자들을 비롯하여 임금도 백성도 모두 그 뒤를 따르고, 당번과 화개(華蓋)가 서로 잇따랐다. 신들은 공중에서 덕을 찬탄하고, 사람들은 땅에서 이에 화답하며 조가를 불렀다.

　4. 이리하여 사람들은 관을 메고 성을 나와, 조용히 희련하(熙連河)를 건너 보관사(寶冠寺)에 이르러 보여를 그 전당에 내려놓았다. 그리고 중정(中庭)에 전단과 그밖의 나무를 쌓고서 관을 그 위에 옮기고 향유를 뿌렸다. 모든 제자들과 신자들은 소리내어 울었다. 말라의 대신 로이가 커다란 횃불을 들어 나무에 불을 질렀다. 그러나 나무는 타지 않았다. 이와 같이 세 번이나 시도했지만 세 번 다 불이 붙지 않으므로, 사람들은 기이하게 여겨 그 이유를 아니룻다에게 물었다. 아니룻다는 답하였다. "마하카샤파를 기다리기 위한 것일 게다. 지금 세존께 고별을 하려고 이곳으로 오고 있다. 때문에 세존께서 불이 붙지 못하게 하신 것이다."

　5. 이보다 앞서 마하카샤파는 탁차나기리국에서 도를 전하고 있었는데, 세존이 멸도에 드신다는 말을 듣고 500제자들과 함께 바로 파바를 지나 쿠시나라를 향해 걸음을 재촉하고 있었다. 정오쯤 더위가 너무 심해 대단히 피로를 느껴 길가의 나무그늘에 들어가 쉬었다. 제자들도 그와 나란히 앉아 서로 법을 얘기하고 있었다. 그때 마침 한 사명(邪命) 외도가 손에 지팡이를 짚고 머리에 연꽃을 꽂고 그 앞을 지나가므로 카샤파는 이를 보고 "그대는 어디에서 왔는가?" 하고 물

었다.

사명 외도가 말하였다. "쿠시나라에서 왔다."

카샤파가 물었다. "그대는 나의 스승에 대하여 아는 바가 있는가?"

"고타마는 쿠시나라의 성밖 사라숲의 쌍수(雙樹)간에서 이레 전에 멸도하여 사람들이 모두 다투어 공양하였다. 이 꽃도 그곳에서 얻은 것이다."

제자들은 이 말을 듣고 땅에 엎드려 슬피 울었다. 카샤파는 "괴로워 해서는 안 된다. 제행(諸行)은 모두 무상하다. 부처님도 입멸하시는 것으로, 누구도 이를 면할 수는 없는 것이다. 망집의 세계에는 평안이란 없다. 다만 열반만이 즐거운 것이다. 너희들은 힘써 세간의 고를 여의어야만 한다."고 가르쳤다.

그 중에 선현(善賢)이라는 자가 있었는데, 나이가 많아서 제자가 되어 그 마음은 어두웠다. 일찍이 세존이 아도마에 가셨을 때 사람들은 각자가 공양을 바쳤는데, 선현은 특별히 뛰어난 물건을 바쳐 이것을 사람들에게 자랑하려고 했다. 세존은 이것을 아시고 그 청을 거절하여 그는 남몰래 세존을 원망하고 있었다. 이때 여러 제자들이 슬퍼하는 것을 보고 "세존이 계실 때는 언제나 우리들을 꾸짖고, '이것은 해도 좋다, 이것은 해서는 안 된다.'고 하시므로, 우리들은 그 때문에 함부로 하지 못했다. 그러나 이젠 입멸하셨으므로 자유로이 해서 나쁠 것은 없지 않은가."라고 말했다.

이 말을 듣고 카샤파는 마음 아파하며 말했다. "세존이 입멸하신 지 겨우 이레밖에 되지 않았는데도 이와 같은 말을 하는 자가 있다. 이래서는 정법의 꽃은, 매어져 있지 않은 꽃이 바람에 휘날리듯 이러한 사람의 손에 의해 어지러워질 것이다. 나는 이전에 세존을 모시고 갈 때, 세존은 그 옷을 벗어 나의 옷과 바꾸어 입으시고 '카샤파여, 내가 멸한 뒤에는 나의 정법을 청정하게 전해달라.'고 말씀하신 일이 있다. 나는 이미 이 유촉(遺囑)을 받고 있다. 그러니 반드시 참된 불제자를 모아 법과 규칙 속에 간직되어 있는 정법의 진의를 정하지 않으면 안 되겠다. 이것은 참으로 나의 의무이다." 그리고는 당장 선현을 불제자 중에서 추방해버렸다.

선현은 그후 얼마 되지 않아 후회하고 도에 들었다.

6. 이리하여 마하카샤파는 여러 제자들에게 "빨리 의발을 갖추어 보관사(寶冠寺)에 나아가 세존께 배례해야만 된다."고 재촉했다. 제자들은 카샤파의 명에 따라 한편으로 울고 한편으로 달리며 겨우 이 절에 도착했다.

카샤파는 관이 이미 나무 위에 얹힌 것을 보자 배례하고 탄식하되, 참지 못하여 흐느껴 울면서 세 번 그 주위를 돌며 덕을 찬송했다. 이때 불은 별안간 타올라 관을 태우고 다만 사리만을 남겼다. 잠시 후 비가 내려 땅을 씻었다. 멸도하셨을 때보다도 더한층 사람들은 애통해했다.

모든 말라인들은 금항아리에 사리를 담아 받들고 성으로 돌아갔다. 그리고는 전각을 만들어 사리를 안치하고, 향을 사르고 꽃을 바쳐 후하게 공양해드렸다. 모든 사람들은 다같이 공손히 절하고 떠났다.

7. 세존께서 멸도하신 일은 삽시간에 널리 여러 나라에 전해졌다. 마가다의 왕 아자타사투는 사신을 쿠시나라로 보내어 "세존은 나의 스승이시다. 원컨대 사리를 나에게도 나눠주시오." 하고 청하도록 했다. 카필라성의 샤카족도 역시 사신을 보내어 "세존은 우리의 종문에서 나오셨다. 원컨대 우리들에게도 사리를 주시오." 하고 청했다.

자라바의 발리인들, 라마가마의 콜리인들, 비루제의 바라문, 베살리의 리차비인들, 파바의 말라인들도 역시 각자 사리를 청했다.

쿠시나라의 말라인들은 대답했다. "세존은 친히 이곳에 오셔서 멸도하신 것이다. 우리들은 당연히 공양해야 하므로 유체는 나눠드릴 수 없다."

 7개국 사람들은 화를 내며 말했다. "예를 후히 하여 구하는데도 주지 않는다고 한다면, 이제는 병력을 써서라도 이를 맞이할 것이다." 그러나 쿠시나라 사람들은 답했다. "너희들이 병력을 쓰겠다면 언제든지 응하겠다. 조금도 두려울 것은 없다."

 그때 도로나라는 바라문이 있었는데, 참으로 총명하였으며, 부처와 성법과 승가를 믿고 있었다. 그는 이같은 소문을 듣고 성안 사람들에게 얘기했다. "만약 당신들이 싸운다면 쌍방이 모두 반드시 피해를 입게 될 것이다. 부처님이 세상에 계실 때는 사람들로 하여금 인자함을 행하게 하셨다. 당신들은 현재 이것을 받아 입으로는 법어를 외우고 마음은 성화(聖化)를 따르고 있는 게 아닌가. 그런데도 어찌하여 부처님의 유체 때문에 다투고 서로 해치려고 하는가? 당신들이 진심으로 부처님을 공양할 생각이라면, 이것은 부처님의 가르침에 따라 답을 찾지 않으면 안 된다. 더군다나 그와 나와는 다같이 법속의 형제인 것이다.

 다같이 마음을 하나로 하여 세존의 유령(遺靈)에 공을 드려야 할 사이가 아닌가. 제물을 아끼는 것만이 커다란 과실은 아니다. 법에 인색한 것도 또한 죄의 극치인 것이다. 또 모든 보시 기운데 법보시가 가장 수승한 것이다. 너희들은 사리를 아껴서는 안 된다. 의좋게 서로 부드럽게 이것을 나눠가짐이 좋다. 이리해야만 세존의 예부터의 가르침과도 상응하고, 당신들도 또한 널리 복을 얻게 되리라."

 모든 말리인들은 이 말을 듣고 마음이 풀어져서 갑옷을 벗고 물러났다.

 도로나는 또 여러 나라 사람들을 만나서 말했다. "당신들은 무엇 때문에 싸움을 일으키려고 하는가?"

 사람들은 말했다. "우리들은 법을 위하여 이곳에 와서 세존의 사리를 구하는 것이다."

도로나가 말하였다. "이 성안 사람들은 이미 조용해졌다. 당신들은 보기(寶器)를 갖고 와도 좋다. 나는 이를 나눠주리라."

사람들은 기뻐하며 이에 따랐다.

8. 이리하여 도로나는 세존의 사리를 일곱 나라 사람과 쿠시나라의 백성들에게 나눠주고, 자신은 세존의 사리를 담았던 금병을 청했다. 필발의 마을 사람들도 역시 그 초탄(樵炭)을 청했다. 말라인들은 모두 이것을 쾌히 응낙했다.

사람들은 모두 제각기 기뻐하며 나라에 돌아가 각자 탑을 세우고 숭상했다. 이리하여 탑은 열 개가 세워졌다. 곧 사리의 제1분(第一分)에 봉안한 쿠시나라의 탑과, 제2분에 봉안한 파바의 탑과, 제3분에 봉안한 자라바의 탑과, 제4분에 봉안한 라마가마의 탑과, 제5분에 봉안한 비루제의 탑과, 제6분에 봉안한 카필라성의 탑과, 제7분에 봉안한 베살리의 탑과, 제8분에 봉안한 마가다의 탑과, 그리고 금병을 봉안한 도로나의 탑과, 또 초탄을 봉안한 필발 마을의 탑 등 열 개의 탑인 것이다.

불교성전(佛敎聖典)

1982년 11월30일 초판 발행
2012년 5월10일 중판 발행

편역자 · 불교성전편찬위원회
펴낸이 · 지윤환
펴낸곳 · 홍신문화사

서울 동대문구 용두2동 730-4(4층)
대표 전화 : 02)953-0476/Fax : 02)953-0605
등록 : 1972. 12. 5 제6-0620호

ⓒ Hong Shin Publishing Co. Printed in Korea

※ 잘못 만들어진 책은 바꾸어 드립니다.

ISBN 89-7055-399-1 03220